THE ROAD TO STALINGRAD

通往斯大林格勒之路

"东线文库"总策划 王鼎杰

[英] 约翰·埃里克森 著 / 夏科峰 李岩 译

台海出版社

The Road to Stalingrad by John Erickson
copyright 2004, First published by Weidenfeld & Nicolson, an imprint of the Orion Publishing Group, London
All Rights Reserved.
Chinese Simplified translation copyright ChongQing Foresight Information Inc., 2016
Published by arrangement with The Orion Publishing Group Ltd
through LEE's Literary Agency

版贸核渝字（2014）第 86 号

图书在版编目（CIP）数据

通往斯大林格勒之路 / (英) 约翰·埃里克森著；
夏科峰, 李岩译. -- 北京：台海出版社, 2018.11
　　ISBN 978-7-5168-2145-9

Ⅰ.①通… Ⅱ.①约… ②夏… ③李… Ⅲ.①斯大林
格勒保卫战(1942-1943) - 研究 Ⅳ.①E512.9

中国版本图书馆CIP数据核字(2018)第236327号

通往斯大林格勒之路

著　　者：[英] 约翰·埃里克森		译　　者：夏科峰 李岩

责任编辑：俞滟荣　　　　　　　　　　　　策划制作：指文文化
装帧设计：周　杰　　　　　　　　　　　　责任印制：蔡　旭

出版发行：台海出版社
地　　址：北京东城区景山东街20号　　　　邮政编码：100009
电　　话：010－64041652（发行，邮购）
传　　真：010－84045799（总编室）
网　　址：www.taimeng.org.cn/thcbs/default.htm
E－mail：thcbs@126.com

经　　销：全国各地新华书店
印　　刷：重庆共创印务有限公司
本书如有破损、缺页、装订错误，请与本社联系调换

开　　本：787mm×1092mm　　　　　　　1/16
字　　数：660千字　　　　　　　　　　　印　　张：42
版　　次：2019年1月第1版　　　　　　　印　　次：2019年1月第1次印刷
书　　号：ISBN 978-7-5168-2145-9

定　　价：189.80元

"东线文库"总序

泛舟漫长的人类战争史长河，极目四望，迄今为止，尚未有哪场陆战能在规模上超过二战时期的苏德战争。这场战争挟装甲革命与重工业革命之双重风潮，以德、苏两大军事体系20年军改成果为孤注，以二战东线战场名扬后世。强强相撞，伏尸千里；猛士名将，层出不穷。在核恐怖强行关闭大国全面战争之门70年后的今天，回首望去，后人难免惊为绝唱。在面对那一串串数字和一页页档案时，甚至不免有传说时代巨灵互斫之苍茫。其与今人之距离，似有千年之遥，而非短短的七十春秋。

但是，如果我们记得，即便是在核武器称雄的时代，热战也并未绝迹，常规军事力量依然是大国达成政治诉求的重要手段；而苏德战争的胜利者苏联，又正是冷战的主角之一，直到今天，苏系武器和苏式战法的影响仍具有全球意义。我们就会发现，这场战争又距离我们是如此之近。

要知道这场战争究竟离我们有多近，恰恰要先能望远——通过对战争史和军事学说发展史的长程回顾，来看清苏德战争的重大意义。

正如俾斯麦所言："愚人执着于自己的体验，我则师法他者的经验。"任何一个人、一个组织的直接体验总是有限的，但如能将别人的间接经验转化为自己的直接体验，方是智者之所为。更高明的智者又不仅仅满足于经验的积累，而是能够突破经验主义的局限，通过学说创新形成理论体系，从而在经验和逻辑、事实与推理之间建立强互动，实现真正的以史为鉴和鉴往知来。

无怪乎杜普伊会说："军事历史之所以对军事科学的发展至关重要，是因为军事科学不像大多数其他学科那样，可在实验室里验证它们的理论和假说。军事试验的种种形式，如野战演习、对抗演习和实兵检验等，都永远不会再现战争的基本成分：致命环境下对死亡的恐惧感。此类种种试验无疑是非常有益的，但是，这种益处也只能是在一定程度上的。"[1]但这绝不等于说战争无法研究，只能在战争中学战争。突破的关键即在于如何发挥好战争史研究的作用。所以杜普伊接着强调："像天文学一样，军事科学也是一门观测科学。正如天文学家把天体作为实验室（研究对象），而军人的真正的实验室则永远是军事历史。"[2]

从这个角度上讲，苏德战争无疑是一个巨型实验室，而且是一个直接当下，具有重大特殊意义的实验室。

回顾战争史册，不难发现，受技术手段的局限，战场的范围长期局限在指挥官的目力范围之内。故而，在这个时期，战争行为大致可以简化为两个层级，一为战略（strategy），一为战术（tactic）。

战术是赢得战斗的方法，战略则是赢得战争的方法。战之术可以直接构成战之略的实施手段。一般而言，战争规模越有限，战争结局越由战斗决定，战略与战术的边界便越模糊，甚至可以出现"一战定乾坤"的戏剧性结局。这又进一步引发出战局和会战两个概念。

所谓战局，就是英语中的 Campaign，俄语的 кампания，德语的 Feldzug。Campaign 的词源是 campus，也就是营地。因为在罗马时代，受当时的技术条件限制，军队每年会有一个固定的季节性休战期，是为宿营时期。这样就可以很清晰地划分出以年度为单位的"战局"。相对不同的是德语 Feldzug 的词根有拖、拉、移动的意思，对弈中指移动棋子。已隐约可见机动战的独特传统。但三方对战局的理解、使用并无本质不同。

而会战（英语中的 Battle，俄语的 Битва，德语的 Schlacht）则是战斗的放大。换言之，在早期西方军事学说体系中，战略对应战局，战术对应战斗，而"会战"则是战略与战术的交汇地带，战局与战斗的中间产物。在早期冷兵器战争时代，会战较为简单，很多时候就是一个放大的战术行动和缩小的战略行动。但是，随着技术的变革，社会结构、动员体系、战争规模的巨变，会战组织越来越复杂，越来越专业，逐渐成为一个独立于战略和战术之外的层级。拿破仑的战争艺术，归根结底其实就是会战的艺术。

但是，拿破仑并未发展出一套会战学说，也没有形成与之相表里的军事制度和军事教育体系，反而过于依赖自己的个人天赋，从而最终走向不归路。得风气之先的是普鲁士军队的改革派三杰（沙恩霍斯特、格奈瑟瑙、克劳塞维茨），收功者则是促成德意志统一的老毛奇。普德军事体系的发展壮大，正是研究透彻了拿破仑又超越了拿破仑，在战略和战术之间增加了一个新层级——Operation，从根本上改变了军事指挥和军事学术研究范式。所谓

"Operation"，本有操作、经营、（外科）手术等多层含义，其实就是战略实施中的落实性操作，是因为战术已经无法直接构成战略的实施手段而增加的新环节。换言之，在德军军事体系中，Operation 是一个独立的、高度专业化的军事行动层级。

与之相表里，普德军事系统又形成了现代参谋制度，重新定义了参谋，并形成了以参谋军官为核心的现代军官团，和以参谋教育为核心的现代军校体系。总参谋部其实是一个集研究、教育、指挥为一体的复合结构。参谋总长管理陆军大学，而陆军大学的核心课程即为战争史研究，同时负责将相关研究兵棋化、实战化、条令化。这种新式参谋主要解决的就是 Operation Level 的问题，这与高级统帅思考战略问题，基层军官、士官思考战术问题正相等同。

普法战争后，普鲁士式总参谋部制度迅速在全球范围内扩散，举凡英法俄美意日等列强俱乐部成员国，无不效法。但是，这个制度的深层驱动力——Operation Level 的形成和相应学说创新，则长期为德军秘而不宣，即便是其亲传弟子，如保加利亚，如土耳其，如日本，均未得其门径窍奥，其敌手如法，如英，如俄，如美，亦均茫然不知其所以然。

最早领悟到德军作战层级独创性和重要性的军队，正是一战后涅槃重生的苏联红军。

苏军对德语的 Operation 进行了音译，是为 Операция，也就是日后中苏合作时期经苏联顾问之手传给我军的"战役"概念。换言之，所谓战役学，其实就是苏军版的 Operation 学说。而美军要到冷战期间才明白这一点，并正式修改其军事学说，在 Strategy 和 Tactic 之间增设 Operation 这个新层级。

与此同时，英美体系虽然在战役学层次反应迟钝，却看到了德、苏没有看到的另一个层次的变化——战争的巨变不仅发生在传统的战略、战术之间，更发生在战略之上。

随着战争本身的专业性日趋强化，军人集团在战争中的发言权无形中也被强化，而文官和文人战略家对战争的介入和管控力逐渐弱化。但正如克劳塞维茨强调指出的那样，战争是政治的延续[3]。因而，战争只是手段，不是目的。无论军事技术如何变化，这一个根本点不会变化。但现代战争的发展却导致了手段高于目的的客观现实，终于在一战中造成了莫大的灾难。战争的胜利不等于政治的胜利这一基本事实，迫使战争的胜利者开始反思固有战争理论的局限性，逐渐形成了"大战略"（Grand Strategy）的观念，这就在英美体系中形成了大战略（又称国家战略、总体战略、高级战略）、分类战略（包括军事战略、经济战略、外交战略、文化战略等）、战术的三级划分。大战略不再像传统战略那样执着于打赢战争，而是追求战争背后的终极目标——政治目的。因为此种战略在国家最高决策层面运作，所以美国学界又将大战略称为国家战略。用美国国防部的定义来说明，即："国家战略是平时和战时在使用武装力量的同时，发展和运用国家的政治、经济和心理力量，以实现国家目标的艺术和科学。"

冷战初期，美国以中央情报局、国家安全委员会、民营战略智库（如兰德公司）、常青藤联盟高校人才库相呼应的制度创新，其实就是建立在大战略学说领先基础上的国家安全体系创新[4]。而德军和苏军受传统"战略—战局"概念的束缚，均未看清这一层变化，故而在宏观战略指导上屡屡失误，只能仰赖希特勒、斯大林这样的战略怪才，以杰出个体的天赋弥补学说和制度的不足，等于又回到了拿破仑困境之中。

从这个角度上看二战，苏德战争可以说是两个走在战役学说创新前列的军事体系之间的超级碰撞。同为一战失败者的德、苏，都面对一战式的堑壕难题，且都嗅到了新时代的空气。德国的闪电战与苏军的大纵深战役，其实是两国改革派精英在同一场技术革命面前，对同一个问题所做出的不同解答。正是这种军事学说的得风气之先，令两国陆军在军改道路上走在列强前列。二战期间两国彗星撞地球般的碰撞，更进一步强化了胜利者的兼容并蓄。冷战期间，苏军的陆战体系建设，始终以这个伟大胜利为基石，不断深化。

在这个基础上再看冷战，就会发现，其对抗实质是美式三级体系（大战略、战略、战术）与苏式三级体系（战略、战役、战术）的对抗。胜负关键在于谁能先吸取对方之所长，弥补己方之所短。结果，苏联未能实现大战略的突破，建立独立自主的大战略学说、制度、教育体系。美国却在学科化的战略学、国际政治学和战争史研究的基础上，建立了自己的 Operation Level，并借力新一轮技术变革，对苏军进行创造性的再反制。这个连环反制竞争链条，一直延续到今天。虽然苏军已被清扫出局，但这种反制的殷鉴得失却不会消失，值得所有国家的军人和战史研究者注目。而美国借助遏制、接触战略，最终兵不血刃地从内部搞垮苏联，亦非偶然。

正是这种独特的历史地位，决定了东线史的独特重要性，东线研究本身也因而成为另一部波澜壮阔的历史。

可以说，苏军对苏德战争最具切肤之痛，在战争期间就不断总结经验教训。二战后，这个传统被继承下来，形成了独特的苏军式研究。与此同时，美国在二战刚刚结束之际就开始利用其掌握的资料和德军将领，进行针对苏军的研究。众多德军名将被要求撰写关于东线作战的报告[5]。但是，无论是苏军的研究还是美军的研究，都是内部进行的闭门式研究。这些成果，要到很久之后，才能公之于世。而世人能够看到的苏德战争著述，则是另一个景象。

二战结束后的最初 15 年，是宣传品与回忆录互争雄长的 15 年。作为胜利者的苏联，以君临天下的优越感，刊行了一大批带有鲜明宣传色彩的出版物[6]。与之相对应，以古德里安、曼施坦因等亲身参与东线鏖战的德国军人为代表的另一个群体，则以回忆录的形式展开反击[7]。这些书籍因为是失败者痛定思痛的作品，著述者本人的军事素养和文笔俱佳，故而产生了远胜过苏联宣传史书的影响力，以至于很多世人竟将之视为信史。直到德国档案资料的不断披露，后人才逐渐意识到，这些名将回忆录因成书年代的特殊性，几乎只能依赖回忆者的主观记忆，而无法与精密的战史资料互相印证。同时，受大环境的影响，这些身为楚囚的德军将领大多谋求：一，尽量撇清自己的战争责任；二，推卸战败责任（最常用的手法就是将所有重大军事行动的败因统统归纳为希特勒的瞎指挥）；三，宣传自身价值（难免因之贬低苏联和苏军）。而这几个私心又迎合了美国的需求：一，尽快将西德纳入美国领导的反苏防务体系之中，故而必须让希特勒充分地去当替罪羊，以尽快假释相关军事人才；二，要尽量抹黑苏联和苏军，以治疗当时弥漫在北约体系内的苏联陆军恐惧症；三，通过揭批纳粹政体的危害性，间接突显美国制度的优越性。

此后朱可夫等苏军将领在后斯大林时代刊行的回忆录，一方面固然是苏联内部政治生态变化的产物，但另一方面也未尝不可说是对前述德系著述的回击。然而，德系回忆录的问题同样存在于苏系回忆录之中。两相对比，虽有互相校正之效，但分歧、疑问更多，几乎可以说是此亦一是非、彼亦一是非，俨然是在讲两场时空悬隔的战争。

结果就是，苏德战争的早期成果，因其严重的时代局限性，而未能形成真正的学术性突破，反而为后人的研究设置了大量障碍。

进入20世纪60年代，虽然各国关于东线的研究越来越多，出版物汗牛充栋，但摘取桂冠的仍然是当年的当事人一方。幸存的纳粹党要员保罗·卡尔·施密特（Paul Karl Schmidt）化名保罗·卡雷尔（Paul Carell），在已有研究的基础上，大量使用德方资料，并对苏联出版物进行了尽量全面的搜集使用，更对德国方面的幸存当事人进行了广泛的口述历史采访，在1964年、1970年相继刊行了德军视角下的重量级东线战史力作——《东进：1941—1943年的苏德战争》和《焦土：1943—1944年的苏德战争》[8]。

进入20世纪70年代后，研究趋势开始发生分化。北约方面可以获得的德方档案资料越来越多，苏方亦可通过若干渠道获得相关资料。但是，苏联在公布己方史料时却依然如故，仅对内进行有限度的档案资料公布。换言之，苏联的研究者较之于北约各国的研究者，掌握的史料更为全面。但是，苏联方面却没有产生重量级的作品，已经开始出现军事学说的滞后与体制限制的短板。

结果，在这个十年内，最优秀的苏德战争著作之名被英国军人学者西顿（Albert Seaton）的《苏德战争》摘取[9]。此时西方阵营的二战研究、希特勒研究和德军研究均取得重大突破，在这个整体水涨的背景下，苏德战争研究自然随之船高。而西顿作为英军中公认的苏军及德军研究权威，本身即带有知己知彼的学术优势，同时又大力挖掘了德国方面的档案史料，从而得以对整个苏德战争进行全新的考订与解读。

继之而起者则有西方学者约翰·埃里克森（John Ericsson）与厄尔·齐姆克（Earl F. Ziemke）。

和西顿一样，埃里克森（1929年4月17日—2002年2月10日）也曾在英军中服役。不同之处则在于：

其一，埃里克森的研究主要是在退役后完成。他先是进入剑桥大学圣约翰学院深造，1956年苏伊士运河危机爆发后作为苏格兰边民团的一名预备军官被重新征召入役。危机结束后，埃里克森重启研究工作，1958年进入圣安德鲁大学担任讲师，开始研究苏联武装力量。1962 年，埃里克森首部著作《苏联统帅部：1918—1941 年》出版，同年在曼彻斯特大学出任高级讲师。1967 年进入爱丁堡大学高级防务研究所任职，1969 年成为教授，研究重心逐渐转向苏德战争。

其二，埃里克森得益于两大阵营关系的缓和，能够初步接触苏军资料，并借助和苏联同行的交流，校正之前过度依赖德方档案导致的缺失。而苏联方面的战史研究也取得了较大的进展，足以为这种校正提供参照系，而不像五六十年代时那样只能提供半宣传品性质的承旨之作。同时，埃里克森对轴心国阵营的史料挖掘也更全面、细致，远远超过了之前的同行。关于这一点，只要看一看其著述后面所附录的史料列目，即可看出苏德战争研究的史料学演进轨迹。

埃里克森为研究苏德战争，还曾专程前往波兰，拜会了苏军元帅罗科索夫斯基。这个非同凡响的努力成果，就是名动天下的"两条路"。

所谓"两条路"，就是 1975 年刊行的《通往斯大林格勒之路》与 1982 年刊行的《通往柏林之路》[10]。正是靠了这两部力作，以及大量苏军研究专著[11]，埃里克森在 1988—1996 年间成为爱丁堡大学防务研究中心主任。

厄尔·齐姆克（1922 年 12 月 16 日—2007 年 10 月 15 日）则兼有西顿和埃里克森的身影。出生于威斯康星州的齐姆克虽然在二战中参加的是对日作战，受的也是日语训练，却在冷战期间华丽转型，成为响当当的德军和苏军研究权威。曾在硫磺岛作战中因伤获得紫心勋章的齐姆克，战后先是在天津驻扎，随后复员回国，通过军人权利法案接受高等教育，1951 年在威斯康星大学获得学位。1951—1955 年，他在哥伦比亚的应用社会研究所工作，1955—1967 年进入美国陆军军史局成为一名官方历史学家，1967—1977 年在佐治亚大学担任全职教授。其所著《柏林战役》《苏维埃压路机》《从斯大林格勒到柏林》《从莫斯科到斯大林格勒》《德军东线北方战区作战报告，1940—1945 年》《红军，1918—1941 年：从世界革命的先锋到美国的盟友》等书[12]，对苏德战争、德军研究和苏军研究均做出了里程碑般的贡献，与埃里克森堪称双峰并峙、二水分流。

当《通往柏林之路》刊行之时，全球苏德战争研究界人士无人敢想，仅仅数年之后，苏联和华约集团便不复存在。苏联档案开始爆炸性公布，苏德战争研究也开始进入一个前人无法想象的加速发展时代，甚至可以说是一个在剧烈地震、风暴中震荡前行的时代。在海量苏联史料的冲击下，传统研究纷纷土崩瓦解，军事界和史学界的诸多铁案、定论也纷纷根基动摇。埃里克森与齐姆克的著作虽然经受住了新史料的检验，但却未能再进一步形成新方法的再突破。更多的学者则汲汲于立足新史料，急求转型。连保罗·卡雷尔也奋余勇，在去世三年前的1993年刊行了《斯大林格勒：第6集团军的覆灭》。奈何宝刀已老，时过境迁，难以再掀起新的时代波澜了。

事实证明，机遇永远只向有准备、有行动力的人微笑，一如胜利天平总是倾斜于能率先看到明天的一方。风起云涌之间，新的王者在震荡中登顶，这位王者就是美国著名苏军研究权威——戴维·格兰茨（David Glantz）。

作为一名参加过越战的美军基层军官，格兰茨堪称兼具实战经验和学术积淀。1965年，格兰茨以少尉军衔进入美国陆军野战炮兵服役，并被部署到越南平隆省的美国陆军第2军的"火力支援与协调单元"（Fire Support Coordination Element，FSCE，相当于军属野战炮兵的指挥机构）。1969年，格兰茨返回美国，在陆军军事学院教授战争史课程。1973年7月1日，美军在陆军训练与条令司令部下开设陆军战斗研究中心（Combat Studies Institute，CSI），格兰茨开始参与该中心的苏军研究项目。1977—1979年他出任美国驻欧陆军司令部情报参谋办公室主任。1979年成为美国陆军战斗研究所首席研究员。1983年接掌美国陆军战争学院（United States Army War College）陆战中心苏联陆军作战研究处（Office of Soviet Army Operations at the Center for Land Warfare）。1986年，格兰茨返回利文沃思堡，组建并领导外国军事研究办公室（Foreign Military Studies Office，FMSO）。在这漫长的研究过程中，格兰茨不仅与美军的苏军研究同步前进，而且组织翻译了大量苏军史料和苏方战役研究成果[13]。

1993年，年过半百的格兰茨以上校军衔退役。两年后，格兰茨刊行了里程碑著作《巨人的碰撞》[14]。这部苏德战争新史，系格兰茨与另一位美国军人学者乔纳森·M.豪斯（Jonathan M. House）合著，以美军的苏军研究为基石，兼顾苏方新史料，气势恢宏地重构了苏德战争的宏观景象。就在很多人将这本书看作格兰茨一生事功的收山之作的时候，格兰茨却老当益壮，让全球同行惊讶地发现，这本书根本不是终点线，而是格兰茨真正开始斩将搴旗、攻城略地的起跑线：

1998 年刊行《泥足巨人：苏德战争前夕的苏联军队》[15]《哈尔科夫：1942 年东线军事灾难的剖析》[16]。

1999 年刊行《朱可夫最大的败仗：红军 1942 年"火星"行动的惨败》[17]《库尔斯克会战》[18]。

2001 年刊行《巴巴罗萨：1941 年希特勒入侵俄罗斯》[19]《列宁格勒之围 1941—1944，900 天的恐怖》[20]。

2002 年刊行《列宁格勒会战：1941—1944》[21]。

2003 年刊行《斯大林格勒会战之前：巴巴罗萨，希特勒对俄罗斯的入侵》[22]《八月风暴：苏军在满洲的战略攻势》[23]《八月风暴：苏联在满洲的作战与战术行动》[24]。

2004 年与马克·里克曼斯波尔（Marc J. Rikmenspoel）刊行《屠戮之屋：东线战场手册》[25]。

2005 年刊行《巨人重生：大战中的苏联军队》[26]。

2006 年刊行《席卷巴尔干的红色风暴：1944 年春苏军对罗马尼亚的攻势》[27]。

2009 年开始刊行《斯大林格勒三部曲·第一部：兵临城下》[28]和《斯大林格勒三部曲·第二部：决战》[29]。

2010 年刊行《巴巴罗萨脱轨：斯摩棱斯克交战（1941 年 7 月 10 日—9 月 10 日）·第一卷》[30]。

2011 年刊行《斯大林格勒之后：红军的冬季攻势》[31]。

2012 年刊行《巴巴罗萨脱轨：斯摩棱斯克交战（1941 年 7 月 10 日—9 月 10 日）·第二卷》[32]。

2014 年刊行《巴巴罗萨脱轨：斯摩棱斯克交战（1941 年 7 月 10 日—9 月 10 日）·第三卷》[33]《斯大林格勒三部曲·第三部：终局》[34]。

2015 年刊行《巴巴罗萨脱轨：斯摩棱斯克交战（地图集）·第四卷》[35]。

2016 年刊行《白俄罗斯会战：红军被遗忘的战役 1943 年 10 月—1944 年 4 月》[36]。

这一连串著述列表，不仅数量惊人，质量亦惊人。盖格兰茨之苏德战史研究，除前述立足美军对苏研究成果、充分吸收新史料及前人研究成果这两大优势之外[37]，还有第三个重要优势，即立足战役层级，竭力从德军和苏军双方的军事学说视角，双管齐下，珠联璧合地对苏德战争中的重大战役进行深度还原。

其中，《泥足巨人》与《巨人重生》二书尤其值得国人注目。因为这两部著作不仅正本清源地再现了苏联红军的发展历程，而且将这个历程放在学说构造、国家建设、军事转型的大框架内进行了深入检讨，对我国今日的军事改革和军事转型研究均具有无可替代的重大意义。

严谨的史学研究和实战导向的军事研究在这里实现了完美结合。观其书，不仅可以重新认识那段历史，而且可以对美军专家眼中的苏军和东线战史背后的美军学术思想进行双向感悟。而格兰茨旋风业已在多个国家掀起重重波澜。闻风而起者越来越多，整个苏德战争研究正在进入新一轮的水涨阶段。

如道格拉斯·纳什（Douglas Nash）的《地狱之门：切尔卡瑟战役1944.1—1944.2》（2002）[38]，小乔治·尼佩（George Nipe Jr.）的《在乌克兰的抉择：1943年夏季东线德国装甲作战》（1996）[39]、《最后的胜利》（2000）[40]以及《鲜血·钢铁·神话：武装党卫队第2装甲军与通往普罗霍罗夫卡之路》（2013）[41]均深得作战研究之精髓，且能兼顾史学研究之严谨，从而将老话题写出新境界。

此外，旅居柏林多年的新西兰青年学者戴维·斯塔勒（David Stahel）于2009年刊行的《"巴巴罗萨"与德国在东线的失败》[42]，以及美国杜普伊研究所所长、阿登战役与库尔斯克战役模拟数据库的项目负责人克里斯托弗·劳伦斯（Christopher A. Lawrence）2015年刊行的《库尔斯克：普罗霍罗夫卡之战》[43]，均堪称卓尔不群，又开新径。前者在格兰茨等人研究的基础上，重新回到德国视角，探讨了巴巴罗萨作战的复杂决策过程。整书约40%的内容是围绕决策与部署写作的，揭示了德国最高统帅部与参谋本部等各部门的战略、作战观念差异，以及战前一系列战术、技术、后勤条件对实战的影响，对"巴巴罗萨"作战——这一人类历史上最宏大的地面作战行动进行了精密的手术解剖。后者则将杜普伊父子的定量分析战史法这一独门秘籍发扬到极致，以 1662 页的篇幅和大量清晰、独特的态势图，深入厘清了普罗霍罗夫卡之战的地理、兵力、技战术和战役部署，堪称兼顾宏观、中观、微观的全景式经典研究。曾在英军中服役的高级军医普里特·巴塔（Prit Buttar）同样以半百之年作老当益壮之后发先至，近年来异军突起，先后刊行了《普鲁士战场：苏德战争 1944—1945》（2010）、《巨人之间：第二次世界大战中的波罗的海战事》（2013）、《帝国的碰撞：1914 年东线战争》（2014）、《日耳曼优先：1915 年东线战场》（2015）、《俄罗斯的残息：1916—1917 年的东线战场》（2016）[44]。这一系列著作兼顾了战争的中观与微观层面，既有战役层级的专业剖析，又能兼顾具体人、事、物的栩栩如生。且从二战东线研究追溯到一战东线研究，溯本追源，深入浅出，是近年来不可多得的佳作。

行文及此，不得不再特别指明一点：现代学术著述，重在"详人之所略，略人之所详"。绝不可因为看了后出杰作，就将之前的里程碑著作束之高阁。尤其对中国这样的后发国家而言，更不能限在"第六个包子"的思维误区中。所谓后发优势，无外乎是能更好地以史为鉴，以别人的筚路蓝缕为我们的经验教训。故而，发展是可以超越性布局的，研究却不能偷懒。最多是随着研究的深入，实现阅读、写作的加速度，这是可取的。但怀着投机取巧的心态，误以为后出者为胜，从而满足于只吃最后一个包子，结果必然是欲速不达，求新而不得新。

反观我国的苏德战史研究，恰处于此种状态。不仅新方法使用不多，新史料译介有限，即便是经典著述，亦乏人问津。更值得忧虑之处在于，基础学科不被重视，军事学说研究和严肃的战争史研究长期得不到非军事院校的重视，以致连很多基本概念都没有弄清。

以前述战局、战役、会战为例：

汉语	战局	战役	会战
英语	Campaign	Operation	Battle
俄语	кампания	Операция	Битва
德语	Feldzug	Operation	Schlacht

比如科贝特的经典著作 *The Campaign of Trafalgar*[45]，就用了"Campaign"而非"Battle"，原因就在于这本书包含了战略层级的博弈，而且占据了相当重要的篇幅。这其实也正是科贝特极其自负的一点，即真正超越了具体海战的束缚，居高临下又细致入微地再现了特拉法尔加之战的前因后果，波澜壮阔。故而，严格来说，这本书应该译作"特拉法尔加战局"。

我国军事学术界自晚清以来就不甚重视严肃的战争史研究和精准的学说体系建立。国民党军队及其后身——今日的台军，长期只有一个"会战"概念，后来虽然引入了 Operation 层级，但真正能领悟其实质者甚少[46]，而且翻译为"作战"，过于具象，又易于引发误解。相反，大陆方面的军事学术界用"战役"来翻译苏军的 Операция，胜于台军用"作战"翻译 Operation。因为战役的"役"也正如战略、战术之"略"与"术"，带有抽象性，不会造成过于具象的刻板误解，而且战略、战役、战术的表述也更贯通流畅。但是，在对"战役"进行定义时，却长期没有立足战争史演变的实践，甚至形成如下翻译：

汉语	作战、行动	战役	会战
英语	Operation	Campaign Operation Battle	Battle Operation
俄语	—	Операция кампания	Битва
德语	Operation	Feldzug Operation	Schlacht Operation

但是，所谓"会战"是一个仅存在于国—台军的正规军语中的概念。在我军的严格军事学术用语中，并无此一概念。所以才会有"淮海战役"与"徐蚌会战"的不同表述。实质是长期以来用"战役"一词涵盖了 Campaign、Operation 和 Battle 三个概念，又没有认清苏俄军事体系中的 Операция 和英德军语中的 Operation 实为同一概念。其中虽有小异，实具大同。而且，这个概念虽然包含具体行动，却并非局限于此，而是一个抽象军事学说体系中的层级概念。而这个问题的校正、解决又绝非一个语言问题、翻译问题，而是一个思维问题、学说体系建设问题。

正因为国内对苏德战争的理解长期满足于宣传品、回忆录层级的此亦一是非、彼亦一是非，各种对苏军（其实也包括了对德军）的盲目崇拜和无知攻击才会同时并进、甚嚣尘上。

因此之故，近数年来，我多次向多个出版大社建议，出版一套"东线文库"，遴选经典，集中推出，以助力于中国战史研究发展和军事学术范式转型。其意义当不限于苏德战史研究和二战史研究范畴。然应之者众，行之者寡。直到今年六月中旬，因缘巧合认识了指文公司的罗应中，始知指文公司继推出卡雷尔的《东进：1941—1943 年的苏德战争》《焦土：1943—1944 年的苏德战争》，巴塔的《普鲁士战场：苏德战争 1944—1945》和劳斯、霍特的回忆录《装甲司令：艾哈德·劳斯大将东线回忆录》《装甲作战：赫尔曼·霍特与"巴巴罗萨"行动中的第 3 装甲集群》之后，在其组织下，小小冰人等国内二战史资深翻译名家们，已经开始紧锣密鼓地翻译埃里克森的"两条路"，并以众筹方式推进格兰茨《斯大林格勒》三部曲之翻译。经过一番沟通，罗先生对"东线文库"提案深以为然，乃断然调整部署，决定启动这一经典战史译介计划，并与我方团队强强联合，以鄙人为总策划，共促盛举，以飨华语读者。罗先生并嘱我撰一总序，以为这一系列的译介工作开宗明义。对此，本人自责无旁贷，且深感与有荣焉。

是为序。

王鼎杰[*]

*王鼎杰，知名战略、战史学者，主张从世界史的角度看中国，从大战略的视野看历史。著有《复盘甲午：重走近代中日对抗十五局》《李鸿章时代》《当天朝遭遇帝国：大战略视野下的鸦片战争》。现居北京，从事智库工作，致力于战略思维传播和战争史研究范式革新。

注

1. ［美］T. N. 杜普伊，《把握战争——军事历史与作战理论》，北京：军事科学出版社，2001年，第2页。

2. 同上。

3. ［德］克劳塞维茨，《战争论》，第1册，北京：商务印书馆，1995年，第43—44页。

4. 这就是为什么很多优秀制度被一些后发国家移植后往往不见成效，甚至有反作用的根源。其原因并非文化的水土不服，而是忽视了制度背后的学说创新。

5. 战争结束后美国陆军战史部（Historical Division of the U.S.Army）即成立德国作战史分部［Operational History（German）Section］，监督被俘德军将领，包括蔡茨勒、劳斯、霍特等人，撰写东线作战的回忆录，劳斯与霍特将军均以"装甲作战"（Panzer Operation）为主标题的回忆录即诞生于这一时期。可参见：［奥］艾哈德·劳斯著，［美］史蒂文·H. 牛顿编译，邓敏译、赵国星审校，《装甲司令：艾哈德·劳斯大将东线回忆录》，北京：中国长安出版社，2015年11月第一版。［德］赫尔曼·霍特著，赵国星译，《装甲作战：赫尔曼·霍特大将战争回忆录》，北京：中国长安出版社，2016年3月第一版。

6. 如国内在二十世纪五六十年代译介的《苏联伟大卫国战争史》《苏联伟大卫国战争简史》《斯大林的军事科学与苏联伟大卫国战争》《苏军在伟大卫国战争中的辉煌胜利》等。

7. 此类著作包括古德里安的自传《闪击英雄》、曼施坦因的自传《失去的胜利》、梅林津所写的《坦克战》、蒂佩尔斯基希的《第二次世界大战史》等。

8. Paul Carell, *Hitler Moves East, 1941—1943*, New York: Little, Brown; First Edition edition, 1964; Paul Carell, *Scorched Earth*, London: Harrap; First Edition edition, 1970.

9. Albert Seaton, *The Russo-German War 1941—1945*, Praeger Publishers; First Edition edition, 1971.

10. John Ericsson, *The Road to Stalingrad: Stalin's War with Germany* (Harper&Row, 1975); John Ericsson, *The Road to Berlin: Continuing the History of Stalin's War With Germany* (Westview, 1983).

11. John Ericsson, *The Soviet High Command 1918—1941: A Military-Political History* (Macmillan, 1962); *Panslavism* (Historical Association, 1964); *The Military-Technical Revolution* (Pall Mall, 1966); *Soviet Military Power* (Royal United Services Institute, 1976); *Soviet Military Power and Performance* (Archon, 1979); *The Soviet Ground Forces: An Operational Assessment* (Westview Pr, 1986); *Barbarossa: The Axis and the Allies* (Edinburgh, 1994); *The Eastern Front in Photographs: From Barbarossa to Stalingrad and Berlin* (Carlton, 2001).

12. Earl F. Ziemke, *Battle for Berlin: End of the Third Reich* (Ballantine Books, 1972); *The Soviet Juggernaut* (Time Life, 1980); *Stalingrad to Berlin: The German Defeat in the East* (Military Bookshop, 1986); *Moscow to Stalingrad: Decision in the East* (Hippocrene, 1989); *German Northern Theatre Of Operations 1940—1945* (Naval&Military, 2003); *The Red Army, 1918—1941: From Vanguard of World Revolution to US Ally* (Frank Cass, 2004).

13. 这些翻译成果包括：*Soviet Documents on the Use of War Experience*, Ⅰ, Ⅱ, Ⅲ (Routledge,1997); *The Battle for Kursk 1943: The Soviet General Staff Study* (Frank Cass,1999); *Belorussia 1944: The Soviet General Staff Study* (Routledge, 2004); *The Battle for L'vov: The Soviet General Staff Study* (Routledge,2007); *Battle for the Ukraine: The Korsun'-Shevchenkovskii Operation* (Routledge, 2007).

14. David M. Glantz&Jonathan M. House, *When Titans Clashed: How the Red Army Stopped Hitler*,

University Press of Kansas; First Edition edition, 1995.

15. David M. Glantz, *Stumbling Colossus: The Red Army on the Eve of World War* (Kansas, 1998).

16. David M. Glantz, *Kharkov 1942: Anatomy of a Military Disaster* (Sarpedon, 1998).

17. David M. Glantz, *Zhukov's Greatest Defeat: The Red Army's Epic Disaster in Operation Mars* (Kansas, 1999).

18. David M. Glantz&Jonathan M House, *The Battle of Kursk* (Kansas, 1999).

19. David M. Glantz, *Barbarossa: Hitler's Invasion of Russia 1941* (Stroud, 2001).

20. David M. Glantz, *The Siege of Leningrad, 1941—1944: 900 Days of Terror* (Brown, 2001).

21. David M. Glantz, *The Battle for Leningrad, 1941—1944* (Kansas，2002).

22. David M. Glantz, *Before Stalingrad: Barbarossa, Hitler's Invasion of Russia 1941* (Tempus, 2003).

23. David M. Glantz, *The Soviet Strategic Offensive in Manchuria, 1945: August Storm* (Routledge，2003).

24. David M. Glantz, *The Soviet Operational and Tactical Combat in Manchuria, 1945: August Storm* (Routledge, 2003).

25. David M. Glantz&Marc J. Rikmenspoel, *Slaughterhouse: The Handbook of the Eastern Front* (Aberjona, 2004).

26. David M. Glantz, *Colossus Reborn: The Red Army at War, 1941—1943* (Kansas, 2005).

27. David M. Glantz, *Red Storm Over the Balkans: The Failed Soviet Invasion of Romania, Spring 1944* (Kansas, 2006).

28. David M. Glantz&Jonathan M. House, *To the Gates of Stalingrad: Soviet–German Combat Operations, April—August 1942* (Kansas, 2009).

29. David M. Glantz&Jonathan M. House, *Armageddon in Stalingrad: September—November 1942* (Kansas, 2009).

30. David M. Glantz, *Barbarossa Derailed: The Battle for Smolensk, Volume 1, 10 July—10 September 1941* (Helion&Company, 2010).

31. David M. Glantz, *After Stalingrad: The Red Army's Winter Offensive 1942—1943* (Helion&Company, 2011).

32. David M. Glantz, *Barbarossa Derailed: The Battle for Smolensk, Volume 2, 10 July—10 September 1941* (Helion&Company, 2012).

33. David M. Glantz, *Barbarossa Derailed: The Battle for Smolensk, Volume 3, 10 July—10 September 1941* (Helion&Company, 2014).

34. David M. Glantz&Jonathan M. House, *Endgame at Stalingrad: December 1942—February 1943* (Kansas, 2014).

35. David M. Glantz, *Barbarossa Derailed: The Battle for Smolensk, Volume 4, Atlas* (Helion&Company, 2015).

36. David M. Glantz&Mary Elizabeth Glantz, *The Battle for Belorussia: The Red Army's Forgotten Campaign of October 1943—April 1944* (Kansas, 2016).

37. 格兰茨的研究基石中，很重要的一块就是马尔科姆·马金托什（Malcolm Mackintosh）的研究成果。之所以正文中未将之与西顿等人并列，是因为马金托什主要研究苏军和苏联政策、外交，而没有进行专门的苏德战争研究。但其学术地位及对格兰茨的影响是不容忽视的。

38. Douglas Nash, *Hell's Gate: The Battle of the Cherkassy Pocket, January—February 1944* (RZM, 2002).

39. George Nipe Jr. , *Decision in the Ukraine: German Panzer Operations on the Eastern Front, Summer 1943* (Stackpole, 1996).

40. George Nipe Jr. , *Last Victory in Russia: The SS-Panzerkorps and Manstein's Kharkov Counteroffensive, February—March 1943* (Schiffer, 2000).

41. George Nipe Jr. , *Blood, Steel, and Myth: The Ⅱ. SS-Panzer-Korps and the Road to Prochorowka* (RZM, 2013).

42. David Stahel, *Operation Barbarossa and Germany's Defeat in the East* (Cambridge, 2009).

43. Christopher A. Lawrence, *Kursk: The Battle of Prokhorovka* (Aberdeen, 2015).

44. 普里特·巴塔先生的主要作品包括：Prit Buttar, *Battleground Prussia: The Assault on Germany's Eastern Front 1944—1945* (Ospery, 2010); *Between Giants: The Battle of the Baltics in World War Ⅱ* (Ospery, 2013); *Collision of Empires: The War on the Eastern Front in 1914* (Ospery, 2014); *Germany Ascendant: The Eastern Front 1915* (Ospery, 2015); Russia's Last Gasp, *The Eastern Front, 1916—1917* (Ospery, 2016).

45. Julian Stafford Corbett, *The Campaign of Trafalgar* (Ulan Press, 2012).

46. 参阅：滕昕云，《闪击战——迷思与真相》，台北：老战友工作室/军事文粹部，2003年。该书算是华语著作中第一部从德军视角强调"作战层级"重要性的著作。

前言

现今已经出版了约15000册关于"伟大卫国战争"的书（包括许多可追溯到战时的珍贵读物，尽管有时很难获得），材料并不短缺。此外，还有大量缴获德国军事文件，其中包括的整个"子档案"，有最初从俄罗斯缴获的条目，还有关于苏联军事表现的同时代材料——作战文件、情报评估、战俘审讯和关于红军的数据——以及整个苏联战争努力的情报。虽然这些德国收集的资料为苏联的研究提供了补充和修正，但让我赶紧补充一点，我与许多苏联作品的接触受到我与作者或研究团队（负责许多这类著作）联系或讨论的影响。再次重申，我不打算在这里专门讨论苏联资料的技术性细节，但我要强调下面这些人的专业精神：军事研究人员——举例来说，军事历史背后的队伍中有索科洛夫斯基元帅、罗科索夫斯基元帅和马林诺夫斯基元帅——或普罗埃克托尔这样的个别军官，这里要再次提到苏联科学院通信院士萨姆索诺夫（A. M. Samsonov）教授这样的带头历史学家，教授本人是斯大林格勒战役一本重要著作的作者。尽管将萨姆索诺夫教授与我的任何发现（或观点）联系起来都是不尊敬也不得当的，但若不承认我对他给予的专业帮助，以及我使用一堆书时所获建议的感激之情，就太没有礼貌了。与苏联官方历史学家讨论苏联的发现也令我受益匪浅，他们展现出很强的专业能力，审慎对待原始材料（毫不掩饰地批评了那些未能这样做的人）的可靠性。所有这一切都说明，许多苏联著作远非露骨或简单化的"宣传"（尽管这种有点过时的爱国主义从未彻底消失），《军事历史》（Voenno-istoricheskii Zhurnal）所享有的声誉证明了这一点，该杂志是职业军人和专业历史学家的载体。

我试图在尽可能广阔的背景下展示这些材料，所以不是以单独注脚的形式，而是以苏联记述的比照与总结来组成各章的注释——这是一种反传统的手法，但我希望以此来让那些不熟悉俄语的读者能够深入了解这些苏联研究和回忆录的内容。最后，虽然注释采用了这样的形式，但我允许自己不标明素材以及某处或某段的出处，无论是人、地点，还是情况，都直接取自当事者的记述或当日文件；从任何戏剧性的文学再创作和双方所经历痛苦的意义上说，我都不会假装自己在写"战争书籍"方面有何技巧或特殊造诣。

我要感谢的个人和以前的出版物有很多。在本作最后一卷的混合参考文献中，我希望清楚地表达自己对大量专著和文章的感恩之情，但在这里，我想感谢对这样一项工作而言必不可少的个人和私人协助。我1963年曾在莫斯科与已故的科尼利厄斯·瑞恩（Cornelius Ryan）一起工作，在记录下对他的感激时，我也要向他个人及其工作致敬；提到莫斯科，我就得向所有这些苏联军官表示感谢，其中一些级别很高，还有军事史学家，他们以自己的证言和从收藏中遴选的材料毫不吝惜地帮助我。博尔京（E. A. Boltin）少将热心地阅读、评论了前面几章；萨姆索诺夫教授努力让我跟上苏联著作的进展。至于苏联以外的内容，阿尔文·D. 库克斯（Alvin D. Coox）教授慷慨地贡献了他在日本军务和苏日关系方面的丰富专业知识，我也非常依赖亚历山大·达林（Alexander Dallin）教授和马修·加拉格尔（Matthew P.Gallagher）博士的著作和评论，必须提及我这两位苏联事务领域的美国同事。慕尼黑已故的加莱（N. Galai）是一个拥有宝贵经验和洞察力的人，他在弗拉索夫事件上给予我巨大帮助，这些来自德国的帮助以大量文件、日记和个人记述的形式被我收到。我也必须提及我对艾伯特·西顿上校和他就苏德战争进行的重要研究的依赖。

最后，我还要特别感谢韦登菲尔德&尼科尔森出版社的安德鲁·惠特克罗夫特先生和苏珊·洛登夫人。在这所大学里，K.U.布朗和T.F.菲茨赫伯特小姐长久以来辛勤付出，为我做了不少工作。还要感谢我那些从不吝于伸出援助之手的同事们。从莫斯科到美国的所有这些伙伴都做出了积极有益、必不可少的贡献，至于瑕疵与缺陷，皆是我个人的责任。

约翰·埃里克森

爱丁堡大学

1974年

我在莫斯科构想、策划此书，并立即展开相关工作，到现在已过去整整三十个春秋。

自那以后，我获得了更多俄国档案和出版物，这值得高兴，但并没有明显改变本书所述内容的要点，只是放大了恐怖，令1941年的"突然袭击"和斯大林行为更加扑朔迷离，更犀利地刻画了随后悲剧的细节，并证实了空前的人员伤亡规模。

约翰·埃里克森

爱丁堡大学

1993年4月

导言

关于苏德军事演习

　　1935年冬，苏联第一副国防人民委员、红军军需部部长、战时状态下的武装力量总司令、苏联元帅图哈切夫斯基建议总参谋部举行一次特别军事演习，意在探究德国进攻苏联时将会出现何种态势。这项建议起初没有得到多少支持与鼓励，但最终还是被采纳了。因此，总参谋部作战处副处长（梅热尼诺夫是处长，按例当然是总参谋部副参谋长）G. 伊塞尔松奉命为军事演习起草一份初步方案并准备简报。图哈切夫斯基被一致推举为"德方"指挥，一级集团军级亚基尔（基辅军区司令员）被提名指挥"资本主义波兰军队"，扮演德国的同盟国。

　　在1935年3月29日《真理报》的一篇文章中，图哈切夫斯基已经明确了他对德国战争潜力的看法。图哈切夫斯基就贝当元帅1935年3月《两个世界的回顾》（Revue des Deux Mondes）中的论点指出，法国陆军已经无法在敌人投入强大军队前及时动员。在图哈切夫斯基看来，法国陆军无力积极对抗德军，不过后者的图谋方向主要是东欧。到1935年夏季，德国将有一支849000人的陆军——比法军多出40%，几乎与红军940000人的规模相当。一支强大、正在扩充的空军让已经很强大的陆军如虎添翼。尽管这些数字透露出威胁的信息，但并不能由此辨明德国的战略、战役意图。这也是伊塞尔松构思军事演习时遇到的首批难题之一，因为红军情报部门的负责人S. P. 乌里茨基提供不了多少关于德国意图的具体资料，尤其是无法预测波罗的海国家和波兰在对苏联的联合进攻中如何与德国会合。在1936年就预测德国将把波兰作为一个独立国家予以消灭似乎不太现实，因为波兰陆军部署了约50个师，是红军自己都不敢忽视的威胁。更有可能的是德国软硬兼施，将波兰拉入"军事同盟"，进而将其拖入对俄战争。图哈切夫斯基也认可这种观点，这并不会妨碍或改变他最关心的事，即德军在东面进行一次完全保密的集结。"德方"的主要战略和政治背景就这样设定了。

乌博列维奇一级集团军级（白俄罗斯军区司令员）指挥"红方"军队，他正在制定一份从西德维纳至普里皮亚季沼泽的战略展开计划。"西方面军"被认为是重中之重，没有遇到任何反对，而图哈切夫斯基的方案被耽搁了一个月，直到"上级"为展开军演才予以批准。虽然方案最终通过，但"德方"实际兵力的问题仍然悬而未解。希特勒宣称国防军有36个师，未经证实的报告称另有3个装甲师和一支拥有4000—5000架飞机的空军，除此以外就没有什么可以引证的了。假定德国的动员系数是1∶3，那么总计就有约100个德国师。因此，伊塞尔松的策划团队将50—55个德国师分给普里皮亚季沼泽以北的东部集中之敌。假定有30个波兰师在沼泽以北的苏联西部边境当面展开，这样总计就约有80个师。

出于军演需要，"德国"集结的军队被划分为两个集团军和一支最高统帅部预备队，在涅曼河河口与纳列夫河之间，沿奥斯特罗连科—考纳斯一线展开，主力位于左翼。这些兵团既没有战役计划，也没有既定的推进方向，它们严格按照图哈切夫斯基的要求行动——元帅竭力坚持这样做。只预设了目标，那就是歼灭北面到普里皮亚季沼泽的"红方"，夺取斯摩棱斯克作为进攻莫斯科的出发地域。据此，图哈切夫斯基就他所能部署的"德方"实际兵力持保留意见。他辩称，如果说一战开始时德方能够部署92个师的话，那么这一次将多出一倍，拿出约200个师。如果没有这样的优势，德国断然不敢发动大规模战争。因此，他倾向于将所有80个师都部署到北面至普里皮亚季沼泽之间，且这些全部为德军。当时，这样的观点被认为毫无根据或者更糟——对红军而言，军事行动开始时，这形成了一种严峻（如果说不是不可接受的话）的力量对比。不过，图哈切夫斯基的计划还没有完。演习设想的是从铁路网卸载后再开始展开，而图哈切夫斯基建议他的战役计划——根据真实的演习时间来实行——要阻止"红方"集中，他将抢先开始军事行动。因此，"德方"将以一次突然袭击拉开战役帷幕。

这时，总参谋部参谋长、苏联元帅叶戈罗夫插手了。作为演习导演，他基于"红方"初期动员提出了不同看法。叶戈罗夫不能接受图哈切夫斯基的观点，毫无疑问，他想看到的结果是演习完全证实总参谋部当时制定的红军展开计划。作为导演，叶戈罗夫无条件地取消了德军优势，无论是数量上的还是时间上的，"德方"要在苏方主力完成集结以后才能出现在苏联国境线。用伊塞尔松的话说，图哈切夫斯基的建议"遭到强烈反对"，被完全拒绝了。演习现在按照对等力量在国境线对峙的假设进行，不考虑敌人抢先集结的问题，也不涉及军事行动的实际开始情况。突然性因素被忽视了。这场军演没有任何战略敏感性，只能反映1914年边境会战那种正面遭遇战——不会有决定性的结果。图哈切夫斯基"大失所望"。

图哈切夫斯基这次及以后均未能"直接访问"苏联红军的展开计划，足以反映红军内部因长期竞争与斯大林的渗透导致的分歧与分化。图哈切夫斯基向国防人民委员、苏联元帅伏罗希洛夫递交了一系列关于战略问题的文件，后者的才能不止一次受到质疑。图哈切夫斯基的关注点并不局限于战争能力这些大问题，还包括对新型兵团——机械化兵团、快速兵团和空降兵团的仔细观察，这些兵团在组建过程中得到他的大力支持。1936年9月莫斯科军区演习结束后，他就这次演习提出了下列批评：

> 机械化军在没有获得炮兵支援的情况下就对敌防御阵地遂行正面突破，他们将蒙受巨大伤亡。机械化军行动急躁、指挥不力。机械化军行动未获航空兵支援。空军的部署有些找不着北。信号、通讯工作不力。空投伞兵必须得到战斗机掩护。各部队参谋工作非常薄弱，尤以情报为甚。伞兵跳伞时不带武器。这些问题必须予以纠正。

1936年11月的中央执行委员会（TsIK）第二次会议上，图哈切夫斯基在讲话中公开回应德国威胁的议题：德国地面和空中力量的战备形势，使得苏联西部国境线必须尽快着手设防。他在公开和私下场合抓住一切机会强调这个与日俱增的危险，尽管这只会激怒斯大林，后者正派个人代表前往柏林，表面上是讨论贸易事务，首要任务却是洽谈政治协议的可能性。斯大林派出的"坎杰拉基代表团"将与柏林谈成真正的生意。

也正是在1936年年底，新设立的总参学院刚开始工作时，伊塞尔松（战役学主任）与帕维尔·瓦库利奇（高级战术兵团主任）就学院的工作与图哈切夫斯基交换意见。伊塞尔松向元帅提出三个基本问题：学院的战役作业应该针对哪个潜在之敌？战争开始阶段战役情况是怎样的？开始阶段作战行动的本质是什么，应当考虑哪种类型的作战行动？对于第一个问题，图哈切夫斯基的答案很明确——德国。第二个问题要复杂得多，因为无法根据当前国际形势来预测战争开始时的"具体战略形势"。无论如何，经由集中与展开阶段步入战争的"标准"模式显然已经是过去式了。战争可以由交战国在陆、海、空遂行的，迅速，意在达成突然性的大规模战役拉开帷幕。由此可见，在某些不利的情况下，敌人可能抢在苏联之前，率先展开作战行动。因此，在和平时期必须要采取一些特殊的"战役与动员措施"；边防军必须要维持秘密的战役集团，保持进入战备状态的兵团（掩护集团军），完全有能力在不同方向上转入决定性的、进攻性的交战。这些作战行动肯定会被寄予完全歼灭敌人的厚望，但实际上只能解决初期阶段的相关问题——夺取并经营一条有利的战略防线，作为主力集结的初步阶段。在和平时期，总战役计划只明确总体目标，并在给定的战场分配战略任务。无论如何，这条战略防线的经营是初期阶段的主要目标，这反过来又取决于应在边防军内部秘密组建的战役集团。他们在很大程度上要依靠"筑垒地域"（URS）的配置与边防军战役集群经过挑选的单位，才能在这些被认为是敌方最有可能突破的方向上占据侧翼阵地。图哈切夫斯基这样形容道："筑垒地域"是吸收敌方攻势的盾，而"秘密的战役集团"是发起侧翼打击的锤。

1937年年初，总参学院首届大规模战役作业（专门研究战争初期阶段的集团军级进攻战役）期间，图哈切夫斯基得以进一步提炼他的观点。元帅先是批评了伊塞尔松过分乐观——"胜利的钟声"太容易听到了，然后在提纲中这样总结战争初期阶段军事行动本质的关键问题：

> 战役将比第一次世界大战时更深入、更激烈，其程度难以估量。当时，法国的边境会战持续了2—3天。现在，这样一次战争初期阶段的进攻战役可以持续数周。至于德国大力宣传的"闪电战"，针对的是那些不愿也无法奋战到底的敌人。如果德国遇到一个奋起战斗并主动反击的对手，情况就会大不一样。斗争会更激烈、更漫长，并在双方的前方和

大后方掀起巨大波澜，这是其本质使然。最后，一切将取决于谁在道义上更站得住脚，谁能在战役结束时于纵深布置预备队。

那么这次，这些战役会是阵地战还是运动战？鉴于图哈切夫斯基有一个基本观点，即时间是战争中的决定性因素，因此他的回答并不令人惊讶：

> 总的来说，未来战争中的战役将随着大规模、大范围的机动而展开，其时间跨度也非常之大。即便如此，在这些战役的背景下，作为它们发展进程的一部分，还是会有个别阶段的僵局，无法排除由此造成阵地战的可能性，但也必定不会持续太久。

在一次仅限于指导总参学院参谋的讲话中，图哈切夫斯基元帅用了两小时来详述他的战略及战役思想。刚被学院录取的指挥员学员对此一无所知。总参谋部有责任规划学院课程，但至少从伊塞尔松提供的情况来看，图哈切夫斯基与学院着手检验的战役问题牵涉甚深。

不到6个月后，1937年6月，图哈切夫斯基与乌博列维奇、亚基尔、普里马科夫、普特纳、艾德曼相继离世。不过，就算图哈切夫斯基元帅活了下来，也不能断言说图哈切夫斯基自己或哪怕是连同那些跟他同期离世的同事，就能够于1941年在国境线击退德军，尽管他1936年的预见全部应验了。只提最有名的几位——图哈切夫斯基、叶戈罗夫、布柳赫尔、亚基尔和乌博列维奇，他们是能力出众的人，也是勤于工作和研究的专家，认识到国外军队的发展，迅速抓住了苏联新式武器提供的可能性，但他们在开战时也必然会受到斯大林的影响。图哈切夫斯基1920年就意识到，他在对波兰的战役中所犯的错误不轻，斯大林完全可以就此做点文章。《1936年野战条令》展现的复杂理论与红军在战场上拙劣战术表现之间的巨大落差，非一人之力所能填平。没有什么特别的魔力与这轮大规模人事调整中离开军队的人一起消失，但红军错失了此时最需要进行的重要的技术、战术变革，失去了一个原本能够维持有效军事思考与军事训练的指挥团队，这支团队已经发现改良红军需要的是什么，肯定不必通过苏芬战争这骇人的一课来学习掌控军队的基本课程。那些离开红军的指挥员全神贯注地研究现代机动战争可能的形式，而图哈切夫斯基的后继者缺乏这方面的洞察力，他们缺乏求知欲，这纯粹是因为无论是作为个人还是团队，这些人的才智都很有限。他们高呼口号，但知其然不知其所以然；他们炫耀火力数据，却没有发现本国设计师正在发展的新式武器有何潜力；他们看起来威武雄壮，却不具备起码的军事职业素养。尽管这种愚钝并不限于苏联统帅部，但他们见识过实战中的闪电战后，红军在1941年付出的人员装备方面的高昂代价，就显得更加不可原谅和理喻。

1940年年底及1941年年初又举行了若干次含有苏联遭到进攻这一设定的军演，都是围绕对苏联的假想进攻。接下来的几周里，像是暗中摊牌一样，苏德双方都拟定了志在得胜的对策——无论如何，战争这次真的不远了。1940年7月21日，在一次"元首会议"上，希特勒以幻想和言语凌驾于世界，并授意启动对苏作战的初步研究。

现在，轮到德国指挥官来研究如何突破苏联西部国境线了。哈德尔大将将希特勒的任务交给总参谋部作战处，到8月1日，第18集团军参谋长马克斯少将已拟定了一份初步的作战纲要——"东方作战草案"（Operationsentwurf Ost）。9月初，冯·保卢斯中将接手该计划。到1940年11月23日，首次用于测试苏方可能反应的军演——"1号演习——红方"准备就绪。12月，补给问题在演习中得到了彻底检验，演习清楚地表明，补给工作必须和国防军的作战军队一样周密而灵活。演习开始后的12月18日，希特勒签署绝密的训令（文本只有9份），指示"在一次迅速的运动中征服苏联"。东进战争计划以"弗里茨"和"奥托"这样低调的包装浮现，采用了一个华丽的终极代号，其对中世纪辉煌的追忆透露着傲慢，对中世纪残忍冷酷的暗示透露着险恶，这个代号就是"巴巴罗萨"。

与此同时，莫斯科的苏联统帅部正尝试在军事理论与实践方面实现现代化，他们下手太晚，又存在某种程度上的随意性。最近的苏芬战争及其惨痛的记忆，已经暴露红军大量不容忽视的缺陷，尤其是拙劣的战术表现。除这些教训外，苏联指挥员还必须考虑德军在西方取得胜利的启示，这次大获全胜的装甲军团由苏联首创，1938年被肢解前在红军中地位很高。1940年12月下旬，在莫斯科召集了一次高级研讨会，讨论红军当前的组织架构与主要战术思想。为契合苏联当时的主流思想，大量注意力都放在进攻战役和不间断进攻上，少有留心防御作战的形式。朱可夫将军呈交了关于当代进攻战役的报告，文中突出了装甲兵的作用。唯一的批评来自罗曼年科，他指出，大规模的坦克并不是真正意义上的"装甲军团"。罗曼年科提出组建"坦克集团军"，由至少3—4个机械化军和相应的指挥控制机构，以及有效的后方梯队组成。朱可夫未予理睬，会议也倒向他这一边。看到1942年以后苏联组建了6个坦克集团军，一些人又将他们1940年的发言解释为对"坦克集团军"的支持，这完全是事后诸葛亮，因为关于装甲兵运用的主流观点更像是机械化的骑兵，不具备装甲师那样的合成战役与后勤特征。

研讨会在1940年12月底休会，复会时形式已有所不同，变成了1941年1月第一周周末开始的大规模战争推演。在国防人民委员S. K. 铁木辛哥元帅和总参谋长K. A. 梅利茨科夫将军的监督下，朱可夫将军指挥"西方"军队，对抗D. G. 巴甫洛夫（装甲兵）上将指挥的"东方"军队，巴甫洛夫有时也被称为"苏联的古德里安"，尽管事实证明这是非常错误的比较。这次战争推演的总目标是巴甫洛夫的"东方"军队在筑垒地域实施顽强抵抗，迟滞"西方"军队对普里皮亚季沼泽以北的进攻，从而为他的"东方"军队转入"决定性攻势"创造必要的条件。"苏联的古德里安"尽心竭力，但他万万没想到的是，朱可夫的"西方"军队发动三次强有力的向心进攻，"抹掉"了集结在格罗德诺和比亚韦斯托克的"东方"集团军，打开了通向利达的道路。

盛怒之下，斯大林立即免了梅利茨科夫的职，代之以朱可夫。梅利茨科夫被任命为作训部部长，尽管立即颜面扫地，但他活下来战斗了很长时间。斯大林并不会随意迁怒于人，战争推演中的"胜利"源于高超的机动这种解释并没有给他留下深刻印象，事实上这正是斯大林的观点，他敦促苏联指挥员们再务实一点，不要被关于他们师作战能力的宣传报道误导。机动与重组不是敌人才会进行，哪怕在纸面上也是一样，尽管攻势享有优先权，但苏联指挥员们应当约束他们的鲁莽。最后，斯大林建议指挥西部特别军区的巴甫洛夫密切关注这次战争推演的经验教训。

尽管双方此时的这些"会战"是不流血的，尽管眼下还没有士兵出发，但希特勒与斯大林的对决已经开始。随着重心转向东方，德国的战争机器已经开始滴滴答答地运转，而苏联的装置似乎还在漫无目的地磨蹭着。这些会战本应该是模糊的、象征性的，但在其投射的巨大投影中，尽管尚不清晰，灾难的轮廓已经开始浮现。

*这次苏联战役—战略推演的详细分析见P．N．博贝列夫上校的"推演灾难"（Repetitsiya katastrofy），《军事历史》杂志1993年第6期，第10—16页；第7期，第14—21页；第8期，第28—35页。另见《1941年苏联统帅部战争推演：档案记录》（The 1941 War Game of the Soviet High Command: An Archival Record，莫斯科，俄罗斯国防部档案，俄罗斯国家军事档案: fond 37977），东景出版社，美国明尼阿波利斯：35号文献，计划、参与者、"西方"与"东方"的基本方向，第一次和第二次战争推演，分析文件。关于1941年战争计划，P．N．博贝列夫，《1941年红军总参谋部正在准备什么样的战争？》（K kakoi voine gotovilsya General'nyi shtab RKKA v 1941 godu?），《国内历史》杂志，1995年第5期，第3—22页。

CONTENTS
目录

紧张备战
1941年春季的军事与政治发展

第一章
苏联军事机关：改革与修复
（1940年—1941年）

苏联红军在短暂却异常艰苦的苏芬冬季战争中遭受重创，付出了惨重代价。他们的声誉在这场战争的早期阶段受到了如此严重的损害，以至于最后阶段呈现出复仇与恢复受损荣誉的特点。大量苏联火炮撕开了"曼纳海姆防线"，将防线上的混凝土工事扯出芬兰大地。芬军只得在木制掩体中死战到底，近千辆苏联坦克从他们头顶滚滚而过。最初用于对付非军事目标的苏联轰炸机在解决了技术缺陷、导航失当和作战效率低下等问题后，证明自己可以更加有效地执行对地支援任务。1940年2月，苏联军队吃力地粉碎芬兰防线时，铁木辛哥筹备了最后一次大规模攻势——向维堡的进攻。来自第7集团军预备队的步兵第28军秘密集结，奉命穿过维堡湾的冰面，在维堡以西的西北方海岸建立桥头堡。坦克、步兵和装甲雪橇组成的快速纵队将穿过冰面发起进攻。在这趟可怕的行军中，苏联军队遭到少量芬军轰炸机空袭，但是对冰面的轰炸以及对步兵的扫射，未能阻止这次志在必得的进军。3月初，维堡湾的芬兰人已经势如累卵。地峡集团军的芬军被分割成小股，各营的人员装备损失殆尽。战斗于3月13日结束，这段用刺刀尖挑来的和平，或许比以往任何一次都要勉强。

在海量航空兵的支援下，100多万人、堆积如山的弹药、迷宫阵一样的火炮和强有力的装甲兵团竟被从未超过200000人的芬兰军队挫败、羞辱乃至消灭。战争初期，苏联兵团被分割成小口袋后逐个覆灭。1939年12月，绵延5英里长的步兵第44师前去支援步兵第163师时，被芬兰快速集群切成碎片，制造了骇人的苏奥穆斯萨尔米战场[1]。派去救援的苏联纵队也常遭围困。第8集团军步兵第18师被包围在拉多加湖以北；同样隶属于第8集团军的步兵第168师亦被困住。派去救援步兵第18师的坦克第34旅补给线遭芬军切断，自身也陷入重围。[2]围困持续达54天，直到受困军队在猛烈的攻势下土崩瓦解。这场灾难如此深重，以致苏联军队于1939年12月底彻底重整。不断为芬军机枪手提供充裕目标的步兵集群进攻被叫停；漫无目的的炮火开始被指引到敌军火力点；新赶到的师和援兵投入战斗时，不再对作战环境一无所知；1939式步枪发放给步兵；新型的KV坦克也投入了战斗；雪地车和电动挖掘机械被紧急送往前线。到1940年1月7日，作战指挥班子进行了重组，组建了由铁木辛哥领导的西北方面军，从而削弱了伏罗希洛夫元帅的指挥权，并完全取代了列宁格勒军区司令员梅列茨科夫。

包括苏联统帅部在内，世界各国普遍将苏芬战争看作是对苏联军队军事现代化建设的检测。不过，冬季战争并非1939年开启的唯一一次军事行动，在那个剑拔弩张的夏季，西方陷入终极危机时，苏联军队也在苏联—满洲里边界争议地区哈拉河与日军发生激战。集团军司令朱可夫负责指挥苏联军队进行反攻。1939年8月中旬，他麾下约有500辆坦克，其中包括几辆最新式的A-1型（实验型的T-34）。尽管损失惨重，苏联军队在这座蒙古的"兵器广场"迎战强大的敌军时，还是取得了无可置疑的胜利。装甲坦克兵完成对日作战后赶赴西方，对波兰东部的入侵很快也圆满完成。作为《苏德互不侵犯条约》交易的一部分，苏联进入白俄罗斯西部的"解放行军"似乎没有给军队造成太大负担。然而这不过是表象，在西部特别军区参谋长普尔卡耶夫（M. N. Purkayev）将军撰写的关于向西进军的报告中，强调说这种"新状况"的"负面影响远大于正面影响"。新获取的地区营房建筑不足，航空网还是老样子，而且缺乏混凝土跑道，铁路网完全是一战前夜的水平，道路交通只有两条自东向西的公路堪用，如果德军发动进攻，军区的军队根本没有"筑垒地域"可供退守。设防需要付诸大量的时间和精力，更不用说原材料了。

这在战争初期会造成严重影响。换句话说，苏联红军的西进将自己推到了德国国防军当面，不仅没有带来好处，反倒暂时将自己置于不利境地。1940年夏季，苏联红军进入波罗的海沿岸和比萨拉比亚后，问题更加严重了。这期间，闪电战获得了空前成功，德军饱尝胜利的滋味，苏联红军即便不是不顾一切，至少也是在急切地试图补救对芬战争中暴露出来的作战问题，并将新到手的领土军事化。总而言之，让苏联红军适应战斗、在恰当的地区作战的重任已经落到苏联统帅部的肩头。

斯大林没有军衔或职务，却是苏联红军无可争议的领导者。在刚刚过去的大规模人事调整中，指挥员队伍被一扫而光，所以新指挥层出自他手。（至少目前）躲过上一波人事调整的高层指挥员中，有一个显而易见的特征，那就是都与内战期间就已经声名鹊起的骑兵第1集团军有着千丝万缕的联系。在多年以前的察里津（斯大林格勒），伏罗希洛夫和布琼尼指挥的骑兵第1集团军在斯大林反抗托洛茨基的斗争中给予了帮助和支持。在托洛茨基看来，斯大林挑唆伏罗希洛夫和布琼尼违背中央委员会的军事指令，这在1920年的苏波战争中导致了灾难性后果。斯大林与图哈切夫斯基之间的敌意从此根深蒂固，极大地促成了后者的最终毁灭。1937年以前，伏罗希洛夫一直被图哈切夫斯基及其身边一众天赋异禀的指挥员所掩盖，不过作为斯大林的人，他后来得以掌控苏联的军事建设。内战时期，托洛茨基极度蔑视伏罗希洛夫的军事才能，随后的事件似乎印证了这种负面评价。1928年，伏罗希洛夫平庸的领导遭到苏联军队高级指挥员们的激烈抨击。20世纪30年代初，伏罗希洛夫在机械化兵团的试验阶段就公开反对其组建。1932年，他准备仅设置机械化旅。两年后，附属于苏联国防人民委员部的工农红军总军事委员会（Main Military Soviet RED ARMY）召开讨论军队机械化的特别会议，会上伏罗希洛夫更加明确地表达了自己的看法："在我看来，这样强大的兵团如同坦克军一样，是个非常荒谬的想法，因此我们不应予以理会。"虽然伏罗希洛夫早在1934年就成功放慢了机械化进程，不过5年后机械化军才被解散。除了内战时期结交的军队亲信，斯大林还可以将自己的老熟人调入军队当政委。拖拉机手出身的夏坚科就是其中之一，他前来行使苏联红军中的至高权力；南方面军的另一名政委梅赫利斯似乎综合了极端无能与狂暴易怒的特性，对指挥员队伍保持着一种令人厌恶的冷漠。在确保1937年的人事调整顺利进行，尤其是在（至少在斯大林的眼里，指挥员太容易得到军队政委支持的时候）夺取工农红军总政治部的控制权方面，夏坚科和梅赫利斯都起到了关键作用。不可否认的是，在陷害并最终打倒颇具传奇色彩的苏联远东指挥员布留赫尔元帅的过程中，梅赫利斯拙劣地扮演了胜利者的角色，布留赫尔最终于1938年11月丧命。梅赫利斯以同样的方式在政委和指挥员中拔出"谋逆分子"，夏坚科监控着政治委员们，贝利亚和他的内务人民委员部队指挥员编纂自己的名单，伏罗希洛夫保持着沉默。

就连伏罗希洛夫也无法在苏芬战争之后的动荡中独善其身，公众很可能会私下夸大说苏联军队不再是"不可战胜"了。此外，他显然与战争初期灾难性的失败难逃干系。如果说列宁格勒军区做出了错误的估计，那么苏联国防人民委员部也难辞其咎。从1939年12月起，虽然伏罗希洛夫仍然指导着总体作战方针，但是实际指挥工作已经落到前线指挥员铁木辛哥身上。经过若干次唇枪舌剑的会议之后，苏联国防人民委员部下属的苏联总军事委员会阐明了对芬战争失利的原因。停火后，对各师的调查立即展开并持续至4月底。1940年5月初，"新"的苏联统帅部开始浮出水面。伏罗希洛夫元帅被任命为苏联人民委员会防御委员会（SNK）副主席[3]，不再掌控日常军务。他在苏联国防人民委员部的位置让给了铁木辛哥，这并不意味着骑兵第1集团军的传统被打破，后者也曾在布琼尼麾下担任过骑兵指挥员。不管怎么说，铁木辛哥虽然算不上是个军事天才，但至少接受过苏联军队高级指挥员培训，是一名训练充分的"指挥员—政治委员"。在军队人事调整的关键时期，斯大林任命铁木辛哥为军区司令[4]，关键部门的领导被调走时，他依然能够身居要职。铁木辛哥在苏芬战争中的表现可圈可点，而伏罗希洛夫已经表明自己无力掌控大规模作战行动。如果说铁木辛哥多少算是一名现实主义者的话，他肯定会有这样的想法：必须将苏联军队重新打造成一支作战力量。

这一时期，铁木辛哥、沙波什尼科夫和库利克被任命为苏联元帅。1940年5月7日的这些任命将元帅数量恢复到1937年的5名，尽管其能力已经无法相提并论。沙波什尼科夫是沙皇俄国军队中的一名职业指挥员，1918年志愿加入苏联红军。作为一名训练有素而又能力超群的参谋指挥员，沙波什尼科夫参与过内战期间许多重要军事行动计划的制定。他直到1930年才入党，但后来的军事生涯与苏联战略理念和参谋部职能的发展密不可分。1937年，他成为总参谋部的一把手。在这个位置上，沙波什尼科夫参加了1939年夏末在莫斯科与英法两国毫无结果的谈判，起草了苏联军队占领波兰东部的计划，毫无疑问，苏联军队在苏芬战争后期的改良作战计划背后也有他的影子。沙波什尼科夫经验丰富，权力却相对有限。解散大规模机械化—装甲兵团与协同作战的大趋势背道而驰，但他无力阻止。更有甚者，对于苏联军队在北方和西南方推进至新前线后的部署问题，他的建议也被忽视，这导致了更加严重的后果。沙波什尼科夫的专业水准显然没能盖过列夫·梅赫利斯这种人提出的草率而又愚蠢的意见。

炮兵专家库利克的情况完全不同。他只是一个无名之辈，沙波什尼科夫更多是考虑到他资格较老且服役多年才予以举荐。库利克的主要资本是斯大林在1918年的察里津保卫战期间就认识他，这从根本上改变了库利克的命运。1937年，他成为苏联军队炮兵的最高长官——炮兵总局局长、副国防人民委员。没有其他证据表明库利克适合这一职位。迄今为止，他还没有担任或担负过任何能让他对这些新职责有所准备的职位或责任。库利克很快就插手了国防工业委员万尼科夫1938年提出的火炮发展计划，他要求设计"外形美观的火炮"，这让埋头制定火炮计划的万尼科夫像个傻瓜一样被开除了。不久之后，万尼科夫斗胆反对斯大林的某个建议时，立刻就被逮捕。作为红军炮兵主任、库利克的副手，沃罗诺夫对库利克做出了坦率的评价：

> 库利克无组织无纪律，却自视甚高，认为他的所作所为永远正确。一般很难知道他在想什么、他想要什么以及他的目的是什么。他认为最好的工作方式就是让自己的下属惶惶不可终日。

红军炮兵主任（Nachal'nik artillerii, Head of Artillery）沃罗诺夫与他的委员会为新的火炮设计历尽波折。以76毫米口径的F-22型野战炮为例，测试表明该方案不符合要求。沃罗诺夫来到苏联国防人民委员部，发现根本无人理睬，于是转而求助中央委员会，发现能从那里得到的支持更少。他被告知批量生产已经开始，这种火炮（测试不符合要求的火炮）将进行改进而非废弃。最终，USB型火炮得到改进[5]，为火炮配备机械化牵引设备部分解决了问题。库利克却对此表示反对，他不同意建立专门的工厂来供应这种装备；负责军队机械化—摩托化建设的装甲兵专家巴甫洛夫也支持他的看法。事实上，到1939年为止，乌拉尔还是建立了两座专门工厂，但这还远远不够。

1940年，库利克开始着手进行另一项"实验"。他废除了炮兵主任的职位，并在"三驾马车"——沃罗诺夫、萨夫琴科和格伦达尔的协助下亲自接管这一关键位置，这无疑招致了激烈反对。这样的安排毫无意义也难以为继，它剥夺了专家的权力。格伦达尔既是专家也是指挥员，曾是罗戈夫斯基的副手，1937年以前，后者为整顿苏联炮兵做了大量工作。后来罗戈夫斯基遭到清洗，担任炮兵学院讲师的格伦达尔躲过一劫，他在致力于1938年炮兵发展计划的同时，继续他作为炮兵总局下属炮兵委员会主席的技术工作。苏芬战争期间，他指挥第13集团军于1940年2月—3月粉碎了曼纳海姆防线。格伦达尔曾两次试图改变库利克对炮兵总局"三驾马车"的看法，但库利克拒绝了。此外，炮兵总局是军事科学研究组织领域的领头羊，因此干涉其固有组织职能所产生的影响，将远远超出炮兵领域，这似乎也是库利克铸成的大错。格伦达尔在1940年6月的晋升中成为炮兵上将，尽管已经身患癌症，或许仍不失为一种安慰。他最终于当年11月撒手人寰。

与此同时，五月革命继续进行着。这大体上可以看作是苏联军队经历人事调整的阵痛后进行的重建。此前，将军和海军将军这种正式军衔被视为旧制度的象征予以回避，现在又赋予了新用途。而即将获得这些新奇荣誉的人们发现，"一级集团军级"变成了上将（旧沙皇俄国军队中没有这个军衔）。"铁木辛哥时代"的直接影响就是约4000名指挥员离开劳役或冷板凳，去接管苏联红军的指挥岗位。这多半是因为，单是苏芬战争中指挥员的损失，就为军队提供了足够强的杠杆来撬动摆布军队的政治头目。罗科索夫斯基上校就属于这种情况，他是优秀指挥员经常遭受牢狱之灾的典型。作为内战时期的老兵，罗科索夫斯基在远东战役中任师指挥员，是一名现代作战、机动作战的专家，曾被指控参与"反苏阴谋"。接受一脸讥笑的法官审判时，罗科索夫斯基面前摆着从尤什克维奇那里拿到的"证据"，这确实与他有关。然而被告在震惊之余对此全盘否认，因为尤什克维奇已经于1920年在皮里柯普的一次行动中阵亡了。

罗科索夫斯基上校的案子被驳回重新调查。他得以幸存，1940年6月成为苏联军队479名新授衔少将之一，几个月后将接管一个新组建的机械化军。

6月的晋升涉及约1000名高级指挥员。朱可夫（哈拉河的胜利者）、梅列克茨科夫（他在芬兰的胜利要逊色得多）和秋列涅夫（骑兵第1集团军中的铁杆分子）晋升为苏联红军大将。阿帕纳先科和戈罗多维科夫（内战中担任骑兵指挥员）接过新设立的上将军衔。新晋升的中将里有几人已经在芬兰崭露头角，基尔波诺斯（步兵第70师师长）就是其中之一，还有一些小有名气的军或军区指挥员——科涅夫、瓦图京、叶廖缅科、马兰金、列米佐夫、罗特、索科洛夫斯基、崔可夫（很快就提名为苏联派驻中国的军事顾问）、茨韦塔耶夫、罗曼年科和戈利科夫。刚毕业于总参某部学院、伏龙芝军事学院，或从更严格的意义上来讲——劳动营与审讯室的指挥员，被塞入这支匆忙建成的指挥队伍。从这些少将中脱颖而出的是装甲坦克兵指挥员——罗特米斯特洛夫、罗科索夫斯基、列柳申科和潘菲洛夫。沙波什尼科夫的门徒华西列夫斯基、比留佐夫和安东诺夫也得到升迁。军备和后勤部门也一并进行晋升：费多连科成为坦克兵中将，赫列诺夫晋升为工兵少将，卡扎科夫、戈沃罗夫和莫斯卡连科晋升为炮兵少将。在炮兵总局，像格伦达尔和沃罗诺夫这些库利克元帅的副手被晋升为炮兵上将。

历来命运多舛、大规模人事调整期间指挥员干部损失惨重的苏联海军现在有了海军上将库兹涅佐夫（海军参谋长），加列尔和伊萨科夫（两人都是海军参谋）也晋升为海军上将；特里布茨（波罗的海舰队指挥员）和尤马舍夫（太平洋舰队指挥员）成为海军中将，戈洛夫科（北海舰队指挥员）和奥克佳布里斯基（黑海舰队指挥员）晋升为海军少将。苏联空军新晋升一批中将，其中包括日加廖夫、克拉夫琴科和扎沃龙科夫。前航空兵司令阿尔克斯尼斯并未得到晋升，而是最终被判处死刑，为痛苦的监狱生活做了个了结。这次集体晋升后，清洗与恢复勉强取得平衡，但这并不能让将军们的经验随着星星一起增长。他们身后是新近晋升的上校和他们带的团。红军步兵总监察发现，在他1940年秋季抽取的样本里，225名团长无一完成军事学院的课程，只有25名完成了军校的课程，其余200名仅仅上完初级中尉的课程。有鉴于此，也就难怪沙波什尼科夫元帅会依据参谋业务高压训练课程，以及严厉、冗长的苏芬战争经验教训学习课上的分数，从那些迅速晋升和坐冷板凳的指挥员中拉人了。

红军指战员不得不重新训练。从表面上看，这应该已经认真地进行过了。从4月份开始持续到年底的会议和集会带来了新气象。首场会议由苏共中央委员会召开，自然也是最重要的一次，与会的军队高级指挥员讨论了苏芬战争的结果。然而，这并不是通常字面意义上的"讨论"，斯大林借此机会修正自己的观点，更新他对苏联武装力量的认识。他宣称苏联红军正沿着通往新型、现代化军队的道路大步前行；在冬季战争的战斗中，苏联红军不仅充分了解了芬兰军队，还掌握了其装备、战术，以及培养和武装芬兰人的欧洲列强的战略。对于这样一支遭受重创，自身问题甚至早在1939年向波兰东部的"解放进军"中就已经凸显（应当承认的是，当时看起来还没有那么严重）的军队而言，这起码是夸大其词。以上也是当今苏联历史学家坚持的说法。

事实上，许多人满腹狐疑，然而那些最可疑的问题也很少被讨论。认真审视1940年的"改革"，就会趋于相信这样的观点：大规模人事调整留下的精神负担仍未解除。斯大林的4月讲话后，总军事委员会将注意力转移到训练问题上，这对指挥员队伍而言最为迫切。军事学院的教学大纲和训练科目得到更新，更加强调实地训练。军校里的低级指挥员接受更加严格的指挥训练，并学习使用多种武器装备。总训练训令第120号命令（1940年5月16日）《1940年夏季军队的作战训练与政治培训》着重强调，训练科目要贴近实战，要教会苏联军队需要在战争中了解的东西，并专注于这两方面。基本任务是"时刻准备击退侵略者"。全天候训练、昼夜训练、近战训练、步兵—坦克—炮兵—航空兵协同训练、突击训练（攻克阵地并准备工事）——最重要的是充分训练步兵。通过严格的训练，消除了浪费、残忍而又低效，曾被芬军机枪成片放倒的集群进攻，以及营一级组织不力或师一级缺乏协同的现象。训练重点直指单兵、分队及其在作战中的指挥控制。铁木辛哥坦承"我们已经开始这方面的工作"。在苏芬战争的特殊环境下，机械执行命令的战士往往茫然不知所措，这一点是显而易见的。然而大方向上也有一些问题，这已经让红军战士付出高昂代价。即便是下级官兵的重新训练也并非一帆风顺，很快就有迹象表明这并没有那么成功。到年底，"加强"训练科目就陷入了麻烦。

与此同时，红军战士开始遵行新的纪律条令，这标志着或许可以称作苏式"士气与纪律理论"的现有路线出现重要变化。现在，自红军创建之初就有的"强制"（prinuzhdeniya）概念已经正式隐去。转而依照党员党悟（也就是政治觉悟）的总理论，向战士们灌输自己的战场职责与对社会主义祖国的责任感。从广义上来讲，军队政委的工作，他们进行政治教育的职责，党员作为战斗兵团"中坚"的职能和政治教育的功能，都是官方唯意志论的组成部分。长久以来，平等主义与军事职业化一直被认为是不可共存的，诸如强制性敬礼这类"资产阶级军队"的形式主义已经被废除。现在这些又有所变化，首先是谨慎地引入严格的军事纪律、高压政策和明确的刑罚，其次是带有明显"资本主义特点"的军事礼节和礼仪的创新。重中之重是树立指挥员的权威，他们在军队大规模人事调整期间遭到严厉批判；同样受波及的军队政委也大丢颜面。苏芬战争期间，纪律已经败坏到无以复加的地步。这一问题即将得到彻底纠正。

　　1940年7月，最高苏维埃批准了加重处罚"主动缺席"和开小差行为的条令。8月，发布了修订过的纪律条令（Distsiplinarnyi Ustav）。条令很大程度上反映出"某些官员"的观点，他们的军事生涯始于俄罗斯帝国军队，对旧沙皇军队官兵关系的认知颇为理想化，很难说这种观念在1940年还有多少说服力。1917年以前的沙俄军官团绝不是以往"帝国"认为的那样，是思想进步、称职能干和乐善好施的典范；俄罗斯士兵既不想被他们虐待，也不想成为他们昏庸无能的牺牲品。1940年的法规显著增加了普通战士应受惩处的罪行数量，自此之后，他们必须无条件地服从指挥，执行命令务求及时精确。苏联的纪律素来以"比建立在等级制度上的他国军队纪律要求更加严厉苛刻"而著称，那些与部下打成一片的"自由主义指挥员"指挥员受到上级警告。自己也受纪律约束的指挥员们今后很容易遭到荣誉法庭的约束，这个机构照搬自俄罗斯帝国军队。所有这些审慎的考虑，甚至是陈旧的形式主义，似乎都与铁木辛哥"一切为了个人能动性"的公开声明背道而驰。政委们很快就发现，这些惩罚措施实际上或多或少抵消了他们的努力。

　　纪律败坏亦反映出政治部的堕落。从1937年开始，政治部成为军内的强力镇压部门。指挥员与政委的关系僵持不下。军队政委作为指挥员的监督员，约束着指挥工作，他们作为"助手"协助指挥时，往往只是简单地否决命令。

武装力量的可靠性受到怀疑时，就会实施"政治委员制"——政委—指挥员指挥；着眼于军事效能，且武装力量的忠诚得到一定认可时，就会实施"一长制"（edinonachalie，即不受政委控制的指挥）。1925年—1937年，苏联军队在"一长制"的体制下良性发展。1937年，"政治委员制"随着大规模人事调整建立起来。由高级指挥员及其旁侧的"政治人员"组成的指挥控制机构"军事委员会"，凌驾于主要指挥部和领率机关之上。1937年5月，才华横溢的苏联红军总政治部部长、蓄着大胡子的一级集团军政委级扬·加马尔尼克据称举枪自尽，现在已经晋升为一级集团军政委级、任副国防人民委员的列夫·梅赫利斯坐上了他的位置。与库利克一样，梅赫利斯也是斯大林的故交：继内战中在（对抗弗兰格尔的）南方面军某师担任政委之后，他又与斯大林一同共事于工农检查团，随后又作为斯大林特殊队伍的一员管理党内政治机构。作为斯大林的人，梅赫利斯出任《真理报》编辑。1937年，他抓住一切机会向苏联指挥员公报私仇。1938年5月，梅赫利斯带领一群新任命的政委抵达哈巴罗夫斯克，前来实施阴谋诡计。当年晚些时候，他在远东哈桑湖发生的苏日冲突中首次暴露了自己军事上的无能。梅赫利斯对于正面进攻有一种近乎狂热的偏好，他领导苏联军队迎着高地上的日军机枪火力发起冲锋。梅赫利斯愚蠢而又自欺欺人地吹捧苏联军队的"英勇顽强"，随之而来的是战地指挥员对他卑劣阴险的谴责。梅赫利斯到远东"视察"后不久，布留赫尔元帅被召回莫斯科，而后遇害。梅赫利斯和库利克曾在苏芬战争期间共事，期间苏联军队的伤亡总数难以计数。1940年夏末，梅赫利斯被任命为苏联国家监察人民委员部人民委员，成为拥有广泛权力的总监察长。该职务及其副国防人民委员一职均责任重大，他对苏联军事计划的制定也颇有发言权。然而，梅赫利斯的政委们却由于自己在苏芬战争中的工作而饱受责难。

1940年7月，工农红军政治部（RKKA）重组为红军总政治宣传部（RKKA），随着名称变化，该部门在军队内部的政治工作属性也做了相应调整（8月，苏联海军也进行了同样的机构改组，海军总政治宣传部代替了工农海军政治部）。政治与战术训练联系更加紧密，甚至通过将政治工作带入训练场从而在物质层面上实现了这一点。处理地方党组织问题的7月条令试图纠正新党员胡乱入党的问题。"自愿申请"的原则崩坏已久，冬季战争期间尤其严重。现在，在"爱国主义口号雷动"的地方，政治工作者们转而夸大苏联军队各师取得的战果。正如加里宁（M. I. Kalinin）提出的那样，苏联红军不仅应该知道自己的团番号几何，还要了解它的革命成果。然而，尽管"欢呼声中的爱国主义"（这是高级政治指挥员报告中自创的讽刺性词汇）已经在某种程度上被替代，宣传的基本"路线"还是没有改变，一套陈词滥调替换另一套。让政治工作者越来越多地接受军事训练不可避免地影响了他们的"思想教育工作"。而且，尽管"虚弱之敌很容易就能战胜"这类空洞的废话已经从宣传计划中剔除，还是只字未提潜在的敌人可能会多么顽强。正如越来越严苛的纪律，"政治教育"也开始变得死气沉沉。

政治部门重组之后，紧接而来的8月法令恢复了苏联武装力量的"一长制"。这削弱了政委的控制职能，通过援引指挥员队伍的"发展进步"，该调整在官方的解释中变得合情合理。事实上，这并不像看起来的那样简单。"一长制"的"理论"意味着政治指挥员将成为"负责政治事务的副指挥员"，从而消除复杂的交叉职能。该"理论"也被推广，以求达成"一长制"下"军事与政治领导"的团结协作。还要考虑三个层次上的活动，即战术、战役和战略。从战术层面来讲，指挥员不再受政委的控制，从战役层面上来讲，涉及军区、舰队和主要军事机构时，"军事委员会"仍然存在；从最高的战略层面上来讲，"组织上的指示"（例如总军事委员会）实际上还被强化了。高级指挥员的行动自由没怎么增加，与斯大林相左的观点均遭抛弃和否定。创新行为危机四伏，因为反对而遭殃的情况并不少见。

同样是1940年8月，沙波什尼科夫元帅从总参谋部参谋长的职位上退下，他的健康状况急剧恶化。在战前的最后一个夏天，沙波什尼科夫监督作战训练，监管即将在苏联红军中实行的新野战条令的起草工作。年底，他开始监督国境线的筑垒工作，该项目由一系列的"建设部"（Upravlenii Nachal'nika Stroitel'stva: UNS）和"建设区"组织。斯大林让梅列茨科夫上将代替沙波什尼科夫。新任总参谋长的到来为总参谋部注入乡村血液，给很多观察者留下格格不入的印象。1931年，梅列茨科夫在苏德军事合作项目受训期间展示了自己勤奋好学的一面（尽管他不太愿意与德国人说话），现在作为战略家已经享有一定声誉。与此同时，基尔波诺斯接任列宁格勒军区司令。

梅列茨科夫履职时，留给他们的时间已经不多。红军仍处于扭曲的阵痛与动荡的重组之中，新技术问题重重，组织结构畸形扭曲。斯大林作为神化的俄罗斯军事精神引领者在红军战士中深入人心，他还割裂政治部门以适应自己的观念与偏好，参谋和指挥员们却不得不面对作战方式中闻所未闻而又出人意料的经验教训。德军闪电战横扫英法联军，很快就从根本上改变了苏联对装甲兵组织结构的看法。此外，这也切实增加了制定全面一致军事政策的紧迫性。

斯大林并不打算加入战争，他甚至还未意识到战争的风险。6月底，借任命斯塔福德·克里普斯（Stafford Cripps）爵士为驻莫斯科大使的机会，温斯顿·丘吉尔就德国称霸欧洲的危险性向斯大林发出警告。这对苏联的威胁丝毫不亚于英国。斯大林不为所动，或至少嘴上这样说，他的话由莫洛托夫转述给德国大使。这次谈话最重要的部分是，斯大林坚持是"国家根本利益"而非单纯的"短期形势"将德国和苏联捆绑在一起。如果说斯大林断然回绝了伦敦的话，那么他采用的是这样一种方式，即向德国人做出如下保证：

> 斯大林关注着德国政治，对德国的几位政治家耳熟能详。他没有发现他们有任何吞并欧洲诸国的野心。斯大林不认为德国的军事胜利威胁到了苏联以及苏德友好关系。

德国人也不是没有意识到斯大林的鲸吞蚕食。6月中旬，立陶宛、爱沙尼亚和拉脱维亚在苏联的最后通牒下就范。6月17日，叶廖缅科的骑兵第6军行军135千米后顺利进入考纳斯。列宁格勒军区的军队开入爱沙尼亚和拉脱维亚。斯大林又转向南方，6月26日向罗马尼亚发出最后通牒，要求将布科维纳北部和比萨拉比亚割让给苏联。柏林不愿意看到盛产石油与食物的罗马尼亚尽数落入斯大林手中，只好默许苏联对布加勒斯特提出的要求。在科洛梅，第12集团军司令切列维奇科中将于6月26日22时下达第001号密令，一支"机械化骑兵集群"将进入新领土。配属给第12集团军步兵军的坦克旅负责首日目标，完成任务后将归入各军和各师指挥。这次行动总计动用2个骑兵军、6个坦克旅和1个机械化步兵师。不到一年,苏联军队就通过一系列跃进抵达里加—科维诺—布雷斯特—切尔诺夫策一线。挣脱枷锁的苏联海军得以将基地前移至波罗的海。苏联飞机和机场也可以向西部署到新的战略"前线"。

据德国人计算,1940年7月下旬,苏联红军部署了20个集团军,至少30个军,151个步兵师;9个骑兵军,31或32个骑兵师;6个摩托化—机械化军,36个摩托化—机械化旅。其部署大致如下:

芬兰:15个步兵师

波罗的海沿岸:14个步兵师、3个骑兵师、12个机械化旅

波兰:22个步兵师、4个骑兵师、2个机械化旅

比萨拉比亚—布科维纳:15个步兵师、6个骑兵师、8个机械化旅

基辅、哈尔科夫、敖德萨和克里米亚:20个步兵师、5个骑兵师、2个机械化旅

高加索:3个山地师、1个骑兵师

北高加索:4个步兵师、3个骑兵师

莫斯科:10个步兵师、4个机械化旅

伏尔加:4个步兵师

乌拉尔:3个步兵师

估计罗马尼亚和芬兰将牵制一些苏联师,再考虑远东部署了34个步兵师、8个骑兵师和8个机械化旅,这样一算,苏联可以调来对付国防军的有70个步兵师、23个骑兵师和28个机械化旅。在不远的将来,鉴于芬兰和日本小心谨慎的态度,东线外军处将酌情提高预估的数据。

苏联统帅部受到了苏芬战争的刺激,又被在西方迅速锁定胜局的"闪电战"所震撼,现在开始匆忙反思。斯大林机械摩托化学院的装甲战专家巴甫洛夫上将曾亲自向斯大林汇报他在西班牙的见闻,他无法掩盖自己观点的拙劣之处。装甲师并非空想的产物,于是在7月,骑兵第6军军长叶廖缅科中将突然接到命令从立陶宛前往明斯克,在那里组建机械化第3军。巴甫洛夫上将先前的建议并没有被采纳,大规模装甲兵团被重新组建起来。

许多军事学说的奠基人在1937年—1938年惨遭不幸。科研、实验与研讨活动戛然而止。自1937年图哈切夫斯基颁布《1936年野战条令》之后,许多战

术准则实质上毫无发展。总的来说，未来战争被设想为"帝国主义联军"针对苏联的战斗，由此带来的旷日持久的战争将迫使国家进行总动员。虽然阵地战的时代还未结束，但"技术因素"的重要性将不断增加，借以推动机动作战的规模持续增长。政治因素使得1937年图哈切夫斯基元帅与伊塞尔松会谈时浮现的大致思路搁浅。抛开这个不谈，深受苏联传统影响的理论家们更看重进攻，将攻势摆在首位已经成为信条。20世纪30年代初，苏联军事专家坚持进行他们对现代条件下的"战役法"[6]，尤其是大纵深战役理论形式的调查研究。"战役法"介于战略与战术之间，通常定义为"进行各种类型和规模作战行动的理论与实践"。事实上涉及集团军级和方面军（集团军群）级进攻突破战役的研究。这从一开始就引起了各方对军团组织结构的争论与探讨。在图哈切夫斯基的领导下，苏联军队开始发展出两种集团军，一种是实力较强的快速突击集团军，另一种是在各方面都更加传统的"蒸汽压路机"。图哈切夫斯基敏锐地意识到技术与战术之间的差距需要弥补，这个问题曾招致伏罗希洛夫的激烈指责。1933年11月，伏罗希洛夫对大纵深战役理论进行一番猛烈的抨击后，图哈切夫斯基向他指出：

> 你在革命军事委员会（RVS）全体大会的发言可能会让许多人留下这样的印象，即军队的新装备一日不到，战术就一日不能革新……我决定写信给你，因为这次全体大会结束后指挥员们人心浮动。他们谈论着废除新战术形式及其所有发展成果，因此我在此重申，这与你自己过去经常维护的东西完全矛盾，我决定将由此产生的混乱告知与你……

1937年，这一争论，及其他多个集团军所发生的类似争论戛然而止，但问题依旧。

德国军事观察员指出，他们所说的模式化理论（Schematismus）（当代苏联评论家将其定义为"教条主义"）正是苏联指挥员的主要弱点之一。手册与条令中的指示过于死板教条。即便如此，就对当前作战行动的理解而言，1936年条令仍然打下了坚实的基础，德军迟至1941年末才在报告中描述该条令与时俱进、清晰明确（neuzeitlich, klar und bestimmt）。不幸的是，事实证明这种战术思想与形式太过超前，普通战士和指挥员队伍整体上难以接受。到了1940年，这一问题更加棘手。1936年条令修订版——1939年条令草案正在紧锣密鼓的筹备之中，进攻果不其然成为新条令的主角。敌军发动进攻时，苏联军队将以牙还牙，把战火烧向对方领土。通过完全消灭敌军来取胜，"以较低代价获得决定性胜利"（dostizheniya whiter not pobedy maloi krovyu）。甚至在1937年，该准则就已经让斯大林有足够信心放下敌军进攻或入侵时进行有效游击战的准备工作了。

20世纪30年代初，中央委员会正式向苏联陆海军人民委员部[7]（1934年改组为苏联国防人民委员部）下达指示，研究封锁交通线、组织特殊党员干部担任游击队核心以及建立强大"后方基地"（迄今仍未解密）的计划。在乌克兰军区位于哈尔科夫的司令部，亚基尔命令下属指挥员为"游击队员"制定详尽的训练科目并准备特殊装备。按照设想，游击队的装备很可能包括缴获的武器，因此特别重视外军武器的使用训练。亚基尔、乌博列维奇和布留赫尔在这些计划中各司其职的同时，苏联总参谋部第4局（情报局）科长扬·卡尔洛维奇·别尔津[8]亦不可避免地对这些工作表现出兴趣。别尔津原是拉脱维亚人，青年时期投身于革命运动，1917年作为职业指挥员留在苏联红军服役。20世纪20年代，他成为第4局（苏联红军的情报部门）局长，此外还负责接洽杰出的苏联间谍理查德·佐格尔。1936年—1937年，别尔津前往西班牙负责苏联情报和敌后破坏行动。1938年在斯大林的命令下死于行刑队之手。与此同时，游击战的计划也进入了新阶段。秘密的"后方基地"进行了一定实验，包括联络机和伞兵在内的高速交通手段也投入使用。在早先的讲话中，亚基尔着重指出游击队—伞兵的重要性，并强调说技术进步将大大提升广义上的"游击战"。至于西方面军，在建设"筑垒地域"的同时，还在里面建设了一连串"游击队基地"。然而，斯大林的影响力早在1935年—1936年就已经无法忽视，他更喜欢苏联边界"神圣不可侵犯"的概念，特别是某位苏联游击队训练与布雷专家注意到，图哈切夫斯基在公开讲话中非常不愿提及游击战与苏联国防战备之间的关系。一年多后，防御计划的相关人员被枪毙、囚禁，游击战也就成了纸面上的学术理论。对这一路线转变最中肯的评价或许是1941年6月—7月，游击战势在必行时，首道"作战指令"却不过是1919年内战训令的翻版，故而档案中多有涂抹。

"轻松取胜"的看法同样狂妄无知，并对防御行动的筹划产生了恶劣影响，防御被视作暂时情况，并不适用于整个战略"前线"。因此，防御被正式定义为"配角"，无论是战略防御还是以防御为目的的反攻，都没有得到重视。协助图哈切夫斯基准备"入侵军事演习"的指挥员之一、总参某部学院讲师桑达洛夫上校发现了1937年演习中的这个缺陷。"防御力量"在转入进攻状态之前被完全忽视了。学院在工作中忽视了"动态防御"问题，也忽视了对战争初期阶段的持续研究。再加上对"潜在之敌"愈发低估，对战略部署问题缺乏研究，使得苏联统帅部陷入较大劣势。

"纵深"的原则之前已经用于防御作战的筹划，有准备阵地、障碍物和反坦克障碍物必须到位。防线由（单一梯队的）"支援集团军"与部署在纵深的前线预备队组成。这被认为足以"沿主攻方向"挡住对手。负责防御的集团军应当辖有10—12个步兵师、1—2个坦克旅、最高统帅部预备队的5—6个炮兵团和迫击炮团、5—6个工兵营和1—2个（战斗机和轰炸机）"混成"航空师。不算战区本身，防区的纵深设定为40—60千米，主防线上各师正面宽度在6—10千米之间（第二防线为12—16千米）。苏联红军几乎从未进行这方面的演练，却偏偏采用线性防御，多数师被用于主防区，预备队被调去支援其中某个师。叶罗戈夫在1936年那次流产的演习中采纳过此方案，结果造成了浪费而又低效的"梯次防御"。此时不论防御还是进攻，苏联红军的弱点都被"最佳作战环境"这一设定掩盖了。1936年条令强调"现代防御本质上是对坦克的防御"，1940年计划以及这方面的建议也继承了这一观点。理论上，反坦克防御（PTO）由对敌坦克的炮击和空袭、触发式地雷障碍物、航空兵与炮兵支援下的坦克反冲击以及最后的"反坦克预备队"组成，实践起来却大相径庭。（每千米10门的）反坦克炮密度难以应对100辆坦克的集群进攻，其余的火炮从隐蔽阵地射击，效能将受到极大限制。"防御战"达到高潮时，前线指挥员应当留有足够的预备队发动一次"有力的反攻"，尤其是对疲敝之敌的侧翼进行打击。

进攻行动有充分的理论支撑。尽管规定了纵深配置，以便进攻和扩大战果，但实际上只有两个梯队，因此只好把航空兵和预备队也算进去。"四梯队"组合如下：

第1梯队："航空兵先头梯队"

第2梯队："进攻梯队"（突击集团军的加强步兵军）

第3梯队："突破扩展梯队"（1—2个机械化军或骑兵军）

第4梯队：预备队

每个方面军将得到1—2个"突击集团军"作为突破的主力。"突击集团军"得到特别加强，不具有该特征的军团则被认定为"防御集团军"或"支援突击集团军"。每个"突击集团军"最多编有4个步兵军（12—15个师）、1—2个机械化军或骑兵军、3—4个航空师、10—12个炮兵团，以及步兵支援坦克、工兵和化学营。按照突破战役的标准，密度要达到每千米50—100辆坦克（辅以相同数量的火炮）。将苏联红军指挥员对进攻的要求倒推一下，就不难看出他们防御坦克进攻的思想是多么不切实际。正面攻势纵深达到150—250千米，"突击集团军"攻势纵深达100千米，也就是说每日推进10—15千米（快速军团最多可达50千米）。

苏芬战争推动了一些革新。图哈切夫斯基1936年—1937年间特别强调过炮兵的重要性，这一点终于在突破曼纳海姆防线时显露无遗。小型突击群虽然是应急之作，却证明自己价值无限，用于对付特定障碍的"坦克骑兵"战术在高速推进中非常有效。然而，依赖步兵支援的坦克与火炮仍然无法得到紧密配合。这些经验教训致使苏联步兵进行战术回炉培训，与此同时，多种课程编入了野战条令草案，该条令将在某种程度上取代1939年的版本。与之前仅仅是将敌军逐退的"有限"目标截然相反，现在进攻战役（与之前一样多梯次进行）的目标被定义为围歼敌军。朱可夫在哈拉河旨在包围敌军的作战行动虽然没有完全成功，却依然值得称道。"突击"与"支援"的角色分工照旧，但为维持必要的进攻势头，步兵兵团增加到2—3个梯队。组织防御时，应当特别注意整个防御纵深内的反坦克障碍。坦克与反坦克炮成为最基本的反坦克手段。

1940年8月，修订版条令准备就绪，但还需要继续完善。一个特别委员会进行过多次审查，10月底，铁木辛哥将所有相关工作转交给第一副国防人民委员布琼尼元帅领导的总编委会。梅列茨科夫的副手瓦图京中将、库利克的副手沃罗诺夫炮兵上将、炮兵总局副局长戈沃罗夫少将和总参某部学院的高级讲师卡尔贝舍夫（工程兵）中将负责收尾工作，条令草案一直未能付梓，但至少海军与航空兵手册于1940年面世，暂时弥合了相关缺口。

陆军的大规模人事调整亦祸及海军。决心在潜艇的基础上打造蓝水海军的斯大林以他惯有的方式，摆脱了那些坚持近海防御型海军的人。老一代苏联海军指挥员被湮没，奥尔洛夫、穆克列维奇、卢德里以及舰队指挥员和舰船设计师被枪决。临时代替奥尔洛夫的是海军监察部指挥员斯米尔诺夫；实际权力集中在新成立的机构——海军总军事委员会手中，该部门独立于海军，由斯大林直接领导，日丹诺夫主持工作。1937年出任海军副司令的加列尔升任海军参谋部参谋长。作为一名沙皇俄国海军指挥员，加列尔无法全心全意进入自己的新角色，很快他就不得不鼓起勇气，一边担心自己成为被清洗的对象，一边坚持训练和情报部门必须整合到海军参谋部，不能分散海军的指挥权，好在他成功了。斯大林不断通过检查舰船设计与计划向他施压，造船项目甚至不等最终技术测试完成就开展下去。新型巡洋舰（"夏伯阳"级）[9]、"列宁格勒"级驱逐舰领舰和驱逐舰铺下龙骨，还有更多潜艇（1938年有47艘）开工建造。1939年战列舰项目上马，潜艇数量也在增加。这时加列尔与库兹涅佐夫就新出台的苏联海军作战条令展开讨论，后者最终于1939年3月成为海军司令。正式条令出台之前，几个现实问题已经难以掩盖，特别是海军航空兵问题。斯大林对海军是否需要自己的航空兵表示怀疑。海军参谋部已经不再对此心存幻想，尤其是第二次世界大战开始之后。库兹涅佐夫在很大程度上是依靠加列尔的坚定立场才得以说服斯大林相信苏联海军确实需要海军航空兵，虽然此时攻击机（例如鱼雷机）都还没有研制出来。无论是从技术层面还是操作层面上来讲，苏联海军的职责都是守护苏联海岸线。分析过第一次世界大战和第二次世界大战初期的经验后，加列尔确信海岸防御（Beregova oborona VMF）需要补充海军陆战队、高射炮与地面力量（火炮、坦克和步兵部队），此外还有海岸炮台。沙波什尼科夫元帅不这么看。考虑到这番争论可能会被斯大林提起，海军参谋部准备了自己的说辞。加列尔则"满怀敬意"地接近沙波什尼科夫，凭借自己的执着达成了目的。1940年10月，海军上将伊萨科夫和加列尔的职位发生变动，后者出任副人民委员，领导海军造船项目。加列尔留下了1940年海军临时作战手册。事实证明，相较斯大林"大舰巨炮主义"表现出来的狂妄自大，该条令显然要明智一些。海军将通过在敌侧后登陆、两栖作战和反登陆作战、袭击敌军沿海基地与阵地等方式进行海上支援。在对敌军航线的海上破交战中，潜艇将成为主要武器。苏联海军仍然决心如1937年之前构想的那样，扮演实质上的防守角色。斯大林以削弱指挥层为代价，在水面舰艇部队中树立了威信，或至少为其做了规划。得益于1940年6月那次向波罗的海沿岸的掠夺式突袭，海军拿到了自己的基地。

尽管"条令"仍在修订之中，却已经涉及苏联武装力量组织结构这类基本问题。最重要的是，当局必须对陆军以及航空兵的装备更新做出有效决策。随着斯大林委派以库利克元帅、列夫·梅赫利斯和夏坚科为首的特别委员会监督新装备的采购工作，合理决策的可能性一落千丈。机械化军的重建是一个不幸的案例。由沃利斯基①指挥的苏联红军首个机械化旅组建于1930年年初，后迅速扩编为苏联红军首个机械化军，辖有2个机械化旅和1个步兵旅。1932年，在基辅和列宁格勒组建了另外两个机械化军。随着机械化进程步步推进，伏罗希洛夫的反感也日益增长。巴甫洛夫从西班牙内战中为斯大林带回了第一手资料，表明大型装甲兵团前景不佳，致使坦克营被并入各步兵师和步兵军，坦克旅独立编成，但必须能为步兵兵团所用。到1939年，机械化军被迫解散，最高级别的装甲战术兵团是机械化旅。在两年多的时间里，苏联装甲力量的发展停滞不前，现在机械化军又匆忙组建，而像叶廖缅科这样的指挥员又缺乏相应能力。譬如机械化第3军，叶廖缅科选择维尔纽斯—阿里图斯—乌克梅尔盖地区作为驻地，军部和摩托化步兵第84旅留在维尔纽斯，坦克第5师（师长是旅级指挥员库尔金）集结在阿里图斯一带，坦克第2师（师长是克里沃申上校，副师长是切尔尼亚霍夫斯基）组建于乌克梅尔盖。工兵、步兵、骑兵和炮兵营你争我抢，等待新装备和分配给他们的军属"坦克"和"机械化"单位。在莫斯科，罗曼年科中将着力组建机械化第1军，同时为计划组建的兵团成打地挑选或委派指挥员。

苏联坦克群比全世界坦克力量加起来还要大，但以现代视角来审视就逊色多了。T-26轻型坦克和BT型——BT-7（1935）和BT-7M（1938）是机动性

---

① 原注：1941年，他以少将军衔出任斯大林机械摩托化学院副院长。当年6月接手西南方面军的装甲兵；1942年秋出任机械化第4军军长，该军脱胎于坦克第28军，在斯大林格勒方面军编成内作战。沃利斯基去世于1946年。

出色的装甲作战车辆，在机械化旅担当主力。T-26和T-27轻型坦克、T-28中型坦克和T-35重型坦克都可以追溯至20世纪30年代中期。虽然1939年还批量生产了装备V-2柴油机的型号，但是BT-7M已经为这几个型号的演进画上了休止符，它参加了苏联红军在哈拉河的战斗以及波兰东部的行动。T-28中型坦克有3个炮塔，设计用于突破筑垒地域，苏芬战争后对装甲防护进行了改进，1940年停产，生产周期长达7年。总重50吨，有5个炮塔（装备76.2毫米和45毫米火炮各一门，机枪5挺）的T-35重型坦克虽然未能量产，却苟延残喘到1939年。更先进的坦克于1936年开始研制，两年后原型车准备就绪，T-45-6（T-111）型1937年就采用了可以抵御新型反坦克炮的装甲。两种新设计的重型坦克采用了多炮塔模式。双炮塔型号重约58吨，装甲厚60毫米，配备两门火炮（分别为76毫米和45毫米），对其进行评估与改进之后，科京的团队得出结论，单炮塔坦克比这些巨兽（SMK和T-100型）更有前途。单炮塔、柴油动力的KV-1重型坦克于1939年开始研发，当年12月被苏联红军接受。在不久之前的1939年8月，斯大林和总军事委员会审阅过多种设计方案后，决定继续发展全履带驱动的中型坦克。当时科什金的设计团队正在研制的履带—轮式两用坦克A-20是BT-7M的改进型号，塔尔希诺夫重新设计了独具特色的车体，前装甲的倾斜角度非常合适。装备45毫米主炮的A-30代替了A-20，科什金和莫洛佐夫又进一步推出全履带驱动的T-32。由A-20/A-30/T-32一路发展而来的生产型便是赫赫有名的T-34。

这些坦克极为出色（尽管KV-2要差一些，它狭长的炮塔上安装了一门152毫米榴弹炮），没有将其投产是个大错。1940年只生产了243辆KV和115辆T-34。真正危险的是停产旧装备的同时又无法确保新装备的生产。苏联国防人民委员部还没有对T-34和KV坦克最终拍板，因此其他型号仍然继续生产（它们后来并未取得多大成功）。从前的机械化军辖3个旅，有500辆坦克；重新组建后下辖3个师（2个坦克师和1个摩托化步兵师），纸面上有1031辆坦克。还必须尽快配齐基本的火炮与运输工具、无线电台和摩托车、拖拉机和卡车。

此时道路运输与保障部已经停止运作。苏芬战争期间，该部门组织了100辆卡车的运输队将弹药和补给紧急送往北方。在总参谋部的指示下，嘎斯卡车携带货物途经下诺夫哥罗德—莫斯科—加里宁—列宁格勒前往卡累利阿前线。

年轻的司机们缺乏汽车抛锚的应对训练，零备件匮乏以及严寒等因素减缓了运输队的速度。深知自己满载易燃易爆品的司机们多少有些害怕，为避免撞车，他们不惜常常驶入沟中。为了让补给纵队提速，零备件被转储以便于获取；配置解冻用的热水，十辆"牵引卡车"组成的小分队轮流救援过分紧张或缺乏经验的司机。此后，莫斯科军区参谋长索科洛夫斯基对北上卡车的抱怨就少多了。不幸的是，作为一个独立部门，"汽车运输部"在苏芬战争末期被叫停，这很大程度上要归咎于装甲力量的领导巴甫洛夫。从此以后，装甲坦克部开始处理与汽车运输相关的所有事务。1940年8月前，在总参谋部副总参谋长斯莫罗季诺夫和切特韦里科夫少将[10]出席的会议上正式做出决定。只有总参谋部保留下辖的道路运输局，仅负责动员事务。汽车装甲坦克部〔很快改为汽车装甲坦克总部（Glavnoe Upravlenie Bronetankovykh Voisk），坦克兵少将费多连科任部长〕当然需要运输，但在后方缺乏常设机构的情况下做出这种决定风险极大。这也给军区（或方面军）级别的装甲指挥员平添了负担，他们需要额外负责道路运输的装备获取、人员配置、维修与运转工作。

苏联军用飞机领域也存在组织改革与技术进步的协调问题。与海军不同，红军空军（VVS:RKKA）还不是独立军种，在大规模人事调整期间损失没有海军那样惨重。动荡前的空军已经决定发展远程战略航空兵（TBS），空军参谋长赫里平是该项目的拥护者。苏联设计师拿出了一系列大手笔，或者说巨怪般的飞机，亦是潜在的多发轰炸机，其中尤以ANT（图波列夫）设计局的型号为甚。但苏联派遣航空兵大力支援的西班牙内战似乎表明，远程轰炸机前景暗淡。可能是苏联在西班牙的"航空兵司令"斯穆什克维奇的报告改变了斯大林的想法。苏德双方都意识到，需要专门的飞机来进行战术对地支援行动。Me-109也引起了苏联的高度重视，研发与之相媲美的战机急需更有力的航空发动机。1938年，尽管苏联航空产业还没有摆脱震荡与风险，但是新型战斗机的研发已经步入高速轨道。这一年，轰炸机设计师图波列夫遭到"陷害"，被指控泄露技术机密并遭到监禁，在狱中工作数年之久。正如拉沃契金借上级加里宁被清洗之机高升一样，佩特雅科夫也走到了图波列夫前面。与坦克一样，苏联的飞机保有量也相当可观，1938年就有约5000架飞机，这个数字还在以每年4000—5000架的速度增长。但两者都面临着性能过时的问题。

1939年，对国防工业组织的合理调整也惠及了苏联航空业。组建于1936年、由鲁希莫维奇领导的国防工业人民委员部被解散，新成立的航空工业人民委员部最初由斯大林的"铁腕人物"卡冈诺维奇负责。起码在这个位置上，他没能扛下苏联空军更新装备的巨大压力，1940年9月，卡冈诺维奇让位于沙库林。此时经过（1940年4月的）大规模产业重组，6个经济委员会被置于苏联人民委员会（Sovnarkom）[11]之下，工业生产协作化水平已经大大提高。其中之一是沃兹涅先斯基领导的国防工业委员会。作为一个协调机构，国防工业委员会下辖航空制造、武器、军需品和造船四个部门。1939年9月—10月，防御委员会（Komitet Oborony）已经将所有注意力转移到飞机生产厂和航空发动机制造厂数量的增加，以及东部飞机生产厂的开工建设上。按照计划，机身和发动机装配厂将在1939年—1941年间大大增加。老式飞机仍然占据多数。最常见的是波利卡尔波夫设计的I-16战斗机，该机是西班牙内战、远东战役和中国战场的老兵，又经受了苏芬战争的考验（I-16一直战斗至1943年，承受了德国空军首轮打击）。由波利卡尔波夫I-15演化而来的I-153谢尔巴科夫[12]双翼战斗机于1935年面世。新型战斗机和对地攻击机已经在车间和试验场上排队等候。MiG-1（I-61）战斗机于1940年3月首飞。这是一种敞开式座舱的单座战斗机，时速373千米，最终改进为MiG-3（I-200）。拉沃契金的LAGG-1（I-22）是一种全木制单座战斗机，1939年3月时已经升空；1940年，LAGG-1的强化版LAGG-3投产。另一种单座战斗机，雅科夫列夫Yak-1的原型机I-26在1940年夏季首飞。随后立即投产（为此雅科夫列夫获得了列宁勋章），不过当年只有64架飞机完工。佩特雅科夫的轻型轰炸机Pe-2性能出众，但是出厂速度更加缓慢，1940年只制造了两架。伊柳申的IL-2斯托莫霍克对地攻击机也还没有进入批量生产阶段。不过，侦察机、重型轰炸机、运输机和水上飞机的研制工作还没有取得这样鼓舞人心的设计成果。

在城市防御和军事目标防空方面，苏联军队在西班牙学到了很多东西。对空防御由一个名为"防空总局"（PVO）的机构指挥，该机构负责判断空袭目标的位置，与炮兵总局（GAU）有合作（也有冲突）。20世纪30年代初，"红外线"和"声学"技术亟待研发。1934年1月，炮兵总局与中央无线电实验室（TSRL）达成了"无线电飞机探测技术"的研发协议。中央无线电实验室和列宁格勒电磁物理研究所（LEFI）开始为炮兵总局工作。与此同时，以奥谢普科夫（P. K. Oshchepkov）为首的数名防空总局工程师也开始研究"无线电技术"，尽管炮兵总局1934年就指示科学院开展这项研究了。1936年，炮兵总局得到乌克兰科学院物理技术研究所的协助。然而1935年，苏联红军通信总局局长向图哈切夫斯基抗议说，科研测试（通信）研究所（NIIIS: RKKA）的工作缺乏目的性。后者设法保住了NIIIS项目，但也只是暂时的。与此同时，NII-9（列宁格勒电磁物理研究所的新名称）的邦奇-布鲁耶维奇教授在1936年成功研制出了一台搜索雷达的原型机"风暴"1型，然而不论是探测距离、可靠性还是测角精度都不理想。"风暴"1型缺乏搜索雷达必要的宽极坐标图。炮兵总局局长、二级集团军级指挥员谢佳金（很快就遭清洗）以及1936年接替他的加米涅夫督促研究项目的进行，如果有必要的话，就去"找政府"。一台探测距离为7千米的脉冲型雷达原型机已经完工，用于与防空指挥的观测部门（VNOS）进行协同。

1937年，NII-9的科研活动遭到"调查"，斯米尔诺夫博士被捕，工程师申贝尔被"解除职务"。NII-9的遭遇上报给了新任炮兵总局局长库利克，他对此也无能为力。邦奇-布鲁耶维奇教授又向日丹诺夫求助，可是苏联红军通信总局正在忙于"接管""无线电定位"工作，无暇他顾。"顶点"型雷达日渐成熟，但是探测距离只有3千米，因此只能隔一段时间给出一次目标坐标，不能连续监测，对目标测量进行调整需要38秒钟，也就无法用于高射炮的自动火控系统。几经波折后，NII-9最终恢复了正常科研活动。1939年，苏联国防人民委员部与炮兵总局批准生产3具"风暴"2和"风暴"3系列雷达（后者的测角精度更高，可达1度，探测距离为17.5千米）。通信部工程师们的"列万"型雷达原型机也大有进步，改良后被采用并初步定型为Rus-1；NIIIS的"堡垒"型雷达则于1939年在塞瓦斯托波尔圆满完成测试。

这时，捷尔任斯基炮兵学院声学系理事会介入了防空之争。他们指责说"无线电技术"对防空毫无意义。1940年夏季，为了讨论这些及其他问题召开了一次学术会议，与会者包括无线电专家帕帕列克西（N. D. Papaleksi）院士、声学教授安德烈耶夫（N. N. Andreev）、炮兵总局的火炮委员会（Artkom）主席格伦达尔炮兵上将和苏联国防人民委员部监察员、二级工程师科尔内特斯基。会议没有做出正式或特别决议，而是见证了帕帕列克西教授和安德烈耶夫教授在"高声辩论"中彻底决裂，讨论只得到此为止。1940年6月4日，NII-9接到苏联国防人民委员部的指示，在当年10月1日之前向炮兵总局提交"风暴"2和"风暴"3系列雷达中实测表现最佳的型号。[1]

在战术训练的探索与发展方面，苏联各军事部门都面临着一定压力，但是实践起来参差不齐，缺乏协调配合，从某种程度上来讲理解也不够深刻。采购系统已经瘫痪，生产系统也亟待提速。至于优先级的甄别，必须要澄清这样一个基本因素——在斯大林的眼皮底下，这项工作即便不是寸步难行，至少也是有风险的。

1940年秋季，苏联红军外出演习。当年的夏季演习由于突入波罗的海沿岸和比萨拉比亚的行动而推迟到此时。元帅们倾巢出动，阵容如下：

铁木辛哥元帅

西方特别军区，演习2—3天，团级演习。

基辅特别军区，演习3天，"进攻方"为加强团级演习，"防守方"为加强营级演习，步兵第99师演习3天。

参谋人员演习，演习3天，参演者为步兵第6军和步兵第97师，演练科目为"步兵军突破筑垒地域，机械化兵团随后扩大突破口"。

布琼尼元帅

敖德萨军区，演习2天，射击演习。

外高加索军区，4天射击演练，3天参谋人员演习（包括伞兵），2天团级进攻演习，3天山地兵训练。

库利克元帅

外贝加尔军区，4天渡河演习，2天进攻演习。

西伯利亚军区，加强团级和营级演练。

参谋人员演习，1天。

---

[1] 原注：按照洛巴诺夫将军的说法，苏联防空指挥部在俄罗斯的欧洲部分有25—30部雷达处于运行状态，另有45部送往苏联远东和外高加索地区。1941年6月过后，苏联国防人民委员部发布了关于雷达设备生产工作的《第129号命令》，但是相关工厂的撤退打断了生产工作。1943年6月成立了苏联国防人民委员部下属的"雷达委员会"，SON-2A型雷达亦投入量产。

秋涅列夫将军

莫斯科军区，3天射击演习。

基尔波诺斯中将

列宁格勒军区，2天射击演习和渡河演习。

雷米索夫中将

奥缪尔军区，演习1天。

阿帕纳先科上将

中亚军区，2天山地演练，骑兵兵团和坦克部队学习与骑兵的遭遇战。

施特恩上将

苏联远东军队，强渡阿穆尔河演习3天，射击演练2天。

在伏尔加军区一片简化的筑垒地域上，参谋长戈尔多夫（V. N. Gordov）少将指导为期两天的参谋人员演习，与此同时，方面军司令格拉西缅科监督着某步兵师演习，参演的各加强营分别扮演"进攻者"和"防御者"的角色。

演习遵循最近制定的"方针"，指挥员必须重视单兵训练和小型战术部队的作战行动。"真实的"情报、通信、侧翼与后方保障，简洁明快的命令起草和"各兵种协同"训练为这些战术演习奠定了基调。在德国情报部门看来，对预有准备阵地的进攻与防御这一基本思路"无一例外地"占据了支配地位。被包围的风险已经在芬兰展现得淋漓尽致，显然给苏联指挥员留下了深刻印象，"守军"奉命在前沿阵地消耗"敌军"。"防御地幅"[13]由纵深内的多条"防御地带"组成，演习中示范了这样一种形式：得到炮兵、工兵和"化学武器"分队加强的步兵连部署在这道"栅栏"13千米纵深的5道防线中。

通信工作在这次参谋人员演习中得到了特别重视。鉴于成绩有所进步，布琼尼元帅借此机会表扬了通信兵总监奈焦诺夫中将的工作。在调动演习中，护送与行军纵队在严格的纪律下行动。大范围恶劣天气给铁木辛哥的演习科目平添了更多"真实性"。演习结束后，苏联国防人民委员部论功行赏：足智多谋的步兵第99师指挥员弗拉索夫（A. A. Vlasov）少将从缺乏训练的指挥员中脱颖而出，步入一流指挥员的行列并得到高度赞誉；与此同时，步兵第6军的指挥员们收到了金表，步兵第97师荣获总参谋部"挑战赛奖"。演习闭幕时，苏联军队训练总监部部长库尔久诺夫（Kurdyunov）中将还借机发表了一小段有关修订版手册与规章的"讲话"，这些文件正在准备中，出台后将取代1936年野战条令。

普通战士重新整训，在指挥员方面，中尉以上级别的营长大多进行过很好的"实战"演练，师级和军级参谋在多个军区接受过严格测试。凛冬将至，是时候让高级指挥员接受培训了。

同样是在9月，红军完成训练计划，准备分析训练成果时，斯大林有理由考虑其盟友阿道夫·希特勒的动向了。德军特殊任务集群[14]正在赶往罗马尼亚，在苏联人看来，该集群很可能怀揣着许多"军事目的"。另一方面，德军穿过芬兰领土进入挪威北部。德方照会苏方说这个"德芬协定……内容只涉及技术层面的军事通信问题，与政治绝无瓜葛"。里宾特洛甫承诺，会在一封私人信件中向斯大林解释这一切。他在一封冗长而又乏味的信中做出了充分的解释，斯大林对此满腹狐疑，他关注的事情非常现实，并在早些时候借莫洛托夫之口传达过："你们向罗马尼亚输送了多少军队？"不料，里宾特洛甫反手抛出诱饵，提出了一个"天然的政治联盟"，"只要运作适当"，就可以维护列强们关心的"最大利益"。这些列强显然囊括了德国、意大利、日本和苏联。它们"在世界范围内"的"利益划分"是"至关重要的问题"，需要在高层间进行讨论。莫洛托夫现在要应"帝国政府最为诚恳的邀请"前往柏林了。10月22日，斯大林接见了莫洛托夫，后者将于11月10日—12日之间抵达柏林。里宾特洛甫和莫洛托夫在11月12日当天就进行了会晤；后者对于前者重新划分"利益范围"的诱饵并不感兴趣，并且对这套模棱两可的说辞大为光火。当天晚些时候，莫洛托夫等着会见希特勒。在这次会谈中，莫洛托夫凭借离开莫斯科前斯大林下达的"具体指示"，制止了希特勒滔滔不绝的陈词滥调。12日的会谈几乎陷入了僵局，翌日双方又走到会议桌前。莫洛托夫将话锋转入芬兰问题，打断了希特勒的"感慨"；里宾特洛甫有点徒劳地试图为这场讨论降温；希特勒采取了攻势，他谈到苏芬关系的严峻形势。照这个节奏发展下去，除非转移话题，否则这场会谈势必要彻底失控了。即便如此，肢解大英帝国这个毫无吸引力但元首极为热忱的主题，依旧未能动摇莫洛托夫的立场。莫洛托夫还罕见地嘲讽了一回对方——"直率地"谈论德国为罗马尼亚担保一事。他的发言无懈可击。里宾特洛甫和莫洛托夫在德国外交部的防空洞内继续下一阶段的会晤，在这个多少有些奇怪的场合，里宾特洛甫给莫洛托夫草拟了一份协定草案，这份协定将德—日—意三方协定转变为四国协定，苏联将成为其中的一员。莫洛托夫坚若石墙，不肯做出半点让步。莫洛托夫被里宾特洛甫那"德国人认为对英战争胜局已定"的言论刺痛，他觉得后者"并未对空袭警报感到遗憾"。对莫洛托夫而言，空袭正好为进行一场"马拉松"式的会谈提供了良机，尽管里宾特洛甫有理由认为这场谈判已经令人疲惫得无以复加了。11月26日，斯大林接受了里宾特洛甫拿出的协定草案，但有4个苛刻条件，具体表现为5个（原来是2个）秘密条款，此外，如果土耳其拒绝为苏联"少量海军和地面军队"提供基地，4个签约国就应该"采取军事和外交措施"。就如同1940年6月他的所作所为一样，斯大林的野心正在膨胀。这些额外要求将被写入独立协定。不到两个星期后，元首就下令制定对苏作战计划。

在1940年的最后几个月里，苏联军队指挥层目睹了一次在进步与不足间取得平衡的尝试。1940年12月8日，希特勒发布第21号命令（"巴巴罗萨"行动训令）时，苏联高级指挥员们正聚集在莫斯科，参加总军事委员会特别扩大会议（苏联海军指挥员们也集结起来，参加一系列类似的海军总军事委员会会议）。毫无疑问，是中央委员会的"特派员"递交的紧急报告促成了这有些非比寻常的一步，他们的职能是监管伏罗希洛夫和铁木辛哥的工作交接。红军装甲和机械化兵团的窘况受到了委员会的特别关注，后者有些严厉地评论道：

> 在现代战争中军队的运用方面，国防人民委员跟不上问题的发展，无法就装甲坦克兵、航空兵和伞兵的运用达成共识……在武装力量的总体框架内，坦克和机械化力量的发展落后于装甲兵大规模部署的时代要求……机械化力量比例较低，红军坦克的质量无法令人满意。

这段话一语中的，毫不夸张。

这场指挥员会议从1940年12月中旬持续到1941年1月初，会议日程划分为5个部分依次进行。红军训练工作（包括当年训练的总结和1941年的训练安排）位列首位。在出席的部门首长、军队指挥员和经过挑选的兵团指挥员面前，总参谋长梅列茨科夫将军总结了训练成果。在这一过渡阶段，主要任务是提升步兵的作战灵活性。在防御战术方面，为了将敌军攻势"引"入最适合防御的方向，在他们突入主防线之前用火炮和飞机将其歼灭，苏联将注意力转移到了前沿防区上。尽管苏联军队接受了建立这些前沿防区的训练，但梅列茨科夫强调说，他们没有接受过突破敌军前沿防区的训练，指挥员们也没有对侦察训练给予足够的重视。就各兵种而言，炮兵已经达到了要求（表现最好的是雅克波列夫指挥的基辅特别军区的炮兵）。苏联空军在对地支援方面获得了大量经验。这些经验清楚地表明，飞机可以攻击敌军前沿阵地并支援步兵的进攻。梅列茨科夫注意到了这方面的"进步"。然而空军指挥员们之前对不依赖其他兵种协同，对敌军后方进行独立空中打击展示出"多余的热忱"时，却被泼了一头冷水。

现在，列出事实与数据之后，随之而来的是1941年的训练进度问题。梅列茨科夫提议说，主要问题是为各类行动和各兵种制定深入的战术指导和作战条令，如此一来，应该可以在训练思路和优先级方面达成"共识"。在随后的讨论中，包括步兵总监和训练总监部部长在内的28名苏联将军为1941年的训练日程提出了建议。

第二阶段会议讨论"战役法"的理论问题，会上递交的5份研究报告如下：

朱可夫大将：现代进攻作战的本质

秋涅列夫大将：现代防御作战的本质

巴甫洛夫上将：机械化军在进攻中的运用

雷恰戈夫（航空兵）中将：歼击航空兵在进攻和争夺制空权中的角色

斯米尔诺夫中将（步兵总监）：进攻与防御行动中的步兵师

12月25日—29日这4天时间被用来讨论以上问题。朱可夫在1939年的诺门罕围歼战中取得了辉煌的胜利，他的报告引起了强烈反响。在布留赫尔之后接手远东军区的施特恩上将批评朱可夫将坦克军投入突破地段的时机不当。远东军区参谋长库兹涅佐夫少将也不赞同在多方向上为方面军和集团军引入"突破扩展梯队"（从作战条令来看也就是第三梯队）。至于朱可夫的发言，机械化第1军军长罗曼年科的评论可能更贴近事实：

对于朱可夫同志关于现代进攻作战的本质与动态的研究报告，我不揣冒昧地表达一些疑惑。依我看，这份报告放在1932年—1934年是完全可以的，考虑到当时兵团中装备的承载力相对较低，报告可以反映那段时期的军事水平。但自那时起，形势已经发生了翻天覆地的变化。我们在西方获得的经验动摇这份报告的分析，而依我看，从中得出的结论是错误的。会议发言者已经正确地认定，德军凭借机械化和航空兵兵团完成了进攻战役，但他事实上（konkretno）没有说明德军是如何做到的。首先，我认为最重要的是让指挥员们注意到这样一个事实，那就是德军西线作战胜利的决定性因素是赖歇瑙的机械化集群。这支机动兵团部署在色当以北的那慕尔方向，切断了法军和比利时军队的战线，随后对正在比利时作战的盟军集团军实施了包围。这最终对法国的灭亡起到了决定性作用。

因此，在我看来，必须得出这样的结论，那就是可支配坦克比我们少得多的德军理解了在现代战争中应该由机械化兵团、坦克兵团和航空兵兵团组成突击军团，他们将手中所有的坦克和机械化队伍集中到战役主体，将它们聚集起来，分配以足够独立的、决定性的战役任务。他们通过这种方式获得了重大胜利。

我就此认为，有必要提出和研究突击集团军的组建问题，这种集团军应由3—4个机械化军、2—3个航空军、1—2个伞兵师和10—11个炮兵团组成。我认为，如果能有两个这样的集团军部署在两个方面军的间隙和外侧，它们就可以粉碎敌军正面，让敌军得不到喘息之机，直到我们的战役结束，并将战役层面的胜利发展至战略层面。

罗曼年科做出了自己的结论：

我知道我的提案会招致非议，但恳请你们看在我研究这一课题多年的份上，认真考虑一下。如果我们停止使用由机械化兵团组成且得到强有力的空中支援的突击集团军，我们将发现自己处于不利态势，国家将暴露在危险之中。

这番话确实极富预见性。罗曼年科发现朱可夫报告的其他方面也难以接受，譬如进攻作战的准备期很短，设定为2—3天——明显是太短了，1939年苏联第7集团军进攻卡累利阿地峡失利就是明证。罗曼年科规定了10—15天的准备期。使用机械化军进行突破时，必须考虑到它们的突击纵深可以达到200—250千米。

罗曼年科充分预见到了自己的主张将遭到抨击。反对者中包括戈利科夫（F. I. Golikov），他站出来强烈反对集中使用机械化力量的观点。[①]无论是朱可夫的总结还是铁木辛哥最后的演讲，都没有提及罗曼年科的提案——军长们似乎都充耳不闻。朱可夫论文的"会议通过版本"差不多就是进攻战役结论的摘要，文中评论说战役技术革命（坦克、飞机以及大范围摩托化）丰富了坦克、飞机、火炮和步兵共同参与的进攻战役的形式，不仅削弱了敌军野战工事的作用，而且抵消了当代构筑的多区域防御体系。战术防御阵地的粉碎和强大快速兵团的入侵可以决定性地消灭战役预备队，并使"战役胜利"具备战略意义。一次由地面力量、空降兵和飞机进行的猛烈、突然的打击同样可以消灭整个"战役—战略打击"纵深内的敌军空中力量，并建立空中优势（苏联指挥员在此以这样一种奇特的方式指出了1941年6月降临在他们头上的那场灾难的性质）。

至少在理论上，秋涅列夫将军关于防御的演讲支持"现代"观点，强调在纵深部署多重梯队，以及具有较多坦克和步兵障碍的"多重地域"防御阵地。尽管防御应该兼具"防空"与"反坦克"，但"反坦克障碍"占据了特别重要的地位。巴甫洛夫上将对坦克军作战运用的说明引起了一阵不小的骚动，他现在处在西部特别军区司令的关键位置上，还被打上了"苏联版古德里安"的标签，这多少有点言之过早。参加讨论的叶廖缅科中将赶紧补充说，巴甫洛夫对现代作战行动本质的观点是正确的，凭借火力、机动性、装甲、速度和操

---

① 原注：这是叶廖缅科的说法，然而伊万诺夫（V. Ivanov）将军并未证实叶廖缅科的记述（参见《军事历史杂志》1965年第6期，第73—74页）。按照伊万诺夫将军的说法，戈利科夫只是批评了罗曼年科关于朱可夫的观点适用于1932年—1934年的说法。这次研讨会更注重防御，会议就大规模装甲作战问题达成了一致。伊万诺夫将军也完全否定了这样一种看法，即朱可夫和铁木辛哥的表现表明他们不了解"现代战争中最根本的变化"。不过，叶廖缅科元帅和伊万诺夫将军一致认可这次研讨会的重要性。

纵性，坦克是现代武器中最"时髦"的一种，在令其成为最重要的进攻性武器的同时，还要使它在反冲击中发挥作用。叶廖缅科坚持将装甲划分为两种类型——"常规用途"和"战役—战略用途"（这些单位在1936年野战条令中已有描述）。在前一种用途中，步兵支援坦克将会协助突破敌军防御，跟在后面的步兵会消灭敌军迫击炮、机枪和火炮。不过，叶廖缅科想多讲讲后一种用途。为了粉碎敌军的部署，有必要进行正面突破和纵深突破，这个任务适合让坦克与"机械化步兵、骑兵和航空兵"来执行。然而，这就提出了装甲兵团正面宽度的问题。以2个师行动的机械化军要用14千米的正面来部署他的第一梯队（间隔16—20千米）。这一部署的纵深（师级纵队可达100千米）可以极大地压缩：成四列师级纵队时，100千米可以缩短至25千米，因此分成多列进行接敌运动的机械化军（摩托化步兵）第二梯队占据约16千米，全军总纵深将达到约40千米——此时正面为20千米。

应该在何时部署机械化军呢？一些人认为应在撕开敌军第二道防线之后。叶廖缅科认为这样做会威胁到作战的顺利进行，他认为在防御阵地上打开6千米宽的缺口后，应该立即投入机械化军，以便在应对第二道防线时占据优势。话虽如此，该军突入敌军阵地纵深时，如何加以控制也很重要。叶廖缅科搬出了德军的经验。德军快速兵团突入法国—比利时联军的防线后，向康布雷推进时，在持续超过8个小时的战斗中遭遇了100多辆坦克。德军赢得了战斗，从而展示了他们快速兵团的优势，组织协同不仅到军一级，还延伸到了集团军群一级。盟军缺乏整体、统一的指挥，以及"机械化作战行动"的"具体学说"。这就是苏联红军的教训：

> 我想强调的是，我们需要立即筹备一个此类部门，这样在战时就不会再碰到向西进军解放白俄罗斯时在新格鲁多克（Novogrudek）[15]和沃尔科维斯克（Volkovysk）遇见的那种麻烦，当时骑兵—机械化集群与其他快速兵团脱节，我们费了很多时间才将命令传回行政单位。

叶廖缅科继续长篇大论，指出在指挥控制装甲和机械化队伍行动时，燃料补给是主要问题之一：

我们这里已经谈到空运燃料补给机械化队伍。德军也采用过这一手段。我们已经试过了。我记得我们抵达比亚韦斯托克地域时，油箱中已是空空如也，他们空运来了燃料。佩特洛夫同志的军在格罗德诺（Grodno）附近也遇到了同样的事。他们通过伞降为他投下燃料。我已经从这个问题的实践经验中得出结论，这不是办法，这种措施是非常之举。我们需要能运载20吨汽油的"卡车"，我们还应该设想一种油罐，可以拖在部队后面，满足180—200千米行军所需。这就是解决之法，我们还必须规划燃料补给体系。

装甲兵团用途的多样性得到了承认，不过，正如接下来一系列事件所表现的那样，叶廖缅科正确地强调了作战—补给方面的实际问题，而巴甫洛夫要么忽视了这一点，要么就是以毫无远见的解决方案去冒险。

现在轮到空军了，指挥员雷恰戈夫（P. V. Rychagov）中将进行了作战问题的演讲。雷恰戈夫将注意力集中在5个问题上：对制空权的争夺，为地面行动提供的（战术）空中支援，为军队和目标提供空中掩护，对敌军战术和战略预备队进行空中打击、空降行动、航空侦察和为地面军队进行空运补给。雷恰戈夫提出，在战场上，"战略上的空中优势"可以分配到"战术—战役"级别，如集团军，空中和地面力量的指挥员们对此展开了激烈的争论。科兹洛夫（航空兵）少将和波波夫（M. M. Popov）中将提出了自己的观点，他们强调，"战略优势"属于"最高统帅部和前线指挥部"的职权范围，超出了集团军的指挥权限。空中力量的分散、航空军和航空师的拆散使用遭到了（航空兵）少将克拉夫琴科（G. P. Kravchenko）的猛烈抨击，他曾以少校军衔广泛地参加了1939年的诺门罕空战，表现出色。毋庸置疑，克拉夫琴科已经指出了航空兵问题的要害，很多仍在被固执地坚持的观点开始被更加迅速地投入大熔炉。虽然对独立空中战役的"热忱"遭到"抑制"，但通过对付机场和野战机场来打击敌军空中力量代价高昂、收效甚微这一观点，仍然开始失去它"官方学说"的光环。尽管"战术"和"战略"两方面看起来纠缠不清，但制空权的重要性已经更加受到重视。这显然是克拉夫琴科介入的结果。

压轴的是步兵总监斯米尔诺夫及其关于步兵师作战行动的演讲。斯米尔诺夫强调，在防御行动中，"营防区是防御的基础"，分队指挥员的训练是确保纵深防御稳固的关键；班长和连长扮演的角色越来越重要，所以他们必须为此接受训练。在进攻中，步兵师在撕开主防御阵地时面临着最艰巨的任务，不过在两个炮兵团的加强下，一个步兵师应该能够在长达4千米的正面上达成突破。斯米尔诺夫没有拿出什么新东西，只是阐述了战术教义的几条一般原则，这些内容于1940年收录在了《常规战术》第1—2章中。如果说防御的主旨是营防区，那么作为这一切的基础，火力配系在师一级表现得最为淋漓尽致。尽管"官方"坚持认为对坦克的防御已经变得至关重要，但步兵战术演变自这样的原则——"步兵在防御中最大的对手乃是敌军步兵"。面对坦克集群突击时，45毫米和76毫米师级反坦克炮无法提供足够的火力——在3—4分钟（45毫米火炮每分钟最多可射击60发炮弹，76毫米火炮最多可发射10发）内，达成10次命中才能击毁一辆坦克，在一次坦克"集群"（每千米超过100辆坦克）突击中，每门炮需要击毁3—6辆坦克。以上推论无一经过实际测试，终将成为苏联所有假设中最离谱的一项。

演讲已经步入尾声。为了测试指挥员们，一系列"即兴项目"——两方图上推演——随之而来。与演讲一样，这些演练大抵涵盖了方面军、集团军的进攻、防御战役。据参加了"正面进攻行动"的叶廖缅科回忆，出现在他们面前的状况或许已经被猜到了，那些具备高级指挥经验的人"幸存了"，而那些更年轻的将军[16]则表现得经验不足，这些少校和上校最近才被晋升为少将。在莫斯科训练场和坦克基地进行的检阅，标志着会议已经得出结论，发表演说的铁木辛哥元帅只字未提演讲和演练中出现的矛盾和差异。他的讲话满是"进一步推进""客观和合理的观点"这类措辞，平淡无害得足以刊登在公开出版物上。无论如何，一言以蔽之，他没有做出任何努力来在苏联指挥员队伍中传播会议成果。在指挥员会议前夕，缺乏统一与进步的观点就招致了批评，现在这些观点仍然没有得到落实。表面上，苏联军事思想已经被拉到了一条更加现代化的轨道上，但尽管理论得到了加强，人们却似乎不愿讨论其应用。显然，这很大程度上取决于新装备的质量和数量。通过讨论诸如现代装甲作战这类事项，提出了一些目标，新一代机械化军军长们埋头于眼前的事，比如克服设备短缺，摩托车、卡车、火炮、无线电台、工兵设备——甚至弹药的匮乏。他们考虑德国军队在西线的精彩表现时，也不得不考虑陈旧坦克带来的限制，其发动机故障率如此之高，常常只能运转4个小时。在训练中，已经体现了这一情况的危险和隐患。一场来得如此迅猛，足以令所有置身事外的指挥员措手不及的战斗，将退化成一场盲目、愚蠢、混乱不堪的噩梦。

"苏联红军群龙无首"〔Die（Rote）Armeeist führerlos〕。1940年12月5日召开的会议上，哈尔德上将在历时4小时的入门讲座中所做的这一评论，与更多对苏联装备和总体战备的观察，成为对苏作战准备和计划制定的依据。仍隐藏在"奥托"代号下的进攻计划预计最迟于1941年5月实施。进攻作战的成功不仅取决于理想的天气状况，还取决于双方的实力（不仅是人员，还包括武器装备）对比。哈尔德强调，俄军的武器和法军一样落后。由于俄军缺乏现代化的野战炮，装备50毫米火炮的德军Ⅲ号坦克可以随意行动；只有"装甲薄弱"的苏联军队来对抗德军装甲兵。在一支缺乏领导的军队内作战的"劣等"（minderwertig）俄国人，这种看法是一种军事上的种族主义，纳粹"次等人"（Untermensch）的观念，它们在东方释放出了如此多邪恶。然而，那些第一次世界大战中曾在俄国战斗，现在指挥德军兵团的德国军员们，却有理由考虑俄国士兵的坚韧，他们曾切身领教过这一点。另一方面，苏联红军的"重新定位"不会在1941年春季带来实质性的改善，从而确保了德军在指挥、装备和作战部队方面的优势。一旦俄军被打垮，灭顶之灾就会迅速席卷苏联。为避免一味正面"猛推"俄军的危险，国防军将会把他们分割为孤立的部分，然后通过包围将其扼杀（abwurgen）。切割交通和通信网络带来的混乱曾吞噬波兰，同样的一幕将再次上演。

由金策尔上校的总参谋部情报部门东线外军处的第2科〔Fremde Heere Ost（II）〕编纂，标注日期为1941年1月1日的德军对苏战争调查，披露了苏联军事态势和战备状态的更多细节。这是一系列"背景读物"（Background books）（Orientierungshefte）中的最新一卷，评估了苏联的武装力量和特别军事动态。事实证明，获得可靠而充足的情报是一项艰巨的任务。因此，这项关键任务落在了装备相机进行高空飞行的德军He-111、Do-215B2和Ju-88B飞机的机组成员身上，这些飞机开始进入苏联进行"越境飞行"侦察。德国照相飞机并不是第一个以这种方式获取苏联机密，英国飞机①对巴库油田进行过空中监视，根据苏德协定，燃油从那里输往德国。1941年，从波罗的海到黑海，照相侦察提供了独特而珍贵的情报，不仅包括俄军前沿，还涉及他们的后方纵深。与此同时，更多传统手段也扩充了东线外军处的文件夹。对苏联军力的当前评估勾勒出了一个没有任何具体细节的大致轮廓。德军坦率地承认，他们缺乏有关苏联军队构成的情报。迄今为止，可以证实苏联西部有11个集团军：

北俄罗斯　　　　　3个集团军（第17、第14和第15）

波罗的海　　　　　3个集团军（第3、第8和第11）

西部特别军区　　　2个集团军（第4和第10）

列宁格勒　　　　　1个集团军（第6）

北布科维纳　　　　1个集团军（第12）

比萨拉比亚　　　　1个集团军（第5）

和平时期的苏联红军兵力徘徊在2000000左右（分属于30个步兵军和大约100个步兵师）；进入战争状态并进行总动员后可以攀升至209个师：

第1波　　　　　107个步兵师

第2波　　　　　77个步兵师

第3波　　　　　25个步兵师

作战部队和支援保障部队战时可能将扩张到如下规模：

野战军队　　　　约4000000人

后方勤务军队　　约600000人

内务部军队　　　约1600000人

---

① 原注：保罗·卡雷尔在《东进》（Hitler's War on Russia，伦敦，1964年）第60页宣称，"用U-2进行尝试"的想法源于德国罗韦尔上校秘密航空侦察的成功——特奥多尔·罗韦尔（Theodor Rowehl）是德国空军侦察单位"罗韦尔大队"的指挥员，他的单位从1940年9月21日开始使用特殊改装的Ju 86、He 111和Do 217对苏联境内进行高空侦察。不过，德国人可能受到了早先英国人成功的启发：1940年3月，一架英国洛克希德飞机[17]从哈巴尼亚起飞，对巴库进行了照相侦察；4月又飞临巴统并遭到了射击。[18]这些相片及其详细判读被转交给法国，巴黎被占领时完好无损地落入德国人手中。因此，德国统帅部在如何运用"U-2"上颇有心得。见康斯坦斯·巴宾顿·史密斯（Constance Babington Smith），《相机中的证据》（Evidence in Camera，伦敦，1957年）第6章。

由于苏联在1939年秋季动员的人仍然在服役，保守估计苏联统帅部可在西方部署约121个步兵师。

这份报告仔细审视了苏联空军。在概述了这个以12000—14000架飞机为代表、外强中干的航空巨人之后，德国人的分析结论是，由于苏芬战争的损失和日常耗损，苏联只有4000架状态最佳的飞机可用，其中三分之二是战斗机（1-15和1-16战斗机），在1100座机场中，只有160座可以用于"战术目的"。效率低下的地勤和不尽如人意的情报侦察体系，更加严重地削弱了其总体作战效能。总之，苏联空军不如德国空军。在新式飞机方面，德国人已经听到传闻说有一种新式对地攻击机，但细节尚不清楚。

1939年12月18日，根据希特勒的第21号指令开展宏大的对苏作战计划时，初具轮廓的"奥托"让位于完备明确的"巴巴罗萨"。第21号指令基于已经非常成熟的计划，不仅仅是纲要和提议，还有9页系统的作战意图。像图哈切夫斯基的军事演习中发生的那样，普里皮亚季沼泽对部署形成了分割，还有一点与图哈切夫斯基的看法类似——以两个集团军群构成的主攻方向将落在普里皮亚季河以北。德军歼灭波罗的海地区的苏联军队（并夺取喀琅施塔得和列宁格勒）以后，才会继续夺取莫斯科的攻势。在普里皮亚季以南，第三个集团军群将对准基辅，冲进苏联军队的侧翼和后方，在第聂伯河以西将他们歼灭；再往南，德国和罗马尼亚部队将为主要方向的作战提供侧翼保护，同时沿黑海海岸推进，前往顿涅茨盆地的工业集中地区。

计划一直处于保密状态，不过随之开展了大量而广泛的准备工作，这一开始就在考验德国人的智谋。此时，在统帅部中实际上只有少数人知道接下来的计划；随后，在仅作预防性思考的掩饰下，计划透露给了其他高级指挥官。德国军队不可避免地进入波兰，在一个精心策划的骗局的推进下，兵力显著增长。12月9日，后来承认自己并不支持东线战役的哈尔德恼火地写道，"部署"（Aufmarsch，初期的集结和部署）将会受到铁路运行迟缓的影响。位于西部的师、休整中的师、边境守备单位、装甲师和德国空军编队搭乘大量军列，谨慎且沉稳地进行最后的集结，所有单位都保持警戒状态，前往他们位于东方的新集结地。

1940年的最后几天，国防人民委员部委员铁木辛哥元帅正着手准备国防人民委员部将于1941年1月初展开的两方对抗演习。政治局常委们对其表现出了非比寻常的兴趣，演练意在测试苏联进行大规模战略（进攻和防御）行动的设想，勘察一些潜在的作战地点，了解高级指挥员，进一步调查其能力，并对装甲兵、炮兵和航空兵在现代进攻作战中的大规模部署达成"共识"。在哈尔德和他的指挥员们敲定"东进"（Aufmarsch Ost）的细节时，苏联指挥员们正在吃力地起草训令——关于部队训练的《第30号命令》和关于指挥员训练的苏联国防人民委员部"战役训练"指令。

再过20多个星期，"战役"一词将被不可避免地狠狠扯出其训练环境。

译注

[1]在苏奥穆萨尔米战役中，苏联步兵第44师在被包围近一周后自行突围，该师损失4674人，连同之前被击溃的步兵第163师在内，苏联共损失了7000—9000人，而芬兰仅损失400人。

[2]1940年1月6日，苏联军队步兵第18师、步兵第168师和轻型坦克第34旅分别被包围在莱梅特蒂、乌澳马和基莱蒂地区，步兵第168师始终未被打垮，另外两部于2月底突围，其中轻型坦克第34旅损失了90%的坦克和50%的兵力，步兵第18师损失了8754人，是冬季战争中苏联军队伤亡最为惨重的步兵师。

[3]此处似乎有误，伏罗希洛夫应该是苏联人民委员会副主席和苏联人民委员会直属防务委员会主席。

[4]1937年7月—1938年2月，铁木辛哥先后担任北高加索军区、哈尔科夫军区和基辅特别军区司令。

[5]原文如此，疑似为USV。

[6]战役法（operativnoe iskusstvo），也可译为"战役学"。

[7]People's Commissariat for War and Naval Affairs，1923年由原陆军人民委员部和海军人民委员部合并而来。

[8]他的真名是彼得·库茨（Piotr Kuizis）。

[9]又译作"恰巴耶夫"级巡洋舰（68计划），原计划建造17艘，但是到战争爆发时只有7艘开工，3艘在德军占领尼古拉耶夫船厂时自爆，到1950年方有5艘完成，另有2艘被德军拆毁。

[10]切特韦里科夫少将当时是总参谋部组织部部长（Head of Organisation Directorate）。

[11]Council of Peopled Commissars（Sovnarkom），1923年7月6日—1946年3月14日的苏联中央政府，1946年以后改称"苏联部长会议"。

[12]得名于I-15改进计划的团队负责人阿列克谢·谢尔巴科夫（Aleksei Ya Shcherbakov）。

[13]原文defence zone直译为"防区"但是按照苏联军事百科全书的定义，防区是"为防守具有重要战略意义的政治中心、工业中心、港口和海军基地而组建的临时战役集团"，从下文的描述来看，这里的"defence zone"似乎是指防御地幅中的防御战术地幅，而"intermediate zones"是在防御地幅范围内构筑的防御地带。

[14]这个集群全称为"Deutsche Heeresmission in Rumänien"，1940年9月安东内斯库上台后，在德国的支持下整顿军备，同年11月该集群进驻罗马尼亚，其主要任务是保卫罗马尼亚油田，帮助罗马尼亚军队整军备战，以及准备对苏战争。

[15]此处拼写有误Novogrudek应为Novogrudok。

[16]这里原文是"Generalitet"，是指将军及其等价的军衔。

[17]洛克希德飞机是一架经过特殊改装，没有任何标示的洛克希德M14"超级厄勒克特拉"运输机。

[18]此事发生在4月5日，英国侦察飞机遭遇高射炮火，还有1架苏联战斗机升空，拦截未果。

第二章
"不要惊慌，'老板'一清二楚"

　　12月会议的第一阶段结束后，军级和师级指挥员返回了各部队，集团军级指挥员和方面军参谋留在莫斯科进行这些课题的第二阶段，推演始于1941年1月8日，铁木辛哥元帅提议由他亲自指挥。这些图上进行的"战役—战略演习"在西部和西南部这两处可能的战场进行，参与者在演习的不同阶段变换着他们的角色：在西线的第一轮演习中，（东方阵营）由巴甫洛夫和克利莫夫斯基赫（Klimovskikh）指挥，对阵朱可夫和（波罗的海军区指挥员）库兹涅佐夫；在下一轮演习中，这些人变换了阵营，朱可夫指挥西南线的"东方阵营"，巴甫洛夫指挥那里的"西方阵营"。演习在较为轻松的氛围下进行，各阵营和他们的参谋有足够的时间进行讨论并起草文件，双方都将注意力放在了对敌军主力进行决定性打击的纵深进攻行动上。每个方面军有50—80个师可供调遣，部署在从东普鲁士到普里皮亚季沼泽之间宽广的地域，"敌方"只有微弱的优势（10—15个师）。但双方都没有强大的第二梯队或预备队，假定作战将在单梯队的情况下进行，"主打击线"上的优势将会通过剥离所谓的"不作为区域"来实现。

　　斯大林并未出席这场研究性会议，但他显然决定将这场演习的分析作为某种契机。只有朱可夫专注、有目的地参加了之前的所有会议。高级指挥员们准备离开莫斯科时，他们的命令突然变更，所有国防人民委员、他们的副手、总参谋部参谋长、集团军司令、军区司令、政治局委员和斯大林在政府部门的亲信均于1月13日被召到克里姆林宫。计划的这一变动使得梅列茨科夫表现得笨拙而失败，因为他没有时间来消化演习结果，只能凭记忆讲述，笨拙、支支吾吾地应对斯大林和政治局委员们的不满。紧张不安的梅列茨科夫面对斯大林的愤怒和梅赫利斯的轻蔑时，绝非偶然地感受到了一股凉意。他通过援引修订版《野战条令》的结论开始作答：

> 我们的师远强于德国法西斯军队的师，一对一交手时将毫无悬念地打垮他们，我们从这一现实出发制定条令（Ustav）。防御时我们1个师能抵御2—3个敌军师的冲击，进攻时我们1.5个师就能克服1个敌军师的防御。

梅列茨科夫有些仓促地跳过了演习过程，宣布了演习"结果"：作为"东方阵营"的红方以60—65个师克服了"西方阵营"55个师的防御。这时，斯大林提出了一个问题：军队有多大优势？梅列茨科夫解释道："在兵力上没有总体优势，西方面军的指挥员可以从不作为区域抽调军队，将他们用于突击兵团，以此建立起可以确保进攻作战胜利的局部优势。"斯大林对此极为反感，他指出，"在这几天的机械化和摩托化集团军演习中，局部优势并没有在攻势中确保胜利"，迅速的调动和重新部署可以在极短的时间内抵消这一优势。绝望的梅列茨科夫将话题转向西南方面军的演习，但他又遭到尖锐提问："那边谁赢了？"梅列茨科夫试图避免做出正面答复，但政治局委员们对此心知肚明。他只好说未分胜负。报告进行不下去了，斯大林据此总结道：

> 或许条令是在特定的政治宣传下完成的，宣传强调说我们的1个师在交战中可以对付德国法西斯军队的1个师，我们的1.5个师在进攻中可以突破他们1个师的防御，但是在聚集于此的这群人中，在现有方面军和集团军指挥员的圈子里，我们必须讨论现实中的可能性。

这时可以自由发言了，一位空军指挥员立即抓住机会，批评他们军种在结构体系和官兵训练方面的不足。这类声音并未引起多大反响，西班牙内战的英雄们受到了一些冷遇。最激烈的争吵发生在库利克发言的时候，他力主组建18000人的师，采用骡马化运输——与"机械化集团军"完全背道而驰，坦克和摩托化根本没有进入库利克的视野。在巴甫洛夫指挥西部特别军区后出任装甲兵部部长的费多连科请求更多的现代化坦克，红军现在缺乏的就是这个：应当立即做出决定，提高新型的KV和T–34坦克的产量。如果这意味着超出国防预算分配的额度，费多连科建议通过调节其他兵器（尤其是火炮）的生产来克服。这大大刺激了库利克："火炮将把你的坦克统统打成碎片，为什么要减产？"这未能说服费多连科，他指出坦克也有一门火炮，可以与大炮对射——事实上，它是一种更好的武器，可以机动，不仅拥有一门大口径火炮，还有多挺机枪。"在运动战中，坦克的威力更强。"库利克直截了当地拒绝了费多连科削减火炮经费的主意。大厅中有人无心地随口说了句谚语："每只沙锥鸟（'库利克'作为普通名词讲的时候也有'沙锥鸟'之意）都赞美它自己那片沼泽。"

库利克的发言引起了一阵小小的轰动，他被直截了当地问道："红军需要多少机械化（或坦克）军？"库利克完全没有把握给出答案，回避说这取决于有多少工业企业可以进行生产。斯大林为此斥责了他一顿，并告诉他不要拿生产能力说事。库利克又未能作答。这时斯大林转向铁木辛哥："铁木辛哥同志，军队对机械化和摩托化的意见一天不明确，你就一日实现不了机械化和摩托化。"铁木辛哥抗议说，除了库利克，在座各位都一致认为需要实现机械化，而且只要简单地列举军区司令员的要求，这一点就一目了然了：基尔波诺斯要求得到1—2个机械化军，库兹涅佐夫要2—3个，巴甫洛夫要3—4个，朱可夫要4—5个，（敖德萨军区的）切列维琴科要2个，（中亚军区的）阿帕纳先科要1个。

斯大林已经打断过一次对资源的讨论，在他看来，苏联武装力量正在"温和"地发展，对资源的争论在很大程度上都是"空谈"，武器装备的分配要符合其具体担负的任务和"武装力量的温和发展"。不过，就库利克关于步兵师组织结构的评论来说，斯大林的处理更加有趣，他将库利克对机械化的态度与农业集体化和农业机械化的反对者们进行了比较：

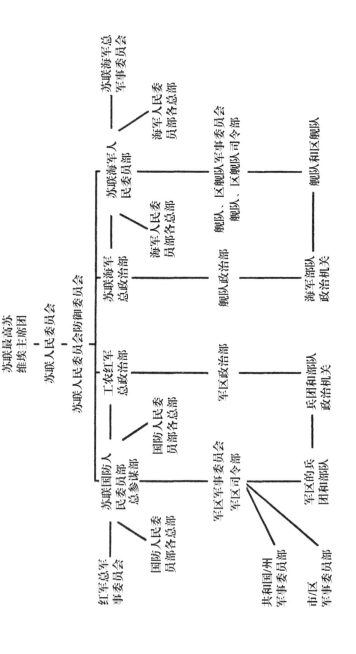

苏联最高苏
维埃主席团

苏联人民委员会

苏联人民委员会防御委员会

红军总军
事委员会

苏联国防人
民委员会
总参谋部

工农红军
总政治部

苏联海军
总政治部

苏联海军人
民委员会

苏联海军总
军事委员会

国防人民委
员部各总部

国防人民委
员部各总部

海军人民委
员部各总部

海军人民委
员部各总部

军区军事委员会
军区司令部

军区政治部

舰队政治部

舰队、区舰队军事委员会
舰队、区舰队司令部

共和国/州
军事委员部

市/区
军事委员部

军区的兵
团和部队

兵团和部队
政治机关

海军部队
政治机关

舰队和区舰队

库利克为多达18000人且采用骡马化运输的师辩护，抨击军队的机械化。政府正在推动军队机械化进程，这一进程将发动机带给军队，但库利克是反对发动机的。他这无异于抨击拖拉机和联合收割机，为木犁和村庄经济独立作辩护。如果政府采纳库利克的观点，在农业集体化的这几年，我应该说我们应当坚持使用木犁，个体经营。

尽管斯大林的话听起来很进步，但一些指挥员私下里肯定还是有所保留，这主要是因为"政府"与国防人民委员部在机械化问题上进行的众所周知的"拉锯战"。斯大林也亲自出席了红军总军事委员会的一次类似会议，1939年11月21日召开的这次会议决定尽快解散所有坦克军。对于提拔库利克这样的人到如此高的职位，斯大林也负有直接责任。一名指挥员至少觉得他这是在为自己辩护。

在他的总结中，斯大林强调"现代战争将会是引擎的战争"，未来的战争很可能在两条战线上进行，在西方是对纳粹德国，在东方是对日本。这左右着苏联军队的配置。不过他并没有提及未来战争的迫切（或不迫切）——只是重申未来的战争在本质上将会是高度机动的。至于步兵师，斯大林建议剪掉它们的"尾巴"，增强其机动性，在大量集团军进行的未来战争中，必须对潜在的敌军形成2—3倍的优势。对于这些充分配备自动武器和多种装备的大量集团军，尤其需要注意他们的补给需求：从广义上讲，补给"必须从我们国家的各个角落流往前线"。应当储存食物，此处斯大林援引了沙俄政府储存面包干的"英明决策"。面包干很轻，可以保存很长时间。谈到这些时斯大林又近乎愉悦起来。"一口茶就着面包干，"他说，"你就有一顿热餐食了。"克里姆林宫大会就此落下帷幕。会议记录从装甲作战车辆一直谈到面包皮。不过在闭幕前，莫洛托夫指责军区指挥员们不懂得自己在战争中的任务。他的话并不中肯，因为没有协调一致的战争计划（它根本不存在），指挥员们必然无法了解这些"任务"。

会议有些混乱地结束了。鉴于库利克的顽固，大部分指挥员都对迅速实现机械化的前景感到悲观。梅列茨科夫就演习所做的杂乱无章的报告令总参谋部指挥员们颜面扫地，作战部已经精心准备了所有材料，在华西列夫斯基和安索夫（Anisov）的协助下，瓦图京中将已经为该报告做了很周全的工作。沙波什尼科夫元帅的态度也非常引人注目，他在这些会议中无精打采地坐着。只是望着邻座，或直勾勾地盯着眼前那排政治局委员，只用表情或轻轻地摇头来表达他对话题转移的不满与焦虑。

不过，这些高级指挥员马上就要受到更多余波的冲击了。斯大林已经宣布重组军区司令员队伍，不过他首先让朱可夫代替梅列茨科夫出任总参谋长，梅列茨科夫被任命为作训部部长。与此同时，之前接替梅列茨科夫指挥列宁格勒军区的基尔波诺斯调职基辅军区，填补朱可夫留下的空缺。为了接替基尔波诺斯，位于远东的波波夫接到命令，交出红旗远东独立第1集团军的指挥权，前往西部；库罗奇金（P. A. Kurochkin）中将被选任为新的外贝加尔军区司令，原指挥官科涅夫接过了北高加索军区的指挥权。科涅夫和叶廖缅科将涉及相对复杂的交叉对调，这表明之前已经考虑过特定的调整，且并不像这次彻底重新洗牌那么激烈。在研讨会当晚，叶廖缅科已经被告知他将最终前往北高加索，但在1月9日，他发现自己的目的地变成了远东，他将在那里接过红旗远东独立第1集团军的指挥权，该集团军即将转变成一个"方面军"。1月15日与铁木辛哥会面后，叶廖缅科开始为派遣做最后的准备。

叶廖缅科获得一个新参谋部，其中包括斯莫罗季诺夫（I. V. Smorodinov）中将，他不久前还是副总参谋长，和梅列茨科夫一样被换掉了，朱可夫让老友索科洛夫斯基（Sokolovskiy）在总参谋部当他的副手。洛莫夫（N. A. Lomov）上校出任雏形阶段的"远东方面军"参谋部作战处主任。正如叶廖缅科最终离开所证明的那样，施特恩上将、布留赫尔元帅的继任者在远东的机遇正在减少乃至湮灭，因此在远东移植一个"袖珍总参谋部"未能给叶廖缅科多大安慰。他遭遇了"总参谋部指挥员"与战地指挥官之间的鸿沟，对总参谋部的拜访也没有平复他的不安。他开始讨论作战计划的时候，总参谋部的反应很冷淡，从作战的角度来看也丝毫不令人满意。叶廖缅科的问题未能得到任何切题的答案，他想知道红旗远东独立第1集团军在战争中扮演何种角色，进攻还是防御？却被暗示，这样的高级机密不能透露给军团指挥员。

1940年夏天，远东的苏联军队完全被忽视，当时正值苏联红军冲进波罗的海国家和罗马尼亚省份。1940年6月9日，苏联和日本正式解决了满洲里—蒙古国边界的大规模军事行动带来的麻烦；1939年夏天在诺门罕发生的战斗是规模最大、流血最多的一次"事件"，在中国与蒙古国漫长边界上的多个地点爆发了激烈冲突。从日军入侵中国东北到1935年，苏联在远东的兵力增长到了原来的3倍——从1931年的6个步兵师增长到1936年的约20个步兵师（还有1000辆坦克和数量相近的飞机）。诺门罕之战又使苏联师的数量不可避免地出现了增长，1939年达到的巅峰状态至少延伸到了1941年春。与此同时，指挥和部署发生了显著变化。早在1935年，布留赫尔全权指挥的红旗远东特别集团军（ODVA）就失去了其西部的单位，它们被用来组建外贝加尔军区[1]。这一变更包含着政治、军事两层含义：如果苏联红军在远东采用进攻计划，外贝加尔的军队就可以直接用于对伪满洲国的日军后方进行机动作战，同时，这也阻止了布留赫尔的力量过分增强，他们是苏联国内仅有的大规模独立军事力量。1938年，随着哈桑湖（张鼓峰）对日冲突结束和布留赫尔被杀，斯大林废除了掌控阿穆尔河和乌苏里江地区的红旗远东特别集团军，在原有的位置上组建了两个集团军——红旗第1集团军（负责乌苏里江地区，集团军司令部设在伏罗希洛夫）和红旗第2集团军（负责阿穆尔河地区，集团军司令部设在古比雪夫卡）。两个集团军都直接受国防人民委员部领导，后者现在紧紧地掌握着全部3个远东指挥部。步兵第57军的行政部门开入了蒙古国，摩托化步兵第36师从赤塔移到了乌法（Ulan-Ude）。1939年夏天，在诺门罕之战中，远东集团军被（临时）并入了一个（施特恩指挥的）方面军，使阿穆尔河和乌苏里江地区处于共同指挥下。战斗结束后，方面军被一个位于哈巴罗夫斯克的区域指挥部代替，用于对阿穆尔河和乌苏里江地区进行"协调指挥"。1940年7月10日，在外贝加尔军区组建第16集团军的决议生效。西西伯利亚军区参谋长卢金（M. F. Lukin）中将接过了新军团的指挥权，其组建工作在约19000平方千米的地区内进行，却只得到了3天时间。在南边，蒙古国的步兵第57军成为第17集团军，也被纳入外贝加尔军区。

为了推动自己的军团成型，刚刚短暂离开去参加12月研讨会的卢金勤恳工作。阿列克谢延科（I. P. Alekseyenko）少将的坦克第5军（随后改编为机械化军，下辖坦克第13师、坦克第17师和摩托化步兵第109师）有300辆坦克，它的存在证明第16集团军不再是一个纸面上的集团军。叶廖缅科于1941年2月

4日早上8时抵达伏罗希洛夫，他发现情况不尽如人意，2月6日与师级和集团军级指挥员的会面揭露出了训练和纪律方面的各种不足。叶廖缅科继承的是一个臃肿而低效的组织，集团军从哈巴罗夫斯克（伯力）一直延伸到符拉迪沃斯托克（海参崴），事实上已经比一个苏联的"方面军"还要大了。5周后（3月18日），从红旗第1集团军中分出了第25集团军，这次合理的调整虽然姗姗来迟，叶廖缅科还是乐见其成，第25集团军接管左边的防区后，他不用再为这一整片宽广的防区承担责任。大约8个月以前，红旗第2集团军就进行了一次类似的重组，当时第15集团军接管了它在阿穆尔河地域的左侧防区。最终，科涅夫前往北高加索的新指挥岗位时，库罗奇金也抵达了赤塔。

不过，在1941年的最初几周，这些指挥上的急速调整继续进行时，苏联红军作为一个整体在势头上还看不出什么变化，在斯大林向指挥员们发表讲话的5天后，训练计划发布了，里面丝毫未提战争的可能性。斯大林自己也只是含糊地提到了这样一种可能。米高扬和施努雷已经于1月10日签署了一份管理（苏联原材料、德国机械）"互利互通"的"第二期"经济协定。一星期后，莫洛托夫以这份协定及友好的暗示，向莫斯科的德国大使冯·舒伦堡伯爵提出"再次转向纯政治问题"的时机已到。在一次乏味的会谈中，莫洛托夫提醒大使，莫斯科仍然在等着德国回复他们的"情况说明"，（去年）11月在柏林的会谈期间，莫洛托夫固执地亲自递交了同样的"说明"。莫洛托夫转向最近的事件，他和驻柏林的苏联大使杰卡诺佐夫（Dekanozov）一样好奇，问起了德国在巴尔干行动的意图。莫洛托夫将"保加利亚和海峡"与希腊一同列为德国可能的目标，他坚持将前两者构建为"苏联的安全区"。1月22日，驻柏林的苏联大使的抗议得到回复；同月23日，冯·舒伦堡向莫斯科的莫洛托夫递交了同样的回复。柏林现在紧紧地将罗马尼亚和保加利亚攥在手里，对苏联的反对充耳不闻；德国在巴尔干的军队集结针对英国，所以，按德国的一面之词，抢在英国之前动手将对苏德两国有利。莫洛托夫已经表明他没有对希特勒和里宾特洛甫的喋喋不休留下深刻印象，他在回复里提道，有必要研判一下形势，然后，"如果有必要的话"，他将"表明态度"。这个沮丧的条件显然表明，迄今为止斯大林尚未做出任何决定，且在自己思想的禁锢下，斯大林未能或拒绝认识德国入侵的严重性。

1940年11月，希特勒和他的指挥官们决定以罗马尼亚和保加利亚为基地，向希腊发起进攻（即"玛丽塔"行动）。英军1941年年初在利比亚的几场胜利使得德国支援意大利的军事介入变得更有必要，所以"向日葵"行动被立即签署，这是一个增援北非意军原始方案的修订版。由于预料到英国获胜后可能会增援希腊，所以德国对"玛丽塔"行动也进行了必要的修订，包括留用原打算用于对苏战役的兵团。"玛丽塔"的成功，取决于与保加利亚就德军基地和德国军队通行权的协议。德国军队进入罗马尼亚已经引起了俄国人的猜疑，此时再接近保加利亚显然会激起苏方的反对。希特勒撤销了此事，以此平息苏联的反对声。希特勒有足够的理由来说服苏联进行最基本的退让，尽管苏联在1939年和1940年结束的贸易协定中已经履行了其义务，而承诺满足苏联要求的德国却未能做到。德国的欠款在不断增加。如果德国和苏联之间的政治合作在1940年11月面临崩溃，这也同样会影响经济关系。斯大林仍然选择在1941年年初摆出一副安抚（如果不是1月贸易谈判中的那种绥靖）的姿态，通过将立陶宛的一块领土赔付给苏联，德国的欠款被（以货币的形式）减半。正如施努雷谈及他们时所说的那样，苏联向德国的交付"实质性地支撑着德国的战时经济"，虽然交付实际上已经于1940年年底停止，不过——不可或缺的粮食和石油——将再次开始流入。1月的协定凸显了一种苏方特有的主动权，莫洛托夫通过援引协定强调了这一点，他评论说政治问题可以再讨论。一方面，斯大林表现出抵触情绪；另一方面，他又表现出妥协与让步。在纳粹德国与苏联之前的所有往来中，贸易杠杆都被用来撬动政治的大门。斯大林显然在试图复制这个迄今为止仍然有效的技巧。他此时的让步足够真实，而抵触则不明确或流于表面。然而，正是后者助长了希特勒的势头，在1月8日的海军会议上，元首火冒三丈地宣称斯大林背信弃义。具有讽刺意味的是，他还斥责斯大林是一个"冷血的勒索犯"。

德军在巴尔干的动向显然令斯大林生疑，他通过莫洛托夫尽可能地向德国人表明这一点。然而到1941年1月，"巴巴罗萨"的消息已经通过一条迂回曲折的途径向他传来了。1940年8月，第一份对苏作战计划开始制订后不久，位于柏林的美国商务专员山姆·伍兹（Sam E. Woods）就获得了一个了解德国核心军事机密的反纳粹官员提供的证据。伍兹还得知了德国将苏联分割成小块以便进行经济掠夺的计划。这样一份爆炸性的军事和政治情报落入一名商务专员手中，显然是不合情理的，特别是伍兹自己也不可避免地对此持怀疑态度，完全未予采信。1941年1月初，伍兹将他的消息连同德国进攻计划的细节一并发往华盛顿。这份报告最终出现在了FBI手中，以便充分评估其真实性。科德尔·赫尔在一份对伍兹报告的冗长评估中警告说，这有可能是德国的"假消息"。在适当的时候，美国国务院会将其如实告知苏联，德国计划东进的情报被外界获得的情况，这是有据可查的第一例。

斯大林在柏林情报界或更多领域并不缺乏机构，从某种意义上讲，很难看出"外交"终于何处，"情报"始于哪里，这一点在人员安排方面体现得最为明显。从表面上看，驻柏林苏联大使馆的杰卡诺佐夫大使（他最近才抵达柏林）和科布利诺夫（Kobulov）顾问是卑鄙虚伪的贝利亚的手下，那个格鲁吉亚人接替叶诺夫（后者也成了自己出力最多的大清洗的牺牲品）执掌内务人民委员部。杰卡诺佐夫在"投入"外交领域前担任内务人民委员部情报部门的负责人。他和贝利亚、斯大林一样是格鲁吉亚人，科布利诺夫也是。这并不是什么新鲜事，斯大林长期以来一直显示出以格鲁吉亚特使进行秘密外交冒险的偏好。在苏联新闻通讯社塔斯社"新闻工作者"的协助下，科布利诺夫着手编织了一张延伸至波兰和捷克斯洛伐克的间谍网。这些活动在内务人民委员部一个总局级领导部门的支持下进行，即国家安全总局（Glavnoe Upravlenie Gosudarstvennoi Bezopasnosti，GUGBEZ）。1941年1月底，大概是为了进一步整合情报机构，这些网点被剥离出（贝利亚领导的）内务人民委员部，成为梅尔库洛夫（V. N. Merkulov）领导的一个独立实体NKGB（国家安全人民委员部）。在总参谋部的组织体系内，同样负责国外情报活动的"军事情报部"（Glavnoe Razvedyvatel'noe Upravlenie，GRU）已经在清洗中遭受重创。不过，该部门继续运作着一个国外网络，此外还有更多外交使团专员和评估员的"常规"渠道，理查德·佐尔格正是他们中的一员。这两个情报机构——内务人民委员部（NKVD）的外部分支和总参谋军事情报部（GRU）的国外机构——获得的情报最终传递到庞大的中央情报部，该部门由政治局直接领导，但更确切地说它已变为只为斯大林一人服务的秘密秘书处。信息流从多个斯大林可以控制的来源流入，在他的个人意志下转向或停止。

1941年2月，在全联盟共产党（布尔什维克）第十八次代表大会上，马林科夫（Malenkov）进行了一次冗长的讲话，全面声讨了苏联工业领域上下的官僚主义作风和效率低下。只提出提案是不够的，必须针对这些现象做出决议。不过，斯大林体制不利于任何创新性活动，或者说莽撞蛮干的人绝对无法掌权。大会在客观地强调国防工业的发展快于工业部门整体发展的同时，也指出了在原材料、燃料、工具生产方面的缺陷。苏共决心消除"怠惰"，在消化吸收1940年经济活动成果的同时，定下了1941年的新任务（生铁产量提高到18000000吨，钢产量提高到22000000吨以上，滚轧金属提高到15000000吨以上）。更大的工业投入可以追溯到1940年秋，当时规定了更严格的劳动条例和更长的劳动时间——由此开始了与"怠惰"的斗争。1940年春，在一次十分必要的工业"合理化改革"中，尝试引入了6个经济委员会，其中一个是沃兹涅先斯基领导的国防工业委员会，他在党代表大会上做了关于1941年经济计划的报告。这份报告实际上是表面文章，主要内容是广泛宣传的"动员准备"。然而在当年12月的军事会议上，指挥员们仍在请求得到新坦克和新飞机。

欧洲战事开启后，苏联政府就十分关注苏联的储备状况，1940年8月，针对燃料、食物和战略原材料的"国家储备"制定了特殊的"动员储备"法令，并于1941年6月再次颁布。"国家储备"意在通过贮存燃料和原材料，帮助工业和交通运输业转移到战时经济的轨道上来；"动员储备"包括战略原材料（尤其是稀有金属和有色金属）——铜、锌、铅、钴、钨铁、硅铁和镉的储备。黑色金属、石油和煤储备在这一年有所增长。4—6个月的食品供应可以确保苏联红军的给养，1941年1月1日，食品总储量共计6162000吨。

在十年或更长的时间里，苏联在五年计划的巨大旗帜下为全面战争做着准备。苏联武装力量已经开始对资源和国力提出要求，"优先发展重工业"成为一项基本政策，坚持自力更生的实践方略毫不动摇。苏联工业基础的建立显然是一项令人叹为观止的成就：包括位于马格尼托哥尔斯克（Magnitogorsk）、库兹涅茨克（Kuznetsk）和新塔吉尔（Novo-Tagil）的冶炼厂，车里雅宾斯克和新西伯利亚的多所工厂，东部煤田〔库兹涅茨克和卡拉干达（Karaganda），外加正在开发的伯朝拉河（Pechora）矿区〕，巴库油田和"第二巴库"（乌拉尔—伏尔加地区），自1930年以来建立的70家化学工厂，沃尔霍夫（Volkhov）和第聂伯罗彼得罗夫斯克（Dniepropetrovsk）的铝工厂（和乌拉尔刚开发的铝矿），在西北地区、莫斯科地区和矿产丰富的南方地区（如顿巴斯），工业设施也在扩张。东部地区（乌拉尔及其以东）与西部那些易受攻击的工厂、矿区、车间产出的比值在渐渐爬升，但速度很慢：1940年，顿巴斯出产94300000吨煤，乌拉尔出产12000000吨，卡拉干达煤田出产6300000吨。这里先岔开一下话题，此时交通运输仍然是极其薄弱的环节，这也是马林科夫在最近的党代表大会上努力研究的课题。向东扩张需要扩大对新铁路线（新西伯利亚—列宁斯克—库兹涅茨克线，马格尼托哥尔斯克—车里雅宾斯克—奥尔斯克复线）的投资。土耳其斯坦—西伯利亚线的建设意在将西伯利亚和中亚两座宝库连接起来。与此同时，最近在西部、西乌克兰和波罗的海地区所获领土的铁路设施也需要大幅提升。其他麻烦暂且不论，这显然已经妨碍了苏联的部署；在苏联边境推进到东普鲁士之前，铁路线每天可承载228列火车，但是立陶宛通往德国边境的铁路设施（现在由苏方控制）每天只能接纳84列火车。在其他军事关联度较低的地方（比如乌拉尔和西伯利亚），路网容量与车流量脱节不过是实际损失的冰山一角，苏联的规划者们希望通过提升铁路和交通管理的技术水平来避免这些损失。

实际上，苏联工业还没有战略性地向东疏散，列宁格勒、莫斯科和乌克兰的工业区数量即便不能说占据压倒性优势，至少也是苏联工业力量中不可或缺的一部分，这些地区受到任何威胁都会带来最可怕的后果。这类考量在1940年对"动员储备"的讨论中产生了重要影响，讨论带来了某种重要的转变。按照赫鲁廖夫将军的说法，生产部门和总参谋部提出"动员储备"应该放在伏尔加河之后，远远超出侵略者所能触及的范围，但这类建议或意见斯大林一概不予考虑。斯大林完全不支持这样做；相反，他认为这些储备应该原封不动地留在伏尔加河以西很远处，甚至再向前移到极其脆弱的西部边境地区。虽然最终将矛头对准了斯大林，但赫鲁廖夫将军也特别批评了列夫·梅赫利斯，是他敦促斯大林采取这一配置。按照"总参谋部"的说法，沙波什尼科夫可能讨论过整个议题，他建议以1939年以前的国界线为基础，进行更为理性的防御部署。尽管苏联在讨论1941年的灾难时，斯大林已经成为一只随手抓来的替罪羊，但毫无疑问，最严厉的指责集中于他在军事准备和部署事务中否决了"专业的军事意见"，这也是最难以调查研究的一点。这是一个特例，只有在该领域，苏联历史评论家们仍然在抱怨档案资料太过稀少。军事和军事工业专家都主张向东进行战略疏散，但被采纳的意见恰恰相反，没有任何证据表明在西部地区遭受攻击或破坏时，有相应的应急计划。1940年夏季做出该决定后，苏联的所作所为几乎与沙波什尼科夫元帅的建议背道而驰，政府甚至不顾边境地区在交通、通讯和军事设施方面的显著缺陷而采取"前出策略"，将缺乏适当后方组织机构的苏联红军前移，国家安全被置于极大的危险之中。极具讽刺意味的是，作为国防建设部门的首脑，沙波什尼科夫于1940年末负责这些防线的布防，而他早些时候明确表示这些地方最不适合苏方进行防御。这条防线上只有未完成的营级阵地，而苏联红军将不得不在此坚守并浴血奋战。

1941年初春，苏联武装力量的重新装备可能进入了强化阶段，工业投入和统筹协调的尝试意义非凡。首先是弹药，此时，虽然当前的工业还无法完全满足国防需要，但苏联工业已经在按照1941年的计划生产所需的弹药。该弹药生产计划于1941年年初被采纳，提出了1941年下半年和1942年的需求。1941年7月，苏联红军的弹药出现严重短缺时，计划指标被大幅修订。1941年上半年（炮弹）的计划产量应该是14000000发左右，1941年下半年生产了26000000发（只比新的生产目标多了一半出头，但已经是1941年前6个月总产量的两倍）。14家工厂在生产步兵弹药，不过最大的军火库还是莫斯科以南位于图拉的几家工厂。炮弹来自约50家工厂（其中17家位于列宁格勒），德国情报人员推断，轻型和中型火炮弹药的月产量约为4500000发。苏联火炮身管来自第聂伯罗彼得罗夫斯克、马里乌波尔和科洛姆纳（Kolomna）的工厂。

3月，苏联红军机械化军的组建工作步入了第二阶段；1940年，只有少量新型的T-34和KV坦克出厂（分别为115辆和243辆），不过量产工作已经安排好了。1941年上半年生产了1000多辆T-34和393辆KV坦克。不幸的是，并没有尝试将新型武器编入合适的部队中，而是将其系统地装备到了机械化兵团，新型坦克只是被分入装甲部队，同时撤下旧装备。这样一来，有些装甲兵团所辖部队中坦克极少，甚至根本没有，这些部队只能以在春季草案下征召的新兵，或基层指挥员从步兵和骑兵带来的人马扩充人力，（基辅特别军区）机械化第9军军长罗科索夫斯基少将在他1940年的1号训练大纲中明确指出了这一点。那些2月和3月才了解过他们新职责的基层指挥员很难说受过什么训练。在苏联装甲兵中，坦克驾驶员平均只与他们的座车合练过1个小时，许多坦克都亟待维修；近三分之一（29%）的坦克需要大修，近半数（44%）的坦克需要大幅度改装。但没有零备件库存和集中的维修设施。除了装甲作战车辆，摩托化运输车辆的情况也好不到哪儿去，拖拉机、卡车和摩托车极为短缺。那些简陋、原始的炮兵部队，如果有炮的话，也面临着弹药储备匮乏的问题，45毫米反坦克炮的弹药尤甚（列宁格勒、波罗的海和敖德萨军区实际上一发也没有，只有基辅特别军区的机械化第4和第8军有补给）。必备的76毫米炮弹只供应了十分之一，新式坦克的76毫米和152毫米主炮都无弹可用。无线电台的供应同样短缺。总而言之，从作战的角度来衡量，二十来个机械化军在1941年晚春都处于一种悲惨的境地。平均下来，算上比较老旧的坦克，其装甲车辆也只有额定数量的50%上下，其中几个军（机械化第13、第17、第20和第24军）由于缺乏坦克，从任何意义上来讲都不能被叫作机械化兵团了。8个机械化军在1940年秋季的重组仍然没有完成，那些新的机械化军甚至处于更危险的状态。由于缺乏训练有素的指挥员，新成立的军中有4个军（机械化第15、第16、第19和第22军）的参谋部无法组建作战和情报部门。按照现在的设想，修订版机械化军编制的坦克不少于1003辆（早先每个兵团为500辆），到1941年6月，这些兵团只接收了508辆KV和967辆T–34坦克，它们还被分配到了超过一打的机械化军中，掺入BT和T–26坦克中间。

　　1月，费多连科在政治局面前为争取更多的坦克打了一场硬仗——结果输了。这是库利克元帅一手造成的，当时他和梅赫利斯、夏坚科共同监督大规模换装工作，（按照当代苏联的定罪）正是这个不称职的三人组砍掉了之前的采购项目，又没能定下新的项目。库利克认为步兵自动武器只是"'警用'武器"，他没有为苏联红军批准任何采购项目——库利克后来"承认"了自己的错误。76毫米野战炮的例子有点奇怪，尽管该炮用途广泛，但在生产清单上被彻底划掉了。这要从多方面归咎于斯大林和库利克。1941年6月以前担任苏联国防工业人民委员的万尼科夫（B. L. Vannikov）矛头更为明确，他将反坦克炮的减产归咎于斯大林，后者在库利克和日丹诺夫的建议下做出了这一决策。考虑到组建最高统帅部炮兵预备队"反坦克炮兵旅"的决议，反坦克炮及弹药项目的取消更加不可思议。该旅由两个团组成，装备76毫米和107毫米火炮、85毫米和37毫米高射炮（后者属于防空炮）。[2]然而，和机枪一样，高射炮的产量也被削减。苏联步兵武器来自约30家工厂，多数位于俄罗斯中部，德国情报指出，1941年年初的生产指标为每月50000支步枪和6000挺机枪。在同一份评估中，小口径火炮（反坦克炮、高射炮和坦克炮）的产量达到每月1800门，重型高射炮和榴弹炮为每月400门。但事实上，苏联红军在1940年和1941年上半年接收的机枪还没有1939年多。即便如此，他们拥有的机枪仍然多于德国国防军，只是冲锋枪的数量还无法与德军相提并论。

不过，空军指挥员们当年1月在政治局面前进行的公开申诉起到了一些作用。1月25日，中央委员会批准了"关于苏联红军空军组织机构"的新计划，意在建立一支拥有必要后勤设施的现代化军队。今后的空军后勤工作将按照区域性原则来组织，由地区空军基地和外场勤务营两种基本单位构成。[3]将组建新的师属航空兵团，其中半数（尽管到6月才成立了19个）装备新型飞机，那时将有1946架MiG–3、LAGG–3和Yak–1战斗机，458架Pe–2轻型轰炸机和249架IL–2对地攻击机进入一线军队服役。德国对苏联空军的评估强调了其在训练和装备方面相对于德国空军的劣势，尤其是战术训练落后，侦察和近距离对地支援飞机很落后，地面设施也很一般（1100座机场中只有200座堪用）。苏联飞机来自46家工厂，3座主机身制造厂位于莫斯科；航空发动机来自15家工厂，实际上生产主要集中在扎波罗热（Zaporozhe）、莫斯科、雷宾斯克（Rybinsk）和（乌拉尔地区）莫洛托夫的4家工厂。

从1939年开始，制造飞机和航空发动机已经成为苏联的一项目标，或者更准确地说，从1937年就开始加速了。不过，新的机身制造厂和发动机工厂在1939年的政令中才被特别提及，在工业界，建立更多工厂的热潮经久不退。可是，航空发动机未能跟上机身制造厂的步伐，因此有提议说将发动机产量提高一倍。与此同时，发动机和机身成品的组装速度也在提升，还集中新建了武器、散热器、化油器、燃油泵和涡轮增压器工厂。1939年—1940年，飞机产量立竿见影地增长了20%（虽然都是较为老旧的型号）。在深思熟虑的有计划分散中，新的飞机生产厂主要设立在东方的塔什干、伊尔库茨克和鄂木斯克，以及更东面的新西伯利亚和共青城。到1941年，东方这些工厂的产量已经达到西部地区的一半多，尽管西部的发动机制造厂产量仍占主导地位，具有无可替代的重要性。1941年春季，即使苏联此时已经无法再从德国那里获得航空方面的技术协助，一队德国专家仍然得以参观东部的工厂，这显然是有意为之——返回柏林后，无人相信他们的报告。通过向东部分散和在西部实现现代化，苏联飞机制造厂现在运作着一个流动的生产体系，这套体系通过提高机械化程度增加产量。总之，这为战时迅速扩大生产奠定了必要的基础。

与此同时，苏联空降兵也在恢复。此前，在图哈切夫斯基的大力推动下，红军统帅部在每个集团军都组建了一个空降兵旅，不过，大清洗过后，戈尔巴托夫领导的空降兵部被解散。现在，苏联统帅部显然是对德国成功使用伞兵印象深刻，于1940年1月重建该兵种，并组建了1—2个由空降兵旅组成的空降兵军[4]，其主要兵力和运输机集中在乌克兰。空降兵军由3个空降兵旅和专业部队组成，每个空降兵旅辖4个营，可用的运输机有载荷6吨的TB-3，以及Li-2和PS-84[5]。新组建的空降兵军跳伞训练并不充分，在空降兵第4军中，只有空降兵第9旅完成了两次跳伞，空降兵第8旅只有一半多官兵跳了一次，而空降兵第214旅超过半数人员根本就没跳过伞。不过，苏联空降兵在此之前已经作为步兵参加过战斗：1939年，空降兵第212旅曾在诺门罕作为常规步兵对日作战；当年6月，罗季姆采夫上校的空降兵第5旅的1700名伞兵再次以这种方式参战。从这时起，苏联空降兵兵团开始由格拉祖诺夫（V. Ya. Glazunov）少将及其参谋长约诺夫（P. P. Ionov，航空兵）少将指挥。

3月下旬，装载相机和胶卷的德国侦察机开始对苏联边境和腹地进行系统性的航空侦察。这没能逃过苏联的眼睛，就算苏联统帅部之前一无所知，他们也不可能忽视来自一架坠毁德国飞机的证据，4月15日，该机带着相机和曝光的胶卷迫降在罗夫诺（Rovno）附近。苏联防空单位和战斗机显然是得到了斯大林的直接命令，禁止向德国闯入者开火。从1941年年初开始，防空指挥工作进行了革新：苏联国土被分成若干防空地区（PVO），其边界与军区一致，这些防空地区又被划分为旅级防空地域[6]。防空地区掌控着所有防空手段——战斗机、高射炮、"光学瞄准和观测设备"（VNOS）及防空气球。歼击航空兵处于军区司令员的指挥下，不过总体的防空工作委托给苏联空军（VVS）。这套体系冗余繁杂，在测试中表现不佳。特殊目标（比如海军基地）的防空缺乏高射炮，尽管一个特别歼击航空兵军已经被派去保护莫斯科，但高速战斗机还是不敷使用，所以这种结果在所难免。1941年春季，德国情报机构认定苏联防空力量为300个中型高射炮连和200个轻型高射炮（包括机枪）连。

武器采购体系（如果还可以这样叫的话）显然混乱无序，缺乏组织。斯大林及其顾问们做出的随心所欲且计划不周的决策，加剧了工业滞后和混乱所造成的短板。在叶廖缅科看来，许多高级指挥员显然意识到了目前的战备状况有多么落后于实战需求，尤其是在装甲领域。与此同时，这种感知受到了严格控制，那些不同意见者没人能在斯大林那里说得上话。1941年2月23日，朱可夫将军在红军节的演讲中重申了建设"世界强大军队"的方案，继续扩展重建和重组工作，1940年"一长制"的恢复已经为其奠定了基础。朱可夫援引诺门罕和芬兰的经验，证明苏联红军已经通过实战经验上了必要的一课，在对芬战争中已经接受了"决定性"的考验——事实上，朱可夫没有说明那是多么苦涩的经验。在这一阶段，苏联武装力量长期转型的方案似乎还在计划中，到目前为止，短期措施只给苏联红军带来了有限的合理化改革，他们在形式上承认了现代化战争的要求，但并没有满足现代化战争对机动性和灵活性的需要，此外还有一堆反复无常、优先级经常矛盾的命令。1941年初春，且不说要面对棘手的侦察飞行这一事实，也没有任何其他证据表明苏联会有更多喘息之机来实现其长期的计划。恰恰相反，德国入侵了巴尔干，到3月初，德军已经进入匈牙利、保加利亚和罗马尼亚，现在苏德利益已经不再是"可能"，而是不可避免地要发生冲突了。

在这种情况下，德国军事情报机构对苏联战备状况的兴趣由来已久也就不足为奇了。之前所有关于苏联的研究都被仔细研读和梳理，高空侦察飞机获得的照片填补了缺口。1941年最初的几个星期观察到的东西还很有限，不过，2月，苏联军队出现了活动增强的迹象。《红军信息》（Angaben über die Roten Armee，1941年1月15日）认为苏联红军兵力为20个集团军、30个步兵军、150个步兵师（其中15个为摩托化步兵师）和6个机械化军。1941年2月6日的《苏联作战力量》（Die Kriegswehrmacht der UdSSR）对1月的研究成果进行了补充，文中指出，苏联新获得的波罗的海地区的空军和海军基地开始投入使用，并强调在德维纳河（Dvina）以西存在强大的苏联军队，倘若在那里遭到德军的进攻，且战况不利，俄国人将被迫沿德维纳河一线阻止攻势。2月22日，铁木辛哥下令庆祝苏联红军成立周年纪念日，从中无法获得太多信息，命令只是激励官兵们保持警惕，时刻准备应对任何国外密谋针对苏联的"事变"。

德国情报正确地强调了苏联在波罗的海的投入。虽然这一时期苏联方面还没有明确的"计划"，国境线1941年的防御计划肯定尚未起草，但是波罗的海特别军区指挥员库兹涅佐夫上将下令集中精力建设"防御工事"，还进一步通知说，这是他1941年最重要的任务，他将亲自负责以确保其完成。大部分总参谋部成员假设德军的主要攻势将来自东普鲁士，或许会以突然打击的方式进行，因此巴甫洛夫得到指示，采取措施掩护东普鲁士边境，并完成位于格罗德诺的"筑垒地域"。

波罗的海舰队司令部的海军中将潘捷列耶夫提到，2月也有德国照相侦察机频繁地在苏联海军基地上空活动，苏联统帅部并非没有注意到这一点。俄国人有足够的理由感到担忧了。到1941年年初，对塔林海军基地的改建已经基本完成，维堡和霍格兰（Hogland）的海岸炮台准备就绪，利巴瓦（Libau）[7]和汉科（Hango）海军基地的多处设施也一样。在月亮群岛，"波罗的海地区海岸防区"（BOBR）的炮台和设施已经就位，但还没有建立有效的火炮协调系统。1941年2月26日，波罗的海舰队接到了战时的任务指令：阻止敌军在沿海登陆，封锁芬兰湾和里加湾；与此同时，波罗的海的海军将会与陆军协同（为陆地侧翼提供海上掩护）。为阻止敌方行动，海军指挥部在芬兰湾入口和伊尔别（Irbensk）半岛布设了雷区，另有雷区掩护着利巴瓦海军基地。为增强这些措施的效果，波罗的海舰队还被分配了与整体防御战略有关的、数量有限的进攻目标。至于敌方交通线，将以飞机和潜艇对敌方基地进行布雷，打击海上和基地内的货船。虽然苏联海军指挥部很清楚从瑞典装运的铁矿石对德国而言有多么重要，但按照设想，对敌交通线的攻击是一项独立行动。波罗的海海军司令部和（保卫波罗的海沿岸的）第8集团军司令部将策划一场陆海协同行动。该计划从纸面上看可能还不错（尽管回顾此事时，苏联指挥员们指责这些计划缺乏"具体的命令"）。在陆地上，前景看起来有点暗淡，许多炮台还远远无法投入使用，有不少炮台在未来数周内都弹药不足。那里只有5座轨道式炮台，没有一门牵引车拖曳的火炮。虽然勾画了广阔的雷区，但是只布设了极少量水雷，对于敌方的磁性水雷则束手无策。扫雷舰和小艇也不敷使用。麻烦之处还不仅限于那些新的海军基地。1940年12月16日，伏罗希洛夫要求塞瓦斯托波尔的海军基地准备陆上防御，但该工程进展缓慢。同时，对基地的保护也不甚充分，高射炮和战斗机太少。

再往北，1937年5月成立的北方舰队已经被斯大林交由海军少将戈洛夫科（A. A. Golovko）指挥，后者在接受委任时，还以为自己要被派往阿穆尔河区舰队。斯大林向他保证，在阿穆尔河能做的只有"与渔民战斗"①，而在北方还有许多事要做。1941年，北方的苏联海军部队正在部署少量的岸防和防空力量，还有少量飞机、中型和近岸型潜艇。他们的行动区域是气候最为恶劣的海域之一，包括巴伦支海、白海和喀拉海。其作战使命包括与第14集团军协同，后者掩护着北方的苏芬边境及海岸。

毫无疑问，在1941年初春，朱可夫和总参谋部开始比较认真地制定一份苏联边境的防御计划。不过，一项最主要的决策已经做出。沙波什尼科夫已经于1940年为西部地区的苏联军队拟了一份部署方案，其主力将继续留在（1939年的）旧国境线地区，那里已经建立了强大的"筑垒地域"，还常备有3个星期的燃料、弹药和食物。沙波什尼科夫建议掩护军队[8]驻扎在白俄罗斯西部、乌克兰西部和波罗的海地区，其唯一作用就是确保主力在敌国突然进攻时可以机动。朱可夫很清楚斯大林不喜欢沙波什尼科夫的提议，因此小心翼翼地不对其做深入探讨。因此，朱可夫的名字与灾难性的1941年"计划"联系在了一起。不过，沙波什尼科夫不可能说服斯大林在西部进行小心谨慎的部署，朱可夫也不太可能做到。

从一开始，这份"防御计划"就以苏联军队在俄罗斯欧洲部分的5个军区进行靠前部署为前提，这5个军区从巴伦支海到黑海依次为：列宁格勒军区、波罗的海（特别）军区、西部（特别）军区、基辅（特别）军区和敖德萨军

---

① 原注：这里是指苏联在远东边境与日本的持续争端，双方都派出小型船只"侵犯"国境线。

区。对一个军区来说，"特别"意味着在没有动员额外预备队的情况下，有战役集群能够在一段有限的时间内作战，在常规军区，各集团军实际上只有行政机构。特别军区的司令部（从北向南）分别位于里加、明斯克和基辅。在战争时期，它们将会转化为"方面军"（相当于集团军群），事实上，在苏芬战争中，西北方面军就被建成了一个作战实体。至于当前国境线自身的防御，则被移交给了NKVD的11个"国境线指挥部"，每个指挥部由师级指挥员指挥，再被进一步划分为地区和地域，NKVD的边防军（轻武装，备有3天的口粮和弹药）时刻保持战备状态。这些军队不受苏联红军的作战指挥和控制，只接受贝利亚及其NKVD指挥员们的领导。

苏联红军现在据守维堡—考纳斯—比亚韦斯托克—布列斯特—利沃夫—基希纳乌一线，这是一条漫长、起伏的国境线，有一些危险的突出部和暴露的防区。在考虑该线那些辽阔分区的防务时，有两种看似互相矛盾的趋势：首先是眼下的"传统"威胁及其应对策略，其次是如何应对德国对苏联突然发动的袭击。这些问题似乎从未澄清，也正因如此，1941年"计划"被赋予了难以捉摸的一面，并出现了致命的失衡。在北方，列宁格勒军区的首要任务是防御与芬兰接壤的国境线和芬兰湾沿岸。一般认为，列宁格勒所受的威胁源自北方，从未考虑过波罗的海军区防御崩溃或西南方向受到威胁的可能性。唯一可用于该城西北方向防务的是芬兰湾南岸负责海岸防御的那几个团。大前提是最近成立的波罗的海军区绝不会垮掉或战败，该军区负责防守芬兰湾的南岸和西南岸，位于萨列马岛（Osel）和希乌马岛（Dago）的海军基地，保护从里加到梅梅尔之间的海岸线，还有苏联立陶宛与东普鲁士接壤的国境线。苏方打算以固定防御工事支撑该军区，到目前为止，这项工作已经在考纳斯向西北方沿杜比萨河一线展开，第二道防线位于帕涅韦日斯（Panevezyz）地区，意图掩护德维斯克（Dvinsk）[9]，并在德维纳河面前准备防线。但到目前为止，在与东普鲁士接壤的国境线上还只有简单的野战工事，与西部特别军区位于格罗德诺西北部科波沃（Kopzovo）的结合处也亟待保护。1941年1月那严酷而漫长的冬季已经严重拖延了建设工作，1941年春，工程营涌入该地区，来建设钢筋混凝土碉堡和火力点。

西部特别军区的正面从格罗德诺延伸至弗沃达瓦（Vlodava），宽450千米。当地的苏联军队被临时部署来掩护明斯克和博布鲁伊斯克的接近地，同时全面保护着边境。此时，在步兵兵团所派部队的协助下，工程兵接管了国境线上野战工事的建设工作，白俄罗斯机场网络的建设，铁路运力的提升（那里的铁路正在改换宽轨），通信网络的扩展和"筑垒地域"武器、补给、通信设施、道路的配属，还有许多工作要做。在这些准备就绪之前，这些队伍的战士被安排到临时兵营居住，指挥员们寄宿在棚屋和房屋中。1941年3月，波罗的海地区（里加方向）和白俄罗斯获得了一定的增援，这并没有逃过德国人的眼睛。西部特别军区指挥部已经于2月得到指示，掩护一段与东普鲁士接壤的国境线，完成格罗德诺筑垒地域的建设工作。3月26日，根据《第008130号命令》，西部特别军区军事委员会按照修正版《1941年动员计划》下令进入"战备状态"，不过仅限于代号为7490的部队，到6月15日结束。即便如此，波罗的海军区和西部特别军区指挥部还是收到了最为紧急的指令，要求集中力量在与东普鲁士接壤的国境线上修筑工事。当年3月，基辅特别军区也收到了同样的指示：集中一切力量建设筑垒地域体系。

这一努力之大从1941年春季的数据中可见一斑：建筑区域138个，在边境军区工作的工程营有84个，工兵营有160个，而内地军区只有41个。在几个主要建设部门的努力和沙波什尼科夫元帅的监督下，波罗的海军区的58000人、西部特别军区的35000人和基辅特别军区的43000人在这些工程上夜以继日地工作。不过，他们中的许多人受到原材料、混凝土、木材和电缆短缺的困扰；另一阻力是NKVD控制着建设工程的劳工，这些劳工常常由集中营拨出。在那些大概是被设计成连锁防线的地方，缺口继续敞着，它们宽10—80千米。尤其是在格罗德诺这个关键的"筑垒地域"防御枢纽部，其位于涅曼—松连切（Niemen–Sonichithe）防区的右侧翼暴露在外，俄国人曾计划修建两个"支撑点"来封闭该缺口，但一直未能完工。那些已经于1940年完工的防御阵地收到了为它们补充的武器，但更新武器装备时，有很多旧设备没等新装备抵达就被撤下了。而且，作为最后的手段，各筑垒地域只有在军区司令的特别命令下才能配置人员准备战斗，而军区司令又必须等待上级的许可。

现在，1939年以前旧国境线上的工事（这些设施依据首份筑垒主体方案建于1920年—1935年间）已经撤去了武器和驻军。其主要"体系"由一条纵深约2千米的火力点地带构成，配有经过特别加强能够抵御重炮火力的炮台。这就是所谓的"斯大林防线"的主体，虽然防线此时已经和卡累利阿、波洛茨克（Polotsk）、克罗斯滕（Koroshten）及基辅"特别防区"一样被抛在脑后，但1941年6月危急的突袭开始之后，又被紧急启用。

据估算，苏联总参谋部考虑国境线的防御时，约有40个步兵师和2个骑兵师作为第一梯队。严格来说，这些掩护军队只相当于9个苏联集团军，虽然5个军区立即部署了更大的军团：

列宁格勒军区：第14、第7、第23集团军

防区：从巴伦支海到芬兰湾

波罗的海（特别）军区：第8、第11集团军

防区：与东普鲁士接壤的300千米国境线

西部（特别）军区：第3、第10、第4集团军

防区：白俄罗斯470千米长的国境线

基辅（特别）军区：第5、第6、第26、第12集团军

防区：乌克兰〔从伏尔塔瓦到利普卡内（Lipkany）〕865千米长的国境线

敖德萨军区：第9集团军（只有行政部门）

防区：从利普卡内到敖德萨（克里米亚的防务由数个独立步兵军负责）

平均下来，每个师的正面宽约50千米，不过在地形较为破碎的南方可达120千米或更长。这些掩护国境线的集团军有两个梯队，第一个由步兵兵团组成，第二个是机械化军。除了筑垒工事以外，为掩护军队建造营房和置办家具也需要劳动力和原材料，那些军队排列在国境线后方20—150千米之间的地区（实际上只有步兵部队、NKVD边防人员和工程兵位于国境线附近）。多数机械化兵团仍在组建中，他们被撤入军区大后方。在基辅特别军区，第一和第二梯队的散布范围超过400千米，在西部特别军区，分散的范围也达到了250千米。就算是那些刚赶到的步兵师也不足额（一些师低至约6000人，不足正常编制的半数）。许多队伍忙着建造营房，而那些设施（补给仓库、燃料和弹药库、通信中心等等）交由军事建筑人员来完成，不过这种情况现在正在消失。为加快野战工事的建设进度，边境军区的步兵部队每次被调出一个月。苏联军队设计了一整套防坦克障碍、防坦克壕、防坦克障碍物、铁丝网陷阱和人工沟

渠方案，但这一切都需要时间来实现。

因此，在封锁进入苏联的各种途径时，忽视地雷所扮演的角色是一个危险的错误。这就涉及工农红军军事工程总局必须解决的短板。在苏芬战争中，苏联红军已经为这方面的疏忽付出了代价。现在在赫列诺夫（A. F. Khrenov）的指挥下，该部门于1940年秋开始着手处理布雷和排雷的问题，赫列诺夫认为这是下属指挥员们的主要任务。他在自己的部门新建了两个分部，其中一个负责电磁技术，另一个负责雷场。铁木辛哥接受了一份战役雷场/障碍指导，他正式批准向部队分发爆破器材，并存储必要的爆炸物。早在20世纪30年代，所有的库存就被清空了，苏联红军的工程兵和铁道兵部队只有极少数人接受过爆破技术的训练（1938年年初设想的特别爆破营一直没有进展）。库利克元帅一如既往地倔强，他相信地雷是一种"弱势"武器；苏联红军工程兵修正了库利克的估算，要求（为6个月的作战行动）准备2800000颗反坦克地雷、4000000颗反人员地雷、120000颗延时地雷和350000颗训练地雷。1941年年初，苏联红军已经有1000000颗反坦克地雷可用，但没有延时和其他类型的地雷。后来，工农红军军事工程总局仅向苏联红军铁道兵部队发放了120颗延时地雷。

在这庞大的筑垒计划背后是相关的"技术难题"，更要紧的是信号和通信问题亟待完善。苏联红军上下（尤其是机械化兵团）都面临着无线电设备供应不足的问题，苏联空军也一样。新设备从超负荷运转的工厂中缓缓流入各兵团，包括RAT、RAF和RSB电台，RSMK、9R和IOR车载电台，RSB-3bis、RSR-M和RSI-4机载电台。这远远不够。通信人民委员会部运作的电话（和电报）线路构成了通信网的基础，民用网络被认为足以应付作战通信。[1]为维持总参谋部与各"方面军"司令部之间的联系，成立了为数不多（可能约有25个）的"最高统帅部无线电联络组"，他们由加皮奇（N. I. Gapich）通信兵少将领导的通信部（Upravlenie svyazi）掌控。只有列宁格勒指挥部的无线电通信网系统发展到了较为有效的程度，当年6月，德军在低空水平轰炸中投掷的15千克特殊炸弹致使陆地线路系统陷入极大的混乱后，正是在该系统的协助下

---

① 原注：举例来说，第22坦克师的通讯是通过当地邮局进行的，该兵团"接入"了那里的民用电话网络和电报业务（缴获档案：第22坦克师1941年7月6日的记录）。

才避免了全面灾难的发生。整个军事体系缺乏的是系统的后方勤务组织，信号和通信事务方面这种不尽如人意的状态还只是冰山一角，苏联红军将在几个月以后亡羊补牢。虽然新的燃料库已经建好，但几乎没有装甲兵指挥员知道它们位于何处。摩托化运输工具的短缺对炮兵部队影响最大，步兵和装甲兵也能感觉到，许多堪用的运输工具被调去用于军区内的建筑工作。西部特别军区的炮兵主任克利奇（Klich）将军悲叹："他们从许多炮兵团抽调卡车用于筑垒地域的工程。他们甚至把牵引车也拉到那里去了。你听到了——火炮没有牵引设备。没办法拖走它们。"这并非个例。

东线外军处负责人金策尔上校在态势报告第1号中提到了1941年3月15日苏联在里加附近的调动，在明斯克—斯摩棱斯克地区的活动，以及防空和灯火管制演习；然而，这种"局部动员"本质上是一种防御，这些防御措施和军队集结只是为了保护国境线。在5天后出炉的态势报告第2号中，德国情报机构概述了苏联的主要集结区，报告了（3月15日）铁木辛哥与波罗的海特别军区司令员库兹涅佐夫举办的一次未经证实的会议，并提及文塔（Venta）—杜比萨—涅曼一线苏联军队的增加。德国人在谈论"集结"的时候过分乐观了。不过他们正确地注意到了苏方表现出的不安，随着巴尔干危机的爆发，这种不安是有充分理由的。

到4月初，苏联各边境军区司令部已经充分意识到了当面德军的集结，尽管如此，他们还不知道具体的作战序列。与此同时，斯大林耳边不乏大难将至的警告。3月下旬，莫斯科已经谣言遍布，虽然苏联领导人根本没必要依靠小道消息和外交辞令。3月1日，美国驻苏联大使接到指示，设法与莫洛托夫会面，以便"口头、秘密地"传达以下信息："美国政府已经得到消息，在努力评估了世界局势的发展后，认为该消息可以被肯定地视为德国进攻苏联的意图。"对斯大林的态度心知肚明的施泰因哈特大使请求推迟对莫托洛夫的拜会。美国副国务卿萨姆纳·韦尔斯（Sumner Welles）与华盛顿的苏联大使乌曼斯基（Umanskii）将举行会谈，这"正适合副国务卿向大使传达政府建议你传达给莫洛托夫的信息"，这样的话他的任务就有些多余了。听闻"巴巴罗萨"确有其事这个"消息"后，乌曼斯基面无血色。3个星期后的3月20日，乌曼斯基询问萨姆纳·韦尔斯，有无"更多消息证实"后者先前跟他说的话。萨姆纳·韦尔斯暗示说的确有，其中一个证据是希腊政府（3月19日）的消息，说瑞典政府已经通过他们在柏林、布加勒斯特和赫尔辛基的外交使团得知了德国进攻苏联的打算。

不久之前，英国首相也介入了此事，他在4月3日私下写信给斯大林，强调德国装甲师从罗马尼亚移入波兰南部的含义（南斯拉夫未能加入德国一方时，这次调动被立刻取消，不过早先的调动已经无法掩盖其意图了）。巴尔干的乱局迫使希特勒推迟了对苏行动。丘吉尔向斯大林提议说，这为苏联政府提供了一个考虑共同行动对抗德国图谋的机会，并有可能彻底挫败他们。这对苏联没有坏处。最近，驻莫斯科的英国大使斯塔福德·克里普斯爵士（Sir Stafford Cripps）也写了一封内容类似的长信给维辛斯基（Vyshinskii），他未能按照丘吉尔的指示果断行动，在调停一事上瞻前顾后。4月19日维辛斯基才收到了原始消息，此时南斯拉夫已经被德国的飞机和装甲车辆撕碎，希腊也陷入了绝境。

保加利亚已经加入了轴心国阵营。3个星期后，3月25日，南斯拉夫首相茨韦特科维奇（Cvetković）和外交部部长钦察尔—马尔科维奇（Cincar-Marković）来到维也纳，在希特勒和里宾特洛甫面前，以加入《三国同盟条约》的方式，签字出让了南斯拉夫的控制权。但贝尔格莱德的南斯拉夫爱国者们拒不承认南斯拉夫首相在维也纳签署的文件，他们于3月26日到27日夜间发动了一场突然的政变。南斯拉夫空军和陆军高级指挥官策划的这次行动令希特勒暴跳如雷，数小时后，元首便发誓报复，以他独有的兽欲强取豪夺。4月6日，德国国防军发起了对南斯拉夫的作战行动，与此同时，德国空军在无法自卫的贝尔格莱德上空游荡了3天之久，致使17000人丧生。这是疯狂的报复（并且将继续下去），但是作为代价，"巴巴罗萨"行动从5月15日向后推迟了4个星期。

斯大林通过向索菲亚传达他的不安，表示了他对保加利亚动向的不满，虽然他并未直接对柏林这样做。在德国拿下保加利亚的同时，苏联将目光转向了土耳其，任何德—土协定都将使德国得以进攻高加索。斯大林和莫洛托夫试图坚定土耳其的立场，并获得了暂时的成功，但斯大林还是不得不面对3月底德国入侵南斯拉夫的结果。德国进攻苏联的传闻甚嚣尘上。来自苏联特工的报告证实了德国军队的集结，一个为苏联军事情报部门服务的捷克人报告说，斯柯达工厂很可能在今后减少对苏联的军事物资供应。据说，斯大林的反应是在这种性质的报告上潦草地写下"英国人的挑衅"。

南斯拉夫事态的迅速发展显然令斯大林深感忧虑，尽管他一直小心翼翼，但还是前所未有地渐渐表现出了近乎明确的反纳粹立场。那些在贝尔格莱德策划了3月政变的指挥官们在寻求苏联的支持。在莫斯科，南斯拉夫首相加夫里洛维奇（Gavrilović）得到了挑逗性的暗示，尽管维辛斯基于4月5日坦率地指出，在短期内还提供不了什么实质性的帮助；斯大林承诺的那份互不侵犯条约在当前的形势下极其荒唐可笑。虽然条约签署于4月6日，但上面标注的日期是4月5日，这是一个外交手腕，旨在抹除任何与德国公开作对的迹象（德国的作战行动开始于4月6日清晨）。加夫里洛维奇所能获得的唯一让步，就是在战争期间南斯拉夫或许可以与苏联保持比形式上的中立"更友好的关系"，这还是好不容易争取来的。尽管南斯拉夫的抵抗转瞬即逝，它依然是维辛斯基主管外交期间一个不光彩的片段。

对此事最中肯的评论莫过于米兰·加夫里洛维奇自己。随着芬兰、波罗的海国家和乌克兰的反苏活动日益猖獗，德国又计划将巴尔干纳入自己的控制之下，苏联政府已经决定"不再沉默"。此外，在加夫里洛维奇看来：

> 苏联政府试图通过他们对土耳其的承诺，通过涉及匈牙利和保加利亚的声明，通过与南斯拉夫签署互不侵犯条约……遏制德国在巴尔干的动作。苏联领导人以为南斯拉夫的抵抗将使德国在三个月左右的时间内身陷巴尔干，此后德国在当年开始进攻苏联就太晚了，由此，后者将再获得一年的时间来备战。

南斯拉夫抵抗的迅速崩溃立即改变了旨在安抚德国的政策——《苏日中立条约》（4月13日签订），莫洛托夫被解职（5月6日）。加夫里洛维奇博士提到了斯大林对1939年英、法、苏三国会谈的看法：

斯大林已经陈述了这样的事实，盟国的谈判人都是些低级官员，未经全权授权，波兰拒绝给予苏联军队或飞机通行权，法国军事部门的态度表明，法国计划留在马其诺防线背后，不对德国发动任何攻势，苏联政府很清楚，与盟国缔结任何条约都将导致苏联一次性承受德国的全部打击，当时苏联还无力招架德国的进攻。

虽然斯大林可能是在以这种方式为自己的政策辩护，并显示自己应对资本家们的花招时的先见之明，然而苏联目前仍然"无力招架德国的进攻"。与南斯拉夫缔约后没几天，4月10日，斯大林得到了希特勒与保罗国王会谈的情报报告，其内容表明对苏的打击将会发生在6月底。莫洛托夫从加夫里洛维奇那里得知了这次会谈，并做出了简练的回复："我们准备好了！"恰在此时，斯大林收到了苏联国境防御现状不佳的抱怨。

随着4月13日《苏日中立条约》的签订，斯大林适时地与日本实现和解，这是一项重大的外交成就，其重要性仅次于他对经济问题的探索和推动。斯大林可能已经意识到了，他必须在轴心国之间打入一根楔子，松冈显然已经被斯大林那套反英反美的说辞所迷惑。日本在苏联那里一无所得，除了言语之外几无报答，苏联甚至没有减少对中国的援助作为"回报"，日本对远东边境的直接威胁却降低了。以空前隆重的外交礼节在火车站为松冈送行时，斯大林看到了德国大使康特·冯·舒伦堡的身影，并公开向他强调维持苏德关系的重要性。斯大林又对代理德国武官一职的克莱布斯上校补充道："不管怎么说，我们还是朋友。"

作为斯大林最杰出的情报人员之一，理查德·佐尔格正在东京为他效力。佐尔格已经为苏联提供了重要的情报，但最重要的那份还没来。苏联可以拦截到一些德国方面发自东京的外交无线通讯，与此同时，佐尔格从德国大使奥托那里获得了许多更详细的情报。4月初（具体日期不详），佐尔格向莫斯科发送了一份报告，大意是松冈从莫斯科返回东京后，德国随时可能展开对苏军事行动。这条信息很可能解释了铁木辛哥为何于4月10日命令各边境军区实施初级戒备，尽管因为没有接到命令，苏联军队没能做到这一点。虽然柏林声称认识到了苏方在巴尔干危机上的强硬立场，但并没有产生什么实际影响。斯大林有持续而精确的情报（不包括那些国外的警告）表明德国的意图不值得过多担忧。不过，这类信息没有流传开来，而是被标记为"档案"或简单的"文件"，以便控制其影响。维辛斯基已经暗示过加夫里洛维奇，苏方确实有一些总体设计，日本在《苏日中立条约》签订后幻想迅速破灭，不久就将抨击斯大林，说他在指望轴心国油尽灯枯。显然，斯大林对伦敦或华盛顿试图影响他个人态度的任何尝试都怀有偏见，并怀疑对日争端的背后很可能是英美离间苏德的阴谋。1941年4月以前，尽管斯大林的政策可能显得有些委曲求全，但还是有一定意义，苏联的虚弱（即便是斯大林最后也承认了）需要这样的半绥靖政策，直到最近，这项政策还带来了不少回报。然而，巴尔干的危机成为苏德关系的重要转折点，该事件让斯大林采取了一种全面的绥靖政策，这种态度更加难以解释。

柏林方面很快注意到"苏联恢复了以往那种端正的态度"。蒂佩尔斯基希在从莫斯科发回的报告中这样评论《苏日中立条约》对局势的影响："这里的日本大使馆工作人员强调，该条约不仅有助于日本，也有利于各轴心国，苏联与轴心国的关系将从中受益，苏联准备与轴心国协作。"这些多是松冈的个人想象，蒂佩尔斯基希接下来就评论了火车站那非同寻常的一幕：

> 有这样一种观点不绝于耳，即斯大林有意制造机会，在外交人员和新闻界代表面前表明他对德国的态度。鉴于苏德冲突的谣言甚嚣尘上，这一点尤其值得注意。与此同时，苏联政府态度的转变也可归因于德国装甲兵在南斯拉夫和希腊取得的胜利。

在柏林，德国驻莫斯科大使冯·舒伦堡4月28日与希特勒谈及苏联的动机：

> 于是元首问道……俄国是着了什么魔，要跟南斯拉夫缔结友好条约。我（指舒伦堡）表达了这样的观点：这不过是在宣示俄国在巴尔干的利益罢了。每次我们在巴尔干采取任何行动，俄国都要做点什么……元首说，《俄南友好条约》的签订让他感到俄方想要吓走我们。我否认了这点，并重申俄国只打算宣示他们的利益，只是没有恰当地将他们的

打算告知我们。

希特勒继续指控苏联背信弃义，但是冯·舒伦堡逐一辩驳。至于对苏联支持南斯拉夫的怀疑，冯·舒伦堡援引了加夫里洛维奇尝试"引起苏联对南斯拉夫的兴趣"一事，这个尝试直到最后一刻才成功。与此同时，英国人受到的对待甚至更加粗暴无礼："克里普斯直到《俄南条约》缔结6天后，才和莫洛托夫的副手维辛斯基说上话。"言及此处，德国大使总结道：

> 1939年，英国和法国动用一切可以想象的手段来使俄国加入他们那边，如果在英法两国仍然强大的时候斯大林都不能下定决心支持他们，那么今日法国已经灭亡，英国遭受重创，我相信他肯定也不会做出这样的决定。相反，我确信斯大林准备继续向我们让步。我们的经济谈判代表已经得到消息说，如果我们适时地提出要求，俄国明年可以为我们提供5000000吨谷物。

在这一点上，冯·舒伦堡是完全正确的。

国外（苏联和非苏联情报来源）发出德国进攻的警告，苏联军事和军政机关的担忧也传到他这里，而斯大林依然选择这样一条道路。南斯拉夫危机严重刺激了苏联的神经；如果说斯大林保持着镇定，那么其他人（至少所有的前线指挥员）则不然，德国军队集结的证据不会随着主观愿望而消失。而且红军战士仍然无从了解他们的"潜在敌人"，后者已经令人不安地接近了。1941年2月，正在审查"意识形态问题"的日丹诺夫（A. A. Zhdanov）以铿锵有力的措辞写下了苏联宣传工作中的错误基调和内容：

> 国内宣传工作整体上在和平的基础上进行，较少强调尚武精神，很少提醒苏联人民资本主义的包围、不可避免的战争、在各个方面巩固国防的必要性，以及时刻准备战斗。

政治宣传部[10]也指出了类似性质的问题，宣传甚至政治工作完全脱离实际，与现实形势毫不相干：

> 许多宣传人员和某些新闻出版机构基于过度简化的论点，即我们很强大，因此资本家们不敢发动攻击……在宣传中毫无节制地鼓吹苏联红军的力量，以至于灌输了一种"爱国主义万岁"或"抛起帽子庆祝"的错误态度。在报告和文章中，经常无端出现"伟大不可战胜""常胜之师"这样的形容。这些都会扰乱队伍，降低他们的警惕性。

政治宣传部部长扎波罗热茨（A. I. Zaporozhets）曾让日丹诺夫牢记要遵循现实的宣传方针，后者也表示赞同。现在，他开始着手应对国防工作上的不足。当年4月，扎波罗热茨递交了一份关于新军事法规影响的报告，该法规导致了军事违法违纪行为数量的增加。增长速度如此之快，以至于政治宣传部抗议说，法规大多时候仅以惩罚措施威胁下属。与此同时，扎波罗热茨还有一项大胆之举，他向斯大林、莫洛托夫和马林科夫提交了一份报告，该报告基于兵团指挥员提供，并为他个人观察所证实的信息，谈及边境地区"筑垒地域"建设缓慢的进展：

> 位于我们西部国境的这些筑垒地域多半还没有完成战备……这些筑垒地域没有配置必要数量经过特别训练的队伍……这些筑垒地域不仅永备阵地尚未完工，野战工事也没有完成，使得整体态势更加严峻。

扎波罗热茨并未止步于此，他紧接着送去了第二封信，激烈地批评了炮兵总局的工作："苏联红军的整个炮兵体系并未充分地供应炮弹……迄今为止，炮兵总局仍然没有计划来解决苏联红军战时的弹药供应问题。"无独有偶，同月，乌克兰共产党（布）第一书记、基辅特别军区军事委员会委员赫鲁晓夫向斯大林递交了特别报告，批评了这些"筑垒地域"的缓慢进度，并提出供应100000名工人，以便6月1日该工程可以进入下一建设阶段。2月的党代表大会（第18次会议）已经对中央委员会委员和候补委员进行了微调，所涉及人员都是军人。这份"军事"花名册增加了扎波罗热茨在内的7个新名字，将

"军事"代表总数增加到了18个，不过这对中央委员会的政策和意见没有实际影响。起草政党机关战时在武装力量中所起作用的指示算得上一个小小的进步，但并没有具体的作为。指挥员和政治委员们显然都对险恶的大环境忧心忡忡，他们只能设法引起回应。尽管许多情况完全可以说明事态日益紧急，尤其是西部特别军区的苏联第4集团军司令部，现在已经完全意识到了布格河对面德国第4集团军（12个步兵师和1个骑兵师）、古德里安的第2装甲集群和第2航空队的存在，但总的来说影响微乎其微。到6月7日，第4集团军掌握了德军集结更为全面也更为恐怖的情报。

斯大林对危险视而不见，在避免英国和美国"设计"使他陷入对德战争的"挑衅"方面，他显然相信自己的才智，并坚信德国不会破坏《苏德互不侵犯条约》，这样德国只会陷入两线作战。加夫里洛维奇指出的纳粹德国将很快转而对付苏联，斯大林对此做出自信的答复："好，让他们来。"这并非佯装自信，因为斯大林已经于1月认定，无须再讨论苏联武力量重建的根本原则。斯大林把自己关在克里姆林宫，沉浸在自己的"才智"中，并通过展现才智来获得满足。他可以令争论和怀疑横行，不论它们来自哪方面。即便是现在，军人们依然处于NKVD的严格压制之下：贝利亚的逮捕名单包括炮兵总监戈沃罗夫（L. A. Govorov），他被记下是因为1919年曾以"白军"指挥员的身份在海军上将高尔察克麾下服役（5月，加里宁在戈沃罗夫被任命为捷尔任斯基炮兵学院院长前夕亲自干预此事，后者才幸免于难）。在这段非常时期，波罗的海特别军区的空军指挥员被带往莫斯科，此后消失无踪。许多指挥员在集中营中饱受折磨，戈尔巴托夫于1941年春季被下令释放，从那里回来，他说自己没有从事"危险的工作"，但对其他事情守口如瓶。

库利克和梅赫利斯这类人的建议愚昧无知，斯大林在其支持下选择防守苏联的前方国境线。总参谋部1941年4月底和5月初散发了一份计划，被彻底剥夺了基本战略选择权的朱可夫因制定了该计划而受到指责。这份"1941年国界掩护计划"由两部分组成，包括一份国境地区军队任务总则和一份以"红色文件袋"的形式交付各集团军军事委员会的战役部署计划。可以确定的是，该计划没有附带战役命令。各边境军区军事委员会收到两道指令：

（i）阻止敌军对苏联领土的地面与空中入侵；

（ii）在筑垒地域进行顽强防御，以掩护红军的机动、集中与展开。

这时，已经出炉的"掩护计划"预计运用掩护集团军的第二梯队——机械化军、反坦克炮兵旅和航空兵——来消灭突破之敌。在边境地区破坏"有威胁"的敌军进攻后，待收到来自高级指挥部的特别指示，作战行动就将在敌国领土展开。事实上，该计划并未重视突发情况，也没有其他版本，计划起草时，通过边境指挥员的报告，总参谋部已经掌握了大量德军在边境集结的证据。但是，整个边防体制建立在以下基础之上，即苏联红军不会被突然袭击，宣战后才会出现决定性的进攻行动，或敌军只会以有限的力量展开行动，这样苏联红军就有时间来掩护动员。苏联军队沿整条国境线部署，甚至占据了那些深入西方的突出部，因此侧翼被削弱。用于应对敌军突破的预备队远远不够，用于第一和第二梯队作战的补给品亦是如此。最后，整个"计划"中最可疑的一点是，没有列入战役或战术集群（那些"秘密集结的军队"远远少于图哈切夫斯基当初的设想）来应对敌军的进攻。正如比留佐夫元帅后来评论的那样，他们正错误地准备一场1914年的战争，而非1941年的战争。

5月初，斯大林成为政府首脑，苏联人民委员会（Sovnarkom）主席。莫洛托夫仍然是斯大林的副手，担任苏联外交人民委员。5月6日的这一戏剧性举动在国内外都没有造成太大反响。冯·舒伦堡一如既往的精明敏锐，他报告说这是一次"非常重要"的动作。舒伦堡接下来说道：

> 这一动作只能解释为，基于德国在南斯拉夫和希腊取得的重大而又迅速的军事胜利，苏方重新评估了国际形势，并意识到如此一来，就有必要背离苏联政府先前令两国关系疏远的外交策略。也可能是斯大林注意到政治家和军队高层中意见相左，遂更加坚定决心，从此以后亲自掌舵。

4月，政治官员和军队指挥员中间已经不乏不安的迹象。在莫斯科举行的五一国际劳动节阅兵提供了一个集会的良机，当前形势的严峻性成为一个不断被提起的话题，虽然谈论起来仍然小心翼翼。在5月1日的阅兵式上，苏联驻德国大使杰卡诺佐夫的位置离斯大林非常近，斯大林对他说的那种拜占庭式的、拐弯抹角的殷切话语，意味着高度喜爱与信任。至于军人，斯大林对军事院校的毕业生们发表了一通40分钟的讲话。这迄今仍然是一个非常有争议性的话题。当时，德国外交人士"被告知"，此次讲话强调了苏联面对德国时军事上的薄弱，一次"新的妥协"已隐约可见。第二个版本（汇编自亚历山大·沃斯收集的1941年6月以前的苏联声明）认为斯大林进行了非常冷静的分析，他强调苏联军事上的不足，并暗示战争将不可避免地于1942年爆发，苏联甚至会采取先发制人的行动。其他评论者并不是这样记录的——与1月的情况非常类似，战士们安静地坐着，斯大林描述了苏联红军在武器和机构方面的彻底重组，并坚持说，苏联可以调集足够的力量（尤其是机械化和坦克队伍，以及航空兵）来战胜"最现代化的军队"。

与此同时，德国人继续刺探斯大林引以为傲的那条"不可侵犯的"苏联国境线，其活动愈发地呈现规律性且持续不断。4月中旬，一支16人的德国侦察分队装扮成苏联工程兵，在奥古斯图夫（Augustovo）附近的密林中穿过了苏联第86边防支队控制的地区，结果演变成了一场射击比赛。这样的情形将在随后几周内反复上演。德国谍报局动用了冯·拉豪森（von Lahousen）将军的第800特别团，还利用反苏的乌克兰人组建了一个特别情报单位——夜莺（Nachtigall）部队，它们已经开始了系统化的工作。5月初，德国的作战情报部门忙于侦察苏联的通信网络，边防及边防设施，准备进行系统的破坏作业。破坏任务（Sabotage-Aufgaben）只有在接到高层的特殊命令后方可执行。德国人设法在苏联叛国者和政权敌对者群体中组建"第5纵队"，来服务于德国的意图。

随着战术空中侦察的加强，越界飞行不顾两国的外交风波继续进行。沃罗诺夫上将于5月接管了国土防空总局（PVO），他惊恐地发现，苏联的高射炮和战斗机部队没有接到命令来阻止德国人飞越苏联领空的行为。沃罗诺夫看到德国照相侦察机飞行的航线用红笔绘制于专用地图上，这些线环绕着波罗的海的海军基地，白俄罗斯的机场、仓库和军队集结地，以及乌克兰边境的防线。波罗的海特别军区司令员库兹涅佐夫认为，即便不能向入侵者射击，至少可以借助夜色保持更多的隐蔽性，他主动在海军基地和机场采取了局部灯火管制措施。这一点德国人肯定也注意到了。沃罗诺夫称赞了库兹涅佐夫的预防措施，并建议总参谋部予以推广。然而，这一称赞只不过将莫斯科的注意力转移到了库兹涅佐夫的活动上，灯火管制的命令被下令撤回。

在早先实施了灯火管制措施的塔林海军基地，船舶和海军司令部的多层建筑发出的灯光照入了暗夜，据海军上将潘捷列耶夫（Panteleyev）回忆，白天的时候，参谋们从司令部里望向塔林"充满绿植与花香"的街道。随着新式武器和新分舰队的到来，他们展开了不分昼夜的战备工作，其中包括海军少将德罗兹德（V. P. Drozd）的轻舰队[11]，切罗科夫（Cherokov）上尉的摩托化鱼雷艇中队，叶吉普科（Egipko）上尉、奥廖尔上尉和海军少将藻斯特洛采夫（A. T. Zaostrovtsev）的潜艇支队。叶尔马琴科夫（V. V. Ermachenkov）少将〔后来是萨莫欣（M. I. Samokhin）少将〕指挥的海军航空兵各中队有些被动，他们几乎都要从东部深远后方地区的机场起飞，远在前进基地之后，也远远超出了潜在的交战海域。海军参谋部立刻觉察到了关键的塔林—喀琅施塔得交通线所受的威胁，那里需要更多扫雷舰和巡逻艇，以确保波罗的海舰队的控制权。数星期前，情报主任弗鲁姆金（Frumkin）中校报告说，德国海军部队已经提升了战备状态，德国潜艇在利巴瓦的苏联海军基地外就位。波罗的海舰队司令、海军上将特里布茨决定于5月中旬派出部分舰只防备突然袭击；轻舰队（包括1艘巡洋舰和1艘布雷舰）大部分潜艇及其补给舰从利巴瓦移往乌斯季德维纳（Ust-Dvinsk），那里的防空要强于利巴瓦。"马拉塔"号战列舰从塔林调往喀琅施塔得基本上也是出于同样的原因。在特里布茨的命令下，潘捷列耶夫和一队海军参谋先去了里加，然后前往利巴瓦，与他们对应的苏联红军讨论大量战役协同（尤其是海军基地的防御）问题。与此同时，德军正在进行最后的部署。

这些不幸的俄国人当面是冯·莱布元帅的北方集团军群，下辖装甲突击军团（霍普纳的第4装甲集群）和两个集团军（第18和第16集团军），还有航空队支援——总计29个师（包括3个装甲师和3个摩托化师），负责歼灭波罗的海地区的苏联军队并夺取列宁格勒。与北方集团军群相邻的是冯·博克元帅的中央集团军群，这个最强大的德国集团军群有50个师（包括9个装甲师和6个摩托化师），其左翼是霍特的第3装甲集群，右翼是古德里安的第2装甲集群。这支令人生畏的突击力量由于大量斯图卡的出席而更为可怕，它们集中在凯瑟林的第2航空队。这一重击将落在布列斯特—格罗德诺—维鲁（Vilno）—斯摩棱斯克地区的苏联军队身上，将他们粉碎、占领斯摩棱斯克后等待进一步决策。伦德施泰特元帅的南方集团军群将消灭加利西亚和西乌克兰的苏联军队，穿越第聂伯河，进攻基辅。冯·伦德施泰特将以41个师（包括5个装甲师和3个摩托化师）在普里皮亚季沼泽与喀尔巴阡山之间发动进攻。此外，德国第11集团军和罗马尼亚第3集团军也已就位。德军统帅部手握26个师作为预备队。与此同时，德国的盟友芬兰将于7月11日以后派12个师支援对列宁格勒的攻势。

总体目标是歼灭第聂伯河以西的苏联红军有效作战力量，这取决于那个庞大而又危险的计划能否成功、安全地推行下去。不过，希特勒和他的将军们选择目标时看法并不一致：希特勒意在列宁格勒和乌克兰，军方的注意力集中在直取莫斯科的可能性上。事实上，这一分歧演变出了一份折中方案，他们计划在第一阶段抵达列宁格勒—奥尔沙—第聂伯一线，届时再考虑时机与目标。计划中，德国统帅部希望冯·莱布的各军团约4个星期后能抵达里加西南的高地，中央集团军群的两个突击军团将在斯摩棱斯克背后、莫斯科面前的主干道上会师，夺取基辅的冯·伦德施泰特将他的几个军团向南部署，歼灭乌克兰的苏联军队。届时德军将会重组，中央集团军群的突击军团划入冯·莱布麾下以夺取列宁格勒，中央集团军群的步兵用于肃清先前包围圈中的苏联军队，冯·伦德施泰特则推进到顿涅茨盆地和黑海沿岸。

如果不考虑那些"战役集群"的话，德国人对苏联军队的能力和企图摸得还是很透彻的。在西北方，边防力量看起来很单薄，列宁格勒军区的主力估计正"忙于"防备芬兰。如果苏联军队据守德维纳—第聂伯以西的阵地，那么在西北地区，俄国人就将沿德维纳一线战斗。5月20日的《敌情评估》（Feindbeurteilung）是对苏联军队兵力、部署和意图的综合调查，文中确定了3个苏联军队主要集结区——南部的切尔诺维茨[12]—伦贝格（切尔诺齐乌—利沃夫）、中部的比亚韦斯托克和北部的波罗的海地区。南部的舍佩托夫卡（Shepetovka）—普罗斯托库洛夫（Prostkurov）—日托米尔地区，中部的明斯克西南地区，西北部的普斯科夫地区似乎都有强大的战役机动预备队。遭遇来自西方的进攻时，"1812年式撤退"是不太可能发生的，原因如下：西北和西南的海空军基地不能轻言放弃，列宁格勒—莫斯科—乌克兰地区的兵工厂也不能放弃，至少，交通设施的不足会使得迅速重新部署和大范围调动无法进行。对东加利西亚或东普鲁士方向进行"预防性打击"，或冲入罗马尼亚和匈牙利的可能性也被排除了。鉴于所守国境线的长度，苏联统帅部在考虑防御行动的时候，必然会寻求建立"国防枢纽"（Verteidigungsschwerpunkte），以免他们的军队被"一点点地浪费"。可以比较容易地确定3个这样的"枢纽"：利沃夫—别尔季切夫—基辅一线两侧、比亚韦斯托克—明斯克—莫斯科一线两侧的白俄罗斯地区和西北部的丘陵地区。苏联军队应当会守卫"边境纵深地区"（深达50千米）的防线，然后很可能从"枢纽"发起数场有限的攻势。

尽管如此，这份清晰的文件对苏联统帅部能力与洞察力的认知依然与事实相去甚远。不过它至少澄清了关于苏联有意进攻的虚假传闻，希特勒曾以此来迷惑那些疑虑重重的指挥官，并恐吓他那些不情愿的盟友。事实上，"苏联军队集结兵力进攻"一事子虚乌有。德军因"苏联军队集结兵力进攻"的传言确实出现过片刻恐慌，哈尔德大将于4月7日承认苏联的部署"有挑衅之意"，但他最终断定不存在这样一个进攻计划。考虑到苏联糟糕的通信和通讯情况，迅速重新部署显然是不可能的，德国人的各种侦察也未能证实苏联为此进行了重新部署。相反，苏联统帅部似乎对德军部署（两个巨大的装甲钳将从中间撕开口子）的迹象无动于衷，他们只盯着西北和西南方向。苏联统帅部一直以来专注于乌克兰的防御，防止德军威胁莫斯科—哈尔科夫交通线。在以森林和沼泽为主的北方地区，防御似乎要容易一些，但南方地区只有第聂伯河做屏障，一旦失守，就没有什么能够阻挡向顿涅茨盆地工业区的进军了，因此在基辅以西集结了强大的军队（1939年以前则是为"斯大林防线"配备人手），以便协防莫斯科和乌克兰。

从北向南，排列着令人生畏的苏联集团军指示牌。在波波夫中将指挥的列宁格勒军区，弗罗洛夫（V. A. Frolov）的第14集团军据守着白海城（Belomorsk）—摩尔曼斯克地域，戈罗伦科（F. D. Gorolenko）的第7集团军据守着拉多加湖北面和东北地区，普申尼科夫（P. S. Pshennikov）的第23集团军据守维堡—凯肖姆（Keksholm）[13]地区。库兹涅佐夫的波罗的海特别军区有28—30个步兵师，1000辆坦克，莫罗佐夫（V. I. Morozov）的第11集团军掩护着与东普鲁士接壤的国境线，索边尼科夫（P. P. Sobennikov）的第8集团军守卫着里加和波罗的海沿岸；在内陆地区，别尔扎林（N. Berzarin）还在组建中的第27集团军撤回了德维纳河西岸。在西部特别军区，巴甫洛夫大将突然想要重新部署科罗布科夫（A. A. Korobkov）少将的第4集团军，这是他的3个掩护集团军之一，另外两个是第3和第10集团军。早在1941年1月，崔可夫中将就建议调整第4集团军的部署，以便改善其态势。然而，巴甫洛夫在总参谋部的许可下，决定将第4集团军的步兵第12师调入布列斯特要塞内，并将机械化第14军的行政部门布置在科布林（Kobrin），该军由克里沃舍因和波格丹诺夫的坦克旅扩充而成[14]。此举剥夺了第4集团军的预备队和第二梯队。在基尔波诺斯的基辅特别军区，事情正在向更为有利的方向发展，不过各掩护集团军的状况依然很糟。第5集团军的步兵师被派去掩护通往西乌克兰的卢茨克（Lutsk）—罗夫诺（Rovno）道路，并驻守科维利、斯特鲁米洛夫（Strumilov）和弗拉基米尔—沃伦斯基（Vladimir-Volynsk）的"筑垒地域"，不幸的是，这些地域尚未完工和装备。在绵延160千米，被认为是敌军最有可能通过的两块主要地区部署了4个步兵师，另有1个步兵师作为预备队，1个机械化军用以应对敌军的突破。正在训练的第5集团军分散在距离国境线64千米的营房中，需要3—4天来接管其预设阵地。第6集团军的掩护计划部分取决于其友邻的第5集团军。第6集团军的部队将据守斯特鲁米洛夫和拉瓦罗斯卡亚（Rava-Russki）的防线，以阻止敌军在克里斯蒂诺波尔—格拉波维茨（Krystynopol-Grabovets）[15]地区达成突破。为了防御宽达120千米的区域，第6集团军部署了2个步兵师和1个骑兵团，他们将与"筑垒地区"的守军协同作战。基辅军区司令部急着要完成边境上的防线，这并不奇怪，不尽快完工的话，掩护行动也会受到拖累。

苏联军队在乌克兰布置的兵力相当可观，有60多个现役步兵师；在苏联中部有40多个师，在西北部有30个师。苏联统帅部浑然不知20个师的德军庞大突击波将瞬间落下，他们会完整地砸向薄弱的掩护军队；也不知德军计划在苏联中部打开道路。不过，还是有一些迹象本应该"引发思考"，就如同哈尔德大将得到启发，去思考苏联的部署。由于巴甫洛夫调走了几个梯队，苏联第4集团军的一只脚已经迈入了坟墓，该部于4月份报告了德军强大兵力的存在：在6月7日发送的德军兵力报告中，第4集团军证实，截至6月5日，白俄罗斯边境有40个德国师，其中可以辨认出15个步兵师、5个装甲师、2个摩托化师和2个骑兵师。这份报告还提及德军似乎准备在布格河上架桥，这至少是一个令人担忧的举措。

几乎与此同时，理查德·佐尔格向莫斯科送去了一份"巴巴罗萨"计划相关资料的汇编，这份文件令人大吃一惊，其中包括计划目标、"战略方针"、德军部署军队的兵力和进攻苏联的起始日期。

就在斯大林"正式"掌管苏联政府的那天（5月6日），苏联驻柏林的武官沃龙佐夫上尉向莫斯科递交了一份报告，称海军副武官获悉德国的进攻蓄势待发，或定于5月14日开始。这次进攻将发生在芬兰和波罗的海国家，并以边境地区的大规模空降以及对列宁格勒和莫斯科的空袭为先导。斯大林前一天已经收到了一份关于德国战备和意图的情报评估（此事见于一份出处不详的苏方记录）：

> 华沙和波兰领土上的战备工作完全是在公开进行，德国官兵毫不掩饰地谈论苏德之间即将发生的战争，好像已经做出了某种决定。战争将会在春种结束后开始。

4月初，佐尔格从东京发送了一份关于德国意图的补充电报："按照德国大使的说法，德国总参谋部已经完成了战备工作。在希姆莱圈子和总参谋部里，发动对苏战争的呼声高涨。"5月初，佐尔格的另一份补充报告强调了战争威胁的真实性：

> 1. 希特勒已经下定决心发动战争并消灭苏联，以便获取苏联欧洲部

分的领土作为原材料和粮食基地。

2. 战争行动开始的准确日期推断如下：

（a）完全消灭南斯拉夫之时；

（b）春种完成后；

（c）德国和土耳其的谈判结束时。

3. 希特勒将于5月做出战争行动开始的决定。

5月16日，美国大使与日本驻莫斯科大使会谈之后，得知莫洛托夫于5月14日驳斥了苏德"正如英美宣传的那样"存在嫌隙的说法，并强调两国现在的关系"非常好"。对德经济供给已有增长，卸船后通过西伯利亚大铁路从远东转运来的物资也增加了。事实上，交付"油籽、有色金属、石油，以及从东亚运来的生橡胶"一事已经在苏德谈判代表间友好地解决了。施努雷也在其备忘录中指出"苏联原材料的交付情况仍然很好"。他得出了乐观的结论：

> ……我们可以向莫斯科提出经济上的要求，甚至可以超出1941年1月10日所签条约的范畴……当前约定的原材料数量已由俄国人如期交付，尽管这对他们而言是个沉重的负担，在谷物方面尤其明显，因为到1942年8月1日为止，要交付的谷物总量……总计超过3000000吨。

日本驻苏联大使建川美次中将提出了自己的看法："目前德国在苏联边境有140个训练、装备充分的师，苏联有110个，其中只有34个经过了充分的训练和装备。我认为双方的合作会日益巩固。"德国的战争准备、战争迫在眉睫的传言以及希特勒从苏联身上压榨每一分好处的意图，这些事实都摆在斯大林眼前，但都不是他走向战争的决定因素。然而，局势在5月中旬并没有缓和的迹象，德军即将进攻的警告仍在朝斯大林涌来。

毫无疑问，有大量警告发给了斯大林：苏联和其他国家的文献足以作证，尽管这些消息的命运仍然不甚明了。斯大林到底相信什么呢？又是什么让他产生了这样的信任？戈利科夫（F. I. Golikov）担任情报总局（GRU）局长这一关键职务约有一年的时间，他自己承认，关于德国对苏进攻准备的重要报告多数经他之手递交。戈利科夫随后否认了这样一种说法，即（1941年3月）萨姆纳·韦尔斯与乌曼斯基会谈时对德国进攻迫在眉睫的暗示是苏联情报机构收到的第一份提示：

> 首次警告是通过苏联情报机构收到的，远早于1941年3月。情报局做了很多工作来获取和分析从不同渠道传来的关于纳粹德国计划的情报，尤其是那种直接针对苏联的计划。除分析了大量来自情报人员的数据之外，情报局还仔细分析了国际消息、外国媒体、公众观点以及德国和其他国家的军事政治、军事技术文献等。因此对于斯大林及其下属的我国军政领导人来说，美国的消息几乎算不上什么新闻。

不过，斯大林收不到第一手的消息。情报到他手里之前显然会经过戈利科夫的亲自加工，后者直接并且也只对斯大林本人负责。到斯大林手中的情报资料分为两个级别，即"来源可靠"和"出处可疑"。这名向斯大林和莫洛托夫递交报告的官员称，斯大林采取被动的政策，幻想着通过"做交易"来迷惑希特勒，那些支持其政策、满足其幻想的情报被评定为"可疑"时，他就会立刻拉下脸。戈利科夫完全意识到了上级的想法，也不打算违逆上意，他将那些证明希特勒将英国作为真正目标、德军向东部署只是一次大规模佯动的情报都标记为"可信"。理查德·佐尔格的情报从一开始就至关重要，而且到后来愈发详细，却不可避免地被纳入了"可疑"的行列，打入"存档"的冷宫。戈利科夫肯定向斯大林提交过德国"巴巴罗萨"战役计划的详细说明，不过（按照读过这份文件的苏联历史学家的说法）仅仅是作为奸细企图让苏德卷入战争的材料呈上去的。鲁道夫·赫斯飞往苏格兰一事确实激怒了斯大林，这不亚于英国挑唆德国发起对苏战争，在他们富丽堂皇的大厅中，赫斯的"建议"与伦敦的巨大阴谋交织在一起，反苏的阴谋正于5月酝酿成型。

虽然斯大林接受戈利科夫的"假情报"，但总参谋部的朱可夫和国防人民委员部的铁木辛哥都不赞同篡改报告和贬低文件内容。情报局关于德国计划的资料和进攻日期的传言并没有透露给军队指挥员，他们仍然倚仗于边境军区司令的报告，尽管这些报告也开始令人担忧起来。迄今为止，疑点仍然很多。

"巴巴罗萨"计划制定时内含复杂的欺骗措施并非毫无缘由。斯大林的自负和被篡改的情报满足着他的幻想，事实上，英国联合情报委员会已经于5月下旬预料到了他的意图：斯大林深入地评估苏德关系后，结论显然是"德国从条约中得到的东西会比战争多"，并且，尽管希特勒可能会在讨价还价时动用武力，但他不太可能想要行越界之事。5月20日，丘吉尔和西科尔斯基将军讨论了德国进攻苏联的可能性。这样一件无法预测的事当时"好像还不在考虑范畴内"，尽管西科尔斯基将军提交了一份德军在波兰集结的书面评估，其内容令人难以置信。几乎是转眼间，有关德国空军在东部的新无线电设施和各中队实际部署情况的消息就动摇了5月20日的结论，尽管这类证据还不能排除德国"作秀"的目的，但斯塔福德·克里普斯爵士后来回忆说，"这段间歇期"现在走向终结了。5月22日，斯大林还收到了一次来自柏林的警告，苏联副武官赫洛波夫暗示说，德国对苏联的进攻定于6月15日开始，不过这名苏联指挥员补充说："也有可能于6月初开始。"戈利科夫毫不犹豫地将其归入"可疑"一栏。

苏联总参谋部缺少"热乎"的情报，也无法全权指挥边境军区，不过他们可以调整苏联国内的军事部署。5月下旬，外贝加尔军区司令库罗奇金（P. A. Kurochkin）中将正在视察第16集团军，他接到了发给赤塔方面司令部的26字节密码信号，将第16集团军召回俄罗斯的欧洲部分。各师将趁夜撤出，装甲兵团打头，接着是步兵第152师，然后是其余单位，司令部殿后。4天后，司令部被告知要移动"相当远的距离去训练"。6月3日时，该部仍在路上，火车车厢上是密闭门，谁都不许下车。约3个星期后，比留科夫（N. I. Biryukov）少将的步兵第186师奉命从乌拉尔军区转移到1939年原苏联—立陶宛国境线上的一处阵地。尽管西伯利亚大铁路上的军事运输日益繁忙，调动自晚春时节就开始了，但总参谋部在介入远东军队时依然小心翼翼。3月，叶廖缅科奉命将红旗独立第1集团军分割为红旗第1集团军和第25集团军。现在他又得到命令，于7月1日以前转移斯帕斯克的红旗第1集团军司令部。

6月10日，第16集团军政治委员洛巴切夫（A. A. Lobachev）抵达莫斯科，向国防人民委员部、总参谋部和政治宣传部汇报工作。总参谋部和其他部门一样繁忙，朱可夫的副手索科洛夫斯基告诉他，第16集团军的目的地原本是外高加索，但鉴于当前形势，接下来可能要前往基辅特别军区。国防人民委员部通知说德国将于5月底或6月初完成部署，如果德国人决定发起战争，（苏联）就会采取"特定的措施"，比如将第16集团军这样的集团军从内地移往"西线"。扎波罗热茨告诉洛巴切夫和其他高级政治委员，"鉴于最新形势"，必须加强宣传工作，尤其是对"法西斯主义反动本质"的"揭露"。

并非所有情况都令人放心。6月10日，在第4集团军的一次高级指挥员会议上，讨论变得热烈起来，与会者有集团军司令科罗布科夫少将、航空兵主任别洛夫上校、政治委员罗日科夫和机械化第14军军长奥博林（S. I. Oborin）少将。科罗布科夫将军宣读了他从军区司令那里接到的命令，揭开了会议的序幕：

> 第4集团军接到指示于6月22日前往布列斯特炮兵实验场进行战术演练，届时军区代表和国防人民委员部成员将会出席。为此，步兵第42师和坦克第22师的部队将离开布列斯特。所有高级指挥员都将参加这次演练。

罗日科夫立刻问道：统帅部如何看待德军在边境上的集结？科罗布科夫告诉他，"军区司令和莫斯科的统帅部"均认为德国人不打算破坏1939年的条约，"他们这样做的目的，是与我们解决政治问题时，使自己处于更为有利的位置"。罗日科夫接着又问道："有什么关于作战准备的命令吗？"科罗布科夫告诉罗日科夫："继续筑垒工作，让部队待在离指定驻地有一定距离的地方，保持战备状态。"别洛夫对科罗布科夫的话进行了补充，他称新战斗机将于6月15日抵达——Yak-1战斗机和Pe-2轻型轰炸机所需的混凝土跑道已经基本就绪，一个月内应该可以完工。接着，科罗布科夫下令准备在城镇外的树林里设立指挥部。在"非常状态"下，部署在博布鲁伊斯克—戈梅利—斯卢茨克一带的步兵第47军将加强给第4集团军。奥博林将军报告说他的军部已经疏散，但这并不影响以下事实：他的军多半还是未经训练的新兵；他的炮兵部队已经接收到野战炮和榴弹炮，但没有相应的弹药；他的坦克和卡车来自之前的各坦克旅，只够运送全军的四分之一，其余的只能步行。陈述完这些担忧后，罗日科夫回到德军集结这个主题上时，科罗布科夫转向他说道：

然后你想让我们怎样做呢？进行动员，开始在边境上集结我们的军队？这同样很可能带来战争。正如你所熟知的一战历史，一个国家的动员必然使其敌对国家跟着动员，继而引发战争。

与此同时，布列斯特要塞中的队伍和衣而睡，他们的指挥员与战士一同在营房里过夜。这项预防措施从6月10日持续到了15日。

也正是在这个时候，基尔波诺斯再次试图让莫斯科开始行动。他致信斯大林，告诉后者说德国人位于布格河，德军很有可能在不久的将来发动进攻，应当从边境地区疏散300000人，并为固定防御工事配备人手。基尔波诺斯被告知，这些都将构成"挑衅"，不能给德国人提供"对我方采取军事行动的借口"。在他自己的命令下，基尔波诺斯已经将一些分队和部队调往国境线上更有利的位置。苏联红军的调动被内务部军队看到了，后者的指挥官将此事上报给了乌克兰内务部边防军首长，接着传到了贝利亚那里。基尔波诺斯接到指示，立即撤销他的命令。6月中旬，基尔波诺斯又试图通过电话获得许可，将他的专业部队调离训练场，配置到防御阵地上。他遭到了拒绝，并被告知："那里不会发生战事。"这名身处基辅的指挥员向其作战部部长巴格拉米扬（I. Kh. Bagramyan）上校表达了自己对未来的悲观看法，后者也从不怀疑希特勒将会发动攻击，他指出德国飞机约20架成一组，正遂行每日侦察任务。最糟糕的是，基尔波诺斯和他的参谋部根本不能为各部队和兵团的指挥员提供这种情况下的准确简报或行动说明。

当然了，他们可以读读6月14日的报纸，上面刊登了一篇声明（莫洛托夫也给了冯·舒伦堡一份），谴责了一切毫无根据的"战争的谣言"，并提出了"对苏包围圈"的观点：

> 德国打算破坏条约并进攻苏联的传闻毫无根据，德国军队已经完成了他们在巴尔干的行动，想必，他们调往德国东部和北部是出于其他一些与苏德关系无关的动机。

"想必"这个词引发的不是苏联评论家们后来所责难的那种自满，而是混乱与迷惑，这造成的破坏甚至更加严重。高级海军政治委员阿扎罗夫（I. I. Azarov）最近还在莫斯科听到罗戈夫敦促海军政工人员加强口头指导，揭发"德国法西斯的侵略性活动"，更多地培育急迫感和战备意识。现在，回到黑海舰队后，在"红色高加索"号巡洋舰上，舰长吉什辛上校又要求他为舰员们"详述"一下报纸上的声明。团级政委肖明已经汇报了热烈的揭发活动，他自己也不知道这意味着什么。阿扎罗夫被要求解释一份他完全不理解的声明，只好选择了一条"积极"的路线，敦促战士们不要因报纸上的声明而"懈怠"。至于这份声明所针对的德国人，他们并未做出回复。

就在斯大林放出这份声明的时候，更多证实德国进攻计划的情报涌了过来。5月底至6月初，佐尔格发送了德军集结的细节，并给出了德国进攻的精确日期。6月6日，斯大林收到的情报证实，约4000000德国和罗马尼亚军队在边境集结。5天后，斯大林又被告知，德国驻莫斯科大使于6月9日接到指示，准备在7天后离开莫斯科并烧毁文件。来自远东和欧洲的情报一一对应。苏联情报人员从瑞士发来了最重要的信息，其中英国人亚历山大·富特（Alexander Foote）于6月初传来的消息已经出现"不祥的声音"。该情报主要来自一名代号"露西"的特工，这名情报人员和佐尔格一样出色，其条目之精确，致使"中央"（莫斯科间谍和情报部门）怀疑他是谍报局的线人，先以专门准备的情报误导他们，最终设法让苏联挑起灾难。6月中旬，"露西"提供了最重要的消息——德国进攻的日期（6月22日）、德军序列和目标的细节，还有德国对苏联可能做出的反应的预判。由于莫斯科对"露西"疑窦丛生，瑞士的苏联特工们发送情报时犹豫不决。该情报最终得以发出，多多少少减轻了莫斯科的疑虑，虽然这还远远不够。很快，莫斯科就将急切地索要所有"露西"的内容。

斯大林怀疑战争的可能性，他的情报却表明英国人对此深信不疑。6月初，联合情报委员会修正了之前的观点，认为"那件事有可能在6月的后半段见分晓"。5月底，艾登已经就苏方态度以及德国军队调动的意义与迈斯基进行了谈话，后者许诺"请求指示"。6月10日，迈斯基求见艾登，并告诉后者，莫斯科指示他"通知英国政府，苏德之间没有军事或经济协定"。问及德军集结一事时，迈斯基再次援引了那句"苏德之间没有军事或经济协定"。至于苏联在欧洲东南部的政策，迈斯基许诺"给政府发电报"。与此同时，斯塔福德·克里普斯爵士被召回，6月12日夜间，丘吉尔、艾登和克里普斯就苏德关系进行了一番长谈。摆在他们面前的是联合情报委员会（JIC）带有危险暗示的评估。三人决定再召见一次迈斯基。6月13日早晨，艾登向迈斯基指出了"苏联受到进攻"的可能性。英国政府正在考虑在这种情况下提供援助的可能性：在西欧进行牵制性空袭，向苏联派遣军事代表团，经济援助等。现在，迈斯基大使承认了德军集结一事，并请求英国提供所有关于"位置和数量"的情报，以及，"如果他们可以先进行一般性协商来改善两国关系"，他将建议"莫斯科更热情地回应"英国的提议。"艾登先生说'我想你主要是指波罗的海国家及其相关问题'，迈斯基说'没错'。"几天后（6月18日），斯塔福德·克里普斯爵士与西科尔斯基将军就苏德关系进行了长谈。英国大使认为战争"将于几天内爆发"，届时，英国政府将会援助苏联。西科尔斯基将军对苏联红军发表了评论，并指出铁木辛哥不是"图哈切夫斯基那个级别的指挥员"，而苏联红军尽管会战斗，但"禁不住这次冲击"。

艾登与迈斯基谈话的时候，沃罗诺夫上将向库利克元帅提出了几乎相同的问题。后者漠不关心地耸耸肩："这是上面的政策，不是我们的想法。"国防人民委员不那么容易满足，斯大林接到内务人民委员部和边防司令部的报告，说德军预计于6月21日到22日夜间发起进攻，两天后，6月19日，铁木辛哥下令对前沿的机场、军队单位和设施进行伪装。这道特别命令指出了机场糟糕的伪装状况和飞机停放拥挤的情况。至于装甲和炮兵部队，坦克和火炮的涂装使它们从地面和空中极易被观察到。坦克、装甲车辆和地面上的飞机一样挤成一团，成为极佳的目标。临时储备点和设施的涂装可视度也太高了。6月18日，西北地区的库兹涅佐夫命令第8和第11集团军组建"机动反坦克布雷分队"，建立反坦克地雷和爆炸物临时储备点。到6月21日为止，绍利亚（Shauliya）—考纳斯—涅曼河这段国境的桥梁都配置了爆破分队。在第11集团军的地域，舟桥第4团负责在集团军司令的直接命令下爆破涅曼河上的桥梁。与此同时，防空警戒的级别也提高了。

在基辅特别军区，步兵第15军军长费久宁斯基（I. I. Fedyuninskii）上校于6月18日晚接到了一通急促的电话，来电者是内务部边防军。一名德国逃兵带着"非常重要的信息"穿过了苏联边境。这名逃脱了军事审判的德军下士宣称，德军将于6月22日发起攻势。费久宁斯基通过电话将这一消息告知了第5集团军司令波塔波夫（M. I. Potapov）少将。波塔波夫明显认为这是"挑衅"，虽然两三天前，与机械化第19军军长罗科索夫斯基少将谈话时，费久宁斯基得到过忠告，"这几天管好你的部队"。到处都出现了这样的思想波动和看法。在普罗霍罗夫少将的步兵第80师，指挥员们于6月中旬讨论了边防军关于德军调动和坦克发动机声响的报告。这是6月16日在西乌克兰发生的事。

6月18日之后，苏联西北部的前沿部队报告说德军正在占据出发阵地。西部边境的布列斯特也发来了类似的报告，说德军正在就位，这些都是在坦克发动机噪音的背景下进行的。与此同时，苏联军事活动继续"例行公事"，回复、报告和指示：有对心怀不满的战士所作"反苏言论"的调查；有6月18日第0219号命令的严格条款，警告苏联指挥员不得随意处置笔记本和档案文件；还有第345号仓库于6月19日递交的关于警备松懈的报告。不过，铁木辛哥元帅6月19日发给叶廖缅科的电报远非日常公务，他命令后者立即将远东的指挥权交给参谋长舍拉霍夫（Shelakhov）将军，即刻启程返回莫斯科。苏联海军司令部也开始活跃起来。过去三个半月多以来，苏联海军高级指挥员们的担忧与德国飞机的飞行频率一样与日俱增，后者一直未受干扰地飞越波罗的海的苏联海军基地，拍摄苏联海军的部署。3月初，海军上将库兹涅佐夫准备命令苏联海军的高射炮向这些入侵的照相侦察机开火，但斯大林撤销了这道命令，还当着贝利亚的面斥责了这位海军总司令。4月1日，海军总军事委员会发布了一道新命令，替换了3月3日的命令："不许（对德国飞机）开火，苏联战斗机将会升空，让敌方飞机迫降在我方机场。"5天后，一架德国飞机出现在了利巴瓦上空，开始用航空相机拍照。苏联战斗机起飞了，但德国飞机拒绝"应邀"着陆，苏联拦截飞机进行警告射击，打了20发弹药。聪明的德国机组人员掉头返航，德国大使随后放肆地抗议说，苏联对一架"气象侦察机"开火，给苏联的伤口上撒了把盐。

苏联波罗的海舰队很难保护它最近找到的波罗的海沿岸基地。塔林无法提供适当的掩护，不适合作为主要海军基地，尽管那里还停泊着两艘苏联战列舰。利巴瓦甚至更加危险。海军上将库兹涅佐夫计划重新部署主要部队，但他必须先召开一次有安德烈·日丹诺夫出席的海军总军事委员会会议，只因为后者坚持认为此事涉及"更高层"，即斯大林。这次斯大林同意重新部署，给了库兹涅佐夫必要的口头许可。"马拉塔"号和"十月革命"号战列舰将返回喀琅施塔得——它们确实动身了，但速度很慢。在黑海，苏联海军也遭遇了"不明国籍的飞机"和神秘的潜艇，海军上将奥克佳布里斯基下令加紧战备，遭遇这类水面舰艇、潜艇或飞机时，各部队要发出"发生接触"的信号。苏联海军司令部开始持续记录德国水面舰艇的调动。

不过，事情远不止看上去的这些。沃龙佐夫从柏林发来的报告详细说明了德国进攻可能的日期和形式——这不是"可疑的来源"，而是海军上将库兹涅佐夫所说的"负责任的官方来源"。毫无疑问，库兹涅佐夫立即将其上交给了斯大林。疑问之处在于他基于该情报做出的解释。库兹涅佐夫断言，虽然沃龙佐夫的信号来源可靠，与他从其他地方了解到的情况也一致，但他没有从中发现"决定性的"内容。海军上将库兹涅佐夫也承认，那时他相信"更高层"对于当前形势的说法——战争被忽视了——因而下令让沃龙佐夫从柏林回到莫斯科述职。显然，沃龙佐夫精确的情报是以"可疑"的身份来到斯大林面前的，库兹涅佐夫在传递过程中贬低了它的可信度。

库兹涅佐夫于6月13日—14日某时见到了斯大林，向他汇报了当前获得的情报，黑海方面的训练经验，以及德国人事实上停止了（早先苏联购买的）"吕佐夫"号巡洋舰相关原材料的交付。并未提及舰队的战备事宜。在战争与和平的问题上，库兹涅佐夫已经得出结论，斯大林意识到了战争终将来临，而且他估计1939年的条约只能带来喘息之机，并非长久之计。另一方面，斯大林仍然确信英国和美国正在密谋让德国卷入对苏战争——英国和美国消息散发的据称"德国进攻"的情报肯定是其中一环。不过，库兹涅佐夫也查看过德国海军调动的坐标记录，并希望与斯大林讨论此事。5月底，工农红海军政治部向马林科夫递交了苏联商船船长们的报告，内容是大量德军和装备从斯德丁和斯维内明德转移至芬兰，但报告石沉大海，杳无音讯。6月4日，在苏联红军总军事委员会会议上，马林科夫怒斥了那些想要引入一门新政治培训计划的工农红军政治部指挥员，该项目的设想是"如果我们明天就走向战争"。此举恰恰反驳了库兹涅佐夫两个星期之后发布的提升苏联海军战备的新命令。虽然日丹诺夫支持海军司令部，但和前几次一样无所作为。接着，马林科夫从舰队撤销了这些指示。与此同时，库兹涅佐夫与副总参谋长兼作战部部长瓦图京进行了谈话，瓦图京已经研究了海军参谋部呈交给总参谋部的每日报告，并承诺一旦形势有变，会立即通知库兹涅佐夫。

6月19日晚，波罗的海舰队司令、海军上将特里布茨与参谋们讨论了警戒船只和边境部队发来的报告。这些消息令人很不安。一通电话打到了莫斯科，试图得到海军上将库兹涅佐夫的许可，让波罗的海舰队进入"2号战备状态"，这意味着给船只加注燃油，并让舰员们处于警戒状态。卡车驶出车库，指挥员们从总部大楼中疏散，前往海军将领们在海边的指挥部。北方舰队的形势似乎不那么紧张，不过也进入了更高一级的战备状态。黑海舰队已经于6月17日完成了训练，其舰只已经在很大程度上将塞瓦斯托波尔当成了主要基地，舰队在那里保持着"2号战备状态"。在罗马尼亚边境附近，多瑙河区舰队的小型船只、摩托化巡逻艇、小型浅水重炮舰和扫雷艇在岸防工事和15架I-16战斗机的支援下，由海军少将阿布拉莫夫（N. O. Abramov）指挥，在驻地严阵以待，与步兵第14军参谋部保持着定期联系，该军守卫着相关地段。

海军至少还有一些指导可循，而苏联红军除了凭借个人远见采取的零星措施之外一无所有。

对于东部的德军各指挥部来说，暗语"多特蒙德"正如最高统帅部6月14日发布的命令中所阐述的那样，意味着"巴巴罗萨"行动势在必行；"阿尔托纳"代表推迟或取消，但所有准备工作将于6月15日完成。过去6个月里，驶入东部集结区的火车多达17000列，将军队分为5个巨大的梯队卸载[16]。5月底，步兵已经开始趁夜靠近苏联边境，而装甲和摩托化军队6月中旬以后才开始占据出发阵地。从巴尔干战场抽调的步兵开往了300多英里外的罗马尼亚集结区。德国空军的最终部署到5月底才敲定，各中队在6月的第一个星期开始集结。与此同时，陆军总司令部发布了关于破坏和"牵制"活动的最终指示，并"激活"了那些反苏队伍、流亡者和不同政见者，德国人对这些人最感兴趣。现在，桥梁、邮局、铁路段、通信中心、火车站和其他"敏感地点"均为袭击做了标记。在西北部，谍报局第2处为特种袭击标记了45个目标，袭击者不是第800团①，就是"苏联少数族裔"中的阻滞大队（Widerstandsgruppen）。第800团①起初将集中对付国境线附近15千米范围内的目标，瘫痪防御，并摧毁敌人的战斗意志。德军各集团军群没有过高估计当面之敌，但他们已经准备了防御计划，防备苏联突然袭击：在西南方，有防备苏联军队攻入罗马尼亚的"胡贝图斯"行动；在中部，针对苏联空降着陆和地面突袭的可能性制定了"阿克贝尔塔"行动。进攻的计划工作持续推进着。6月9日，哈尔德大将视察了第4集团军，并讨论了为"突然袭击"采取的特别措施——火炮、烟幕、迅速调动，以及从作战区域疏散平民。在布格河进行突击的计划基本完成，并于6月13日起草。突击开始之时，即"B日Y时"，德国东方军团将踏上战场。

东线外军处编写的6月13日苏联兵力情况报告，记录了俄罗斯欧洲部分苏联军队兵力的增强，调入了5个步兵师、2个装甲师和1个机械化旅，总兵力为150个步兵师、7个装甲师和38个装甲旅。在波罗的海地区，4个步兵师被前调，2个骑兵师被撤回。在中部地区，类似的人员装备调动也在继续，虽然大部分是夏季训练科目所致。德方注意到了从顿河河畔罗斯托夫向南进行的调动，但并无关于动员的报告，苏方只是在征集用于国防建设的工人。总而言之，局势基本上没有变化，虽然德国指挥员们检查"大量"航空照片时发现苏联红军显然将会对边境地区进行一定加强。

6月15日，各指挥部得知了时间（6月22日3时20分②）和地点。暗语已经拟定，6月18日以后将进行最后的部署。通信、破坏活动、安保工作已经进入收尾阶段，与此同时，装甲兵趁夜开往出发阵地。从这时起，苏联边防军就听到了坦克引擎的噪音。白天，德军突击力量保持隐蔽。"中央"集团军群列出了目标、通讯中心和交通枢纽的名单——科布林、沃尔科维斯克、比亚韦斯托

---

① 原注：1939年，谍报局第一次使用其"特种部队"（"K"部队）对付波兰，其成员是苏台德地区的德国人或波兰地区的德裔。这支"特种部队"后作为第1训练连（即执行特殊任务的连队）续存，由于该连驻扎在勃兰登堡（第3"勃兰登堡"炮兵团的兵营），因此又以"勃兰登堡部队"著称，后扩展为营，最终扩编为师。该部队由谍报局第2处指挥，与英国的突击队在某些方面有类似之处，并专门派遣了1个营用于对苏作战。

② 原注：军事行动的时间以原始档案或命令为准（德国夏季时令和莫斯科时间相差1小时）。其他时间采用更为传统的时令。

克、利达、斯卢茨克、巴拉诺维采、明斯克（及其空军通信中心）、戈梅利、莫吉廖夫、奥尔沙和斯摩棱斯克——要求第2航空队予以摧毁。

在德国元首的3800000名官兵中，差不多有3200000人转而对付苏联：148个师中包括19个装甲师、12个摩托化步兵师、9个保安师，加强有陆军的防空、反坦克、工兵和重型火炮部队，总计3350辆坦克、7184门火炮、600000辆卡车和600000多匹马，3个航空队共计2000多架飞机。"东方军团"还得到了盟国罗马尼亚军队的补充，芬兰也作为"军事同盟"[17]（如果不是事实上的盟友的话）加入了进来；6月24日以后，匈牙利、斯洛伐克、意大利和西班牙军队将进一步充实这个行列。

万事俱备，希特勒置若罔闻、斯大林恪守不渝的《苏德互不侵犯条约》即将结束它可憎的生命。

译注

[1]外贝加尔方面军1935年5月以红旗远东特别集团军外贝加尔军队集群领率机关为基础组建。由红旗远东特别集团军抽调机械化第11军、重型航空兵第5军、3个步兵师、2个骑兵师和外贝加尔筑垒地域编成。辖区包括东西伯利亚边疆区和雅库特苏维埃社会主义自治共和国，领率机关设在赤塔市。

[2]这种旅由6个装备有37毫米、76毫米、85毫米和107毫米加农炮的炮兵营（每营3个连）组成，苏德战争爆发后，苏联军队组建了机动性更强的最高统帅部预备队独立反坦克炮团，1942年7月1日起改称为反坦克歼击炮兵团。

[3]1941年年初，联共（布）中央和苏联人民委员会通过了一项关于改组航空兵后勤的决议。根据决议批准了航空兵驻扎区条令。每一个驻扎区内设置若干个空军基地（每一个空军基地负责保障一个航空兵师），每一个空军基地都有与师属航空兵团数量相等的外场勤务营。

[4]苏联军队最初的5个空降兵军组建于1941年4月，每个军有8000多人。

[5]Li-2和PS-84分别是军用和民用型号，均为美国道格拉斯DC-3的仿制品。

[6]在苏德战争爆发前，苏联境内共有13个防空地区：北防空地区（列宁格勒军区）、西北防空地区（波罗的海沿岸军区）、西防空地区（西方特别军区）、莫斯科防空地区（莫斯科军区）、基辅防空地区（基辅特别军区）、南防空地区（敖德萨军区）、哈尔科夫防空地区（哈尔科夫军区）、奥缪尔防空地区（奥缪尔军区）、北高加索防空地区（北高加索军区）、外高加索防空地区（外高加索地区）、中亚细亚防空地区（中亚细亚军区）、后贝加尔防空地区（后贝加尔军区）和远东防空地区（远东军区）。1941年11月9日，部分防空地区被改为防空地域；1945年4月防空地区被完全撤销。

[7]即今天拉脱维亚的利耶帕亚，1918年以前称为利巴瓦。

[8]"掩护军队"是指各边防军队为击退敌人从陆上、海上和空中的突然入侵，以及为在战争初期给战略第一梯队的军队展开和作战创造有利条件而派往国界附近有利地区就地展开的军团和兵团。

[9]即拉脱维亚的陶格夫匹尔斯（拉脱维亚语：Daugavpils；德语：Dünaburg，杜纳堡）。

[10]1940年，政治部改为政治宣传部（Glavnoe upravlenie politicheskoi propagandy Krasnoi Armii），伟大的卫国战争爆发后又改为政治部。

[11]1941年2月，德罗兹德出任波罗的海舰队轻舰队司令。

[12]有时也被译为"切尔诺夫策"。

[13]即苏联时期的普里奥焦尔斯克（Priozersk）。

[14]该军下辖的坦克第22师由坦克第29旅扩编而成，坦克第30师由坦克第32旅扩编而成。

[15]即今乌克兰的切尔沃诺格勒（Chervonohrad）。

[16]第1和第2梯队分别于1940年7月—9月和1940年年底运往东部，共计34个师，其中包括6个装甲师，这些师编为3个集团军，由B集团军群指挥，1941年2月中旬部署完毕；第3梯队于5月20日就位，有17个师；第4梯队有9个师；第5梯队有12个装甲师和12个摩托化师，于1941年6月3日—23日部署到位。

[17]原文是Waffen-brüderschaft，疑似为Waffenbrüderschaft或Waffenbruder-schaft的误拼。

/ 下篇 /

阻击 "闪电战"
1941年6月22日—1942年11月19日

第三章
星期天的突袭：1941年6月22日

并非所有苏联军人都对危险毫无察觉。6月21日星期六早上2时40分，（西部特别军区参谋长）克利莫夫斯基赫少将从明斯克再次向莫斯科发出形势紧张的警告：

> 6月20日，挂载炸弹的德军飞机入侵边境地区。据第3集团军司令员汇报，奥古斯图夫、塞伊内（Seina）道路上的铁丝网白天还在，傍晚却被移除了。树林里传来发动机的声音。

整个星期五，克利莫夫斯基赫不停地收到德国人在边境活动的消息，和其他消息一样，这个消息也上报给了巴甫洛夫和莫斯科的总参谋部。正为炮兵训练不足、火炮缺乏运输工具而忧心忡忡的军区炮兵司令克利奇将军总结了收到的回应："总是相同的回复——'不要惊慌，放轻松，头儿心里有数'。"步兵第6师政治宣传处处长、政委皮缅诺夫被称为"惊慌主义的传播者"，因为他写信给巴甫洛夫，请求占领防御阵地，并从布列斯特要塞撤走妇女儿童。6月18日，比亚韦斯托克的内务人民委员部边防军司令命令边防哨所进入警戒状态，6月21日午时一切就绪，但不得向德军开火的命令依然有效，该命令于5月下达，当时所有人员都得签字以确认明白无误。第97边防支队的指挥官不得不向飞机开火是因为自己差点被击中。苏联边防军司令索科洛夫（G. G. Sokolov）中将当时就在比亚韦斯托克，但他也没有更新的命令。另一位来自莫斯科的高级指挥员、重要军事工程专家卡尔贝舍夫（D. M. Karbyshev）中将从6月初就开始视察西部防御工事，但被禁止前往最前沿的防御阵地。他的一些随从工兵指挥员出席了瓦西列夫将军指导的野战演习，他们亲眼看到，形势并不像国防人民委员部2号楼里想的那么平静。

不管边境地区发生什么事，如何应对——还是不应对——已经变成并且现今仍然是斯大林的特权，总参谋部响应这一意愿，于6月15日—18日再次向边境的指挥部下达训令，严禁边界地区进行任何军队集结，继续严禁对德国飞机采取行动。队伍因为部署和训练计划分散得很开，西部特别军区的很多军队都在进行野战演习，比如步兵第28军（负责布列斯特要塞及邻近地区防御）的9个步兵营、3个炮兵营和所有工兵营都在挖防御工事，高射炮及其炮手远在明斯克进行射击练习，通信营则在营房里。军长报告说，整个军集中至少需要一天到一天半的时间。与此同时，德国人观察到在历史悠久、锯齿状的布列斯特要塞中，红军战士在军乐队伴奏下像平时一样出操。在其他地带，苏联一边也显得平静，毫无防备。

波罗的海特别军区的情况也没有太大区别。虽然禁止集结，库兹涅佐夫还是设法采取了一些预防措施，部分火炮准备进入阵地，但火炮牵引设备的缺乏让一切都快不起来，甚至有火炮进入炮位后仍然没有弹药。高射炮单位6月18日开始戒备，持续到6月21日，但炮位上缺少炮手和训练有素的指挥员。里加、考纳斯、维尔纳、德文斯克和利巴瓦奉命从6月19日晚开始施行灯火管制，但这些都需要时间和组织实施。6月20日—22日起，轰炸航空兵继续进行夜间训练科目，黎明时分，大部分轰炸机团的飞机都在进行飞行后的检查程序，燃料耗尽，机组人员也精疲力竭。雷场的布设和激活也在6月21日突然中止，波罗的海特别军区工程兵司令佐托夫（V. F. Zotov）少将之前召集平民在边境地区挖战壕和阵地，但是从某个集体农庄跑出来的奶牛踩到地雷，于是为了防止"恐慌扩散"，他下令工程兵们停下手上的工作。

在列宁格勒，军事委员会成员、区党委书记安德烈·日丹诺夫于6月19日前往黑海疗养地索契。日丹诺夫去过暑假后，列宁格勒军区司令部接到了总参谋部在边境地带布雷的指令，卡累利阿地峡的芬兰人正"活跃起来"。一个多月以来，总参谋部一直催促尽快完成列宁格勒北面的固定边界工事，但在南边，自从1940年列宁格勒军区司令部把普斯科夫—奥斯特罗夫"筑垒地域"转交给波罗的海特别军区之后就没有制定过任何防御措施了。这片很快将会攸关生死的地区仅有的军队是斯特鲁加（Struga）附近的一个装甲兵团。此外，军事仓库也空空如也。军队调动是想都不用想的事，6月21日早上，列宁格勒军区第14集团军司令员弗罗洛夫（V. A. Frolov）中将请求调动他的步兵和装甲兵，国防人民委员部不同意。下午，弗罗洛夫"自担风险"让步兵第52师前往其在摩尔曼斯克地区的阵地，坎达拉克沙（Kandalaksha）地域的步兵第42军也进行了类似的警备。当然，由于地形对人员装备调动提出了严厉而苛刻的要求，以及随后的混乱，弗罗洛夫侥幸逃脱了明显抗命的处罚。①

弗罗洛夫令其集团军一部做成的这点事，基辅的基尔波诺斯几番尝试，到现在也未能让他的整个军区做到。德国人的进攻迫在眉睫，边防军看到德国人正在做进攻前的准备，并报告了多起非法入境准备进行谍报和破坏活动的事件。6月10日—21日这10天里[1]，内务人民委员部边防军捕获了8名乌克兰民族主义组织（OUN）②的密探，乌克兰民族主义者在德国人的支持下活动日益猖獗。在德占波兰，国防军花费数月时间训练了由德国指挥，但也有乌克兰军官的"夜莺"（Nachtigall）团[2]。分散的边防军队收到6月18日关于德军"集结"的加密讯号后开始戒备，但他们目前奉命"观察德国人进一步的动向并按兵不动"。然而，红军缺乏这类初步指令。基尔波诺斯的掩护兵团依旧分散，他的机动预备队还在内地，而总预备队——步兵第31、第36和37军，机械化第15、第9和第19军——仍位于日托米尔—基辅地区。

---

① 原注：其实弗罗洛夫的对手"挪威"集团军6月底才开始行动，但这些预防措施确实起到了一定效果。

② 原注：OUN：Organizatsiia Ukrain' skykh Natsionalistiv（乌克兰民族主义组织）建立于1929年。该组织后来分化为两派：OUN-B（班德拉派）和OUN-M（梅尔尼克派）。1940年早些时候，德国人开始培训乌克兰人，OUN-B成为其中主角。"夜莺"（Nachtigall）成立于1941年，OUN-B和德国人讨论了在战争中乌克兰人该发挥什么作用。更多细节请参阅John A.Armstrong的《Ukrainian Nationalism》（New York and London 1963）一书中的第四章。

6月21日早上，海军巡逻报告说没有出现任何异常，尽管3艘德国运输船从罗马尼亚港口出发，其动向让黑海舰队司令部有些疑惑。黑海舰队的军舰正返回塞瓦斯托波尔，船员们在演练后需要休息，22日没有出海的计划。只有少量飞机升空，也没有计划夜间飞行。在波罗的海，指挥员们严阵以待，虽然命令仍未下达。

在柏林的苏联大使馆，除了"一小部分不得不留下来的外交人员"，大部分人准备享受美好的6月21日。杰卡诺佐夫大使又收到一份关于德国人将于6月22日发动进攻的报告，尽管大使对此将信将疑，这份情报还是被转往莫斯科。21日上午，莫斯科要求大使与里宾特洛甫安排一次会面。苏联外交人员别列日科夫（V. Berezhkov）准备接洽时，发现里宾特洛甫"不在城里"，其他人也都"在外边"。下午早些时候，韦尔曼主任答应传话，但别列日科夫得到的指示是只能与里宾特洛甫面谈。"沟通"的目的是"让德国政府对苏联边境的军队集结给出解释"。莫斯科数次来电催促，但是别列日科夫只得知"里宾特洛甫在外，没人知道他什么时候回来"。这是一句外交辞令，意思是他不会来了。如此一来，只能由莫洛托夫于9时30分在他的办公室里召见冯·舒伦堡大使，重复那至今未有确切答复、充满哀怨的问题：

> 有很多迹象表明德国政府对苏联政府非常不满。甚至有谣言说两国之间将爆发战争。他们从德国没有对塔斯社6月13日的社评做出回应这样的事情上得出这种推论，该社评甚至根本没有在德国发表。苏联政府无法理解德国政府不满的原因……如果我（冯·舒伦堡）能告诉他是什么导致了苏德两国间现在的这种状况，他将会非常感激。

尚不知晓德国入侵计划的冯·舒伦堡自然无法回应。无论如何，最终危机已经开始了。

在苏联军事指挥机关，除了个别人的预感，6月21日这个星期六的晚上同以往并没有什么不同，就像第4集团军参谋长桑达洛夫上校描述的那样，"很平常"。各级苏联红军指挥员前去观看大量驻地表演或前往剧院，很多人实际上在家里。明斯克指挥员俱乐部正在上演脍炙人口的喜剧《马林诺夫卡的婚礼》，观众爆满，其中包括巴甫洛夫上将和他的参谋长克利莫夫斯基赫，以及军区副司令员博尔金（V. I. Boldin）中将。晚上的欢乐气氛被西部特别军区情报主管布洛欣上校短暂打断，他向巴甫洛夫报告说"边境形势令人担忧"，德军已经完全做好了战斗准备，据报某些地段还开了火。巴甫洛夫把消息转告给博尔金，觉得这是"某种谣言"。然而，博尔金不禁回想起他最近收到的情报摘要：到6月21日夜间，德国军队已经沿东普鲁士、华沙和德布林一线完成集结，主力已经进入边境附近30千米区域。在苏瓦乌基（Suvalki）南边的奥利尚卡（Olshanka），报告说有重型和中型坦克、重炮、高射炮和"很多飞机"。德国人正在布格河西岸建立阵地，在比亚拉亚—波德亚斯卡（Byalaya Podlyaska）[3]，40节满载舟桥设备和弹药的火车车皮正在卸载。

21时，就在巴甫洛夫在包厢里看戏的时候，一位穿过基辅特别军区索卡利（Sokal）附近的边境线，自称是共产党员、来自慕尼黑的工人，名叫阿尔弗雷德·利斯科夫（Alfred Liskow）的德国逃兵，被带到贝奇科夫斯基（M. S. Bychkovskii）少校那里，他供述说德军指挥官宣布将于6月22日早上4时发动袭击，德军火炮已经进入发射阵地，坦克和步兵已经在出发线就位。贝奇科夫斯基立即将情况告知乌克兰边防区司令霍缅科（V. L. Khomenko）少将，并通知了第5集团军司令波塔波夫，接下来消息又传到步兵第87军军长和坦克第41师师长那里。事情已经超出了贝奇科夫斯基的掌控，不过他还是下令增加一倍的哨兵，继续紧盯对面。稍后他还冒着极大风险，自行下令准备爆破通向索卡利的桥梁，并派一名指挥员去斯特鲁米尔洛夫（Strumilov）"筑垒地域"领取更多的炸药，但这事并不容易，因为大部分红军指挥员都去利沃夫过周末了。

在即将变成漫长战线的另一端，步兵第5师的参谋正在审问一名立陶宛逃兵，后者饶有兴致地告知他们，德国军队将于4时发动攻击，并计划"很快解决你们"。德国人非常清楚苏联人的部署，他们知道步兵第5师所属的那个军主力位于科兹洛夫（Kozlovo）—鲁多（Rudo）地区，那里将于拂晓时分遭到轰炸。师长奥泽罗夫上校搞不清这到底算是"战争"还是"挑衅"，他指出上周"整个机群"的德国飞机越过了波罗的海地区的苏联边境。军政委迪布洛夫是一名高级政治人员，也是波罗的海特别军区主要指挥机构——波罗的海特别军区军事委员会的第三号"政治成员"，他已经从里加打了两次电话，通知说步兵应该留在前方阵地，但要收缴他们的弹药。第16军军长舒米洛夫（M. S. Shumilov）少将对这种"大惊小怪"嗤之以鼻，他明智地无视迪布洛夫的指示，将弹药分发了下去。这些事情都发生在午夜前不久，不久之前，边防军还报告军方说他们收到了撤离家属的命令，询问苏联红军是否有类似的计划。[4]奥泽罗夫联系了军部，后者回电称：

> 你们没必要这么紧张。边防军的家属住在边境线上，有必要将他们迁出有可能发生挑衅行为的地区。到目前为止，还不知道有什么能威胁到你们住在考纳斯的家属。撤离他们会在民众间造成不必要的恐慌。

奥泽罗夫现在得到了答复，至于那位略带讥讽的立陶宛逃兵，他很难解释苏方所获情报的全部含义。拥有最终决定权的斯大林也得知了"一个德国逃兵"带来的进攻消息。这名"德国逃兵"可能是指利斯科夫，但也有说法是一名叫威廉·科皮克（Wilhelm Korpik）的柏林德共党员，他听到读给其所在部队的命令后穿越边境。斯大林对这则"不实消息"的反应是命令即刻枪毙带来消息的人。对利斯科夫的审问持续了整夜，一直到6月22日凌晨，甚至在拂晓德军大炮开火时还没结束。

9时30分，莫洛托夫在莫斯科的办公室里召见冯·舒伦堡时，整天见不到里宾特洛甫的杰卡诺佐夫最后向冯·魏茨舒克（Von Weizsacker）提出了对德国越境飞行的抗议。这位德国外交官生硬地结束了杰卡诺佐夫"稍微延长会谈"的尝试，杰克诺佐夫也没有提到那"几个问题"，他后来解释说那些问题只能讲给德国外交部长，只有他能给出莫斯科渴望的"澄清"。莫斯科方面成天打紧急电话，但到目前为止没有任何结果。下午，在拉斯腾堡"狼穴"中的东普鲁士指挥部里，希特勒在即将做出"我人生中最艰难的决定"时写信给墨索里尼，他要终止"克里姆林宫伪善的表演"。现在，在"最终决定"——将于19时做出——的前夜，希特勒觉得自己再次获得"精神自由"，因为与苏联的合作"背离了我的初衷、我的理念和我之前的责任"，"内心的极大痛苦"

终于结束了。信中概述了希特勒的战略计划，但其中的虚伪和说教令人作呕。元首提到了苏联军队的最新情况，他们的"集结……触目惊心"。最新的情报显示，红军在俄罗斯欧洲部分拥有154个步兵师、10个装甲师和37个机械化旅。6月21日的东线态势报告指出了苏联的部署的一些变更，过去一周沿着明斯克—斯摩棱斯克铁路线延伸段运来了坦克，军队从远东（尤其是乌拉尔）调来，苏联伞兵在乌克兰大量集中（事实上，6月20日，一架"涂着罗马尼亚标志……向西逃离"的高空飞行的飞机侦察到了伞兵第6和第212旅的演习）。总的情况没有什么大的变动，苏联军队的兵力、部署和表现出来的意图均无明显改变。

德国军官们与其装甲兵、炮兵、突击和舟桥部队已经就绪，他们在苏联国境线上蜷伏等待着，已经目睹并仍可以看到的景象完全印证了那份态势报告的内容。6月17日，古德里安亲自实施的侦察令他确信苏方完全没有预料到接下来将要发生的事，他仔细观察了布格河上无人驻守的苏联据点。6月21日午夜过后，柏林—莫斯科快车同往常一样清理和检查后，顺利开过铁路桥，驶向布列斯特—利托夫斯克。[①]在北面，还没有什么打破东普鲁士边境的宁静。南边，在南方集团军群的进攻地域，第46摩托化军军长午夜时报告："索卡利没有灯火管制。俄国人据守着灯火通明的据点。看来他们毫无戒备。"

俄国人绝不是缺乏警觉。苏联海军地方和中央司令部都忧心忡忡。在波罗的海，苏联巡逻艇没有报告什么重要情况（除了德国船只的活动明显减少以外），但6月21日晚，波罗的海舰队军事委员会没有离开司令部。22时40分，特里布茨海军上将叫来了他的参谋长潘捷列耶夫，告诉他自己已经与莫斯科的库兹涅佐夫海军上将谈过了，潘捷列耶夫立即召集高级参谋。根据库兹涅佐夫的指令，离22日还有3分钟的时候，波罗的海舰队进入"一级战斗准备"（完全作战状态）。参谋部也马上转移到前进指挥所，在那里，作战值班员皮利波夫斯基上尉和动员主任伊林上校坐在桌边，边喝茶边迅速检查了他们的准备工作。由扫雷舰"克拉默博尔"（Krambol）号带领的警戒线得到加强，但尚

---

① 原注：后来还有一列装载谷物的列车开进德国。苏联运输管理机关直到拂晓才发出电报，命令各路段的管理人员"禁止车辆开往德国"。有据可查的电报发布时间是6月22日18时整。

未报告什么情况。潘捷列耶夫命令利巴瓦的基地指挥员将潜艇开到上德文斯克来，命令汉科的基地指挥员把潜艇和鱼雷艇调到帕尔基斯克（Palkisk）。一部分还在考核的舰艇被纳入作战司令部辖下，6月22日起由舰队"接收"，已经测试但不适合作战的舰艇则火速返回列宁格勒港。

午夜前3分钟，库兹涅佐夫向黑海舰队发出了同样的战备信号（随后也发给了北方舰队、平斯克和多瑙河区舰队）。在塞瓦斯托波尔海军基地，值班指挥员雷巴尔科正看着一条满载垃圾的驳船在拖船牵引下移动。午夜过后，他叫下属顶替他一会儿，好打个盹，不过马上又被叫醒，并被召至高级指挥员叶利谢耶夫那里，后者让他宣读库兹涅佐夫的指示。舰队司令员奥克佳布里斯基（F. S. Oktyabrskii）海军中将接到警报，立即向舰艇和岸上设施发出预警。基地和战舰开始"灯火管制"。不到一小时（6月22日1时55分）后，随着警报声响彻塞瓦斯托波尔，舰队官兵跌跌撞撞地"全体集合"。

即便如此，这些也只是个别的警备，红军和红海军都没接到任何命令。斯大林值此关头的活动表明，他已经部分意识到苏联正面临着可怕的危险。6月21日，星期六，莫斯科军区司令员秋列涅夫被叫到电话前，听筒里传来斯大林"深沉的嗓音"——他直截了当地问道："秋列涅夫同志，莫斯科现在的防空情况怎么样？"秋列涅夫就准备情况做了充分的报告，他又被告知："听着，形势不是很明朗，你必须把莫斯科的防空提高到75%的战备状态。"秋列涅夫立即把命令转达给莫斯科防空司令格罗马金少将。当天（星期六）晚上，秋列涅夫前往国防人民委员部，在那里见到了铁木辛哥元帅，后者告诉他边境的局势紧张的迹象不断增加，而且完全"确实"。莫斯科的德国大使馆看上去戒备森严，外交官们显然在不断走动。迄今为止，苏联总参谋部的报告显示边境"都很平静"，但从军区司令员那里传来的消息强调了德国人发动进攻的可能性，这也和情报报告完全吻合。铁木辛哥元帅把所有这些情况都报告了斯大林，但直到此时，后者仍倾向于将其当作"没头没脑的惊慌失措"。

斯大林的具体想法仍然不甚清楚。他当然不想草率从事，决心避免任何可能被理解为"挑衅"的动作。不过到6月21日下午晚些时候，他的行动似乎表明他感受到了更大的危险。弄清楚6月21日下午晚些时候到傍晚时分这段时间的安排可不容易，但斯大林于17时前后自发采取了一些预防措施。他命令莫斯科党委书记谢尔巴科夫（A. S. Shcherbakov）和普罗宁（V. P. Pronin）来克里姆林宫见他，一碰面，斯大林就指示他们让所有区党委书记不得离开岗位，在任何情况下都不得离开所属城镇。斯大林这些指令的言外之意是"德国人可能会进攻"。然而斯大林还未发出军事方面的命令或指令，能做出有效部署的时间正在流逝。看起来斯大林满脑子想的还不是迫在眉睫的战争，而是幻想中的"挑衅"。对行政官员，斯大林或许可以坦率一点，反正他们除了干等着什么也做不了，但战士们必须被约束好，以防有人因"惊慌失措"和紧张而开火。不过，那些高级指挥员开始意识到不能无所作为，他们似乎决心"不惜代价"地让苏联军队开始戒备，德国逃兵供述的最后关头的情报似乎也有可能促使斯大林这样做。

秋列涅夫及时向铁木辛哥和总参谋部核对了消息，他被告知，到目前为止，就他们所知，西部边境上的德军并未享有"压倒性的优势"，于是他就回莫斯科郊外的别墅了。就在秋列涅夫回家过周末的时候，德军开始进入战斗位置，势不可挡地靠近苏联国境线。午夜过后，德国装甲在夜幕的掩护下前往出发线。1941年6月22日凌晨1时，东方的各陆军司令部传来了表示他们准备完毕的暗语——第4集团军是"基弗豪瑟"[5]，冯·伦德施泰特的司令部则是"奥丁"。古德里安正在赶往他的指挥所，2时10分赶到。突击队稳步向前，进入植被繁茂、郁郁葱葱的布格河河岸。军官们要么已经宣读，要么正向士兵们宣读元首的《告东线将士书》。还有一封没有公开宣读的《政治委员令》，规定抓获红军政委后立即处死。其他一些关于德军东线行为准则的训令也引起了争论，有些指挥部甚至未予传达。特别部队第800"勃兰登堡"团自有一套准则，他们中的许多人操着俄语，通过空投等各种方式渗入苏联，伺机炸毁或瘫痪电力、通讯设施，激活之前潜伏的特工，移除德军进军途中那些关键桥梁上的炸药，散布虚假消息和命令来扰乱军心。一些人身着苏联红军制服前往布列斯特要塞和布格河上的桥梁，一些人则于周六躲藏在载满货物或砂石的火车车厢内，已经潜入布列斯特市中心好几个小时。2时20分，苏联第4集团军结束了对一名德国逃兵的审讯，他从沃尔钦（Volchin）西边入境，供述德军将于2小时内发动进攻。这个消息没有发送出去，因为电话线已经被切断了。

这次苏联通讯线路的中断非常关键，此外，极其迟钝的国防人民委员部醒悟得也非常晚——太晚了。晚上早些时候，基辅特别军区参谋长普尔卡耶夫（M. A. Purkayev）中将打电话报告说，有名越境的德国军士告诉边防军，德国人6月22日早上就会发动进攻。朱可夫将军将消息转告给铁木辛哥和斯大林，之后斯大林命令铁木辛哥、朱可夫及其副手瓦图京立即来克里姆林宫见他。朱可夫还颇具先见之明地带了一份给各级指挥员的训令草稿。这次铁木辛哥、朱可夫和瓦图京决定无论如何要获得允许，向军队发出警报。见到他们之后，斯大林仍说这名逃兵是德国将军故意派来"挑起冲突"的，但来访者直言不讳地予以否认："我们认为逃兵说的是实话。"这时，政治局成员也加入了会议，但是没人能回答斯大林的问题——"我们该怎么办？"这时铁木辛哥元帅打破了沉默，提议向各边境军区全体军队发出警报。朱可夫宣读了命令草稿，但是斯大林持保留意见：

现在下达这样的训令还太早，也许问题还可以和平解决。我们必须发出一份简短的训令，指出进攻可能从德国军队的挑衅行动开始。各边境军区的军队绝不能落入任何挑衅行为的圈套，以免问题复杂化。

斯大林看着改过的草稿，认可了这个更短版本，自己也做了些修改，然后交给铁木辛哥签字。瓦图京马上送到总参谋部紧急发送，时间大约是6月22日凌晨3时。但朱可夫知道，如果德军真在几小时后发动进攻，这样做已经太晚了。这道训令也没有给军区的司令员提供真正的指导，只是过晚地、谨慎地表达了危机意识：

列宁格勒军区、波罗的海沿岸特别军区、西部特别军区、基辅特别军区、敖德萨军区的各军事委员会：

抄送：海军人民委员

1. 1941年6月22日到23日，德国可能向列宁格勒军区、波罗的海沿岸特别军区、西部特别军区、基辅特别军区、敖德萨军区的正面发动突然进攻。德国的进攻可能从挑衅行动开始。

2. 我军的任务是不受任何挑衅行动的影响，以免使问题复杂化。与此同时，列宁格勒、波罗的海沿岸、西部、基辅、敖德萨各军区的军队都应做好充分战斗准备，以防德军或其盟军可能的袭击。

3. 我命令：

a. 1941年6月22日凌晨，隐蔽占领国界沿线各筑垒地域的射击阵地。

b. 1941年6月22日拂晓前，将全部飞机，包括集团军航空兵的飞机，分散到各野战机场，并做周密伪装。

c. 所有部队应做好战斗准备。军队应保持分散和伪装。

d. 防空部队不待预备役兵员到达，立即做好战斗准备。城市和其他目标应做好一切准备，实施灯火管制。

e. 在没有进一步具体命令的情况下，不得采取任何其他措施。

1941年6月22日　　　铁木辛哥；朱可夫

这道题为《按照掩护动员和战略集中计划进行军队展开》的训令传达了下去。快到24时30分时，铁木辛哥和朱可夫告诉斯大林，绝大部分报告证明德国人的确在向国境线移动。斯大林问之前的警报有没有发出去，他们回答确认发送了。

到2时25分，各军事委员会得到授权传达"类似的命令"，但各个军区的司令部回应该命令的速度不尽一致，这在很大程度上取决于军区首长的能力与敏锐。波罗的海的库兹涅佐夫上将这样指示他的集团军司令员们：

1941年6月22日夜间秘密为主要防御地带的防御配置人员。防御前沿的在场哨兵进入碉堡，但预定占据防御前沿的分队不要动。分发弹药。如果德国人挑衅，严禁开火。对于入境的德国飞机，不得进行警告，在对方做出军事行动之前不得向其射击。如果敌人大举进攻，就消灭他们。立即埋设反坦克地雷，设置路障。

没有任何明确的语句告诉前线指挥官他们该做什么，或者如何区分"战争"和"挑衅"。最后时刻即将于拂晓到来，很多任务已经无法完成了。在西部和基辅特别军区，战斗机和一些轰炸机仍旧整整齐齐地停放在被德国人精确定位的机场跑道上。不是几百架，而是数千架飞机就这样以最易于被摧毁的姿态陈列着。只有位于敖德萨（第9集团军正在这里组建）的指挥员扎哈罗夫（M. V. Zakharov）少将[6]于6月21日晚下令在6月22日拂晓之前把飞机分散到野战机场中去，还指示各军军长将队伍调离人口密集的城镇，掩护分队与边防军保持密切联系。而在其他地方，通讯不是被破坏就是被切断，已经无法进行迅速疏散。

3时，根据铁木辛哥的总"指令"，巴甫洛夫发出暗语"格罗扎"（GROZA），允许各军团做好全面战斗准备，"筑垒地域"的火力点配齐人员。即便是这种本来能发挥一丁点作用的、模糊不清的命令也未能发至许多军团。巴甫洛夫麾下的第4集团军在得知布列斯特要塞电力、饮水和电话线路被破坏的消息后也有一段时间失去了和外界的联系，通讯指挥员利特维年科上校派出修理队，第4集团军在3时30分恢复了与明斯克和布列斯特的联系。就在此时，巴甫洛夫在电话中提到"法西斯匪帮有可能会进入苏联境内挑衅"，要求不理睬这类"挑衅"，这些"匪徒"将被绳之以法，但不得越过边境。科罗布科夫少将希望得到明确的命令，巴甫洛夫告诉他让军队做好全面战斗准备，调布列斯特要塞的步兵第42师一部进入防御阵地，将航空团的飞机分散到野战机场。4时，就在德国人开炮的时候，科罗布科夫联系了步兵第42师的参谋。5时30分，第4集团军终于收到了铁木辛哥之前发布的预警，但是没人提到该如何处置布格河上的桥梁：第4集团军守备的河流上有6座桥梁——2座铁路桥和4座公路桥，只有位于布列斯特的铁路桥上布了雷，其他的桥梁根本没做爆破准备，而且到现在为止也没有收到炸毁铁路桥的命令。

在铁木辛哥给红军各军区司令部发布命令1小时之后，库兹涅佐夫海军上将向苏联海军高级指挥员发布了几乎一字不差的命令。波罗的海的特里布茨海军上将发现自己正试图解决"不要理睬挑衅"和"动用全部力量应对德国人或其盟军发动的突然袭击"之间的矛盾。他的舰船已经配置人手，处于最高级别的一级战备状态，已经由其舰长置于战时条例之下。但缺乏燃料，只有作战行动所需的一半。汉科基地的司令员卡巴诺夫少将于6月21日夜间还没收到"官方"警报的时候，就将2个团部署到了芬兰边境地带，还按照特里布茨海军上将的个人"建议"，准备用快速客船撤离6000名妇女儿童。德罗兹德的轻舰队正在里加湾巡逻，潜艇、鱼雷艇和一些苏联商船也在海上航行。3时20分，在哥特兰外海，拉脱维亚蒸汽船"光"（Gaisma）号遭到4艘德国鱼雷艇炮击，被炸成两截，1小时后（4时15分），船长发出了绝命电报——"被鱼雷击中，'光'号正在下沉。再见。"

　　"光"号遭受攻击时，塞瓦斯托波尔的黑海舰队舰船已经全员就位，并发现不明飞机正飞向灯火管制的城市。通讯又出现大规模中断，很难通知灯塔关掉灯光，驻军司令莫尔古诺夫少将建议最近的炮兵阵地派摩托车手去关灯。由于失联，上英克曼的灯火在德国轰炸机和布雷飞机夜间来袭时没有关闭。3时17分，奥克佳布里斯基海军中将向莫斯科国防人民委员部的朱可夫报告，一大队不明飞机正在接近，并询问该如何应对，朱可夫反问他想怎么做，奥克佳布里斯基不假思索地回答，唯一的应对之策就是开火。在和铁木辛哥紧急磋商之后，朱可夫告诉舰队司令"就这么做"，同时通知了海军部。3时13分，苏联探照灯开启，几分钟后发现挂载磁性水雷的德国飞机正在低空接近，舰船和岸边的防空武器随即开火。舰队火控指挥员日林上校对值班指挥员发来的开火命令满腹狐疑，他坚持在战争日志上记下本人对此命令不负任何责任。德国飞机投下了挂在降落伞下的水雷，由于只看到了降落伞，没有听到爆炸声，情报指挥员哈姆加拉泽（Hamgaladze）上校误以为这是对海军基地的伞兵突袭，命令值班指挥员拉耶夫上校"采取措施"保护司令部。拉耶夫回答说他没有人手，唯一可依仗的是从训练分队里凑出的一个连的水兵。很多水兵和平民以为这不过又是一次提高"警惕"的演习，但黑海舰队已经步入了战争。4时，奥克佳布里斯基报告莫斯科，说已击退德国人的空袭，并马上叫来了舰队航空司令鲁萨科夫。4时13分，苏联战斗机开始在海军基地上空警戒。

　　北方舰队司令戈洛夫科海军上将也对命令感到困惑。2天前的6月19日，海军总参谋部指示他做好让潜艇出海的准备。戈洛夫科和伊萨科夫海军上将讨论过战争中潜艇的使用方法。戈洛夫科计划使用大点的"梭鱼"级或者小点的"婴儿"级潜艇对付德军交通线[1]，但在6月22日早些时候，除了通过无线电

---

　　[1] 原注：1941年6月，戈洛夫科手上有15艘（中型和小型）潜艇、20艘轻型舰艇和一些扫雷舰，还有115架飞机（其中有80架战斗机）。

发送的做好战斗准备的警报，他还没收到任何明确的命令。20分钟后，他接到了库兹涅佐夫的指示，搞得他和特里布茨一样一头雾水，然后3时发来第三道命令：7时派遣2艘潜艇（海军参谋部没说明型号）、布雷舰"格罗兹尼"号和"歼击"（Sokrushitel'nyi）号以及MBR-2轰炸机[7]在白海海口警备。北方舰队确实收到了警报，但没有明确的命令提及那些"不明"飞机和舰船，戈洛夫科非常关心它们的动向。他的指挥部仍然没有真正加入战争。

混战与冲突在广袤的外围区域起起伏伏。而在漫长的陆地前线，德国陆军大量集结在选定的方向上，嘀嗒嘀嗒的时钟终于走到了发动进攻的时刻——3时30分。为防止俄国人在空袭和炮击中获得喘息之机，袭击白俄罗斯机场的德国轰炸机在夜幕的掩护下沿着高空航线飞行，不露形迹地大规模飞越苏联边境。他们已经打开炸弹舱门猛扑过来，日出时以一次猛烈、突然、杀伤力恐怖的打击将聚集在66个野战机场的苏联战斗机一扫而光。在一条漫长的弧线上，德国航空队的轰炸机扩散开来，随着黎明到来，苏联城镇和一些被选中的目标——考纳斯、罗夫诺、敖德萨、塞瓦斯托波尔、明斯克，以及波罗的海的基地——受到持续打击，大火与毁灭在俄国蔓延开来。

德军空袭的报告接连传入莫斯科。在国防人民委员部，国土防空军总部部长沃罗诺夫将掌握到的关于德国空军动向的情况都转给了铁木辛哥。沃罗诺夫炮兵上将上任才一个星期，6月14日，施特恩（G. M. Shtern）上将突然被解除国防人民委员部防空总部部长的职务。沃罗诺夫接管了这一职位，现在正坐在铁木辛哥旁边，后者对这些报告未予置评，只是让防空军总部部长用他面前的笔记本，"以书面形式"陈述他的消息。对军事毫无兴趣的列夫·梅赫利斯仔细检查了沃罗诺夫写的东西，并建议他写完之后签上自己的名字。最后，沃罗诺夫奉命返回他的指挥所，没有任何作战命令，也没有启动苏联防空的确切指令。3时45分，铁木辛哥命令朱可夫用电话通知斯大林德军空袭的情况。斯大林给朱可夫的回应是召集政治局开会，并没有回答朱可夫反击德军空袭的请求。之前回别墅的秋列涅夫又得十万火急地赶回莫斯科的克里姆林宫，联系朱可夫之后，他获悉了德军的大举空袭和斯大林对此的反应。秋列涅夫和伏罗希洛夫元帅几乎是前后脚跟到的，后者开门见山地问道："最高统帅的指挥中心设在哪里？"秋列涅夫完全懵了，哪有这种中心，他只能建议最高统帅——不管谁来当——可以使用莫斯科军区司令部或莫斯科防空司令部，至少两者都有卫兵警戒。

海军司令库兹涅佐夫海军上将也发现自己搞不清状况。6月21日23时，铁木辛哥元帅命令他立即单独来国防人民委员部报到，有非常重要的消息。就在这之前一小时左右，库兹涅佐夫自己也得到了非常重要的消息，他已经召回柏林的大使馆专员沃龙佐夫，命令他回莫斯科跟自己报到。沃龙佐夫上尉的报告"言之凿凿"：他转述了德国那边的情况，并强调德国人随时会发动进攻，"这是战争"。夏天的天气非常应景，突然间雷声滚滚，风雨大作，本来在街上漫步、惬意享受6月这个周六晚上的莫斯科市民四处躲藏，狼狈不堪。

库兹涅佐夫赶往国防人民委员部的时候，雨已经停了，地面也干了。国防人民委员部的大楼就在他边上，并不远。库兹涅佐夫一进去就看到铁木辛哥和朱可夫坐着写命令：整整3页冗长的电报，朱可夫准备即刻发给军区司令员们。库兹涅佐夫问这是不是说"遭到攻击"时可以"动用武器"，朱可夫直截了当地说"是"，之后库兹涅佐夫让海军参谋长阿拉富佐夫立即发出信号，授权进入"一级战备"。库兹涅佐夫后来回忆道，那天晚上他手里拿着笔记本，不顾形象地在街上飞跑。20分钟后，库兹涅佐夫发出了他的训令：

> 德国人有可能于6月22日—23日发动突然袭击。德国人的袭击可能由挑衅开始。我们的任务是不理睬任何挑衅，以免事态升级。所有舰船做好战斗准备，以应对德国及其盟国的突然袭击。我命令：必须小心、隐蔽地进入一级战备。绝对禁止在外国水域进行侦察活动。没有特别授权不得采取其他行动。
>
> 库兹涅佐夫

舰队司令们逐个向莫斯科汇报，到6月22日2时40分，库兹涅佐夫记录到所有舰队、舰船和基地都做好全面战斗准备。半小时后莫斯科迎来了第一缕曙光。库兹涅佐夫刚在长沙发上躺了一会儿就被电话吵醒——奥克佳布里斯基报告说塞瓦斯托波尔遭到空袭。库兹涅佐夫看了下时间，3时15分，他赶紧联系克里姆林宫的值班指挥员，要求斯大林接电话，但是后者不知道斯大林去哪儿了。库兹涅佐夫打电话给铁木辛哥，报告已处于"一种战争状态"，并继续要接斯大林的电话，结果值班指挥员把电话给了马林科夫，马林科夫毫不掩饰对海军上将的怀疑："你知道你在说什么吗？" 库兹涅佐夫说他当然知道，而且对此负全部责任，马林科夫挂断了电话（过了一会儿，克里姆林宫的一位指挥员直接联络了塞瓦斯托波尔的海军司令部，单独了解情况）。

被德国轰炸机痛击时，苏联红军已经遭到迅速而隐秘的袭击，时间甚至还要早于德国火炮开火。科登（Koden）的布格河桥梁是德国装甲兵快速展开的关键，在苏联第4集团军的地段，苏联边防战士被德国人有"重要事情"的喊话召离阵地。德军突击队在俄国人出现时迅速用机枪放倒了他们，夺取了大桥。同样在布格河上，位于布列斯特的铁路桥也出现了类似的情况，德国突击步兵和战斗工兵放倒了苏联哨兵，用机枪射击哨所，迅速排除了安置在中央桥墩上的炸药。

3时15分，布格河对面的德军大炮开始射击。从此刻起，随着德军火炮炮击苏联防线，苏联陆地边境这条漫长的弧线在火焰中飘荡，在雷声中震颤。那里有德国突击队、渡河用的橡皮艇、潜水坦克和架桥设备，苏联边防军用步枪和机枪展开最初的战斗。在北方，炮火支援明显少于别处，德国步兵和坦克借着薄雾和昏暗光线的掩护向苏联防线发起进攻。天亮的时候，在火炮的掩护下，冯·伦德施泰特的各集团军从布格河和桑河下游渡河。

早上4时，由于东线德军在一大波进攻和突击中猛烈地、无可逆转地进攻苏联，柏林的苏联大使来到里宾特洛甫面前听德国人的解释。在外交部的一个大房间里，身着褐色部长制服的里宾特洛甫坐在一张大桌子后面，他开门见山地说道，德国正在采取"军事反击手段"，随即交给杰卡诺佐夫一份照会及"详细声明"。杰卡诺佐夫插话说，之前他就要求与帝国外交部部长会面，以便"提出几个在他看来需要澄清的问题"。里宾特洛甫无视这个问题，转而罗列苏联政府蓄意制定的"敌对政策"。德方的记载是，杰卡诺佐夫听完里宾特洛甫的话之后，敷衍地表示遗憾后就离开了，而苏方的记载是，杰卡诺佐夫在对德国人的"傲慢举止、无故侵略"表示愤慨后才离开。苏联大使馆的电话线已经被切断。大使馆的人赶紧把收音机调到莫斯科频道，等着（莫斯科时间早上6时的）早间新闻。让听众大吃一惊的是，新闻播放的是广播体操、儿童节目和苏联工农业发展的内容，就是没有战争。由于和莫斯科失去联系，苏联外交人员想尽办法要把与里宾特洛甫的会面内容发回国内，一个工作人员躲在一辆小小的黄色欧宝—奥林匹亚汽车内溜出了大使馆，跑到一家邮局试图发电报给莫斯科。这份电报当然被德国人给截停了。

莫斯科时间5时30分，冯·舒伦堡请求与莫洛托夫见面，递交了等于是宣战书的文件。已经听说德军轰炸消息的莫洛托夫也无能为力，只能看看德国人的声明写了些什么，以下是最后几段：

> 总之，帝国政府认为苏联政府背弃了应承担的义务。
>
> 1.不但继续，而且加强了对德国和欧洲的破坏活动。
>
> 2.执行反德国政策。
>
> 3.将全部兵力集中于德国边境。苏联政府撕毁了与德国签订的条约，并准备在德国为自己的生存而战的时候从背后袭击德国。元首已经命令国防军采取一切手段来阻止这种威胁。
>
> 声明结束。

"德国政府向我们宣战了。"莫洛托夫带回克里姆林宫斯大林办公室的报告严峻而骇人。现在谁还会觉得陆地和空中的轰炸和炮击，以及随之而来的，国防军以战斗队形在地面采取的毫无疑问的进攻行动仅仅是"挑衅"？斯大林判断"挑衅"的可能性比全面战争更大可能是基于这样一种假设——德国人不会发动"突然袭击"，他认为希特勒的目的是让苏联人先撕毁条约，然后作为"侵略者"，苏联人在政治上就失败了。"边境事件"只是为了将斯大林困在希特勒设的游戏里，从而让他收紧对苏联红军的约束，拒绝批准有效的作战命令。得知战争爆发，斯大林"瘫坐在座椅上陷入沉思"。他确实有很多事要想，条约是他的作品、他政策的基础，生效时也是他制胜的手段。斯大林最大的失算可能是他以为希特勒和他一样需要这个条约。按照斯大林对德国军队的印象——他那些阿谀奉承的顾问可能也加深了这种印象——希特勒是被那些好战的德国将军要挟的。斯大林静静地待在克里姆林宫的房间里，没有他的允许，铁木辛哥寸步难行。他们俩几乎完全没有意识到前线正在发生的灾难，那里的所有指挥员只能在毁灭和混乱中等待，或是联系上级司令部，然后被告知——"等着"。

在众多危机中最危急的是巴甫洛夫指挥的中部。在明斯克，巴甫洛夫通过时好时坏的通讯收到第3、第10和第4集团军的报告，德国人在索波茨金（Sopotskin）突破国境线，抵进至奥古斯图夫，轰炸仍在继续，通信线路业已中断——集团军司令员们赖以联系的2个无线电工作站都被破坏。刚过4时，铁木辛哥打来电话，巴甫洛夫报告了情况。与此同时，坏消息纷至沓来——轰炸、破坏活动、炮击、德国人沿边境发动进攻。布洛欣上校提供了另一份报告：巴甫洛夫所部正受到德军13个步兵师、5个坦克师、2个摩托化师和空降部队在40个炮兵团和5个航空团支援下发起的攻击。德国轰炸机轰炸了比亚韦斯托克、格罗德诺、利达、沃尔科维斯克、布列斯特和科布林。第4集团军参谋部位于科布林，科罗布科夫已经向布列斯特和维索基（Vysoki）的驻军发出警报，但布列斯特要塞已经打得不可开交了：

> 要塞的建筑物、仓库、军用设施和火车站被炮击摧毁，持续不断的狂轰滥炸同时引发大火。所有通信顷刻中断。

第28步兵军（波波夫少将）的记录与第4集团军的战争日志相差无几：

> ……晴天霹雳般的炮击遍及边境地区。突如其来的法西斯炮火整夜地轰击步兵、工兵部队筑垒的地点，部分落在布列斯特训练场和边防军哨所。布列斯特军营和要塞承受了最猛烈的炮火，大炮和迫击炮对它的炮击一刻都没停止过。

第4集团军司令部努力联系布列斯特以便指挥其行动，如若不成，与机械化兵团、航空兵团、第4集团军侧翼各师和明斯克城的联系都有中断的危险。但眼下被困在科布林的科罗布科夫首先需要获得行动许可。5时30分，就在第4集团军接到铁木辛哥午夜发布的那道有可能发生"突然袭击"的命令时，德军俯冲轰炸机将科布林的司令部炸了个粉碎，他们只得前往3英里外的布格诺维茨（Bukhovic）。5时25分，在通讯完全中断之前，科罗布科夫接到明斯克发来的电报："鉴于德军将采取大规模军事行动，我命令你：动员你的军队，遂行作战行动。"在第4集团军司令部刚刚撤离、遭到德国俯冲轰炸机轰炸的科布林，前一天还在视察军区演习的工兵指挥员满大街地找那些原定参加演习的高级指挥员，指望从他们那里得到一些命令。在被轰炸蹂躏的城里，惊愕的人们发现大喇叭里播放的莫斯科电台节目居然是欢快活泼的广播体操，之后是社会主义工厂的伟大成就（和柏林大使馆那些目瞪口呆的苏联外交人员听到的一样）。工兵指挥员们还看到了一个遭到空袭的苏联机场，飞行员和地勤们正竭力从燃烧的残骸中抢救东西。他们还不知道德国空军完成了一场空中屠杀，扫射和轰炸了整齐排列在地面上的飞机：数小时内（到6月22日中午），西部特别军区在地面损失528架飞机，空战中损失210架。苏联空军总共损失了1200架飞机（很多还是新交付的飞机）。4时30分，28架苏联战斗机起飞拦截德国轰炸机和战斗机，甚至进行了撞击，但是总的来说，德国轰炸机还是如入无人之境。

在明斯克，铁木辛哥从莫斯科第四次打来电话，巴甫洛夫的副手博尔金向他做了报告。之后铁木辛哥指示博尔金——"我希望你把我说的事转告给巴甫洛夫"——没有莫斯科的特别允许，不得对德国人采取行动："斯大林同志不同意使用大炮回击德国人。"仅允许侦察距离边境60千米以内的德国领土。博尔金显然不同意，他指出威胁已经触及他们的通讯，需要动用机械化力量和（尤其是）防空力量，但无济于事。博尔金不相信这只是一起德国人的挑衅。另一方面，第4集团军的科罗布科夫告诉他的参谋部，他也不太相信这只是挑衅。最后，铁木辛哥同意打开"红色档案袋"，里面是国界掩护计划。但在那个时候，第3和第4集团军的参谋们只能破译部分命令，而对处于紧要关头、已经卷入几场激战的第10集团军来说，"国界掩护计划"毫无用处。德国轰炸机持续精准地命中第10集团军地域的油库和通信中心，从一开始就让各兵团不断失血、手足无措。几小时内，没有掩护的比亚韦斯托克开始被粉碎。巴甫洛夫右翼的苏联第3集团军（军长：库兹涅佐夫中将）负责掩护与波罗的海特别军区的结合部，其中央和右翼遭到德国人的攻击。第3集团军的通讯一开始就被切断，没有一台无线电台能正常工作。巴甫洛夫只接到了库兹涅佐夫的一条消息，其余的都石沉大海。

5时后，布列斯特要塞地区的战斗趋于白热化。俄国人的火力破坏了德国人使用铁路桥的企图——布列斯特桥处于要塞的火力控制范围内，"筑垒地域"的机枪火力控制住了谢米亚季昌（Semyaticha）的桥梁。一开始没有组织好的俄国人损失惨重，步兵第28军步兵第6和第42师7个不满员的营开始反击。步兵第6师政治处报告说根本不可能完全集中：人们"零零散散地赶来，衣衫不整……"，最糟糕的是德军的轰炸让大量苏联火炮无法使用。而那7个营实际上也只是空架子，步兵第42师政治处的战斗报告强调：

> 驻扎在布列斯特要塞的是步兵第44和第45团的2个营，部分人员没有武器，在得到独立侦察营7辆装甲车和一个摩托车连的加强后，前往扎宾基（Zhabinki）占据防御阵地。独立防空第393营架设了3门高射炮，但没有炮弹。

防御工事还无法投入使用。东拼西凑的部队得到败退到要塞内的各部加强，占据了防御工事，战斗深入东边很远时，他们还在残缺不全的塔楼和化为废墟的炮台中坚持战斗，在最终的艰苦阶段，散兵游勇还在地下室和地道里、在墓穴般的废墟下战斗。这场最初只是阻止德国人渡过布格河和穆特河（Muchavets）的战斗演变成了残酷却如史诗般可歌可泣的英雄事迹，俄国战士能够像历史上的先辈那样恶战到底。

在西北部，德军轰炸机彻底瘫痪了通信中心、海军基地，特别是苏联的野战机场，从里加到喀琅施塔得、绍利亚（Shauliya）、维尔纳和考纳斯，那些德国人精心挑选的目标都遭到弹雨洗礼。苏联战斗机做好了在一小时内升空作战的准备，但在第一波德国轰炸机飞过之后就再也无法上天了。至于苏联轰炸机，它们被禁止飞越边境。边境上沿线很多防御阵地无人驻守，掩护波罗的海特别军区和西部特别军区结合部的第11集团军步兵第5、第33和第188师的11个营，掩护着维尔纳接近地50英里的地段。在北边，第8集团军掩护绍利亚—里加接近地。在空袭中，两个集团军不但损失大量装备，通信也被切断。德军全力攻击第11集团军的地段，但后者尚未接到任何命令。直到6时，步兵第5师

110．

（隶属于第11集团军）才收到了军部发来的命令——这只是"挑衅"，不得交火。在高地上，该师的指挥员们能看到德国部队在移动，用双筒望远镜能看到很小的细节。师长奥泽罗夫苦苦恳求军里下命令，却被警告："我们建议你不要遂行作战行动，否则你要负全责。"正在楔入苏联阵地、压制边防军的德军，目前在为准备涌入的摩托化部队和装甲兵团打开通道。

就在5时之前，利巴瓦海军基地司令员报告："军事设施和野战机场遭到空袭，无重大损失。"之后喀琅施塔得基地的参谋长马上报告德国人空投了至少16枚磁性水雷，但航道仍然畅通。随后各种报告如瀑布般涌入波罗的海舰队司令部，情报指挥员弗鲁姆金上校报告说，德国无线电明码播报了整个波罗的海南部海域已经布雷的消息。苏联指挥员认为此举意在遏制苏联潜艇的活动。5时，列宁格勒军区参谋长尼基奇夫将军召集各个集团军司令员，授权启动"动员计划"。指挥员们从保险柜里取出"红色档案袋"，工兵指挥员们大吃一惊。"工兵作战计划"只有一个指令：将2个工兵团和1个舟桥团拆分成独立营，加强给军区的各个集团军。这太荒唐了。不久之后，情报参谋报告了最新情况：击落一架在卡累利阿地峡上空飞行的Ju-88，对两名生还者的审讯表明，他们从东普鲁士出发，试图对列宁格勒军区南部进行照相侦察，目的是探清苏联军队在列宁格勒以南和卡累利阿地峡的动向。

在南方，同样出现了突如其来的、山呼海啸般的轰炸与炮击，南方集团军群向苏联边防阵地发动猛烈进攻。德国轰炸机造成了更严重的损失：到6月22日中午已有277架飞机。在位于斯坦尼斯拉夫（Stanislav）的边境机场，36架飞机毁于地面；切尔诺夫策的前方机场损失21架；多亏及时疏散，敖德萨军区扎哈罗夫将军麾下的飞机躲过了灭顶之灾，只损失3架战斗机。从边境到敖德萨和塞瓦斯托波尔，德国轰炸机搜寻着猎物。在利沃夫，非俄罗斯族裔的人们悄悄地告诉俄罗斯人"德国人要来搞你了"，"不间断的轰炸"在平民中"制造了慌乱"。德国人训练的"破坏分子"除在燃料和弹药库制造爆炸，尽可能多地造成破坏之外，还给轰炸机指示特殊目标。利沃夫的司令部不得不派出加强有坦克的巡逻队来恢复秩序。

轰炸机飞过边境时，听到引擎声的苏联卫兵们发现德国那边发射了白色信号弹，飞机也做出回应。边防军向最邻近部队的指挥部报告了该情况和一些其他情况——在拉瓦罗斯卡亚"筑垒地域"，步兵第41师参谋长叶列明上校及时报告了边境另一边"德国人不同寻常的举动"。（莫斯科时间）4时15分，德国炮兵分秒不差地开始射击早已标定好的边境哨所、阵地等目标。南方集团军群需要在一开始就克服3条河流屏障——西布格河、桑河和普鲁特河。德军指挥官并非没有注意到苏联人坚固的防御和战线北部基尔波诺斯纵深梯次部署的集团军，南方集团军群找到防线的空隙，在拉瓦罗斯卡亚和斯特鲁姆尔洛夫（Strumilov）"筑垒地域"的结合部投入第6集团军和冯·克莱斯特的第1装甲集群，打击苏联第5集团军的左翼部队和第6集团军右翼一部。

在炮火支援下，德军突击舟纷纷下水向对岸前进，布格河在南方这个地段的平均宽度约为70米。苏联边防军用步枪、轻机枪和手榴弹拼尽全力抵抗。不幸的边防军家属们蜂拥着寻找一个可供他们避难的地垒或地下室。在索卡利，别尔沙茨基上尉带领他的支队死守河上的木桥，他的妻子和11岁的儿子就死在边境据点的废墟下。在克里斯蒂诺波尔（Krystynopol）地域[8]，德军突击部队夺取了桥梁，苏联步兵第124师的部队从5英里外急行军赶来支援边防军。在维加丹卡（Vygadandka），布格河上的铁路桥由内务人民委员部第128铁道团守备，总共20个人，一支德国摩托车突击队试图冲上桥梁。接下去一小时，西布格河的边境上发生了惨烈的战斗，缺乏重武器和弹药的苏联边防军人呼叫己方炮兵向自己开炮。

冯·斯图普纳格尔的第17集团军在托马绍夫—普热梅希尔地域行动，目标是利沃夫，直接打击了拉瓦罗斯卡亚和普热梅希尔两个"筑垒地域"的结合部，前者由步兵第41师、步兵第97师和骑兵第3师守备，（步兵第6军）步兵第159师作为第二梯队，后者由得到（第26集团军步兵第8军）步兵第72和第173师支援的步兵第99师守备。德国人的炮击一开始，这些兵团就从营地出发快速赶往边境。如步兵第41师参谋长所说，"明确无误"地进入战备状态。只装备了轻武器的边防军不停地报告当前地段上的情况，并要求火速增援。

面对非常被动的局面时，各个地方的反应不一，与南线让德国人付出较高代价形成极大反差的是中部和西北部的混乱。各个军区司令部和参谋部高级指挥员的所作所为很大程度上决定了前线的命运：位于中央位置的巴甫洛夫本就不信德国人会大举进攻，此时完全吓破了胆；而波罗的海特别军区的库兹涅佐夫则瞻前顾后犹豫不决，指挥不力。在基辅，从很多方面来讲算得上是个悲剧性人物的基尔波诺斯上将毫不胆怯，他身后还有位同样无畏的参谋长普尔卡耶夫。1941年6月12日的一道批准调动军队的命令自相矛盾，只是加剧了混乱。6月初征召了793000名预备役人员进行训练，使得每个师的平均人数上升到12000人，但必须给他们找到武器装备。内地兵团（也就是远离前线的兵团）的调动得到了许可，不过在动身的77个师中，只有9个师抵达了指定地点，剩下的还在东方的火车上。基尔波诺斯及时地将内地的兵团西调，6月18日20时，基辅特别军区的步兵师开拔，不过他们的行军被限制在晚上，每晚只能前进20英里，而且所有的师都没带上预备部队。与此同时，3个边境军区于6月18日晚得知他们有可能被改编为"方面军"——西北方面军、西方面军和西南方面军，上级还建议他们于6月22日—23日之前分别在帕涅夫齐乌斯、奥布兹—列斯纳和捷尔诺波尔设立指挥中心。6月21日，基尔波诺斯按时在捷尔诺波尔设立了司令部。他的执着、坚韧和先见之明在之后几小时里得到了回报，德军面对他的防御不得不苦战一番。

最初的混乱和困惑自然无法完全避免。第一波轰炸给军人和平民都造成了极大的恐慌。拉瓦罗斯卡亚"筑垒地域"步兵第41师的指挥员们在305高地上设立了作战指挥部，他们看到披头散发的妇女和啼哭的孩子们组成的一条长龙，离开暴露在炮火下的村庄，逃往拉瓦罗斯卡亚，其中很多是师里军人的家属。至于边防军的家属，要么和官兵们一起死去，要么消失在了德军的进攻浪潮之中。德国第17集团军也不得不预估强渡桑河的困难，攻击者将暴露在光秃秃的河岸上无处藏身。在普热梅希尔东北，德国突击队通过一次精巧的攻击，于6时夺取了跨越桑河的铁路桥，但随着苏联步兵师占据普热梅希尔"筑垒地域"以及边防军的顽强抵抗，漫长而又血腥的防御战才刚刚开始。

铁木辛哥至少给基辅特别军区的2个步兵军发出了警报，军长分别是兹洛宾和奇斯佳科夫将军。德军发动攻击后不久，这几个军长就向基辅报告他们缺乏装备，得到的回复是军区自身也没有足够的物资，不过已经向莫斯科打报告，要求提供更多武器。"中央"（莫斯科）早已充斥此类报告，几个总参谋部的负责人只是敷衍了事。列宁格勒司令部现在下令在边境地区紧急布雷，这就需要更多的地雷和工兵装备，但库存只有所需的十分之一。"中央"简单粗暴地打破了大家寻求支援的希望："不要想着向中央要这要那，还有比你们更重要的需求。自己从当地解决。"然而"当地"早已物资奇缺。

通过时断时续的通讯传来的自说自话的只言片语，一头雾水的"中央"根本搞不清边境地区发生的混乱状况。到6时，从东普鲁士到乌克兰的广阔空间上，德军发动了排山倒海般的攻势。就在2小时多点的时间里，局势（尤其是中部的局势）变得万分危急起来，德国人计划夺取的关键铁路和公路桥无一失手。现在，在布列斯特南边，德国装甲部队从夺取或新搭建的浮桥上隆隆驶过；北边，德国工兵营在德罗希琴附近第4集团军的地域搭建了第一座浮桥。燃料库和弹药库被炸成碎片，城镇和基地经受着狂轰滥炸，满目疮痍的机场散落着熊熊燃烧的飞机，坦克和车辆浓烟滚滚，德军整齐有序地跨过边境，然而苏联仍未进入战争状态，红军还未收到任何明确的命令来应对进攻。

意识到这是货真价实的战争，而非可以通过协商或外交斡旋解决的"挑衅"后，斯大林闷声不语。朱可夫打破了沉默，提议发布命令，举全国之力来抵御和"制止"德国人进一步的推进。铁木辛哥插进话来，他坚持使用"歼灭"而非"制止"。经斯大林同意，第2号训令于6月22日7时15分发出，朱可夫以总参谋长的名义签了字。训令规定了"使用进攻手段"，但说起来简单，此时仓促动员起来的红军还在苦苦招架德国人越来越猛烈的攻击，进攻谈何容易。指示中限制空中活动的内容自然可以做到，因为苏联战斗机和轰炸机已经在地面上被消灭得差不多了：

第2号训令

1941年6月22日早上4时，德国飞机无故飞越整个边境，轰炸了机场和城镇。德国军队在多处地区开火并越过边境。

关于德国对苏联发动的前所未有的攻击，我发布以下命令：

1. 军队应使用一切手段全力攻击，敌人在哪里入侵就在哪里消灭他们。

无特别授权，地面军队不得越过边境。

2. 侦察机和攻击机应查清敌军飞机的集结地域以及地面军队的部署。轰炸机和对地攻击机应猛烈攻击敌军机场，摧毁敌军飞机，并轰炸故军地面军队的主要集结地。空中行动可以进入德国境内100—150千米。

轰炸柯尼斯堡和梅梅尔。

无特别授权不得进入芬兰和罗马尼亚领空。

全文既没提到进入战争状态，也没有提到总动员，命令的内容也与实际情况脱节。8时之前，所有指挥部都收到了铁木辛哥的训令，绝大部分人意识到一场大规模战争已经爆发，但是训令中的语气还是包含了"挑衅"的可能性。对苏芬条约疑虑重重的列宁格勒军区司令部毫不怀疑芬兰人会加入德国人的行动，而且可能会很快。在更北边，海军上将戈洛夫科接到海军总参谋部开始战时行动的通知，但莫斯科没有说具体该怎么做。问及该如何部署北海舰队的潜艇时，"中央"直截了当地命令戈洛夫科把他的大型潜艇部署到白海海口的位置——说是斯大林的个人指令。虽然戈洛夫科争辩说这个行动与之前的行动计划相矛盾，最后还是不得不服从。在苏联另一端的远东地区，由于时差的关系，此时已经日上三竿，铁木辛哥命令全员立即进入战斗状态，防备日本的进攻（当然日本一直没发动过进攻）。

"中央"收到的情况报告是零碎甚至虚假的，据此发出的命令自然也是不切实际的，更不用说命令还得通过严重受损的通讯网络传送。边境部队在敌人的猛攻下绝望地试图集结起来。对很多人来说，这还只是一次"挑衅"，因为在这几小时内既没声明战争爆发，也没提到总动员命令。甚至在局势越来越恶化的时候，斯大林还以为他能阻止战争。

直到中午，苏联政府才在广播里声明苏联和德国现在已经处于战争状态，莫洛托夫无精打采、吞吞吐吐地向俄国人民播报了这条消息。愿望会引导想法，但"挑衅"的幻想已经破灭，固执地拒绝面对现实，认为只有自己所言才算真相的斯大林也别无选择，只能承认这是"战争状态"。德军发动进攻已经8个小时了，（根据德国人对苏联无线电通信的监听）斯大林在此期间发疯似的寻找挽回的余地：苏联的无线电报雨点般地发往柏林的德国外交部，斯大林还扭扭捏捏地问日本人，能否为解决苏德两国之间的"危机"出面"调停"。当然，所有这些都召不回正在边境地区冷酷无情地大开杀戒的德国轰炸机和装甲洪流。自欺欺人的鸵鸟把脑袋埋得再深，也无法阻挡战争的降临。

此时此刻，斯大林从公众的视线中消失了，直到7月3日，人们才听到他的声音。曾经出现过愚蠢的、无凭无据的说法，比如伊万·迈斯基说斯大林"躲起来了"，但他身在离莫斯科几千英里的苏联驻伦敦大使馆。当时就在克里姆林宫的沃罗诺夫上将（后来升为元帅）否认斯大林"消失不见"，躲避现实，也没有绞紧双手站在列宁墓前，不过他确实飘忽不定，有时候参加指挥会议，有时候又不来，现身的时候显得非常的焦躁不安。刚开始的几个小时，因为通信网络被大范围破坏，大家都不知道具体发生了什么。由于尚未建立高级指挥体系，统帅部几乎控制不了前线：军事委员会不是指挥机关，同时也没有"最高统帅部"或"最高统帅"。伏罗希洛夫赶往一个并不存在的指挥中心，几个小时前，国防人民委员部起草了称斯大林为总指挥的提案，但斯大林没有同意，而是把这个提案交给政治局讨论：结果是有了2个总指挥，铁木辛哥名正言顺地当选，斯大林凭借威权，也得到了这个位置。就这样，时间到了6月22日13时。斯大林认为苏联指挥员们"不能胜任工作"——"我们的前线指挥官们……显而易见不明白情况"——并告诉朱可夫，政治局已经决定派出高级指挥员去协助前线的指挥官们：戈罗多维科夫（O. I. Gorodovikov）上将去西北方向，朱可夫去西南方向，他们的身份是"大本营代表"。莫斯科的秋列涅夫接到命令，（以敖德萨军区为基础）组建新的南方面军。这样的安排有点怪异，6月21日政治局就对方面军指挥做了一些决定：布琼尼元帅负责指挥大本营预备队的集团军向第聂伯河移动，朱可夫负责西南和南方方向，梅列茨科夫负责北方方向。非同寻常的是，南方面军野战领率机关是在莫斯科军区领率机关的基础上组建的，后者要派一个作战指挥组到文尼察。第二天，斯大林很快按照自己的想法做出了部署，不过和之前相比没有太大改变。

显然，"中央"（莫斯科）对前线的混乱情况一无所知。从一开始，指挥通信网络就因轰炸和炮击而支离破碎。由于缺乏准确的信息，莫斯科对形势还比较乐观，甚至拒绝让那些已经陷入灭顶之灾的兵团转入防御。他们必须执行第2号训令——进攻和反冲击，哪怕面对的是由德国坦克和轰炸机组成的毁灭漩涡。俄国人的尸体堆积如山，道路上、掩体里和大炮旁都是被打死的俄国人。那些身着原野灰制服的人就像一台完美的杀戮机器，如手术刀般精准地穿插、分割、肢解，把他们的敌人变聋变哑，肆意宰割。

几位高级指挥员动身前往方面军司令部，红军开始艰难地动员。已经卷入战斗的前线兵团虽然首创，仍然奋起战斗，内陆和一些预备役力量尽可能地集结起来，比如鲁西亚诺夫少将驻扎于明斯克附近的步兵第100"列宁勋章"师[①]，6月22日15时之前已经给团里补充了人员，但还需要"几天"来完成动员，晚上发送了一封电报给莫斯科报告情况。大量人员向"动员点"或直接向部队报到时，大规模的混乱总是难以避免，特别是德国轰炸机攻击了靠近前线的大城市里的军事机关和通讯系统后，场面变得一团糟。在其他地方，坦克和步兵师在远离前线的内陆地区组建起来，收听午间广播之后，政治指挥员们找到相关人员，后者（像西南方面军的步兵第80师那样）从部队卡车上卸下小行李箱、防水用品和厚大衣，开始向西行军。他们步行或搭载火车一路向西时，都不知道自己将要面对什么，就算有疑虑，也对自己充满了信心，可惜这种战胜敌人的信心与其说是来自于严格的训练，倒不如说是宣传的功效。在战争的头几天，有太多红军战士和基层指挥员为自己的盲目无知付出了灾难性的代价。

剩下的俄国人慢慢地回过神来，与此同时，千疮百孔的边境指挥部不得不面对每分每秒都在恶化的危急局面，有些地方的情况已经极度险恶。到中午时分，西北方向和中央方向的德军已经克服了最初的障碍，装甲和摩托化军队如弦上之箭蓄势待发，他们面对的红军饱受轰炸和炮击，指挥所烈火冲天，油库和弹药库浓烟滚滚，通讯网络非聋即哑，坦克纵队抛锚趴窝，步兵部队失魂落魄。从明斯克出发前去联系第10集团军的博尔金中将在比亚韦斯托克公路上看到了让他心惊胆战的一幕——混乱、毁灭、崩溃，德国轰炸机在头顶上如入无人之境。缺乏重武器的苏联边防军在头几个小时打得既顽强又出色，但之后在白热化的战斗中无力抵抗德军的火力，损失太大，第一道防线不断收缩坍

[①] 原注：红军的传统部队之一，建立于1923年11月1日，干部来自步兵第45"红旗"师，新部队番号是100，之后于1941年改为近卫第1步兵师。

塌，只有在基尔波诺斯的西南方向，边防掩护力量与红军兵团才有过类似协同的动作。

西北的局势继续恶化。西北方面军司令员F. I. 库兹涅佐夫上将从他位于苏布奇（Suboch，位于绍利亚的东南方）的作战司令部催逼他的军队赶往边境：9时30分，他命令机械化第3军和舍斯托帕洛夫（N. M. Shestopalov）少将的机械化第12军占领反冲击阵地，两个军都听从第8集团军的指挥。别尔扎林的第27集团军也接到了警报，该集团军下面有个师（步兵第67师）部署在温道[9]和利巴瓦之间的海岸地带，还有个旅（独立第3旅）[10]位于奥塞尔（Osel）岛[11]和达戈（Dago）岛[12]上。从利巴瓦到格罗德诺的国境线上，库兹涅佐夫一字排开了（第8、第11）两个集团军的8个步兵师（步兵第10、第90、第125、第5、第33、第188、第126和第128师）。博加古（P. P. Bogabgun）少将的步兵第125师守备着陶罗根（Tauroggen）—绍利亚方向。北方集团军群动用了3个装甲师和2个步兵师，还有第4装甲集群摩托化军队组成的第二梯队，构成强有力的装甲拳打击该师。到中午时分，平均每千米正面只有3门炮的步兵第125师无力抵挡装甲狂潮，开始从陶罗根撤退。之后德军开始向拉塞尼艾（Rasienai）攻击前进，库兹涅佐夫正在那里集结装甲兵准备次日的行动，空袭中蒙受损失的波格丹诺夫少将的步兵第48师也于此处在行军间转入进攻。到了晚上，苏联军队已经撤退到考纳斯西北面的杜比萨河，19时，第8装甲师（隶属于冯·曼施泰因的第56装甲军）的先锋冲到了杜比萨，并夺取了关键的艾尔奥格拉（Airogola）公路桥。如果没有夺得这座桥，德国坦克将被困在一道巨大的天然反坦克壕前，根本无法冲向德文斯克。现在，装甲、摩托化力量和第290步兵师的快速步兵跨过桥梁，开始了冲锋比赛。

在考纳斯西北，装甲部队已经越过了杜比萨河。在维尔诺[13]西南，（隶属于"中央"集团军群的）第3装甲集群已经撕破了第11集团军的防线，其坦克在阿利图斯和梅列奇（Merech）跨过了涅曼河。阿利图斯的桥梁完好无损，专门负责爆破该桥的舟桥第4团团长没接到爆破命令，他除了干瞪眼傻等着什么也没做。（机械化第3军派来的）坦克第5师竭力阻止德军过河，猛烈的轰炸粉碎了各团。最糟糕的是通信中断，因此西北方面军军事委员会的库兹涅佐夫、迪布洛夫和参谋长克列诺夫在不了解实情的情况下，于22日晚起草了反冲击计划。库兹涅佐夫决定阻止德国人在绍利亚、考纳斯和维尔诺的突破，计划使用第8和第11集团军的步兵来执行这项任务，而机械化第12和第3军将攻击已经突破杜比萨的德军以及蒂尔西特[14]—绍利亚方向上的敌人。

　　库兹涅佐夫假定德军主攻方向沿着蒂尔西特—绍利亚公路展开，如能粉碎敌人的攻势，他将掌控边境地区防御战的局面。完成这次作战任务后，装甲力量将调回第11集团军，去处理考纳斯和维尔诺面临的威胁，机械化第12军将从绍利亚向西南方向发起反冲击，在拉塞尼艾南边集结的机械化第3军将向西北方向进攻，两个军都由第8集团军指挥，行动定于6月23日12时开始。不过，曼施泰因早就跳出了这个笨拙的圈套，拉塞尼艾坦克战爆发时他已经跑远了。

　　库兹涅佐夫计划抵挡或折断德军的矛头时，他既不知道也没意识到其方面军的根基已经受到威胁。中央集团军群成功突破库兹涅佐夫麾下第11集团军的防御，跨越了涅曼河上的桥梁，同时以一个深远的侧翼机动威胁到了巴甫洛夫右翼的第3集团军（现在属于西方面军）。不祥的阴云笼罩在西北方面军和西方面军结合部的上方。V. I. 库兹涅佐夫中将的第3集团军电话和无线电通信都被切断，一下子陷入了危险境地；[①]库兹涅佐夫将军靠通信兵跑腿保持联络，但他的军队弹药不足，也没有什么预备队。第3集团军面对着（中央集团军群）第9集团军的攻击，守备格罗德诺的苏联步兵第56师遭到了德国第8军不少于3个师的突击。库兹涅佐夫没收到任何第11集团军的消息，也没有左翼戈卢别夫的第10集团军的消息。此时此刻的库兹涅佐夫就是在抓瞎，他所能做的就是命令位于格罗德诺地域莫斯托文科（D. K. Mostovenko）少将的机械化第11军投入战斗。

　　就在K. D. 戈卢别夫少将的第10集团军失去联系不久，巴甫洛夫打算自己动身去比亚韦斯托克看看，这多少有点鲁莽。铁木辛哥元帅明令禁止他这么做，并派博尔金去了解情况，后者辗转搭乘飞机、汽车和步行，开始了一段地狱之旅。比亚韦斯托克火车站已经成为德国轰炸机的可口猎物，博尔金在那

---

① 原注：德国人拦截了一封苏联军队的电报："Stab 3. Armee zerschlagen，sendet Zerstorer."1941年6月22日，哈尔德的战争日志。

里组织人手埋葬死者、护理伤员，并把火车转到空出来的铁轨上。到19时，博尔金终于在比亚韦斯托克西南方约6英里处的一片小树林里找到了第10集团军的"司令部"——两个帐篷、几张木头桌子和凳子、1台电话机和一辆无线电卡车。戈卢别夫描绘了一幅惨象，他的步兵兵团几小时内就损失惨重，他的装甲力量太弱，阿赫柳斯京（Akhlyustin）少将的机械化第13军坦克太少，而且都是些老式的T-26，其主炮只能用来"打麻雀"，哈茨克列维奇（M. G. Khatskelevich）的机械化第6军目前部署在纳列夫河东岸，就在比亚韦斯托克西南方几英里处的赫鲁晓夫—苏拉奇（Surach）地区。戈卢别夫想挡住德国第42军，但他大喊道："我们拿什么去战斗？"第10集团军的航空兵和高射炮已经被摧毁，油库遭到轰炸，比亚韦斯托克车站的油罐被炸毁，坦克师没有燃料寸步难行。而骑兵正如骑兵第6军军长尼基京（I. S. Nikitin）少将所报告的那样，已经被彻底歼灭，他的骑兵第6师在敌机面前根本无力自保。

通信终于恢复，博尔金与明斯克的巴甫洛夫通了话。方面军司令员命令博尔金以机械化第13军组建一个"突击群"，用来向格罗德诺—比亚韦斯托克一线发动反冲击，阻止敌人突破至沃尔科维斯克，之后再回归第3集团军指挥。巴甫洛夫让博尔金当晚就开始做准备，后者争辩说第10和第3集团军都无法组织起足够的力量，但是巴甫洛夫置若罔闻（很久以后，博尔金才知道巴甫洛夫之后还继续对这个不存在的"突击群"下达了一连串命令，不过在整个行动中他一条都没收到。博尔金暗示到，莫斯科看到这些"命令"的复件后，会觉得巴甫洛夫干得还可以）。至于他的"军队"，博尔金根本不知道机械化第11军在哪儿。第3集团军还是令人不安的音讯全无，派去的联络官无一返回。巴甫洛夫臆想指挥的"骑兵—机械化突击群"根本就不存在，也无法存在。骑兵第3师就是这个所谓的突击群的缩影，该师黎明时被德国轰炸机发现，行军中的马匹和人员惨遭屠戮，死无全尸。

在左翼，科罗布科夫的第4集团军也处在同样巨大的压力之下。布列斯特的守军在要塞中做困兽之斗。古德里安的坦克和冯·克莱斯特的第4集团军[15]继续施压。在科布林遭到轰炸的第4集团军将司令部转移到了扎普鲁达（Zapruda）。16时，巴甫洛夫的参谋长克利莫夫斯基赫发来了最新指示，命令科罗布科夫用奥博林少将的机械化第14军发动进攻，消灭布列斯特的敌军并抵达边境。由于无法联系第10集团军寻求支援，科罗布科夫只能联系阿赫柳斯京的机械化第13军。第4集团军参谋长桑达洛夫坚决反对这样做，作战部部长什雷科夫请求科罗布科夫向上级请示占领防御阵地，后者勃然大怒，指出这简直是给他"贴上懦夫的标签，是要被解除指挥权的"。当时的命令的确明文禁止进行防御。不久之后，第10集团军的联络指挥员佩恩（Pern）上校来到了扎普鲁达，继而赶到的是来自明斯克的"方面军代表"哈巴罗夫（I. N. Khabarov）将军，后者也没转交什么东西，只是写了份确认书，确认了上午关于"法西斯匪帮"的命令，不过他带来的步兵第47军开始行动的消息还是比较振奋人心的。晚上，哈巴罗夫和他的参谋们转移到扎宾卡，着手准备巴甫洛夫下达且坚决要求执行的反冲击。没人认为这次行动会有哪怕一丝成功的希望。

冯·伦德施泰特南方集团军群左翼的第6和第17集团军在进攻基尔波诺斯的西南方面军时遇到了更多的有力抵抗。在卢布林东南的海乌姆（Chelm），德军战斗工兵在布格河上架设了桥梁，德军还在克里斯蒂诺波尔附近成功渡河。到了中午，红军努力地防御敌方步兵的进攻，坦克和摩托化力量向突破口机动，苏联第5和第6集团军的第一梯队部分进入了碉堡和火力点。费久宁斯基的步兵第15军（隶属于波塔波夫的第5集团军）守住了弗洛达瓦至弗拉基米尔—沃伦斯基一线，当天晚些时候，由于各师蒙受了损失，左翼开始向弗拉基米尔—沃伦斯基弯曲。这时，虽然右翼（连接西方面军的）防线也支撑不了太久，但暂时还是稳定的，不过与科罗布科夫的第4集团军没有保持稳固的联系。最大的威胁在于苏联两个集团军的结合部，即弗拉基米尔—沃伦斯基和斯特鲁姆尔洛夫"筑垒地域"之间的空隙。波塔波夫和穆济琴科的第5和第6集团军都立即动用了他们的装甲力量——孔多尔谢夫（S. M. Kondrusev）少将的机械化第22军（隶属于第5集团军）和弗拉索夫（A. A. Vlasov）少将的机械化第4军（隶属于第6集团军）。冯·斯图普纳格尔的第17集团军突入了苏联军队的防线，到18时，普热梅希尔大部陷落，但是杰缅季耶夫上校的步兵第99师在一小时后发动了反冲击。德国人尚未打开前往利沃夫的通道。在卢茨克—基辅方向上，尽管苏联第5和第6集团军奋力苦战，德军还是突进了15—17英里，深远突破——以及从北面包围苏联军队主力——的威胁正日益增大。基尔波诺斯看到了这一点，并用他手头上所有的装甲兵团（机械化第8、9、第15、第19和第22军）来攻击冯·克莱斯特的第1装甲集群侧翼，以化解危机。西北方向将迎来一场坦克大战，南边的第二场也在酝酿之中。

"巴巴罗萨"行动开始后16个小时，德军实际上已经击破了西北方面军和西方面军的防御。位于两个方面军结合部的第11集团军已经支离破碎，左翼的第8集团军（隶属于西北方面军）和右翼的第3集团军（隶属于西方面军）也被孤立，沦为待宰羔羊。德军装甲部队已经在考纳斯北面跨过杜比萨河，在南边也跨过了涅曼河。在西方面军的左翼，苏联第4集团军位置不佳，无法进行有效的防御，其自身难保的态势也反过来威胁到了西方面军正中央的第10集团军侧翼，以及西南方面军的第5集团军右翼，德军在第5和第6集团军之间进行的攻势已经威胁到了这两个方面军。掩护边境地区的苏联集团军正被穿插分割。

看来"中央"对这场大灾难的性质和程度还一无所知。国防人民委员部和总参谋部正煞费苦心地拼凑支离破碎的信息。然而当这可怕的一天快结束时，铁木辛哥于21时15分下达了最后一道训令——3号训令，命令3个苏联方面军发动进攻。目的是通过发动一场巨大的攻势决定性地击退德军。西北方面军和西方面军各自部署他们的步兵师和2个机械化军，从考纳斯到格罗德诺协同发起行动，将战火烧到敌人的土地上，在6月24日之前包围并消灭敌军，占领苏瓦乌基地区。方面军的攻势将得到远程轰炸航空兵（ADD）的支援。西南方面军奉命使用第5和第6集团军在"若干"机械化军的支援下以"向心攻击"消灭弗拉基米尔—沃伦斯基/克里斯蒂诺波尔一线的敌军，并于6月24日日落前占领卢布林地区，在留心克拉克夫方向，"保护好自身"的同时，守卫与匈牙利接壤的国境线。在苏德战线的侧翼，红军严格执行"防御任务"，掩护国境线并预防敌人的入侵。

正竭力维持军队凝聚力的方面军指挥官们被迫着手准备这场大型攻势，3号训令要求前进50—75英里。三名司令员都把他们的机械化军当作救命稻草：西北方面军的库兹涅佐夫计划在考纳斯西北方打击第4装甲集群的侧翼；已经靠想象派出"突击群"进行攻击的巴甫洛夫计划在格罗德诺南边和布列斯特附近使用他的机械化力量；基尔波诺斯意识到他的装甲兵主力尚未集结起来，他决定立即动用手头的力量（机械化第15和第8军）打击德军的矛头。可惜他们面临着重重困难。本该用于掩护部队集结的飞机早就在地面上被打得粉碎。炮兵就像许多步兵那样，由于缺乏运输工具而动弹不得；有运输车辆的炮兵像很多坦克那样，由于缺乏燃料而寸步难行；有燃料的炮兵则没有弹药。就算这些要求都能满足，他们也没有时间了。

夜幕终于降临。博尔金中将以及众多被包围或苦战中的苏联官兵看着夜空被"熊熊大火、机枪发射的曳光弹、身边爆炸的炮弹和炸弹所汇成的千万道光芒所照亮"。在夜色的掩护下，指挥员们千方百计地将命令传达到部队里。从燃烧的仓库里抢救出来的寥寥无几的食物和弹药分发了下去。博尔金明白巴甫洛夫毫无疑问会失败，尽管如此，他还是希望哈茨克列维奇的机械化第6军

表格1：苏联机械化军在边境的战斗：1941年6月22日—27日

反击地域	兵团	行军距离	行军时间	遂行时间
绍利亚西南	机械化第12军	80千米	6月22日，23日	6月23日
	机械化第3军	100千米	6月23日夜间	6月23日
格罗德诺西北	机械化第11军	50千米	6月23日	6月23日
	机械化第6军	70千米	6月23日夜间	6月23日
卢茨克—杜布诺—布罗迪	机械化第8军	大约500千米	6月22日—26日	6月26日
	机械化第9军	200千米	6月22日—26日	6月26日
	机械化第19军	200千米	6月22日—26日	6月26日
	机械化第15军	80千米	6月22日—23日	6月23日
	机械化第22军	100千米	6月22日—24日	6月24日

表格2：结果

日期	地区	兵团	突破正面	准备时间	战果
6月22日	格罗德诺	机械化第11军	15千米	1—1.5个小时	前进7千米
6月23日—25日	绍利亚	机械化第12军	35千米	无	前进5—8千米 损失惨重
6月23日	格罗德诺	机械化第6军	—	一个晚上	微不足道的进展
6月23日	布列斯特东北	机械化第14军	20千米	几个小时	微不足道的进展
6月27日	杜布诺地区	机械化第8军	22千米	行进中变更部署	前进40千米 损失惨重

和骑兵第36师可以阻挡住敌人。入夜之前，第10集团军的部队开始接管纳列夫河后方机械化第6军的防御阵地，坦克和摩托化步兵将在比亚韦斯托克东北方的浓密森林里于拂晓前完成集结。机械化第29师[16]计划从斯洛尼姆回到索库尔卡（Sokulka）以掩护第6军的集结，博尔金试图向格罗德诺进攻，他指望莫斯托文科的机械化第11军已经开始战斗。戈卢别夫则慢条斯理地部署自己的机械化第6军，他把坦克拆开使用，以步兵防守纳尔瓦河渡口。如此一来，普罗塔图尔切夫的（机械化第6军）坦克第4师长时间劳而无功。即便如此，哈茨克列维奇的军与机械化第13军不同，他的军补充了大量T-34和KV坦克（尽管缺油少弹）。该军所辖各师都处于缺员状态，博尔金虽然奋力弥补戈卢别夫浪费掉的时间，但还是等不及了。最后，在完全不知道机械化第11军行踪且骑兵第36师惨遭抽调的情况下，博尔金发动了进攻。

夜晚的降临让边境上的各司令部暂时缓了口气，6月22日22时，苏联总参谋部也做了第一天的战况分析报告，只字未提形势之危急，自鸣得意，目空一切：

> 德国正规军于6月22日对苏联边境防御部队采取了军事行动，在若干地段取得了微不足道的进展。之后半天内，随着红军野战力量先锋的到达，绝大部分边境地带的德军被击退并蒙受了损失。

接下来几个小时，"大本营代表"们带着各自的任务从莫斯科出发，去亲眼看看所谓的"微不足道的进展"是怎么样的。就连骄傲自大、目中无人的库利克也对战场上的所见所闻大吃一惊。从莫斯科飞往基辅的飞机上，机组人员给朱可夫将军提供了茶和三明治，他对局势不抱任何幻想，到达西南方面军后，（现在负责总参谋部的）瓦图京告诉他，6月22日晚上，总参谋部对苏德双方的兵力和行动都缺乏"确切消息"，也不知道双方损失的情况，波罗的海方向的库兹涅佐夫和西部地区的巴甫洛夫都联系不上。此外，斯大林很严肃地坚持3号训令，并命令朱可夫就算不在场也要在上面签字。在基辅，朱可夫问瓦图京3号训令说了些什么，后者回答说，设想"通过一次反攻，在所有主要方向上击退敌军"，随后进入敌方境内。朱可夫听到后爆发了，他提醒说苏联统帅部对德军的兵力和进攻方向一无所知。瓦图京还悲伤地提道，天亮后要发布一道行动命令，但是现在3号训令已经"决定"了，大家没有选择，只有执行。午夜时分，西南方面军收到了指示，普尔卡耶夫以最强硬的措辞表示反对，但命令还得执行。基尔波诺斯及其参谋至少还有朱可夫的技巧和经验撑腰，西南战场的装甲反突击至少取得了些战绩，打痛了德国人。但是在其他地段，3号训令的执行就是不折不扣的灾难。6月23日，苏联西北方面军和西方面军之间的突破口已经扩大到近80英里，掩护边境地域的各个苏联集团军濒临崩溃，完全无法阻挡德军的推进。

译注

[1]原文如此。

[2]实际上是营级部队。

[3]疑为今波兰的比亚瓦—波德拉斯卡。

[4]苏联边防军由内务人民委员会的"边防与内务总局"（GUPVO）领导指挥。1939年，该总局改为"边防军总局"（GUPV），与苏联红军不是一个体系。

[5]"基弗豪瑟"是山名，位于图林根州，是巴巴罗萨纪念碑所在地。

[6]扎哈罗夫当时是第9集团军参谋长。

[7]MBR-2是水上侦察机，必要时可携带500千克炸弹。

[8]1951年11月1日更名为切尔沃诺格勒。

[9]作者在此采用的德文地名温道（Windau），即今天拉脱维亚的文茨皮尔斯（Ventspils）。

[10]准确地说是步兵第3旅。

[11]即萨列马岛。

[12]即希乌马岛。

[13]即维尔纽斯，维尔诺（Vilno）是沙皇俄国时期的曾用名。

[14]蒂尔西特（Tilsit），即今俄罗斯加里宁格勒州的苏维埃茨克（Sovetsk）。

[15]应为第1装甲集群。

[16]苏联军队此时并没有机械化师，应该是摩托化第29师。

第四章
边境上的灾难：1941年6月—7月

苏联在没有最高统帅的情况下迎来了战争，该职位在20世纪20年代的"军事改革"中被取消，17年来从未恢复过。1934年的军事改组设立了国防人民委员部、国防人民委员一职和军事委员会，它们最终取代了旧时代的内战指挥机构，尤其是革命军事委员会。1938年红军成立总军事委员会（RKKA），海军也成立了一个相同的机构，由安德烈·日丹诺夫主持。还有一个职能模糊不清的防御委员会，不过显然没有任何指挥权。苏联的最高军事官员是国防人民委员，但没有特定的最高统帅，历次"改革"都没有设立最高指挥机关或最高统帅职位。

6月23日，星期一，战争的第二天，"苏联政府"（其实就是斯大林）和中央委员会匆忙授权成立了一个临时统帅部。斯大林担任主席的人民委员会签署了《周一法令》，成立了一个奇怪的混合机构——统帅部大本营（Stavka，相当于总司令部），立刻重现了1917年之前的军事组织状态，而"总司令"意味着铁木辛哥成为这个负责控制军事行动的"集体机构"的主席。不过铁木辛哥没被（以后也没有）任命为苏联武装力量的"最高统帅"。斯大林在7月和8月连迈两步，以某种有点夸张的形式得到了"最高统帅"这个他为自己保留的位置。6月底，铁木辛哥动身去接管一团糟的西方面军，他集体指挥机构的

"主席"一职到头了，几天以后，统帅部飞快地进行了重大改组。

统帅部大本营一度是一个机构，有办公场所。作为一个机构，它包括苏联的各位元帅、总参谋长以及海军和空军首长，随着时间的推移，还囊括了装备和兵种首长。统帅部大本营的改组和国防人民委员部、总参谋部的改组来得一样快。在战争的头几天，作战行动由格尔曼·卡皮托诺维奇·马兰金（German Kapitonovich Malandin）中将的（红军）总参作战处指挥。铁木辛哥去西方面军上任时带走了马兰金，切特韦里科夫少将接管了总参谋部作战处。海军上将库兹涅佐夫的海军也以类似的方式，通过海军总参谋部作战处运作。

"集体"领导的统帅部大本营指明"战略"方向，各司令部据此展开活动。总参谋部每日早晚会提供至少是理论上的评估，统帅部大本营据此制定"战略"规划和指令。方面军与下辖军团之间，方面军司令部和"中央"之间通讯的迅速中断，导致无法做出决策。6月22日，国防人民委员部和军区司令部都只有行政架构，没有作战能力，而后更高级别的作战指挥机构马上遇到了巨大的压力（这是他们有限的能力所无法承受的），防空总局这样的部门承担起了作战职能。由于完全缺乏"后方勤务"（后勤）组织，作战和军事行政需求立即发生冲突，"作战—行政"网络不可避免地发生拥堵，被各类决策挤得水泄不通，高度集权的体系又从整体上加重其负担。统帅部大本营变成了一个指挥中心，克里姆林宫内有一个"作战情报室"，还有自己的参谋和通讯中心，很快就成了高度集权的工具。6月23日，佩列瑟普金（I. T. Peresypkin）开始负责监管军事通讯，下辖3个独立修理营和若干个连，保障方面军司令部、统帅部大本营和国防人民委员部（NKO）的通讯。加皮佐少将负责与方面军参谋们联络，他们是西北方面军的库罗奇金（P. M. Kurochkin）中将、西方面军的格里戈里耶夫（A. T. Grigorev）少将、西南方面军的多贝金（D. M. Dobykin）少将，还有6月24日开始联络的南方面军的科罗廖夫（I. F. Korolev）。

星期天宣战后，最高苏维埃随后发布的一项紧急法令（6月22日）宣布国家当前处于战争时期，并规定了方面军和集团军军事委员会在"国家和地方防务"上的执法和行政职权，如果没有军事委员会，则由当地的军事指挥官负责。该法令与《宪法》第49条相符，以战时法令——戒严令——的形式颁布。6月23日，6月6日批准但还未实施的弹药生产计划立即付诸实施，不过很快发现计划产量完全不够。更有远见的举措是成立疏散委员会，什维尔尼克（N. M. Shvernik）担任主席，柯西金（A. N. Kosygin）和别尔乌辛（M. G. Pervukhin）任副主席，组建决定由中央委员会正式做出，并于6月24日公布。橡皮图章式的例行公事用了一个多星期，初步的行政动员还远未完成，最根本的全国总动员直到第二个周末（6月29日）党和政府联署了一份训令后才开始。文中就那些尚未完成的事发出严正警告：

> 尽管面临着亡国灭种的危险，某些党组织、地方苏维埃、工会、共青团以及他们的领导还没有认识到这一危险，不明白战争已经彻底地改变了形势，我们的祖国正处于极度的危险之中。我们务必尽快、果断地将工作重心调整到赢得战争上来。

在"为每一座城镇每一个村庄战斗到最后一滴血"之后，红军的撤退必须要做好以下工作：

> 带走所有车辆，不给敌人留下一个车头、一辆卡车、一公斤面包、一升汽油，集体农场必须带走他们的牲畜……所有物资不分贵贱，包括黑色金属、面包和燃料，带不走的一律销毁。

这是第一道"焦土"指令，还追加了在敌占区组建游击队和破坏小分队的命令。从出发点和必要性来看，该训令和历史上列宁于1918年2月发布的著名的神圣法令《社会主义祖国正处于危险中》有着惊人的相似。

对内战时期做法的仿效还不止于此。6月30日，党发布训令后，约瑟夫·斯大林任主席的国防委员会立即宣告成立。国防委员会给人的第一印象类似于国内战争时期成立的工农国防委员会。其实两者并不相同，国防委员会规模很小（基本成员8人），但是拥有无上的权力，有权颁布（具有法律效力的）法令，地位高于所有其他州、党、地方苏维埃，以及共青团和军事机关，负责指导国民经济和军工生产，是监管苏联武装力量的"组织结构"，对有关"国家安全和公共秩序"的事宜拥有最终决定权。很快，国防委员会就独揽大权，和统帅部大本营混为一体，踢开了"地方国防委员会"。国防委员会成员有权加入统帅部大本营，俨然就是后者的一部分。在这种令人望而生畏的超级中央集权体制下，斯大林已经毫无疑问地总揽一切权力。不过最重要的是，"国防委员会—统帅部大本营体系"，这种沙波什尼科夫10年前关于战时领导的文章中提倡过的军政合一体制，这种斯大林主义的产物，虽然模糊了各部门的职能，助长了"个人崇拜"，但确实解决了指挥机关低效、拖沓、内耗和犹豫不决等问题。

成立国防委员会的法令又将斯大林——迄今为止仍然杳无踪迹——的名字带回到公众的视野之中。整整一个星期，都是"苏联政府""中央委员会"和"人民委员会"等机关和组织机构在滔滔不绝地发表声明。战争的最初几天，国外的苏联代表团没收到过任何指示，也没人敢自作主张采取独立的行动。第一个灾难性的周末之后至少3天里，尽管已经意识到战争无法避免，斯大林还是"把自己锁在办公室里"。据之后第一个看到他的指挥员形容，斯大林"情绪低落，忧心忡忡"，他要求完成的所有任务时限都短得不可能实现。斯大林看起来依旧低估了他面临的这场战争的规模和深远程度，他要求尽快消灭敌人，完全没有意识到有关德军损失的数据源于夸大的初期报告。最初几天，斯大林几乎没怎么在统帅部大本营露面，各总局虽然投入运转，但组织非常不力。总参谋部的专家已经派往各方面军司令部，所以运转得也不快。最初几天，总参谋部发给军种和兵种首长的晚间形势报告与战争开始这几天前线的图上部署都无法对应。统帅部大本营的讨论陷入了作战—行政的泥潭，试图构想战略—战役计划时，斯大林和他的指挥员们在琐事上耗费了大量宝贵时间，比如：该给步兵部队配发何种步枪（标准型还是骑兵型）？要不要附带刺刀？如果要的话，该是三棱刺吗……

统帅部大本营刚一成立，人就差不多走光了，苏联各位元帅和总参谋部的朱可夫将军在第一个周末或之后不久就动身赶往前线。傲慢自大的库利克元帅乘飞机抵达第10集团军司令部（离比亚韦斯托克不远），身穿飞行服的他把博尔金中将吓了一跳。当时（6月24日），第10集团军通讯中断、弹药不足、燃料耗尽，正在为避免被德国人包围而苦斗。听完博尔金的汇报，库利克一改战前的嚣张，完全蒙了，没有建议，没有帮助，也没有命令，他只告诉博尔金

"继续干"。中午的时候，库利克坐飞机离开，军长尼基京的牢骚——"不知道他来做什么"——不无道理。和库利克一样，沙波什尼科夫元帅和伏罗希洛夫元帅的所见所闻也不容乐观，他们发现巴甫洛夫大将愈发无法控制西方面军所面对的凶险局面。铁木辛哥也立即从一下子缩水了的统帅部大本营赶出来，他对灾难的严重程度不抱丝毫幻想，他明白至少照德国人突破的程度来看，情况已经很危险了。铁木辛哥很直白地将这些情况告诉了叶廖缅科中将，后者已经在新西伯利亚走下从远东返回的火车，换乘一架快速轰炸机飞往莫斯科。6月28日，叶廖缅科在国防人民委员部的地图上看到了糟糕的形势，听到铁木辛哥痛骂边境军区的司令员们，特别是巴甫洛夫。现决定将巴甫洛夫撤职，代之以叶廖缅科，斯大林批准了这项任命。

铁木辛哥给最后一个元帅布琼尼安排了特殊任务。他之前发布的第3号训令坚信（如果不是说误信的话）以掩护集团军的能力足以恢复局势，此后不到3天，铁木辛哥便承认这些反冲击已经失败，这些集团军已经被突破或粉碎，无力阻止德军推进。在6月25日的训令中，铁木辛哥命令统帅部大本营预备队的4个集团军——第22、第19、第20和第21集团军——组成一个"预备队集团军集群"，由布琼尼指挥。这个集团军群将接管苏晓沃（Sushchevo）—涅维尔—维捷布斯克—莫吉廖夫—日洛宾—戈梅利—切尔尼戈夫—杰斯纳河与第聂伯河交汇处一直到克列缅丘格一线的防御阵地。统帅部大本营希望能在这一线的接近地阻挡德国人的推进。为此，这个"预备队集团军集群"接到指令，准备展开反攻。两天后，铁木辛哥命令布琼尼将其司令部从布良斯克前移至斯摩棱斯克，从统帅部大本营预备队（RGK）调第16集团军到斯摩棱斯克—亚尔采沃—杜霍夫希纳（Dukhovshchina）地域，并命令另外两个集团军（第24和第28集团军）占据防御阵地，这些阵地纵深10—15英里，位于第一线东面约100—150英里处。西北方面军司令奉命以其第二梯队（第27集团军）和掩护集团军的残部占据西德维纳至克拉斯拉瓦的防御阵地。即将被撤换的巴甫洛夫接到指令，用第13集团军和第二梯队的机械化军据守明斯克和斯卢茨克"筑垒地域"。铁木辛哥只有一个目的：建立屏障，阻止德军在中央的推进，为此不惜任何代价。然而，德军在侧翼（西北和西南）推进的速度和距离粉碎了这些计划，让红军卷入了一场巨大的灾难。这些攻势撕开大段战线，并从苏联身上割下了若干军事、经济和政治中枢。

　　现在，战线上的"平静"地段——先是南端，然后是北端——也热闹起来了，德国—罗马尼亚联军和芬兰军队先后发动进攻。秋涅列夫将军6月22日离开莫斯科，2天后到达南方，他的南方面军司令部位于文尼察，但秋涅列夫发现电话机、电报机和无线电设备极为匮乏。为建立最起码的通讯网络，他不得不征用"当地物资"。方面军的力量刚刚集中，第9集团军多少有个框架，A. K. 斯米尔诺夫中将的第18集团军则由从西南方面军第12集团军调过来的2个步兵军组成。在7月初德国—罗马尼亚联军进攻普鲁特河之前，秋涅列夫还有几天时间来构建他的指挥体系。6月25日，秋涅列夫接到铁木辛哥的指令，要求挡住敌人的所有攻击。终于与基尔波诺斯取得联系后，秋涅列夫听到了他早就知道了的消息——西南方面军的情况正在恶化，但基尔波诺斯仍然希望能挡住德国人的攻击。南北两端展开的战事并未从根本上改变战略上的平衡，但令形势（特别是南方的形势）更加复杂。6月27日，星期五，匈牙利声称边境地区遭到"苏联人的轰炸"并向苏联宣战。苏联敌人的数量又增加了。

　　7月3日，星期四，战争的第11天，斯大林重回公众视线之中，他的讲话是对6月29日中央委员会训令的"再加工"，开场白不同凡响："同志们，公民们，兄弟姐妹们，战斗中的红军和红海军。我正对你们讲话，我的朋友们！"（对于丢失的国土，斯大林只是用了一些地理上的泛指——苏联的立陶宛、拉脱维亚、白俄罗斯西部，以及乌克兰西部的一部分——以降低其负面影响）就像莫洛托夫之前所做的那样，斯大林也为《苏德互不侵犯条约》进行了辩护："有没有犯过很严重的错误？当然没有。没有一个爱好和平的国家会拒绝和别国签订这样一个条约，即使那个国家是由希特勒和里宾特洛甫之流的恶棍掌权。"在自我辩护的内容结束之后，斯大林重复了"6月训令"的要求：加倍努力，撤退时要进行"焦土"，在敌占区组织游击队和破坏小组骚扰德国人。前景并非黯淡无光，在这场"苏维埃人民对抗德国法西斯军队"的战争中，来自丘吉尔和美国政府的外来援助是积极的。群众加入游击队和民兵兵团，投身战争之中。国家也组建了国防委员会，斯大林强调说这是为集全国之力。斯大林几乎没有提到"党"，称这是一场"卫国战争"。他的话深入人心。斯大林收起之前的恐慌，并向全国人民展现了他的勇气和决心。国防委员会现在由斯大林（主席）、莫洛托夫（斯大林的副手）、伏罗希洛夫、马林科夫和贝利亚组成，最后发展为8位成员。斯大林现在掌控了统帅部大本营，铁木辛哥前去指挥西方面军后，斯大林接管了他在国防人民委员部的位置，在成为最高统帅的路上前进了一步。在讲话中，斯大林谴责了"胆小鬼、逃兵、恐慌传播者"。方面军、集团军和师指挥官很快就感受到了这道新斯大林主义训令的分量，知道了被斯大林认定为"胆小鬼"的下场是什么。那些被处死或降职的倒霉蛋被剥夺了辩护的权力，倒在贝利亚的屠刀之下，后者作为日益膨胀的NKVD的头目，根植于统帅部大本营。NKVD是先前安保机构（NKVD和NKGB）的一支。克里姆林宫中统帅部大本营里的斯大林就这样开始应对这场战争，作为所有战线的领导者、总动员的监督者、各个细节的审核者、无数生命的主宰，斯大林对失败者毫不留情，对胜利如饥似渴，哪怕一个个集团军被粉碎、方面军元气大伤，他也毫不妥协，但是斯大林还没学会如何战斗、抵御敌军，以及消灭东线德军。

西北方面军司令员库兹涅佐夫（F. I. Kuznetsov）上将一开始就把所有赌注都押在了反冲击上，特别是要靠他的装甲兵来赢得边境地区的战斗，终止德国人的突破。然而第11集团军地域的局势已经无药可救了，司令员莫洛佐夫（V. I. Molodtsov）中将正为联系不上西北方面军司令部而一筹莫展。他命令部队后撤至涅曼河上矗立着古老堡垒的考纳斯，然后向东北方大约17英里处的约纳瓦（Ionava）转移，正在那里集结的巴甫洛夫（V. F. Pavlov）少将的步兵第23师"算得上是一支生力军"。接着莫洛佐夫继续攻击他之前自己过早放弃的城市，进攻破产了：步兵第23师的巴甫洛夫阵亡，步兵第16军（包括步兵第5师）向东撤退，掉入"一个大口袋"里。莫洛佐夫试图弥补之前犯下的错误，可惜失败了。6月25日，他终于通过电话联系上了库兹涅佐夫上将，后者不等他说完左翼的情况就指控他是"一个德国奸细"。不管怎样，第11集团军正在消亡。

北面的库兹涅佐夫试图用机械化第12和第3军从侧翼攻击进攻杜比萨的德国第4装甲集群。库兹涅佐夫命令坦克指挥员们"分成小组行动，以避免被敌军飞机发现"。可惜这种战术仅仅是分散了苏联军队的力量，并没什么效果。机械化第12军在绍利亚西南方行进时被德国轰炸机狠狠修理了一番，无法于6月23日抵达进攻出发线。在机械化第12军的690辆坦克（很多是老式的"打鸟"型号）中，由切尔尼亚霍夫斯基（I. D. Chernyakhovskii）上校指挥的坦克第28师确实与德国第1装甲师交上了火，尽管由于缺乏燃料，他们6月23日有5个小时动弹不得。苏联军队机械化第3军坦克第2师在夜间向预定的战场——蒂尔西特—绍利亚公路移动，试图从东南方打击行军中的德国第6装甲师。苏联军队的战争日志记载道："机械化第3军坦克第2师在斯考德维莱（Skaudvila）地域动用坦克，摧毁了第100摩托化步兵团以及多达40辆坦克、40门火炮，并于晚上进入拉塞尼艾地域。缺乏燃料。"由于缺乏燃料，坦克第2师在6月24日的大部分时间里无法动弹。在6月23日—26日这3天令人眼花缭乱的坦克大战中，苏联军队投入约250辆坦克，许多是老旧而单薄的型号，但有体型巨大的"装甲巨怪"KV-1和KV-2支援。第1装甲师卷入了一场"离奇的交火"，德军反坦克炮发射的炮弹被苏联怪物坦克"直接弹开"。由于受到这些巨怪的攻击，第1装甲师转入防御，德军指挥部遭遇的不仅是一场危机，而且是一个不受欢迎的意外。无论如何，6月26日，德国第1和第6装甲师切断苏联部队并取得联系，机械化第3军被德国人架在高地上的大炮轰成了碎片。机械化第12军带着坦克第2师的残部逃出陷阱，但是缺油少弹。第一次危机就这样来了又去，远在前方的曼施泰因未遇"有组织的抵抗"，继续推进，向德维纳（Dvina）河上的桥梁进军。到6月25日夜间，西北方面军陷入困境：第8和第11集团军被迫向不同方向撤退，第8集团军退向里加，维尔诺（Vilno）后方的第11集团军退向斯文强（Sventsyani）和季斯纳河（Disna）。苏方战线已经出现一定程度的缺口，乌克梅尔格（Ukmerg）到陶格夫匹尔斯（Daugvapils）〔德维斯克（Dvinsk）〕一线无兵据守。苏联军队的通讯瘫痪（就算无线电能够工作，苏联指挥员往往不懂得使用无线电，仅依赖地面有线通讯，所以地面通讯的中断也就意味着"通讯中断"），负责通讯的卡尔戈波洛夫（T. P. Kargopolov）中将沮丧地报告了西北方面军的通讯状况：

（西北方面军的）部分参谋指挥员……仍旧把电话当作基本的通讯

方式。在地面有线通讯被切断的情况下，他们就不知道怎么跟下属部队取得联系，不知道用无线电联系。这种情况下，在建议使用无线电接发重要的信息时，经常会得到这样的回应："无线电是什么信号？"

撤退中的集团军通讯混乱，由于行动控制已荡然无存，他们被自己造成的交通堵塞所困。

库兹涅佐夫波罗的海地区的军队遇到的灾难引起了（北方面军）列宁格勒司令部的严重不安，并迫使后者把注意力转移到西南方向上来。北方面军的战线从巴伦支海到芬兰湾，再到普斯科夫。北边的摩尔曼斯克驻扎第14集团军，东北方的第23集团军（拥有4个步兵师：步兵第123、第43、第115和第142师）驻守在边境线上，第7集团军位于拉多加湖北边（也拥有4个步兵师：步兵第54、第71、第168和第237师），还有1个榴弹炮团、4支边防支队和1个航空师（混成航空兵第55师）。它们仍有待被"激活"，虽然德国人和芬兰人最终肯定会在北方采取行动。6月23日早上，北方面军司令员波波夫（M. M. Popov）中将从摩尔曼斯克返回，并决定即刻在西南方向上采取一些预防措施。他指示副司令员皮亚德舍夫（K. P. Pyadyshev）"调查"一下建立掩护普斯科夫—列宁格勒接近地防线的可能性。皮亚德舍夫建议设立金吉谢普—卢加—伊尔门湖"防线"，不过防线上的人手从哪儿调取就完全是另一回事了。莫斯科对建立该防线爱莫能助，他们给列宁格勒工程兵处的回电还是老一套——"依托当地资源"。由于西北方面军反突击失败以及德军向西德维纳河突破，列宁格勒方面必须做出一些决定。6月25日，北方面军军事委员会召开了一次扩大会议，司令员波波夫、政委克列缅捷耶夫（Klementeyev）、参谋长尼基舍夫、政党官员库兹涅佐夫（A. A. Kuznetsov）和什特科夫（T. F. Shtykov）均出席了会议。会上通过了皮亚德舍夫关于"卢加防线"的提议，皮亚德被提名为代理司令员。至于所需的军队，皮亚德舍夫建议从第23集团军调2—3个步兵师，关于这点，波波夫没有反对，而是希望请示铁木辛哥元帅。政党官员承诺从列宁格勒抽调劳工来构筑阵地，4天之后（6月29日），军事委员会设立了一个特别机关——"后方防线建设处"（USTOR），由波波夫负责"筑垒地区"的司令员助理柴切夫（P. A. Zaitsev）少将领导。之前，列宁格勒司令部认为维堡地域是对列宁格勒最具威胁的地段，然而现在新的致命威胁正在逼近只有"拿着铲子的妇女和100名工兵"的西南方向。

波罗的海军区各集团军的撤退使波罗的海舰队的前方海军基地失去陆地屏障。6月26日，库兹涅佐夫海军上将命令海军部队撤离利巴瓦、温道和里加的基地。利巴瓦早就被包围了，不过6月25日德军夺取基地的尝试受挫。苏联海军陆战队和步兵第67师就像是为证明整个西北方面军并不是全无希望似的顽强战斗，甚至逼退了进攻者。东普鲁士第291步兵师的部队不得不使用榴弹炮和迫击炮轰击守军，直至6月29日攻陷基地。三天前，在苏联第8和第11集团军之间狼奔豕突的曼施泰因抵达陶格夫匹尔斯（德文斯克），夺取横跨西德维纳河的公路桥，击溃苏联军队象征性的微弱抵抗，并在广阔的西德维纳河的右岸开辟了一个桥头阵地。第3摩托化步兵师在陶格夫匹尔斯城以北不远处取得惊人的胜利后，第8装甲师第二天紧跟着渡河。这一切迫使铁木辛哥把之前的计划扔进废纸篓。6月25日，铁木辛哥命令库兹涅佐夫上将在西德维纳河组织"坚固的防御"，第8集团军（辖步兵第10和第11军、步兵第11师和摩托化步兵第202师）在里加到利瓦尼（Livāni）河段右岸展开，掩护河流北段，第11集团军步兵第16军将防御从利瓦尼—克拉斯拉瓦（Krāslava，包括陶格夫匹尔斯）开始延伸的其他地段。第8集团军司令员索边尼科夫中将也准备在里加附近发动反冲击，他命令各兵团于6月28日入夜前占领防御阵地。利瓦尼以南，空降兵第5军将支援（隶属于第11集团军的）步兵第16军，库兹涅佐夫上将还决定动用别尔扎林（Berzarin）的第27集团军来支援这些兵团。别尔扎林将把他的军队从各岛和里加外围撤下来，装上运输补给的卡车，用船运回普斯科夫，然后向陶格夫匹尔斯前进，他将于6月28日晚开始负责全局指挥。与此同时，统帅部大本营将莫斯科军区列柳申科（D. D. Lelyushenko）少将的机械化第21军拨给第27集团军，列柳申科拥有98辆坦克和129门火炮。西方面军的第22集团军也接到命令，向西北方的第27集团军靠拢。

然而这一切都为时已晚。西北方面军副司令员阿基莫夫（S. D. Akimov）中将在别尔扎林缺席的情况下指挥空降兵第5军，试图逐退河右岸阵地上的德军先锋，只有6门火炮、没有坦克的他们当然没能成功。不过随着来自普斯科夫、莫斯科和明斯克的援军赶到，苏方的攻击还是取得了一点进展，6月28日

5时，列柳申科按库兹涅佐夫的命令发起进攻，试图摧毁德军桥头堡。停留在德维纳河的曼施泰因发现阵地上的情况有时候"非常紧急"。苏联轰炸机向桥梁发动孤注一掷的攻击，蒙受巨大损失却一无所获。第二天，6月29日，统帅部大本营预备队的两个兵团——步兵第24和第41军奉命前来支援第27集团军，但库兹涅佐夫和他的参谋误解了铁木辛哥的命令，反而命令他们后退到普斯科夫、奥斯特罗夫和谢别日（Sebezh）"筑垒地区"。铁木辛哥6月29日发布的训令有歧义，他要求在西德维纳河进行持续的行动，同时在原有的普斯科夫—奥斯特罗夫防线上集结"强大的预备队"。现在库兹涅佐夫改变了想法，计划在6月29日发动反突击，这很大程度上是因为情报人员报告说德军在陶格夫匹尔斯的桥头堡只有"得到坦克支援的约一个步兵师"。不过曼施泰因也更新了计划，库兹涅佐夫计划于10时发动反攻，而主力赶到的曼施泰因将在5时发动攻击，德军在向列宁格勒的冲锋中占据了5个小时的先机。

6月29日下午，德军3辆坦克和1个步兵班通过里加城内德维纳河上未被爆破的铁路桥。步兵第10和第125师一部、工人卫队（当地民兵）和一列装甲列车于当夜消灭了德军桥头堡，但6月30日，苏联军队放弃了里加在德维纳河右岸的部分，7月1日撤向爱沙尼亚。在德维纳河更南边的克鲁斯特皮尔斯（Krustpils），第8集团军奉命消灭德军的另一个桥头堡，第27集团军也奉命消灭德军在陶格夫匹尔斯的据点。然而德军的新攻势沉重地打击了这两个集团军，几个苏联步兵师又惨遭痛击。列柳申科的机械化第21军只剩下7辆坦克、74门火炮和4000多名战士。德军攻势沿着陶格夫匹尔斯—奥斯特罗夫公路发展，第8和第27集团军有被分割的危险。

铁木辛哥6月29日发给库兹涅佐夫已被重创的西北方面军的训令规定，若从西德维纳河撤退，必须守住下一道沿韦利卡亚河（Velikaya）的防线，并想尽一切办法将苏联军队配置到那里。统帅部大本营计划沿着普斯科夫、奥斯特罗夫和波尔霍夫（Porkhov）一带集中强大的预备队，包括从北方面军（列宁格勒）调拨切尔尼亚霍夫斯基（M. L. Chernyavskii）的机械化第1军，7月2日前将机械化第1军的坦克第3师布置到普斯科夫东北约10英里的森里中，同时将步兵第41军（步兵第111、第118和第235师）调往普斯科夫，将步兵第22军（步兵第180、第182师）调往波尔霍夫，将步兵第24军（步兵第181、第183

师）调往奥斯特罗夫地域。这些预备队集结时，西北方面军汽车装甲坦克部部长波卢博亚罗夫（P. P. Poluboyarov）上校代理指挥的机械化第12军残部（35辆坦克）试图阻止德国第41装甲军分割第8和第27集团军，但没能成功。

　　7月初，统帅部大本营认为西北方面军实力太虚弱，不足以阻止德军对列宁格勒的突破并防御重要的塔林海军基地。整个方面军损失惨重，只剩下1442门火炮和迫击炮，步兵师从开始时的满员下降至原有兵力的三分之一，其中几个——比如步兵第33、第127、第181、第183、第188师以及摩托化步兵第202师都只有不到2000人的有生力量。7月3日，位于普斯科夫的司令部联系不上各集团军，无线电通讯时断时续。6月底，铁木辛哥决定免去库兹涅佐夫上将方面军司令员的职务（同时也免了巴甫洛夫大将的职务），第8集团军的索边尼科夫从7月4日起接管方面军。伊万诺夫（F. S. Ivanoff）中将接管第8集团军。索边尼科夫还迎来了新的"第三人"——军级政委博加特金（V. N. Bogatkin），还有新参谋长瓦图京中将，时任总参谋部副总参谋长。军级政委季罗夫（Dibrov）和库兹涅佐夫上将双双调往西方面军任职，而之前方面军溃败的责任则扣到了前参谋长克连科夫（P. S. Klenkov）中将的头上。

　　列宁格勒一星期前制定的计划已经成为过去式了，统帅部大本营特地命令北方面军调整"西南方向"的防御部署，波波夫将负责纳尔瓦—卢加—旧鲁萨—博罗维奇（Borovich）一线，集中兵力将防御卢加河防线作为第一要务。这里设置并加固了许多障碍和屏障，纵深约为5—6英里，只给西北方面军撤退队伍通过留下通道。7月6日，集结于卢加，距列宁格勒仅60英里的"卢加战役集群"（LOG）正式成立，司令员为皮亚德舍夫将军。波波夫将军早就仔细研究过列宁格勒的"西南防线"。6月25日，他批准了"卢加防线"，然而并没有说明调派哪些军队来驻守这条防线。列宁格勒军区的工兵一开始将卢加防线的范围标定为纳尔瓦海湾到托尔马乔沃（Tolmachevo），再到伊尔门湖，皮亚德舍夫将卢加及其东北方向的一片地区设为防御枢纽，掩护列宁格勒通往普斯科夫和诺夫哥罗德的公路与铁路网。但卢加河与赤卫军城（Krasnogvardeisk）[1]之间仍有一个无人把守的空隙，皮亚德舍夫对此无能为力。"卢加防线"的后方是沿彼得宫城（Petergrof）—赤卫军城—科尔皮诺（Kolpino）一线的"外围防御圈"，最后一道防线沿城内阿夫托沃（Avtovo）到涅瓦河上雷巴茨科耶（Rybatskoe）的铁路线展开。6月27日，列宁格勒城内大型项目的建设工作全部叫停，工人和设备被调去修建防御阵地。7月初，30000名平民分散在广阔的卢加"防线"上日夜赶工，一半人挖掘反坦克壕沟，其他人用混凝土砖搭建火力点。柴切夫将军（7月3日—4日）目睹了这一切：

> 一半人在挖战壕和反坦克壕。另外一半用混凝土砖、木头、石块在障碍物区构筑圆形火力点。什么都缺——卡车、工具、人手、技术人员，但大家都希望尽快建成防线。他们没日没夜地干活，睡觉时就靠在战壕里，他们还争论战壕的深度与宽度，以及铁丝网的布设位置——战壕的前方还是后方？他们还想知道为什么我们造了那么多火力点，战壕却挖得那么少。

7月4日，马绍申（Mashoshin）上校和他的步兵第177师进入防线中段，该师是第一支赶到的防御部队。师里的指挥员和劳工们争吵起来：战壕还没挖好，火力点的位置不对。然而马绍申最担心的是，他负责的14英里长的防线左右两端均无友军。北方面军军事委员会研究了关于卢加防线状况的报告，翌日（7月5日）调来15000多名列宁格勒的男女老少，开始挖掘更多战壕。

北方面军司令部努力给整条卢加防线配备人手，该防线绵延100多英里。步兵第191师在金吉谢普北面占领阵地，（西北方面军司令部参谋）罗金斯基（S. V. Roginskii）上校将他的步兵第111师布置在卢加附近，步兵第177师掩护着接近地。列宁格勒步兵学校、基洛夫军校学员和炮兵学校动员了几个团出来；在南边，山地兵第1旅调往位于希姆斯克（Shimsk）的最左翼，但该旅还在组建中，7月10日才能进入阵地。奥金佐夫（G. F. Odintsov）上校奉命指挥由候补指挥员组成的（卢加）"特别炮兵集群"，A. A. 诺维科夫（空军）少将则负责指挥混成空军力量（包括波罗的海舰队的海军航空兵和列宁格勒防空司令部的战斗机）掩护卢加上空，他花了很大力气集结被重创的各轰炸机和战斗机中队。苏联各部于最后一刻在这条匆忙建立的防线背后就位，以阻止德军冲向列宁格勒。

波波夫的北方面军正被扯向西南方，现在已是难堪重负。7月初，用于防御列宁格勒北面和东北方向的有8个师（6个位于北部边境地带，2个是第23和第7集团军的预备队），还有1个机械化军（机械化第10军，下辖第21和24两个坦克师）作为方面军预备队。列宁格勒的作战处处长季霍米罗夫将军早就在7月1日就收到了德国—芬兰军队"活动"的报告。算上远在北面的第14集团军，波波夫只有13个师守备广袤的前线，而对面的德国人和芬兰人预计有19个师和3个旅，他希望能从卡累利阿方面"削减"3个步兵师调往西南方向，不过暂时要让他失望了（虽然他可以动用一部分方面军预备队）。之后不久，伏罗希洛夫元帅确实调动了这几个师，但笨拙的指挥付出了高昂的代价。莫斯科方面不肯给波波夫通融，回复还是老调重弹——"利用当地资源"。6月底，列宁格勒开始组建"民兵"师。

6月30日，为组建"列宁格勒国家民兵集团军"（LANO）成立了一个先行机构，包括指导民兵师招募、训练工作的军事委员会及参谋部和政治处。7月4日的第二次会议上，民兵军事委员会决定加快进度，中止了之前组建15个师的计划，改为在7月7日之前为卢加防线组建3个民兵师。人们——学生、工人和职员，有时甚至是整个家庭——踊跃参与，以市辖区或工厂为单位组织起来，各团也得名于此。7月初，第1、第2和第3民兵师得到了简单的装备，但没有重型武器，除极少数作为骨干的正规军之外，绝大部分人都没经过什么训练，被朋友和亲属们谓为勇士的他们（后来的表现也确实配得上这个称号）开往卢加战线。这导致了不可避免的毁灭，训练匮乏的人们被部署到雷霆万钧、久经战阵的德国师当面，惨遭屠杀，在坦克和俯冲轰炸机的攻击下灰飞烟灭，被炮火撕成碎片，酿成了可怕的惨案，4个师基本上被一扫而光。值得称赞的是，无论是出于"政治上的"需要，还是"行政式的"爱国主义，红军指挥员都竭尽所能避免挥霍人力。

作战处的季霍米罗夫抱怨说司令部缺乏德军向西南方面军突击的确切情报，莫斯科的回复是"太正常了"。诺维科夫将军报告约有700—1000架德国飞机在执行任务，轰炸机肯定有战斗机护航。在西南方向上，韦利卡亚河防线很快失陷，铁路和公路桥都完好无损地落入敌手。奥斯特罗夫南面的步兵第111师和坦克第3师发动了组织混乱的反冲击，长期经营的奥斯特罗夫"筑垒地区"未经一战便被德军占领。步兵第111师被打散，各个团与师参谋部失去联系，只有罗金斯基上校（他接替了 I. M. 伊万诺夫上校）努力将各个残部收拢到卢加。在普斯科夫、奥斯特罗夫东北方以及韦利卡亚，索边尼科夫特别命令机械化第1军摩托化工兵第50团组织好8座桥梁的爆破工作。7月8日早上5时，德国第8装甲师攻向韦利卡亚，桥梁（除铁路桥）被一座座爆破，此举甚至也断绝了一些苏联部队的退路。16时，德国坦克开上一座铁路桥时，该桥也发生了爆炸。普斯科夫最后于7月9日晚上陷落，第11集团军奉命转移到德诺（Dno），将其3个军（步兵第41、第22军和机械化第1军）带回并置于"统一指挥"下。

在北面的芬兰湾，苏联第8集团军饱受痛击，但仍在苦苦支撑，2个军（步兵第10和第11军）几乎没有弹药和补给。各个师的情况困顿不堪：步兵第10军步兵第10师只剩下2577人和1门反坦克炮，步兵第11军步兵第125师还有3145人以及22门大炮和迫击炮，没有预备队。这些残兵败将现在要防止德国人从纳尔瓦突向列宁格勒，并防备敌军对塔林的威胁，为此，他们要在7月初努力守住皮亚纳（Piana）—塔尔图（Tartu）一线——从里加湾到丘多夫（Chudov）湖。

7月10日凌晨，波波夫将军得知普斯科夫陷落后，预计德军坦克和败退的苏联军队（他们有进入新埋设的雷区的危险）将来到"卢加防线"。步兵第118师沿着普斯科夫—格多夫（Gdov）·路撤退，普斯科夫—卢加公路则无人防守。德军轰炸机和坦克抓住了正在向斯特鲁吉—克拉斯内耶（Strugi-Krasnye）—卢多尼（ludoni）地域急行军、试图填补这个缝隙的步兵第90师。德国第41装甲军试图冲击卢加及其守军时，突击方向发生了偏离，第1和第6装甲师转向西北方向的萨巴斯克（Sabsk），试图绕过苏联守军。

西北方面军的崩溃和德军向卢加的大进军终于都告一段落。第8集团军被无情地驱赶到芬兰湾岸边。7月12日，"卢加防线"的战斗开始了。极度虚弱的苏联各集团军本来几近覆灭，但随着桥梁的爆破和防御阵地配置人员，它们甚至又表现出了一定活力，波波夫将军已经拿出了最好的表现。不过现在，在斯大林的7月大重组下，西北方面迎来一名新的军事主官，统帅部大本营成员、斯大林近四分之一个世纪以来的亲密战友、苏联元帅伏罗希洛夫。

6月25日，铁木辛哥首次调动他的预备队集团军，同日还命令西方面军司令员巴甫洛夫大将将位于比亚韦斯托克突出部的集团军往后撤至利达—斯洛尼姆（Slonim）—平斯克一线，这些军团和第13集团军将用来守卫明斯克和斯卢茨克（Slutsk）"筑垒地区"。铁木辛哥希望以此将德国人大包围圈中数量惊人的苏联师拉出来，并用布琼尼指挥的预备队集团军群来阻止德国人在中央继续深入。战争爆发后96个小时内做出的这个决定虽然不算太晚，但也不够早。

巴甫洛夫大将已经不堪重负，德军的第3装甲集群从北面经维鲁—莫洛杰奇诺（Molodechno）扑向明斯克，古德里安的第2装甲集群则从西南面经巴拉诺维奇（Baranovichi）向明斯克进军。为避开德国人的魔爪，巴甫洛夫6月25日向麾下4个集团军发布撤退命令：第13集团军据守伊利亚（Iliya）河—莫洛杰奇诺—利斯托帕德（Listopad）—格兰农（Geranon）一线，第3集团军据守格兰农—利达一线，第10集团军据守斯洛尼姆—贝坚（Byten）一线，第4集团军据守贝坚—平斯克一线。计划于6月25日到26日夜间开始的撤退由反坦克炮和工兵断后。巴甫洛夫的撤退计划注定和他一开始制定的反攻计划一样成为噩梦。

在西方面军的右翼与西北方面军的结合部，被德国第3装甲集团军撕破的口子在不到36小时内扩大到约60英里，而且随着时间的推移越来越大，隶属于西北方面军的第11集团军向东北方向溃逃，西方面军的第3集团军则向东南方向退却，如此一来，通往明斯克的大门彻底敞开。第3集团军司令员库兹涅佐夫早就命令莫斯托文科的机械化第11军（290辆坦克，包括24辆T–34和3辆KV）在格罗德诺附近发动反冲击，但当时只有坦克第29师处于反击位置上，坦克第33师还需要在德国空军的阴影下走完20英里，军部和摩托化步兵第204师离得更远——他们还位于40英里开外的沃尔科维斯克。到6月23日，虽然经过顽强的抵抗，第3集团军步兵第56、第85和第27师还是被赶出格罗德诺并退到了涅曼河后面。2个苏联方面军（西方面军和西北方面军）之间的空隙已经扩大到近80英里。协助戈卢别夫指挥第10集团军的博尔金面临着绝境，侧翼的集团军（第3和第4集团军）溃不成军，曾经非常强大的机械化第6军（拥有1000多辆坦克，包括许多T34和KV坦克）军长哈茨克列维奇（Khatskilevich）报告说弹药和燃料所剩无几。博尔金派一架飞机从第10集团军所在的地区出发，试图突破重重困难，向明斯克的巴甫洛夫请求空投燃料和弹药，但几次尝试均告失败。最让人震惊的是库利克元帅的到访，他根本不知道第10集团军所面对的困难和最需要的帮助，也办不成什么事。6月26日，随着弹药的消耗殆尽，第10集团军不再是一支有组织的战斗力量，各部队纷纷消失在明斯克以南茂密的森林里。

6月24日，左翼上科罗布科夫的第4集团军从叶塞尔达（Ysaelda）后退到夏拉（Shchara）河，他们面临着"严峻的形势"，黎明后不久，科罗布科夫和他的参谋得知了德军向斯洛尼姆的突破以及对巴拉诺维奇的威胁。科罗布科夫放弃了对斯卢茨克—博布鲁什（Bobruish）地区的掩护，从斯卢茨克调离步兵55师，从博布鲁什调离步兵第121师，但这还不足以应付斯洛尼姆—巴拉诺维奇的危机。调动到斯洛尼姆附近的步兵第55师由孔诺夫上校指挥，在鲁扎纳（Ruzhana）—斯洛尼姆公路上袭击了一支德军纵队。正在前线指挥斯洛尼姆—巴拉诺维奇突击的古德里安，一头撞进科罗布科夫派往斯洛尼姆援军的卡车队伍中，所幸古德里安急忙调头，躲过一劫。6月24日到25日夜间，在与巴甫洛夫时断时续的联系中，科罗布科夫接到命令据守夏拉河沿线，并将斯洛尼姆地区的所有师纳入第4集团军的指挥。同一天晚上，第4集团军召开了第一次军事委员会会议，会上制定了严格的纪律，将使用"惩罚手段"来处罚那些未能执行命令的下属部队。

科罗布科夫通过联络官与各部队保持联系。6月25日早上，集团军联络官克里沃舍耶夫上校向科罗布科夫报告，在巴拉诺维奇附近遇到3辆装甲车，巴甫洛夫大将正在中间那辆装甲车上。大将说他想派遣尼基京将军的机械化军来支援斯洛尼姆附近的步兵师，同时还提醒科罗布科夫预备集团军正在第聂伯河集结，西方面军必须要掩护好该行动。第4集团军的任务是守住夏拉河、斯卢茨克"筑垒地区"和斯卢奇（Sluch）河沿线。科罗布科夫计划用V. S. 波波夫的步兵第28军防御斯卢茨克，但是斯卢茨克"筑垒地区"的司令员提醒他，筑垒地域里的防御武器老早就被送往布列斯特，很多设备也拆除了。"筑垒地区"现在只是一个空壳子，只有1个营的兵力，碉堡和火力点内没有一件武器（至少那些被送去布列斯特的武器现在派上了大用场，已经位于敌人深后方的要塞正在顽强地抵抗德军）。科罗布科夫原本还声称斯卢茨克是"坚不可摧的铜墙铁壁"，这下位于别廖扎（Bereza）到巴拉诺维奇一线的他要有大麻烦了，明斯克也将面临险境。

命令科罗布科夫守住夏拉河之后，巴甫洛夫可能自以为化解了西南方向的危机，现在他要处理明斯克东北方向的威胁了。霍特上将的第3装甲集群突袭了莫洛杰奇诺。P. M. 菲拉托夫少将的第13集团军是5月份才组建的新军团，作为巴甫洛夫的第二梯队负责守备明斯克"筑垒地区"。这个不吉利的番号看起来预示着灾难的临近。6月20日，第13集团军参谋部奉巴甫洛夫的命令前往新格鲁多克，途中又改变路线前往莫洛杰奇诺，并于6月23日18时抵达那里，但他们没有任何装备，指挥员们甚至没有个人武器。在莫洛杰奇诺，参谋部分配到了3支步枪和19把左轮手枪。不仅没有武器，司令部连军队也没有，第13集团军只能从步兵第6和第148师的残部以及维鲁步兵学校"收编"人员。一天后，6月24日21时，巴甫洛夫将步兵第21军（下辖步兵第37、第17、第24师）委派给第13集团军，并下令在左翼用步兵第17师发动反突击，与博尔金将军在格罗德诺—梅列奇（Merech）附近发动反击的部队相"呼应"。这完全是一纸空文。与此同时，费廖夫（Filaov）将军集结了坦克第5师的残部以及莫洛杰奇诺火车站的5号装甲列车。做了些守备莫洛杰奇诺的部署之后，6月25日晚上，菲拉托夫和他的司令部再次动身，但很不幸地被一支德军坦克纵队跟上、袭击和驱散，几乎手无寸铁的他们有一半被打死，包括菲拉托夫在内的其他人到达明斯克西北方约7英里处的日丹诺维奇（Zhdanovichi）。鲍里索夫（B. B. Borisov）少将的第21集团军已经开始执行与博尔金将军相"呼应"的"进攻计划"，但是6月26日13时，鲍里索夫将军发现他已是孤军一支，右边没有其他苏联部队，左边也不见博尔金将军的军队（根本就不存在）。鲍里索夫将军只能以一个缺油少弹的军转入防御。

到日丹诺维奇后，菲拉托夫立即接管步兵第44和第2军（两者战前就是他军团的一部分），同时巴甫洛夫命令步兵第100和第161师在明斯克以北与叶尔马尔科夫（A. N. Yermarkov）少将的步兵第2军一起行动。步兵第100师在明斯克待命时被初步削弱，步兵第44军将其所有师属火炮和绝大部分的交通工具转交给了其他部队。6月25日19时，步兵第2军参谋部报告在明斯克西北方向50千米处有一支德军坦克纵队正在毫无阻碍地前进。当天晚上，没有一门火炮的步兵第100师奉命占领阻击阵地，就好像是对他们失去火炮的补偿，该阵地恰好位于该兵团战前的训练场地。为对付敌人的坦克，该师将当地一家名为"白俄罗斯"的玻璃制品厂中的玻璃瓶洗劫一空，用来灌注"莫洛托夫鸡尾酒"。没有炮兵的第100师能做的也只有这么多了，6月26日该师就加入了明斯克保卫战。早上，巴甫洛夫和他的参谋部撤到莫吉廖夫，第4集团军的桑达洛夫上校步行进入明斯克寻找方面军司令员，他只看到一座饱受轰炸的城市，"大街上的车流"涌向斯维斯洛奇（Svisloch）河上的桥梁以及其他出口。德军轰炸机投下的炸弹引发大火，西北方向也传来隆隆炮声。

巴甫洛夫各个集团军所处的内包围圈是庞大的"比亚韦斯托克—明斯克双重会战"的一部分。到6月25日晚上，撤向明斯克的第3和第10集团军只有斯基杰利（Skidel）和沃尔科维斯克之间不到30英里的一条狭窄走廊。只要一辆卡车抛锚，整条路就会被堵上。司令部不知道各部队和兵团身在何方。仓库里约相当于2000车皮的物资弹药要么被销毁，要么被德国人缴获。这些部队凭借所剩的弹药坚定地想要突破德国人的内层包围圈，突围行动一直持续到6月底。到6月28日，第3集团军已经被完全分割，不久之后，沃尔科维斯克附近第10集团军的左翼也被包围，德军即将迎来大捷，局势已经完全脱离了巴甫洛夫大将的掌控。

虽然不清楚确切情况，但铁木辛哥觉察到西方面军和西北方面军大难临头了。必须做些什么，或者说必须不惜代价阻止德国人在"莫斯科方向"上的前进。6月26日晚，铁木辛哥召集红军工兵司令部的指挥员们，授予他们"很大的权力"来爆破德军前进路线上的桥梁和交通要道。总参谋部的马兰金中将只能提供行动所需的"一般估计"，不过大概能计算出需要多少地雷来"掩护"布琼尼的"预备队集团军群"计划占领的阵地。不幸的是，没人知道地雷的实际库存有多少。除紧张的局势，铁木辛哥简短的讲话中还有一点让工兵指挥员们感到奇怪，那就是只字未提斯大林，哪怕只是走个形式。把伏罗希洛夫元帅和沙波什尼科夫元帅派到西边的方面军司令部之后，铁木辛哥又给布琼尼元帅发布新命令，要求建立一条"稳固的防线"，防线位于下西德维纳河和第聂伯河——从克拉斯拉瓦—杰斯纳河—波洛茨克—维捷布斯克—奥尔沙—第聂伯河一直到勒夫（Loev）。布琼尼接到了确切的展开指令：第22集团军在西德维纳河中游展开，第21集团军向西在别列津纳河下游展开，这些军团之后是两个预备集团军（第24和第28集团军），他们将占据另一道沿着涅利多沃（Nelidovo）—别雷（Belyi）—多罗戈布日（Dorogobuzh）—叶列尼亚—（布良斯克西北方的）茹科夫卡（Zhukovka）—（布良斯克南方的）锡涅尔焦尔基（Sinerzerki）[2]一线的防线，对斯摩棱斯克—维亚济马以及（博布鲁伊斯克东边的）罗加乔夫（Rogachev）—（卡卢加西北面的）梅登（Medyn）一线接近地的防御给布琼尼留下深刻印象，这是重中之重，他6月27日收到的统帅部大本营训令中就包含了上述内容。大家开始发疯似的在通往莫斯科的道路上设置障碍，3支特别"爆破队"从莫斯科火速开出，前往布琼尼的新防线（其中一队被严阵以待的内务部哨兵扣留，后者收到消息说，会有"俄国指挥员"和一卡车炸药出现在大桥附近）。

明斯克战线已经崩溃。古德里安从西南面、霍特从西北面包围了苏联白俄罗斯的首府，包围圈于6月28日合拢，第3、第10（现在还有第13集团军）向东的退路已经被截断。总共有4个集团军的单位被困在这个巨大的包围圈中，它们要么被粉碎，要么绝望地尝试突围。6月28日早上，被迫撤到明斯克的第13集团军失去了和下属步兵第64和第108师的联系，步兵第100和第161师损失惨重。巴甫洛夫还是希望能守住明斯克。6月28日他派通讯兵给第13集团军司令员下达了命令——或者说是解释：

> 西方面军人民委员会和军事委员会命令第13集团军必须守住明斯克筑垒地域，哪怕被包围。但是（包围）应该不会发生，因为第3集团军正在斯托尔巴（Stolba）地区集结并前往明斯克和拉托姆卡（Ratomka）。机械化第6军将通过斯托尔布萨（Stolbtsa）、普霍维奇（Pukhovich），对敌人后方进行最后一击。

巴甫洛夫还在做他的春秋大梦，现实情况是德军步兵师正在收紧套在第3

集团军脖子上的绞索。巴甫洛夫引以为傲的机械化第6军已经支离破碎，坦克要么动弹不得，要么熊熊燃烧，要么没有弹药，军长哈茨克列维奇阵亡。明斯克以西，哈茨克列维奇最好的一个师——坦克第4师的残部在亚申（Yashin）上校的组织下奋力进行最后一搏时，该军彻底失去战斗力。博尔金带着第10集团军一支残破的纵队，都不知道战线在哪里，凭着指南针往东打，弹尽粮绝还带着伤员的"博尔金集群"最终幸免于难。在沸腾的包围圈的其他地方，沮丧的崩溃和最后组织的抵抗标志着被分割的苏联各师出现多重局部灾难。

　　在明斯克北面和南面，德军的矛头竞相冲向别列津纳河。巴甫洛夫最左翼的斯卢茨克失去掩护，因为部队都被调往科罗布科夫的第4集团军，去执行斯洛尼姆附近那次流产的"反攻"（6月25日和26日）。现在，第4集团军的右翼被切断，左翼则在斯卢茨克挣扎，斯卢茨克6月27日陷落。6月27日下午，第4集团军司令部退往博布鲁伊斯克，晚上苏联各部队也退到别列津纳河东岸。波韦尔金（S. I. Poverkin）少将的步兵第47军、被派往巴拉诺维奇的一些火炮和部队、博布鲁伊斯克拖拉机学校和一个道路维修营一起守卫博布鲁伊斯克。当晚，巴甫洛夫命令第4集团军"尽可能长时间"地守住别列津纳河。第二天下午博布鲁伊斯克陷落。科罗布科夫派桑达洛夫上校去莫吉廖夫向巴甫洛夫报告。桑达洛夫发现巴甫洛夫变了很多，他脸颊凹陷，脊背弯曲。桑达洛夫请求给博布鲁伊斯克派遣援军，巴甫洛夫责骂他"如此轻易地丢掉了城市"。方面军司令员建议给第4集团军一个机械化军（尼基京的军）和一队空降兵（扎多夫所部），打击冲向别列津纳河德军的后方，而第4集团军必须夺回博布鲁伊斯克。扎多夫（A. S. Zhadov）少将的空降兵第4军接到命令，动用其第7和第8旅参加行动。巴甫洛夫还命令（位于明斯克东北方好几英里的）列佩利的城防司令捷尔皮洛夫斯基（B. R. Terpilovskii）少将让他的守军做好准备。

　　桑达洛夫上校不是莫吉廖夫司令部的唯一访客。沙波什尼科夫元帅也在那里，等待伏罗希洛夫元帅以及巴甫洛夫的继任者——叶廖缅科中将的到来。6月29日一早，叶廖缅科抵达西方面军司令部，方面军司令员正在离莫吉廖夫不远的一处树林中吃早饭。叶廖缅科将铁木辛哥发布的免职命令推到巴甫洛夫面前，后者问道："我现在去哪？""去莫斯科。"叶廖缅科回答道。巴甫洛夫试图向叶廖缅科做一些解释——迟到的命令，队伍分散在各个训练场，和平时期的程序……在这场简短、压抑，令人不快的会面快结束时，方面军司令部人员集合起来。指挥员们集合后，叶廖缅科出现在沙波什尼科夫和伏罗希洛夫元帅面前，后者显然不吝于批评前任方面军司令员。伏罗希洛夫坦率地指出："巴甫洛夫没有带好他的军队。"沙波什尼科夫也持相同观点，并指示叶廖缅科在哪里布置他的预备队。伏罗希洛夫更关心组建破坏小组和游击队，他在莫吉廖夫组建了74支这样的队伍，并于6月29日给这些指挥官做了简报，他们将出发去破坏德军的机场以及后方设施。

沙波什尼科夫元帅参加了西方面军军事委员会特别会议，正式宣告司令员的更迭。马兰金中将和白俄罗斯第一党委书记波诺马连科（P. K. Ponomarenko）也参加了会议。叶廖缅科发现"非常缺乏"敌军的情报，而且己方作战协调不力。首要任务是增援（明斯克东北方的）鲍里索夫和博布鲁伊斯克，以固守别列津纳河。不仅时间紧迫，叶廖缅科还需要人手——要得力，他要求尽快调动几个兵团，其中一支就是克赖泽尔（Kreizer）上校的摩托化步兵第1"莫斯科"师。和马兰金查看方面军的情况汇报时，叶廖缅科并没有意识到这是个多大的烂摊子，只是把注意力集中到别列津纳河的防御战中。叶廖缅科接手的是一场输了一半的战斗，但他别无选择，铁木辛哥元帅给他的具体指令是"阻止德国人的进攻"。

摩托化步兵第1"莫斯科"师十万火急地开往前线，"预备队集群"中的许多其他兵团也有过类似的经历。克赖泽尔上校的师隶属于维诺格拉多夫（V. I. Vinogradov）少将指挥的机械化第7军，该军满编，拥有1000辆坦克和500门火炮。6月20日，该军参谋对卡卢加—图拉地域开展侦察工作，之后奉命返回莫斯科，6月21日全军完全做好战斗准备。战争爆发两天后，机械化第7军作为统帅部大本营的预备队奉命前往格扎茨克。摩托化步兵沿着莫斯科—明斯克公路行驶，坦克和军部通过铁路运输。克赖泽尔的部队引领着公路上的行军。到达格扎茨克（Gzhatsk）之前，总参谋部的一名通讯指挥员截停了队伍，让他们去维亚济马。该师穿过维亚济马，又被派往亚尔采沃（Yartsevo），再从亚尔采沃前往斯摩棱斯克。6月26日夜间，机械化第7军军部抵达斯摩棱斯克火车站后碰到第29集团军司令员列米佐夫（F. N. Remizov）中将，后者让他们去占领奥尔沙以西的防御阵地。机械化第7军余部将占领维捷布斯克—鲁德尼亚（Rudnya）—博古绍夫斯克（Bogushevsk）—奥尔沙一线。哈根（Gagen）上校的一个步兵师位于右翼（维捷布斯克方向的）波洛茨克，而左翼的奥尔沙空无一人。列米佐夫对前线态势没什么好讲的，因为他也知之甚少，与方面军司令部的通讯一直处于中断状态，各个集团军之间也没有联系。第20集团军炮兵司令博德罗夫（V. S. Bodrov）少将向机械化第7军承认，自己也不知道哪里有可以获取弹药补充的仓库。不过第20集团军参谋长柳比莫夫（N. P. Lyubimov）也好，其他人也好，貌似都没怎么花心思去找这些补给点。这些（往往还没有组建完成的）预备队就这样在后方行进并进入统帅部大本营在地图上画好的"战线"：突然从一个地方被拉到另一个地方，交通堵塞，指挥官对总体情况一无所知，没有后勤支援，还要遂行"家门口"上的防御。

叶廖缅科花了一天时间（6月30日）研究西方面军的情况，并意识到问题很严重，他决定停止"零敲碎打"地使用部队。6月30日，他和马兰金不切实际地命令第13集团军"集中"所有单位，连同在明斯克附近作战的单位（步兵第2、第44、第21师，机械化第20军和反坦克炮兵第8旅）一起进攻拉科夫（Rakov），不过马上又改为撤退命令，希望能守住别列津纳河东岸的阵地。第二天（7月1日），叶廖缅科发布了他的第一道方面军训令：

第14号训令

西方面军参谋部

17时45分   1941年7月1日莫吉廖夫

　　1. 敌人已经占领明斯克并试图进抵第聂伯河，敌主力进攻方向为莫吉廖夫和日洛宾（Zhlobin）。

　　预计敌人有1000—1500辆坦克位于明斯克以东，有100辆坦克已经在博布鲁伊斯克地域渡过了别列津纳河。

　　2. 右翼和左翼空虚。

　　方面军下属各集团军的任务是阻止敌人进抵第聂伯河，并于7月7日之前守住别列津纳河上鲍里索夫、博布鲁伊斯克、帕里奇（Parichi）各点，保护鲍里索夫以北自己的右翼，防止被敌人的坦克包围。

消灭已经突破博布鲁伊斯克地域的敌军坦克。

3. 第13集团军于7月3日晚撤退，坚守霍霍利尼察（Khokholnitsa）—鲍里索夫—布罗杰茨（Brodets）一线的别列津纳河防线，位于波戈季夏（Pogodishcha）的步兵第50师以及波戈斯特（Pogost）的反坦克炮兵第7旅作为预备队。

4. 第4集团军于7月3日晚撤退并坚决守住布罗杰茨—博布鲁伊斯克一线的别列津纳河防线，要特别注意斯维斯洛奇（Svisloch）和莫吉廖夫方向的反坦克防御，决不允许敌人突破斯洛博达、戈罗多克（N. Gorodok）和奥泽尔察（Ozertsa）一线。

5. 机械化第17军军长7月3日前将全军带至科尔贝（Kolby）、斯洛博德卡（Slobodka）、苏马河（Suma），将命令传达到各部队。7月4日要做好夺取博布鲁伊斯克的战斗准备，之后与伞兵第204旅和步兵第34师一起行动。

6. 空军的任务

① 掩护军队向别列津纳河一线的撤退与集中；

② 做好为博布鲁伊斯克方向机械化第7军和步兵第155师提供空中支援的准备；

③ 连续出动飞机，摧毁博布鲁伊斯克机场上的敌军飞机，以及位于博布鲁伊斯克以东和以南斯莫列维奇、鲍里索夫一带的敌军坦克纵队。

7. 7月4日第13集团军司令部位置在盖林（Gerin），第4集团司令部位置在罗加乔夫。

8. 方面军司令部位置在莫吉廖夫东北方向12英里处的树林里。

除对空中支援抱有很高的期待之外，《第14号训令》与巴甫洛夫大将6月28日认识到和试图做到的事并没有太大不同。巴甫洛夫和叶廖缅科都是在执行不可能完成的任务。

叶廖缅科还试图借着新官上任的三把火，让苏方的空中行动"升温"，可惜方面军只有120架拼凑的飞机可供部署。7月1日叶廖缅科又拼凑出30架飞机，这样他就有了一个拥有52架战斗机的大队。这些飞机部分用来争夺博布鲁伊斯克上空的制空权。尽管苏联空军全力拼搏，但仍旧损失惨重。苏联地面军队的士气由于缺乏空中掩护和防空火力而受到重挫。步兵第2军政治处的一份报告颇具代表性："从6月27日开始到6月30日，明斯克地区上空就没看到过一架我方飞机，在这种情况下敌机横行无阻。"叶廖缅科也实在是巧妇难为无米之炊，7月的头一个星期，西方面军一线坦克师的坦克只略多于145辆。A. G. 尼基京少将之前有如神助的机械化第20军也几乎损失了所有"机械化装备"，下辖的坦克第38师还剩3000人和3门榴弹炮，坦克第26师还有3800人和5门火炮。扎多夫将军的（空降兵第4军）伞兵第7旅有1100人，第8旅有1000人。叶廖缅科有充分的理由祈祷克赖泽尔的坦克及其身后的步兵师能够早日到达。

虽然发布了勇敢的训令，叶廖缅科还是赶不上德国人的进度。7月2日，鲍里索夫"情况危急"，德国第18装甲师从明斯克西南方沿着公路向鲍里索夫快速前进，突破别列津纳河西岸的苏联防线，席卷未被爆破的桥梁。军级政委苏赛科夫（I. Z. Susaikov）和鲍里索夫坦克学校的学员们无法消灭德国人的桥头堡。叶廖缅科亲自下令爆破关键桥梁，但稍后的调查发现，由于"技术原因"，爆破未能成功。叶廖缅科自称"一时疏忽"，然而对爆破队来说，给还未撤回来的战友留条退路或许也是很重要的原因。叶廖缅科催促克赖泽尔的摩托化师以及该师那些强大的T-34和KV坦克赶紧从奥尔沙赶到鲍里索夫桥头堡。尽管装备精良，官兵英勇作战，错误的战术还是让克赖泽尔的反突击止步不前，最终失败，不过外表光滑的T-34和怪物般的KV-2坦克已经在德军炮兵和坦克车组中制造了恐慌。亲自在鲍里索夫指挥战斗的叶廖缅科在7月4日的报告中提道：

　　第13集团军整个白天都在为保卫别列津纳河渡口而战斗。步兵第50师抵达别列津纳河东岸，在霍尔霍利察（Kholkholitsa）—斯图坚卡（Studenka）一线组织防御。摩托化步兵第1师和鲍里索夫的驻军一道，与穿越鲍里索夫和切尔尼亚夫卡（Chernyavka）地域的敌军摩托化—机械化部队战斗……该师损失不小。（摩托化步兵第1师的）一个团在防御鲍里索夫北面时因空袭损失惨重……敌人只使用穿甲弹，无法穿透KV坦克的装甲，但是打断了履带。师正在防御战斗中。

但叶廖缅科作为方面军司令员的日子也到头了。别列津纳河"防线"建立时匆匆忙忙，撤销时也匆匆忙忙。叶廖缅科已经输掉了赶往别列津纳河的赛跑。统帅部大本营不敢丢失西德维纳河和第聂伯河，但7月4日，德国第3装甲集群和第2装甲集群（现在第4装甲集团军也加入了进来）已经通过出色的行动抵达了西德维纳河〔察尼基（Tsacniki）—乌拉（Ulla）和杰斯纳—波洛茨克〕，以及第聂伯河（罗加乔夫）。古德里安的第2装甲集群将从斯摩棱斯克以南转向叶列尼亚，霍特的第3装甲集群则攻击维捷布斯克—涅韦尔一线，并向城市北方移动，然后投入斯摩棱斯克—莫斯科方向。生死存亡之际，斯大林终于从6月份的麻木状态中苏醒，将西方面军交给铁木辛哥元帅指挥，7月2日任命叶廖缅科和布琼尼为副司令员。为集结力量防守西德维纳河和第聂伯河一线，统帅部大本营已于7月1日将布琼尼的"预备队集团军群"划归西方面军指挥，这些集团军进入北面和南面的阵地。7月4日，铁木辛哥抵达位于斯摩棱斯克附近格涅兹多沃（Gnezdovo）的司令部。德国统帅部认为红军现在无力组建"一条稳固的战线"，叶廖缅科自己也认识到不存在"稳固的战线"，虽然他至少已经组建了一条"某种意义上的战线"，但应由铁木辛哥在德维纳河—第聂伯河一线组建"稳固的"防线。德军的空中侦察和无线电情报已经注意到新的苏联集团军和领率机关的出现，位置在奥尔沙和维捷布斯克之间，北至涅韦尔（Nevel），南至戈梅利。

西方面军的残部现在散布在200多英里的区域内。被困在明斯克以西的苏联兵团和部队（德国人声称俘虏287704人，缴获坦克2585辆）的挣扎和抵抗都已经于事无补。7月9日，德军的"扫尾"行动进入尾声。土黄色的苏联战俘纵队向后方移动，他们中的大部分人没有东西吃，被毒打、枪决，像牲口般死去。德国保安队搜寻那些要被立即枪决的人员："政委、共产党、犹太人——出列！"在包围圈内外，苏联政委经常挥舞着手中的手枪鼓舞战士们。科切特科夫政委就是其中一员，一个政治指挥员枪决了一名"惊慌的懦夫"后，他对着被包围的部队说道："一条狗而已，打死了一条狗而已。"突围出去的人也未必能摆脱恐怖的命运，这次要面对的是内务部人民委员部。抵达苏联战线后，走丢或是从包围圈跑出来的人如果措辞有点过火，也会引起内务部人民委员部的怀疑。其他人，比如尼奇波罗维奇上校（他于1938年作为"人民公敌"被逮捕），他以被打散的部队为基础，在德军后方组建了游击团，一部分像尼奇波罗维奇这样的军人为日后有效的游击战打下基础，成为德军的可怕对手。

鉴于以上种种，国防委员会决定采取恐怖手段作为惩罚。巴甫洛夫大将、克利莫夫斯基赫、格里戈里耶夫和克利奇被即刻逮捕。曾给巴甫洛夫运送过大量炸药和地雷的斯塔里诺夫上校目睹了大将被逮捕的过程。炮兵司令克利奇发出抗议，内务部和特别法庭指挥员打断了他的话并冷落他，重复程序般的一句话——"斯大林同志知道所有情况而且高度关注"。现在，"没人知道明天自己会怎么样"，大家都不约而同地"回忆起1937年"。当前，红军在受到外敌的重击之后又不得不面对"内部的"敌人，特别是贝利亚和梅赫利斯。方面军、集团军、军、师、部队指挥员在行刑队面前依次排好。

西方面军身陷内乱时，霍特和古德里安又发起猛攻。铁木辛哥的第一梯队拥有7个集团军、24个师，以及不到200辆坦克和拼凑起来的389架飞机。叶尔沙科夫（F. A. Yershakov）中将的第22集团军据守从德里萨河（Drissa）到维捷布斯克的西德维纳河一段；科涅夫中将的第19集团军（从西南方面军的白采尔科维调过来）正在组建中；库罗奇金（P. A. Kurochkin）中将的第20集团军从莫吉廖夫赶来，防守西德维纳河和第聂伯河之间关键的长条状地带；菲拉托夫（P. M. Filatov）中将的第13集团军据守在第聂伯河边上奥尔沙至罗加乔夫一段；方面军左翼，托加切夫（Togachev）到戈梅利东南面的列奇察（Rechnitsa）则由格拉西缅科（V. F. Gerasimenko）中将的第21集团军负责。第4集团军正从别列津纳河陆续撤往第13和第21集团军所在地域。这样一来，铁木辛哥现在有4个集团军占领了阵地，还有1个正在撤退，2个（第19和第16集团军）正在移动。

卢金的第16集团军5月从外贝加尔军区转移到基辅军区（属于西南方面军），还在等待从东面过来的各师，6月28日又接到命令前往西方面军，并在奥尔沙—斯摩棱斯克地域集结。阿列克谢延科的（第16集团军）坦克第5军已经从东面赶到，但卢金要他们在舍佩托夫卡（Shepetovka）重新装上火车后向北进发。到现在为止，第16集团军只集中了三分之一。卢金在舍佩托夫卡等待的时候，突然发现自己成了一个临时战斗群的指挥官，要打退德国人的进犯。丢掉舍佩托夫卡意味着失去对西南方面军至关重要的弹药补给站。第16集团军的步兵师一路"绿灯"，最后终于通过了基辅和布良斯克，科涅夫的第19集团军也在那里转运。这两个外贝加尔军区的老伙伴并没有碰上面，火车每隔10分钟就发出，向着斯摩棱斯克火速前进。7月1日到2日夜间，第16集团军在斯摩棱斯克以南大约30英里的波奇诺克（Pochinok）下了火车，期间遭到德军轰炸。斯摩棱斯克城区也遭到狂轰滥炸。早上，第16集团军的指挥员们进入斯摩棱斯克，遇到了回来上班的市民们，为躲避轰炸，市民们都睡在偏远的郊外。官员们神情疲倦，忧心忡忡。格涅兹多沃的方面军司令部刚刚得知铁木辛哥成了新的司令员，布琼尼元帅已经离开斯摩棱斯克前往乌克兰。包括马兰金在内，没有人知道第16集团军应该布置在哪里（集结地改为茹科夫卡，一个乡下的集体农庄，而从新西伯利亚出发，时而朝南时而朝北的第16集团军司令部终于在奥尔沙附近停了下来）。科涅夫的第19集团军更不走运，他们下车时就碰到了战斗，科涅夫不得不靠他现有的几个团发动反击。

铁木辛哥必须当机立断，抵挡德国人对德维纳河和第聂伯河的攻击。他选择攻击德国第3装甲集群第39装甲军的侧翼，意在消除当前最严重的威胁，即整个西方面军右翼面临的威胁，在那里，第22集团军在西德维纳河上陷入困境。铁木辛哥发布的方面军总命令得到了统帅部大本营的认可，命令规定波洛茨克"筑垒地区"、西德维纳河、先诺（Senno）、奥尔沙和第聂伯河必须"长久地"守住，防止敌人向东面和北面突破。元帅展开了3个可用集团军来防守这些地点和防线：第22集团军〔负责波洛茨克、德维纳河和别申科维奇（Beshenkovich）〕、第20集团军〔从别申科维奇到奥尔沙以南的什克洛夫（Shklov）〕、第21集团军〔负责莫吉廖夫、贝霍夫（Bykhov）和基辅〕。同时（7月4日），克罗奇金的第20集团军收到了进攻命令：铁木辛哥命令克罗奇金打击"从列佩利（Lepel）向维捷布斯克进攻"的德军。2个机械化军（机械化第5和第7军）将从奥尔沙北面向先诺进攻，打击德国第39装甲军的侧翼。指挥官们接到命令："坚决守住西德维纳河和第聂伯河，1941年7月6日早上发起决定性的进攻，破坏敌人在列佩利的集结。"进攻开始前，铁木辛哥在奥尔沙以北召开紧急会议，参加会议的有叶廖缅科、克罗奇金和西方面军的坦克司令博尔季科夫（A. V. Borzikov）少将等。令叶廖缅科担心的是机械化军约60英里的深远突击，而且是孤军深入，没有空中支援。但统帅部大本营决心已下。

7月6日，苏联军队发起进攻，当时德国第3装甲集群正在西德维纳河北岸为巩固桥头堡而战。机械化第5和第7军分别拥有300辆和400辆坦克，但没有空中支援，几乎没有防空武器，燃料和弹药也只是勉强够用。7月6日10时，苏联坦克投入战斗，它们受到巧妙地指挥，尽管——正如叶廖缅科所说——参战时没有支援，没有协同，而且是"逐次投入"。阿列克谢延科的坦克第5军（后来转入第16集团军）拥有3个师，一开始干得不错，正在向先诺推进。维诺格拉多夫的机械化第7军有2个师（克赖泽尔的师之前被要去参加鲍里索夫的战斗了），但没有步兵和高射炮。2个军现在闯入了德国第17和第18装甲师的阵地，起到了保护方面军右翼的作用。正在观察机械化第7军坦克第14师的苏联指挥员看到，许多坦克熊熊燃烧，还有撞击后叠在一起的坦克残骸，整片区域到处都是这种景象。德军的俯冲轰炸机出现了，但机械化第7军只有寥寥几门37毫米高射炮。72小时后，俄国人重组并再次发动进攻，坦克大战此起彼伏。维诺格拉多夫的师长和参谋们恳求他停止战斗，以避免不必要的损失，但遭到拒绝。一周后，与机械化第5军一同参加了西德维纳河战斗之后，机械化第7军的残部被送往布良斯克重建。

坦克自然而然地成了苏联指挥员最关心的问题。叶廖缅科7月7日写信给斯大林，强烈要求他考虑给每个步兵师配备1—2个坦克连，或者至少给步兵军配置一个坦克营。7月6日，铁木辛哥立即发布了关于反坦克作战的特别训令，接着他又在7月9日发布了另一道训令，"正确组织的防御"已经并且将会继续击败德国人的"装甲和摩托化军队"。在巨大损失的冲击下，统帅部大本营和国防委员会已经被迫着手整编红军。7月15日发布了第一道训令。装甲力量、军队结构、战术、急需的"后方组织"，以及一大堆相关的问题都在深入研究之中。所有这些都是为治愈红军中的"坦克恐惧症"。

铁木辛哥的训令不能遏制他右翼出现的危险。和方面军司令员会晤后，叶廖缅科被派往第22集团军，但还是不能守住西德维纳河的防区。7月7日，第

20装甲师出现在德维纳河北岸的乌拉，尽管通讯一切正常，第22集团军司令部却没有从下属兵团得到任何消息。直到半夜，步兵第62军才报告第166团遭到"200架飞机"的攻击，该团已经撤退。事实证明，大批德国飞机夜间轰炸一个团是一名"恐慌制造者"过激的想象。但在北面，西北方面军第22和第27集团军因谢别日"筑垒地区"的陷落被分割开来，情况正在迅速恶化。德国第7和第23装甲师从西南方攻击第22和第20集团军的结合部时，叶廖缅科将科涅夫的第19集团军调往维捷布斯克。7月8日科涅夫开始行动，察觉到苏方意图的德国第20装甲师从德维纳河北岸直接冲向科涅夫还在组建中的部队。在激烈的巷战中，科涅夫将军并未轻言放弃，他指挥着缺编的各团在没有火炮支援的情况下坚守维捷布斯克。7月9日晚上，维捷布斯克的形势非常不妙，西方面军的整个后方受到了威胁。已经没有预备队了——机械化第5和第7军已经被粉碎——"大败"的前景让叶廖缅科很受打击，他向铁木辛哥和沙波什尼科夫元帅报告了第22集团军发生的危机。叶廖缅科被紧急派往科涅夫战斗中的第19集团军。同一天（7月10日），德国第3装甲集群在德维纳河一线激战时，古德里安的第2装甲集群向第聂伯河发动进攻。科涅夫以一个师（摩托化步兵第220师）在维捷布斯克进行的猛烈反冲击，是苏联军队为恢复中央和左翼态势所作绝望努力的一部分。

铁木辛哥的右翼被突破，他继续集中和展开他的师，迄今为止已有31个步兵师、6个坦克师和4个摩托化师，"一半以上"的军队调往了西方面军。第聂伯河上的奥尔沙、什克洛夫、莫吉廖夫和罗加乔夫配置了强大的防御力量，第13集团军〔7月8日，司令员菲拉托夫将军在德军空袭中阵亡，列米佐夫（F. N. Remizov）中将接管了该集团军〕和第21集团军在铁木辛哥的命令下快速到达位置。同时，沙波什尼科夫也认识到局势的危急，建议斯大林组建新的"预备队集团军群"，波格丹诺夫（I. A. Bogdanov）中将指挥6个统帅部大本营预备队集团军——第29、第30、第24、第28、第31和第32集团军。斯大林也选定了一道拱卫莫斯科的防线。但7月10日—11日，古德里安跨过第聂伯河，斯摩棱斯克受到南北夹击。斯大林命令立即发动大规模反冲击。

在第一批投入交战的苏联方面军中，西南方面军只需对付一个装甲集群（相比之下，中央集团军群有2个装甲集群），南方集团军群不得不在苏联坚固的防线上打开道路，这些防线上配置着领导有方、作战坚定的军队。冯·伦德施泰特左翼冯·施图尔普纳格尔的第17集团军和冯·赖歇瑙的第6集团军必须粉碎苏联的边境防御，而后向东南方进军，之后他们由冯·克莱斯特的装甲兵打头阵，向南迂回，尝试包围基尔波诺斯的集团军，与铁钳的左半部分相呼应，冯·朔贝特的第11集团军也从苏联—罗马尼亚边境发起进攻。南方集团军群不得不花一个多星期的时间从北面打开通路。

到6月23日早上，德军成功突破苏联第5和第6集团军的结合部，情况十分危急。为防止发生更大的危险，同时也为执行铁木辛哥的第3号训令，基尔波诺斯决心将所有的装甲力量配属给第5、第6和第26集团军，发动一次大规模反突击。首要任务是集结这支可观的力量，边境地区的兵团被立即部署——弗拉索夫的机械化第4军位于利沃夫，罗科索夫斯基的机械化第9军和费连科（N. V. Feklenko）少将的机械化第19军位于罗夫诺东北，位于布罗德（Brody）西面托波鲁夫（Toporuv）第6集团军区域内的是卡尔佩佐（I. I. Karpezo）少将的机械化第15军，而奉命前往布罗德的里亚贝舍夫（D. I. Ryabyshev）机械化第8军各部行动起来，虽然它们散布在约200英里的区域内。各兵团指挥员只能用手头的力量行事：罗科索夫斯基的机械化第9军只有1个坦克师处于战斗状态（坦克第35师，其余的师只有训练车辆），机械化第19军也只有坦克第43师可以战斗。卡尔佩佐的机械化第15军拥有133辆崭新的T-34、KV坦克以及一些轻型坦克，但是摩托化步兵师（第212师）缺少卡车运送人员，也缺少拖拉机牵引火炮。里亚贝舍夫的机械化第8军更加强大，600辆坦克中包含170辆T-34和KV。然而这些出色的新装备没有集中起来凑齐某个兵团，攥成有效的"坦克拳头"，而是分散在多支部队。孔德谢夫（S. M. Kondrusev）少将的机械化第22军（属于第5集团军）下辖的坦克第41师也装备有新型坦克。这些兵团现在将要参加的是战争头一星期发生的三大坦克战之一。基尔波诺斯投入了6个机械化军——机械化第4、第8、第22、第9、第19和第15军（后三个属于方面军预备队）——从南北两面突击德国第1装甲集群，试图在卢茨克—杜布诺以西歼灭冯·克莱斯特。为增强防御力量，基尔波诺斯催促方面军的步兵预备队（步兵第31、第36和第37军）加速赶往前线，并命令他们占领斯托贝赫瓦（Stobykhva）到斯托霍德河和斯特里（Styr）河，再到克列缅尔斯（Kremenls）—波恰耶夫（Pochayev）的防御阵地。

德国第6集团军和冯·克莱斯特的装甲兵猛击基尔波诺斯的右翼，6月23日，他们夺取了别列斯捷奇科（Berestechko），由此切断苏联第5和第6集团军的联系，然后攻向杜布诺。第二天，苏联两个集团军之间的裂缝扩大到约30英里。南边，冯·施图尔普纳格尔的步兵发现了拉瓦罗斯卡亚和普热梅希尔"筑垒地区"之间的薄弱点，朝苏联第6和第26集团军的结合部发起猛攻，6月24日攻占利沃夫西北面的涅米罗夫（Nemirov），在这两个集团军之间撕开了一个20英里的大口子。为封闭第一个缺口，基尔波诺斯命令机械化第15和第8军攻击德国第48装甲军的右翼。里亚贝舍夫的机械化第8军还在赶路，6月26日才完成集结，卡尔佩佐的机械化第15军部署在70千米长的战线上，在泥沼和糟糕的道路上挣扎前行，到6月23日，只有坦克第10师的先头单位抵达拉杰霍夫（Radekhov）附近。坦克第37师奉命进攻阿达马（Adama），去对付实际并不存在的敌军装甲兵。但第二天，德国第48装甲军发动了新的攻势。第6集团军司令员穆济琴科中将命令弗拉索夫的机械化第4军于6月24日在涅米罗夫发动反冲击，但德军先发制人地发动进攻，并在周末时威胁到了利沃夫城区。

西南方面军军事委员会成员——司令员基尔波诺斯、参谋长普尔卡耶夫和政委赫鲁晓夫决定于6月24日发动一次大规模装甲反冲击。第4和第22两个机械化军留在所属的步兵军团（分别是第6和第5集团军）所在区域进行战斗，剩下的4个机械化军——机械化第8、第15、第9和第19军将在卢茨克—罗夫诺—杜布诺—布罗德这些危急地点作战，以向心突击消灭突入的德军。6月25日的攻击命令指派机械化第8和第15军担任"主攻"，波塔波夫的第5集团军将指挥机械化第9和第19军，他还将与机械化第8和第15军协调行动。波塔波夫将沿着卢茨克—布罗德铁路线进攻，在罗夫诺北面树林中集结的机械化第9军将从克列内（Klevany）南面发起进攻，机械化第19军也从森林隐蔽地出发，从罗夫诺向杜布诺发起进攻。方面军司令部指挥南边的机械化军（机械化第8和第15军），将它们编入一个"方面军快速集群"，机械化第8军计划从布罗德前往别列斯捷奇科，机械化第15军从托罗普夫（Toropuv）前往拉杰霍夫。所有军将在6月26日早上5时发起攻击。

卡尔佩佐的机械化第15军从6月23日开始就吃尽苦头，该军现在部署在困难地形（有5条河流），被迫穿过沼泽地。6月26日早上，卡尔佩佐只有一个师做好了战斗准备，该师右翼的机械化第8军从150—200英里外的乌曼赶来，在布罗德附近集结，机械化第8军坦克第12师只到了60辆坦克，坦克第34师到了150辆。为加强机械化第15军，弗洛索夫的机械化第4军失去了一个坦克师（坦克第8师），然后又永久地失去了另一个师——师长带着全师开进了一片沼泽。苏联坦克和摩托化步兵仓促投入战斗，持续4天的坦克大战开始了，苏德双方共投入几百辆坦克。卡尔佩佐首先攻向拉杰霍夫，打击德国第48装甲军的南翼，哈尔德上将在他的日记中抱怨道，这次苏联反击放慢并损伤了第1装甲集群。6月26日到27日晚，基尔波诺斯命令里亚贝舍夫的机械化第8军向韦尔巴（Verba）和杜布诺攻击前进，机械化第15军进攻别列斯捷奇科。就像他那些被德国空军打瘫的坦克一样，卡尔佩佐也受了伤不省人事，副军长叶尔莫拉耶夫上校接管指挥。里亚贝舍夫的部队依旧分散，他决定以坦克第34师的1个坦克团和1个摩托车团组建一个"快速集群"，由旅级政委波皮耶（N. K. Popiel）指挥。这支打击力量突然发起进攻，突入德国第11和第16装甲师后方，向杜布诺推进。

波塔波夫将军虽然命令第5集团军、机械化第9和第19军联合行动，但显然没能做到，他也没有与卡尔佩佐和里贝亚舍夫协调行动（这些兵团太分散了）。机械化第9军攻击了克列内南边的德国第3装甲军第13和第14装甲师，机械化第19军则打了德国第11装甲师的左翼。6月27日，苏联坦克部队从北面和南面向杜布诺前进，机械化第19军和步兵第36军之一部从东北方、里亚贝舍夫的"快速集群"从西南方攻向杜布诺。然而苏联部队没有保持相互联系。费连科的机械化第19军被击退，德国空军的侦察锁定了机械化第8军的"快速集群"，第16装甲师阻止这支力量与坦克第12师、摩托化步兵第7师（也属于机械化第8军）在杜布诺会师。里亚贝舍夫的机械化第8军现在分成两部分，到6月29日晚，会师杜布诺的希望已经渺茫。基尔波诺斯命令机械化第19军和步兵第36军再次尝试与在杜布诺奋战的里亚贝舍夫的坦克取得接触。虽然苏联军队攻势猛烈，但终于得到步兵支援的第16装甲师最终还是逐一挡住了苏联人的进攻。波皮耶的"快速集群"（坦克第34师）被包围，往西南方向机械化第8军主力靠拢的通道被切断。7月2日，波皮耶决定向东突围（最后于8月成功返回苏联战线）。

本周早些时候（6月26日），基尔波诺斯命令第6和第26集团军脱离普热梅希尔和拉瓦罗斯卡亚"筑垒地区"的战斗，撤往利沃夫，弗拉索夫少将和他的机械化第4军负责防守该地。加利西亚首府利沃夫在6月29日—30日那个充斥着混乱与屠杀的夜晚陷落。在混乱中，苏联军队和难民向东边逃散。乌克兰民族主义者组成的"破坏分子"继续在苏联后方制造极大的恐慌，当然内务部也给予了毫不留情的反击。现在，"夜莺"团和OUN-B狐假虎威地加入了利沃夫的胜利入城式。

北面，基尔波诺斯再次尝试挡住冯·克莱斯特。波塔波夫的第5集团军（步兵第27军、机械化第22和第9军）奉命于6月29日从克列内的森林向南，再次攻击德国第1装甲集群的侧翼。同一天，基尔波诺斯发布了一道特别训令，要求克服一些作战缺陷——侧翼的掩护、对情报的利用、无线电的使用、步炮协同。但是命令终归只是命令，没法解决装备和零配件极度短缺的状况。机械化第15军只有2套无线电设备（本应有8套），机械化第22军在8天之内（6月22日—7月1日）损失了119辆坦克，其中58辆由于缺乏零配件或缺乏修理能力而被乘员炸毁。弗拉索夫的坦克也因为此类原因大量损失。德国第11装甲师向奥斯特罗格（Ostrog）强势推进并威胁到了舍佩托夫卡，后者是苏联重要补给基地和交通枢纽。第16集团军司令员卢金正在这里等他的队伍，他们接到命令加入西方面军。民用电话线路已经被切断，卢金最后通过铁路电话联系上了基尔波诺斯的副手雅克夫列夫中将。雅克夫列夫告诉他要守住舍佩托夫卡，否则"方面军将无弹药可用"。卢金开始行动起来。补给处的负责人以未接到命令为由拒绝发放弹药，但最后被迫退让。250辆卡车发动引擎，等待军区的"安排"来转运弹药，平民由火车运输。"卢金集群"由步兵第23、第109师和机械化第19军组成，依靠铁路电话维持通讯。指挥员的损失非常大——所有的连长、三分之二的营长和5名团长已经阵亡，军士接管了连和营。卢金依靠"摩托化分队"坚持战斗，直至将阵地转交给从第聂伯彼得罗夫斯克火速赶来的多布罗谢尔多夫少将的步兵第7军。

基尔波诺斯估计，对第1装甲集群右翼的打击已经阻止了其对己方中央和左翼的突破，他的军队撤出了利沃夫突出部。6月30日，经统帅部大本营批准，西南方面军和南方面军的右翼撤退到锡蒙诺维奇（Simonovich）—别洛科罗维奇（Belokorovich）—诺夫哥罗德/沃伦（Volynsk）—舍佩托夫卡—普罗斯库罗夫（Proskurov）—卡缅涅茨（Kamenets）—波多利斯克一线。这条防线几乎就是苏联和波兰之间的旧国境线，基尔波诺斯由此减少了200英里的正面，现在他可以依托旧有工事群（"斯大林防线"的一部分），并在7月9日发布了一道总命令，占领科罗斯坚（Korosten）—诺夫哥罗德/沃伦—舍佩托夫卡—旧康斯坦丁诺夫（Starokonstantinov）—普罗斯库罗夫一线的防御阵地。基尔波诺斯干得不错，哈尔德上将在日记中对此愤恨不已。德国人的"闪电战"变成了消耗战，而苏联防线一直没有打破。苏德双方都蒙受了严重损失。德第1装甲集群陷入了一场激烈的坦克战。基尔波诺斯在新防线后面再次排兵布阵，保护后方，前调更多援兵。

　　南边，秋涅列夫所在的"平静地带"也不复存在，7月1日，德国—罗马尼亚联军开始进攻普鲁特河。秋涅列夫、政委扎波罗热茨和参谋长希舍宁（G. D. Shishenin）少将拥有24个师（不包含驻扎在克里米亚的独立步兵第9军），扎哈罗夫（M. V. Zakharov）少将的第9集团军位于左翼，A. K. 斯米尔诺夫中将的第18集团军位于右翼，与西南方面军的左翼（第12集团军）相连。秋涅列夫还握有3个机械化军（机械化第2、第16和第18军）。扎哈罗夫的第9集团军防守别利察（Beltsa）、基什尼奥夫（Kishinêv）和敖德萨接近地，斯米尔诺夫的第18集团军部署在靠北的位置上。

　　由于北边的第6和第17集团军进展缓慢，冯·朔贝特的第11集团军也不得不推迟自己的攻击。他的攻击点选在苏联第9和第18集团军的结合部，对此秋涅列夫并没做好完全的防备。德军在雅西西北面的进攻突入了掩护别利察的马利诺夫斯基的步兵第48军。德军在雅西西南北的普鲁特河东岸都建立了桥头堡。7月3日，秋涅列夫命令第18集团军将右翼撤往霍京（Khotin）—利普卡内（Lipkany，位于切尔诺夫策后方）一线。扎哈罗夫奉命消灭位于斯特凡内什特站（Stefanesti）的桥头堡，并在别利察发动反冲击。马利诺夫斯基的步兵第48军、诺沃塞尔斯基（Yu. V. Novoselskii）少将的机械化第2军和别洛夫

（P. A. Belov）少将的骑兵第2军最后都卷入了基什尼奥夫东北的这些战斗。斯米尔诺夫向秋涅列夫报告说，由于缺乏架桥设备，他无法把右翼撤回来，他要渡过谢列纳河（Seret）、普鲁特河和德涅斯特河这三条河流。秋涅列夫命令舟桥第19团在德涅斯特河上的霍京架设一座浮桥，由山地第60师负责守卫。卡车、火炮、马车和战士开始向这条通往东方的脆弱的逃生之路靠拢。德国空军持续轰炸，7月4日，浮桥终于被德军的火炮和迫击炮炸成碎片，尚在南岸的苏联军队及其装备陷入困境。舟桥第21营顶着德军的重炮，快速架起一座备用桥，他们的艰苦付出与牺牲挽救了第18集团军的更多人员。

7月的第一个周末，秋涅列夫正努力消除德涅斯特河上位于莫吉廖夫—波多利斯克（第18集团军地域）的德军桥头堡，他将步兵第48军、机械化第2军和骑兵第2军（隶属于第9集团军）组成一个"突击群"，在基什尼奥夫东北发动反冲击，还组建了一个"濒海集群"，由步兵第25"夏伯阳"、第51和第150师组成，用来守备普鲁特河东岸、多瑙河北岸以及黑海海岸。虽然任务增加，但秋涅列夫的兵力反而被削减了。之前他就失去了调往舍佩托夫卡的步兵第7军。现在统帅部大本营又决定将机械化第16军外加步兵第116、第196和第227师划拨给基尔波诺斯（基尔波诺斯也失去了卢金的第16集团军和科涅夫的第19集团军，两者都被调拨给西方面军）。调动削弱了南方面军和西南方面军：秋涅列夫没了预备队，基尔波诺斯的实力也并没有真正增强。

秋涅列夫用他的"突击群"攻击德国第11集团军和罗马尼亚第4集团军的结合部时，基尔波诺斯试图挽回日托米尔—基辅方向日益恶化的态势。南方集团军群的北翼再三地发起攻击，试图找到苏联防线上的弱点。在旧康斯坦丁诺夫，德国第16装甲师和苏联第6集团军展开激战，最后呼叫德国空军空投弹药，并破坏苏联坦克的集结。

7月7日，德国第11装甲师夺取了别尔季切夫（Berdichev）。波塔波夫的第5集团军与第6集团军的结合部被突破，冯·克莱斯特不断向这条裂缝施压。统帅部大本营早就指示基尔波诺斯将第5集团军撤到基辅西北的科罗斯坚"筑垒地区"，德国第13装甲师也已经突破了诺夫哥罗德—沃伦"筑垒地区"，并于7月10日夺取了日托米尔。第二天，德国第13装甲师的先锋抵达伊尔片河（Irpen），距离基辅只有不到10英里，第25步兵师和第14装甲师紧随其后。

穆济琴科的第6集团军顽强地守卫着别尔季切夫—奥斯特罗波尔（Ostropol）一线，再往南，第26和第12集团军据守着奥斯特罗波尔—巴尔（Bar）一线。基尔波诺斯不惜代价地试图封闭第5和第6集团军之间40英里宽的口子，德军已经在他的右翼突破深入60—75英里，战火烧到了基辅城下。波塔波夫位于西北方向的第5集团军与方面军之间的联系被切断。

冯·克莱斯特的坦克开上日托米尔公路之前，基尔波诺斯试图发动一次装甲反冲击。他命令机械化第15军从北面（科罗斯坚）切断并摧毁第1装甲集群的矛头。孔德谢夫的机械化第22军已经消耗殆尽，只剩不到20辆坦克和14门火炮。然而，统帅部大本营坚持要求发动大规模反击，即使在当前情况下，基尔波诺斯依然要照办。在苏联最高指挥体系几位首长的近距离关注下，西南方面军的右翼也向后收拢。朱可夫将军来到基尔波诺斯的司令部，布琼尼元帅——内战时的英雄，曾在1919年指挥第1骑兵集团军驰骋于乌克兰——也从斯摩棱斯克来到这里，全盘指挥西南方面军和南方面军。对德国第6集团军和第1装甲集群侧翼的这些出色反突击令德军各师损失惨重，德军统帅部焦虑不安。

波塔波夫的第5集团军（步兵第15、第31军，机械化第9、第19和第22军）将从别尔季切夫和柳巴尔（Lyubar）向北攻击。穆济琴科的兵团得到了"别尔季切夫战役集群"的加强，后者（大部分还在从南方赶来的路上）由机械化第16军的军长A. D. 索科洛夫少将指挥。机械化第15军无论如何不能再算作是一个军了，其残部拼凑出3个"混合战斗群"，由奥古尔佐夫（S. D. Ogurtsov）少将指挥，他也听命于索科洛夫。西北方波塔波夫的情况稍好一点，机械化第9军还剩下64辆坦克，机械化第22军的坦克数不及机械化第9军的一半，步兵第31军、步兵第193和第195师的步兵团都只剩下不到300人。波塔波夫后来自嘲道："别人说波塔波夫还有3个机械化军，所以他还能打！"不过，他的实力还是强于穆济琴科。第5和第6两个集团军突入德军侧翼。波塔波夫切断了日托米尔公路。穆济琴科的战斗群中弗拉索夫机械化第4军的坦克第8师和"别尔季切夫集群"先后在别尔季切夫地域与德国第11装甲师展开激烈战斗。苏联炮兵击溃了德军的反突击。南方集团军群被迫调集援军并呼叫斯图卡轰炸机。然而，苏联发动反冲击的第二天，即7月10日，德军装甲兵开始向基辅东南穿插，试图从身后的第聂伯河包围苏联第6、第26和第12集团军。虽然德军在别尔季切夫受阻，但第9装甲师还是向日托米尔东南方穿插，直取斯克维尔（Skvir）。别尔季切夫和法斯托夫（Fastov）—斯克维尔的战斗持续了整整5天，德军坦克最后还是出现在苏联第6集团军背后。在西北面，日托米尔公路整整7天都处在波塔波夫的步兵和坦克的强大压力之下。

7月11日，星期五，第13装甲师到达伊尔片河，基尔波诺斯召集高级指挥员和政治委员开会，包括普尔卡耶夫（参谋长）、帕尔赛戈夫（Parsegov，炮兵司令）、伊林-米特克维奇（Ilin-Mitkevich，工兵司令）、阿斯塔霍夫（航空兵司令）、方面军军事委员会的"政治委员"赫鲁晓夫，还有来自基辅的乌克兰党中央委员会书记布尔米斯坚科（M. A. Burmistenko）和共产党委员会（OBKOM）书记米申（M. P. Mishin）。会议地点在基辅东北约10英里处布罗瓦（Brovar）的基尔波诺斯司令部，那里有几栋小型建筑和一个方面军司令员专用的小屋。基尔波诺斯让M. A. 普尔卡耶夫中将说明"日托米尔走廊"的最新情况，苏联第5和第6集团军被隔开，冯·克莱斯特可以借此冲向基辅。敌人的意图为：夺取基辅和第聂伯河上的桥梁，之后突入西南方面军和南方面军的后方。为粉碎敌人的企图，苏方需要守住基辅，防止德军从该城南部向第聂伯河突破。普尔卡耶夫建议把所有从包围圈里突围的军队——加以装备之后——派往基辅"筑垒地区"，德国第13装甲师已经到了边上。苏联轰炸机应该用于攻击向基辅开进的德军纵队。说到这儿，普尔卡耶夫坐了下来。基尔波诺斯向阿斯塔霍夫询问空中行动的情况，航空兵司令员坚称德国第13装甲师已经遭到空中打击并躲到了树林里。基尔波诺斯现在要求加强空中侦察，遮断日托米尔公路，并加大对德军机场的攻击力度。阿斯塔霍夫解释说没有足够的飞机，但基尔波诺斯只要结果和阿斯塔霍夫的个人报告。基辅的接近地已经加强有伞兵、内务部摩托化军队、第1基辅炮兵学校、1个坦克团和2个反坦克营。帕尔赛戈夫指出火炮和弹药都严重不足，甚至在6月22日之前，按照编制，军区（现在是方面军）还缺3000门火炮和迫击炮。现在各集团军得到了一次，也是仅有的一次弹药补充。运送弹药的卡车极度匮乏，战区内的铁路系统也已"瘫痪"。基尔波诺斯问他的炮兵司令如何应对，帕尔赛戈夫指出，他已经向炮兵总局（GAU）申请从"中央"紧急调拨武器和弹药。赫鲁晓夫补充道，他正想办法尽可能多地搞到本地生产的弹药（特别是反坦克手榴弹），他也催促了莫斯科。伊林-米特克维奇报告了基辅筑垒地域（已经死去的亚基尔最先于1935年监督该工程）的启用情况，但他极度缺乏铁丝网和反坦克地雷。

基尔波诺斯听完众人的发言，站在地图墙边宣布了他的决定。第5和第6集团军的反突击必须继续（虽然已经能够很清楚地看到反击注定失败），必须截断"日托米尔走廊"。波塔波夫攻击日托米尔和拉多梅什利（Radomysl）时，第6和第26集团军将守住他们的防线〔第26集团军司令部将转移到佩列斯拉夫尔—赫梅利尼茨基（Pereslavl-Khmelnitskii），将所有军队带到第聂伯河并纳入其指挥〕。基尔波诺斯派伞兵第2军的2个旅，加上步兵第147和第206师的部队（虽然刚从德军包围圈中突围的这些部队力量非常薄弱）防守基辅市区。基尔波诺斯给指挥员们留下的最深刻印象是，方面军已经无力阻挡德国人冲向基辅了。他正在等（从统帅部大本营预备队抽调的）步兵第27军的2个步兵师，还有从北高加索赶来的步兵第64军的2个步兵师。但步兵第64军传来的消息让基尔波诺斯心烦意乱：缺乏武器，火炮依靠畜力牵引，指挥部组织涣散，没有无线电设备。步兵第27军的情况也很难鼓舞人心：最初只有一个师有师长。最后一点是要堵住基辅筑垒地域和第6集团军所在的法斯托夫之间35英里长的缺口。基尔波诺斯计划投入一支"混合支队"（第94边防支队、摩托化步兵第6和第16团），这一小股力量显然是不可能完成这项任务的，但基尔波诺斯所能做的也只有这么多了。经过简短的介绍，西南方面军军事委员会确认了所有决定后，在德军的狂轰滥炸中散会。

到现在为止，冯·伦德施泰特还没有抓住基尔波诺斯，苏联反突击的影响还在继续。普尔卡耶夫（Purkayef）向基尔波诺斯报告说，只有步兵第27军能在7月15日之前做好战斗准备。7月12日—13日，"日托米尔走廊"显然已经无法截断，基尔波诺斯需要一整个新的集团军，但在这个节骨眼上，他连一个师都拿不出来。波塔波夫的第5集团军奉命继续进攻，基尔波诺斯希望能增强正在别尔季切夫作战的穆济琴科（第6集团军）的右翼。然而西南方面军情报主任邦达列夫上校给普尔卡耶夫带来了一个极坏的消息，他确认德国第1装甲集群正向东南方穿插，沿着波佩利尼亚（Popelnaya）—白采尔科维一线前进，德军装甲兵同时在卡扎京（Kazatin）以东包抄了第6集团军的右翼。基尔波诺斯既没力量也没计划来应对这个紧急情况，他最多只能投入微不足道的小部队进行反冲击。迄今为止，南方集团军群还没取得任何值得一提的胜利，现在他们终于看到了打包围战的机会。

"红军已经到了生死存亡之际。"德军指挥部在第14号敌情通报中写道，这对斯大林和统帅部大本营来说是显而易见的。7月10日，星期四，斯大林宣布成立新的指挥机构，当天也因战时影响深远的决定和下列形势，成为战时最炽烈的日子之一：随着北方集团军群攻向"卢加防线"，"列宁格勒接近地"的战斗已经打响；斯摩棱斯克（"莫斯科方向"）的战斗已经开始，古德里安正冲向第聂伯河；南方集团军群已经击退了基尔波诺斯的右翼，逼近基辅边界，并向东南方穿插，试图吃掉3个苏联集团军。在这些巨大的压力下，统帅部大本营的简单机构分崩离析，元帅们（比如总参谋长朱可夫）都赶往战场。辽阔的战场以及瞬息万变的局势远非这个两周前才匆忙成立的"集体机构"所能应对。斯大林现在提出在统帅部大本营和方面军之间增设一个"高级指挥"机构，为此组建了3个"高级指挥部"来应对3个主要"方向"——西北方向（包括北方面军、西北方面军、北方舰队和波罗的海舰队）、西方向（西方面军以及平斯克区舰队）和西南方向（西南方面军、南方面军和黑海舰队）。伏罗希洛夫负责西北方向，日丹诺夫为军事委员会的"政治委员"；铁木辛哥负责中央（西方向），布尔加宁为"政治委员"；布琼尼负责西南方向，赫鲁晓夫为"政治委员"。日丹诺夫本来就是列宁格勒地区的一把手，一股不可忽视的力量；布尔加宁，一个老契卡、厂长和政治活动家，通过自愿响应中央委员会发出的"在前线服役"的号召而发迹；马林科夫非常渴望抓住这次机会，斯大林不动声色地看着这出难能可贵的——同时也是精明的——表面上自我牺牲的表演。赫鲁晓夫通过加入国防委员会的圈子，更加谦恭、高傲和冷漠。和平时期政治上的争斗在战时演变成了互相漫骂和个人复仇。

"统帅部大本营"现在也被"总统帅部大本营"取代，斯大林任主席。虽然"总统帅"一职还处在空缺状态，但不论从哪一点来看，斯大林作为新最高统帅部的主席都能坐上这个位置。3个星期之后，斯大林终于正式成为"苏联武装力量的总统帅"。尽管如此，斯大林还是国防委员会和总统帅部大本营的"主席"，并在国防委员会的"许可"之下更改最高统帅部的名称。现在，"头儿"从最初的恐慌中恢复过来，开始要求做到不可能做到的事情，惩罚一支由于他自己在战前发布的"不切实际"的命令而陷入当前困境的军队，并且敦促进行"决定性"的反突击。斯大林的最高统帅部最开始有5名成员——伏罗希洛夫、铁木辛哥、沙波什尼科夫、布琼尼和朱可夫，现在斯大林立即规定国防委员会和最高统帅部的人员可以互换，同时将新的人员"派"到最高统帅部。朱可夫前往危险地段——从乌克兰到列宁格勒——救火，他总参谋长的现任职务交给了沙波什尼科夫，副总参谋长瓦图京也前往列宁格勒，他的位置交给了沙波什尼科夫"最喜欢的学生"——华西列夫斯基。切特韦里科夫少将接管了（总参谋部）作战处，戈利科夫负责情报，特鲁别茨科伊继续担任运输处处长。斯大林最后同意了对苏联空中力量进行改组，并准备建立独立的空军司令部，由日加列夫（P. F. Zhigarev）中将负责，并配有一个军事委员会。现在的问题是需要飞机来弥补天文数字般的损失。这些分工有助于理清总统帅部大本营乱哄哄的局面，之前统帅部大本营担负着行政和作战指挥上的重任，充斥着关于德军损失"天花乱坠般"的报告，还有与方面军沟通不畅的问题。斯大林在听取几次不完整的简报之后告诉沙波什尼科夫，要求惩罚那些没有及时汇报情况的人。被"旧"军队的传统"包裹起来"的沙波什尼科夫回答，他早就发布命令要求方面军及时汇报情况。更进一步理清作战—行政关系的措施是重新设立炮兵主任一职，库利克撤销这一职位就是不久之前的事，沃罗诺夫上将担任——或者说恢复——了该职务，并开始着手重组红军炮兵。

国防委员现在开始着手恢复红军的实力。各师的实力已经低于6000人（1941年6月以前是平均10000—12000人），无数储存的燃料、弹药和物资被缴获或销毁，战前武器采购的计划本来就有问题，加上战时损失，现在武器短缺（高射炮、反坦克炮、自动武器）的问题也很严重，弹药极度匮乏（常规武器和穿甲弹这样的特种武器都缺），损失和遗弃的飞机坦克数以千计。斯大林根据兵团现在不满员的情况简化指挥结构，他提议组建"小型集团军"，彻底废除军一级，把稀缺的有能力的指挥员集中到上层指挥机构，比如到集团军一级。大规模的简化是必要之举，7月15日最高统帅部发布的1号指令下达到3个新设立的战略方向、所有的方面军和集团军司令部：

战争的经验表明，下辖大量师的臃肿集团军编制，以及作为中间层的军级指挥机构对军队战斗和管理造成了极大的负面影响，特别是我们的指挥官和参谋们还太年轻，缺乏经验。最高统帅部考虑在不影响当前战斗的情况下逐渐调整，集团军下辖5个，最多6个师，取消军一级机构，师直接受集团军司令员指挥。

最高统帅部敦促各方面军司令员切实结合这三周与德国法西斯战斗的经验，在战略方向总司令部的指导下实施以上建议。

机械化军将解散，它们的坦克师会独立出来，但配属给新的步兵指挥员。摩托化步兵师将改编为普通步兵师，与此同时，已经授权并开始大规模扩充红军骑兵力量，直至编成30个军。伏罗希洛夫欢呼："现在我们要纠正那个错误了。"他指的是战前组建"摩托—机械化"骑兵师的决定。伏罗希洛夫还需要学习，而且在学习的过程中会牺牲很多优秀的军人，红军要打的就是这样一场战争。日加列夫的空军也进行了缩编，撤销了战略兵种（远程轰炸航空兵），战术（前线支援）航空兵调整为二团制的航空兵师，每团有30架飞机（原本是60架）。

迄今为止，红军已经将近两打集团军投入战场或预备队（包括总统帅部预备队的集团军），刚好是德国情报机关认为的苏联在欧洲地区军团的2倍：根据东线德军的估算，迄今为止已经查明的苏联军队有12个集团军、25个军（部）、164个步兵师、11个机械化军和29个坦克师（比战前估算的多出2倍还多）。斯大林希望能动员总共350个师（来对付他估计的300个师的德军最大兵力），到7月下旬，根据斯大林的指示，已经有240个苏联师上了前线，还有20个作为预备队——迄今为止，有三分之二的师（大约180个师）不同程度地受损，这就是为什么德军统帅部（在7月27日）坚持认为"大部分可供作战的苏联军队已被摧毁"，德军还假定苏联统帅部现在只有20个师，13个坦克师和2—3个骑兵师。25个组建的师中有一些只有一个团的实力，装甲部队很多只有营级的兵力。苏联现在所能希望的是"尽可能'消耗'德军的实力，把他们挡得越往西越好"，他们的抵抗并未停止，哈尔德上将注意到苏联在斯摩棱斯克的抵抗"狂热而顽强"。虽然7月初期那种战役将"在两周之内取得胜利"的盲目乐观现在已经消失不见了，但德国人依旧开始研究"巴巴罗萨行动结束之后的陆军重组"问题，设想控制一块"军事上的心脏地带"，并从那里出发侦察乌拉尔地区。7月27日，布劳希奇对苏联真实实力的评估如下所示（括号内为适于战斗的数量）：在南方集团军群面前是73（30）个步兵师、16（6）个坦克师和5（2）个骑兵师，在中央集团军群面前是46（32）个步兵师、4（3）个坦克师（在莫斯科地区有10个新的师），北方集团军群面前为30（2）个步兵师、4.5（3.5）个坦克师。在列宁格勒有5.5个步兵师对付芬兰人和11.5个步兵师，2.5个坦克师对付德国人。

局势确实在恶化，最高统帅部的预备队（从内陆军区和西南边境地区征调）越用越少，以致耗尽。西北方面军和北方面军的实力也消耗得很快。斯摩棱斯克战局告急时，铁木辛哥向最高统帅部报告："我们没有任何经过最基本训练的军队来掩护亚尔采沃—维亚济马—莫斯科方向。最大的问题是没有坦克。"（7月16日）布琼尼的情况也不妙。斯大林着急了，通过国防委员会组建了一个"预备队集团军部"（Glavuproform KA），并开始重新实行内战时期的"普及军训"项目。但所有这些都需要时间，与此同时，损失在骇人地、灾难性地增加。斯大林仍旧坚持毫不动用远东的力量，佐尔格还没提供日军动向的确切情报，虽然他已经报告了日本人可能"南进"（与英美作战）。

国防委员会的会议提到了战术、武器、组织，以及苏联的长处和弱点等各方面问题，并特别研究了苏联反坦克作战的失败。新的指令传达给了指挥员。关于武器装备的讨论持续了很长时间，并将继续下去，会上至少做出了一个决定，那就是使用秘密的"喀秋莎"火箭炮——在斯摩棱斯克附近的试验中取得了惊人的成果——并开始批量生产。从7月开始，国防委员会集中大量劳工用于红军的后方勤务：补给（食物、弹药和武器）、运输以及医疗，这些事务都由红军后勤司令负责，8月份赫鲁廖夫中将出任这个职务（这也是最高统帅部中的常设职务）。这些都是急需的合理措施。但斯大林要的不只是这些，他还要求高压政策，要通过严酷的惩罚措施来恢复纪律。这个任务很大一部分交给了一级集团军级政委列夫·梅赫利斯，此人不放过任何一个机会来鞭笞和羞辱指挥员们，他现在有足够的机会来满足自己的恶毒欲望。"政治宣传部"也被重组为红军总政治部（RKKA，GlavPURKKA），由梅赫利斯领导，原领导扎波罗热茨正在南方面军，和秋涅列夫在一起。斯大林1940年错误废除的政治处也立刻恢复了。铁木辛哥1940年为军官团赢得的"一长制"现在被废除，7月16日开始重新实施的"政治委员制"使政委获得了直接控制和监督的权力。在7月15日的第81号训令中，梅赫利斯规定了对政治部门和政委的要求：政委是纪律的维护者，抵御惊慌、懦弱和背叛的堡垒。政委控制不可避免地使得指挥程序复杂化，也表明斯大林对他的指挥员们失去了信心。

7月27日，以国防委员会的名义发布了一道命令，将特别军事法庭对9名苏联高级指挥员的审判告知所有官兵：巴甫洛夫大将、他的参谋长克利莫夫斯基赫、西方面军通讯司令格里戈里耶夫、第4集团军司令员科罗布科夫、步兵第60和第30师的师长及政委被公开审判。为"卢加防线"出力颇多的皮亚德舍夫将军没有受到公开传讯，他莫名其妙地被内务部迅速、秘密地枪决。梅赫利斯给卡恰洛夫将军安上了一个"叛徒"的名头，虽然他在一次防御战中英勇牺牲。还有一些被判罪的人，像骑兵军第6军军长尼基京、工兵司令卡尔贝舍夫等被德军俘虏后死在了集中营。对"传播恐慌""失职""懦弱""丢弃武器"实施最严厉的惩罚。机械化第14军军长奥博林将军和克利奇将军受到特别军事法庭的审判。7月19日，西"方向"总司令部和方面军司令部全面重组，铁木辛哥担任总司令，沙波什尼科夫元帅成为他的参谋长，布尔加宁担任"政治委员"；叶廖缅科担任西方面军司令员，V. D. 索科洛夫斯基中将为参谋长，马兰金任作战参谋。指挥员们发现自己处于公开和可怕的危险之中。步兵第132师师长比留佐夫像其他很多人那样被告知："如果没完成任务，你们会被送往特别军事法庭！"第7集团军司令员茨韦塔耶夫（V. D. Tsvetayev）将军已被决议逮捕，被指控与队伍失去联系，然而方面军司令员弗罗洛夫将军认为在这种情况下处罚是不公平的。无论如何，那时候宽容并不是一种常见的美德。

广大红军战士都处于严酷纪律的约束之下。7月20日，斯大林命令各部队"应该清除不可靠的分子"，从德军包围圈出来的官兵将受到内务部"特别部门"的严密调查，以此清除"德国间谍"。"特别部门"向内务部报告红军各部队和兵团的士气与战斗表现，此外，内务部军队还组建了"阻拦分队"，用于让红军队伍待在前线。"特别部门"向其指挥官科罗廖夫上校提供了斯摩棱斯克附近卢金将军那个集团军的糟糕状况——酗酒、恐慌、无能、自残。7月

25日，内务部军队聚拢了1000名"逃兵"，当着全团的面枪毙了7个人，其中5个以上未经审判——3个逃兵、2个"祖国的叛徒"，之后又根据特别军事法庭的命令枪毙了23人（逃兵、自残者和叛逃者）。"传播恐慌""逃跑""丢弃武器和离开战斗位置"（往往只是迷了路）的罪名让很多人丢掉性命。与此同时，梅赫利斯和贝利亚还允许一批在战前因为内务部的"调查"而被投入劳改营的指挥员回来。有名指挥员本来在摩尔曼斯克铁路和劳改队一起干活，突然发现自己被送回来指挥一个坦克营，这种情况绝非罕见。贝利亚向斯大林请求50000支步枪来装备内务部部队，操着格鲁吉亚口音的斯大林打断了贝利亚的解释，勉强给了他25000支，之后又缩减到10000支。个人军队和个人权力一样，都要受到限制。

在7月19日（英—苏外交协议签订后第7天）给温斯顿·丘吉尔的信中，斯大林承认苏联军队现在所面临的形势"紧张"，但若不是当初占据了基希纳乌—利沃夫—布列斯特—考纳斯—维堡一线，在德国人的突然袭击下情况可能会更糟。为缓解不利局面，斯大林建议开辟两个"第二战场"，一个在法国北部，一个在北冰洋，组成英—苏联军并进行海上冒险。斯大林似乎在为自己辩护，信中提及，之前获得的"有利战线"是他在最不利的情况下达成的最好结果，不应影响盟军对苏联的援助。10天后，斯大林在莫斯科和哈利·霍普金斯会面时完全收回了他那套"有利战线"的说辞，他说他们现在占据的敖德萨—基辅—斯摩棱斯克—列宁格勒一线虽然还不够稳定，却是最好的。总的来说，斯大林表现出一定的乐观。到10月中旬，坏天气将限制作战行动，战线将在10月1日之前固定下来，在这关键的几个星期里，德军应该不会在现有的位置上再往东推进"100多千米"了。红军能够并且也将守住列宁格勒、莫斯科和基辅，这三个关键地区集中了苏联的军工业。德军对这三个地方以东的突破将产生"严重后果"。斯大林认为苏联红军将在冬天坚守住这条战线，并在1942年春天进行反冲击。

这些说得都太简单美好了，德军在乌克兰进行的大型包围战留下的伤口，以及列宁格勒被孤立，都对苏联构成了巨大威胁，随着两支装甲铁钳一支向北一支向南，中央集团军群转入防御姿态。希特勒和他的将军们就该决定的影响与后果一直争吵到7月底以后，同时铁木辛哥吸引了9个德国师在"叶列尼亚弯曲部"进行了几周血淋淋的残酷消耗战，该高地是苏联在斯摩棱斯克以东大约50英里的一处屏障，也是能够对莫斯科发起直接攻击的重要位置。苏联这边也发生了点小问题，不过很快得到了解决：斯大林解除朱可夫将军总参谋长的职务，并让沙波什尼科夫取而代之，在后者的伴随下，斯大林将犯下如此严重的大错，以至于大大加速了那些他承认自己也担心的、德军"造成严重后果的"胜利。

　　7月29日，朱可夫将军向斯大林报到，准备在会上进行全面的汇报，等到梅赫利斯被叫来后，会议开始。朱可夫开始对着摊开在桌子上的地图介绍总体情况，从西北战场开始，直至东南战场，期间还说明了苏联的损失和预备队的情况，最后指出了德国人的部署以及他们可能采取的行动。梅赫利斯插话问朱可夫关于德军行动的消息从何而来，朱可夫回答道，他对德军的真实计划一无所知，但德军现有的部署可能反映着一些"确定的事情"，特别是德国人的计划离不开他们的装甲兵。"继续汇报。"斯大林说道，随后朱可夫说出了他的主要推断：

　　　　在莫斯科方向上，德国人近期将无力发动重要攻势，因为他们损失惨重，缺乏足够数量的预备队来保护中央集团军群的左右两翼。
　　　　在列宁格勒方向上，如果没有增加兵力，德国人也不可能发动攻势夺取列宁格勒并与芬兰人会师。
　　　　在乌克兰，战斗将在德国南方集团军群主要装甲力量已经突破的第聂伯罗彼得罗夫斯克—克列缅丘格地域的某处达到高潮。
　　　　我方（苏方）最危险和最薄弱之处在于中央方面军，守卫乌涅恰（Unecha）和戈梅利的集团军实力较弱，装备简陋——德军能够利用这个弱点突入西南方面军的侧翼和后方。

　　"您有什么建议？"斯大林问道。朱可夫已经准备好了答案——用不少于3个集团军来加强中央方面军，提供更多的火炮，从西方面军、西南方面军和总统帅部预备队各抽调一个集团军，委任一位经验丰富、精力充沛的指挥官，比如瓦图京。"但这样不会削弱莫斯科的防御吗？"斯大林反问道。"并不完全是这样。"朱可夫回答道，"我们能够在12—15天内从远东调来至少8个装备齐整的师，包括1个装甲师，这股力量将切实增强'莫斯科方向'的防御力量。""那我们就把远东送给日本人？"斯大林反驳道。朱可夫没有回答，而是继续坚持西南方面军必须撤到第聂伯河之后，以及在中央方面军和西南方面军的结合部部署5个师。"这样的话基辅怎么办？"斯大林继续反问道。

朱可夫提出从军事角度考虑，有足够的理由放弃基辅时，斯大林爆发了，朱可夫也被斯大林说自己讲述的内容是"废话"激怒。如果总参谋长只能"说些没用的话"，那么要他也没什么用了，朱可夫请斯大林解除他现在的职务去前方任职。"不要冲动。"斯大林打断了怒气冲冲的朱可夫，"既然你提到了，我们没有你也过得去。"在朱可夫最后为自己辩解之后，斯大林结束了会面，并告诉朱可夫事情"会讨论"的。整理完地图之后，朱可夫离开了。40分钟后斯大林又把他叫了回来，告知他已经"讨论了这件事"，他将被解除总参谋长的职务，并由沙波什尼科夫代替。后者的健康状况不是很好，斯大林承认，但那并没有太大关系，因为"我们会帮助他"。关于他的新任命，朱可夫又开始发怒："我可以指挥一个师、一个军、一个集团军或者一个方面军。""冷静，冷静一点。"斯大林反复说，因为朱可夫之前提到过在叶列尼亚进行一次反突击，那么他最好在那发挥作用并指挥预备队方面军。沙波什尼科夫将很快抵达总参谋部，朱可夫可以移交工作，不过斯大林提醒朱可夫依旧是总统帅部的一员。最后事情办完了，朱可夫请求离开，斯大林则让他坐一会儿喝点茶，还有些事"需要商量"。虽然茶是及时送到了，却再也没有什么好说的，朱可夫最后意志消沉地离开了。

斯大林一意孤行。朱可夫在总参谋部将工作移交给沙波什尼科夫后，动身前往预备队方面军司令部所在地格扎茨克。关于朱可夫所说的"废话"，很快就被证明是最明智的军事构想。斯大林不能说自己没收到过警告，也不能说自己没及时收到过警告。

译注

[1]在《苏联军事百科全书·军事历史（上）》的《列宁格勒会战1941—1944》的地图中，这个地方被音译为"克拉斯诺格瓦尔杰伊斯克"，但在中国地名委员会编写的《苏联地名译名手册》第822页中被译为"赤卫军城"，为方便读者识记，这里采用的是后一种译法，请读者注意甄别。

[2]疑为锡涅焦尔基（Sinezerki）。

第五章
滑向毁灭的边缘

用苏联海军总司令库兹涅佐夫（F. I. Kuznetsov）海军上将的话说，斯大林"一点一点地"获得了最高军事指挥权，开始直接左右军事行动。7月3日发表广播演说后，他很快开始出入于铁木辛哥在国防人民委员部的办公室，7月中旬，库兹涅佐夫被召至那里为斯大林解答一些问题：桌子上摊着一张没有标记的地图，斯大林在桌前问库兹涅佐夫，将火炮从波罗的海岛屿移往大陆的可行性有几何。他只关心塔林市、奥塞尔岛和达戈岛的防务，对其他地方不感兴趣。没过多久，斯大林得以作为最高统帅向指挥员们发表讲话——8月8日，星期五，最高苏维埃任命斯大林为苏联武装力量最高统帅，从而走完了法律程序。

此事也标志着高层再次改组。现在，斯大林亲自掌管所有关键职位，包括国防委员会（GKO）主席、国防人民委员（有16名副国防人民委员）和他最近出任的最高统帅。在国防委员会的决议下，总参谋部被重组为"武装部队总参谋部"，合并了装备部和后勤部。随着最高统帅斯大林于8月10日正式批准此事，总统帅部大本营也相应地升级，成为最高统帅部大本营[1]，新增的人员中包括国防委员会成员。

朱可夫离职后，年老多病的前沙俄指挥员沙波什尼科夫元帅立即接过了膨胀的总参谋部。他随即任命华西列夫斯基少将为作战部部长，很快又举荐他为副总参谋长。华西列夫斯基的天赋毋庸置疑，不过关于沙波什尼科夫的能力，有两种说法：那些曾与他共事的人（比如华西列夫斯基）毫不吝啬地称赞他的见识与能力，但他的一些决策存在争议，那些被迫执行这类决策的方面军和军团指挥员们就不那么宽容了。从结果来看，沙波什尼科夫在西南方向上的极度混乱中并没有什么值得称道的表现。在这个关键时期，他一直伴随斯大林左右，提出专业建议，但并不具备朱可夫那种职业军人的坦率与严厉。7月底，斯大林与罗斯福总统的特使哈里·霍普金斯在莫斯科进行了会晤，他交给后者的战略总结故作镇定、佯装乐观，很符合沙波什尼科夫的风格。

斯大林向霍普金斯索求航空铝材、坦克用钢、轻型高射炮（事实上是20000门各型高射炮）、重机枪和步枪（后者至少需要1000000支或更多）。高射炮用于掩护苏联的基地和交通线，铝材用于制造更多飞机，斯大林宣称："我们可以打上3—4年。"苏联当前的产能为每月1800架飞机、1000辆坦克，但斯大林坚称，东线战事的结果归根到底取决于在（1942年的）春季战役中能投入多少人力物力，他预计德国会在坦克制造这项"至关重要"的冬季赛跑中超过苏联。他还设想，那时战线较现在东移"不会超过100千米"，列宁格勒、莫斯科和基辅仍在苏联手中。至于苏联兵工厂的位置，斯大林"没有给出详细答复"，但间接承认其中四分之三坐落于列宁格勒—莫斯科—基辅一带的综合体中。如果德军突破至此，将大大降低苏联的工业产能。斯大林的陈述谨慎而委婉，尽可能隐藏自己的目的，并要求其他人也这样做。沃罗诺夫上将刚出任新设立的炮兵主任一职，霍普金斯与他的副手雅科夫列夫将军交谈时，后者虽然知道前线的真正需求，但斯大林的权威他无法逾越，也没法追加关于反坦克炮和坦克的提议，这些都是各野战集团军最需要的武器。面对斯大林的清单，雅科夫列夫退而评论说："最重要的项目已经包括在内了。"他"想不出什么办法"，只得按下所有关于坦克、弹药、无线电设备、反坦克炮、中型机枪和运输工具的想法。无论斯大林是否真的了解"持久战"的含义，参照艰难的冬季战事和猛烈的春季反突击，这样的做法都值得商榷。无论如何，斯大林必须守住他所说的这条线，这个当务之急需要他正确地判断德军意图。而正是这方面的失算，导致了1941年8月—9月指挥上的一连串危机和战场上的可怕灾难。

斯大林在克里姆林宫的住处幽僻寂静，他在那里与霍普金斯会谈时，斯摩棱斯克落入德军手中已达两星期，3个苏联集团军（第20、第16和第19集团军）被半包围，敌军的陷阱正在关闭。斯大林下令不惜一切代价打开包围圈，夺回斯摩棱斯克。7月16日斯摩棱斯克陷落时，铁木辛哥向斯大林送去了悲观的消息，他称自己缺乏坦克和训练有素的预备役人员。总统帅部大本营在预备方面军和各集团军残部的基础上组建了5个所谓的"集团军级战役集群"（总计有16个步兵师和4个坦克师，以指挥员名字命名——"罗科索夫斯基""霍缅科""卡恰洛夫""加里宁"和"马斯连尼科夫"）[2]，他们奉命沿德维纳湖—罗斯拉夫利一线展开，从别雷、亚尔采沃（Yartsevo）、罗斯拉夫利向"斯摩棱斯克总方向"的德军侧翼发动进攻，包围德军装甲兵团，然后在斯摩棱斯克以西与西方面军主力取得联系。7月18日，斯大林命令以3个集团军（第32、第33和第34集团军）占据"莫扎伊斯克防御线"，由莫斯科军区司令阿尔特梅耶夫（P. A. Artmeyev）中将指挥。一星期后，总统帅部大本营命令西方面军的第13和第21集团军组成至关重要的中央方面军，由库兹涅佐夫（F. I. Kuznetsov）上将指挥，他刚刚经历了西北方向上的灾难。然而就在7月19日，第10装甲师推进至叶利尼亚（Yelnaya），翌日，武装党卫军"帝国"师在该城左侧占据了阵地，这是向莫斯科推进的一个关键桥头堡，同时也在德军战线上向东形成了一个巨大的突出部。到7月下旬，德军战线斜向南伸往基辅，向北穿过斯摩棱斯克血腥的缺口，沿一条弧线通往列宁格勒。

这次复合行动由铁木辛哥的"西方向"在7月末至8月初遂行，除了西方面军之外还吸引了数个方面军，几个离斯摩棱斯克较远的集团军也未能幸免。铁木辛哥在德军侧翼敲敲打打的时候，这些大规模混战（即完全意义上的"斯摩棱斯克之战"）至少将6个苏联集团军卷入了斯摩棱斯克和叶利尼亚的旋涡。8月初，在斯摩棱斯克以北的风暴中心，被霍特完全包围的库罗奇金第20集团军和卢金第16集团军开始跨过第聂伯河奋力突围：库罗奇金麾下各师缩减至1000—2000人，坦克还有65辆，消耗殆尽的弹药通过10架轰炸机的空投短暂地储备起了一些，方面军司令部就只能腾得出这么多飞机了。在德军后方的莫吉廖夫（Moghilev），不幸的第13集团军力战不退，直至被打散。从北面的大卢基到南面的戈梅尔，苏联各师竭尽所能地向前扑去。差不多有12个苏联集团军（第13、第21、第19、第20、第16、第22、第29、第30、第24、第28和第3集团军）[3]陷入了这些攻防交织的烈焰迷宫之中。

希特勒和斯大林都在关注这场复杂的厮杀，并同在这一时刻做出了影响深远、生死攸关的决策。这最终将严重打乱苏德双方前线指挥官的计划。

伏罗希洛夫元帅作为新任西北方向总司令抵达列宁格勒时，能用于该地区防御的纸面兵力至少有30个师——实际上其中只有5个师满员，其余师的人员装备只有正常编制的三分之一，这样一来，德方指挥层（至少按照其7月27日的估算）大大高估了苏军实力，其预估数据超出实际数据一半或者更多。北方集团军群开始触及"卢加防线"时，伏罗希洛夫正试图改善辖区内杂乱无章的指挥系统，他将第11集团军的步兵第41军以及顽强、勇敢、似乎坚不可摧的第8集团军从西北方面军调往北方面军，并下令不允许一个敌人突入列宁格勒。

这样做合情合理，因为这些兵团和军团正在北方面军的家门口作战，波波夫立刻命令步兵第41军前往卢加防线。西北方面军其他遭受重创的军队被推回了东南方，他们奉命在诺夫哥罗德、旧鲁萨和大卢基一线阻挡德军的突进。总统帅部大本营于7月14日批准了该命令，还下令加强正在爱沙尼亚作战的苏联第8集团军，以阻止德军冲向芬兰湾，并将敌军驱离卢加和旧鲁萨地域。由正规军和民兵师组成的"卢加战役集群"（LOG）需要防御约300千米宽的正面。步兵第41军移往卢加以东重组，所以其实力并未立即展现出来。

德军从西南方向列宁格勒的推进止步于卢加，7月中旬又转向西北，压迫"卢加防线"上的金吉谢普（Kingisepp）地区，计划经由伊万诺夫斯科耶（Ivanovskoe）和科波斯科耶（Koporskoe）高原突破至列宁格勒，尽管德军的主攻方向原本是右翼当面的诺夫哥罗德。霍普纳将他的步兵师部署在通往卢加的主干道上，让3个摩托化兵团穿过仅有一条道路的沼泽地，向卢加河下游（的金吉谢普地区）突击。猝不及防，被迫将手头的军队投入到伊万诺夫斯科耶和萨博斯克（Sabsk）德军桥头堡的对面，其中包括第2民兵师和列宁格勒红旗步兵学校的两个连。列宁格勒现在仅有70英里之遥，为最终突向这座城市爆发了残酷的战斗，德军桥头堡正在一点一点地扩张。为闭合芬兰湾与楚德湖之间的缺口，波波夫匆匆调来一个海军营、步兵第16师的一个团和第4民兵师的一个团，组成了"纳尔瓦战役集群"（NOG）。

诺夫哥罗德已经成为曼施泰因的猎物，为阻止德军冲向该城，伏罗希洛夫命令第11集团军在（机械化第1军）坦克第21师、步兵第70师和步兵第237师的支援下进攻第56装甲军。曼施泰因所部分为南北两队，穿过索利齐（Soltsy），在第11集团军为期4天（7月14日—18日）的猛攻下穿过了更多沼泽地。曼施泰因最终化解了这场危机，并借此机会敦促上级统合两个装甲军（第41和第56装甲军），利用卢加河下游的桥头堡继续推进。不过他的建议未被采纳，反而接到了在卢加城突破的命令。

与此同时，苏联西北方面军左翼的几个步兵师被调上来，阻挡德国第16集团军向旧鲁萨—霍尔姆的推进。到7月下旬，德军已经抵达纳尔瓦—卢加—姆沙加河（Mshaga）一线，在此重整并等待命令。德国最高统帅部陷入了争论，与此同时，苏联总统帅部大本营的指示如雪花般飞到伏罗希洛夫手中，要求作为西北方向总司令的他和北方面军司令、西北方面军司令采取严厉措施，在卢加和姆沙加河沿线准备防御。7月23日，在总统帅部大本营的命令和西北方向总司令的指示下，波波夫将"卢加防线"分给3个独立的指挥部——金吉谢普指挥部〔谢马什科（V. V. Semashko）少将〕、卢加指挥部〔阿斯坦宁（A. N. Astanin）少将〕和东部指挥部〔斯塔里科夫（F. N. Starikov）少将〕。而防线的前任指挥官皮亚德舍夫将军现在即使还没有被枪毙，也已经身陷囹圄了。

伏罗希洛夫已经赶往卢加河畔伊万诺夫斯科耶的前线，组织民兵部队和军校生应战，他上一次上前线还是在内战中指挥骑兵第1集团军的时候。伏罗希洛夫指责民兵进攻不力，还就第2民兵师的表现批评了方面军司令波波夫，为此，后者跳进一辆坦克，亲自进行战场侦察。除了前线指挥员，伏罗希洛夫还斥责工程兵构筑防线动作迟缓，他7月29日的训令列出了"卢加防线"上的一整串缺陷。6天前，伏罗希洛夫已经向西北方面军司令部下达过准备赤卫军城"筑垒地域"的特别指示，该筑垒地域分为3块地区——克拉斯诺谢利斯克（Krasnoselsk）地区、中部地区和斯卢茨克—科尔皮诺（Kolpino）地区，即刻动工，统筹工作由北方面军工程兵主任扎伊采夫（P. A. Zaitsev）少将领导。列宁格勒周边地区（也包括"卢加防线"）进行的规模更大的筑垒工作交由新型军民复合组织"防务工作特别委员会"负责，该组织由列宁格勒联共（布）市委书记库兹涅佐夫（A. A. Kuznetsov）领导，班子成员有市委代表波普科夫（P. S. Popkov）、州委书记索洛维约夫（N. V. Solovev）、列宁格勒军区司令舍瓦尔金（T.I.Shevaldin）中将，以及谢苗诺夫（N.N.Semenov）和加廖尔金（V. G. Galerkin）两名院士，还有基洛夫工厂的主管萨尔茨曼（I. M. Zaltsman）。拟调拨500000工人来挖掘壕沟，构筑碉堡。该委员会还安排了卡车、手推车和类似的机械设备，并有权将本地生产的武器布置到炮位上。任何技术问题都可以去北方面军司令部的"三驾马车"——扎伊采夫将军、炮兵少将西多罗夫（V. P. Sidorov）和工程兵的贝切夫斯基（Bychevskii）上校——那里寻求帮助。

不过，伏罗希洛夫从一开始就强烈反对将防线集中在离城市如此近的地方，他在斯莫尔尼官——这里从前是贵族女子学院，1917年曾是布尔什维克的总部，现在是西北方面军军政指挥中心——痛斥了扎伊采夫、库兹涅佐夫、波普科夫和贝切夫斯基，他质问道："你们打算在哪里保卫这座城市？在赤卫军城？还是彼得宫城？……为什么在赤卫军城和科尔皮诺工作的人比卢加还多？"伏罗希洛夫想将劳动力转往卢加和诺夫哥罗德，所以劳工们被及时转移：总共约有30000—35000名妇女和青年在日以继夜地构筑防线，他们经常遭到德军飞机的轰炸和扫射，与此同时，另外30000名平民被特地调去修建科尔皮诺的阵地。"卢加防线"的右翼渐渐巩固，坦克第1师也开入了赤卫军城的阵地。普申尼科夫的第8集团军已经一分为二，步兵第10军进入了塔林的海军基地，步兵第11军撤入了纳尔瓦的颈部。在贝切夫斯基的工程图上，代表堑壕、火力点和坦克陷阱的红点越来越多。尽管如此，方面军司令员波波夫还是很担心德军在"卢加防线"右翼达成突破，最终包围第8集团军，这将使德军深入苏联海岸防线的后方。因此，他命令在基片（Kipen）和（奥拉宁包姆以东海边上的）彼得宫城之间构筑更多防线。

德军在桥头堡逗留时，这些疯狂的活动正在火热进行，伏罗希洛夫也获得了可观的，甚至可以说是出乎意料的增援。8月初，总统帅部大本营调给了西北方面军9个步兵师和2个骑兵师，8月6日又从预备队方面军调来了第34集团军、5个步兵师、2个骑兵师、4个炮兵团和2列装甲列车。上级严令这支军队不得"分散使用"，应将其作为反冲击力量整个投入战场。8月7日，总参谋部下令以1个民兵师（第1民兵师）、3个步兵师（步兵第70、128和第237师）、1个旅（第1山地部队）和1个坦克师（坦克第21师）为基础，组建第48集团军，这个集团军也被分给了西北方面军。与此同时，伏罗希洛夫也试图建立一个"总预备队"，包括4个步兵师和1个坦克师（坦克第1师），后者从卡列利亚（Karelia）赶来，驻扎在卢加与诺夫哥罗德之间的巴捷茨基站（Batetskaya）附近。其意图是德军在卢加或诺夫哥罗德取得突破时，以该师打击其侧翼，这个想法从理论上来讲不错，但由于拆东墙补西墙的战术不可行，这些步兵和装甲兵被过早用掉了，伏罗希洛夫的预备队事实上已经销声匿迹。

伏罗希洛夫抢先一步做了波波夫犹豫再三的事：他从卡累利阿方面军（第7和第23集团军）抽调了几个师，这个方面军用于阻挡芬兰7月31日打开列宁格勒北面的攻势。第48集团军正是由这些"偷来的"师组成的，伏罗希洛夫拿来的这4个师最终被他还了回去。北方面军参谋长尼基舍夫被吓坏了，因为"卢加防线"仍然兵力不足，而面对芬兰人的北方地区已经被严重削弱。伏罗希洛夫不得不分掉他的"预备队"：步兵第272师前往彼得扎沃茨克（Petrozavodsk）；步兵第265师分给了第23集团军，芬军已经在该集团军地段的凯肖姆方向达成了突破；步兵第268师分给了第8集团军，以使后者不致被消灭；只有步兵第281师真正进入了"卢加防线"，部署在金吉谢普。至于坦克第1师，已经在坎达拉克沙（Kandalaksha）的战斗中消耗殆尽了。

8月11日晚间，这些危机到了紧要关头，此时距离8月8日上午9时德军开始冲出卢加桥头堡已经过了3天之久，之前由于天降大雨，无法获得空中支援，德军只能终止突击。他们的目标是纳尔瓦—金吉谢普—列宁格勒铁路一线南面的开阔地，越过那里之后，加强有第8装甲师和第36摩托化步兵师的突击力量将转向东，直取列宁格勒。通过审讯战俘，波波夫知道了第36摩托化步兵师在卢加桥头堡，短暂的平静已经结束。然而，他用数个民兵师消灭桥头堡的尝试失败了。在北面的卡列利亚，左翼上的第23集团军有被包围的危险，波波夫被迫将最后的预备队火速调往北方。8月10日，曼施泰因已经发起了旨在夺取卢加的攻势，正在冲入苏军的防御纵深。与此同时，德国第16集团军已经就位，试图夺取德军深远右翼上的旧鲁萨。

尼基舍夫的作战图已经足以说明问题：在卡累利阿地峡，两个师被困在了凯肖姆附近，与第23集团军"维堡"集群的联系业已中断，步兵第168师被钉在了拉多加湖畔的索尔塔瓦拉（Sortavala）。与此同时，芬兰军队南下至拉多加湖东侧：在爱沙尼亚，第8集团军被切成两半，而列宁格勒的"外围接近地"已经千疮百孔。8月13日，北方面军给总参谋部的报告强调了这种多重危险：

敌军主力的目标为：

从以下几个方向夺取列宁格勒：

（a）纳尔瓦—金吉谢普—列宁格勒

（b）卢加—列宁格勒

（c）凯肖姆—列宁格勒

这些刚刚组建且装备落后的民兵部队，以及分配给西北方面军的重建部队，均已被赶出了立陶宛和拉脱维亚，再指望他们有效地抵抗敌军是完全不合理的。

这份正式报告还附有一封尼基舍夫少将给沙波什尼科夫元帅的信，恳求给予一些预备队——师、集团军和方面军司令部都再无一点预备队可用了，每应对德军一次进攻都要"划掉一些地区和部队"。尼基舍夫认为，他称之为"三角帽"的这片地区需要填入12个师、400架飞机和250辆坦克。尼基舍夫向部下承认，自己并不指望能得到什么，哪怕是回复。他错了，3天后，尼基舍夫收到了总参谋部的消息，"鉴于当前主要战术形势，西北方面军的几个集群将临时配属给北方面军，包括第1民兵师、步兵第237师和步兵第70师，未经最高统帅部许可不得调离"。最高统帅部不过是将尼基舍夫自己的兵团还给了他。但由于伏罗希洛夫对旧鲁萨发动反突击，这些军队已经被用掉了，用尼基舍夫自己的话来说，这支军队"正被几个德国军拖着到处跑"。

苏联军队预定于8月12日开始，在索利齐—旧鲁萨—德诺地区打击德军右侧翼，尤其是第16集团军，最高统帅部为此指派了3个集团军（第48、第34和第11集团军）。第34集团军将冲入北方集团军群和中央集团军群之间的

"走廊"，攻向莫里诺（Morino），第48集团军从希姆斯克以北向乌托尔戈什（Utorgosh）推进，第11集团军的左翼从旧鲁萨以南向乌托尔戈什推进。这次进攻落到了德国第16集团军的第10军头上，险些将其推入伊尔门湖。第10军败退后，伏罗希洛夫得以转向楚德湖，并切断德军的后方交通线。曼施泰因所部之前已经北上去参加左翼上的装甲攻势，刚抵达那里就迅速掉头南下，去应对旧鲁萨的危机；第3摩托化步兵师也终止了北上，该师原本要加入"向列宁格勒的冲锋"。8月10日，在第10军与苏联第34集团军正面作战的同时，该师和党卫军"骷髅"师冲入了后者的侧翼和后方。

在伊尔门湖的另一端，阿基莫夫中将的第48集团军已经无力控制诺夫哥罗德城下的形势了，8月16日，德军开入了这座古老且尚未被征服的旧俄国城市。4天后，德军第21步兵师的骑兵、自行火炮和步兵向东北推进时，在行进间夺取了丘多沃（Chudovo），切断了（莫斯科至列宁格勒的）"十月铁路线"，并抵进至沃尔霍夫河。

卡恰诺夫的第34集团军和莫罗佐夫的第11集团军已经被击退至洛瓦季河；第48集团军在旧鲁萨反突击中什么忙也没帮上，反而随着德军冲向诺夫哥罗德陷入了混乱，现在已经四分五裂，仅有6235人、5043支步枪和31门火炮，尚能在西南方和南方掩护列宁格勒的军队，据守着从柳班（Lyuban）到（沃尔霍夫河畔）格鲁济诺之间25英里长的前线。到8月24日，从卢加以西出发的莱因哈特的第41装甲军已经抵达了赤卫军城郊外，柳班和十月铁路线的柳班—丘多沃段已经沦陷，若德军向东北突击，列宁格勒就会有被围之虞。

伏罗希洛夫不知所措，尽管他已经不再是这栋房子里唯一的领导了。8月20日，西北方面军军事委员会决定成立一个特别机构——列宁格勒城防军事委员会，成员包括库兹涅佐夫、波普科夫、苏博京（A. I. Subbotin）和安秋费耶夫（L. M. Antyufeyev）。该防御委员会立即开始工作，命令安东诺夫上校在8月21日16时之前提交一份配合北方面军作战计划的城防计划。就在列宁格勒准备巷战和迎击伞兵的时候，斯大林为伏罗希洛夫和日丹诺夫自作主张设立城防委员会一事批评了两人。8月21日，斯大林的责备通过专线传来，他对未经许可便成立城防委员会一事怒不可遏，命令伏罗希洛夫和日丹诺夫"审查"其成员。伏罗希洛夫解释说，这个城防委员会仅仅是一个根据形势变化成立的"辅助组织"，但斯大林立即予以驳斥。他命令伏罗希洛夫和日丹诺夫加入该委员会，前者担任主席。这样只会造成重复工作，加之伏罗希洛夫身为西北方向总司令，这些事务与他本职工作中需要处理的问题纠缠不清，城防委员会和西北方面军司令部的军事委员会也只会互相妨碍，两者的职能相差无几。无论如何，斯大林成功地干掉了这个城防委员会，6天后该委员会被解散，其职能于8月30日正式移交给了列宁格勒方面军。

8月20日与列宁格勒党委书记会面时，伏罗希洛夫和日丹诺夫分析了前线的严峻形势。局势的危险已经不容置疑，德军逼近了25英里外的赤卫军城，从东南方发起的攻势也开始在柳班成型。斯大林也开始研究战役地图，接受下属"自作主张"的报告并听取他们的求助。列宁格勒徘徊在毁灭的边缘。斯大林下令派一个国防委员会代表团到列宁格勒，这是一个高级指挥团队，集国防委员会权力于一身。8月21日，由马林科夫和莫洛托夫领导的代表团接到命令北上，其正式任务是"组织城市防御"。沃罗诺夫上将请求日加列夫（Zhigarev）给一架高速轰炸机，在战斗机的护航下将国防委员会的官员运往列宁格勒。他们及时抵达了切列波韦茨（Cherepovets），然后乘火车咔嚓咔嚓地开进了姆加（Mga）。安德烈·柯西金（Andrei Kosygin）领导着与国防委员会代表团一同到来的工程兵队伍。沃罗诺夫对四处弥漫的"和平气氛"很是吃惊，战斗似乎"更像是在柏林城下进行，而非列宁格勒"。国防委员会的全权代表们冷酷无情地展开了工作。最高统帅部已经正式将北方面军一分为二，分别是波波夫的列宁格勒方面军和弗罗洛夫（V. A. Frolov）中将的加里宁方面军。伏罗希洛夫发现自己"很吃力"，由于意见不合，暗地里较量一番后，参谋长尼基舍夫及其作战部主任季霍米罗夫被解除了职务，第23集团军的戈罗杰茨基上校成为新任参谋长，尽管只干了半个月左右。

即刻增援的问题仍有待解决，这次斯大林亲自插手。8月26日，波波夫和指挥员们与最高统帅部（准确地说是斯大林）通话：鉴于德军逼近柳班，斯大林准许波波夫从列宁格勒工厂抽取4天生产的坦克用于自己的方面军，还承诺调拨4个航空团和10个加强营。斯大林的命令很简单：建成第48集团军，打通莫斯科至列宁格勒的高速公路，肃清柳班以北的地区，使用所有飞机对前线作战进行近距离支援。波波夫自己也"采取措施"，用船将步兵第168师从拉多加湖北岸带上来，将第4民兵师从赤卫军城撤回，然后用他们去填补南面和东南面的空缺。

8月底，国防委员会代表团废止了"西北方面军司令部"，那个"城防委员会"也被除名。伏罗希洛夫指挥权的解除被粉饰为西北方向总司令部与列宁格勒方面军司令部的"统一"，但列宁格勒方面军的军事委员会今后仍处于国防委员会的直接领导下，此安排为列宁格勒所独有。尽管伏罗希洛夫信誓旦旦、气势汹汹，但显然不具备现代机动作战的指挥素养。在接下来一星期（9月5日—12日），他仍然在指挥列宁格勒方面军，然后突然被朱可夫将军迅速替代。索边尼科夫少将在西北方面军的职务亦于8月底被解除，该方面军直接划归最高统帅部，10月才有了新司令员库罗奇金将军。行政措施和地方决策由"民政"组织执行，但列宁格勒的实权在军事委员会手中。日丹诺夫虽然不是国防委员会成员，但基本上是按照其指示行事，国防委员会也有事实上的全权代表，例如主管后勤补给、工业生产和（平民、机械设备）疏散的帕夫洛夫（D. G. Pavlov）。总之，党巩固了其控制权，金字塔顶尖的斯大林可以一如既往地立即施加影响。这种组织形式必须带领城市度过迫在眉睫的大难，以及接下来城市长期被围时的恶劣情况。

国防委员会在列宁格勒备战的同时，"卢加防线"作为德军向东南突破的主要障碍已经形同虚设，最终被撕成了碎片，步兵第41军的后方已经出现德军。阿斯塔宁（Astanin）将军被允许突围，这主要是因为赤卫军城的阵地急需卢加的军队来填补。缺油少弹的苏联军队分成小群，组成3个主要集群撤退，由于唯一的道路已经落入德军手中，他们只得离开公路。夜里，德军探照灯发现了撤退中的队伍。苏联第8集团军的第11军也撤过了纳尔瓦和金吉谢普，前往第41装甲军北翼；第8集团军的步兵第10军于8月14日被伏罗希洛夫调拨给了波罗的海舰队军事委员会，用于塔林海军基地的防御，8月28日波罗的海舰队撤回喀琅施塔得后该军也跟着撤离了。为避免被完全分割，第8集团军残部撤至金吉谢普东北。8月25日，虽然得到了"科波里耶"战役集群（这些部队之前属于"卢加防线"的金吉谢普地区）这类增援，但第8集团军司令员报告说其编成内的团、营级指挥员和参谋已经损失殆尽。9月初，这股力量在列宁格勒以西的波罗的海沿岸结成了口袋阵（即奥拉宁包姆桥头堡），此后将长期压迫德军侧翼。虽然已经动弹不得，第8集团军还是奇迹般地幸免于难。

不过，列宁格勒"外围防御"的崩溃中幸免的仅此一部，伏罗希洛夫之前十分热衷于这里的战斗。除了赤卫军城"筑垒地域"，波波夫还力争组建两个集团军。8月31日，最高统帅部批准了他的提议，在斯卢茨克—科尔皮诺各部（步兵第168、第70、第90、第237师和第4民兵师）的基础上组建第55集团军〔集团军司令员拉扎列夫（I. G. Lazarev）少将〕，在第2、第3民兵师和步兵第291师的基础上组建第42集团军〔集团军司令员伊万诺夫（F. S. Ivanov）中将〕。到8月30日晚，第48集团军撤至姆加—基里希（Kirishi）段铁路线，奉命在9月6日前完成重组，接收步兵第311和第128步兵师，并接收利用列宁格勒工厂生产的武器装备。9月初，谢尔巴科夫少将第8集团军左翼上的4个师被包围在了波罗的海桥头堡，第42集团军的2个师在波罗的海舰队火炮的支援下坚守芬兰湾至普斯托什卡（Pustoshka）一线，第55集团军的4个师坚守普斯托什卡至涅瓦河一线。列宁格勒方面军的预备队由2个步兵师和1个海军旅组成。9月4日，德军240毫米远程火炮从托斯诺（Tosno）以北向城区开火，这是向该城发起最后突击的前奏，莱因哈特的第41装甲军将在这次行动中扮演主要角色。

9月1日，由于组织不力和防御松动，最高统帅部严厉斥责了波波夫及其部下，并要求采取"更积极的"措施。波波夫差不多凑齐了那两个集团军，他们现在已经成型并展开战斗，但第48集团军的又一场危机造成了灾难性的后果。在列宁格勒西北卡累利阿地峡对芬作战的第23集团军急需增援，波波夫从预备队中调出了步兵第265师，从赤卫军城调出了步兵第291师，已经无法再为第48集团军派出一兵一卒，该集团军只收到了少量NKVD分遣队，并将其编入一个由边防军残部组成的"师"。城区里依照"区域防御"原则，各区（rayon）设立"防御指挥部"，成员来自区党委书记、区执行委员会主席、当地NKVD官员和普及军训教官。大型工厂（比如科尔皮诺的大型坦克车间）组织了辅助性的"三驾马车"——三人委员会（主任、党委书记和工会主席）来加快工人兵团的组建。来自科尔皮诺工厂的KV坦克尚未涂装，便由工人和战士驾驶着径直开往前线。

列宁格勒方面军军事委员会在9月初的报告中试图解释为什么无法组建一

个"强有力的突击群"来夺取"主动权，并转入更加积极的行动中去"，正如事实所证明的那样，这是伏罗希洛夫军事生涯的绝笔：

> 不幸的是，这些师（4个民兵师、3个近卫民兵师、1个NKVD步兵师和最高统帅部送来的4个步兵师）虽然训练不足，自动武器匮乏，却不得不投入最危急的地段。7月中下旬的这种形势是德军对彼得罗扎沃茨克、奥洛涅次（Olonets）和伊万诺夫斯基耶的攻势所致。
>
> 8月中旬，这类情形再次大规模上演，敌军在诺夫哥罗德突破我正面，将爱沙尼亚的第8集团军一分为二，同时攻向赤卫军城和卡累利阿地峡。类似的事情于8月底和9月初再次发生，敌军同时在三个方向——姆加、赤卫军城和卡累利阿——发动进攻。

苏方只能发动局部进攻。燃料和电力供应正在下降。列宁格勒军事委员会撤离100多万居民的决议形同虚设，因为这座城市的出口已经被封锁了，姆加的沦陷意味着列宁格勒只能通过空运和航运获得补给。国防委员会已经于8月30日下令组织横跨拉多加湖的运输（并布置高射炮来掩护湖上交通免受轰炸），与此同时，少量空运往返于城市内外，这种运输方式受到天气、战事和德军截击的影响。9月8日，由于第48集团军消耗殆尽，又得不到有效增援，什利谢利堡（Schlusselburg）也陷落了，列宁格勒失去了最后一点陆上联系。

德军快速接近，作为摧毁守军抵抗的努力之一，德军的炮击和轰炸愈演愈烈，列宁格勒的战斗似乎已经进入最后关头。斯大林通过国防委员会敲打着守军，又派朱可夫将军接管指挥权。9月13日清晨，朱可夫乘坐的Il-2[4]从莫斯科的伏务科沃（Vnukovo）机场起飞前往列宁格勒，同行的还有费久宁斯基和霍津将军。此时德军已经对红村（Krasnoe Selo）和普希金发起进攻，突入了赤卫军城阵地的后方，部分占领了彼得宫城，并抵达了芬兰湾沿岸的斯特列利纳（Strelna）；在东面，德军从托斯诺发起进攻后，很快就夺取了姆加和什利谢利堡，继而向东抵进至沃尔霍夫河，他们可能在斯维里河以南与芬兰军队会师，后者正在拉多加湖和奥涅加湖之间向南推进。

朱可夫的到来对于列宁格勒的指挥层而言无异于晴天霹雳。伏罗希洛夫立即交出了指挥权——签了名的情报和战役态势图。通过电报，朱可夫向最高统帅部的华西列夫斯基报告他已到达并接过了指挥权。伏罗希洛夫对此表现得很平静，向各集团军司令员发表了简短的告别讲话。当晚他就与参谋飞离这座城市，返回莫斯科，中途穿过了深入城市郊区的战线，700千米长的反坦克壕、5000座火力点和地堡，以及25千米长的障碍物，他曾让成千上万的列宁格勒市民为此辛勤劳动。朱可夫在危难关头接管了指挥，德军的进攻于9月8日—9日重启后达到了高潮，在第42集团军的地段，德军数个团突入了红村以北，兵锋直指乌里茨克（Uritsk），造成了危险的局面。朱可夫立刻动用他剩余的预备队——步兵第10师——去支援第42集团军。他的总战役命令简洁明了：

    1. 以大炮、迫击炮火力和空中支援压制敌军，不能让他们洞穿防线；

    2. 在9月18日以前组建5个步兵旅和2个步兵师，集结后用于列宁格勒近处的防御，要在那里建立4道防线；

    3. 第8集团军将攻击敌军的侧翼和后方；

    4.（第8集团军）协同第54集团军解放姆加和什利谢利堡地区。

（第54集团军实际上就是原来的第48集团军，现位于列宁格勒界外，其司令员是斯大林的另一位坚定拥护者——库利克元帅。）

在作战指挥室里，朱可夫的表现虽然粗暴，但似乎卓有成效，他扫去了桌子上的所有"协同作战地图"，将注意力集中在了那幅城防挂图上。提及"协同作战"的人都会遭到痛斥。第42集团军得到命令，发射相当于两天实弹训练所需的炮弹；第55集团军被告知死守普希金—赤卫军城—科尔皮诺地域。第二天，朱可夫开始建立预备队，加大防御纵深，激励第8集团军，动用列宁格勒的所有火炮（包括舰炮），并派费久宁斯基去视察第42集团军。费久宁斯基不久前还在乌克兰当军长，他发现第42集团军的伊万诺夫将军双手抱头，连自己的军队在哪儿都不知道。费久宁斯基从参谋长拉廖诺夫少将那里得知，第42集团军还在坚守，"这简直是个奇迹"，伊万诺夫立即请求将其司令部撤下前线。费久宁斯基一口回绝了。上报朱可夫时，费久宁斯基得知第42集团军司令部已经向战线后方移动过，到了基洛夫工厂对面一所学校的地下室里。朱可夫的回应简单直接——"接管第42集团军，尽快"。日丹诺夫和基泽佐夫（Kizetsov）匆忙用铅笔签署了命令，费久宁斯基返回了第42集团军，去寻找这个集团军骚动不安的军事委员会。

朱可夫"计划"的实质是让第42集团军融入防线，以抵抗德军的主攻，并用第8集团军"奥拉宁包姆桥头堡的几个师"攻击德军侧翼。到9月16日为止，除了一名新司令员，朱可夫还给了第42集团军第二梯队（第21内务部师、第6民兵师，以及由波罗的海舰队水兵和高射炮手组成的两个旅），并将其部署在列宁格勒"筑垒防线"的外圈，没有朱可夫的明确许可不得移动。虽然"第二梯队"听起来很强大，但第42集团军的作战日志表明该部已经被撕得粉碎。守卫普希金的第55集团军损兵折将，也在未经许可的情况下擅自撤退了。在朱可夫计划中举足轻重的第8集团军纪律亦开始恶化，同样糟的是，弹药也差不多用光了。计划于9月14日进行的反冲击未能发起，第8集团军司令员谢尔巴科夫（V. I. Shcherbakov）少将报告说那根本不可行。谢尔巴科夫再次拒绝执行命令后，朱可夫解除了他和政委丘赫诺夫（I. F. Chukhnov）的职务。斯大林接到报告说斯卢茨克—科尔皮诺地域的部队开小差，他大发雷霆，发布了一道严厉的命令，要求"冷酷无情地消灭"德国人的"帮凶"，随后颁布的第0098号命令通知列宁格勒守军将相关人员处死或降职。

对朱可夫的任命表明了最高统帅部迟来但无可置疑的决心，那就是不惜一切代价坚守这座城市，守不住的就炸掉。列宁格勒军事委员会向莫斯科递交了一份爆破指令，朱可夫的参谋长霍津（M. S. Khozin）中将（1938年出任过列宁格勒军区司令员）下令在9月17日之前做好桥梁的爆破准备工作。当天，军事委员会在"三驾马车"（由莫斯科夫斯基区、基洛夫区和沃尔达尔斯克—列宁斯克区第一党委书记组成）的指导下，布置了40吨高爆炸药，以保障工业厂房的爆破。在9月危机的高潮期间，城区也在进行要塞化，在街道上设置路障，加固地下室，将建筑上层改建为火力点。尽管朱可夫调集了官兵和火炮，并发起"持续不断的反冲击"，德军装甲兵还是攻入了"主防御带"。第42集团军已经在普尔科沃（Pulkovo）后方准备了最后的阵地，再往后就是市中心区了。如果到9月17日上午9时安东诺夫上校的第6民兵师还没有在此就位，朱可夫将让有关责任人"站在斯莫尔尼宫墙下，作为叛徒被枪毙"。此举让日丹诺夫也有些吃惊。

普希金已经于9月16日失守，激烈的战斗在斯卢茨克和科尔皮诺肆虐。列宁格勒有轨电车系统的亚历山德罗夫卡有轨电车站被占领，线路上的有轨电车和乘客也落入了德军手中。尽管斯卢茨克和大库兹明（Greater Kuzmino）已经被攻破，但科尔皮诺顶住了猛烈的进攻。9月19日，第55集团军的防线稳定在了城市近郊的普尔科沃—库兹明—普尔托洛沃（Purtolovo）。在东面，为响应最高统帅部的命令，"涅瓦战役集群"和库利克的第54集团军里应外合，围绕姆加的铁路枢纽和锡尼亚维诺的补给基地进行了半个月（9月10日—26日）的战斗，企图打破对列宁格勒的封锁。这一尝试失败了，库利克因第54集团军作战失利而去职，而后被送上军事法庭，被剥夺元帅军衔，降为少将。霍津接管了指挥权。

在列宁格勒北面，由于德军未能突破涅瓦河，芬兰人不顾德国的强烈要求，丝毫没有向列宁格勒进攻的意思。9月1日，苏联第23集团军撤回到1939年的国境线，从而稳定了北面的战线。"维堡集群"的12000人从科伊维斯托（Koivisto）撤回到列宁格勒，到9月10日为止，第7集团军已经撤往斯维里河，并在那里稳定了战线。

北方集团军群已经于9月12日获悉了希特勒的决定，不再向列宁格勒推进，而是围住这座城市。苏联间谍组织"红色乐队"已经渗入了德军统帅部，斯大林也由此得知了这个决策，不过，似乎尚不知晓该情报的列宁格勒司令部继续奋战，仿佛市中心即将遭遇猛烈进攻一般。将城区纳入中型火炮射程内的近距离合围也没有出现，这还不是最好的消息——朱可夫的反冲击进一步削弱、减缓了德军的进攻力量，而后者的装甲和摩托化师也将撤出。9月18日，哈尔德承认这张网已经不可能再收紧了。

9月19日到20日夜间，朱可夫的情报指挥员，旅级指挥员叶夫斯季格涅耶夫（P. P. Evstigneyev）遴选、评估了不断传来的关于德军装甲力量调离列宁格勒的报告。同一晚，方面军的工兵们接到了一道非常严厉的命令，上面标有"立即执行"的字样，该命令要求在城内的铁路枢纽布设爆破炸药并装入雷管。这道绝密的命令来自莫斯科，和组织城内主要厂房、工厂的爆破准备工作时一样，所用炸药均已分发完毕。不过，越来越多的证据表明德军正在重新部署。有真凭实据表明德军正在放缓攻势吗？朱可夫并不打算接受叶夫斯季格涅耶夫的推测，他吼道，这些报告不过是间谍的"挑拨"，然而普斯科夫（Pskov）和赤卫军城附近的游击队都详尽地证实了德军的调动，以及装甲车辆正被装入平板列车。此时德国第8集团军已经突破至芬兰湾，威胁着波罗的海舰队的主要基地，用海军上将特里布茨的话来说，Ju-87俯冲轰炸机和波罗的海舰队的舰只正在进行"他们的决斗"，后者接受过以舰上火力打击陆地目标的训练，也遂行过这类任务。在战斗中，苏联战列舰"马拉特"号、巡洋舰"基洛夫"号和几艘更小的舰只被击伤。城市在战斗中燃起大火，医院在一天内收容了4000名伤亡平民，当日共记录了200次火警。

9月23日，德军仅以20辆坦克进攻普尔科沃。该处及其他地段的攻势确实出现了减弱的征兆。工兵们准备好了炸药，炮手和步兵们蜷伏在"最后的阵地"，这座城市正准备迎接可怕的命运，仿佛命不久矣，此时获得拯救简直难以置信。不过，就像叶夫斯季格涅耶夫的情报人员报告的那样，第4装甲集群的确已经被抽离了列宁格勒，以便参加对莫斯科发起的"台风"行动。

9月24日，北方集团军群司令冯·莱布报告说他的形势已经"大大恶化"（erheblich verscharft）：芬军在卡累利阿的推进已经"彻底停止"，他察觉到过去几天"激烈战斗"造成的伤亡影响了麾下各师。到9月25日，朱可夫得以稳定战线，但除了拉多加湖上的水路之外，列宁格勒与外界的其他联系均被切断。9月2日就缩减过一次配给，现在又再次缩减，这次影响非常严重。要想真正解救这座城市，就必须设法打破陆地封锁，为此，苏联军队在9月进行了激烈战斗。尽管"涅瓦河集群"付出高昂的伤亡后，设法在什利谢利堡以西的涅瓦河对岸（南岸）建立并守住了一座桥头堡，但姆加—瑟纳维诺（Syinavino）突出部还是被粉碎了，因此解放拉多加湖南岸，打通列宁格勒—沃洛格达（Vologda）铁路线被证明是完全不可能的。现在，北方集团军群无法迅速消灭这座城市，但可以通过更缓慢，甚至更加令人痛苦的手段将其扼杀于饥饿之中。

7月下旬，东线的战斗已经趋于明朗，国防军不再占据绝对优势，尽管还没有斯大林与霍普金斯会谈时表现得那么乐观。虽然遭受了惊人的损失，但更令人吃惊的是，不仅德军情报机构标明了新建苏联师的存在，而且事实上第聂伯河—德维纳河以西的苏联军队并未被肃清；一个同样让德国人不安的事实是，"巴巴罗萨"第一阶段并未达成主要目标（列宁格勒、莫斯科和顿涅茨盆地）。苏联人继续在德军交通沿线及大后方地区殊死奋战，多个地区还出现了有协同的游击活动。苏军通过德军包围圈的缝隙或薄弱环节向东突围的尝试进展缓慢，犹疑不定，但并非一无所获，所以随着作战距离的缩短，德军装甲和步兵兵团迫切需要更加紧密地协同作战。铁木辛哥掩护莫斯科的力量正面阻挡德军的推进，与此同时，苏联各集团军和战役集群拼命对德军暴露的侧翼施压：这种态势是北方和南方集团军群推进速度比中央集团军群慢造成的。在北方和中央集团军群之间，旧鲁萨与大卢基沼泽地组成的"间隔"中，苏联各师已经向德军两翼发起了进攻；南面，在中央集团军群与南方集团军群之间，波塔波夫的第5集团军已经被逐退至普里皮亚季沼泽边上的科罗斯坚，在那里对中央集团军群延伸的右侧翼构成了明显的威胁，对南方集团军群的左翼也产生了一定压力。希特勒常常盯着苏军这些挤入德军侧翼与战线之间的楔子，但他的注意力完全在俄罗斯南部的经济目标（粮食、金属和石油）上面。

　　鉴于希特勒对执行"巴巴罗萨"原命令持保留意见，因此当务之急是决定中央集团军群所辖装甲集群接下来的部署方向：他们可以挥师北上（去对付列宁格勒），举兵南下（去协助冯·伦德施泰特），或留给冯·博克，以便全力冲向莫斯科。对于最后一个选项，就像军方宣称的那样，全力全速冲向莫斯科需要在侧翼上冒一定风险，他们为此起草并提交了一份作战计划。希特勒则拿出了自己的方案，对时间和空间进行了关键的调整，从"莫斯科还是乌克兰"变成了"莫斯科和乌克兰"。他于8月21日下达的指令消除了高层中的反对意见，将"夺取克里米亚（和顿涅茨）"提升为主要战役目标，而北方的列宁格勒将被"孤立"，德军将与芬军会合。只有满足完全封锁列宁格勒、与芬军会师、歼灭苏联第5集团军这些"先决条件"之后，对铁木辛哥的中央地带发起的进攻才会成功。这个计划不乏精妙之处，但其中透露出的谨慎保守显然表明要暂缓中路突击，承认铁木辛哥和基尔波诺斯已经以他们自己的方式令"闪电战"陷入停顿。

德国统帅部内部匆忙开会磋商时，苏联的反冲击于7月底开始退潮。到7月18日，伏罗希洛夫对曼施泰因侧翼的打击已经被击退，不过在总统帅部大本营的指示下，他正准备动用第48、第11和（特意从预备队方面军抽调的）第34集团军对旧鲁萨发起大规模进攻。7月20日，1个德国师突入了西方面军右翼的第22集团军后方并夺取了大卢基。第22集团军主力及其位于涅维尔（Nevel）以东的余部发起了猛烈反冲击，阻止德军从北面展开纵深包围，并威胁西北方面军的左翼。到7月底，第22集团军在友邻的第29集团军支援下，于洛瓦季河（Lovat）上游—大卢基—德维纳湖一线奋力掘壕固守。这道屏障一直守到了8月底。德军后方，格拉西缅科中将的第13集团军及其下辖的两个步兵军（步兵第61和第45军）在第聂伯河上的莫吉廖夫顽强战斗，在4个德国师的包围下，被困军队于7月26日炸掉了连接该城东西两部分的木桥，将他们困在了自己的阵地上。4天前，苏联总参谋部曾向铁木辛哥询问过莫吉廖夫守军的"确切消息"：步兵第172师师长罗曼诺夫少将最终从该镇发来报告，请求提供弹药，但只通过空投提供了一小部分；巴枯宁少将的步兵第61军"完全被包围"，预定于7月27日破晓分三路沿姆斯季斯拉夫尔（Mstislav）—罗斯拉夫尔方向突围；与此同时，步兵第45军试图向东突围并穿过索日（Sozh）河，河对岸聚集着各种各样的部队，包括机械化第13军的残部、第4集团军的后方梯队和第13集团军一部。

位于西方面军最左侧、与第13集团军相邻的是第21集团军，下辖3个步兵军（步兵第63、第66和第67军）和克里沃舍因的机械化第25军。两列装甲列车（第51和第52号）和2000名步兵被切断在了西方，联系业已中断。第21集团军的8个步兵师坚守莫吉廖夫以南的新贝科夫（Novy Bykhov）至勒夫一线。第21集团军先后由多名高级指挥员指挥，首先是格拉西缅科，然后是布琼尼元帅自己[5]，接着是叶夫列莫夫中将、库兹涅佐夫上将和戈尔多夫（V. N. Gordov）少将。7月中旬，第21集团军从罗加乔夫（Rogachev）与日洛宾之间向博布鲁伊斯克（Bobruisk）方向发动反冲击，一星期后，一个"骑兵集群"（3个骑兵师）转向博布鲁伊斯克西南，突袭德国第2集团军的交通线。7月24日，总统帅部大本营将第21和第13集团军并入库兹涅佐夫上将麾下的中央方面军，这位沮丧的前任指挥员来自波罗的海，仍然被腿伤困扰着，总统帅部大本营凑集了136架飞机（其中75架经过修补）为其提供空中支援，并任命（航空兵）少将沃罗热伊金（G. A. Vorozheikin）为战术空军指挥员。桑达洛夫上校是命运多舛的第4集团军中头脑最冷静的人之一，他接任了方面军参谋长一职。中央方面军的组建分裂了西方面军[6]，库兹涅佐夫奉命确保西方面军和西南方面军的联系，并继续"以积极的行动"支援铁木辛哥在斯摩棱斯克南北两侧的战斗。规模较小、组织混乱的中央方面军由"戈梅利集群"的苏联部队组成，是北乌克兰的主要屏障——这个"盖子"需要不惜一切代价扣紧，然而，打开它的正是斯大林自己。

在战线中央，第16和第20两个苏联集团军已经被拉出斯摩棱斯克以北的包围圈。7月20日，为了深入支援西方面军支离破碎的第一梯队，总统帅部大本营命令朱可夫将军的预备队方面军向西移动，让组建于奥斯塔科夫（Ostahskov）—勒热夫—叶利尼亚一线的第29、第30、第24和第28这四个集团军去支援第16和第20集团军：第29集团军进攻托罗佩茨（Toropets）以南，第30集团军、第24集团军（连同第16集团军）、第28集团军将分别从别雷西南、亚尔采沃和罗斯拉夫尔[7]东南发起进攻。这些以指挥员的名字命名的军团最终作为"集团军级集群"参战，在希特勒考虑其第二阶段的目标那几天，对叶利尼亚突出部发起猛烈进攻。到8月8日，古德里安已经用他的"突击群"打垮了卡恰洛夫的第28集团军。8月4日，第28集团军将其绝望的处境告知了西方面军司令部：

> 第28集团军与优势敌军交战，被包围在叶尔莫利诺（Yermolino）、萨莫迪诺（Samodidino）、雷萨洛夫卡（Lyslovka）、什库拉托夫卡（Shkuratovka）和奥泽里亚诺（Ozeryavino）地区。部队正向东南方向突围，一支队伍穿过罗斯拉夫尔，其他部队向东。任务是突破至奥斯捷尔（Oster）河。各军团正遭受巨大损失，不再适合作战。请求空中（尤其是战斗机）支援。
>
> 叶戈罗夫；（参谋长）普里隆科（Prilonko）

第28集团军的残部被送往预备队方面军，卡恰洛夫将军在斯塔林卡村

（Starinka）附近乘坐坦克战斗时阵亡。在梅赫利斯随后进行的调查中，那些捍卫其司令员声誉的军事委员会指挥员们的声音被粗暴地掩盖了，梅赫利斯说他们"政治幼稚，不相信卡恰洛夫预谋投靠德国人……"。

古德里安已经扫清了通往布良斯克的道路，现在开始着手清理自己的右侧翼，他令第24装甲军从罗斯拉夫尔转向东南方的克里切夫（Krichev），第二次合围行动于8月14日被取消，随之而来的是另一次突击，这次是向南对付"戈梅利集群"。在一星期内，古德里安的装甲和机动力量已经切断了戈梅利—布良斯克—莫斯科铁路线，抵进至斯塔罗杜布（Starodub）和波切普（Pochep）的阵地。西方面军的左翼于8月中旬告急，古德里安的装甲兵切开了苏联军队的侧翼，这完全是斯大林的过失。8月初，铁木辛哥命令叶廖缅科到卡斯纳（Kasna）的司令部向他报告，该地位于布良斯克以北约10英里处。叶廖缅科当时正奉命率第16和第20集团军撤退，但赶到卡斯纳时，铁木辛哥又要他前往莫斯科的最高统帅部。叶廖缅科于8月12日抵达莫斯科，当晚向斯大林和沙波什尼科夫做报告。叶廖缅科与一同被传唤来的库兹涅佐夫上将走进了最高统帅部的作战室。斯大林身边有国防委员会成员马林科夫、莫洛托夫和贝利亚，以及总参谋部的沙波什尼科夫。作为开场白，沙波什尼科夫"概述"了前线形势，总结说敌军将在不久之后进攻南方的克里米亚，并在中部战线的莫吉廖夫—戈梅利地段进攻布良斯克，从而威胁奥缪尔和莫斯科。

这时斯大林接过话题，向叶廖缅科和库兹涅佐夫讲述了他那张地图上的态势，他重复了一些沙波什尼科夫讲过的内容，但强调说必须挡住德军在布良斯克和克里米亚方向的突击。因此，计划组建布良斯克方面军和一个掩护克里米亚的独立集团军。斯大林问叶廖缅科想要部署到何处，叶廖缅科说哪里需要他就去哪里。这时斯大林转向他，要一个明确的答案。叶廖缅科请求被送往"最困难的地区"。他被告知布良斯克和克里米亚都很"困难"。最后，叶廖缅科脱口而出，说他对装甲战略知一二，应该被送往敌装甲兵将要进攻的地方。这让斯大林很满意。库兹涅佐夫也受到了类似的盘问，他回答说自己是一名战士，把他送到哪里就在哪里战斗。"这样，这样，一名战士，"斯大林嘲弄地模仿道，"但你自己的想法呢？"库兹涅佐夫坚守着他的军人风度，仅仅是重复他所说过的话。据此，斯大林转向叶廖缅科，宣布了他的决定：

你，叶廖缅科同志，被任命为布良斯克方面军司令员，明天赴任，以最快的速度组织该方面军。古德里安的坦克集群正沿布良斯克方向行动，那里将会发生激烈的战斗。所以你将如愿以偿。你将遇到"老朋友"古德里安的机械化军队，他们的战法你在西方面军时应该已经领教过了。

　　叶廖缅科要到总政治部去见梅赫利斯，并为新方面军的军事委员会挑选指挥员。库兹涅佐夫被告知他将前往克里米亚。两份任命书均当场签署。斯大林又转向叶廖缅科，最后说道："我们对布良斯克方面军寄予厚望，你的主要目标是从西南方掩护莫斯科战略地区，决不允许古德里安的坦克集群洞穿布良斯克方面军，直奔莫斯科。"言及此处，斯大林仔细打量着叶廖缅科，似乎在等待回应。叶廖缅科补充："我理解并将完成任务"。

　　斯大林收到了德军计划通过布良斯克地区进攻莫斯科的情报，他的敏锐一定由此而来；古德里安目前的攻势似乎也印证了这一消息。斯大林的情报机构获得的这类高级情报与德军的军事计划相符，但其内容局限于8月上半月，并不包括希特勒随后提出的莫斯科战役成功的"前提"。斯大林的预料与德军意图基本一致，但这只是暂时的。在给铁木辛哥的指示中，最高统帅部解释说德军正面突击未果后，将在侧翼上有所动作，因此，铁木辛哥奉命在大卢基和戈梅利突出部集结兵力，他8月25日的进攻命令（涉及西方面军、布良斯克方面军和预备队方面军）计划加强反冲击，以便减轻中央方面军，也就是"戈梅利集群"的压力。与此同时，伏罗希洛夫已经开始了他在旧鲁萨的作战，至少动用第34集团军，利用北方集团军群和中央集团军群之间的"间隙"展开行动。

　　然而，预备队方面军司令员朱可夫将军对此感到不安，他从侧翼激烈的进攻中得出了自己的结论。8月18日，他向斯大林和最高统帅部提交了自己的报告：

　　　　由于我方在通往莫斯科的道路上集结了强有力的军队，且侧翼上有我中央方面军和大卢基集群，敌军已经暂时放弃了对莫斯科的进攻，转而对西方面军和预备队方面军采取主动防御，将所有机动打击力量和坦克部队用于对付中央方面军、西南方面军和南方面军。

　　敌军可能的意图是：歼灭中央方面军，突入切米戈夫（Chemigov）—科诺托普（Konotop）—普里卢基（Priluki）地域，从而从背后发起进攻，歼灭西南方面军。

因此，朱可夫建议迅速在布良斯克集结兵力，以便从侧面打击德军此次攻势。朱可夫在24小时内（8月19日）就得到了回复：

　　我赞同您的想法，德军可能在切米戈夫—科诺托普—普里卢基方向上有所动作。德军此举意味着从第聂伯河东岸包抄我们集结在基辅的军队，合围我第3和第21集团军。既然已经预见到了这样一种危险，为了阻止其变为现实，已经成立了叶廖缅科的布良斯克方面军。另外正在采取其他措施，我会专门通知您。我们希望能够阻止德国人。

　　　　　　　　　　　　　　　　　　　　　　　　斯大林；沙波什尼科夫

布琼尼元帅注意到了戈梅利—斯塔罗杜布方向的进攻，他为自己的侧翼，当然还有近邻中央方面军的侧翼感到担忧。8月16日，他联系了最高统帅部，说如果德军进一步南下，将危及基辅西北波塔波夫的第5集团军。朱可夫介入了此事，促使上级在数小时内发布了大量命令。

正如给朱可夫的回复所言，斯大林命令西南方面军（除了基辅的第37集团军）撤回到第聂伯河，坚守勒夫至佩列沃赫纳（Perevochna）之间的河段，借以掩护切尔尼戈夫（Chernigov）—科诺托普—哈尔科夫一带；撤出基辅以南的桥头堡，以便加强第聂伯河左岸的防御并腾出预备队。波塔波夫的第5集团军巧妙地脱离了战斗，只有略微靠南的阿尔捷米耶夫（Artemeyev）的步兵第27军进行了大量的作战行动。翌日（8月20日），斯大林给叶廖缅科分派了一个新任务——歼灭古德里安的第2装甲集群。指挥中央方面军的叶夫列莫夫少将奉命撤出第3和第21集团军，以掩护布良斯克方面军和中央方面军的结合处。与此同时，德军第3和第4装甲师向南推进，经由斯塔罗杜布向杰斯纳河推进。8月25日，就在诺夫哥罗德—谢韦尔斯基（Severskii）以北，第3装甲师完好无损地夺取了那座750码长的桥梁；在东面掩护这次推进的第17装甲师亦经由波切普向南突进。

斯大林与叶廖缅科通过电报联系前，最高统帅显然被德军装甲和机动力量的行动搞得不知所措，他不顾一切地要阻止古德里安；

斯大林：

我有一些问题要问您：

1.要不要解散中央方面军，将第3集团军和第21集团军给您？

（问题2被错写为问题3）

3.我们可以在几天内，后天，或者大后天，迅速给您两个坦克旅，辖有2—3个坦克营，装备少量KV坦克，您着急用吗？

4.如果您保证击败威廉·古德里安，我们可以再给您几个航空团和一些RS（"喀秋莎"火箭发射器）营，能做到吗？

叶廖缅科：

1.对于解散中央方面军，我的观点如下：鉴于我想要击败古德里安并且一定会击败他这一事实，有必要确保南面的接近地，但这就意味着布良斯克地域的友军要紧密协同。因此我请求将第3集团军和第21集团军调给我。

3.非常感谢您增援我的坦克和飞机。我只希望您能快点把它们调来，我们非常、非常急需这些。至于威廉·古德里安，我们将不惜一切代价打败他，以便完成您赋予的任务。

中央方面军被立即解散了。然而斯大林向叶廖缅科提问时，沙波什尼科夫向后者下达了另一套命令。沙波什尼科夫坚持认为古德里安正在进攻布良斯克方面军的北翼（右翼），即第50集团军的步兵第217师和第279师，接下来可能"进攻日兹德拉（Zhizdra），从北面包抄布良斯克"。他命令叶廖缅科立即加强该地区，预计进攻"后天或大后天"（8月25日—26日）就会来临。这意味着将第50集团军调往完全相反的方向，离开波切普，北上至日兹德拉——叶廖缅科就这样失去了主要突击力量，而且仍要"击败古德里安"。斯大林和沙波什尼科夫似乎认为，布良斯克的军队已经足够达成这个目标了，这简直可笑至极。叶廖缅科在纸面上有第50和第13两个集团军，各辖有8个步兵师、3个骑兵师和1个坦克师，但许多兵团已经在战斗中大幅缩水。他新得到的第21和第3两个集团军已经溃散或消耗殆尽，尽管最高统帅部许诺为第21集团军补充27000人。

布琼尼元帅对中央方面军也很有兴趣，力图将其"扣"在自己的方面军下。8月25日，他亲自向最高统帅部进言，建议用波塔波夫的第5集团军加强中央方面军，或将中央方面军的两个集团军划入西南方面军，以确保西南方面军与布良斯克方面军结合处的安全。布琼尼还建议在基辅东北建立联合司令部，但被驳回。布琼尼得到的是第40集团军（由第37和第26集团军[8]的残部组成），由波德拉斯（K. P. Podlas）少将指挥，到8月25日已经纳入了步兵第135和第293师、空降兵第2军、坦克第10师和反坦克歼击炮兵第5旅。这些部队要么刚刚组建，要么在战斗中损耗严重。该集团军用于加强布良斯克方面军和西南方面军的结合处。

苏方于8月25日进行的航空侦察表明，南方的德军运动已经趋缓，但他们跨过了杰斯纳河，那里只部署有脆弱的第40集团军，所以可以预计，这个方向会出现新的攻势。斯大林从自己的"最高统帅部预备队"中抽调了坦克和飞机，叶廖缅科已经用它们发起了他的第一轮反冲击，却只是让第13集团军进一步损兵折将。9月2日，斯大林给叶廖缅科和布良斯克的特别空军指挥员、苏联空军副司令员彼得罗夫（I. F. Petrov）少将送去了一个措辞严厉的消息：

叶廖缅科和彼得罗夫：

  最高统帅部对你们的工作非常不满。尽管航空兵和地面部队奋力作战，波切普和斯塔罗杜布依然在敌军手中。这意味着你们只是咬了敌人一小口，但未能消灭他们。古德里安和他的集群必须被粉碎（vdrebezgi）。在此之前，你那些取胜的报告都形同废纸。我等着你歼灭古德里安集群的报告。

叶廖缅科对斯塔罗杜布的向心攻势从一开始就希望渺茫，斯大林显然对空袭效果不佳极为不满，他们有464架飞机，包括230架轰炸机、179架战斗机和55架对地攻击机——这是预备队、中央方面军、布良斯克方面军、第1预备航空兵群和参战的远程轰炸航空兵兵力的总和。

现在，叶廖缅科接到了完整的指令：8月30日，最高统帅部命令布良斯克方面军展开双重行动，一直持续到9月15日。第一次攻势在罗斯拉夫尔方向展开，与预备队方面军的第43集团军协同进行，为此，叶廖缅科至少调拨了第50集团军的4个师。第二次行动指向西南方，直指波切普—斯塔罗杜布—诺夫哥罗德—谢韦尔斯基的第24装甲军，参与攻势的师不少于10个，并有装甲兵支援。叶廖缅科主张只进行一次有力的进攻，但被最高统帅部否决了。歼灭古德里安的任务完全落在了布良斯克方面军的肩上，而叶廖缅科有4个集团军（第50、第13、第3和第21集团军）来做这件事〔由于作战不力，叶廖缅科解除了第13集团军司令员戈卢别夫（K. D. Golubev）少将的指挥权，最高统帅部答应派戈罗德尼扬斯基（A. M. Gorodnyanskii）少将接替他〕。

叶廖缅科与古德里安的装甲兵在杰斯纳河激战8天，9月初，第3装甲集群分割了第3和第21集团军，将后者推回了杰斯纳河，并切断了该部与布良斯克方面军主力的联系。9月2日，最高统帅部命令布琼尼元帅一定要守住切尔尼戈夫，但只有布琼尼之前没能拿到手的第31集团军靠近切尔尼戈夫与杰斯纳河上的绍斯特卡（Shostka）之间的漏洞。与此同时，第3装甲集群迅速跟随第4装甲师向东冲向谢伊姆（Seim）河，9月7日渡过该河，更迅速地冲往科诺托普。古德里安正位于布琼尼的后方。尽管竭尽所能地进行了加强，布良斯克还是沦陷了，布良斯克方面军和西南方面军已经被分割，现在裂口延伸至20多英里。尽管叶廖缅科信心十足地向斯大林做了保证，但他并未"消灭威廉·古德里安"。

布琼尼元帅与他的方面军司令员基尔波诺斯、秋涅列夫控制着"西南方向"，8月，西南方面军与南方面军的结合处首次出现了危机。波塔波夫的第5集团军仍然处于德国第6集团军的北侧翼；弗拉索夫将军的第37集团军在基辅"筑垒地域"抵挡着德军的进攻，然而后者转向了东南方。第6和第26

两个苏联集团军被分割开来，基尔波诺斯只能通过无线电与他的左翼保持联系，亦无法为他们提供补给。因为第6和第12集团军实际上是被隔在了南方面军的战区，迟至7月25日晚，最高统帅部才将这些军团划给南方面军司令部。基尔波诺斯的第26集团军竭力坚守勒日谢夫（Rzhishchev）和卡涅夫斯克（Kanevsk），这两处第聂伯河上的渡口位于基辅西南。为了守住第聂伯河上的切尔卡瑟桥头堡，基尔波诺斯下令用机械化第8军的参谋和行政部门组建第38集团军，原军长里亚贝舍夫中将任司令员。后来里亚贝舍夫接管了切尔卡瑟地区的所有部队。

克莱斯特的第1装甲集群从白采尔科维向南方和西南方发动进攻，截止到8月初，已经将第6、第12两个苏联集团军及第18集团军之一部困在了"乌曼口袋"里。布琼尼命令第26集团军在博古斯拉夫（Boguslav）—兹韦尼戈罗德卡（Zvenigorodka）方向发动进攻，以便减轻乌曼方向的压力。这是一次协助突围的勇敢尝试，不过还是失败了。秋涅列夫勃然大怒，早在7月25日，尚未被完全包围的第6和第12集团军便在（第12集团军司令员）波杰林（P. G. Ponedelin）少将的统一指挥下奉命后撤，以便逃离冯·克莱斯特的部队。8月4日向最高统帅部和布琼尼元帅报告时，秋涅列夫严厉斥责了波杰林：

> 一再下令将部队撤到锡纽哈河（Sinyukh）后面，由于执行命令时完全无法理解的迟缓，波杰林集群仍留在他们当前的位置。
>
> 我们通过无线电、飞机与波杰林联系，直到8月2日，波杰林的一名参谋指挥员乘卡车来到了方面军司令部。8月3日，一架飞机从他那里起飞，这架飞机是我们应波杰林的要求空运弹药和燃料的。飞行员报告说虽然给运输机的识别信号与着陆地点完全对得上号，但由于波杰林的部队对我方飞机猛烈开火，因此无法降落。我方还有一架飞机被击落。

秋涅列夫的第18集团军在右翼上协助友军突围，现在自己也处于半包围之中，被迫撤往布格河南部。此时，秋涅列夫不得不面对这样一个事实，即他位于德涅斯特河和布格河南部之间的整个右翼都被摧毁了。南方面军军事委员会面对的问题是——现在何去何从？这也是8月6日秋涅列夫向布琼尼和最高统帅部所做报告的主旨：

> 南方面军堪用的军队在6天连续不断的战斗中损耗严重，根本不可能坚守这些战线，尤其是我部与西南方面军的结合处——基洛夫（Kirov）—兹纳缅斯克（Znamensk）和克列缅丘格（Kremenchug）。
>
> 总参谋部不赞成军事委员会的看法，但在敌优势兵力的打击下，我方面军右翼已经后撤，目前仍在退却并在不利条件下战斗。
>
> 在与西南方面军司令员的谈话中，斯大林同志划定了一条基本防线——科尔孙—因古列茨（Ingulets）河—克里沃罗格（Krivoi Rog）—克列缅丘格，因此沿第聂伯河设防看起来是当前情况下唯一合理的措施。
>
> 西南方向总司令提议的兹纳缅卡（Znamenka）—基洛沃（Kirovo）—尼古拉耶夫（Nikolayev）一线可以作为基本防线的前沿阵地。为了将其作为前沿防线加以利用，亟待保留斯梅拉（Smela）—基洛沃地区有作战价值的部队，这些地方现在都处于敌人的直接威胁下。

随后秋涅列夫上报了他当前的位置，报告了"预备队集团军"的组建，该集团军由奇比索夫中将指挥，兵力来自最高统帅部增援的9个步兵师和3个骑兵师，并请求"中央作战机构"尽可能地给予援助。

秋涅列夫两个星期没有收到回复，在此期间，第9集团军被迫向东退却至尼古拉耶夫，滨海"集群"向南退往敖德萨。8月14日，秋涅列夫召集指挥员们开了一次会，与会者包括斯米尔诺夫将军、马利诺夫斯基、（骑兵指挥员）别洛夫和他们的参谋。3天后，骑兵第2军、第18和第9集团军越过因古列茨河，奉命前往第聂伯河东岸。奇比索夫的预备队集团军位于第聂伯彼得罗夫斯克，该集团军有8个步兵师、3个骑兵师和2个坦克旅，坦克旅没有一门反坦克炮或机枪。奇比索夫现在向西运动，迎击进攻尼古拉耶夫斯克的德军。

敖德萨的苏联海军基地遭到了来自陆地一侧的攻击，现在正为生存而战。7月27日，黑海舰队军事委员会收到了明确的命令，大意是"虽然陆地方面形势不容乐观，但敖德萨不会被围困"。敖德萨海军基地司令员朱可夫（G. V. Zhukov）海军少将立即下令建立陆上防线，停止军队撤离，只将那些基地防御用不到的部队送往塞瓦斯托波尔。民兵部队匆忙组建、武装。海军上将奥克佳布里斯基已经批准了总撤离方案："禁止议论，平抑恐慌情绪，建立防线，战斗并避免被围困。""敖德萨防御地域"（OOR）的卫戍命令立即生效："从8月8日19时起，敖德萨及其近郊戒严。"直到10月，"敖德萨防御地域"一直遵从命令，严阵以待。苏联红军与红海军在这次联合行动中相得益彰，塞瓦斯托波尔大围困的序章亦由此开启。在将叶廖缅科派往布良斯克的会议上，斯大林已经将克里米亚向东的防御委托给库兹涅佐夫上将，令其阻止德军向克里米亚推进。

不过，8月中旬，苏军面向北面的战线出现了巨大的横向裂隙，此前，布琼尼的注意力一直集中在第聂伯河的防御和南方面军与西南方面军的结合处上，现在随着德军打到斯塔罗杜布，他的目光迅速转向了右翼。"西南方向"的两头都面临着严重威胁。8月18日，朱可夫已警告过斯大林和最高统帅部，西南方面军可能会面临灭顶之灾。此外，8月16日，布琼尼与最高统帅部通信时也请求调整其右翼的部署：

> 事实上，右翼的后撤更多是由我们相邻的中央方面军所致，按照目前掌握的情况，战斗正逼近布良斯克—乌齐纳（Uchena）一线。西南方面军右侧翼越早组建预备队，我们的阵地就会越稳固。
>
> ……
>
> 如果最高统帅和最高统帅部允许我们西南方面军的第5集团军和步兵第27军后撤至第聂伯河，就能够将2—3个步兵师编入预备队，并重组7个坦克和摩托化师。这样就可以有几个步兵师留作备用。
>
> S. 布琼尼；N. 赫鲁晓夫
>
> 8月16日

这次最高统帅部做出了积极的回应，于8月19日批准了布琼尼的请求，不过4天后，德国第6集团军就在步兵第27军据守的奥库尼诺夫（Okuninov）跨过了第聂伯河，直扑基辅西北的奥斯捷尔（Oster）。这次大逆转与一星期后在左翼产生的麻烦共同作用，使得形势急转直下，8月31日，刚从里亚贝舍夫手中接过第38集团军的菲奥克连科（Feklenko）少将报告说，德军在克列缅丘格东南方跨过了第聂伯河。正如布琼尼自己预测的那样，随着后方受到南北两侧的威胁，他被冷酷无情地钉在了侧翼。为了保护北翼，他于8月25日提议将第5集团军划给中央方面军，或是将第21集团军调给他。布琼尼已经在构思一个计划，在后一种情况下将第21、第26和第38集团军整合在一起。他只有脆弱的第40集团军来扣住前线上的"盖子"，该集团军已经被用于阻挡杰斯纳河与谢伊姆河之间的古德里安集群，后者正由科诺托普向北面的巴赫马奇（Bakhmach）推进。

方面军和野战指挥员比最高统帅部更强烈地意识到了厄运将至，他们拼命向莫斯科寻求增援和支持。9月4日，布琼尼向"最高统帅"提交了一份特别的个人报告，强调他的侧翼面临严重威胁，请求立即支援，或者，如果这超出了最高统帅部的能力，则请允许他从基辅的守军和第26集团军中各调出2个师，以便组建自己的预备队。沙波什尼科夫当天便给出了回复，告诉布琼尼说"最高统帅"不会允许此类内部重组。与此同时，基尔波诺斯已经下令派一个特别指挥小组前往第38集团军，成员包括帕尔谢戈夫（Parsegov，炮兵）、沃利斯基（装甲兵）和洛佐夫斯基-舍夫琴科（航空兵），在那里，德军位于克列缅丘格的桥头堡已经形成了严重威胁。该指挥小组发现第38集团军缺少坦克和弹药，没有任何空中掩护，但仍计划于9月8日发起反突击。布琼尼早先索求的第21集团军最终于9月6日划归他指挥，因为该集团军一段时间以来一直在西南方面军的两个军团之间作战。第21集团军之前由叶廖缅科指挥了10天，最高统帅部用它来"填补"布良斯克方面军与西南方面军之间的空隙，即便斯大林和沙波什尼科夫现在知道，叶廖缅科已经无法闭合缺口了。

这场危机的剧烈程度在9月7日—10日飞速增长。在布琼尼的右翼，德国第2集团军自东面而来，第6集团军从基辅北面包抄，第5集团军有被一分为二的危险。最高统帅部仍寄希望于布良斯克方面军的进攻，由于未得到其许可，基尔波诺斯无法撤出暴露的第5集团军。用基尔波诺斯的作战部部长巴格拉米扬上校的话来说，"只有奇迹能够拯救第5集团军了"。9月7日，西南方面军军事委员会向最高统帅部送去了特别消息，坚持要求迅速撤退。在南面，第1装甲集群在克列缅丘格建立了桥头堡。同样是在9月7日，沙波什尼科夫同布琼尼商议了一下第5集团军的位置，布琼尼完全支持基尔波诺斯的看法。两天后，9月9日，沙波什尼科夫告知基尔波诺斯："最高统帅已经授权将第5集团军和第37集团军右翼撤至杰斯纳河。"但为时已晚，波塔波夫的第5集团军被困住了。

9月10日清晨，第38集团军对克列缅丘格桥头堡的反冲击被再次击退，只有格列奇科（A. A. Grechko）上校的骑兵第34师取得了一些进展。但在同一天早上，波德拉斯的第40集团军报告说预备队已经用尽，古德里安再次发动进攻时就无兵可挡了。古德里安拿下了科诺托普，向布琼尼大后方的罗姆内（Romny）狂奔而去。与此同时，现在已经解脱出来的第1装甲集群在克列缅丘格向北渡过了第聂伯河，第16装甲师迅速冲向卢布内（Lubny）和古德里安的第2装甲集群，他们是这个强大包围圈的装甲外翼。面对向罗姆内疾驰的古德里安，基尔波诺斯一个团也拿不出来；第40集团军被分割击溃，谢缅琴科的坦克第10师仅剩20辆坦克。撤至杰斯纳河的波塔波夫发现那里只有德军。基尔波诺斯恳求布琼尼施以援手，布琼尼的预备队也用光了，根本无兵可调，他只能反复请求撤出基辅突出部。基尔波诺斯显然不再对此抱有幻想。在与参谋讨论过后，基尔波诺斯指出沙波什尼科夫将"拿出一副学院派的风范，把问题丢给斯大林同志：'您的建议呢，斯大林同志，要允许他们撤退吗？'"基尔波诺斯指出，斯大林和最高统帅部仍然确信叶廖缅科能击败古德里安。

基尔波诺斯是对的。布琼尼也于9月10日晚间发现了这一点，当时他向沙波什尼科夫抱怨说，骑兵第2军已经分给叶廖缅科（他从未收到过这些军团）去封闭漏洞，但现在口子已经扩大到整整30英里——此举剥夺了南方面军在第聂伯彼得罗夫斯克—哈尔科夫地区的"唯一的手段"。为什么要把它给叶廖缅科？不管怎么说，正因为如此第21集团军才被粉碎。布琼尼继续说道："我恳求你注意一下叶廖缅科的作战，说是要歼灭敌军集群，但事实上恰恰是在那个方向上一无所获。"沙波什尼科夫搬出了斯大林，他提醒布琼尼："那次作战行动是最高统帅分派给叶廖缅科的。我请求您立即将骑兵军调往普季夫利（Putivl）。"不过，布琼尼还有话要说："那好吧……我会立即下达关于骑兵军的命令。我恳求您将我的观点，尤其是我关于布良斯克方面军作战行动的观点转达给最高统帅。"翌日，布琼尼又请求斯大林允许他们撤出基辅突出部。在驳斥了沙波什尼科夫的观点后，布琼尼继续写道：

> 依我看，敌人从诺夫哥罗德—谢韦尔斯基和克列缅丘格方向包抄西南方面军侧翼，继而将其合围的意图现在已经很明显了。为避免敌军得逞，必须集中起强有力的军队。以目前的状况来看，西南方面军无法做到这一点。
>
> 如果最高统帅部现在无法集结起这样一支强有力的军队，那么西南方面军是时候撤退了。
>
> 若撤退不及时，西南方面军将损失人员和大量装备。

此举造成了两个后果：斯大林立即打电话给基尔波诺斯，明确禁止他撤回任何军队；并且，斯大林解除了布琼尼的指挥权。同一晚，沙波什尼科夫也打电话给基尔波诺斯（他在10日那天已经打过电话，安慰基尔波诺斯说，"时机一成熟"，他就会给斯大林说明详细情况，沙波什尼科夫把他拿来安抚叶廖缅科的话重复了一遍，说道：

> ……你有必要在接下来三天内肃清罗姆内的敌军前锋，我认为，你可以为此迅速抽调2个师，带着反坦克炮到洛赫维察（Lokhvitsa）迎击敌军的摩托—机械化部队。还有，最重要的是用航空兵粉碎他们。第3和第4装甲师在罗姆内地域的巴赫马奇作战，我已经命令叶廖缅科用最高统帅部预备队航空兵的主力来对付他们。那里地形开阔，敌军在我方飞机面前很脆弱。

基本就像基尔波诺斯预测的那样，沙波什尼科夫不敢将真实战况透露给斯大林。

同样是在9月11日，基尔波诺斯在电话中与布琼尼谈及了罗姆内的战况，并讨论了5个集团军（第40、第21、第5、第37和第26集团军）的命运。现在只能通过空运为他们提供补给。"这么多军队无法靠空运补给，立即下令严格节约弹药和补给。"现在除了这道命令，布琼尼就只能指望尽快得到撤退的许可了。然而，他已不再是西南方向总司令，9月12日，斯大林派铁木辛哥元帅担任这一职务，并彻底解除了他西方向总司令的职务。基尔波诺斯计划终止第38集团军的攻势，并将骑兵第2军用于北面，铁木辛哥批准了该计划，但撤离基辅筑垒地域需要请示斯大林。基尔波诺斯的参谋长图皮科夫再次试图说服沙波什尼科夫，形势危急，眼看就要无法挽救。9月14日，他主动电报总参谋部，结尾处写道："正如你所知道的那样，灾难这两天就要降临了。"尚无法确定沙波什尼科夫是否将此电报呈给了斯大林，但他在回复中先是给图皮科夫贴上了"制造恐慌"的标签，然后老调重弹："一旦斯大林同志下令，你们就可以撤退了。9月11日电。"当天18时20分，第1装甲集群（克莱斯特）和第2装甲集群（古德里安）在基辅以东100多英里的洛赫维察—卢布内地区会师。现在，5个苏联集团军被这些装甲矛头钉住了。沙波什尼科夫在给图皮科夫的电报中禁止"向后看"。现在，由于最高统帅部的固执己见，那里已经没得看了。

在基辅以东会师时，古德里安的第3装甲师与克莱斯特的第16装甲师交换了标志着德军存在的白色照明弹，这也是包围圈唯一的标志。不过外层装甲圈正在变厚，内层的步兵圈也在收紧。基尔波诺斯已经派巴格拉米扬上校到铁木辛哥的司令部去报告情况。铁木辛哥元帅与巴格拉米扬一番长谈，暗示说斯大林可能在当天晚些时候咨询他的意见，并最终口头授权西南方向司令部军事委员会，让基尔波诺斯后撤至普肖尔（Psel）河一线。铁木辛哥坦率地说："每延误一天，灾难就会扩大一分。"但巴格拉米扬没有书面命令来证实该决议，他按照铁木辛哥的命令从波尔塔瓦起飞，回到了基尔波诺斯那里，后者立即要求予以核实。布尔米斯坚科建议基尔波诺斯就铁木辛哥的许可致电斯大林。9月16日，基尔波诺斯致电说：

> 铁木辛哥总司令通过方面军副参谋长传达口头指令：我们的基本任务是把方面军所属集团军撤至普肖尔河，并粉碎敌人在罗姆内方向和卢布内方向的快速集群。留下最少的兵力掩护第聂伯河和基辅。
>
> 总司令的书面训令完全没有指示过向普肖尔河退却，并且只准许从基辅筑垒地域调走部分兵力。已经出现了矛盾。该如何执行？我认为，

将方面军所属军队撤到普肖尔河是正确的。这意味着立刻完全撤出基辅筑垒地域、基辅和第聂伯河。急切请求您的指示。

基尔波诺斯

9月17日23时40分，沙波什尼科夫发了一封最高统帅部电报给基尔波诺斯："最高统帅同意撤出基辅。"但没有谈及撤至后方的事情。9月18日凌晨时分，布尔米斯坚科看着这个"毫无逻辑的决定"，评论道："他说了a，却不愿说b。"他建议基尔波诺斯遵从铁木辛哥的指示。

基辅不到24小时就陷落了。9月18日凌晨时分，基尔波诺斯在他位于〔皮里亚京（Piryatin）西北6英里处的〕韦尔霍雅罗夫卡（Verkhoyarovka）的司令部向方面军下令突围：由于联系业已中断，消息无法送达弗拉索夫位于基辅的第37集团军。如今，铁木辛哥的参谋部已经迁往哈尔科夫，只有铁木辛哥的特别副官谢尔盖耶夫少将留下来汇报形势。他后来从基尔波诺斯的司令部上空飞过，只见"南北有大队德军坦克"。现在，斯大林开始失去对乌克兰的控制，苏联各部队分成大大小小的集群试图向东突围。基尔波诺斯的领率机关纵队约有1000人，包括他自己和第5集团军的参谋部，9月20日拂晓，他们在洛赫维察西南约7英里处遇伏被围。夜里，腿上带伤的基尔波诺斯头部和胸部又被地雷破片击中，不到两分钟就牺牲了。[1]波塔波夫和他的指挥员们被俘。巴格拉米扬与大约15个人另择他处突围。弗拉索夫从基辅向东突围而出，第26集团军的科斯坚科将军及第21集团军的V.I.库兹涅佐夫将军、洛帕京将军、莫斯卡连科将军和科尔尊将军也成功突围。德军宣称俘虏655000人，而俄方坚称8月下旬的西南方面军总兵力也不过677085人，而且有150541人撤离或突围而出。苏联各师的损失显然非常惨重，9月初，第21集团军的步兵师只剩下8%的兵力。苏

---

① 原注：关于基尔波诺斯的命运，《军事历史杂志》（Voenno-istoricheskii Zhurnal,9,1964,pp.61-9）的作者乌曼斯基（R. G. Umanskii）、沃伦斯基（L.Volynskii）和乌斯片斯基（V. D. Uspenskii）持不同观点，他们认为基尔波诺斯是受伤后自尽的。目睹基尔波诺斯牺牲的扎多夫斯基（V. S. Zhadovskii）上校在《军事历史杂志》刊文，并摘选了1943年发掘委员会所作的寻找基尔波诺斯遗体的报告，该委员会通过扎多夫斯基和格涅内（Gnennyi，另一位证人，基尔波诺斯的副官，已经于1942年阵亡）少校的第一手报告找到了基尔波诺斯的遗体。

联红军所受的损失难以估量。

　　9月底，斯大林取消了西南方向总司令一职，铁木辛哥被派去指挥西南方面军，该方面军由第40、第21和第38集团军的残部，以及转自南方面军的第6集团军组成，秋涅列夫负伤后由里贝亚舍夫接替。在3名方向总司令中，伏罗希洛夫因作战不力被免职，布琼尼则因意见相悖而去职，只有铁木辛哥一人得以幸免。乌克兰是布琼尼从前取得丰功伟绩之处，骑兵第1集团军曾在此奠定俄国内战的胜局，现在他只能目睹一场空前的灾难，曾追随他的骑兵非死即俘，要么就是被解除了职务，就像波塔波夫、库利克和伏罗希洛夫。也是在9月底，为了巩固克里米亚的防御，斯大林下令撤离敖德萨；为了防止撤离塔林时的那种错误再犯，组建了一个直接对敖德萨司令部负责的特别委员会。月初，敖德萨基地司令部已经"违背"过斯大林的指示后撤了主防线，沙波什尼科夫迅速指出这违反了命令，但守军已经被迫冒着猛烈的炮火撤退，海军上将朱可夫及其下属指挥员们向最高统帅部报告说：

> 敖德萨处于敌军火炮的猛烈炮击之下。在过去9天里，敖德萨防御地域已有12000名伤员流向医院。本地的人力趋于枯竭。要执行任务——分割敌军，并使城镇和港口设施位于敌军火炮射程之外——需要调配装备精良的师。

　　在随后（9月6日—10日）进行的一连串通信中，沙波什尼科夫以他一贯的沉着冷静做出了回复，提及"本地资源"，敖德萨司令部应该"用黑海舰队的飞机对敌军阵地进行2—3次有力的空袭，舰炮和海岸炮兵也应加入战斗"。虽然敖德萨的防御还算坚固，但奥克佳布里斯基海军上将意识到克里米亚的防御更为重要，那里的基地支援着敖德萨。9月29日与黑海舰队军事委员会会晤后，奥克佳布里斯基向斯大林提议撤出敖德萨，将军队带往克里米亚，以便加强第51集团军。斯大林同意了。10月1日夜间，苏联海军副司令员列夫琴科（G. I. Levchenko）海军中将和黑海舰队作战部部长朱可夫斯基（O. S. Zhukovskii）上尉抵达敖德萨。撤退着实让基地司令部吃了一惊，自8月以来就不允许谈论撤退了，所以从没讨论过撤离计划。海军政治部主任罗戈夫立刻（于10月1日）致电说要避免在塔林犯的错误——船队昼间运输，无反潜措施，无空中掩护，装备无处装载，由于指挥员和政委分配不当，致使船只出现恐慌。敖德萨撤离行动从计划之初就仔细评估风险，装载和运输细节由敖德萨司令部参谋长希舍宁（Shishenin）少将领导的技术委员会制定。按照最终计划的设想，独立滨海集团军将于一晚（10月15日到16日夜间，而非原计划的20天撤离期内）一次性（而非原计划的两批）撤离。10月15日中午，"敖德萨防御地域"参谋部登上了"切尔沃纳亚乌克兰"号巡洋舰；10月16日凌晨2时，苏联后卫占据了港口和城内阵地。由于萨夫罗诺夫心脏病发作，独立滨海集团军现在由彼得罗夫指挥，该集团军已经接到了《第0034号战斗训令》和"登船命令"，命令规定了各步兵部队的登船具体时间及位置。苏联工兵对尚存的重要目标进行爆破，将吊车推入港湾，炸毁港口设施。凌晨3时，工兵们炸毁了岸防火炮和高射炮，接着后卫中的幸存者被最后几艘船救走。彼得罗夫在巡洋舰上与司令部会合后，发出了最后一封电报："军队调动按计划进行。通往港口的航线已完全堵塞。前线平静无事。彼得罗夫。"一夜之间，约30艘运输船驶离港口，运走了最后35000名官兵，他们加入到了被围早期运走的86000人当中。总计192航次，共运出了400多门火炮、20000吨弹药和1000多辆卡车。10月16日5时10分，最后一艘运输船启程驶往塞瓦斯托波尔。

这次撤退是袖珍版的敦刻尔克，苏联指挥官以高超的技巧和冷静的头脑指挥着行动，挽救了许多人员和装备，使之得以择日再战。在一片混乱的战局中，这次壮举可谓璀璨夺目。

斯大林几星期前与霍普金斯谈话时展现的那份冷静被乌克兰的灾难击碎了，他的焦虑在9月给温斯顿·丘吉尔的信中展露无遗。从1941年8月开始，斯大林就一直通过驻伦敦的苏联大使伊万·迈斯基（Ivan Maiskii）为开辟"第二战场"施压。在9月3日的私人信件中，斯大林提议"今年在巴尔干或法国某处"开辟第二战场，"从东线引开30—40个德国师"。这个援助措施必须与援苏物资相结合，"到10月初要提供30000吨铝，每月至少400架飞机和500辆（轻型和中型）坦克"。斯大林在这段话中描绘的悲观景象透露出不祥的意味："若得不到这两种援助，苏联要么战败，要么被大幅削弱，以至于长时间内无法在前线采取积极的行动，帮助盟国对抗希特勒主义。"英国首相回复说，不可能按照斯大林的想法开辟第二战场。过了10天，斯大林深思熟虑后，于9月13日在私人信件中建议英国派"25—30个师登陆阿尔汉格尔，或通过船运，经由伊朗到苏联南部，在苏联领土上协同苏联军队作战，就像上一次世界大战中法国所做的那样"。发起这个计划的是铁木辛哥元帅，尽管从军事角度来看，"25—30个师"还算合理，但忽视了船的问题——队伍、坦克、铝、机床和原材料的运输都要用船。然而在斯大林看来，这是一个非常重要的计划，是他继而提出的一个比较现实的解决方案。几个星期前与霍普金斯谈话时，斯大林也提及了美军在美方的全权指挥下于东线某地段作战的可能性，但他对此没抱什么期望，而且霍普金斯也立即打破了他的幻想。接下来的实际措施取决于即将在莫斯科召开的援助会议，就在会议期间，前线又发生了一场灾难。

德军合围两翼内外层的步兵和装甲兵以恐怖的效率将钳住的苏联各军团切成碎片，为南方的大屠杀画上了句号，但这仅仅是希特勒构想中的一个"前提"，向守卫莫斯科的苏联各集团军大举进攻的开端。与此同时，对斯大林和最高统帅部来说，随着9月16日预备队方面军奉命转入防御，在斯摩棱斯克进行的复合作战行动已经结束。9月25日，斯大林批准了下达给西方面军、预备队方面军和布良斯克方面军的进攻命令：西方面军继续斯摩棱斯克东北的攻势，与预备队方面军协同作战，到9月8日抵达韦利日（Velizh）—杰米多夫（Demidov）—斯摩棱斯克一线；朱可夫的预备队方面军正在奥斯塔什科夫（Ostashkov）—奥列尼诺（Olenino）—（维亚济马以西的）第聂伯河—斯帕斯（Spas）—杰米扬斯克—基洛夫防线备战，在此次进攻中，该方面军将以其左翼的两个集团军夺回叶利尼亚，然后向波奇诺克（Pochinok）—罗斯拉夫尔方向扩大战果；叶廖缅科的布良斯克方面军将于9月2日发动进攻，目标是歼灭波切普—苏拉日（Surazh）地区的德军。

这些反突击有两个目标：首先是从根本上扭转铁木辛哥"西方向"的局势，再者是打断德军对中央方面军的攻势。经过一番激烈的战斗，苏联人于9月6日收复已经化为废墟的叶利尼亚，极大地鼓舞了士气。再往南，布良斯克方面军的反突击几乎从一开始就陷入了混乱。到9月中旬，随着南方的危机达到顶峰，苏方在中部战线的攻势有所放缓；随着铁木辛哥调往西南方向，方面军指挥体系接受了重组。科涅夫接过了西方面军；朱可夫调往列宁格勒后，布琼尼从他手中接过了预备队方面军（直到10月8日）。斯大林还继续让NKVD的将军出任野战指挥员，例如莫斯科军区的阿尔捷米耶夫[9]，不过，曾任乌克兰边防军司令、在斯摩棱斯克战役中指挥"霍缅科"集群的霍缅科除外，事实证明他多少缺乏些军事才能。无论如何，这些都是斯大林加强其控制力的一环，其他的手段还包括把将军们送上最高统帅部——国防委员会的一个"法庭"，贝利亚在那里占有一席之地；或者让他们处于梅赫利斯的淫威之下。

9月底，苏联西部集群由3个方面军组成：科涅夫上将的西方面军由6个集团军（第22、第29、第30、第19、第16和第20集团军）组成，从谢利格尔（Seliger）湖延伸至叶利尼亚；布琼尼预备队方面军的两个集团军（第24和第43集团军）从叶利尼亚延伸至弗洛夫卡（Frolovka），另外4个集团军（第31、第49、第32和第33集团军）收归最高统帅的西方预备队；叶廖缅科的布良斯克方面军辖有3个集团军（第50、第3和第13集团军）。由于防御阵型很宽阔，部队不敷使用，所有集团军都展开成一个梯队。科涅夫将其预备队集中在斯摩棱斯克—莫斯科主干道以北，叶廖缅科的预备队位于布良斯克。在德军恢复攻势的前夕，这3个方面军总实力为800000人、770辆坦克和364架飞机，人力和火炮占东线苏军的近半数，坦克和飞机占到了三分之一。3个方面军中当属科涅夫的最强，有6个步兵集团军和483辆坦克（不过其中只有45辆是KV或T-34）。科涅夫也得到了一份特别的增援。博尔金中将顽强地向东突围，45天后成功地将1654名有武装的指战员带回了苏联战线。8月中旬，他已经到达了科涅夫的战线，并通过一条特殊的"走廊"被带往苏方阵地。现在科涅夫让他指挥一个"方面军司令部战役集群"。总而言之，这些非常珍贵、无可替代的鸡蛋装在一个危险易碎的篮子里。

德军向"莫斯科防御集群"发起新攻势的迹象已经很明显，然而最高统帅部的反应非常迟钝，这在德军的新攻势面前是一个危险的征兆。10月2日，这次攻势获得了代号"台风"（Taifun）。德军计划在斯摩棱斯克—莫斯科主干道的南北两侧突破苏联西方面军，通过这个口子，第3装甲集群和第4装甲集群将席卷战场，组成南北两只铁钳，在维亚济马附近会师。古德里安的第2装甲集群将对叶廖缅科发起进攻，并再次通过其后方向布良斯克扑去。西方面军、预备队方面军和布良斯克方面军的主力将被围歼，接着是一场全面追击

（夺取加里宁之后，在北方集团军群右翼的配合下切断苏联西北方面军向东的逃跑路线）。然后来到莫斯科——这次"歼灭战"的最高奖赏。进攻力量着实令人生畏——3个步兵集团军（第9、第4和第2步兵集团军）和3个装甲集群（霍特的第3装甲集群、古德里安的第2装甲集群和霍普纳从列宁格勒调来的第4装甲集群），共计14个装甲师和9个摩托化师，还有很强的空中支援和防空力量。阻挡他们的3个苏联方面军有80个步兵师、2个摩托化步兵师、1个坦克师、9个骑兵师和13个坦克旅。一般来说，苏联师"兵力最强的"不超过7000人，常常下降至5000人。此外还有12个民兵师（DNO），但武器、装备和训练极差。

9月27日，最高统帅部才发布了一般训令，要求各方面军充分调动其工程兵资源，修建堑壕体系和多条防线，布置铁丝网和障碍物，在接近地上布设雷场。方面军司令员们奉命"分阶段地"建立方面军预备队和集团军预备队，并将他们最虚弱的师移入战线后方接受增援。在此范畴内，方面军司令员们分别提出了自己的要求：科涅夫下令由"机动防御"向"固守防御"转变，在最近的作战中坚守手中的筑垒阵地。西方面军的预备队部署在斯摩棱斯克—莫斯科主干道以北。叶廖缅科在9月28日的方面军训令中警告说，德军最有可能进攻布良斯克、谢夫斯克（Sevsk）或利戈夫（Lgov），有鉴于此，他提议进行部分重组，然而时间已经来不及了。9月30日，古德里安已经开始进攻布良斯克方面军，10月2日5时30分，在炮击、空袭和烟幕的掩护下，中央集团军群加入了莫斯科战役。

古德里安从格卢霍夫（Glukhov）向东进击；第24装甲军猛攻叶尔马科夫的"战役集群"，到10月1日13时，后者已经被割离第13集团军。第24装甲军以不可思议的速度从谢夫斯克向奥缪尔赶来，叶廖缅科的左翼已经被切开。与此同时，第47装甲军转向东北的卡拉切夫（Karachev）和布良斯克。在叶廖缅科的右翼，随着德国第2集团军洞穿（预备队方面军）第43集团军的防御，并切断它与第50集团军的联系，第50集团军已经岌岌可危。10月2日晚，斯大林打电话给叶廖缅科，要求他恢复前线态势，但叶廖缅科第二天只能零散地派坦克旅发动反冲击，对古德里安影响不大。

斯大林命令叶廖缅科阻止古德里安，并同意加强布良斯克方面军，从自已的"西方预备队"中调出第49集团军的行政部门，和步兵第194师一同送往布良斯克。此外，斯大林下令向奥缪尔地域的近卫步兵第1军（近卫步兵第5和第6师、独立坦克第4和第11旅、预备航空兵第6集群的2个战斗机团、1个对地攻击机团、1个Pe-2轻型轰炸机团和1个"喀秋莎"团）提供空运，行动由列柳申科少将指挥。这支军队用以掩护布良斯克方面军撤退，并将德军挡在奥缪尔，为此，该军又得到了空降兵第5军、图拉军校和摩托车第36团的进一步加强。虽然奥缪尔已经保不住了，但近卫步兵第1军打得不错，最出色的当属卡图科夫上校的坦克第4旅，10月4日时该旅位于姆岑斯克，补充了很多T-34，卡图科夫知道如何将其用于通往图拉的道路上。

随着右翼崩溃，叶廖缅科的左翼也于10月3日开始坍塌，当天德军装甲兵冲入奥缪尔，越过了街道上的有轨电车。叶廖缅科已经于9月30日警告过奥缪尔防御区司令部，防区司令员秋林（A. A. Tyurin）中将当时不在司令部，但他的参谋长报告说城内有4个炮兵团，虽不足以坚守，但能够暂时抵挡德军的突击。奥缪尔司令部希望至少有时间来撤离人员和装备，摧毁工厂并炸毁铁路设施。他们彻底搞错了。奥缪尔被德军迅速扫入怀中，这是一个巨大的收获，该城不仅是重要的行政中心，还是关键的铁路枢纽。

10月2日晚，叶廖缅科也与沙波什尼科夫进行了通话，提议进行更加"灵活"的防御，但沙波什尼科夫一口回绝了所有此类建议或撤退的请求，坚持说最高统帅部的回复是"沿防线固守"。斯大林后来严厉批评了这种"险恶的线性防御"，就好像犯下这愚蠢之举的是别人而非他自己。叶廖缅科先前离开了司令部，去监督奉斯大林之命进行的反冲击。在回来的路上，他再次向沙波什尼科夫推销自己的"计划"，后者承诺"让斯大林注意到该计划"。10月5日到6日夜间，叶廖缅科焦急地等待着斯大林的电话，此时，布良斯克方面军正在被分割切碎，通讯中心落入敌手，向东的逃生路线已经被封闭。现在，布良斯克方面军赖以为生的铁路线也被德军切断。10月6日清晨9时，莫斯科仅命令叶廖缅科通过电话报告方面军的形势。斯大林仍然默不作声。方面军司令部占据了两栋房子，一栋是军事委员会的，一栋是政治部的，5小时后，值班指挥员报告说德军坦克只有200码[10]远了。他们急忙切断通讯线路，并将作战文件收集起来转移到预备指挥部。叶廖缅科在3辆坦克和一队步兵的帮助下勉强突围而出（最高统帅部被告知他已经阵亡了）。德军在当天的另一次快速突进中夺取了布良斯克及市内的杰斯纳河大桥，该市作为交通枢纽其重要性不亚于奥缪尔。

布良斯克方面军3个集团（第3、第13和第50集团军）军已经或即将被围，而在维亚济马，一场卷入了5个集团军（第19、第16、第20、第24和第32集团军）以及博尔金"战役集群"的更大规模的灾难正在同样迅速地成型。在科涅夫的西方面军，12个德国师于10月2日早上切断了第30和第19集团军的联系，冲开了一个约20英里长的口子，从瓦季诺站（Vadino）直通斯摩棱斯克—莫斯科主干道以北的维亚济马。第3装甲集群肆虐的同时，第4装甲集群撕开了预备队方面军的第24和第43集团军，而布琼尼的任务正是确保西方面军与布良斯克方面军的联系。到10月4日晚，科涅夫的5个集团军已经被困，博尔金的反冲击失败，布琼尼打算向最高统帅部报告华沙公路（斯帕斯—杰米扬斯克—尤赫诺夫—基洛夫）沿线的整体形势已经完全失控，预备队方面军已经没有军队可以阻挡德国人了，他右翼的形势危急，科涅夫的侧翼已经暴露。最高统帅部的反应异常迟缓，10月5日，斯大林同意从当天23时开始，预备队方面军的第31和第32集团军由科涅夫指挥，而科涅夫奉命撤至勒热夫—维亚济马一线。10月6日夜间，布琼尼将手里的军队撤至韦杜列尼基（Vedreniki）—莫萨利斯克（Mosalsk）一线。

斯大林之所以未能及时通过最高统帅部做出回复，是因为他缺乏战役进程的信息，古德里安于9月份突破叶廖缅科的消息来得毫无预兆。总参谋部的情报概要称德军在"莫斯科方向"上的军队正在重组，而莫斯科军区仅有的应对是加速挖掘战壕，并定期沿勒热夫—维亚济马—基洛夫一线进行战斗巡逻。阿尔捷米耶夫已经于10月2日匆忙赶往图拉，他在那里听说了更多关于布良斯克方面军的坏消息。他的报告可能促使斯大林将列柳申科的军前调。10月3日—4日，莫斯科的司令部没有接到明显令人不安的消息，直到10月5日11时，莫斯科军区战斗机指挥员斯贝托夫上校转发了一名飞行员的报告，后者发现一支绵延12英里的大规模装甲和摩托化纵队正向尤赫诺夫（Yukhnov）移动——是德国人。总参谋部值班指挥员仍然没有报告任何"令人担忧的"消息，沙波什尼科夫亲自告知捷列金将军"那些不安没有根据"。第二架侦察机起飞后证实了第一架的观察结果，于是再次征求沙波什尼科夫元帅的意见，得到了相同的回复。第三架侦察机起飞时，莫斯科驻军进入了初级警戒状态。

第三架侦察机已经彻底排除了其他可能性。沙波什尼科夫元帅第三次接到电话时勃然大怒，但听到完整的侦察报告后中断了谈话。4分钟后，斯大林打电话给莫斯科军区司令部，问捷列金是否给沙波什尼科夫打过电话，消息是否属实，以及采取了哪些措施。斯大林的回复言简意赅："好，进行全面动员，就算无法挡住他们，也要拖上5—7天，我们可以在这段时间里调来最高统帅部预备队。由你和（莫斯科）军区军事委员会负责此事。"不久之后，NKVD的贝利亚打电话给军区司令部，询问尤赫诺夫被突破的消息来源。这件事的余波迅速传递开来，并不令人愉快。贝利亚下令将斯贝托夫上校作为"恐慌传播者"加以审问，阿巴库莫夫威胁说，要以传播"挑拨是非"的德军动向情报为名，将他送上战地法庭。①但即使是NKVD的胁迫也无法掩盖这样一个残忍的现实——维亚济马—布良斯克一带的苏联集团军已经被粉碎。

斯大林立即召开国防委员会（GKO）紧急会议。这至关重要的3个方面军的崩溃致使莫斯科失去了掩护，国防委员会经开会讨论决定，将"莫扎伊斯克线"作为西方面军的集结地，国防委员会代表伏罗希洛夫将尽快赶往那里。最高统帅部奉命组织守军，10月6日下达的训令要求莫扎伊斯克阵地进行充分战备，6个步兵师、6个坦克旅和大约10个炮兵和机枪—火炮团从最高统帅部预备队赶往那里。到第二天，可用的预备队尽数开拔，斯大林最终集起了14个步兵师、16个新组建的坦克旅、40多个炮兵团和大约10个火焰喷射器连来据守该防区。其他方面军也不得不向莫斯科让步。在西南方向，布琼尼与沙波什尼科夫一个月前争论过的别洛夫骑兵第2军奉命赶往莫斯科，在内陆的中亚和乌拉尔，各兵团向西调动，其中最先赶到的是潘菲洛夫将军的步兵第316师，该师从哈萨克斯坦直接赶往沃洛科拉姆斯克（Volokolamsk）。

---

① 原注：按照斯贝托夫上校（现在是将军）自己的说法，10月5日19时，他面前出现了一份审问记录的副本并被要求签字。这份审问记录模糊了德军取得突破的实情，所以上校在文件上手写了以下文字："最近的侦察证实，法西斯的坦克正位于尤赫诺夫地区，可能将于10月5日晚夺取该镇。"斯贝托夫早先已经跟NKVD解释说，战斗机没有携带相机，因此无法出示侦察相机照片，但飞行于300米低空的飞行员是可信的。

到目前为止，斯大林抽调远东军队时都尽可能小心节俭：起初是将一些兵团从哈桑湖带往海边上的兵站车站，比如步兵第26"兹拉托乌斯特"师——红军历史最为悠久的师之一。随着10月初佐尔格向斯大林送来日本最终决心——"南下"对付英美而非俄国——的消息，远东的闸门才得以打开，但调动需要时间，就在斯大林急需人手来坚守莫斯科一线的时候，他的12个集团军已经踏入了万劫不复的深渊。

10月9日，在最高统帅部与莫斯科军区司令部的联合会议上，决议开始进行紧急动员；10月5日，已经被国防委员会选定为立足点的"莫扎伊斯克防御线"转为阿尔捷米耶夫的"莫斯科预备队方面军"。步兵第316师师长潘菲洛夫被任命为沃洛科拉姆斯克防区指挥员；波格丹诺夫上校在布列斯特与他的坦克首次经历战火洗礼，现任莫斯科军区主管坦克兵的副司令，前往莫扎伊斯克地区；瑙莫夫上校和他的步兵第312师被送往小雅罗斯拉韦茨（Maloyaroslavets）。到目前为止，已经有3个步兵师在赶往该线的途中，但110英里宽的正面仅70英里有掩护，毫无纵深可言，侧翼也暴露无遗。学员团和民兵部队迅速赶往前线，但这远远不够。尽管莫斯科的高射炮手、摩托车连、机枪中队和更多的民兵组成的部队拼死抵抗，卡卢加还是于10月12日失守，两天后，（位于莫斯科西北90英里处、西北方面军后方的）加里宁也丢了。10月10日，预备队方面军正式解散，余部并入了西方面军，由从列宁格勒火速赶来的朱可夫全权指挥。

朱可夫接过指挥权时总计有90000人可用，西方面军和预备队方面军的残部包括：罗科索夫斯基（正在重组[111]）的第16集团军接管了沃洛科拉姆斯克，戈沃罗夫（L. A. Govorov）将军最终在莫扎伊斯克接过了（由近卫步兵第1军扩建而来的）第5集团军，戈卢别夫（K. D. Golubev）将军的第43集团军前往小雅罗斯拉韦茨，扎哈林（I. G. Zakharin）将军的第49集团军前往卡卢加一带。这几个集团军必须据守150英里宽的正面。这时，叶夫列莫夫（M. G. Yefremov）中将任司令员、由预备部队组建于纳罗福明斯克（Naro-Fominsk）的第33集团军也被划入朱可夫麾下。市民们被国防委员会动员起来，250000莫斯科居民（其中75%是妇女）被调去挖掘堑壕和反坦克壕，并成立了"莫斯科防区"（MZO）。同时构筑莫扎伊斯克防御线的第二防御地带，北至莫斯科运河[12]，南到奥卡河上的谢尔普霍夫（Serpukhov），其主防线在莫斯科附近划出了一个半径约10英里的半圆。这条主防线又分为（西北、西和西南）几个区，这些区又细分为战斗区域。这里尽可能快地建设了坦克陷阱、铁丝网和木制障碍、半埋式坦克和火力点——很初级的防御，但已经竭尽所能了。防线分为两个主要部分，"主防线"和"市区防线"，后者沿环城铁路展开。在这个圈内，莫斯科向外划分为3个区域，背后的三条防线被分别命名为"铁路环线""城市内环A"和"城市内环B"。

维亚济马—布良斯克战场上满是可怖的景象，第一场雪已经落下，迅速解冻后土路一片泥泞，被撕碎的集团军分散在宽广的地域上，数十支苏联部队正奋力脱出。在中部，卢金的第19集团军请求至少从第16集团军调来1个师，后者正在分崩离析，政治委员洛巴申夫只得告诉卢金："我们已经是光杆司令了。"卢金被俘，罗科索夫斯基和第16集团军的一支领率机关纵队向东突围而出。10月12日，叶廖缅科被炸弹弹片所伤，飞离了前线；彼得罗夫（M. P. Petrov）少将第50集团军的7个师（步兵第217、第290、第279、第278、第258、第260和第154师）分成3000人的集群向西北方奥卡河上的别廖夫（Belev）突围，但彼得罗夫将军在布良斯克森林深处的一座伐木工人的小木屋中死于坏疽。德国官方宣称俘获苏军665000人，俄方并不赞同这个数据，但如果莫扎伊斯克防御线仅能集结起90000人的话，苏方损失应该是极为惊人的。

中部的形势万分危急，两翼的情况也很危险，斯大林必须阻止德军在加里宁突入苏方后方。西北方面军参谋长瓦图京将军奉命接管2个步兵师和2个骑兵师，还有1个坦克旅，以组建据守加里宁接近地的"战役集群"，与此同时，从朱可夫右翼调来了3个步兵师和1个坦克旅，用以组建"加里宁集群"，科涅夫于10月12日接过了该集群的指挥权。朱可夫虽然失去了人马，但他的正面也显著缩短了。根据最高统帅部10月17日的指令，加里宁方面军正式成立，从朱可夫的右翼分到了3个集团军——第22、第29和第30集团军，外加瓦图京的"集群"。他们必须在这里挡住第3装甲集群，否则它将突入莫扎伊斯克防御线或西北方面军后方。

战线中部，距离莫斯科60英里多一点的地方，在博罗季诺的丘陵上，列柳申科的第5集团军之一部——步兵第32师2个团（第17和第113团）、2个坦克旅（坦克第18和第19旅），目前赶到的就只有这些——试图阻止第10装甲师和武装党卫军"帝国"摩托化步兵师沿通往莫扎伊斯克的汽车公路的进击。10月10日，列柳申科已经和沙波什尼科夫谈过，后者告知要尽快组建第5集团军，掩护莫扎伊斯克筑垒防御线——"尽管该防御线还远远没有准备好"，所以列柳申科很难指望其支援。无论如何，沙波什尼科夫已经警告过他了。博罗季诺是拿破仑最为惨烈的战场之一，素有血腥之名，列柳申科随步兵第32师从远东赶来的西伯利亚步兵们与党卫军精锐的鏖战印证了这一点。列柳申科负伤，不苟言笑的炮兵将军戈沃罗夫接过了该师。预备队一直在减少，现在已经耗尽，戈沃罗夫已经无能为力了。10月18日早上，德军从西面推进至莫扎伊斯克，进入了德国轰炸机制造的废墟。同日，德军坦克突入了小雅罗斯拉韦茨，从而使纳罗福明斯克暴露在外，与之相对应的是卡卢加西北[13]的塔鲁萨（Tarusa）沦陷，使得南面的威胁显著增加。

此时莫斯科"神经紧绷"。10月15日临近午夜时，莫洛托夫预先通知英国和美国大使，做好和苏联政府一同撤离至古比雪夫的准备。不过，真正的危机已经涌上了街道，涌入了工厂和办公室，民用航班自发地加入到紧急的、仅限于政府的疏散中，随之而来的是公众和政党纪律的败坏。人们蜂拥着冲向火车站，官员们驱车向东，机关和工厂由于员工擅离职守而瘫痪。在莫扎伊斯克市背后，朱可夫已经命令反坦克中队在通往莫斯科的道路上占据阵地。与此同时，8个爆破单位——他们装备有卡车，以便迅速机动——在56座桥梁上布设了炸药，安置了584吨爆炸物，铁道兵也奉命在钢轨和交叉口布设炸药。工厂准备进行爆破。城内的16座桥梁布设了炸药，"一旦敌人露面"，其他爆破目标的人员就会引爆他们的炸药。

阿尔捷米耶夫NKVD将军的身份与这种局势非常相称。10月17日，莫斯科市委书记谢尔巴科夫发表了广播讲话，称斯大林在首都，他将待在这里，莫斯科将守至"最后一滴血"。10月19日晚，阿尔捷米耶夫及其下属指挥员，与其他人一同被召至国防委员会的一场临时会议。阿尔捷米耶夫关于城市状况的报告表明，必须立即严格执行军事管制。城市接近地及城区由阿尔捷米耶夫负责，苏联首都以西120千米范围内的地区由朱可夫指挥。事实上，莫斯科交到了苏联军队和NKVD核心机构手中。斯大林选择朱可夫作为莫斯科的保卫者，布尔加宁是朱可夫的"军事委员"——两人的关系很紧张，虽然（9月12日—10月10日指挥过西方面军的）科涅夫竭力传达这样一种印象：他和布尔加宁向国防委员会"特别委员会""力荐"朱可夫出任西方面军司令员。该特别委员会由伏罗希洛夫、马林科夫、莫洛托夫和已经赶至克拉斯诺维多沃（Krasnovidovo）的方面军司令部的华西列夫斯基组成。朱可夫早在10月10日清晨就抵达了西方面军司令部，发现国防委员会的特别委员会已经在工作了，他据此推断斯大林"对这样危险的局势极为担忧"。在朱可夫看来，西方面军、布良斯克方面军和预备队方面军的司令员都出现了"严重的误判"：在过去6个星期里，这些军队已经占据了防御阵地，"他们有足够的时间来准备应敌"，但他们缺乏适当的准备，未能确定德军的进攻方向及兵力，反坦克防御匮乏，没有尝试用航空兵和炮兵打击行将遂行攻势的德军，从而降低了胜算。维亚济马地域的苏联防线被洞穿后，方面军司令员未能组织5个集团军（第16、第19、第20、第24和第32集团军）撤退，他们立即被完全合围。

科涅夫必不可免地有不同意见。德军掌握着整条苏德前线上的战略主动权，这一事实对苏方非常不利；德军在坦克和飞机上的优势造成了可怕的伤亡，"我方军队不断遭到敌机轰炸"，由于缺乏高射炮而无力阻止；德军在机动性方面的优势有助于他们"大规模机动"，加之航空兵和反坦克力量不足，苏联军队对此束手无策；西方面军的武器装备和弹药补给也跟不上；最后，重组军队或许可以遏制德军在北面的突破，不过德军一旦拿下斯帕斯—杰缅斯克（Spas-Demensk），就可以自由地突入苏联各集团军后方，预备队方面军未能在那个关键方向上部署任何力量。

10月10日，朱可夫打电话给斯大林时，获悉自己被任命为西方面军司令员。如果科涅夫想以他当天提交的报告安抚斯大林，那么他显然失败了。朱可夫得知斯大林打算换掉整个西方面军的指挥层，他显然介入了此事，建议将科涅夫留作方面军副司令员，委托他"指挥加里宁地区的部队"，它们"距离司令部太远，需要额外监督"。斯大林最后对朱可夫说道："迅速组织西方面军并采取必要的措施。"保卫莫斯科的决定已经做出，无论斯大林有何疑虑，都没有其他道路可选了。虽然出现了大规模的恐慌，但仍有少数意志坚定的人打算坚守到底。斯大林的长子雅各布已经告诉了德国审讯人员这一点，其预言也得到证实，他是西方面军榴弹炮第14团的一名中尉，1941年7月被俘。相对于大批草率无能的指挥员，为数不多但能力出众的指挥员群体正在浮现：战略家朱可夫，罗科索夫斯基、科涅夫、瓦图京这类野战指挥员，沃罗诺夫和戈沃罗夫这样的专家，卡图科夫、罗特米斯特洛夫和波格丹诺夫这样精力充沛的装甲兵指挥员，以及航空兵诺维科夫，这些人了解自己的工作，每天都能从中学到更多东西。斯大林通过国防委员会和NKVD控制着他们，确保他们忠于并且只忠于他。

虽然还没有被粉碎，但苏联的军事机器遭受了可怕的重创，苏联首都的防御形势也万分危急——预备队已经耗尽。在基辅战役中幸免于难的弗拉索夫于11月初抵达莫斯科，斯大林问他什么措施可以确保莫斯科无虞，弗拉索夫回答说预备队将起到决定性作用。斯大林不以为然："随便找个傻瓜也能用预备队守卫城市。"派弗拉索夫去指挥一个集团军时，他在坦克方面稍微慷慨了一些——总计给了15辆。担任军事书记员的马林科夫证实可用库存为15辆，他沮丧地向斯大林汇报了这一点。斯大林和他的最高统帅部早先部署的一整串集团军被逐个投入了前线，已经在这波战败的大潮中被浪费掉了。德军现在手中总计有3000000战俘，苏联红军的实力降到了整场战争中的最低点，这两个事实是令人痛惜的证据，证明这些曾经强大的集团军不断被愚蠢地挥霍，上级对他们的命运麻木不仁。

译注

[1]以下简称为"最高统帅部"。

[2]后4个战役集群的实际番号为第29、第30、第28和第24集团军，后文将会提及这些番号，请读者注意甄别。

[3]原文只列出11个。

[4]原文如此，疑为Li-2。

[5]第二任司令员应该是库兹涅佐夫上将。

[6]中央方面军是在第4集团军野战领率机关的基础上组建的。

[7]《苏联军事百科全书·军事历史（下卷）》第902页译为"罗斯拉夫利"，请读者注意甄别。

[8]这两个集团军都是9月底才被解散的。

[9]阿尔捷米耶夫于1941年出任内务人民委员部作战部队指挥部部长，同年被任命为莫斯科军区司令，当年10月兼任莫斯科防御区司令。

[10]按照《叶廖缅科元帅战争回忆录》的说法是200米，这种说法可能比较准确，一般来说苏军不会使用英制单位。

[11]10月初，第16集团军将原有部队转交给了第19和第20集团军，然后接收了维亚济马地区的一些部队。

[12]即莫斯科河—伏尔加河运河。

[13]应为东北。

第六章
后方、大后方和德军战线背后

到10月中旬，德国各集团军从中央和侧翼凿开苏联防线时，苏联后方的工业区和产粮区开始迅速而又骇人地暴露出来，很多都已经被德军推进的浪潮所吞没。这些朝不保夕的地区至少容纳了45%的人口（约88000000人），三分之一的工业生产在此，当月苏联失去了战前半数以上（62.5%）的煤产量，超过三分之二（71%）的生铁、钢（68%）和滚轧金属（67%），以及60%的铝。随着303座位于俄罗斯欧洲部分的工厂因疏散或沦陷而停产，铝产量急剧下滑。近半数（47%）产粮区落入敌手，铁路网也有近一半（41%）在德占区。对国防军而言，这是一场赛跑，一方面要将苏联红军粉碎于战场，另一方面要阻止那些尚且完好的工业产能为苏联的抵抗提供物质基础。而苏联几乎是宿命般地陷入了这场残忍而可怕的战争，一方面必须抢救出一些集团军，另一方面要不惜一切代价，让最低限度的必需品持续流入前线。

苏联的行政机构负担沉重，其承担的大规模动员工作经常随着战线东移化为泡影。战前没有制定过完备的应急计划，也没有切实的战略撤退计划来将工业撤入东部腹地，那里的新厂房和至关重要的铁路建设缓慢，战前投入的重心一直是"核心地带"，德国人现在正迅速突入那里。东西伯利亚和乌拉尔有几个生产坦克和飞机的"预备工厂"，但数量有限，对东部燃料资源和矿藏的全面勘察到战争爆发后才开始，这次勘察由科马罗夫院士的"乌拉尔国防资源开发委员会"迅速开展。通过《六月法令》，那些已经或即将受到攻击的西部各地区已经正式、合法地引入了战时管理体制，方面军和集团军军事委员会正在组建首批临时机构，统合军政事务，"第三人"（即军事委员会的政治委员）代表苏共指挥行政机构。军事委员会有权征用或进行局部动员，在战争的最初几周也负责组建当地的游击队。中央政权很快以国防委员会的形式出现，6月以后，该机构着手让地方的应对措施严格符合中央的要求。在受到威胁的城市涌现出了几个"城防委员会"，包括列宁格勒、塞瓦斯托波尔、图拉、莫斯科（有不止一个城防委员会）、罗斯托夫和加里宁。受到进攻的城镇会宣布进入围城状态，这时，统合了苏联红军、内务人民委员部和苏共官员的城防委员会，可以在莫斯科国防委员会一般指示的范畴内，将当地市民用于国防，采取特殊的防御手段，组织民兵，接管工厂和机器用于防务工作，并下令进行专门生产。这些城防委员会也有权采取特殊的食物配给或补给措施（例如在敖德萨控制供水）。

列宁格勒的城防委员会由中央的国防委员会直接指挥，是一个独特的政治—行政实体，鉴于列宁格勒指挥体系的大崩溃，其中的缘由并不难理解。图拉位于莫斯科的接近地上，那里的组织机构更加典型，州党组织已经开始干预特殊防御措施的采纳。10月22日，图拉城防委员会正式成立，地区党委第一书记扎沃龙科夫（V. G. Zhavoronkov）任主席。党的最高层接过指挥权，并起草了城防计划——动员"图拉工人团"；继续武器弹药的生产工作，但要疏散工业设备；动员17—50岁的市民修筑防线。图拉守军的指挥员伊万诺夫上校签署了劳工动员令。除了工人团，图拉还和其他城市一样，组建了自己的"坦克歼击营"，装备反坦克手榴弹和燃烧瓶；红十字会的图拉支部集合了护士和护理员；若城镇落入敌手，经过挑选的小队将被派去执行游击和破坏任务，整个地区将组建30个地下抵抗组织。在融雪与暴雨加深的泥沼中，叶尔马科夫（A. N. Yermakov）少将的第50集团军于10月下旬在图拉附近占据了防御阵地，那里的"图拉战区"之前由图拉军事技术学校、一个工人民兵团和预备步兵第14旅据守。

图拉城防委员会虽然不大，但极具代表性：扎沃龙科夫领头，其搭档有来自地区党委会执行委员会的同僚奇穆托夫（N. I. Chmutov）、地区党委会宣传部部长卡利诺夫斯基（A. V. Kalinovskii）、地区党委会内务人民委员部主席苏霍多尔斯基（V. N. Sukhodolskii）和市委书记柳比莫夫。集团军司令员出席了城防委员会的会议，扎沃龙科夫、他的副手奇穆托夫和苏霍多尔斯基也参加了第50集团军军事委员会的会议。就政治和行政控制力而言，这里和其他地方一样，正规组织机构的影响远不如少数积极分子的才干大。就图拉而言，这帮人证明自己足以应对非常严峻的形势。不过总的来说，外围人员对中央刻板的服从以及职责的重叠造成了危险的疲软。

同样的职责重叠也令苏联红军受害颇深，那时作战与后勤原则上是不分开的。7月底，斯大林同意建立正式的后方勤务机构，并任命赫鲁廖夫中将为总后勤部部长。1941年7月31日发布了252号命令，规定了集团军和方面军级新设立的"后勤副司令员"的职责和权限。赫鲁廖夫跻身斯大林16名副国防人民委员的行列，在最高统帅部一直占有一席之地，与国防委员会也保持着密切联系。新的"副司令员"负责组织"及时、持续"的衣食供应，分配移动烘焙设备和食品车间，还要不断提供精确的人员装备损失清单。集团军和方面军级的后勤副司令员将计算补给需求，设法予以满足，并与集团军和方面军司令员协商作战行动的"物资保障"问题，还要组织敌我双方武器装备的战场回收工作。他们还负责组织当地补给、食品或饲料，管理"军队后方"勤务并保障当地交通运输。所有这些都是极为艰巨的工作，卡车的短缺使补给问题复杂化，同样影响了作战行动。装甲兵团受零备件短缺和维修设备不足的影响尤其严重，6月，机械化第22军因缺乏维修设备损失了50%的坦克。1941年年底新引入了机动维修基地（PRB）和"回收站"（SPAM），坦克旅和坦克团也配属了回收班。不过，这些单位的人力、设备还是过于匮乏，无法满足持续的需求。ChTZ-60牵引车是现役主力回收设备，但散热器或油箱只要被一枚子弹击中就会无法动弹，这时回收者自己也将成为被回收的对象。

各方面的缺口都很大，产量下滑和惊人的战场损失更是雪上加霜。在苏德前线，苏联红军的兵力从1941年6月（处于或可以投入战场）的4700000人骇人地下降到了历史最低点2300000人。苏联轻率且夸张地宣称德军的损失：在开战前两个月内伤亡2000000人，损失8000辆坦克、7200多架飞机。这无疑是为了抵消已经被压到最低但仍然令人惴惴不安的己方损失，苏联于10月承认损失5000架飞机。苏联1941年6月时拥有的大批坦克几乎损失殆尽，剩下的坦克被唐突地编为坦克旅，但幸存的师寥寥无几，当前的这些旅多是纸面部队。10月1日，第54集团军配属有坦克第21师，但该师徒有其名，其实并无一辆坦克。两个星期后，两个坦克旅（坦克第16和第122旅）赶来增援，装备有52辆坦克（其中20辆是KV或T-34）。之前的50来个坦克师（虽然目前已经没有这么多，但他们的总数仍令德国指挥部大吃一惊）现在多已不适合作战。红军炮兵也被逼入了危险的境地，火炮和炮手都蒙受了灾难性的损失，正如哈尔德大将既吃惊又充满敬意地记录的那样，他们中有那么多人战死在炮位上，被摧毁或缴获的火炮相当多，而被俘的炮手却如此之少。沃罗诺夫不得不说服斯大林，有必要彻底重组苏军炮兵。新装备从工厂（许多正与被疏散的设备向东而去）流入前线之前，不得不从各步兵师抽调半数炮兵（1个团），这些火炮被集中到最高统帅部炮兵预备队，用于形势最危急的地方。为了节约弹药并弥补新炮手训练不足的问题，直瞄火力——将火炮拉到前线——将成为主要作战手段。为了填补火炮的缺口，实施了一个生产迫击炮的应急计划；为了补充炮兵火力，安装到卡车上的迫击炮被迫充当起了机动支援火力。

　　通过授予"近卫"称号，斯大林从苏联红军中挑选出了那些在战斗中发挥了作用、取得一定成绩的兵团，就像他从1940年晋升的3000名指挥员中挑选那些在战争中表现出一定水平的将军一样。伏罗希洛夫（主要是为了鼓舞士气）首先在列宁格勒设立了"近卫工人步兵师"，接着，根据9月18日的国防人民委员部第308号命令，苏联红军成立了第一批"近卫师"——步兵第100、第127、第153和第161步兵师。近卫兵团是一项旨在粗中选优的有意识的尝试，这些近卫军可以获得（而且是最好的）装备和补给，苏联统帅部也在及时学习使用这些战斗力较好的军队。卡图科夫上校的坦克第4旅在姆岑斯克以南伏击并重创了古德里安的装甲兵，现在该旅成了红军的近卫第1坦克旅，事实上也是军中最好的坦克部队（最终扩编为坦克集团军）。

　　不过，在10月—11月那些非常严峻的日子里，各近卫军部队参战甚少。苏联红军不知怎么地四处就歼，被大批消灭，战斗进入了最后关头。那些几乎赤手空拳的部队不可避免地被粉碎，步兵对德军前线发动集群进攻，或成12行纵队推进，或者搭乘卡车与坦克一同前进，死伤枕藉。在这些无休止的进攻中，带头冲锋的步兵指挥员伤亡数以千计。未经训练的民兵来自街道和工厂，他们紧贴着临时构筑、摇摇晃晃的防御工事。斯大林下达的"不得背叛"的命令在苏联部队中制造了一批"非法镇压"——通过左轮手枪执行的纪律。在10月4日的命令中，斯大林试图通过列出在任何情形下以任何标准来衡量都过分残酷的"违例"终止这场"镇压"。对前途命运深感不安的指挥员们很容易拿起武器并用在下属身上：步兵第529团的副官用手枪猛击一名下级指挥员的脸，因为后者动作太慢；坦克第28团政治委员因为抽烟吊死了一名中士。

增援正从远东赶来，或从南北两个方向前往莫斯科，军队和俄罗斯欧洲部分的很多俄国人一样，乘列车咔嗒咔嗒地在铁轨上行进；还有一点与俄国相同，那就是依然带着那些缺陷和不足仓促地投入战斗。在10月的恐慌中，莫斯科已经有一部分人去楼空，现在该城进行了更加系统的疏散：7月底时已经疏散了近1000000人，10月16日—31日，200列火车携带着更多市民向东而去。莫斯科—梁赞（Ryazan）线上交通繁忙。整座整座地疏散工厂需要数以千计的车皮：将3家大型企业运往腹地动用了7500车皮，1座步兵武器制造厂需要12列火车，从首都拉走498座工厂和制造设备总共动用了80000车皮。莫斯科的75000个金属切削机床中只剩下了21000个，其中14000个转产武器弹药。除了工业企业，政府机构也进行了搬迁，这台高度集中的国家机器被疏散到了伏尔加河之后。11月，赫鲁廖夫将军下达正式命令，列举了政府机构的新位置：级别较低但至关重要的部门总部位于古比雪夫，形形色色的委员会也被分别疏散到了它们的安置地。

国防委员会已经形同"政府"，不过他们仍然代表苏共，后者作为管理机构来说无关紧要，其基层组织实际上已经崩溃了，苏共的力量在于上层。借由法令治理国家的国防委员会直接插手各项事务，"全权代表"政府。凭借严厉而冷酷的紧急动员，或独断强制的命令，国防委员会就算不能时刻得到配合，至少也能设法得到他们想要的结果。权力高度集中的斯大林体制与生俱来的低效也不可避免地被带入了战时机构，主要表现在顶层权力的进一步集中，国防委员会自身的存在就清楚且有力地证明了这一点。法令的制定仍然高度集中、繁琐冗长。尽管莫斯科一直要求利用"当地资源"，但中央关于其使用的

022号密令

1941年11月5日
莫斯科

总后勤部
人民委员部和国防人民委员部下属各机构的疏散

（1）各部委的临时安置情况

地点	委员部、委员会和政府机构名称
古比雪夫	国防人民委员部
	国家计划委员会
	外交部
	内务部
	交通运输部
阿斯特拉罕	商船部
	渔船部
萨拉托夫	飞机生产部
	后勤补给（粮食）部
	中央商业银行石油分配总部
	国家粮食储备总部
恩格斯	苏联人民委员会（Sovnarkom）国家仲裁局
瑟兹兰	商业银行
	苏联红军、红海军与航空兵志愿合作委员会（Osoaviakhim）

奔萨	机械制造部
乌里扬诺夫斯克	海军部
	内河航运部
	交通委员会部
喀山	橡胶工业部
	食品业部
	卫生部
	财政部
	国家银行
	高等教育机构委员会
	民航交通总部
高尔基	电气工业部
	造船部
基洛夫	木材工业部
	木产品分配总部
	甲醇总部
莫洛托夫	军事装备部
	采煤部
	化学工业部
	造纸业部
斯维尔德洛夫斯克	黑色金属部
	有色金属部
	重工业部

	军事工程总部
	建材部
	劳动力储备总部
车里雅宾斯克	工业银行
	建筑业部
	电力工程部
	军需部
	坦克生产部
	中型机器制造部
乌法	石化部
	情报部
	国家管制部
新西伯利亚	贸易部
	电影业消费合作社（Tsentrosoyuz）委员会
奥尔斯克	肉奶生产部
鄂木斯克	农业部
	农业银行
托木斯克	实用艺术委员会
	体育训练与运动委员会
	国家计划委员会中央统计局
克拉斯诺亚尔斯克	Sevmorput（北方的白海交通）总部
	机床部

契卡洛夫　　　　　　　　集体农庄部（Sovkhoz）

司法部

国家检察院

最高法院

铁路公路交通总部

（2）军事部门（国防人民委员部和中央军事机构在古比雪夫）

地点	名称
乌里扬诺夫斯克	红军作训部
斯维尔德洛夫斯克	军事院校部
乌里扬诺夫斯克	步兵监察部
	苏联红军军事测绘部
	编辑部，Voennaya Mysl
	总参谋部军事科学处
契卡洛夫	军事训练部普及军训处
布古鲁斯兰	苏联红军兽医部
斯维尔德洛夫斯克	苏联红军总后勤部兵舍处
	苏联红军总后勤部消防监察处
	工程兵总部

（签字）

赫鲁廖夫中将；旅级政委巴尤科夫

指令又常常禁止这样做。苏共的基层组织和政府机构难以克服惯性，高级官员们要求（也是时局所需）的"主动性"与履行职责时需要展现出的积极性自相矛盾，而积极性又总是凝结成官僚主义的一部分。因此，指挥链的基层部分极易断裂。

不过，当局执行应急动员时，几乎没有受到道德或政治上的限制。受影响的多是平民百姓：市民被编入民兵，还不能耽搁生产；在后备兵团受训的政府工作人员却要履行很多准军事职能。各个年龄段的妇女竭力填补计划不周或短见所造成的巨大缺口。因此，"广泛的回应"成为苏维埃政权首要考虑的问题之一。与之相对应的是"当权者"未能尽职时，他们与民众之间那种直接的、经常是戏剧性的关系，莫斯科所发生的恐慌就是一个绝佳的范例。"当权者"未能提供最低限度的安全保障时，服从便难以维系。然而，某些地区爱国主义的炽烈使得民众回应的总体情况大相径庭，地区或个人的自豪感不止一次发挥作用，像图拉那样的顽强防御具有一定的迎合当下需求的弹性。

向"卫国战争"的转变，伴随着一场将"党"与"祖国"结合在一起的大张旗鼓的运动，党发出的所有政治口号都尝试结合发自内心、缓慢萌生的俄罗斯民族抵抗精神的迹象，不仅通过体制内的宣传推动这一点，还有"新命令"中越来越多的新证据，所有的疯狂杀戮和残酷剥削都是为了俄罗斯。"当权者"未能抵挡住德军进攻，这让俄国人感到失望、愤怒与反感：有高级指挥员对愚蠢，甚至是明显无组织无指挥的犯罪行为大发雷霆；而平民领袖抨击说，不可能以越来越少的资源去做每件事，民众们要么被过分压制，要么被粗暴地遗弃。但几乎每次有效的领导都会立竿见影地产生有力的效果。精明的德国人发觉，事情潜在的一面就要浮出水面了。苏联社会非常单一，这也有助于其幸免于难，高度的社群主义[1]避免了全面崩溃，彼此联结的行政网络虽然导致了一定混乱，但最后也能够响应指令，它被重创之后仍能依靠简易的规范和混乱的模式生存下来，最重要的是——尽管经历了这些年"斯大林主义"的"压制"和内务人民委员部的压迫——在"卫国战争"的推动之下，其基本精神的复原。德国的宣传毫无意义、弄巧成拙地沉溺于斯拉夫人"劣等"的观点，只将俄国人视作"半人半兽"，党卫队对此进行了恶毒的实践，特别行动队的大规模屠杀也将这宣传付之于形。德国人取得的胜利不可避免地加强了俄国人"劣等"的激进观念；虽然审视己方损失数据时绝不会感到宽慰，但德国统帅部可以选择忽视任何截然相反的迹象。苏联第6集团军司令员被俘后接受审讯时，一语道出了真正的形势：俄国的命运飘摇不定，俄国人将会战斗——丢失领土并没有什么，政体中存在的问题也将变得无关紧要。那些恐怖的损失和噩梦般的牺牲已经证实了他的话。

9月底于莫斯科召开的援助会议令英苏关系更上一层楼，在莫洛托夫的主持下，比弗布鲁克—哈里曼代表团有望达成协议，会上尽可能简短地讨论了苏联所需的军需物资，以及装备（飞机、坦克、卡车和火炮）和原材料（锡、铅、钴、铜、锌和铝，装甲钢板、工业钻石，乃至可可豆）的每月需求。苏联要求每月提供1100辆坦克，最终决定提供500辆（英美联合提供）；苏联要求每月提供300架轻型轰炸机，最终决定提供100架（由美国承担）；苏联要求每月提供10000吨装甲钢板，最终决定先由美国满足1000吨。首支船队已经满载着坦克和战斗机驶往摩尔曼斯克，后面还会有许多支船队，但就像这些船一样，此次会议未能立刻解决灾难性的武器和弹药供给情况。国境线上的大量弹药库和仓库早已遗失，各方面军都急缺37毫米、76毫米高射炮和师属火炮，以及手榴弹和卡宾枪弹药。坦克和飞机的产量正在下降，工厂纷纷脱产，燃料和电力也随着德军的推进大幅下降。

战争开始后，1941年第三季度实施的第一轮经济动员计划用了一个星期才生效。该计划和6月23日被紧急批准的弹药生产计划一样，被1941年第四季度和1942年的动员扫到了一边，这些计划是国家计划委员会（Gosplan）主席沃兹涅先斯基领导的特别委员会于8月初制定的。计划于8月16日被批准。沃兹涅先斯基的计划不仅涵盖了疏散行动，还包括了西西伯利亚、乌拉尔、哈萨克斯坦和中亚的开发工作。那里将建立起庞大的"疏散基地"，撤往东方的工厂将被并入本地工厂。和现在的国家计划委员会一样，疏散委员会在国防委员会的指令下运作，该委员会已经于7月初开始将主要兵工厂东迁：马里乌波尔装甲轧扳机被转移到了马格尼托哥尔斯克（Magnitogorsk），20多个轻武器工厂从"中心地带"向东移动。哈尔科夫的坦克发动机工厂将前往乌拉尔的车里雅宾斯克，列宁格勒基洛夫工厂的技术人员也被安排随厂疏散。

工厂的转产工作并非一帆风顺。虽然制定有"影子计划"，但由于缺乏必要的机床，农业机械装备制造厂无法像期望的那样生产出弹药。原定生产弹壳的卢甘斯克机车工厂接到指示，去生产一些截然不同的东西，结果乱成一团。到11月，300多家工厂的沦陷使苏联红军每月失去8500000枚弹壳、近3000000颗地雷和2000000颗航空炸弹的补充。化学工厂的损失减缓了爆炸物的生产速度，苏联红军几乎耗尽了战前的弹药库存，已经处于生死存亡之际，火炮生产和弹药生产的失衡每个星期都在加剧。炮兵总局有许多灌装工厂在建，他们估计这些工厂可以毫不费力地投产，结果大错特错。弹药产量于8月开始下降，年底前一直在急剧下滑：8月生产了5000000发弹药，9月和10月都生产了4000000发，11月和12月是300多万发。7月—12月，工业企业提供了26000000发弹药，只及需求量的一半。飞机产量疯狂下跌，从7月的1807架、9月的2329架下降到了11月灾难性的627架。1941年全年苏联生产了15874架飞机，其中12516架是战斗机。新型飞机还没有真正投入量产：1941年产出IL-2对地攻击战斗机1542架、Yak-7战斗机207架，到1942年年初，苏联空军的飞机中只有三分之一是新型号。 1941年下半年，坦克的产量只有计划中的一半多一点，1941年的总产量为6542辆，其中2996辆是T-34。

8月—10月，苏联军工业最多有80%"在运转"。扎波罗热的钢铁厂和第聂伯彼得罗夫斯克的轧管厂在乌克兰东部装上火车，送往乌拉尔，它们于9月的第一个星期抵达，到年底开始生产。每个人民委员部和行政机关都设立了自己的"疏散办事处"和专员来监督管理疏散和最后关头的生产活动。10月9日，国防委员会与供电站人民委员部开始协同策划顿巴斯供电企业的疏散工作，不过将发电机运至乌拉尔南部之前，该企业打算尽可能久地维持供电站运转。9月29日，新克拉马托尔斯克（Novo-Kramatorsk）重型机械制造厂接到命令，拆迁工厂，进行疏散，其中包括苏联仅有的一台万吨压机——虽然德国的轰炸造成了损伤和干扰，这台重型设备还是于五天内被拆下准备装车。10月21日下午，2500名技术人员被集中起来，准备登上火车离开时，德军已经近在7英里之外，且目及之处一列火车也没有了，工程人员只好排成纵队，步行前往20英里以东仍在运作的车站。

斯大林已经于10月4日命令日丹诺夫和库兹涅佐夫尽快安排更多工业和技术人员撤出列宁格勒（此时该城已经被封锁，这是一项危险而又复杂的行动），虽然到8月，列宁格勒的92座工厂中已经有部分疏散，但斯大林还想将重型坦克工厂带出。技术人员和机械设备已经分批撤出，随后经过漫长的旅途转移到乌拉尔的车里雅宾斯克和斯维尔德洛夫斯克，基洛夫和伊诺拉工厂最终落址于此。到8月底，282列满载的火车从列宁格勒驶向后方，但到9月初，姆加的沦陷切断了铁路网。大型车辆只能走什利谢利堡，然后从那里装驳船穿过拉多加湖，戈洛夫科（V. A. Golovko）技术勤务中将的铁道兵负责那里的调运。他有为运载机车和货运车厢而建造的特殊驳船，每天最多可以在湖面穿梭十次。戈洛夫科通过这种方式运出了150个车头、4000车皮和100辆油罐车。到9月中旬列宁格勒与外界彻底失去联系时，仍有2177车皮堵在铁路线及其支线上，其中277节装载着国防人民委员部的设备。顿巴斯的疏散工作也以类似的方式被打断了。重工业部请求提供13383车皮来将钢铁设备运出斯大林诺州，但只收集到了3460节，捷沃相只能报告斯大林说，疏散行动已经被德军的突破所打断。不能带走的东西只能炸毁或破坏，最惊人的行动莫过于爆破苏联五年计划的骄傲——第聂伯水坝。

疏散命令掀起的浪潮席卷了卡冈诺维奇负责的苏联铁路部门。拆卸工作经常冒着空袭进行，铁路线频繁因轰炸而中断。在白俄罗斯，主铁路线在7月和8月被切断了49次。第一波仓促的疏散简直是一场灾难：报告布列斯特—利托夫斯克一线的疏散行动时，指挥员指出疏散在敌军的炮火下开始，"与军队司令部全无联系，瓦拉诺维奇（Varanovichi）、明斯克州党和苏维埃组织下达的指示互相矛盾，他们将疏散命令看作是恐慌的标志，或是对国家规章制度的违背"。铁路部门自身也要疏散，到7月10日，2318节满载铁路设备的车皮离开前线（铁路部门的自行疏散是在各方面军军事委员会的命令下进行的），但前线地区的火车头和车皮已经损失惨重。到6月底，74列火车（3224车皮）将平民送往后方，7月，有300000车皮用于疏散行动。火车不得不在接受最低限度维护的情况下疲劳运行——"国防委员会纵队"负责维持这一状态，他们挤出了每一英里里程。不管怎么说，铁路部门成就非凡：他们在战争的前三个月中将2500000军队送上前线；运回了1360个大型企业（总共有1523个），其中455个运到了乌拉尔，210个运到了西西伯利亚，200个运到了伏尔加，250多个运到了哈萨克斯坦和中亚；还运送了他们自己的150000铁路职工和大量火车头、铁路车辆。疏散行动动用了1500000车皮，到11月中旬，914380车皮中有38514节用于运载航空企业，20046节用于疏散弹药工厂，18823节用于转移武器工厂，27426节用于运输钢铁企业，15440节用于疏散坦克工厂，16077节用于转运重工业企业。

10月下旬，国防委员会决定从库尔斯克、沃罗涅日和北高加索转移食品工业甚至轻工业，这个担子落在了米高扬的疏散委员会和柯西金的疏散监察组头上。到12月，疏散委员会已经将注意力从迁离工厂转移到了铁路中转运输这一巨大瓶颈的疏通上。由沃兹涅先斯基、赫鲁廖夫、米高扬和柯西金领导的中转运输委员会接替了疏散委员会，后者在1941年年底已经有些捉襟见肘了。

10月以后，中央政府、飞机、坦克、武器装备、弹药生产部和重工业部门重新安置在了古比雪夫，这带来了额外的负担。苏联战时工业的总设计师沃兹涅先斯基接到指示，每周向莫斯科报告军工业的情况，与此同时，同在古比雪夫的中央委员会行政机构也奉命向东部腹地的地方党委会下达命令，协助接待被疏散企业的设备设施。将工厂弄到东方是一码事，让他们投入生产又是另一码事。大型联合体分裂开来，与现有的东部工厂重新整合。在萨拉托夫，新厂房的围墙还没建好，机器就开始运转；卸下最后一列车机器后仅14天，首架米格战斗机就出厂了。12月8日，哈尔科夫坦克工厂生产出了第一批25辆T-34坦克，此时距离最后一批工程师离开哈尔科夫，沿铁路线徒步撤退仅10个星期。

堪称苏联第二次工业革命的疏散行动对燃料、原材料和建材产生了巨大需求。全国只有三分之一的高炉在运作，钢产量下降了三分之二，顿巴斯和莫斯科盆地的煤矿沦陷。铝、铜、锡、镍、有色金属极其短缺，苏联被迫将所有这些列入他们呈交给十月供应会议的"购物清单"。必须在乌拉尔、哈萨克斯坦、库兹巴斯和卡拉干达开发新的燃料库和原材料储备，以及锰矿和钼矿。虽然西伯利亚的冬天极为严酷，但生产和资源的开采工作必须要不惜一切代价加速进行。当前的生产动员计划已经由国防委员会批准（1941年第二季度开始实施），生产目标很高：到1942年1月，乌拉尔和西伯利亚的工厂预计将年产100000吨生铁、770000吨钢和326000吨轧制金属。11月14日，国防委员会接受了这样一组预估：1942年生产飞机2200—2500架，中型和重型坦克22000辆。

这些目标（飞机产量是战前的2倍，坦克产量几乎是战前的3倍）必须由业已减少的劳动力来完成，受敌军占领和疏散行动的影响，劳动人数已经从战争开始时的27000000下降到了19000000。这些劳动力的口粮也只能由"各式各样的配给体系"提供，另一方面，他们住得也很简陋。

国防委员会严厉地鞭策着各个部门，后者面临着一项艰巨任务：乌斯季诺夫（D. F. Ustinov）现在主管军事装备（武器）部，这项任命将他与炮兵总局的沃罗诺夫紧紧联系在了一起，而马林科夫亲自负责消除航空制造业的瓶颈，加快新型战斗机和轰炸机的生产。后者一种"排除故障的作业"延伸到了坦克制造业，他和莫洛托夫全面监督着该领域的各项工作。11月，迫击炮的生产工作交由一个专门部委组织；7月12日，国防委员会撤销了库利克先前削减76毫米野战炮产量的愚蠢决定，月底生产就恢复了，到12月已经产出了4000门。随着生产工艺的改善，生产速度还可以提高。在乌拉马许（Uralmash）坦克制造厂，坦克车体的组装时间从110小时缩减到了30—40小时。高尔基汽车工厂、乌拉马许和车里雅宾斯克拖拉机制造厂（现在该厂包含了哈尔科夫柴油机工厂和基洛夫工厂的生产部门）这几个主要坦克生产厂得以吸收熟练工人，汇总经验教训，缩减了许多流程所需的工时。

为了守住莫斯科，指挥员和行政部门不得不搜集所有能想到的东西：国防委员会10月26日做出决议后，莫斯科让留守的工厂转产弹药。莫斯科汽车制造厂转产什帕金的冲锋枪，计划日产1500支，还用工厂留下的机器生产手榴弹、步兵武器和弹药。同时，国防委员会号召列宁格勒协助苏联首都应对当前形势。除了拉多加湖上的驳船，还通过由"北方特别航空集群"执飞的航线，将基洛夫工厂的机械设备空运出城，转运至乌拉尔；10月—12月间，11600名基洛夫工厂和6000名伊诺拉工厂的工人在斯大林的命令下被运出，科学院的1100名科学家和研究人员也被空运了出来，转道前往喀山。更令人吃惊的是，列宁格勒还向莫斯科防区空运了1000多门火炮和大量弹药，该城在奋力打破封锁时自己也急需这些物资。与此同时，列宁格勒还临时拼凑了更多武器：迫击炮装到了ZIS-5或GAZ-AA卡车的底盘上，罩上一点装甲板，用于投送移动的迫击炮火力；舰炮装到了带有炮位的车皮上。到1941年年底，尽管疏散了工厂，列宁格勒仍然设法生产了300多万发炮弹，其中部分流入了莫斯科。

虽然在疏散行动（哪怕事先做一点计划，后面也不至于这么危急）中付诸了超乎寻常的努力，还是有很多工厂未能转移，落入敌手。在"东方"的巨大工厂投产或全力运转之前，资源仍将会日渐萎缩：飞机寥寥无几，坦克仅有数百辆，弹药越来越少。实际上，一切都有赖于在正确的地点和完全正确的时间恰当地集中可用之物。唯一的选择就是贯彻这一点，并深入开发苏联后方作为预备队，这不仅考验苏联领导层的能力，更考验其活力。

斯大林将750000多精锐锁在了苏联远东地区，这支军队编成了20多个训练有素的师，还有强有力的坦克和航空兵支援。这里虽然是后方，但有可能成为高度危险的前线，苏联红军面对着极其强大的日本关东军，他们两年前已经在蒙古国的诺门罕与其有过一轮激烈交锋。过去10年间，远东军队的兵力稳步增长，已经达到约30个师、3个骑兵旅、16个坦克旅，有2000多辆坦克和数目相近的飞机；贝加尔湖以东的所有军队都被当作涉及对日冲突的一线兵团，而二线兵团留在贝加尔湖以西，由西伯利亚军区的驻军和乌拉尔的军队组成，可增援远东或欧洲战场。苏联在东方的坦克依托外贝加尔地区深入蒙古国广阔平原的地势；乌苏里江—阿穆尔河地区以步兵为主，不过有一个独立坦克旅被派去沿通往中国东北的各条作战道路行动，步兵兵团也分配有"步兵支援"坦克。

苏联远东各军团掩护着2000英里长的国境线，其指挥部面临的一个主要问题就是其部署，地形地貌和运输方面的特点使这个问题更加复杂——这片巨大的马蹄形地区，要在何处投入兵力并完全守住？东部（包括西伯利亚大铁路海岸基地和终点站符拉迪沃斯托克）显然很关键，但那里缺乏回旋的余地，容易受到攻击。话虽如此，真要丢掉也将是一场空前的灾难，苏联在乌苏里江东部地区也一直屯有重兵（约12个师）。城市周边构筑了大量工事，内部驻守严密。阿穆尔河地区也被工事包围，而外贝加尔依靠其快速力量来威慑敌军。早在1941年3月，军队就开始向西前往外贝加尔边缘，但他们遵从着乌拉尔"中央预备队"的严格命令。5月，卢金的第16集团军奉命向西前往乌克兰，那里已经聚集了很多诺门罕战役的老兵，费克连科（Feklenko）、费久宁斯基、波塔波夫将会从中脱颖而出。但是，主力完好无损，1941年6月22日也进入了战备状态，准备应对日本可能发动的进攻。到目前为止，进攻尚未到来，对斯大林而言，知道日本要走哪条路——"北上"（对付苏联）还是"南下"（对付英美）——至关重要，而他有理查德·佐尔格来获取情报。

苏联西部国境线的战争开始两天后，日本帝国大本营的陆军参谋本部和海军军令部在文件《日本应对国际形势变化的国家政策大纲》中陈述了日本的目标，这份文件建议南下，并在"北方"问题上达成单方面的和解。对苏作战计划是存在的，名为"8号计划"，制定于1937年，1940年进行了修订，《1941财年对苏作战计划指导》也已经于1941年4月1日生效。6月，日本外相松岗洋右在日本政策的讨论中主张在结局"明朗"前加入对苏战争，但军方不为所动，在7月2日的帝国会议上，杉山元将军反对让日本立即介入。尽管如此，为促成"北方问题"的"最终"解决，日本还是打着"关东军特别大演习"的幌子加强关东军：12个骑兵师增加到了14个，飞机数量增长到了600架，辅助部队在增加，地面力量翻了一番，从350000人增加到了700000人。驻韩军队和第9集团军（驻扎在南萨哈林岛和北海道）也得到了加强。到9月底，苏联国境线当面的日军兵力已经达到顶峰。

佐尔格就日本的意图与莫斯科保持着密切联系，不过到9月底，他才得以将8月收集到的情报汇总到一份积极的消息中，这些关于7月帝国会议的情报表明，日本在1942年春季之前不会侵犯苏联边境。斯大林收到了这个消息，并据此从远东抽调了几个师用于莫斯科的防御。第一批（例如博罗季诺的步兵第32师，虽然该师只集结了2个团）匆忙穿过莫斯科抵达战线后立即陷入了战斗。他们是非常坚韧的队伍，很快就让德军付出了代价。

斯大林最终动用了远东的半数兵力（包括1941年晚春调用的那些兵团），10月和11月调动了8—10个步兵师、1000辆坦克和1000架飞机。这倒并不是说远东的布势出现了空隙，通过立即动员，到1941年年底时组建了8个步兵师、1个骑兵师和3个坦克旅，现役人数再次稳定在了750000多一点，虽然他们中有许多是还在训练的征召人员。就算苏联之前相对关东军的优势已经丧失，大致相等的兵力仍然足以进行有效的防御战，足够达成苏联的意图。受影响最大、最快的是外贝加尔军区（该军区已经失去了所有集团军司令部）。从其他地方抽调军队时更加克制，还随之重组了哈巴罗夫斯克—符拉迪沃斯托克防御和（涵盖乌苏里江地区）指挥体系。设立了3个司令部——伏罗希洛夫的第25集团军司令部、中部的红旗第1集团军司令部和北面位于伊曼（Iman）的第35集团军司令部——来改善这个"方面军"的作战领率机关，在那里和远东边境的其他地带，边境守军均展开并以战时状态进配置人员。还新建了一个航空师，以填补调往西方的飞机留下的缺口。

动用远东储备的人员和坦克时，斯大林还向乌拉尔派遣了一个高级指挥员代表团，监督指导预备役和征召兵团的训练工作。秋涅列夫将军在南部战线负伤后抵达莫斯科医院，写信向斯大林谋求职位，后来他显然对得到的这份"后方任命"感到失望，在一次当面谈话中，斯大林打消了他对这一任命的顾虑。"前线的形势完全取决于我们能够多快、多有效地准备好预备队。"在强调这一点时，斯大林要求秋涅列夫，新组建的师必须进行近距离作战——尤其是反坦克战术——的训练，应该告知指挥员们如何掌控作战行动。秋涅列夫将与炮兵中将西夫科夫（A. K. Sivkov）和雷巴尔科（P. S. Rybalko）中将一同动身。这是国防委员会指派的任务，由伏罗希洛夫元帅最终负责（他和布琼尼已经被解除了作战指挥权，转而负责训练工作）。

这些新锐师尽可能不送往前线，只有形势万分危急时，斯大林才放出几个团，其他的仍然被收作"最高统帅部预备队"。在他的分类账簿中，一个笔记本涵盖了进入或穿过莫斯科的每支部队和每件装备，斯大林用随处可见的蓝色铅笔核对团、坦克和火炮的分配情况，精确、严格地控制着一切。这些师非常巧妙地从远东撤出，也同样巧妙地避开了德国统帅部的注意（苏联战地指挥员对此也毫不知情，在斯大林屈从于疯狂而绝望的请求之前，他们不得不在绝境中求生）。

德军的"总攻势"再次向莫斯科袭来时，道路和地面已经因霜冻而硬化，从而解决了10月的泥泞期造成的行动不便，苏军指挥员有约890辆坦克（近800辆是过时的T-26）迎击德军的进攻。为加强西方面军，开始进行持续不断的重组，尽管如此，还是经常跟不上形势的发展。11月，将第30和第50集团军部署到西方面军两翼的工作进展甚缓，朱可夫左翼的第50集团军有6个步兵师，各师平均兵力介于600—2000人之间（每个师有2个炮兵连），只有步兵第413师接近满员，有12000人和100门火炮、迫击炮。11月中旬，坦克第58师被匆忙撤出第16集团军，作为"增援"前去加强第30集团军，该师总计只有350人、15辆轻型坦克和5门火炮。也难怪朱可夫的参谋到前线医院搜罗志愿者、能走路的伤员或基本复原的官兵来组建装备反坦克武器的"独立营"，去抵御德军装甲部队的进攻。11月9日—12日，朱可夫收到了4个骑兵师（骑兵第20、第44、第17和第24师），这支总计有12000人的军队送给了罗科索夫斯基的第16集团军。德国统帅部推断苏联几乎是在"垂死挣扎"，这不无道理。

1937年大规模调整军事指挥层后不久，斯大林停止了在苏联领土上进行游击作战的探索和有限的应急计划。补给点被清空，秘密的"后方基地"被遗忘和忽略。苏联战争计划的这一方面和其他许多方面一样，受到"将战火烧到敌人国土"，并在那里锁定胜局这一主导思想的影响，因此，与游击作战相关的内容被自然而然地排除掉了。再者，在政治高压时期，斯大林也不想鼓励那种"游击队员式的"主动性，这种主动性会不可避免地分散重点。这既是出于士气——维护苏联领土"神圣不可侵犯"，苏联"不可战胜"这个论点——也是为国内安定着想，当局绝不能让那些有组织的不同政见者有机可乘，那些人一定会组织起来进行游击战。最高层的应急计划有必要作为国家机密而不宣。不过，恐怕没有人会想到1941年10月—11月时苏联会损失那么多领土。苏联国家机关及指挥机构有内战时期的游击经验可供借鉴，尽管敌后起义的相关理论原地踏步，历史经验则被包裹了一层意识形态的外衣。如果说有这样一些经验的话，内战中的游击队员已经证明，他们在政治上带来的麻烦——"partizanshchina"（游击）这个词揭示了这一点——和军事上的价值一样大。游击队五花八门，从放任自流的匪徒到坚定忠贞的政治或军事部属都有，他们那骨子里的、不可或缺的个人主义也是难以磨灭的印记。"伟大卫国战争"中，苏联千方百计地阻止德军推进，采取了大规模的动员措施（比如民兵师），游击队组织和活动的首次尝试与其他此类措施有着直接关系，这次尝试抵消了敌人的些许优势。游击作战以这种形式或多或少地遵循着苏联指挥员们20世纪20年代谈论过一阵的"小规模战争"。人民委员会和中央委员会6月29日的训令中包含了当时并未公开的一段内容，即组织"游击支队和破坏组与敌军作战，在各地掀起游击战争，炸毁桥梁、道路、电话电报线，摧毁敌军储备物资等"。半个多月后，中央委员会在7月18日指令的前提下发布了更多具体的说明"组织敌后斗争"。这些说明奠定了"游击战"的基调，并将在战线后方掀起抵抗的责任直接落实到了共和国、州、区党组织和苏维埃（政府）机关。他们也负责在已经有沦陷之虞的地区准备今后的抵抗工作，那些地方必须立刻建立地下党组织和共青团组织。此外，在最高一级的中央委员会，还要专门成立指挥游击战和破坏组的委员会，方面军政治部内的特别部门或集团军一级的政治处也会参与前期的组织工作。党组织的第一书记将会挑选"有经验的战士……为党组织领导所了解，具有组织工作经验"的人来组建游击队的基干。所需的武器、弹药、补给和资金必须提前安排妥当，游击队或破坏单位之间的联络需要无线电台、密码、通信员和联络员。秘密的、地下活动的组织通常来说彼此隔绝，只有个别人进行必要的内部联系。

方面军和集团军政治部第10处专门负责准备游击战和破坏行动，临近7月底时，西北方面军和西南方面军都已经就游击队的组织和战术原则下达了非常详尽的指令。1941年7月13日，西北方面军政治部向梅赫利斯递交了第一份政治部组织游击单位的报告，这些游击单位兵力约为50—80人，再分成更小的10人单位。到目前为止，大卢基、卢加和博洛戈耶（Bologoye）已组建22个这样的单位（包括一支由1名政党干部指挥、1名内务人民委员部边防军指挥员任参谋长的特殊部队，装备有300支步枪和14挺机枪），还有几支"扫荡部队"，用于应对德军空投到苏联后方的伞兵，该地区沦陷后则作为游击队的基干。在游击区，游击支队队长杜金于9月下旬报告了其中一个中队的组织和活动情况：

> 1941年6月30日，我奉党地区苏维埃之命组建一个破坏营辖下的一个连，活动区域涵盖了扎波罗斯克（Zapolsk）、扎伊森斯克（Zaoisensk）、大勒津斯克（Bolshe-Lzinsk）和扎普利乌斯（Zaplius）村委会。
>
> 7月5日接管组建、操练和战术训练工作。
>
> 7月6日，几个建设营和苏联红军部队开始从普斯科夫大规模撤向卢加。我从正在后撤的部队中收集了123支步枪、2挺捷格加廖夫轻机枪和弹药，武装了全连……

1941年7月9日，一番激战后红军疏散了普利乌斯（Plius）地区。

从那时起，（我们）就担当起了游击支队的角色，与群众躲入森林。

1941年7月9日—8月24日，我的支队在敌后开展了25次大大小小的袭击。我们摧毁了20多辆卡车，击毙了120多名法西斯分子，这还不包括红军基于我们提供的情报所消灭的敌人。目前支队里只有12人还跟着我。

在西面的格多夫（Gdov），其他游击支队常常试图以普什科夫的模式组建起来：

我们决定以我们的破坏营为基础，组建两个游击支队。但战事发展得太快，（7月）15日—16日格多夫就被占领了，道路被切断。我们待在波尔诺夫（Polnov）区。我决定一稳定下来就开展工作。我们决定跟随各游击支队进入集体农庄，并环顾形势，看看事态会如何发展，协助组织各游击支队的工作……当地组建了4个支队。各支队的兵力为20—35人。最大的支队在谢米连科。

有些支队缺少武器：

大家都有步枪，还有几发子弹，但手榴弹很少。我们从后撤的红军指战员那里搞到了一些手榴弹，但数量稀少。我们得不到任何机枪。（几个支队）有一挺捷格加廖夫机枪，但不是每个支队都有。菲利波夫（Fillipov）的支队根本没有机枪。没有燃烧瓶（莫洛托夫鸡尾酒）。我们得不到手枪。手枪——非常袖珍的武器，但侦察的时候必不可少。

在大卢基地区，其他支队的情况要好一些：

（库尼什耶地区的）支队建立了出色的补给基地。支队拥有不少武器：苏德两国的步枪、2挺刘易斯机枪、1挺重机枪及手榴弹等等。目前正准备以一个8人小队突入德军占领下的克雷托夫斯克（Krebtovsk）村委会。

更北面的卡累利阿组建了15个游击支队，卡累利阿中央委员会组建了一个专门的三人委员会来指挥他们，8月，这个"三驾马车"在列宁格勒会见了伏罗希洛夫，以便起草一份作战计划，并组建一个"游击司令部"来领导这些工作。卡累利阿中央委员会第一书记库普里亚诺夫（Kuprianov）列出的任务与6月29日训令中强调的部分非常相似——"炸毁桥梁、铁轨，摧毁敌人的电话、电报通讯系统，炸毁敌人的弹药储备。"

布琼尼的西南方面军司令部发布了类似的指令，不过乌克兰共产党领导早在6月27日就率先颁布了非常详细的游击计划指令，比"中央"的第一道指令早了两天。这或许并非巧合，20世纪30年代，乌克兰率先进行了真正的游击战实验，相关文件可能留存了下来。6月20日，一个政府和政党官员组成的"战役集群"在顶层政治领导赫鲁晓夫、布尔米斯坚科和科罗琴科的"直接指挥"下集结起来，成员包括兹连科、德罗任、斯皮瓦克和斯特罗卡奇。斯皮瓦克已经于6月27日从赫鲁晓夫那里接到指示，在卡缅涅茨—波多利斯克地区组建游击支队。消息传遍了乌克兰，利沃夫、捷尔诺波尔、斯塔尼斯拉夫（Stanislaw）、切尔诺夫策（Cernauti）、沃伦斯克（Volynsk）和罗夫诺州都接到了组建类似"作战群"的指示，后方地区则着手建立"影子"组织和秘密机构。第一道命令发布后，约140个支队，近2000人集结起来，悄悄穿过德军战线进入敌占区。基辅组织了两支1000多人的大型游击部队，由内务人民委员部（的边防军）指挥员指挥。赫鲁晓夫对这些活动表现出了浓厚的个人兴趣，他建议工厂应该开始就地生产游击队专用或适合游击队使用的武器装备。

乌克兰的游击队开了个好头，而白俄罗斯的游击运动将更为成功。6月30日，白俄罗斯中央委员会和共和国人民委员会在莫吉廖夫召开会议，讨论了游击计划和可行性，下达了"关于党组织在敌占区转入地下工作"的1号训令。这次会议决定通过将"有组织的队伍"（而非单个地下工作者）送过战线来开展活动，每支队伍都可以并将成为游击队的核心。这样的小队已经建成或正在组建，到7月初，已经有78个小队集结在了莫吉廖夫，有2300多人。很多人是志愿者，所有人都经过仔细筛选——入党日期、战前的职业、内务人民委员部掌握的人际关系。内务人民委员部也会面试这些游击队申请者，这些人必须"历史清白"。即使政治上可靠，大多数申请人还是没有接受过"秘密工作"

的训练，也没有相关经验。7月1日晚，地下工作者和游击队员们聚集起来，听白俄罗斯共产党第一书记波诺马连科（P. K. Ponomarenko）、伏罗希洛夫元帅和沙波什尼科夫元帅讲述他们任务的范围和性质。波诺马连科建议他的特工人员与敌占区的党组织建立联系，在各区建立"党中央"，在民众中进行宣传，战斗停止后应当让他们协助收集武器，"炸毁桥梁……摧毁落单的卡车，歼灭车上的敌军官兵"。沙波什尼科夫强调了抓住"一切机会延缓敌军预备队开往前线。炸毁满载军人、武器或装备的敌军列车，炸毁他们的基地和储备点"的重要性。至于伏罗希洛夫，他更多的是以内战时期的经验来指导当前的行动。

波诺马连科的计划纲要符合游击队组织工作的最初（按地域划分的）思路，小型游击队沿行政区的边界分布在敌占区各处，每个区有一个游击单位（及其子单位）。许多渗过战线的"特别小队"不够务实，陷于孤立，最终一事无成，这些渗透单位或由党和内务人民委员部的人指挥，或是充斥着来自陌生城市的陌生成员，未能与当地居民建立并维持适当的联系。德国人准确地在苏联行政系统最脆弱的地方——最基层、最脆弱的地区，乡村——下功夫。正如苏联游击队承认的那样，德国人的反游击活动找到了现成的情报和支持：通敌者供出布良斯克森林里游击队的风险很大，伐木工不仅了解树木，还知晓游击队身处何处；另一种危险来自投奔德国人的"破坏营"。临时拼凑，缺少武器、弹药和补给的本地单位被粉碎或直接崩溃；那些更加成功的组织实际上为自己招致了灾难，被束缚在一定区域内的单位规模越大，越容易被捕捉歼灭。这些小单位因此消亡，而"大部队"制定了更宏伟的目标。

地形辽阔多变，武器普遍短缺，特种装备尤其稀缺，德军的推进和占领破坏了政府机构，"被动观察"的习惯（除非部分当地居民彻头彻尾地合作），（用西北方面军政治部报告中的话来说）"缺乏一个中央来指挥游击运动"，这些都令第一波游击战难以为继。8月19日，梅赫利斯以红军总政治部（GlavPURKKA）一道关于"敌占区群众工作"和游击运动政治指挥的指令，介入了"游击单位经常崩溃或缺乏具体分配"的问题。被切断在敌军后方，以相同的方式"进行着游击战"的红军部队"没有得到必要的领导，有时未与游击支队配合行动"。在梅赫利斯的督促下，方面军政治部加强了他们的"政治工作"：8月29日，红军总政治部电告各方面军，命令他们通过向敌占区的游击队和民众分发传单、小册子来加强宣传指导。各方面军还收到了1919年对付邓尼金时下发的《游击支队组织指导》，这份文件被从红军的档案中挖了出来，重新发放。

前线态势的迅速变化和组织工作中的明显问题引发了一连串修正与调整，在列宁格勒方面军，"游击司令部"于9月29日起草了《列宁格勒州游击支队组织联络和指挥计划》，并得到了方面军司令部的批准。联络中断，指挥不力，各游击队当下的溃败迫使他们迅速做出改变。没有"固定本地基地"、位于封锁线附近的支队将对付敌军指挥部，破坏敌军火炮、燃料和弹药储备，切断通信线路，向营地和机场发动夜袭。以自己的"补给基地"为根据进行活动的远距离支队将袭击德国守军，扰乱德国的行政机构，并找出叛国投敌之徒。这种令德国占领者和敌占区俄国人产生嫌隙的严峻的工作已经开始了。

到1941年秋，对于敌后占领区的局势将怎样发展，苏联党、安保和军事部门的领导或许已经有了清晰的思路和更为现实的打算：8月成立了第一个训练中心，由苏联红军和内务人民委员部的人担任教官，传授爆破技术，进行跳伞训练，政治部显然试图拿到一些"游击形势"的控制权。尽管苏联红军在这里和军事委员会迅速卷入了游击队的工作，但从顶层到支队，各个层级似乎还是内务人民委员部占据了主导。不过，许多内务人民委员部人员被调来之前是边防军指挥员，这个群体与"特殊部门"（OO）或贝利亚身边的内务安全人员不同。苏共则依靠广泛地部署"人事干部"到司令部或直接派到游击队，正如加里宁（P. Z. Kalinin）指出的那样，苏共和内务人民委员部在吸收新成员方面密切合作，干部部门的人有必要利用自己熟悉的业务知识促进这种合作。苏共中央机构、共青团组织、内务人民委员部和苏联红军都卷入了（游击）运动的发起工作，因而不可避免地出现了混乱甚至是内耗，各地的工作人员频繁抱怨说几乎没有"一致的方向"。列宁格勒司令部已经设立了一个初步的"游击司令部"；方面军和集团军政治部的第10处在组织和煽动（宣传）问题上投入了很多精力，在实时的军事控制（正如他们在莫斯科接近地所做的那样）下行动的游击队可以执行有限的侦察和情报任务。除此之外，军事上的收获起初乏善可陈，零零散散；游击支队由于损失、逃散或领导者脱逃而解体。许多崩溃是因为缺乏"补给基地"，要不然就是"地下组织"出了问题。明斯克一个

"地下党"的组织者——卡济涅茨（I. P. Kazinets）最终凭借一己之力组建了一个"地下党中央"，他指出了这些不足：

> 有了一些能干事情的同志后，我们曾数次尝试建立能够在明斯克群众中进行大规模宣传工作的党组织。这项工作零零碎碎地进行着，但直到今天还是缺乏强有力的领导。

卡济涅茨口中那些"能干事情的"人是指从散落在敌军后方的苏联红军指战员中来的人，他们随后成了游击运动重组和振兴的基础。

德军的围歼战在身后（尤其是白俄罗斯）留下了数以千计的官兵，那里茂密的森林起码提供了藏身之处，对那些散兵游勇来说，纯粹为生存而进行的战斗仍在继续。方面军司令用游击队将军队主力带出包围圈的情况并不罕见，10月，第21集团军用这个办法将800人带出了波尔塔瓦州的包围圈，西方面军收回了第3集团军的V. I. 库兹涅佐夫和600名战士。有些部队仍然具有足够的凝聚力和纪律，可以作为一支军队继续战斗：原摩托化步兵第208师师长尼奇波罗维奇上校组建了一支强悍的小分队——"第208支队"，在白俄罗斯继续袭击德国人的交通线。当地党组织和内务人民委员部机构建立的第一批游击支队经常能够得到苏联红军散兵游勇的加强。卡济涅茨的明斯克组织没有时间去组织"地下"机构，他们入驻了不幸的第13集团军的驻地，以便扩展组织，推进行动。这时苏共的"地下组织"会把苏联红军指战员编入游击队，或是将党员送到那些诞生于包围圈的游击支队，维捷布斯克州党组织分派给达努卡洛夫（Danukalov）的那支临时拼凑的"苏联红军游击"中队就属于这种情况。

虽然苏联情报机构的运作与游击队绝缘，但在1941年10月—11月莫斯科接近地的战斗中，首次系统地利用游击队进行了野战侦察：潘菲洛夫（步兵第316师）、别洛博罗多夫（近卫步兵第9师）和普罗宁（步兵第144师）指派了情报和破坏任务，而西方面军司令部用游击队在莫扎伊斯克地区遂行侦察。莫斯科地区的"准前线区"正在进行更加从容的游击准备，设立了补给基地，内有医药、弹药甚至是衣物"储备"。多瓦托尔的骑兵军[2]正在冲入德军后方，似乎已经与游击队进行了"系统的"接触，后者有很多无线电台，西方面军司令部分派的一项特别任务是测定敌军目标（机场和弹药库）的坐标。为了攻击德军或驻军，苏联红军的"特别支队"与战线后方的游击队一起工作，然后试图联手打回己方战线。这些深入德军后方的行动不可避免的带有拼凑和仓促的痕迹，协同模式尚未在迅速出现的全新维度的兽行和可怕的屠杀中确立起来，德军开始极其残忍的反游击战，游击队出于自我保护和自身利益的考量，也决心实施比较严厉的政策。

夹在德军与游击队之间的民众开始被缓慢但无情地挤压。苏联当局通过游击队重新触及了他们的生活，这些游击队虽然薄弱，但仍在公开活动。1941年10月以后，苏联的存在被审慎地"重塑"，似乎还树立了某种形式的权威。起初是在占领区居民中强化宣传，但开始时非常艰难，地下组织领导人发现"口头宣传"效果甚微，并抱怨说苏联传单或小报"很难也很少"发到民众手中，空投的传单离前线太近了，"那里几乎没有人，也不可能把传单带到后方，因为搜查者会循踪而至"。在列宁格勒州和加里宁州之间的地域设立了一个游击区，和其他地方一样，那里的游击队也带回了"政府"。在德诺以南活动的游击第2旅报告了民众思想的改变：

> 现在经过2个月的占领后，民众与占领军关系最显著的特征（似乎是）那种最反动的工人也开始对法西斯分子恶脸相向，这种情况是现实生活决定的。
>
> 各种情况都表明，在苏联人民与德国法西斯的斗争中，想要置身事外是不可能的。

现在就带回"权威"不仅可能，而且必要：

> （游击旅）旅长非常正确地认识到，不紧密联系群众，不重建集体农庄，（不）建立苏维埃和苏联法律，就不可能为游击运动奠定强有力的经济和政治基础，就不可能赢得人民的认同与支持。

这个建议清楚地表明，他们之前并未得到认同与支持。"政府"以"三驾马车"——苏共、国家和内务人民委员部代表（通常是一名边防军指挥员）——的形式回来了。"三驾马车"将在村庄重建国家权力机构，恢复集体农庄的正常活动，肃清德国密探或叛徒。他们接受大部队的指挥。

这些目前还仅仅是烈风中的麦秆，国家和人民在风中躬身忍耐。两个"后方"都在混乱中挣扎，饱受蹂躏。斯大林不顾一切试图建立起来的屏障惊人的薄弱，11月，正当向东疏散的火车将远东和预备队的师带往西方，游击队往来战线两侧的交通日益稳固，装备刚刚得以从工厂中流出，一切开始向好的方向发展时，德军在中央和两翼恢复了对莫斯科的攻势。

译注

[1]一种有关社会组织的哲学观点，强调社群参与者的互动，这些人为共同的目标而聚在一起，并同意那些支配着社群秩序的规则。

[2]即近卫骑兵第2军。

第七章
莫斯科反攻：1941年11月—12月

　　"如果他们（德国人）想要一场灭绝之战，那么他们已经得到了。"斯大林在11月6日的演讲中发出挑战，这次演讲发表于十月革命纪念日前夜，苏共、市政府和红军的代表群聚在马雅可夫斯基地铁站的大理石大堂中聆听讲话。斯大林极其夸张地宣称，德军已经在对苏战争中损失400多万人，闪电战已经失败，这既是由于"赫斯的任务"并未令英美任何一方加入德国在东方的冒险，或哪怕是保持中立；也是因为苏联并未崩溃；最重要的是，红军仍在战场上顽强战斗。斯大林承认，德军的确有一定技术优势，这仍然会造成显著的影响，但红军将会成为"德军的噩梦"。斯大林也承认第二战场尚未开辟，但此事亦"不成问题"，而且"用不了多久"。

　　第二天一早，德军距莫斯科已不到50英里，斯大林依惯例在红场举行了阅兵仪式，苏联步兵方队，老旧、武器落后的T-26坦克纵队，以及少量新式的、不好对付的T-34坦克在冬阳下接受检阅，嘎吱嘎吱地穿过雪地，离开红场后立即开往前线。斯大林虽然想要阅兵，但他不准备过分冒险，11月初，他将朱可夫召至最高统帅部，简述了举办周年阅兵的计划，并请朱可夫预估德军动向。朱可夫回答说，敌军接下来几天不适合发动大规模进攻，他们最近损失惨重，正忙着增援与重组，但不排除德军空袭的可能性，所以作为必要的预防措施，必须加强莫斯科的防空力量，并从邻近的战线调入战斗机。阅兵按计划进行，但斯大林这次的讲话与前夜相反，语气更加严厉生硬，将"德军不可战胜"的恐惧看作是一小撮小知识分子的危言耸听——这着实是毫无根据的嘲讽。斯大林亲眼看到，1918年时红军的态势也很不利，而今日"我们的食物、武器和装备并非十分匮乏……"，苏联武装力量昔日从艰苦走向了胜利，这次亦将再度取胜，"先烈中的伟大人物"——涅夫斯基、迪米特里·东斯科伊、苏沃洛夫、库兹涅佐夫——激励着他们，现在的战斗会像1918年那样，"在伟大的列宁的胜利旗帜下"展开。同日，伏罗希洛夫元帅在古比雪夫检阅了周年阅兵式，铁木辛哥元帅在沃罗涅日的另一场阅兵中致意，但就戏剧性和影响力而言，均无法与在阴沉沉的莫斯科举行的那场阅兵相提并论。对比1918年的各个方面，斯大林实在难以掩饰当前局面的严峻性；他计算的德军损失和"第二战场"即将开辟的希望不怎么鼓舞人心。斯大林的措辞意在先稳定人心，再鼓舞俄国人的勇气，他的用语无畏又带有沮丧，但他强调了俄国成就和历史自信的意识。斯大林的话表明，"劣等人"不打算低头认输。

10月下旬，顿巴斯沦陷，哈尔科夫（于10月24日）失守，克里米亚岌岌可危，进攻中的德军各师已经撕开了莫斯科的第一道外围防线，这条防线从苏联首都西北方约90英里处的加里宁延伸至西南方100英里处的卡卢加。德军正在插入第二道防线，这条防线始于莫斯科湖南岸的新佐维多夫斯基（Nove Zovidovskii），蜿蜒着穿过克林（Klin）和索尔涅奇诺戈尔斯克（Solnechnogorsk），然后到伊斯特拉，再到莫斯科河上的兹韦尼哥罗德（Zvenigorod），接下来这条防线沿着纳拉河延伸，掩护着谢尔普科夫和图拉，其南部防区距离克里姆林宫只有100英里多一点。防线中部向内凹进的地方距离莫斯科只有43—47英里。在外围防线后面还有3条城区防线，由莫斯科防区（VMZO）直接指挥。摆脱泥泞之后，德国第9集团军的进攻被挡在加里宁；第3装甲集群（第3装甲集团军）遭到苏联第30和第31集团军的猛攻；德国第4集团军从西面长驱直入，冲进了新来的苏联军团（第49、第43和第33集团军）中间，其南翼被挡在了纳拉河—谢尔普科夫地区；古德里安的军队（现在叫第2装甲集团军）已经于10月底冲进了图拉，但这座南方的"小莫斯科"并未在突击中沦陷。帝国新闻办公室主任或许会于10月9日骄傲地宣布"俄国完蛋了", 德国统帅部可能选定远在莫斯科以东的目标, 比如雷宾斯克和沃洛格达, 以便切断苏方逃跑路线, 但前线各步兵师和装甲师更直接地感受到他们沉重的损失, 以及苏联愈发顽强的抵抗——更多宽履带的T-34在10月的泥海中飞驰, 更多新锐部队从大后方赶来, 局部进攻更为迅猛。尽管损失惨重, 步履维艰, 国防军仍打算向前推进, 斯大林和他的最高统帅部则决心坚守到底。最高统帅部的这一决心烙入了苏联指挥员的头脑。罗科索夫斯基的第16集团军以其3个残破的师坚守着沃洛科拉姆斯克, 10月28日, 该城在一番激战过后最终陷落, 罗科索夫斯基派他的炮兵主任卡扎科夫将这个非常令人不快的消息通知了朱可夫。两天后, 在最高统帅部的命令下, 一个西方面军司令部参谋委员会抵达了第16集团军司令部, 在那里质问指挥员, 核对作战命令, 还收走了作战地图。最高统帅部不会容忍军队在莫斯科城下"一座又一座地放弃城镇", 不过罗科索夫斯基认为, 这次对他第16集团军的指责有失公允。

朱可夫有足够的理由让部队坚守阵地, 直至被粉碎, 他除了博取喘息之机外别无选择。一打在莫斯科组建的民兵师终于使红军的力量得到了像样的加强, 远东部队被小心翼翼地放入前线。10月底仓促组建了第10、第26和第57这3个后备集团军, 在最高统帅部的命令下, 另外6个集团军(第28、第39、第58、第59、第60和第61集团军)开始部署到奥涅加湖—雅罗斯拉夫尔—高尔基—萨拉托夫—斯大林格勒—阿斯特拉罕这条漫长的弧线上。德国情报机构后来通过审讯战俘得知, 莫斯科后方正在修建一条"东方防线"。朱可夫被迫用零零散散、匆忙重组的兵团据守他的外防线。斯大林11月1日开始进行更加系统的增援, 给朱可夫派去了100000人、300辆坦克和2000门火炮。10月24日, 国防委员会在莫斯科设立了专门的铁路指挥部, 以便掌控增援的调运工作。连接支线的新铁路环线已经开始修建, 30多万车皮集中在莫斯科铁路编组站, 用于转移人员和补给。约8000辆卡车中, 只有2000辆属于朱可夫的方面军, 完全无法满足他的需求, 所以铁路不得不再次挑起重担。斯大林正在保卫首都, 保卫全苏联最重要的交通枢纽。

双方陷于泥泞时, 都在尽可能地加强力量。斯大林红场阅兵的那天早上, 冬天伴随着迅疾的霜冻降临, 11月6日到7日晚, 道路硬化, 地表足以令装甲作战车辆再次行驶。在11月13日于奥尔沙召开的会议上, 德国指挥官就继续攻势的利弊得失展开争论。失去了装甲打击力量的北方集团军群足以进行有效的防御；南方集团军群已经抵达东南方的顿河，位置比中央集团军群向东前出了200多英里，其指挥官冯·博克却主张重启对莫斯科的进攻。每一种可能性都会被考虑，但决定只有一个。

德国人在计划中又构想了一次合围和闭合的"铁钳"：古德里安将冲向东北方的科洛姆纳（Kolomna），第2集团军掩护其深远侧翼，该集团军连接着被挡在别尔戈罗德附近的南方集团军群左翼；第4集团军及其北翼的第4装甲集群在中路发起进攻；第9集团军和北面的第3装甲集团军向东面的伏尔加运河进攻，然后向南迁回莫斯科。北翼将于11月15日发起进攻，南翼将于17日动身。第4集团军的进攻时间待定，待苏联人移向左右两翼后，该集团军将直取裸露的中部。中央集团军群只有两个师作为预备队，且不久后可能会因侧翼急需掩护而失去很多兵力。

正在佩尔胡什科沃（Perkhushkovo）方面军司令部分析战局的朱可夫也得出了自己的结论。11月8日，西方面军司令部讨论了德军的部署和计划——还有苏方态势。除了第11装甲师和第137步兵师（分别位于沃洛科拉姆斯克和谢尔普霍夫）看起来进行了非常严格的无线电通讯管制，德军作战序列的轮廓已经基本确定。方面军情报部门估计德军集结最多的地方是沃洛科拉姆斯克地区（7个装甲师、3个摩托化师和3个步兵师）和图拉（4个装甲师、3个摩托化师和5个步兵师，外加2个旅）。罗科索夫斯基当晚向其司令部所作的报告重复了朱可夫对德军意图的推断：

> 德军统帅部采取的措施似乎都是为了进攻西方面军的侧翼，包抄莫斯科：右翼——克林和德米特罗夫方向，左翼——图拉和科洛姆纳方向。因此我们可以推断，纳罗福明斯克地区将会出现一次正面进攻。

朱可夫打算通过破坏性的进攻，尽量干扰德军的部署和重组。罗科索夫斯基选择让第16集团军在斯基尔马诺沃（Skirmanovo）发动局部进攻，以便控制沃洛科拉姆斯克高速公路。

朱可夫担心自己的左右两翼，这一点可以理解。11月初，布良斯克方面军正式解散，当月10日，最高统帅部决定将第50集团军一部调往图拉，将第3和第13集团军残部调往西南方面军。但随着克赖泽尔的第3集团军撤到叶夫列莫夫，西方面军和西南方面军的结合部失去了掩护，朱可夫在11月14日给最高统帅部的报告中警告，他在图拉附近的左翼必须予以加固。北面，只有第30集团军虚弱的摩托化步兵第107师掩护着西方面军与加里宁方面军的结合部，而德军2个装甲和1个摩托化步兵师正在那里虎视眈眈，科涅夫11月11日给最高统帅部的报告也注意到这一点。尽管获得了这些提示，最高统帅部的反应还是令人担忧的迟钝，它过了很久才将第30和第50集团军交由朱可夫的方面军指挥。

朱可夫下令实施的局部进攻已经开始运作，这些攻势旨在改善第16、第5、第33、第43和第49集团军的战术态势。在第49集团军战区内的谢尔普科夫，朱可夫计划用别洛夫将军的"骑兵—机械化集群"（骑兵第2军、坦克第415和第112师、2个坦克旅和装备"喀秋莎"的近卫迫击炮第15团）突破那些被认为防守薄弱的地区，包围德国13军。11月10日，朱可夫命令别洛夫随他前往莫斯科，与斯大林讨论进攻细节。

下午晚些时候，朱可夫和别洛夫穿过克里姆林宫的博罗维茨基门，路过一个弹坑，进入了一间地下室，走下楼梯后进入一条长长的通道，戒备森严，门在右手边，"就像一节卧铺车厢"。朱可夫将别洛夫带入一个"小隔间"后离开。斯大林的秘书出现了，别洛夫被带到通道的尽头，穿过一道开着的门，进入了一个明亮的房间，里面有张巨大的写字桌，左侧的远处角落里还有几部电话，斯大林站在屋子中央。朱可夫将别洛夫引见给斯大林。别洛夫上次见到斯大林是在1933年："他与那时相比变化极大，我（别洛夫）面前站着的是一个矮小的男人，面色阴沉……8年的时间里他像是老了20岁。"但让别洛夫惊讶的是朱可夫的态度："他言语生硬无礼，表达方式非常专横。看起来朱可夫才是这里职位最高的官员。斯大林并未觉得有何不妥，脸上也未闪过一丝不悦。"

斯大林批准了该计划，也同意让罗科索夫斯基的第16集团军在靠北一些的地区进攻，干扰德军预备队的调动。他仔细询问了别洛夫军的武器状况，别洛夫说他需要自动武器，步枪只能用于狙击。斯大林承诺给他提供500支自动武器、2个装备最新式76毫米火炮的炮兵连，这是一个意外的收获，因为别洛夫自己的火炮正亟待修理。会议结束，别洛夫再次步入莫斯科的夜色之中。

斯大林这次也着重关注了苏联"侧翼"——列宁格勒及战场东北部、克里米亚、顿巴斯及整个东南部——战况的发展。莫斯科城外的第一波危机刚过，他就命令沃罗诺夫前往列宁格勒；随沃罗诺夫前去的还有一揽子"解围作战"的计划和命令，"涅瓦战役集群"和第55集团军在西面战斗，接应从东面冲过来的第54集团军，两个军在锡尼亚维诺（Sinyavino）会师。此役将一举肃清拉多加湖南岸的德军，在列宁格勒和苏方控制区内建立一条"陆上通道"。列宁格勒的指挥机关对最高统帅部的计划没抱多少希望，朱可夫离开列宁格勒时，费久宁斯基已经想到了这一点。这无疑是一次艰难的作战，为此部署了至少8个步兵师、100辆坦克、所有可用的重炮和"喀秋莎"火箭炮营，另有方面军和波罗的海舰队航空兵支援。事实上，为10月20日开始的作战行动准备的解围力量有63000人、475门火炮和97辆坦克（包括59辆KV重型坦克），他们面对的54000名德军在纵深坚守着筑垒阵地，还能得到沼泽和泥泞道路的掩护。尽管如此，不论胜算几何，被围困的城市还是对"救援集团军"第54集团军燃起了希望，然而集团军司令库利克元帅愚笨无能，很快就会让乐观情绪荡然无存。

无论如何，北方集团军群于4天前的10月16日就预料到了这次解围攻势，他们向东面的季赫温（Tikhvin）和北面斯维里河（流淌于拉多加湖与奥涅加湖之间）上的洛杰伊诺耶波列（Lodeinoye Polye）扑去，在那里与芬兰的卡累利阿集团军会师，德芬两军的会师将永久地封锁列宁格勒。在拉多加湖和伊尔门湖之间往南延伸、向内弯曲的弧形战线上，3个苏联集团军（从北到南分别是第54、第4和第52集团军）和最南端的"诺夫哥罗德集团军级集群"被拉得太长。第54集团军已经开始遂行解围行动。几乎与此同时，第4和第52集团军被分割开来，德军沿三个方向进军，分别是北面的基里希方向、中部的布多戈希（Budogoshch）—季赫温方向和东南面的小维舍拉（Malaya Vyshera）方向。库利克第54集团军司令的职务最终被解除，由霍津将军接替，后者又被费久宁斯基替代（作为一名级别较低的指挥员，费久宁斯基被解除了列宁格勒方面军司令的职务，最终前往第54集团军）。最高统帅部已经将所有可以调动的人手都填进了莫斯科，为了支援雅科夫列夫（V. F. Yakovlev）中将的第4集团军，命令列宁格勒的指挥机关出手相助，但这就意味着削弱解围力量。4个师被运过风雨交加的拉多加湖，西北方面军预备队也抽出了一个师。

北方集团军群稍事停顿，进行重组，尔后于11月8日突入季赫温，切断了连接拉多加湖的最后一条铁路线，并威胁到苏联第7集团军的后方，该集团军正坚守在拉多加—奥涅加湖之间的斯维里河一线。第54和第4集团军的结合部也被切开，令费久宁斯基（10月24日起接任第54集团军司令）心急如焚，沃尔霍夫及当地的铝厂、发电厂所受的威胁也增加了。为了封闭这个口子，费久宁斯基致电最高统帅部，请求接管在其地域内作战的第4集团军右翼部队："如果今天就办，战局尚可挽救。如果拖到明天，那一切都晚了——沃尔霍夫将会沦陷。"11月11日晚，最高统帅部回电：

> 最高统帅的最高统帅部命令，第4集团军在沃尔霍夫地区沃尔霍夫河两岸作战的军队，包括步兵第285、第310、第311、第292师，6个海军步兵旅，3个近卫步兵师，步兵第281师的2个营，军属炮兵第883团和16个坦克旅，从1941年11月12日起划归费久宁斯基同志指挥，并入第54集团军。

第54集团军早先曾将一部分军队划给了第4集团军，现在费久宁斯基只拿回了一部分。即便如此，他是否应该爆破工业设施和铁路桥呢？11月12日清晨，最高统帅部授权安置炸药，但爆破必须要费久宁斯基亲自下令。费久宁斯基决定等等再说。与此同时，在11月7日清晨的一通电话中，斯大林命令第7集团军的梅列茨科夫接管第4集团军，留下戈列连科掌管第7集团军。至于兵力问题，已经空运了两个师（步兵第191和第44师）到西托姆利亚（Sitomliya）和季赫温，但最高统帅部也只能到此为止了。因此，梅列茨科夫调入1个坦克旅和1个步兵团发动反冲击，实际上突入了季赫温的北郊，不到一星期，苏方战线就在季赫温东北和东边稳定了下来。无论如何，梅列茨科夫北与列宁格勒方面军、南与第52集团军重新建立了联系，还挡住了德国第16集团军。芬军与德军距离斯维里河上的会合点仍有一臂之遥。

南方集团军群身处温暖的气候中，远离季赫温—沃尔霍夫地区的泥泞和融雪沼泽，他们9月底已经将乌克兰大部收入囊中，当时斯大林命令西南方面军和南方面军严防死守，眼下该部正继续向东方和东南方挺进。北翼，第6集团军于10月24日拿下了哈尔科夫，继续掩护南方集团军群与中央集团军群的结合部。到10月下旬，虽然采取了埋设100000多颗地雷在内的若干极端措施，"苏联的鲁尔区"顿巴斯还是沦陷了。包括沙波什尼科夫姗姗来迟的大规模布雷命令在内，在哈尔科夫以西建立防线的所有尝试均告失败。因此，最高统帅部命令铁木辛哥后撤到卡斯托尔诺耶（Kastornoye）—奥斯科尔河—红利曼—戈尔洛夫卡—米乌斯河一线，这条较短的前线可以让铁木辛哥腾出10个步兵师和2个骑兵军给预备队。北高加索方面军司令部接到命令，"激活"独立第5集团军，交由列梅佐夫（F. N. Remezov）中将指挥，部署在顿河河畔罗斯托夫附近。

10月初，南方面军（秋涅列夫负伤后由切列维琴科指挥）已经到了生死存亡之际。德国第11集团军（冯·朔贝特的飞机在苏联雷区迫降时被炸毁后，曼施泰因从列宁格勒南下接过了指挥权）扑向克里米亚，试图冲开苏联的防御。切列维琴科命令南方面军的第12、第18和第9集团军10月5日以前坚守巴甫洛夫格勒—大托克马克（Bolshoi Tokmak）—梅利托波尔（Melitopol）—（位于亚速海的）莫洛奇诺耶湖（Molochnoe）一线，但克莱斯特的第1装甲集群（第1装甲集团军）从第聂伯彼得罗夫斯克和扎波罗热的桥头堡突入了南方面军的侧翼和后方，并于10月7日在奥西片科（Osipenko）以北与第11集团军会师，钉住了第18和第9集团军，将他们挤向海边。第18集团军司令斯米尔诺夫中将在口袋闭合之前就阵亡了。第18集团军残部退向斯大林诺，剩下的第9集团军向塔甘罗格突围，第12集团军也向东北方的斯大林诺移动，该城半个月内即告沦陷。

正面对抗中，南方面军对曼施泰因第11集团军的威胁一直有限，但也阻止了后者立即冲入克里米亚，夺取塞瓦斯托波尔。彼得罗夫的滨海集团军从敖德萨起航，刚刚抵达那里。10月22日，最高统帅部让海军中将列夫琴科指挥克里米亚的军队，还命令巴托夫（P. I. Batov）中将接过库兹涅佐夫的独立第51集团军。库兹涅佐夫先前盲目地遵循"老（战前）方案"，认为进攻将来自海上，彼列科普和锡瓦什接近地的防御过于薄弱。曼施泰因克服了这些防御。库兹涅佐夫被再次解职。11月初塞瓦斯托波尔被围困时，最高统帅部让海军中将奥克佳布里斯基统领全局，彼得罗夫仍为滨海集团军司令。莫尔古诺夫少将（很快就被海军少将朱可夫代替）担任岸防司令，奥斯特里亚科夫少将出任空军司令。围困开始（其他苏联军队已经被赶出克里米亚）时，塞瓦斯托波尔总共召集了52000人、170门火炮和约100架飞机。不论先前犯下怎样的错误，当前的措施多么仓促，一场史诗般的防御战已经在塞瓦斯托波尔边缘和腹地的堡垒和炮台中开始。曼施泰因的第11集团军不得不撕开防线，守军不是坚守了几天或几周，而是苦斗数月，历经了250个战火纷飞的日与夜。

11月9日，铁木辛哥向最高统帅部递交了进攻罗斯托夫地区集结之敌的建议。斯大林和沙波什尼科夫原则上予以批准，但拒绝调兵加强南方面军。因此，铁木辛哥提出了一个作战方案，通过重组西南方面军来组建他的主攻力量——洛帕京的第37集团军。他打算以第18、第9集团军和霍伦少将的独立骑兵军遂行辅助攻势，打击克莱斯特的后方。攻势定于11月17日开始，（算上独立第56集团军）预计动用22个步兵师和9个骑兵师，外加5个坦克旅。

斯大林有充分的理由督促铁木辛哥挡住克莱斯特。守住顿河走廊至关重要，因为这是通往东南方苏联大型油田、高加索和波斯的必经之路，英国和苏联军队已经于8月部署在了那里，确保陆上补给线的安全，运到波斯湾的战争物资将沿该线进入俄国。地面因霜冻而再次硬化，铁木辛哥和克莱斯特都选择在11月17日展开行动，克莱斯特以其右翼敲开顿河的大门，铁木辛哥前去阻止。

两方交锋进入白热化阶段，其重要性很快将不言自明，德军开始向莫斯科发起最后的突击，街道和广场布置了路障，接近地布满了反坦克壕，散布着火力点。11月15日—19日，中央集团军群各师一个接一个地在指定的时间和地点加入这场大战。西方面军已经有所警觉，朱可夫从德军第183步兵师的一名战俘那里得知进攻在即，并于11月14日向所有集团军司令发出警告。在第16集团军，别洛博罗多夫上校及其步兵第78师的西伯利亚官兵于15日接到告警信号，所有阵地都配置了兵员，准备迎击预计于16日降临的进攻。朱可夫的6个集团军——第16、第5、第33、第43、第49和第50集团军（第50集团军稍后才交由他指挥）现在面临着生死存亡的考验。

在阴冷、雾气弥漫的11月15日清晨，苏联部队或在暗红的太阳下被塞入白雪覆盖的田野和林间的防御阵地（星星点点的雪还不厚），或为朱可夫一星期前下令进行的破坏性进攻严阵以待。那天早上，在对莫斯科"最终"攻势的第一阶段，西北方的德军向加里宁地区列柳申科的第30集团军涌来，第3装甲集群冲向洛托西诺（Lotoshino）西北方的克林，第4装甲集群冲向鲁扎以北的伊斯特拉。15日，德军左翼的第9集团军第27军攻击苏联步兵第5师、坦克第21旅和预备队第20团（第30集团军），向伏尔加河推进。莫斯科湖以南，大批德军于16日下午渡过拉马河，同日，第3装甲集群进攻罗科索夫斯基的第16集团军，后者已经开始向沃洛科拉姆斯克发动进攻。11月16日上午10点左右，沙波什尼科夫打电话给罗科索夫斯基，警告说其友军（第30集团军）已经陷入困境，命令他终止进攻，将部队撤出捷里亚瓦—斯洛博达的修道院——否则将被包围。眼见第30和第16集团军阵脚已乱，最高统帅部最终将二者一同撤回，并于11月17日将第30集团军拨给了朱可夫，后者命令列柳申科掩护克林。罗科索夫斯基的态势极度危险，一边侧翼正承受着进攻，而另一边已经被突破，损失极其惨重。激战一天后，第17骑兵师还剩800人，另有3个师已经与集团军司令部失去了联系。朱可夫的整个右翼殊死战斗，以阻止一场将使整个莫斯科接近地暴露在外的合围。11月19日—20日，为钉住苏联第5集团军，阻止第5和第16集团军往来调动，德军向第5集团军右翼发动进攻并冲向兹韦尼哥罗德（Zvenigorod）。朱可夫在这个结合部没有预备队，遂命令第33集团军步兵第108师和一个坦克旅（坦克第145旅）前往兹韦尼哥罗德，支援第5集团军。克林一带的第30和第16集团军已经被撕开，为了守住该地，朱可夫派扎哈罗夫（F. D. Zakharov）少将（第16集团军副司令）接管一个"战役集群"（辖有2个师和2个旅），插入列柳申科和罗科索夫斯基的间隙。为了帮助列柳申科，朱可夫从第16集团军调了一个师（坦克第58师）到第30集团军，该师有350人、15辆轻型坦克和5门火炮。

这些苏联兵团的残部拼死战斗，许多人默默无闻、悲惨地死去，另一些人名声大噪，比如潘菲洛夫步兵第316师的反坦克步兵，他们在沃洛科拉姆斯克公路上与德军坦克搏斗时被粉碎。罗科索夫斯基保持着密集的布势，现在，德军坦克的"铁拳"开始展开长长的铁手指，插入苏联防线。11月

21日，朱可夫致电罗科索夫斯基："克林和索尔涅奇诺戈尔斯克至关重要。罗科索夫斯基亲自赶往索尔涅奇诺戈尔斯克，洛巴切夫（第16集团军政委）前往克林。确保两地的防御。"索尔涅奇诺戈尔斯克虽然还在苏联手中，但联系业已中断。因此，罗科索夫斯基只能动身赶往克林，并向朱可夫的参谋长索科洛夫斯基报告说："克林附近和郊区已经打成一片。唯一的出口是东面的罗加乔夫方向，向南与索尔涅奇诺戈尔斯克的联系已被切断。"罗科索夫斯基将邮局作为司令部，就在一发炮弹击中了这座建筑时，他从一名脸色苍白的女报务员那里接到了坚守到底的命令。11月24日，克林和索尔涅奇诺戈尔斯克在激战过后陷落。罗科索夫斯基麾下各团只剩150—200人。哈尔德大将也在其作战日志中写道，德军一些团现在由中尉指挥，一些营由低级军官指挥——德军指挥官报告说他们的部队"非常疲惫"（stark beansprucht），已经寸步难行。但这些疲惫不堪、瑟瑟发抖的人攻入了苏联防线。克林沦陷的消息传来时，朱可夫只说了一句："形势越来越糟。"伊斯特拉现在是沃洛科拉姆斯克—莫斯科公路防线上的一个关键点，别洛博罗多夫步兵第78师的西伯利亚官兵正沿着（伊斯特拉）河和伊斯特拉水库的大坝严阵以待。罗科索夫斯基向朱可夫的副司令员库尔金将军报告说，佩什基（Peshki）已经于11月25日沦陷，德军部队已经跨过莫斯科—伏尔加运河，莫斯科城下的最后一道主要屏障的北翼被完全迂回包围。第25装甲团已经在亚赫罗马（Yakhroma）夺取运河上的桥梁，并于东岸掘壕固守。在克留科沃（Kryukovo）以南的新指挥所，罗科索夫斯基接到进一步指示：

> 克留科沃是后撤的终点，不许继续撤退。已经无处可撤。必须尽快采取一切措施来赢得喘息之机，阻止退却。你们每后撤一步都是在破坏莫斯科的城防。全体各级指挥员要坚守他们在战场上的位置。

11月28日早上，德军正在从北面包围莫斯科，距离克里姆林宫已不到20英里。

朱可夫居中的3个集团军（第5、第33和第43集团军）防御尚且牢固，但戈沃罗夫的第5集团军11月19日早晨就遭到了攻击，两天后，德军力图打开通往第5集团军后方的纳罗福明斯克—库宾卡公路时，第33集团军右翼也遭到进攻，从而加速了罗科索夫斯基第16集团军的崩溃。目前朱可夫可以抽出一两支部队去支援侧翼，但他估计德军主攻将来自第4集团军，所以没有抽调任何部队。更直接的威胁来自南方，18日，古德里安已经开始进攻朱可夫的左翼，力图夺取新莫斯科夫斯克（Novomoskovsk）[1]、韦尼奥夫（Venev）、卡希拉（Kashira），跨过奥卡河，从东南迂回至莫斯科后方，在诺金斯克（Noginsk）与德军的"北钳"会师。18日当天，古德里安的第3装甲师已经跨过了图拉东南的乌帕河（Upa）。不到一星期，德军就从这个方向包围了图拉城。斯大林派博尔金指挥第50集团军坚守图拉。博尔金已经两度成功突围，第一次是从国境线，第二次是从维亚济马—布良斯克。博尔金11月22日动身前往图拉前，沙波什尼科夫元帅认真地向他简述了其职责。古德里安的主攻落到了第50集团军左翼的两个师（步兵第413和第299师）头上，步兵第299师只有不到800人，而充当预备队的坦克第108师有2000人和30辆陈旧、脆弱的T-26坦克。到20日，左翼的残部总共只相当于一个团的兵力。刚从远东抵达的步兵第293师被调出西南方面军第3集团军，调入第50集团军。11月23日晚，博尔金参加了图拉军事委员会和城防委员会会议，扎沃龙科夫报告说城内形势尽在掌控中，弹药储备充足，但遭到了德军向西和西北方的炮火攻击，而在东北方，图拉背后的韦尼奥夫正在激战。韦尼奥夫镇由一个团（步兵第173团）据守，加强有两个坦克旅（坦克第11和第32旅）的30辆坦克和1个民兵营。朱可夫担心卡希拉的安危，已经命令第50集团军守住韦尼奥夫，并以第50集团军左翼的部队组建"韦尼奥夫战役集群"。11月25日，捷列什科夫少将接过韦尼奥夫的指挥权时，斯米尔诺夫少校用他炮管放平的高射炮与第17装甲师的先头坦克交火，这些坦克正在接近卡希拉的南缘。在图拉，博尔金也将高射炮用于反坦克，但奥夫钦尼科夫少将强烈反对这样做，他认为武器应该"只按照它们的说明书"使用，还告到了沙波什尼科夫那里，后者只是提醒博尔金，私人恩怨应该就地解决。

韦尼奥夫于11月25日陷落，苏联各部队退向东北方。卡希拉正遭到进攻。11月23日，别洛夫少将的骑兵第2军从谢尔普霍夫反突击战中抽身，24日，朱可夫命令该军前往切尔涅沃（Chernevo）—泽拉斯克（Zaraisk）地区，接受博尔金的指挥。对别洛夫的军而言，冒着德军的轰炸，沿积雪很厚的道路强行军是一场噩梦：一路上他不断接到催促的命令，要他加快速度，填补位于卡希拉、当地重要的电厂、奥卡河铁路桥和当地主要铁路枢纽的缺口，尤其是卡希拉和科洛姆纳之间的地带，那里没有一个苏联兵团。如果卡希拉沦陷，通往莫斯科的道路就敞开了。别洛夫看到，莫尔德韦斯（Mordves）和卡希拉已经遭受猛烈的轰炸。"他们（德国人）轰炸、攻击了那里。"与从韦尼奥夫赶来的博尔金谈过以后，别洛夫将司令部设立在了卡希拉的邮局，但与麾下各部队尚未建立起联系。不过，他可以通过电话与外界联系，别洛夫联络了朱可夫的司令部，从那里接到命令："不惜一切代价恢复局势。"别洛夫目瞪口呆：什么"局势"？要他夺回韦尼奥夫，击退古德里安，重新占领莫尔德韦斯？索科洛夫斯基的电报开始澄清"局势"，别洛夫通过与朱可夫的电报往来证实，他被"划归方面军司令部"，他本人要对卡希拉的防务负责。

别洛夫的中队逐个接近卡希拉，11月26日15时，别洛夫了解到德军部队可能从行进间夺取卡希拉，但他们被挡在了距此不到4英里的皮亚特尼察（Pyatnitsa）。别洛夫的骑兵和支援坦克不断靠近，"局势"看起来明显好转。在向朱可夫报告后，别洛夫几乎是立刻就接受了斯大林的问询，后者打电话到卡希拉镇党委会，许诺立即给别洛夫调拨两个坦克营，还问应该把他们送到哪里。由于卡希拉的奥卡河大桥无法通过重型坦克，别洛夫请求让它们取道科洛姆纳前往泽拉斯克。斯大林还为别洛夫的军增派了两个"由挑选过的人员组成的、用于进行机动作战的"新型轻步兵旅，外加一个近卫旅，以及成堆的奖金和荣誉。

别洛夫与他左侧的第49集团军司令扎哈尔金"分享"了一些军队，格特曼上校的坦克第112师被别洛夫和扎哈尔金瓜分，第49集团军拿到的部分用于掩护谢尔普霍夫到伊万诺瓦（Ivanova）这一地段，别洛夫打算用他"那份"发动一次反冲击，时间定于11月27日9时。别洛夫请求延后24小时来调动骑兵，朱可夫断然拒绝。别洛夫现在加强有1个"喀秋莎"团、坦克第9旅和2个独立坦克营（坦克第35和第127营）、1个步兵师（步兵第173师，来自朱可夫方面军预备队）、莫斯科的高射炮手、1个特别工程兵团、1个初级中尉培训学校、第49集团军的军士训练班和卡希拉镇的民兵部队。11月27日，星期三，别洛夫的作战于9时以一场30分钟的炮火准备和近卫"喀秋莎"第15团的一轮火箭弹齐射拉开了序幕。在每日向斯大林所作的两次汇报中，朱可夫写道：

> 别洛夫（11月27日）早上开始行动，向前推进。敌掩护部队正在抵御他。从11月27日16时的态势来看，敌军已经后撤了3—4千米。抓到了一些战俘。今日未投入坦克营和坦克旅。受桥梁限制，这些部队还在路上。他们连夜机动后将从（次日）早上开始部署。坦克第112旅[2]已经就位，在卡希拉西南16千米处投入行动。

11月27日，也就是朱可夫向斯大林报告卡希拉战事的那天，对于他和整个西方面军而言都是危急的时刻。德军逐步深入的南北战区被厚厚的积雪覆盖，而后又覆上了冰，温度低得足以带来严酷、致命的寒冷，衣着褴褛的德军战士被冷风和冰雾刺透。苏联轰炸机有意摧毁沦陷的城镇，炸毁任何可以御寒的掩蔽之处。机器和人一样冻僵了，润滑油冻结失效。激烈的交火和隆隆的战斗继续进行着。在伊斯特拉，别洛博罗多夫的西伯利亚部队与"帝国"师的党卫军步兵展开了白刃战，年轻的雅利安人冰冷地死去，他们的皮靴里是赤裸的双脚。28日，伊斯特拉沦陷，别洛博罗多夫的官兵被逐退。索科洛夫斯基继续搜刮预备队，从第5、第33、第43和第49集团军的步兵师中各抽调了一个步兵分队，让他们乘卡车前往罗科索夫斯基承受重压的第16集团军。用这种办法充实了3个步兵师。利久科夫（A. I. Lizyukov）少将[3]以莫斯科防区的守军为基础，以步兵第28、第43旅和一个KV坦克连为骨干，组建并指挥一个"战役集群"（后来的第20集团军）。第5集团军的戈沃罗夫接到方面军司令部的命令，建立一支"机动预备队"来保护他们与第16集团军的结合部。戈沃罗夫集结起1个坦克旅（坦克第22旅）和3个摩托车营，总计800人、21辆坦克。

就在朱可夫麾下各集团军以这种极端的方式拆东墙补西墙时，一支令人生畏的预备队正在集结——从11月25日开始，F. I. 库兹涅佐夫中将突击第1集团军的7个独立步兵旅（独立步兵第29、第47、第50、第55、第56、第44和第71旅）和11—12个滑雪营集结在扎戈尔斯克（Zagorsk）—德米特罗夫（Dmitrov）—亚赫罗马地区。利久科夫的"战役集群"已经接近一个满编的野战集团军（第20集团军）。在南面，朱可夫的左翼，戈利科夫（F. I. Golikov）中将的第10集团军乘火车进入梁赞—卡宁诺（Kanino）—希洛沃（Shilovo）地区，尽管德军对铁路的轰炸造成了一些延误。朱可夫多次请求先发动一次反突击，但斯大林充耳不闻，莫斯科—伏尔加运河东岸看起来即将失守时，斯大林才于11月29日放出了库兹涅佐夫的军队，一些观点认为当天的局势和27日一样危急。同样是在29日，朱可夫得以以新锐师加强他的第16和第30集团军，1个师（步兵第354师）和5个旅给了罗科索夫斯基，另外2个师（步兵第379和第271师）给了第30集团军，这些兵团装备不齐，甚至训练也不充分，但迫切需要进入缺口，扎哈罗夫和他的"战役集群"之前已经勇敢地尝试将其封闭。

　　各方面军和野战指挥员在这种形势下承受着巨大压力，与此同时，"军方"——例如卡希拉的别洛夫——不可避免地接管了他们地域内人员不齐或摇摇欲坠的行政部门，就像别洛夫"接管"卡希拉镇党委会一样。1941年11月—1942年4月，这种模式在苏联最危急的关头被重复了许多次。虽然蒙受了耻辱，折损了威望，遭到重创，但在这一危急而血腥的阶段，军队是唯一能够"完成工作"的手段，也是唯一能够以他自己的方式见识这一点的手段。军队确实开始"接管"国家，这只不过是因为没有其他人愿意接手。下属单位和从属机构的重叠引发了许多激烈冲突，民政部门和党代表离开莫斯科前去"调查"此事。像图拉那种大型城防委员会已经具备了某种稳定性，但直接管理和执行工作必须在党委会一级履行，集团军或军指挥员也正是从此入手，他们采取临时措施，征用人员物资，监督指导工作。军长别洛夫几乎是不知不觉间陷入了这样的局势中，他不得不在几名卡希拉地区党委会成员面前迅速做出决策。卡希拉守得住吗？别洛夫无法保证。要疏散平民吗？别洛夫当然觉得需要。电厂是停工还是不停？别洛夫建议令其运转到最后关头。"同志们，现在我也有一些问题要问你们。"别洛夫列出了他的要求，收集马蹄铁，来牵引拥挤在通往奥卡河大桥冰封道路上的坦克和卡车。

　　因此，斯大林有充分的理由通过密探提防他那些正在保家卫国的战士们。

苏德部队纠缠在一起，不断失血，莫斯科的接近地和远郊概莫能外，在苏联北翼远端的季赫温和南翼远端的罗斯托夫也在发生影响深远的事件，在11月压抑的最后一星期，每件事都产生了各自的影响。莫斯科等待其命运的时候，列宁格勒也于11月下旬开始走向（至少是肉体上的）死亡，在这座身陷重围的城市里，面包配给在9月—11月间已经中断了5次，部队的面包配给也三度缩减，前线军队的配给被削减了近一半（44.4%），后方部队的配给被削减了差不多三分之二。骇人的大规模饥荒已经开始，随之而来的还有中世纪围城战那种恐怖。水路和运河已经封冻，运输中断；由于缺乏燃料，工厂停工；电厂也停止了运作。1000多吨高热量食物被输入，但远远无法满足需要。9月，糖和油脂的补给曾短暂上升，现在这些补给变得非常有用。棉籽油蛋糕供人食用，一种混合了葵花籽油、皂角、玉米淀粉、二级小麦面粉和水的"乳化物"代替珍贵的植物油用于烘焙。羊内脏被用于制作劣质肉冻。只有7个人了解实情，其中2个被挑选的人记录通过空运和水运交付的食物，另外5个人知道食物储量的真实状况。

冬季带来冰雪，拉多加湖封冻，列宁格勒与苏控区的联系薄弱但稳固。到11月17日，湖上的冰层已有100毫米厚（是1吨卡车所需厚度的一半）。3天后冰层已有180毫米厚。11月22日，在帕尔丘诺夫（Parchunov）少校的指挥下，一列6辆卡车的队列开始沿（先前"探路"的）马匹和雪橇的行迹驶过"拉多加冰路"，这条路将成为真正的"生命线"。11月20日，首辆卡车（M–I型）从孔科列夫（Konkorev）驶往科博纳（Kobona），带去了列宁格勒方面军后勤主任拉古诺夫少将。这样做可行但存在危险，有危险但又不无回报：到月底时，虽只有800吨面粉用卡车和雪橇运入，但仍将灾难推迟了几天。

物资可通过季赫温—沃尔霍夫铁路线运至拉多加湖，然后经由"冰路"运往城内，随着季赫温沦陷，这个办法也行不通了。斯大林命令梅列茨科夫夺回这条路线，后者已经接管了季赫温地区群龙无首的军队，梅列茨科夫谨慎但有条不紊地完成着这个任务。时间很重要。第一次打破封锁的尝试遭遇惨败，因为德军得以强化姆加—锡尼亚维诺地区，在那里掘壕固守。为这次战役或一系列相互关联的战役所制定的计划，要求将德军彻底赶出沃尔霍夫河以东地区，并在该河西岸建立一座桥头堡，为此，将投入第54（列宁格勒方面军）、第4和第52共三个集团军，还有一些西北方面军的部队。

梅列茨科夫的第4集团军将担负主攻，兵锋直指季赫温地区的第39装甲军。梅列茨科夫将他的部下分为3个集群——北方集群、东方集群和南方集群，用来分割德军，并切断其位于季赫温西南方的逃跑路线。完成这次合围后，第4集团军的主力将攻向布多戈希—格鲁济诺（Gruzino），还将在西北方分出一部，与第54集团军协同歼灭沃尔霍夫的德军。第54集团军的主攻将指向沃伊博卡洛（Voibokalo）—基里希。第4集团军成功抵格鲁济诺后，所有德军（被称作贝克曼[4]集群）都将陷入围困。第52集团军将在南面进攻德军侧翼，西北方面军诺夫哥罗德集团军级集群的部队将拔掉小维舍拉的据点，切断格鲁济诺地区的德军交通线。只有费久宁斯基的第54集团军被划给了常规的（列宁格勒）方面军司令部；梅列茨科夫的第4集团军和克雷科夫（N. K. Klykov）中将的第52集团军直属于最高统帅部，因为季赫温"地区"并未构成一个方面军。将德军赶到沃尔霍夫河以东对于改善列宁格勒的补给状况非常重要，在斯大林和最高统帅部眼中，这是从整体上打破对列宁格勒封锁的先决条件。然而，这些愿望远非当前的资源和能力所能实现。

11月12日拂晓，克雷科夫的第52集团军展开了"季赫温攻势"，这时，第4集团军还在为守住季赫温镇而殊死奋战。脆弱的苏联集群未能得到有效的炮火支援，在德军顽强的防御下乱成一团，第一轮进攻逐渐消弭。11月18日夜间，克雷科夫的两个突击群渗入德军后方，拂晓时分发起正面进攻。这次小维舍拉的德国守军被包围，激烈的战斗横扫镇郊，双方逐街逐屋地展开争夺。德军分成小群队伍，经由一条20千米长的通道向西撤退，他们留下了冒充守军的冲锋枪射手，但最后扫荡该镇时只剩下散落的尸体和损毁的卡车。19日，第52集团军攻入小维舍拉据点时，梅列茨科夫正进攻季赫温地区。这次行动取决于克雷科夫能否尽快行动，阻止德军增援季赫温，但事实上，德军指挥部得以动用第61步兵师大部对付梅列茨科夫。最高统帅部严令克雷科夫加快行动。与此同时，梅列茨科夫的第4集团军也全力进攻季赫温周边的德国守军。费久宁斯基尚未开展他的攻势，他在等增援经"冰路"从列宁格勒城赶来。尽管日子艰难，前景黯淡，尽管食物和燃料即将耗尽，但列宁格勒仍在运转，将人员装备送往前线。沃罗诺夫再次被派往列宁格勒，负责指挥和提供建议（尤其是在炮火反击的组织方面），他向国防委员会报告武器和弹药生产情况时，国防委员会最初断然拒绝相信那些数据（虽然列宁格勒的军火输出到莫斯科这一点已经足以证明其真实性）。

梅列茨科夫奋力突入季赫温时，在东线另一端的罗斯托夫，铁木辛哥获得了惊人的胜利。这次胜利源于铁木辛哥11月9日呈交给斯大林的计划。这一时期，最高统帅部拒不提供任何外部增援，所以铁木辛哥重组了南方面军的军队。北面，苏联第12和第18集团军将阻挡德军对伏罗希洛夫格勒的攻势。南方面军（加强有西南方面军的军队）将向西南方发动进攻，打击克莱斯特第1装甲集团军的侧翼和后方，并配合列梅佐夫的独立第56集团军歼灭克莱斯特的坦克力量。主攻力量是洛帕京的第37集团军，该集团军组建于克拉斯诺顿地区（Krasnodon），基干是南方面军和西南方面军的预备队，铁木辛哥共有22个步兵师、9个骑兵师和5个坦克旅可用于此次攻势——师数量上的优势被苏联坦克方面的劣势（以及各师缺员的状况）所抵消。

11月17日，俄国人和德国人同时展开进攻和反冲击。第18集团军左翼各师未能取得任何进展，第37集团军不得不克服德军日益顽强的抵抗，南方面军各兵团起跑时就慢了半拍，他们在气候恶劣的4天中没有空中掩护。马肯森的第3装甲军以第60摩托化步兵师掩护第14装甲师暴露的侧翼，抵御列梅佐夫的冲击，11月19日，该军突入了罗斯托夫北郊，次日罗斯托夫陷落，顿河大桥完好无损。到现在为止，支援苏联第56集团军的南方面军还没发挥什么作用，但形势发生了戏剧性的转变。马肯森向南横扫罗斯托夫，致使第1装甲集团军和德国第6集团军之间出现缺口，铁木辛哥和南方面军司令切列维琴科上将借此机会突入第3装甲军后方。现在，苏方的目标是解放罗斯托夫，然后攻向塔甘罗格：第37和第9集团军将突入第3装甲军后方；独立第56集团军将从顿河南岸出发，进攻罗斯托夫城，列梅佐夫已将他的军队分成3个"战役集群"——"西方集群""中央集群"和"东方集群"。

马肯森将第13和第14装甲师调往图斯洛夫（Tuslov）地区，以阻止洛帕京的第37集团军突入其后方，列梅佐夫的第56集团军和哈里托诺夫的第9集团军突入其南翼和东翼。德军南翼依托罗斯托夫南郊的顿河，那里的5英里战线由党卫军"警卫旗队"师的部队据守，在他们面前是1000多码宽的结冰水面。列梅佐夫的步兵成密集队形，操着刺刀，冲入了这些部队。苏联的进攻最终穿过德军冰面上的雷区，进入了"警卫旗队"师的机枪火力中。夜间的渡河行动建立起一个苏联桥头堡，部队由此突入城内。28日清晨，另外两个连穿过冰面增援桥头堡。与此同时，两个民兵营夺取了水泥厂及其附近的街道。11月29日，第56集团军"中央集群"、第9集团军新切尔卡斯克部队和罗斯托夫志愿营肃清了罗斯托夫，该城在战斗中饱受摧残，因德军撤退时实施破坏而熊熊燃烧。哈里托诺夫和列梅佐夫将军（现在已经从外高加索指挥机关并入了南方面军）都得到了斯大林同时签发的贺电。

对苏开战161天以来，德国国防军首次被大规模击退，此事对德国统帅部影响深远，因为希特勒拒绝批准伦德施泰特撤退。伦德施泰特辞职，接替他的第6集团军司令赖歇瑙只能按伦德施泰特之前建议的那样做——撤到米乌斯河后方。脱离战斗的部队从哈尔科夫南下赶来稳固德军阵地。他们就这样卷入了南方，无法被调往莫斯科。

12月1日5时—9时之间，一番突如其来的弹幕和空袭过后，在掩护莫斯科的苏联防线中央，第33集团军的地域，陆军元帅冯·克鲁格将第20军投入了最后的、激烈的、危险的尝试，沿着明斯克—莫斯科公路夺取通往苏联首都的最短路线。在纳罗福明斯克地区突破了第33集团军的防御，突入第5集团军后方以后，德军将沿着公路两侧推进。当天中午，苏联防线被突入两英里深，虽然纳罗福明斯克—库宾卡地区的雷场挡住了德军坦克，但德军部队横扫公路4英里外的阿库洛夫（Akulovo）。如果德军夺取公路，第5集团军与第33集团军的联系被切断的危险及苏联后方受到的威胁将无法忽视。朱可夫很清楚库宾卡的战斗意味着什么，立即采取了一系列紧急措施。可用的预备队都被送往第5和第33集团军之间的缺口，以便作为一个"混成集群"在12月3日之前发起反冲击，第33集团军司令叶夫列莫夫（M. G. Yefremov）中将亲自接管了这个由1个步兵旅、2个坦克营、滑雪队和"喀秋莎"部队组成的"混成集群"。第5集团军司令戈沃罗夫赶往步兵第32师（之前在博罗季诺奋战的西伯利亚人），去监督这支起连接作用的关键兵团。西方面军司令部远在佩尔胡什科沃，朱可夫及其参谋部密切关注着事态发展。为了确保万无一失，朱可夫亲自下令，用从第43集团军赶来的部队加强纳罗福明斯克东南的第33集团军左翼部队。

德军士兵在他们无法逾越的冰雪中哀号。12月2日，叶夫列莫夫冒着酷寒，在尤什科夫（Yushkovo）—布尔采沃（Burtsevo）地区发动进攻，苏联的T-34坦克在那里的村庄追捕目标，他们自己也成了德军自行火炮的猎物。12月4日晚，随着德军部队或后撤或被奔袭中的苏联集群困住，局势实际上恢复到了4天前的样子。步兵第32师夺取了阿库洛夫，近卫摩托化第1师正将德军推过纳拉河（Nara）。德军最后一次夺取莫斯科的尝试已经宣告失败。11月底，朱可夫及其参谋部已经认为他们在西北方"取胜"了，德军的推进只能用米来衡量，预备队也消耗殆尽。右翼，古德里安仍在进攻卡希拉。冯·克鲁格的突击已经宣告失败，虽然指向很准，但最终被避开了。德军的缺口遍及莫斯科四周，距离该市核心地带远近不一：西北面，在亚赫罗马[5]横跨运河两岸的第7装甲师还有40英里远，红波利亚纳（Krasnaya Polyana）的第2装甲师只有15英里远〔其中一个分队已经冲入了希姆基（Khimki）〕，因此，在中央及其正南方的卡希拉地区形成了较厚的突出部。

不到一星期前，11月30日，朱可夫已经向斯大林和最高统帅部呈交了他的莫斯科反攻方案。朱可夫计划的大纲根据当前局势制定，该计划意图歼灭两个强大的德军装甲楔子，这两个楔子插入了苏联战线及首都以南的地区。按照设想，第一阶段将通过克林—索尔涅奇诺戈尔斯克和伊斯特拉方向的进攻歼灭朱可夫右翼上的德军。至于左翼，朱可夫提出通过进攻德军后方约45英里的乌兹洛瓦亚（Uzlovaya）和博戈罗季茨克（Bogoroditsk），打击古德里安的侧翼和后方。按照朱可夫的计划，右翼的突破纵深为25英里，两组作战都将是"突然发起的攻击"，尔后不间断地追击，防止德军重整。右翼将以4个集团军（第30集团军，突击第1、第20和第16集团军）发动进攻，左翼以第10集团军、别洛夫的近卫第1骑兵军（加强有步兵和坦克）和第50集团军从三个方向进攻古德里安。朱可夫提议在最危险的地段（西北方）投入4个集团军，其中2个（突击第1集团军和第20集团军）来自最高统帅部预备队，另外2个（第16和第30集团军）刚刚赶到。这些突击军团为单梯队布势，预备队总计有1个步兵师、1个坦克旅和几个炮兵团。居中的军团（第5、第33、第43和第49集团军）第一阶段将牵制当面的德军，阻碍德方向两翼调动部队，总之，与原方案相反。在完成第一阶段后，居中的军团将转入全面进攻，以"全面歼灭"所有德军。12月3日，最高统帅部向朱可夫方面军右翼各集团军下达了必要的战役训令。克鲁格12月2日已经开始突向明斯克—莫斯科公路，但居中的各集团军还是奉命于12月4日—5日之后转入全面进攻。左翼，第10集团军将于12月6日展开进攻，然后是别洛夫和博尔金。进攻的各集团军将从他们当前的阵地上出发，在不宜防守的地区突入德军战线的空隙。所有可用兵员和装备都将投入这样的缝隙，以便在这次作战中达成"迅速而具有决定性的转变"。

不过，此时斯大林、沙波什尼科夫和华西列夫斯基还制定了一份规模远胜于此的计划，该计划的轮廓在给其他方面军——科涅夫的加里宁方面军和西南方面军右翼（紧邻朱可夫指挥的部队）——分配任务时开始浮现。华西列夫斯基中将是沙波什尼科夫在总参谋部的副手，主张充分利用科涅夫的力量，他于12月1日向科涅夫强调了这一点：

> 　　一次决定性攻势才有可能挫败德军对莫斯科的进攻，并在拯救莫斯科的同时着手歼灭敌军。我们接下来几天便这样做，不然就太晚了。加里宁方面军当前的态势明显有利，您可以集中手头的一切力量打击敌军。

"接下来几天"引起了激烈争论。朱可夫劝说斯大林尽早发动进攻，后者不为所动，不过，德军攻城炮被运到红波利亚纳以炮击首都的消息强调了迅速行动的必要性。斯大林已经调突击第1集团军去阻挡自莫斯科—伏尔加运河向东的攻势，并下令消灭德军在亚赫罗马的桥头堡。除了潜伏在朱可夫方面军后方的3个野战集团军，斯大林已经批准调动8个步兵师、7个骑兵师、4个步兵旅、6个坦克旅和10个独立坦克营，外加1个伞兵军，于11月底和12月初加入防御战。

除了这些调入12月战线的集团军，还有一些集团军被用于进一步巩固莫斯科的防御。11月29日—12月2日，第60和第24集团军集结在莫斯科防区，第60集团军用于坚守塔拉索夫卡（Tarasovka）—纳哈比诺（Nakhabino）—佩尔库斯科夫（Perkuskovo）一线，第24集团军处于西南方的达维德科沃

（Davidkovo）到东北方的莫斯科河一线。在莫斯科城背后，第26集团军据守着诺金斯克—沃斯克列先斯克（Voskresensk）—奥列霍沃（Orekhovo）—祖耶沃（Zuevo）这片三角形区域，以掩护科洛姆纳。而在梁赞以南，第61集团军正在里亚日斯克[6]—拉年堡（Ranenburg）—米丘林斯克（Michurinsk）组建，以坚守叶皮凡尼（Epifani）和叶夫列莫夫通往莫斯科的道路。第61集团军被拉到西南方面军右翼，和加里宁方面军一样被纳入了总攻方案，两个方面军组成了这个巨大"马蹄铁"的上下两段（莫斯科居中）。下发到西南方面军右翼各集团军的训令列出了此次攻势的主要目标：

> 为稳定西南方面军右翼的态势，为创造条件突入古德里安机动力量的后方，并与西方面军的军队合力将其歼灭于莫斯科接近地，西南方面军右翼将于12月6日转入进攻，当务之急是歼灭利夫内（Livny）—叶列茨（Yelets）的敌军。

这道训令的签发日期为12月4日，比最高统帅部给科涅夫加里宁方面军的训令早了3天：

> （方面军司令部）将会在未来2—3天内集结一个突击群，至少为5—6个步兵师，以向米库林诺戈罗季谢（Milkulino Gorodishche）和图尔吉诺沃（Turginovo）方向进攻加里宁（含城区）和苏季米拉卡（Sudimiraka）（含城区）。任务：突入聚集在克林的敌军后方，尔后由西方面军的部队歼灭他们。

科涅夫依据其指令和最高统帅部的建议，向第29、第31和第22集团军下达了命令。西南方面军右翼，西南方面军副司令员科斯坚科中将指挥的"方面军下辖的战役集群"将遂行主攻，目标是利夫内，第13集团军将遂行辅助攻势。得到最高统帅部和铁木辛哥的许可后，科斯坚科针对德军部署修改了他的进攻计划。

如果只考虑兵力，不考虑装备（与他10月份的设想截然不同），斯大林似乎已经胜券在握了——1941年12月1日，整个前线有219个苏联步兵师（10月是213个）。此外，还有两个集团军（突击第1和第20集团军）已经下发给方面军，最高统帅部有9个新锐集团军（包括12月1日分给朱可夫的第10集团军，以及第26、第28、第39、第57、第58、第59、第60和第61集团军），总计有59个步兵师和17个骑兵师，部署或集结于维捷格拉（Vyterga）—科斯特罗马（Kostroma）—高尔基—萨拉托夫—斯大林格勒—阿斯特拉罕这条漫长的弧形战线上。武器装备没有这么富裕（甚至兵团总数也具有误导性：第10集团军10个师只有80000兵力，第3集团军加强过的师有2190人，在第13集团军，这个数字是2850人，西南方面军右翼的11个师总计不到60000人），苏联红军休整过的师与中央集团军群那些损失惨重的师基本相当。朱可夫需要大型坦克兵团达成他设想中的突破，但几乎什么也没有，分配给西方面军的3个坦克师和3个摩托化步兵师几乎没有坦克装甲车辆。坦克第112师这类兵团有86辆轻型坦克，坦克第108师有15辆，坦克第58师有1辆中型坦克和30辆老旧的T–26坦克。炮兵的情况也没好到哪里去：调上来支援进攻的最高统帅预备队（RVG）炮兵团有46个，火炮只有612门。弹药只能给进攻兵团使用。卡车、牵引车、无线电台、马蹄铁、步兵武器——大大小小的条目——什么都供应不上。

不过，组织工作没费什么事，朱可夫就其要求的战役领率机构制定了具体条款，司令部将会分成两个梯队运作，第一梯队负责作战、密码、情报、航空兵、炮兵、通讯和后勤，第二梯队由司令部的其余机构组成，与第一梯队完全分离，两者相距约6—7英里。西南方面军的铁木辛哥建议，通过从其方面军部门分离出来的"附属司令部"来监督作战行动。就所有方面军而言，基本的计划文件形成了"战役决心地图"[7]。以这张"地图"为基础，朱可夫向其麾下各集团军发布训令，为了尽可能地掩盖战役时间和战役企图，这些内容先下达给左翼，再下达给右翼。整个战役被"绘制"、标记在主要"战役决心地图"上，朱可夫的司令部要求小比例尺地图与下属司令部的地图同样精确。地图原件处于严密保卫之下。

在所有短缺的东西中，时间本身是最基础的要素之一。12月初，所剩时间已经非常有限，集结大兵团的时间只能以小时计。没有时间来训练所有参战军队，或是进行那些显然是必要的特别准备。刚赶到的第10集团军就是一个很好的例子，该集团军的集结已经出现了延误，且它既没有重型火炮，也没有坦克，步兵武器、单兵装备、工程设备和卡车都不足额。各集团军都不得不依靠师属火炮，而这些火炮在最近激烈的防御战中也损失惨重，有半数尚存就已经算是幸运的了。朱可夫麾下有9个工程兵营和5个舟桥营，但时间已经所剩不多，将进攻各师带入有利位置还需要很多时间。库兹涅佐夫的突击第1集团军已经在莫斯科—伏尔加运河上搭建了3座承重分别为10吨、20吨和60吨的桥梁，以便开展工作。

尽管有种种问题，但至少预备队已经到位，他们聚集在朱可夫方面军后方，集结在铁木辛哥右翼，或是移入科涅夫的地域。12月初，德国统帅部相信红军已经战斗至"最后一个营"。12月2日，哈尔德大将记录到，苏联的防御已经到达了高潮（Höhepunkt），然后又写道："没有新锐力量可用了。"季赫温[8]的形势尚不明朗，但俄军从沃洛格达出发，越过拉多加湖，似乎要发动大规模进攻，哈尔德将这称为"大规模进攻准备"，甚至是一次打破对列宁格勒封锁的尝试。此刻，北方集团军群尚未预感到这些。在南方，第6集团军正从哈尔科夫抽调援兵到米乌斯河地区，但进展非常迟缓。金策尔上校的东线外军处起草了苏方能力及当前兵力评估，这份前瞻性的文件写到了1942年5月（但只字未提1941年12月5日—6日的可能性）。到1942年春天，苏联红军可以得到约35个旅和20个装甲兵团的加强，但《苏联的战争努力》（1941年12月态势）这份报告认为苏联现在没有进攻能力。德国空军飞行员观察到了突击第1集团军和莫斯科西北方其他军团的调动，但这些报告被低估或无视了。此役和马恩河战役一样，是一场"战至最后一个营"的战斗，在德国统帅部看来，所有军队都已经身处战场。让德军指挥官苦恼的是，700多英里长的前线上没有堪用的预备队，而向莫斯科的冲刺正在一系列局部混战中消弭，这次行动的战略意义将在损失、消耗和苏联毫不减弱的抵抗面前化为乌有。

对苏方意图和兵力的评估作为附录附于布劳希奇《1941年—1942年东线任务报告》（Weisung für die Aufgaben des Ostheeres in Winter 1941/42；General Staff，Operations Section，Nr.1693/41）之后，日期为12月1日。它指出，苏联东线的兵力为200个步兵兵团、35个骑兵师和40个装甲旅，再算上据守北极地区、高加索和远东（63个师级步兵单位）的兵团，以及正在阿斯特拉罕东北组建的"波兰军团",苏联红军总共有265个师、40个骑兵师和50支坦克部队,但"不清楚"在伏尔加地区和西伯利亚集结了多少预备队。当前这些兵团的兵力和火力都大幅缩水,在俄罗斯的欧洲部分,只有约900架飞机可以支援他们。近来没有遭遇新的大规模兵团,新锐军队已经从平静的地区抽调出来,投入了危险地段,所以显而易见的结论依旧是:"目前那里没有大规模预备队。"苏联远东军队已经提供了24个步兵师、1个骑兵师和10个坦克兵团,在可预见的未来,不会有更多兵力抵达东线。"在某种情况下",苏联红军可能会转入阵地战,虽然会将一些部队撤下以便训练和加强,"还是可以预期"苏联会发动攻势。这份报告真正交上去时,日本已经袭击了珍珠港(从而解除了斯大林远东边境的压力),"大规模预备队"已经现身,3个苏联方面军——加里宁方面军、西方面军和西南方面军——已经在过度延伸和紧绷的"东线"投入了其15个集团军,外加别洛夫的近卫第1骑兵军和科斯坚科将军的"战役集群"。

45岁的朱可夫大将不仅在列宁格勒保卫战和刚刚过去的莫斯科保卫战中卓有建树,两年前还在诺门罕的攻势中取得大捷,他制定了一个优秀的计划,靠速度和突然性来抵消军队的训练不足、装备的短缺和快速兵团实力的不足。空中支援方面,朱可夫依靠的是航空兵第6军,该军通常是莫斯科防空体系的组成部分;以及戈洛瓦诺夫少将的远程轰炸机,他们属于远程轰炸航空兵,并未独立出来,而是仍由最高统帅部控制。苏联反攻的时机也至关重要,因而非常敏感微妙。要等,但不可等太久,这正是斯大林所要抉择的。说红军没有什么显著优势,其实是尽管有预备队,但必须对国防军形成一定数量优势,同时也要考虑到德军预备队的情况。等太久可能意味着巨大的德军楔子不可撼动地插入贴近莫斯科的防线,那里有重要的经济要素,影响着这片中央工业区的命运。还有些秘密或许只有斯大林自己知道,佐尔格传来了日本明确"南下"和突袭珍珠港的情报。或许最关键的不是斯大林分析的复杂性,而是其简单性:斯大林的战略盘算指望"毕其功于一役",在远东边境形势明朗、东线德军负担过重、筋疲力尽时进行一次决定性的猛烈打击。正如随后发生的事所表明的那样,斯大林及其部下制定的"军事"目标与更宏大的"战争胜利"计划之间显然有不小的差距。

但在这里，必须从数据的角度考虑问题：12月1日反攻计划的大纲最终成型时，红军的野战集团军有4196000人、32194门火炮和迫击炮、1984辆坦克和3688架作战飞机；与之相对应的是36000门德军火炮、1453辆德军坦克和2465架德军飞机。这是总数，只计算"西方向"的话就没有这么多了，具体来说就是718800名红军官兵、7985门苏联火炮和720辆坦克对801000名德军官兵、14000门火炮、1000辆坦克和615架飞机。斯大林和最高统帅的表格上，12月5日—6日起遂行进攻战役的3个方面军兵力和装备如下：

科涅夫 加里宁方面军（第22、第29和第31集团军）：正面宽250千米，15个步兵师、1个骑兵师、1个摩托化步兵旅、2个坦克营，100000名官兵、980门火炮、67辆坦克；航空兵力量：13架俯冲轰炸机、18架IL-2、52架战斗机。

朱可夫 西方面军（第30、突击第1、第20、第16、第5、第33、第43、第49、第50、第10集团军和别洛夫的快速集群）：正面宽600千米，48个步兵师（另外3个正在后方组建）、3个摩托化步兵师、3个坦克师（其中2个没有坦克）、15个骑兵师（其中12个新组建的师兵力为3400人，并未实现纸面建制）、18个步兵旅、15个坦克旅和1个伞兵军，558800名官兵、4348门火炮、624辆坦克、199架飞机。624辆坦克中，有439辆是老旧的"吹豌豆"型号（T-26）。

朱可夫 右翼兵力：14个步兵师、1个摩托化步兵师、1个坦克师、9个骑兵师、15个步兵旅和8个坦克旅，216400名官兵、1673门火炮、285辆坦克（133辆T-34和KV）。左翼兵力（包括第10集团军）：7个步兵师、5个骑兵师、2个坦克师、2个坦克旅，115000名官兵、747门火炮和137辆坦克。12月1日—6日左右两翼得到的增援：右翼216400人增加至222400人，左翼115000人增加至210800人。

中央兵力：16个步兵师、2个摩托化步兵师、5个坦克旅、1个步兵旅，125000名官兵、1238门火炮和194辆坦克。

铁木辛哥 西南方面军（右翼）（第3、第13集团军，科斯坚科的特别战役集群）：11个步兵师、1个摩托化步兵师、6个骑兵师、1个步兵旅、2个坦克旅、1个摩托车团，60000名官兵、388门火炮、约30辆坦克、79架飞机。

由此可见，优势非常有限。不过，几乎没人知晓此事，因为12月5日下达给师级指挥员的进攻命令没有提到友军任务或更高一级的计划。朱可夫进攻盘踞在莫斯科周边的德国各集团军时，不仅讲究速度，还打算尽可能地保密。

12月5日，星期五，凌晨3时，苏联的反攻在-25℃—-30℃的低温、1米多厚的积雪中展开。尤什克维奇（V. A. Yushkevich）少将的加里宁方面军第31集团军跨过伏尔加河的冰面，进攻加里宁南面地区。8小时后，当日上午11时，马斯连尼科夫的第29集团军在北面展开进攻，到14时，苏联步兵部队已经越过冰面，正在伏尔加河南岸建立桥头堡。加里宁战端刚启，朱可夫的右翼兵团就于周六展开了进攻，列柳申科的第30集团军攻往克林和罗加切沃（Rogachevo）方向，库兹涅佐夫的突击第1集团军攻入亚赫罗马，正扑向费奥多罗夫卡（Fedorovka）和克林南部边界，该集团军将在那里与第30集团军取得联系。与此同时，第20集团军也发起了攻势，该集团军由斯大林的爱将安德烈·弗拉索夫（Andrei Vlasov）中将指挥，7日，罗科索夫斯基的第16集团军亦加入这场攻势，两个集团军负责肃清红波利亚纳地区的德军，然后将进行重组，进攻索尔涅奇诺戈尔斯克。到12月7日，试图在克林突出部歼灭第3和第4装甲集群的战斗全面展开，当天中午，列柳申科兵团的一部突然突破至克林东北方，直抵第56装甲军军部。

克林与其说是一座小城，不如说是一座小镇，该城的重要性与其规模完全不成比例，因为它是第3装甲集群的重镇，也是中央集团军群与其左翼的结合部。第二天（12月8日）中午，随着列柳申科从北面穿过克林，切断莫斯科—加里宁公路，从亚穆加压向克林城，第3装甲集群被切断的危险已经显而易见，向西通往拉马河一线的道路仅剩一条。朱可夫当务之急是加快库兹涅佐夫突击第1集团军的进度，该集团军正在克林和索尔涅奇诺戈尔斯克之间遂行战斗。朱可夫已经于12月7日明令库兹涅佐夫加快速度，突破德军防线，以便调部队去加强克林方向。12月8日，库兹涅佐夫的右翼部队才开始冲向西北方的克林，一天后，居中的部队占领了费奥多罗夫卡，由此向西推进。红军缓慢的进展促使朱可夫调查他们的作战表现，催生了12月9日的方面军指令，该指令要求停止正面进攻，停止"正中敌军下怀的消极作战手段"，这些攻势和手段使得他们能够以较小的损失脱离战斗，退向新防线继续战斗——苏联军队必须迂回包抄德军后方，渗入德军阵地，为此应当组建特别的坦克、步兵和骑兵战斗群，以破坏德军的交通线〔列柳申科在12月10日的第97号命令中下令组建他的快速集群，内含坦克、摩托化步兵、滑雪队和骑兵，由昌奇巴泽（Chanchibadze）上校指挥，压向捷里耶瓦（Teryeva）—斯洛博达（Sloboda），以切断德军西撤路线〕。与此同时，朱可夫给库兹涅佐夫下达了一道特别的指令，严令他于12月10日上午前穿过克林与索尔涅奇诺戈尔斯克之间的高速公路，第20集团军已经从北面迂回而来，激烈的战斗正在那里展开。这时，罗科索夫斯基正依据他的054号命令，将司令部分为两个集群，列米佐夫少将的右翼部队配合第20集团军和别洛博罗多夫少将的左翼进攻伊斯特拉。别洛博罗多夫夺回了伊斯特拉，不久前，他在那里与党卫军"帝国"师展开了可怕的战斗，现在另一场恶斗即将到来。戈沃罗夫的第5集团军得到了一些增援，以3个步兵师和一些坦克部队重新组建了"突击群"，12月11日早上，该集团军在鲁扎—科柳巴科沃（Kolyubakovo）总方向上转入进攻：第5集团军右翼部队将与第16集团军的左翼攻向伊斯特拉，近卫第2骑兵军则将进入德军后方。现在，朱可夫的整个右翼全部投入了战斗，与时间展开赛跑，以阻止德军撤向沃洛科拉姆斯克—鲁扎一线，朱可夫竭力督促他的指挥员加快速度，阻止装甲兵团溜出他的指间。

西北方，苏联人渗透、突入燃烧的城镇组成的迷宫中，德军匆忙转移战线，以加强那些受威胁的地区和结合部。与此同时，朱可夫左翼的3个集团军和别洛夫的军正奋力合围古德里安。12月5日以后，古德里安见进攻停摆，便将其部队撤回到顿河—沙特河（Shat）—乌帕河一线，12月6日—7日进攻开始时，苏联部队冲向这一带。12月6日，戈利科夫第10集团军刚刚建成的各兵团从行进间转入进攻，攻往米哈伊洛夫（Mikhailov）—新莫斯科夫斯克方向，到12月7日晚正突入米哈伊洛夫。古德里安的第10摩步师顽强抵抗，但在后卫战斗中损失惨重。卡希拉以南，第17装甲师奋力阻挡苏方的更多进攻，但到12月6日晚，别洛夫的近卫骑兵第2师和坦克第9旅已经切断了莫尔德韦斯到韦尼奥夫的道路，这是德军部队仅有的退路。德军摩托化部队冒着昼夜不停的暴风雪、齐腰深的积雪和刺骨的严寒后撤，还遭到苏联滑雪小组的突袭，搭乘装甲运兵车的步兵连在自行火炮的掩护下发起猛烈冲锋，反手将其击退。别洛夫及其进攻部队穿行在公路上与沟壑中死去的马匹、残破的卡车和火炮之间。在图拉，"大德意志"团遏制了苏方一次向东南方的、本将嵌入德军后撤路线的突破。图拉虽在苏联手中，但几乎被包围了。朱可夫问博尔金为什么不按命令在拉普捷夫（Laptevo）就位时，提醒后者这是他第三次被围困，还诘问他这是不是有点过分。不过，北面有一条小小的"走廊"一直通畅，苏联的第一波攻势会将其扩宽至近20英里。图拉也会向东南方展开攻势：

> 步兵第1322团于（12月5日）18时集结于科洛捷兹内（Kolodeznaya）以西1千米的林区东部，向科洛捷兹内发起进攻，并于12月6日2时予以占领，歼灭"大德意志"团第5营。

到12月7日晚，随着别洛夫从北面逼近、戈利科夫在54英里宽的正面上向东推进，朱可夫（虽然图拉尚未脱离危险）准备加速歼灭古德里安在图拉—新莫斯科夫斯克—普拉夫斯克（Plavsk）地区的装甲力量。为此，朱可夫命令博尔金动用第50集团军和他能找到的所有部队，向图拉以南和东南进攻，切断古德里安向西撤退的路线。12月8日下午，博尔金的第50集团军按时发动进攻，但在德军第296步兵师和第3装甲师的抵抗下进展甚微。于是朱可夫命令博尔金遂行两次攻势，推进至图拉正南方的晓基诺（Shchekino），将古德里安困在南面。但这两场始于12月11日的进攻到第二天也未能明显改变战局。第50集团军先前已经损失惨重，目前弹药几已耗尽，也缺乏坦克和火炮来克服德军猛烈的抵抗。别洛夫进展要大一些，他于12月10日穿过韦尼奥夫以南，12月11日拿下了新莫斯科夫斯克，围绕该城展开的争夺战持续了一整晚。这时，朱可夫让别洛夫的兵团转往西南方的晓基诺，再次尝试钉住古德里安的部队。戈利科夫的第10集团军正在攻击古德里安侧翼的3个师，这些师退往西南方，摆脱了图拉东部和南部的陷阱。12月9日，索科洛夫斯基与戈利科夫进行了一番长谈，指出有必要改变进攻方向，以便闭合包围圈，在乌兹洛瓦亚切断德军交通线。别洛夫和戈利科夫将齐心协力，对正在后撤逃离图拉陷阱的德军部队关上大门。

古德里安希望将他的右翼放在上顿河—沙特河一线，那里至少筑有工事，但这个希望在西南方面军右翼发动的攻势面前破灭了，戈罗德扬斯基（A. M. Gorodyanskii）少将的第13集团军和莫斯卡连科少将的战役集群（骑兵第55师、坦克第150旅和步兵第307师）在古德里安南面的叶列茨两侧粉碎了德国第2集团军的正面。莫斯卡连科于12月9日早上拿下了叶列茨。北面，克赖泽尔的第3集团军于12月8日攻向叶夫列莫夫，眼下正向南扩展第13集团军的胜利，两个集团军合力夺取叶夫列莫夫—叶列茨地区，叶列茨—利夫内地区的德国第34军被粉碎。现在，铁木辛哥准备将波波夫（M. M. Popov）中将的第61集团军部署到西方面军第10集团军和西南方面军第3集团军之间。

朱可夫决定让别洛夫和戈利科夫转向西南方普拉瓦河上的普拉夫斯克，并命令扎哈尔金的第49集团军进攻图拉西北的阿列克辛（Aleksin）。由于右翼没有依托，古德里安不得不将其撤到西方50英里处的普拉瓦河（Plava），此举使古德里安的装甲集群与北面的德国第4集团军分离开来，留下了一个从卡卢加延伸至别廖夫、约20英里宽的口子。苏联在叶列茨的胜利已经让冲向奥缪尔成为可能。阴沉的冬日中开始出现大量新的可能性，虽然朱可夫先要在克林决出胜负，给方面军司令员下达的明确命令雨点般地飞往右翼的突击兵团。德军战斗群冒着猛烈的苏联炮火守卫克林，他们以匆忙就位的装甲屏障掩护着向西的道路。原本寒似北极的温度在短时间内迅速上升，给朱可夫的左翼带来降雨，右翼的道路也变得松软湿滑。在离开克林突出部的大撤退中，德军伤员和装甲集群的重装备在战斗群的掩护下转移，这场撤退最后演变成了惊慌、仓促的战斗。朱可夫强令列柳申科的第30集团军和库兹涅佐夫的突击第1集团军攻入克林，该城已于12月13日被包围。给西方面军各集团军的一道总训令划定了新的目标线，方面军主力将于12月16日晚之前被带上前去。12月15日夜间，列柳申科和库兹涅佐夫的人马最终突入了克林市中心，第3装甲集群的正面终于被突破，而在西北方，尤什克维奇的第31集团军和什韦佐夫（V. I. Shvetsov）少将的第29集团军也终于在12月16日夺回加里宁。当天中午，最高统帅部命令朱可夫将第30集团军移交给科涅夫的加里宁方面军。加里宁的夺取使得科涅夫可以向西南方发动进攻，第30集团军被派去突入德国第9集团军后方，由于德军在伏尔加河的前线已经支离破碎，后者的东翼已经缩了回去。

12月13日，《苏维埃公报》报道说德军在莫斯科的大门外被击退，还配上了很多在防御和进攻中都做出了杰出贡献的苏联指挥员——朱可夫、罗科索夫斯基、别洛夫、博尔金、库兹涅佐夫、戈沃罗夫、列柳申科和弗拉索夫的照片，苏联新闻出版机构沉浸在胜利的喜悦中。12月9日收复季赫温的胜利也值得庆祝。截至12月中旬，反攻的战果非常鼓舞人心，德军遭受痛击的情景让穿着衬垫和毛皮来御寒的苏联军队兴奋异常。但到目前为止，朱可夫要歼灭的装甲集群摆脱了他试图尽快闭合的所有陷阱。随着加里宁和叶列茨落入苏联手中，以及德军中央战线乱成一团，一次大规模战略行动——令人联想到德军在比亚韦斯托克—明斯克、基辅、维亚济马—布良斯克进行的大规模包围行动——已经浮现在苏联的战役决心地图上。南面已经撕开了一个口子；北面，德军战线也即将动摇。正确地决策和谨小慎微地使用军事资源得到了丰厚的回报，这种情况史无前例，在那些噩梦般失败的日子里也没有过。朱可夫和铁木辛哥专注于他们反突击中的关键因素，在同样重要的12月中旬，斯大林和沙波什尼科夫让最高统帅部着眼于一次更加宏大的进攻方案，该方案在斯大林会晤一名又一名指挥员、召集会议时被提了出来。

卷入了与中央集团军群的混战后，斯大林几乎是立即就转向了北方集团军群。解放季赫温的第二天，梅列茨科夫和列宁格勒指挥层被紧急召至最高统帅部，在那里见到了斯大林及其军政随员。梅列茨科夫及其参谋长斯捷马赫（Stelmakh）将军发现他们在一个显眼的群体中，其中包括安德烈·日丹诺夫、霍津将军和另外两名将军——索科洛夫（第26集团军）、加拉宁（第59集团军）。斯大林让他的军官们围着桌子坐下，桌子上铺着西北地区的地图，沙波什尼科夫阐述了整体形势：在沃尔霍夫河以东作战的各集团军最好整合为沃尔霍夫方面军，其主要任务是配合列宁格勒指挥机关打破对该城的封锁，歼灭德军投入该方向的军队。梅列茨科夫被立即任命为沃尔霍夫方面军司令员，斯捷马赫担任他的参谋长，扎波罗热茨任政治委员。梅列茨科夫新得到了2个集团军——第26集团军（后改称突击第2集团军）和第59集团军——所以索科洛夫和加拉宁今天才出席了会议。沙波什尼科夫再三提到，沃尔霍夫方面军在打破封锁、歼灭北方集团军群主力的过程中发挥着决定性作用——梅列茨科夫的军队将肃清沃尔霍夫以东的敌军，强行渡河，肃清据守西岸的德军各师。在向西北进攻的过程中，梅列茨科夫将与列宁格勒指挥部协同包围德军，第52集团军的兵锋将指向卢加和索利齐，肃清诺夫哥罗德的德军集群。列宁格勒方面军将以费久宁斯基的第54集团军歼灭在拉多加地区执行陆上封锁的德军，与此同时，西北方面军的第11集团军将在沃尔霍夫方面军正对面的诺夫哥罗德—卢加地区发动攻势相助。对梅列茨科夫来说，（尚在雅罗斯拉夫尔以东的铁路线上开进的）第59和第26集团军（突击第2集团军）能否及时赶到似乎非常重要。沙波什尼科夫再次重申，列宁格勒的形势极度危急，日丹诺夫和霍津急切要求支援，他们争辩说拖延对列宁格勒而言将是致命的，该城在饥饿和炮击下正迅速衰弱。沃尔霍夫方面军必须以可用力量尽快发起进攻。总参谋部报告说两个集团军将于12月22日—25日就位。斯大林向梅列茨科夫承诺，后者的军队越过沃尔霍夫后，他会从预备队中再调拨1个集团军和18—20个滑雪营。梅列茨科夫也只好知足了，12月17日，他在司令部与航空兵主任茹拉夫列夫（Zhuravlev）、装甲兵主任库尔金、炮兵主任塔拉诺维奇（Taranovich）、方面军情报主任瓦西连科上校为新攻势制定计划时，最高统帅部正式下发作战训令。

不过，向梅列茨科夫的"咨询"，以及与日丹诺夫[9]的冲突，仅仅是起草一个大得多的作战行动纲要的第一步，库罗奇金的西北方面军在这个与沃尔霍夫—列宁格勒战役几乎同步展开的计划中身负重任。

梅列茨科夫收到最高统帅部训令的第二天（12月17日），库罗奇金盯着训令，惊愕不已。战略目标惊人地设置为德军后方的斯摩棱斯克。斯大林一心想着通过进攻北方集团军群和中央集团军群的结合部，"突破"整个中央集团军群，然后深入中央集团军群后方。最高统帅部的训令毫不掩饰地提出了这一点：

> 库罗奇金左翼的两个集团军将配合加里宁方面军，切断敌军的逃跑路线，不给他们机会坚守奥托洛沃湖（Otolovo）、安德烈亚波尔（Andreapol）、西德维纳河西岸、亚尔采沃一线预有准备的防线。接下来将进攻鲁德尼亚（Rudnya），从西面切断斯摩棱斯克。

（由苏联第11集团军右翼部队遂行的）第二轮进攻将"包抄旧鲁萨，然后进攻德诺和索利齐，与沃尔霍夫方面军合力切断敌军向诺夫哥罗德和卢加方向的撤退路线"。库罗奇金的中央（第34集团军）将"在杰米扬斯克方向上挡住敌军"，左翼的作战行动是支援沃尔霍夫方面军，该方面军的战役目标是"击溃敌沃尔霍夫河守军，然后包围他们，与列宁格勒方面军协同将其俘虏或歼灭"。

库罗奇金将军处境艰难，其方面军的后勤基地不足以支持这样的重任（在多个方向上遂行侧翼攻势），但制定进攻计划时，他受到了斯大林和沙波什尼科夫的严格控制，他们不许对主要计划进行任何讨论。地形不是泥泞就是沼泽，间有湖泊（虽然结冰，但难以通行）；主铁路线——莫斯科—加里宁—上沃洛乔克（Vyshnii Volochek）—博洛戈耶（Bolodorog）——受损严重，雅罗斯拉夫尔—雷宾斯克—博洛罗耶（Boloroye）的单行路是加里宁方面军和沃尔霍夫方面军左翼的主动脉，不仅超负荷运转，而且在德军的空袭中受损严重。距离前线最近的兵站车站也在50英里外，缺乏卡车，缺乏卡车可以通行的道路，缺乏能让卡车行驶的燃料，这些问题大大限制了库罗奇金的战机。燃料、食物和弹药储备极低，也不太可能获得更多。第11和第34集团军别无选择，只好拉成一条直线，成单梯队布置，两个军团都没有任何预备队。杰米扬斯克的问题也让库罗奇金无法忽视，该城由5个强大的德军师坚守，显然要由第34集团军那5个实力参差不齐的师和仅有的一个反坦克炮兵团来"牵制"。正如后续事件所表明的那样，库罗奇金对杰米扬斯克的预感肯定不无道理，他的担忧有充分依据。库罗奇金手下的集团军司令员被证明是一个坚韧的团队：第11集团军的莫罗佐夫、第34集团军的别尔扎林，还有两个突击集团军的两个富有进攻精神的司令员——突击第3集团军的普尔卡耶夫和突击第4集团军的叶廖缅科（作为上将的他军衔比方面军司令员还高）。突击第4集团军是原来（由别尔扎林指挥）的第27集团军，该集团军远未集结完毕，预计将由8个步兵师、3个步兵旅、4个炮兵团、3个坦克营、迫击炮部队和10个滑雪营组成；此时，突击第4集团军实际上只有一个步兵第249师，这是一支精挑细选的力量，充斥着前边防军官兵，师长塔拉索夫（G. F. Tarasov）上校也来自边防军。该师掩护着整个集团军的集结地域。12月中旬以来，库罗奇金的方面军奋力准备进攻战役，但出现了诸多不祥之兆。对于最高统帅部的整体计划，库罗奇金有一个重要的保留意见。叶廖缅科很快就从斯大林那里听取了基本情况，去指挥突击第4集团军，该集团军将洞穿德军中央集团军群，将其置于死地。叶廖缅科（他在斯摩棱斯克指挥过库罗奇金）很快就开始严重质疑他的方面军司令员，后者的"吝啬"让他怒不可遏。受灾难性的交通情况影响，补给情况很快变得更糟，以至于西北方面军后勤主任及其政治委员被交付军事法庭。正在组建的突击群中，步兵缺乏合理的饮食，因为那里已经没有食物了。一个又一个兵团耗尽了他们可怜的补给。

尽管如此，斯大林继续打磨着北面的矛头，外侧的包围箭头将从西北方直抵中央集团军群的命脉，刺入两个集团军群的结合部。计划的制定于12月中旬后不久完成，沃尔霍夫方面军和西北方面军的训令紧随而至，它们出自站在地图边的斯大林之手。12月中旬，莫斯科反攻的第一阶段完成后（莫斯科南北的两个德军铁钳均已被击破），德军士气低落和战败的报告不断传来，掩护中央集团军群侧翼的枢纽承受着沉重压力，斯大林亲自接管反攻的指挥，掌控下一阶段计划的制定。随着最高统帅部训令发往各方面军，斯大林的宏大计划——歼灭中央集团军群，摧毁北方集团军群，大举进军乌克兰——清晰起来。有两种解决方案：一种是"有限解决方案"，仅打残中央集团军群；另一个方案极度膨胀，想要席卷国防军。斯大林断定，现在采取第二种解决方案的时机已经成熟。在他克里姆林宫的作战室，只有地图在讲话，指挥员们只是被召来接受命令。斯大林营造出一种安静祥和的氛围，在这种氛围下构思、组织的这个计划一定看起来令人眼花缭乱，就像在德军战线上撕开缺口那样富有戏剧性。空气中弥漫着1812年和大军团的气息。

斯大林命令科涅夫、朱可夫和铁木辛哥扩展他们的攻势：科涅夫和铁木辛哥要动用他们右翼的所有军团，朱可夫将在侧翼发起追击，在中央展开进攻，他在那里的几个集团军到目前为止一直按兵不动。列柳申科的第30集团军已经（于12月16日12时）从朱可夫转调科涅夫麾下。朱可夫命令他的方面军，到12月21日晚推进至列德尼基（Ledniki）—库奇诺（kuchino）—米哈列沃（Mikhalevo）—博罗季诺—小雅罗斯拉韦茨—利赫温（Likhvin）[10]—奥多耶夫（Odoyevo）—利夫内。朱可夫的战线已经缩短，但他失去了第30集团军，夺取洛托西诺[11]—沙霍夫斯卡亚[12]一线时,列柳申科的军队将起到举足轻重的作用。到20日,朱可夫右翼的主力将位于拉马河、鲁扎河和莫斯科河这三条河流一线,但事实证明,这几条河均无法在行进间夺取,因为那里有一条德军顽强据守的防线。苏联部队最终砸开了这场混战中的德军兵团——第78步兵师、第46装甲军、第11装甲师、第7军,后方留下了大量遗弃和损坏的装备,还有被白雪覆盖的人畜尸体。12月19日,苏联的快速集群——列米佐夫将军的第20集团军和卡图科夫将军的第16集团军——已经从南北两侧包抄了沃洛科拉姆斯克,他们于12月20日夺取了这个重要的枢纽。同日,近卫第2骑兵军杰出的犹太人指挥员多瓦托尔(L. M. Dovator)少将在战斗中阵亡,朱可夫之前派这个军穿过兹韦尼哥罗德—伊斯特拉地区进入德军后方。朱可夫不认为拉马河—鲁扎河"一线"是德军后撤的终点,因此于12月20日下达命令,指定了一条新的目标线,从祖布佐夫(Zubtsov)延伸至格扎茨克(Ghzatsk),该线位于拉马河—鲁扎河阵地以西50英里处,于12月27日达成。第20集团军的一个快速集群与第16集团军协同作战,将于27日晚夺取格扎茨克。右翼各兵团12月22日晚的目标线被改为库奇诺—米哈列沃—博罗季诺—科罗维诺(Korovino)。

12月18日,为了实现将第4集团军钳制在中央的主要计划,朱可夫在斯大林的命令下动用了他居中的几个集团军——戈沃罗夫第5集团军左翼、叶夫列莫夫的第33集团军、戈卢别夫的第43集团军、扎哈尔金的第49集团军右翼和中央。相关命令已经于12月13日拟定,最初计划于15日发动进攻,虽然16日再次确认了目标,但向后推迟了3天。18日展开攻势的第33和第43集团军在纳罗福明斯克地区为德军在纳拉河的防御所阻,尽管他们阻止了德军前往苏联反复进攻的拉马或卡卢加。12月20日,朱可夫越级干预第33和第43集团军的作战行动,命令两个集团军到12月22日晚推进至辛布霍沃(Simbukohovo)—博罗夫斯克(Borovsk)—巴拉巴诺沃(Balabanovo)—沃罗日巴一线。与此同时,第5和第49集团军侧翼兵团在德军战术防御区面前除了少量"局部进展"外一无所获。

不过,和德军指挥官一样,朱可夫的注意力集中在卡卢加—别廖夫地区。朱可夫的左翼,古德里安的装甲集团军已经被拖离德国第4集团军,朱可夫想在卡卢加系紧他的口袋——卡卢加—维亚济马—莫斯科—斯摩棱斯克高速公路，这条路直接伸入第4集团军后方。第50集团军司令员博尔金负责卡卢加的作战，沙波什尼科夫亲自打电话给博尔金告知他这个消息，并向他强调夺取卡卢加的重要性。没过多久，朱可夫联系了博尔金，向他下达了方面军指令。博尔金派他的副手波波夫（V. S. Popov）少将指挥一个"快速集群"（辖有步兵第154师、坦克第112师，12月18日加强有骑兵第31师、一个图拉民兵团和独立坦克第131营）。波波夫的命令非常简单：穿过德国第43军和古德里安装甲部队之间的缺口，高速赶往45英里（其中30英里远在德军后方）外的卡卢加，从南面接近卡卢加并夺取该城。接下来的任务是让第49和第50集团军跟在波波夫后面，将第43军推向西北方，将古德里安所部推向西南方的奥缪尔。到12月20日晚，波波夫集群从东南方逼近卡卢加，别洛夫的骑兵和戈利科夫的第10集团军正向西冲往奥多耶夫—利夫内，第10集团军越过了普拉瓦河。现在，朱可夫的反攻眼看就要首战告捷，他于12月20日修订了下达给左翼兵团的命令，他们将转向西北方，与此同时，正突破拉马河—鲁扎河一线的右翼将转向东南方（加里宁方面军将配合西方面军，突入第3装甲集群位于勒热夫地区的交通线）。

波波夫的步兵于12月21日清晨猛攻卡卢加。扎哈尔金的第49集团军还远远落在后面。率先进入卡卢加的是骑兵第31师，该师遭遇德军第137步兵师的激烈抵抗。为了支援被包围的波波夫，博尔金命令其左翼的步兵第217和第413师火速赶往卡卢加。这是一场逐街、逐屋、逐码的战斗。苏联军队将不惜代价、毫不留情地夺取该城。12月24日，博尔金接到了朱可夫的电报：

> 最高统帅部12月24日接到情报说，卡卢加的德国守军被命令坚守该城至最后一人，决不放弃。最高统帅（斯大林）强调了我方保持警惕的必要性。有必要专心打败卡卢加之敌，将其分割歼灭，不可有丝毫退让，决不宽恕敌人。恰恰相反，要采取一切措施歼灭卡卢加之敌。

或许斯大林还记着克林的白旗事件，当时俄国人说服德军放弃了抵抗。为夺取卡卢加，博尔金不得不在一个星期的近战中将其分割包围。

与此同时，在从卡希拉到图拉东南的大规模迂回行动中，别洛夫骑兵军开始感到疲倦，人员、马匹饱经风雪，疲惫不堪。12月19日，别洛夫的近卫军得到增援并进行了片刻休整，短暂但很受欢迎的平静突然被下达给近卫第2骑兵军的新命令打断：

> 骑兵-机械化集群指挥员别洛夫少将同志听令：
>
> （西方面军）军事委员会有一项特别的任务给你：高速突入尤赫诺夫地域，歼灭德国第4集团军的后方机构和司令部。为掩护集群的侧翼和后方，有必要夺取并坚守苏希尼奇（Sukhinichi）、梅晓夫斯克（Meshchovsk）和莫萨利斯克（Mosalsk）。
>
> 方面军军事委员会将再给你调拨3个骑兵师（来自第10集团军）、1—2个步兵师，加强50辆坦克。制定战役计划时，应考虑到（你的）集群出击时卡卢加应该已经被占领了。

戈利科夫的第10集团军正在别洛夫以南作战，随后奉命支援这次行动。

别洛夫有充分的理由略微延长全军的"假期"：他们面前有100英里的强行军，食物和弹药并不充裕，补给跟不上，当面有3个德军师——第112、第167和第296步兵师。与此同时，战役计划被制定了出来。该计划意图夺取奥多耶夫的交叉路口，然后在利赫温—别廖夫强渡奥卡河，削弱德军在科泽利斯克（Kozelsk）的抵抗，然后别洛夫才能于12月底进攻尤赫诺夫。这些细节通过无线电发送到了朱可夫的司令部。仔细观察援兵的话，就有理由感到担忧了——官兵缺乏武器，马匹没有马鞍。缴获的德军武器被分发了下去。不过别洛夫得到了优秀的士官团——"年轻、坚韧的小伙子"，接受过适当的训练，他正急需补充士官方面沉重的损失。让别洛夫难过的是不允许伤员返回原部队的愚蠢行为，他的人不止一次冒着被当成逃兵逮捕的危险，设法返回"他们的"部队。经过反复请求，别洛夫设立了一个"后备团"来回收他的老兵，该团驻扎在科夫罗瓦（Kovrova）。别洛夫休整全军并计划攻往尤赫诺夫时，方面军又发来电报："明天，12月21日，为了庆祝斯大林同志的生日，你军必须夺取奥多耶夫。"别洛夫大吃一惊，这意味着要暴露自己的意图，但他除了照做之外别无选择。别洛夫的妥协方案是派一支特殊军队去执行该命令，主力仍准备夺取尤赫诺夫[13]，他可以从那里袭击关键的德军交通线。别洛夫动身时，朱可夫命令戈利科夫的第10集团军冲向科泽利斯克，并组建快速滑雪和雪橇部队，以便在迅猛的突击中从行进间夺取苏希尼奇。

斯大林亲自下令启用侧翼所有军队，使得科涅夫的加里宁方面军在12月下旬具备了独立的战略地位。什韦佐夫和尤什克维奇于12月中旬冲进加里宁时，德国第9集团军的东翼被迫后撤。先前的计划是加里宁方面军和西方面军联合行动，从西南方进攻第9集团军的右翼和中央，从而将其歼灭，现在整个任务都交给了科涅夫，为此，他从朱可夫的右翼得到了第30集团军。科涅夫推断，第9集团军在加里宁地区将撤往西南方的斯塔里察（Staritsa），同时坚守奥斯塔什科夫到沃伦采沃（Volyntseva）之间的其余地段。为了摧毁德军的右翼，甚至突破至第3装甲集群侧翼，科涅夫决定动用新锐的第39集团军，令其冲往勒热夫。最高统帅部要求新攻势应不晚于12月22日进行。这道训令还调整了科涅夫和朱可夫的分界线〔科特利亚基（Kotlyaki）到祖布佐夫（Zubstov）一线，首尾两地都属于加里宁方面军〕，并就第31和第30集团军的任务给出新建议。基于这一指令，科涅夫在自己的命令中制定了到12月28日晚要抵达的目标线，即伏尔加河—苏霍多尔—布尔戈沃（Burgovo）—托尔斯季科沃（Tolstikovo）—祖布佐夫一线，主攻将从北方和东北方向的勒热夫展开，以此包围德国第9集团军主力，切断其向西和西南逃跑的路线。方面军将部署5个集团军——第22、第39、第29、第31和第30集团军，马斯连尼科夫的第39集团军与第31集团军和第30集团军协同作战，歼灭勒热夫—斯塔里察地域的德军。攻势定于12月22日清晨展开，尽管第39集团军尚未集结完毕，在攻势第一阶段只能投入2个师（步兵第220和第183师）。不过，加里宁方面军和西方面军侧翼的重叠使得最高统帅部再次审视并重新设置了分界线，新线从科特利亚基延伸至瑟乔夫卡，这将显著改变科涅夫所提议的攻势的纵深，比起包围勒热夫—祖布佐夫，直插朱可夫右翼对面的两个装甲集群（第3和第4装甲集群）后方或许更为有利。在这种极为复杂的局面下，斯大林突然将列柳申科第30集团军调给科涅夫的后果显而易见，即使有个解决办法刚刚浮出水面。到12月25日晚，朱可夫的右翼和科涅夫的左翼移往科特利亚基—奥斯塔什科夫一线，各兵团都遭遇了拉马河—鲁扎河一线德军的抵抗；科涅夫方面军的北翼正在伏尔加河弯曲部挤压第9集团军，排山倒海般的苏联各集团军似乎向着中央集团军群的最北端而去；掩护那里的机枪手、装甲歼击部队、压低身管射击地面目标的德国空军高射炮兵在阴沉的雪天中战斗，被冻得浑身发麻，他们绝望地试图坚守阵地。装甲集群坚守着拉马河—鲁扎河一线，所以第9集团军也必须守住他们的阵地。与此同时，在托尔诺克（Torzhok），马斯连尼科夫的第39集团军已经到位，12月26日，该军团的全部6个师（步兵第220、第183、第361、第373、第355师）[14]冲向勒热夫。科涅夫特别提醒马斯连尼科夫，"主攻将位于右翼，将兵团的主力带往勒热夫以西"。不久之后，科涅夫不得不命令马斯连尼科夫加快速度，尽管第39集团军由于零敲碎打地将部队投入攻势而遭遇巨大困难。然而，马斯连尼科夫还是开始挤向勒热夫，涌进伏尔加弯曲部，逐步克服了德军的防御。勒热夫的巨大危机正在孕育之中。

科涅夫部署了30个步兵师、5个骑兵师和2个坦克旅，这是"西方向"红军步兵兵力的三分之一——总共93个步兵师、23个骑兵师、30个步兵旅（包括2个伞兵旅）和16个坦克旅。在切克奇诺（Chekchino）—沃洛科拉姆斯克—鲁扎河—纳拉河—卡卢加—奥卡河到别廖夫以东180英里长的战线上，朱可夫有45个步兵师和11个骑兵师。斯大林在他南面插入了布良斯克方面军，该方面军于12月18日重建，12月24日投入战斗，用于奥缪尔—博尔霍夫方向的攻势，由切列维琴科指挥，辖有第61集团军、第3集团军、第13集团军和科斯坚科的战役集群，总计有18个步兵师、7个骑兵师、2个坦克旅、1个步兵旅和1个摩托化步兵旅。这股力量令人生畏，但反攻已经让红军付出了很大代价，许多师的兵力降低至3000—4000人，旅的兵力降至1000人以下，坦克旅仅剩一辆T-34，弹药短缺，交通也跟不上。

12月25日，莫斯科反攻第二阶段接近尾声时，西方面军司令部在形势评估中指出：科泽利斯克—苏希尼奇（Sukinichi）缺口是德军战线上的薄弱环节。事实上，该"线"已经被突破，只有德军第84步兵团稀疏的部队、独立的党卫军团、4个铁路连、1个宪兵连、1个党卫军"德意志"团和第296步兵师之一部在那里周旋。朱可夫的右翼和中央，洛托西诺到纳罗福明斯克一线所面对的德军最强。最高统帅部认为，反攻开始时，德军兵力最集中之处位于西方面军侧翼、西方面军与加里宁方面军（现在还有布良斯克方面军）的结合部。红军的重心位于帕尔希诺（Parshino）—沃洛科拉姆斯克—鲁扎—别廖夫一线。12月25日，最高统帅部调整了加里宁方面军和西方面军的进攻方向：科涅夫的第一轮突击是以第39集团军冲往西南方向（的勒热夫—维亚济马），现改为正南方；朱可夫方面军右翼的进攻方向从西改为西南。此举也变相调整了方面军分界线。朱可夫的右翼继续压向拉马河—鲁扎河一线，位于卡卢加—别廖夫地区的左翼进攻德国第4集团军右翼，直奔科泽利斯克—维亚济马方向（第10集团军向西冲往基洛夫）。现在，红军正突入中央集团军群的"棱堡"，即勒热夫—洛托西诺—纳罗福明斯克—小雅罗斯拉韦茨—维亚济马"一线"，苏联统帅部估计，这个"棱堡"的丢失将意味着德军全军覆没。其实，德国统帅部也是这么认为的，主要分歧在于作何应对——是撤出危险地段，还是坚守战线。最后，希特勒的"坚守"命令占据了上风，尽管在许多人看来，此举不过是宣判了中央集团军群的死刑。

斯大林现在正奔最终目标而去，让他更加确信这一点的是，有形的失败肯定会导致东方的德国军团士气崩溃。基于此类认知，斯大林着手进行最后的调整，战事将很快演变为红军新年伊始时展开的全面反攻。沃尔霍夫方面军和西北方面军在准备阶段进展顺利，最高统帅部训令交到了方面军司令员手中，后者的战役计划正接受斯大林的审查。斯大林个人控制苏联的作战行动时，对分配给各集团军的具体目标最为敏感（例如列柳申科第30集团军的调换在之后带来了混乱）。不过，更加根本的问题是如何利用红军当前不那么丰富的资源，这些资源要分配给战役地图上所有箭头和代表步兵师的圆点。指挥员的报告继续展示着反攻的代价。罗科索夫斯基12月底提交的报告说，他的各营兵力已降至"不到12人"；布良斯克方面军冲向奥卡河时陷在了别廖夫以南，第3集团军报告说，其5个步兵师只有16028人和138门火炮，第13集团军的5个步兵师总计11833人，还剩82门火炮。布良斯克方面军仅靠这些无法完成战役目标，12月24日，目标中又加入了1942年1月5日前（与西南方面军右翼协同）进入奥缪尔—库尔斯克地区。科涅夫方面军虽有人数过万的师，不过只有4个，兵力上的相对富裕也被快速兵团的极度匮乏抵消了；只有叶廖缅科上将算得上真正的军事巨头，其突击第4集团军的步兵第382、第358、第334和第360师达到了修订编制的标准兵力。西方面军坦克第112师由扎哈尔金和别洛夫共用，几经消耗，只剩1辆T–34和15辆T–26。12月底到1月初，随着战线被一段段撕开，中央集团军群的命运似乎摇摆不定，值此关键时刻，斯大林有3个预备集团军可供调遣，即第24、第26和第60集团军，还有莫斯科防区驻军，新锐的预备集团军均已准备就绪；若要敲开德军中央的"棱堡"，他们必须前往科涅夫方面军的右翼和朱可夫方面军的左翼，在一次毁灭性的大规模攻势中，从南北两侧扑向维亚济马集结的敌军，突破中央集团军群的后方。尽管计划雄心勃勃（而不现实），但与斯大林寻求的迅速取胜这一重任相比，仍旧是小巫见大巫。

不过，并非所有人都对前景信心满满。斯大林从苏联在莫斯科的胜利中得出了"影响深远的结论"，对此，沙波什尼科夫元帅显然并不完全认可，至少在第51集团军司令员巴托夫将军面前表现得不怎么热心，后者早先被赶出了克里米亚，于12月22日被召到沙波什尼科夫面前。巴托夫以为他被召往莫斯科与即将展开的刻赤登陆行动有关，第51集团军正在为这次大规模两栖突击做准备。巴托夫是F. I. 库兹涅佐夫上将的继任者，后者此时是西方面军副司令，他将指挥权交给了利沃夫将军。巴托夫将军发现，沙波什尼科夫阴郁而心不在焉，正一筹莫展地思考进攻所面临的困难，坦克、卡车和装备的缺乏限制了苏方的快速机动。"我们仍然需要，"元帅说，"吸收现代战争的经验。"他又补充道，虽然德国人已经被驱离首都，但"战争不会在此时此地决出胜负"，相反，在沙波什尼科夫看来，"危机远未解除"。事实证明的确如此。

沙波什尼科夫向巴托夫谈论克里米亚的崩溃时有点漫不经心。不过，几小时后，他就于15时代巴托夫出席了最高统帅部会议，斯大林告诉他，"没有人抱怨他"指挥第51集团军不力。在克里米亚（那里的守军已经吃紧）已经上了艰难的一课，但现在，巴托夫要立即前往布良斯克方面军接管第3集团军。让巴托夫意想不到的简短会面结束了，他动身前往新的指挥岗位，在这些日子里，即便对于一名集团军司令员而言，也"没有简单的事情"，他不得不仓促启程。安顿下来后，他结识了方面军司令员切列维琴科上将，后者是罗斯托夫的胜利者之一，不过，他有点担心巴托夫，担心这位内战时期的骑兵执行任务时再采取"进攻再进攻"那一套。巴托夫接过新职位时，南方的大规模进攻计划即将制定完毕，在他看来，这时的主流观点类似于"1940年让我们在芬兰正面强攻曼纳海姆防线的那种思想"。事实上，巴托夫再也未能回到他刚刚离开的那个集团军，眼下该集团军正准备登陆刻赤半岛，这对试图于12月底冲入塞瓦斯托波尔的曼施泰因第11集团军而言是个"致命威胁"。其他地段的德国集团军要么正在撤退，要么陷入混乱，在这种情况下，希特勒只授权了这一次进攻行动。刻赤登陆不仅仅是牵制德军，还是夺回克里米亚的重要尝试，为此斯大林很快组建了克里米亚方面军。

刻赤—菲奥多西亚登陆的最终命令传来，做最后的准备工作时，西南方向（之前三个方向中仅存的一个主要战略指挥机构）总指挥铁木辛哥元帅已经就他的计划联系了斯大林，该计划意图以布良斯克方面军、西南方面军和南方面军在1942年1月—2月遂行一场"宽广的攻势"，由两次主要行动构成。第一次由布良斯克方面军和科斯坚科将军的"战役集群"进行，这次包抄行动针对的是莫斯科地区的德军，意图将布良斯克方面军带到布良斯克—谢夫斯克（Sevsk）一线，让科斯坚科的人马推进到苏马（Suma）镇。第二次进攻将由西南方面军左翼和南方面军发动，解放顿巴斯并将苏联军队带至第聂伯河，西南方面军的军队也会进入哈尔科夫地区，以便在北面提供掩护。铁木辛哥开价很高——立即调拨500000野战增援，外加10个步兵师、15个坦克旅、24个炮兵和25个航空兵团。斯大林手头没有500000人，15个坦克旅更是天上的月亮——可望而不可即。也无怪乎沙波什尼科夫（他身体虚弱，在严格的医嘱下只能将每日工作时间缩短至4小时）忧心忡忡——列宁格勒的行动和洞穿中央集团军群的战役都有充分的理由，列宁格勒的形势确实危急，但以绝不明显的优势在一场全面战斗中对付3个德国集团军群则是另一码事。铁木辛哥的宏大计划被缩减，尽管其范围仍然很广泛：切列维琴科的布良斯克方面军（第3、第13、第61集团军）和西南方面军右翼（第40和第21集团军）将向西进攻，夺取奥缪尔—库尔斯克地区，科斯坚科（F. Ya. Kostenko）中将全权指挥的西南方面军准备以第38和第6集团军在丘古耶夫（Chuguev）—巴拉克列亚（Balakleya）—伊久姆（Izyum）地区发动进攻，夺取哈尔科夫和克拉斯诺格勒（Krasnograd），从西南面掩护南方面军的攻势。切列维琴科前往布良斯克方面军后，马利诺夫斯基中将接管了南方面军〔安东诺夫（A. I. Antonov）中将担任他的参谋长〕。马利诺夫斯基的集团军（第57、第37和第9集团军）将攻往巴甫洛格勒（Pavlograd）方向，夺取位于第聂伯罗彼得罗夫斯克和扎波罗热的第聂伯河渡口。里贝亚舍夫的第57集团军将经由巴尔文科沃（Barvenkovo）冲向巴甫洛格勒，洛帕京的第37集团军经由红军城冲向大托克马克（Bolshoi Tokmak），马利诺夫斯基可以凭借这些战果，请求铁木辛哥从战略预备队中调出第9集团军和骑兵第1、第5军。第聂伯罗彼得罗夫斯克和扎波罗热的交通枢纽到手后，铁木辛哥就可以困住第聂伯河以东和克里米亚的南方集团军群军队，他将横跨第聂伯河唯一可渡河的地区。虽然力量有所削减，铁木辛哥还是准备对南方集团军群发起致命一击。与此同时，第51和第44两个苏联集团军已经开始着手消灭克里米亚的曼施泰因第11集团军，他们先对付两个德国师（预计不超过25000人），对半岛的北岸、东岸和南岸展开两栖突袭。这次行动依托黑海舰队的船只，时间定在12月26日。

策划刻赤行动时，塞瓦斯托波尔的战斗达到了新的高潮，曼施泰因用11集团军去最终攻克苏联的要塞，这座要塞已经在轰炸和攻城炮的炮击下千疮百孔。德军的主攻从杜万科伊（Duvankoi）出发，沿别利别克（Belbeck）河河谷推进，直指塞瓦斯托波尔防区的4号地区，这是通往谢韦尔纳亚湾、城区和港口设施的最短路线。次要攻势从上乔尔贡（Nozhnii Chorgun）东南展开，沿乔尔纳亚（Chernaya）河将曼施泰因的军队带往因克尔曼（Inkerman）。12月4日，塞瓦斯托波尔司令部向斯大林报告说，当地的防御状态良好，零散破碎的部队已经撤入塞瓦斯托波尔周边重新组织、装备，增强实力。此时，塞瓦斯托波尔正承受着德军360毫米火炮的轰击，这种怪物被专门带上来敲开堡垒和防线。黑海舰队为守军带来了援兵（主要是步兵第388师），他们赶到时恰逢德军12月17日8时展开进攻，炮火准备非常猛烈，斯图卡紧随其后。俄国守军能看到的只有被浓烟染黑的地平线。

苏联守军坚守着每一寸地盘、每一座工事，直至最后一名水兵，48小时后，他们已经岌岌可危，兵力和弹药都几近枯竭。斯大林立即将塞瓦斯托波尔防区划归科兹洛夫的外高加索方面军，后者奉命送去1个步兵师或2个步兵旅至少3000名援兵，提供空中掩护和弹药。黑海舰队司令奥克佳布里斯基上将奉命于12月20日从新罗西斯克出发，前往塞瓦斯托波尔，尽管这意味着他无法再直接监督刻赤登陆的准备工作。奥克佳布里斯基亲自指挥海军部队，包括巡洋舰"红色高加索"号、"红色克里米亚"号，驱逐领舰"哈尔科夫"号和若干护卫舰[15]，它们带着独立海军步兵第79旅驶入了被围困的基地，接着又于12月21日—22日[16]将步兵第345师从图阿普谢（Tuapse）运来，航速较快的驱逐领舰"塔什干"号则装载着弹药，此时正值梅肯济耶（Mackenzie）高地的激烈战斗达到高潮，该地在克里米亚战争中就曾被反复争夺。德国步兵集群突破了库久罗夫（Kudyurov）上校的骑兵第40师，抵达谢韦尔纳亚湾东北两千米处。奥克佳布里斯基正好将新赶到的苏联水兵投往此处。

半岛上的德军深受严寒的困扰，苏联船只也赶上了冬季大风，在提出登陆刻赤时，这是一个重要因素。两个苏联集团军（第51和第44集团军）将在两栖突击中投入此处，正中曼施泰因压向塞瓦斯托波尔的集团军的后方。登陆原计划于12月21日进行，但塞瓦斯托波尔的危机造成了拖延，因为赶往塞瓦斯托波尔的军队原本是用来突击刻赤的。登陆被推迟了5天，12月25日晚，亚速海区舰队、刻赤海军基地和B突击群的船只才装载了装备和突击小组，所有这些工作都是在8级大风下进行的，还有报告说亚速海上出现了浮冰。登陆力量被分为两个集群，A集群（由别尔乌辛少将第44集团军的主力和巴西斯特上尉的船组成，总计23000人、34辆坦克和133门火炮）和B集群（第44集团军的3000人），用于菲奥多西亚，利沃夫少将的第51集团军（登陆军队13000人）用于刻赤。主攻方向是菲奥多西亚，参战军队于12月28日晚在新罗西斯克登船，战舰超载和部队延误造成了一些混乱，不过到23时，舰队已经起航了。

12月26日清晨，亚速海区舰队搭载的第51集团军部队试图在烟幕的掩护下上岸，此时风力为5级。快艇和驳船将官兵撤入海中，德军火炮和飞机也干扰着登陆。在没有专业设备，天气恶劣，指挥、组织频繁崩溃的情况下，3000多人最终上岸。菲奥多西亚登陆于12月29日3时50分开始，两天后，40519人、236门火炮、43辆坦克、330辆卡车和其他重装备踏上陆地。在−20℃的气温中，苏联军队在齐颈高的冰水中艰难走向海岸，他们在没有补给的情况下坚守桥头堡，随着封冻日趋严重，无法移动的伤员将不可避免地死去。虽然第44集团军被遏制住了，但就在曼施泰因试图最后突入塞瓦斯托波尔时，第51集团军攻向了菲奥多西亚，德军不得不抽调力量来应对苏联在刻赤半岛的突破。刻赤—菲奥多西亚的德军这次并未被套进苏联的口袋，但塞瓦斯托波尔的压力已经得到缓解，刻赤半岛再次回到苏联手中，科兹洛夫的"克里米亚方面军"也已经成型。

　　苏联红军猛攻德军时连连告捷，但指挥员们无法忽视一些令人不安的迹象：巴托夫也陶醉于首次取得的胜利，但所见所闻依然令他感到沮丧——面对仍然难以对付的德军兵团时，苏联红军会变得"不科学"、不专业。最近才晋升为少将的戈尔巴托夫已经在斯大林的一座劳改营中花了足够长的时间来认识谨慎的重要性，但仍被指挥水平及决策质量吓了一跳，而与此同时，许多一流的高级指挥员在科雷马的劳改营中劳动至死。随之而来的大量指控针对的是红军干部（人事）部门的负责人鲁缅采夫，他往往不了解自己派往野战指挥岗位的那些军官能力如何（或者说不清楚他们缺乏能力）。比留佐夫展示过过人的才能，鲁缅采夫却建议让他在后方任职。斯大林挑选了他自己的人从事特殊工作，这个体系并非一直有效：一些不懂军事的将军身居要职，例如第39集团军的马斯连尼科夫，他之前是内务人民委员部的副人民委员，从"纯粹的行政角度"研究作战问题。然后是斯大林的高级政治委员，梅赫利斯、布尔加宁，甚至是马林科夫，他们依仗斯大林的权威，没有接受过任何军事训练便大量插足决策事务。朱可夫已经设法摆脱了布尔加宁，后者现在去了西北方，在那里造成了很大破坏。而梅赫利斯正催着梅列茨科夫加快他的列宁格勒攻势。

　　这不完全是斯大林的问题，红军战士总体上对斯大林深信不疑。限制他的也不只是过度自信，这不足以解释让许多下级军官愤懑不已的战术缺陷和不足。朱可夫多次抨击过代价高昂、因循守旧的"正面进攻"法，浪费时间的冒险将使他的攻势失去连贯性，不过最重要的还是缺乏快速兵团，朱可夫现在试图通过调拨、筹备伞兵军（独立空降部队、空运的步兵团和伞兵第4军），在德军后方遂行快速打击行动来弥补这一点。无论如何，还是有一些精心、巧妙运作的特别行动：虽然计算有误、混乱不堪，刻赤登陆仍被证明是一次足智多谋、令人惊讶、有些地方堪称杰出的即兴之作。即将展开的战略行动迅速完成策划，从这种意义上来说，这是临时做出的战略应对（事实上，这一点显而易见），突然性造成的初期影响正在消退，德国统帅部及其军队正在恢复镇定，评估局势的危险程度。红军不现实地穷尽其资源后，并未在某条战线或战线的结合部享有决定性的优势，攻势在后勤紧张的情况下展开，损失已经很沉重，装备也得不到补充。斯大林计划以一次大规模突袭粉碎东线德军。这个决定已被做出，最高统帅部训令下发或正在下发给方面军司令员，沙波什尼科夫的紧张和焦虑不足为奇。

对德首胜后，斯大林相信德军的士气低落和混乱无序将比其表现出来的更严重，他也开始明确自己的战争目标，至少是领土方面的目标。斯大林显然迫不及待地要提出他的要求，这或许是因为他预计很快就能靠近他所标出的线了。斯大林与"伦敦波兰人"的交易使战后协定的争端初现端倪，1941年8月，双方额外缔结了一份盟军间的协议，从此苏联境内的战俘、流亡人员和被关押的波兰人成了盟军，虽然他们仍然缺乏食物，在恶劣的气候中瑟瑟发抖、无处御寒，作为士兵也缺乏武器。波兰当局无法统计内务人民委员部运作战俘营内的被俘波兰军官数量，这令他们愈发困扰。10月，商讨在苏波兰人的命运时，维辛斯基以他的方式含糊其辞地应付了波兰大使科特：西科尔斯基将军和丘吉尔首相于10月讨论了在俄波兰军队的命运，决定将他们移到"英国战略可以触及之处——向南，到中东去"。西科尔斯基将军显然觉得"尽管双方缺乏互信共识"，但英国最终将被迫屈服于斯大林的压力，将英军投入东线，因此，英国将寻求"苏联方面的补偿"。波兰和英国多次交涉后，11月6日，潘菲洛夫将军通过致电（波兰军队的）安德斯中将，被授权在苏联境内建立波兰军队（仅限30000人），他亲自出任"红军最高统帅部派驻波兰军队的全权代表"——地址：莫斯科，戈格利耶夫斯基大街6号。

11月14日，斯大林与科特大使讨论了波兰军队的问题，斯大林提出建立更大的军队（可能有150000人），后者争辩说，"协议草案"中并未包括这一条，苏方也无法装备他们。如果波兰人能得到装备，他们可以组建更多师。安德斯将军一星期前与两名苏联联络官起了冲突，波兰军队被控制在红军及其劳工营[17]中，波兰战俘仍被羁押在劳改营，甚至有5000名波兰军官不知所踪。科特大使向斯大林提出了这些问题，后者对潘菲洛夫的一道命令表示愤慨。至于波兰战俘的问题，斯大林亲自联系了内务人民委员部，内务人民委员部不久之后打来电话，答复了斯大林的问询，但他并未转达。整个交谈过程中，斯大林表现得异常礼貌。真正的对抗出现在12月3日，西科尔斯基将军、科特大使和安德斯将军对阵斯大林和莫洛托夫，当天德军仍在打击莫斯科的防御，战线已经伸入城郊。西科尔斯基将军谨慎但有力地应对着斯大林，安德斯和斯大林针锋相对，西科尔斯基将军将波兰军队"南调"的提议也让斯大林光火。这时斯大林生气地插话说："我活得久，见得多了。我知道你们去了波斯就再也不会回来。我知道英格兰有许多事要做，需要波兰士兵。"斯大林在波兰军队的问题上愈发尖刻，对波兰将军们恶语相向："也就是说，俄国人只会压迫波兰人，不会做任何有利于他们的事。"言及于此，斯大林讲述了过去300年的历史。"好，走吧！没有你们我们也应付得来……我们将自力更生。我们将攻取波兰，然后把她还给你们。"至于英国人，斯大林警告波兰人说，"日本人明天就要进攻了"，波兰人准备死在新加坡吧（谈话中，斯大林两次坚持说日本即将发起进攻）。稍后，斯大林让潘菲洛夫进来，粗暴地训斥了他一顿，因为他没有执行斯大林之前的命令，向波兰人提供补给，然后让后勤部门的赫鲁廖夫将军处理此事。此后，会谈平静下来，虽然斯大林抨击了英国人——斯大林说最好的飞行员来自斯拉夫人，"这个年轻的种族气数未尽……德国人很强，但斯拉夫人会打垮他们"。

在第二晚的宴会上，斯大林态度好转，甚至对安德斯将军也是如此。谈到国界线时，斯大林向客人们提议："我们应该划定共同边界，在和平会议举行前……我们应该暂不讨论这个话题。不要担心，我们不会伤害你们。"斯大林平息了和西科尔斯基将军的分歧，向他保证自己将亲自签署一份声明，"这将是首份由斯大林而非莫洛托夫签署的声明"。莫洛托夫描述希特勒会作何反应时，西科尔斯基将军注意到，从他描述的细节来看，莫洛托夫肯定"与他（希特勒）过从甚密"。

虽然恢复了正式的礼节，但这些谈话激烈、刻薄，（正如西科尔斯基将军后来向丘吉尔报告的那样）斯大林怀疑波兰军队调动的提出背后存在"美日阴谋"。与此同时，斯大林在"共同边界"的问题上已经占据了极为有利的地位。是时候在表面上改善苏波关系了，这一点短期内就能实现，斯大林松开了第二个插销，此次轮到了12月中旬在莫斯科会见他的艾登。这一次，斯大林拿出了一整张瓜分欧洲的蓝图。艾登在苏联驻伦敦大使伊万·迈斯基的陪同下，乘巡洋舰"肯特"号前往俄国，他已经为斯大林准备了一份备忘录，以便澄清

"美日勾结"，不顾俄国利益单独媾和的传闻：英国和俄国将信守承诺，战斗到最终战胜德国为止，并且根据《大西洋宪章》，调停事宜将遵从斯大林11月6日提出的方针，该方针声明苏联在战争中不谋求领土，不征服其他国家。11月初，斯大林要求英国向芬兰、罗马尼亚和匈牙利宣战，并明确英俄双方的战争目标和战后计划，英苏关系急转直下。即便这时，英国外交部仍在强调，斯大林担心"美日和平"，俄罗斯被出卖，并斗胆猜测，斯大林的"战争目标"可能包括进入波斯湾，修订《蒙特勒公约》[18]，苏联在挪威、芬兰和波罗的海国家设立基地。迈斯基试图消除斯大林给人留下的粗暴印象，他这样向波兰人描述他的"粗暴"——"我也是这么粗暴。"

艾登和斯大林12月16日下午的会谈开始前，斯大林将迈斯基叫到一边，从口袋里掏出了两份草稿给他看。第一份是英苏战时条约的扩写版，使其在和平时期也具有约束力；第二份是战后欧洲领土重构的概要：南斯拉夫、澳大利亚、捷克斯洛伐克和希腊将恢复他们战前的边界（巴伐利亚可能会成为一个独立的国家）。普鲁士将会失去莱茵兰，东普鲁士将划入波兰，苏联的立陶宛共和国将获得蒂尔西特和涅曼河以北的德国领土。如果法国不能在战争中发挥较大作用，英国可能会保留布伦和敦刻尔克作为基地，如果有必要的话，还会在比利时和荷兰驻军。苏联不反对英国在挪威和瑞典设立基地，但希望恢复1941年6月以前与芬兰和波罗的海国家的边界，与波兰的边界或许可以参考"寇松线"[19]，从罗马尼亚取得北布科维纳和比萨拉比亚，从芬兰获得贝柴摩（Petsamo）[20]。

在这个让欧洲变成一块砧板的计划中，有些许斯大林与波兰人对抗留下的阴影。斯大林不同意西科尔斯基将军法国"已经完蛋了"的观点，但他向西科尔斯基将军提出了一个不需要英国和美国调停的边界方案，"波兰军队一投入战斗"，这条线就会划定。斯大林与艾登的首次会谈是一般性讨论，第二次会谈开始时，斯大林突然从他的"口袋"中掏出草案，问艾登是否介意给英苏声明"增加一个小小的协议"，内容是战后重构的基本方针。迈斯基目瞪口呆，因为"会谈方向"突然变成了具体、正式的领土主张，尤其是苏联1941年国境线的重构。艾登指出，咨询伦敦之前，他无法签署这份"协议"，于是斯大林又开始变得"粗暴"。在12月17日—18日午夜举行的第三次会议上，斯大林和莫洛托夫转入攻势，提醒英国首相说，不解决苏联边境问题（尤其是将波罗的海国家完全纳入苏联），就无法达成任何协议。继续争执只会意味着陷入僵局，迈斯基完全不明所以，今后要展开大规模军事行动，广阔的地区需要收复，斯大林却选择在一个"没有实际意义"的问题上"以错误的方式与盟友产生摩擦"。无论如何，斯大林已经向艾登表达了他对战局的高度自信——一年打败德国，6个月打败日本，苏联无法立即加入后一场战争，但"形势到（1942年）春天时可能会有所变化"。

艾登已经解释过，现在日本在远东发动进攻，英国已经不可能再派地面或空中力量到东线（11月初，曾秘密计划派英国第18、第50师和8—10个皇家空军中队协防高加索，这个打算并未告知苏联方面）。不过，奈将军积极谋求着这样一个计划，英苏联合从海上突击贝柴摩〔也可能是希尔克内斯（Kirkenes）〕，早先已经讨论过这个计划，苏方现在也表示支持——"一些切实的东西"，英国若是接受，将"等同于履行军事协议"。至于苏联参加远东的战争，斯大林指出，替换撤往西面的苏联师需要约4个月，苏联远东军队到春季将齐装满员，届时可以再讨论这个议题。或许日本会通过对苏开战或采取一些具有敌意的举动来解决这个问题，否则也很难使苏联人民相信在东方作战有何益处。艾登明确暗示想要获得苏联在远东的潜艇，斯大林未予理会，他指出英美可以在6个月内建造出他们所需的所有潜艇，匆匆结束了话题。

斯大林用这种方式保持着他政治、军事战略的一致性。他先发制人地抛出"美日和平"，巧妙地将远东与英国"参加"他自己的作战联系起来，并抛出了领土要求，给它们贴上了"没商量"的标签。迈斯基或许认为这些与当前形势毫不相干，但他没有见到最高统帅部等待发给苏联前线指挥员的大批训令，他鼓起勇气问斯大林，11月的时候为何说德国人将在一年内被打败时，斯大林耸耸肩，说必须做点事情提振俄国人的士气——所以他做出了12个月的预测。就这样，斯大林走出了房间。这些话放在11月很可能是当真的，正如迈斯基对斯大林说的那样，苏联领导人"不会就没影的事废话"。斯大林向艾登解释说，苏联可以在两个月的时间里全速展开行动，之前他并未预料到德军正调入新的兵团（不久之后，斯塔福德·克里普斯爵士与西科尔斯基将军谈话时，激烈批评了英国外交部，因为他们未能于7月份同意苏方关于战后边界的"总方针"。虚弱的苏联会接受条件，但现在不会了，"有效协议"的缺乏实际上巩固了斯大林的立场：斯大林现在得胜，不会再让步了。至于苏波边界，斯塔福德·克里普斯爵士反对"更加不切实际的要求"）。

这些要求被正式提出。到头来，英国战时内阁被迫（于1942年年初）"向俄国人或美国人让步"时，他们选择了"满足俄国人"。外交基础得以稳固，军事攻击箭在弦上，环环相扣，斯大林显然有理由反驳他的波兰客人："我活得久，见得多了。"不过扮演军事角色时，斯大林将犯下严重错误，使得他的宏大战略严重脱节。

译注

[1]该城最早叫作博布里基（Bobriki），1933年改称"斯大林诺戈尔斯克"，1961年改称"新莫斯科夫斯克"，《苏联军事百科全书》的地图中标注是"斯大林诺戈尔斯克"。

[2]1942年1月，坦克第112师被重组为坦克第112旅。

[3]《苏联军事百科全书》中是上校。

[4]《苏联军事百科全书》中译作"博克曼"。

[5]原文Yahroma为Yakhroma的误写。

[6]原文Ryashk，疑为Ryazhsk。

[7]decision-map，《苏联军事百科全书》中译为"战役决心图"，这里为翻译作者引用部分时统一起见，译为"战役决心地图"。

[8]原文是Tikhivin，疑为Tikhvin的误写。

[9]原文是Zhadnov，应该是Zhdanov的误写。

[10]位于图拉州，1944年改为现名切卡林（Chekalin）。

[11]原文是Lotoschino，疑为Lotoshino的误写。

[12]原文是Shakovskaya，疑为Shakhovskaya的误写。

[13]原文为Yuknov，联系上下文可知，这里应为Yuhknov。

[14]原书只出现了5个。

[15]《苏联军事百科全书》中认为是2艘巡洋舰和3艘驱逐舰。

[16]《苏联军事百科全书》中为12月22日—24日。

[17]是一种劳动单位，应与后面的劳改营区分开。

[18]苏联船只通行博斯普鲁斯海峡的权力受到该条约的制约。

[19]寇松线（Curzon Line），英国外交大臣G.N.寇松向苏俄和波兰建议的停战分界线。1919年12月8日，协约国最高委员会在巴黎和会上决定重建波兰国家。以民族边界线作为波兰东部边界，这条线沿布格河划分波苏边界，在北部把比亚韦斯托克地区划入波兰版图。

[20]即今天俄罗斯摩尔曼斯克的佩琴加。

第八章
斯大林的首次战略攻势：
1942年1月—2月12日

　　1942年1月5日晚，最高统帅部召开了一次重要会议，议题是红军进攻战役的地域、形式和日程，以及如何将其转化为全面反攻，国防军现在头晕目眩、惊魂未定，对于东线和更长远的战事而言，此次反攻意义重大。这是一次最高统帅部召开的扩大会议，与会者包括国防委员会成员（主要是马林科夫和贝利亚）、总参谋部代表沙波什尼科夫元帅及其副手华西列夫斯基，以及苏联军事—经济工作的大脑、举足轻重的沃兹涅先斯基。会议由沙波什尼科夫正式拉开序幕，他提交了一份前线态势评估：最高统帅部计划转入全面反攻，主要目标是歼灭列宁格勒地区、莫斯科西面和南方的敌军。主攻将落在"中央"集团军群身上，西北方面军左翼、加里宁方面军、西方面军和布良斯克方面军将发起向心进攻，包围并歼灭勒热夫—维亚济马—斯摩棱斯克地区的德军主力，从而摧毁该集团军群。列宁格勒方面军、西北方面军右翼和波罗的海舰队将为列宁格勒解围，歼灭北方集团军群；西南方面军和南方面军将击败南方集团军群，解放顿巴斯，解救高加索方面军和克里米亚。斯大林用一句话概括："在莫斯科的战败让德国人正乱作一团，他们缺乏过冬的装备，这是转入全面进攻的最佳时机。"进攻计划的地域大得不切实际，倒也不是规模问题，唯一的问题是它与苏联当前掌握的资源完全不成比例。朱可夫将军发现这在战略上是本末倒置，最高统帅部并未专心歼灭"中央"集团军群，从而扩大西方面军的胜利，而是提议将反攻扩展到苏联各方面军。斯大林要求大家评论该计划时，朱可夫一针见血地指出：

> 我们必须继续西方向的进攻行动，那里的条件最为理想，（那里的）敌人尚未令他们的部队恢复作战效能，而且为了成功遂行进攻行动，有必要为我们的军队增派兵力、装备，组建预备队，尤其是坦克部队。得不到补充和加强，进攻就不可能胜利。至于我军在列宁格勒附近和西南方向上的进攻，必须指出，我军将遇到敌人顽强的防御。没有强大的炮兵支援，他们不可能突破敌人防线，他们将被粉碎，遭受不应有的重大损失。我主张加强西方面军，并在那里实施强有力的进攻。

朱可夫的观点立即得到沃兹涅先斯基的支持，后者强调现有物资不足以保障在各条战线同时进攻。斯大林不以为然，他宣称自己同铁木辛哥元帅商量过，后者主张进攻："我们必须尽快消灭德国人，使之无法在春季进攻。"马林科夫和贝利亚支持斯大林。沃兹涅先斯基的反对意见被一句话否决了——他总是提出那些必须克服的困难。斯大林问谁还想发言，无人应答，于是他宣布会议结束，事情就这么定了。朱可夫将军离开最高统帅部会议时，确信这个决定在会议召开前许久就做出了。实际上，斯大林召开这次最高统帅部会议或多或少是为了"激励"战士们。沙波什尼科夫元帅与朱可夫聊了两句，印证了这一猜想，他告诉朱可夫说，意见提了也是白提：训令不久前已经发给了各方面军司令，最高统帅部会议召开前很久，斯大林就已经决定立即展开进攻。沙波什尼科夫元帅的态度亦向朱可夫将军表明，这次总攻并非参谋部的意思。

最高统帅部会议的决议很快生效。不到48小时，朱可夫就收到了新的战役训令：

西方面军司令员
加里宁方面军司令员： 　　　　　　　　　　　1942年1月7日20时40分
　　最高统帅的最高统帅部命令，加强的西方面军和加里宁方面军意图在以下追击过程中，包围集结于莫扎伊斯克—格扎茨克[1]—维亚济马的敌军：

1. 加里宁方面军司令员分出一部用于歼灭勒热夫之敌，以一支方面军突击军团朝瑟乔夫卡—维亚济马总方向进攻，该军团由包含14—15个步兵师、骑兵军和大型坦克部队的两个集团军组成，进攻意在切断格扎斯克—斯摩棱斯克到维亚济马以西的铁路和公路，使敌军丧失主交通线。在后续追击行动中与西方面军所部包围，尔后俘虏或歼灭莫扎伊斯克—格扎斯克集结之敌。

2. 不要等待骑兵军到达、整个突击群在勒热夫地区集结完毕，以第39集团军现有部队作为突击群的基干，向瑟乔夫卡—维亚济马方向全速发展攻势，用剩余的军队在主突击群后方组建第二梯队，预计用于瑟乔夫卡地区，并于1942年1月12日日终前占领瑟乔夫卡。

3. 西方面军司令员在1月11日日终前歼灭尤赫诺夫—莫萨利斯克[2]集结之敌，以别洛夫集群和第50集团军组成的突击群向维亚济马发动主攻，从而配合加里宁方面军突击群，包围集结在莫扎伊斯克—格扎斯克—维亚济马的敌军。

4. 同时，第20集团军突破敌军战线，进攻沙霍夫斯卡亚（Shakhov-skaya）—格扎斯克，该集团军一部转入洛托西诺敌军集群后方，与加里宁方面军的第30集团军一起将其包围、歼灭。

5. 收到请回复。

最高统帅部大本营

No.151141

J. 斯大林

A. 华西列夫斯基

和朱可夫一样，其他方面军司令员面前也放着一份新鲜出炉、过分膨胀的计划。

1942年1月的第一个星期就这样结束了，斯大林下达明确指令，并毫不妥协地坚持不等突击兵团集结完毕，立即继续攻势，作为响应，红军转入了总攻。红军同时与3个德国集团军群（北方、中央和南方）交战，后者12月下旬以来在希特勒的命令下"寸步不让"，实施"狂热的抵抗"，"不惜一切代价"坚守先前夺得的地盘。随着希特勒无情地给撤退踩刹车，德军各兵团和部队战栗着停下，坚守着往往没有任何纵深的"前线"，那里冻得硬邦邦的地面用炸药炸开才能构筑基本防御阵地，几已损失殆尽、不到100人的营蜷伏在阵地上，周边矗立着仅剩两门火炮的炮兵连。气温降至-20℃以下，在低至-30℃——40℃的严寒中，这些衣衫褴褛、绝望的守军倍受折磨。降雪量格外大，抹去了道路的踪迹，堆积成齐胸高的冰墙。红军战士竭力在路上转移食物和弹药，这两种物资极其匮乏。西方面军尚有1天的食物补给，没有燃料储备，西方面军和加里宁方面军几个集团军的炮兵团、反坦克炮兵团一发弹药也没有了。叶廖缅科的突击群已经耗尽了不甚充足的食物供给，方面军司令部"解放了"叶廖缅科精心储藏的预备物资来供给其他师饥肠辘辘的步兵，尽管叶廖缅科希望攒够充足的食物，让他的人在进攻首日的晚上吃到饭。

斯大林的全盘构想囊括列宁格勒方面军、沃尔霍夫方面军和西北方面军的右翼军团，他们将在波罗的海舰队的配合下打击北方集团军群的主力，打破对列宁格勒的封锁，加里宁方面军和西方面军（联合南北两面的西北方面军和布良斯克方面军）将包围并歼灭中央集团军群，与此同时，南方面军和西南方面军将歼灭南方集团军群，解放顿巴斯。高加索方面军（克里米亚方面军）将在黑海舰队的配合下夺回克里米亚。铁木辛哥西南方面军的第40和第21集团军已经向库尔斯克和奥博扬展开进攻。梅列茨科夫被迫加速准备沃尔霍夫方面军的攻势，最高统帅部12月24日已经正式下达训令，梅赫利斯现在也北上来即刻促成此事，尽管第59集团军和突击第2集团军的第一梯队只有一个师抵达（虽然总参谋部保证说它们将于12月25日日终前抵达）。梅列茨科夫设法拖到了1月7日，但就算那时，突击第2和第59集团军也只来了半数。梅列茨科夫开始着急了，因为他的火炮没有瞄准具，弹药和食物也仅有四分之一，于是沃罗诺夫上将带着火炮瞄准具、野战电话和弹药从莫斯科赶来。首轮进攻依照最高统帅部的命令准时发起，但未能成功。梅列茨科夫需要更多时间，他通过电报说服了斯大林和华西列夫斯基推迟攻势：

我是斯大林，华西列夫斯基也在。从所有材料来看，你们在11日前没有做好进攻准备。如果是这样，有必要过一两天再开始进攻和突破敌军防御。有一句俄罗斯谚语：太过匆忙只会让人嘲笑。这就是你的情况，你赶着发动攻势，没有做好准备，现在人们在笑你呢。

梅列茨科夫笑不出来，这是一项严厉的指责，但麻烦还不止这一个。梅赫利斯从里到外一副"能人"之相，令局面雪上加霜，他的干涉没法改变突击第2和第59集团军装备不足、训练不足的事实。突击第2集团军司令员索科洛夫中将以前是内务人民委员部的副人民委员，他完全不能胜任职务。在1月6日的军事委员会会议上，索科洛夫莽撞而"自信"，完全不知道他的部队在哪里，也不知道他们要干什么。梅列茨科夫不得不请求斯大林换掉他。1月10日，索科洛夫被召回莫斯科，突击第2集团军被转交给第52集团军司令员克雷科夫中将。

梅列茨科夫恳求斯大林给予更多时间时，西北方面军、加里宁方面军、西方面军和布良斯克方面军司令员正在依据斯大林1月7日的总训令最后润色他们的计划。该训令正式提出了这样一个计划：由加里宁方面军和西方面军从北面、南面和东面冲向维亚济马，与此同时，西北方面军左翼将攻往西南方，切断德军向西的逃跑路线。斯大林的训令规定：

> 加里宁方面军以其一部歼灭勒热夫之敌，夺取勒热夫。此外，加里宁方面军还将以两个集团军、一个骑兵军和一大股坦克力量在瑟乔夫卡—维亚济马方向遂行攻势，在维亚济马以西切断明斯克—莫斯科公路和铁路线，割断敌军的关键交通线。

> 西方面军将于1月11日结束前歼灭尤赫诺夫和莫萨利斯克地区的德国法西斯军队，而后第50集团军和近卫第1骑兵军在维亚济马方向遂行突击，配合加里宁方面军的军团包围莫扎伊斯克—格扎茨克—维亚济马之敌。第20集团军将以其主力突破敌军在沃尔科拉姆斯克地区的防御，在沙霍夫斯卡亚（Shakhovskaya）—格扎茨克方向遂行一场割裂攻势，并以部分兵力突入敌洛托西诺集群后方，以便配合加里宁方面军第30集团军包围并歼灭该部。

西北方面军在左翼组建一个突击群，用于托罗佩茨—韦利日—鲁德尼亚（Rudniya）方向的进攻。

布良斯克方面军向奥缪尔方向发展攻势，从西北方包抄博尔霍夫，歼灭别廖夫以南的敌军，从南面掩护西方面军的进攻军队。

在上述要求范围内，三位方面军司令员制定了他们的战役计划，他们可自行定夺的部分也容易遭到斯大林的反对或改动。

科涅夫的方面军训令（1月8日）命令，第39集团军突破德军位于勒热夫以西的防御后，进攻将在瑟乔夫卡—维亚济马方向展开（具体任务是1月11日日终前抵达瑟乔夫卡），并配合第30集团军歼灭瑟乔夫卡城内的德军。戈林的骑兵第11军负责扩大维亚济马方向的战果，该军将从第39集团军制造的缺口中喷涌而出。与此同时，第22集团军将在涅利多沃（Nelidove）地区切断勒热夫—大卢基铁路线，前出至别雷，借以从西面掩护加里宁方面军。朱可夫1月6日和8日的两道训令为其右翼、中央和左翼军团分派了目标：右翼（突击第1集团军、第20和第16集团军）将从沃尔科拉姆斯克攻往格扎斯克（从而配合科涅夫左翼的行动），中央各军团（第5和第33集团军）将从南面包抄莫扎伊斯克，左翼（第43、第49、第50集团军和别洛夫的军）处理完孔多罗夫（Kondorov）—尤赫诺夫—梅登地区的敌军后，将攻往西北方的维亚济马，以包围莫扎伊斯克—格扎斯克—维亚济马之敌（科涅夫同样会予以配合）。第10集团军将从西面和西南面掩护以上行动，弗拉索夫的第20集团军将在沃尔科拉姆斯克—格扎斯克攻势中担当主攻，别洛夫的50集团军主要负责冲向尤赫诺夫—维亚济马。西北方面军的库罗奇金将军于1月2日发布训令（他早先已经收到了最高统帅部的特别命令）：库罗奇金左翼的突击第3和第4集团军将夺取奥斯塔什科夫和托罗佩茨，配合科涅夫肃清奥斯塔什科夫和勒热夫集群，阻止德军利用预有准备的防线，切入斯摩棱斯克以西德军的侧翼和后方。这些行动的成败和"中央"集团军群的存亡取决于维亚济马，所以西北方面军的攻势指向维亚济马以西80多英里处，只有加里宁方面军和西方面军迅速消灭德军的维亚济马集群，此次战役才有可能成功。苏联攻势将于1月7日—10日（甚至更晚）分阶段展开：加里宁方面军1月7日—8日向勒热夫—大卢基铁路线以南的蒙恰洛沃（Monchalovo）车站一带展开行动；西北方面军将于1月9日进攻；朱可夫的右翼是1月10日，他的中央和左翼几天后开始行动。

为展开雷霆一击，斯大林向方面军和集团军军事委员会下发了一系列指令，其中战术指令基于20世纪30年代军事思想的复苏（以及对近期作战行动中问题的分析）：苏联炮兵首次听到了"炮兵进攻"；至于步兵，斯大林要求组建更多"突击群"（尽管高速进攻使得方面军司令员没有足够时间来重组，组建这些"突击"部队）。甚至于"突击群"也因为缺乏装备而被解散，去加强其他军团。虚弱的军团甚至被迫拆开使用，比如博尔金的第50集团军作为"突击群"，与别洛夫军、第49和第43集团军共同行动。此外，突破集群损失惊人，但没有类似第二梯队的单位可以接替。斯大林并未在意这些：他在1月10日发给所有指挥员的指令中清楚地表明了自己的立场，他们现在必须"不间断地向西追逐（德军），迫使他们春天来临时用尽预备队，德军预备队行将耗尽时，我们会投入大量新锐预备队，如此一来，我们将在1942年彻底消灭希特勒的军队"。

斯大林也在进攻前夜和最初的几天里不断激励苏联指挥员：指挥结构未发生较大变动，斯大林满足于以他自己的方式安排指挥和任命指挥员。斯大林跟叶廖缅科上将说要将他派到突击第4集团军（后者在布良斯克方面军中弹后发现自己躺在了医院里，这是他出院后的第一个指挥职务）时间道："你是不是生气了？"叶廖缅科回答说不是。斯大林之所以这样问，是因为他将叶廖缅科派到了库罗奇金麾下，斯大林向叶廖缅科讲述了自己的经历，他曾两次作为人民委员被指派给（托洛茨基内战时期的副手）斯克良斯基。这并不是说斯大林将方面军指挥的组织工作看作是很严肃的事，必要时他也仅是通过专线或电话联系他想要建议或申斥的军团指挥员，亲自指导对德军向西的追击。斯大林向指挥层施加的怒火有两方面影响：要么迫使后者做出决定，要么扰乱已经做出的决定。斯大林有许多消息来源——直接询问、总参谋部联络官的报告、方面军司令部的报告或像梅赫利斯和布尔加宁这样的"能人"，他们是军事生活的祸水。但斯大林从未视察过前线（尽管编织了许多这样的故事），因此被传唤的指挥员也要面对他的"侍从"（据海军上将库兹涅佐夫说，这些人建议军官们"不要惹麻烦"），斯大林被真相——德军抵抗顽强、苏联各军团损失惨重、前线过度伸展、多重目标恐难实现——说服的机会在决策层中销声匿迹。德军在杰米扬斯克、勒热夫和苏希尼奇的抵抗犹如磐石，屹立在海水般的苏联人中间，要克服这些抵抗，前线需要的不只是从斯大林口中射出的霰弹。

现在，近1000英里长的冰封战线上，红军要么正遂行大规模攻势，要么即将开始这样做。1月1日，铁木辛哥元帅的西南方面军已经以第40集团军和第21集团军转入进攻，来夺取库尔斯克和奥博扬。这场攻势的开始阶段演变成70天残酷且不间断的战斗，铁木辛哥试图突入哈尔科夫和第聂伯罗彼得罗夫斯克周边的防线，给南方集团军群带来大麻烦。1月7日，铁木辛哥命令马斯洛夫的第38集团军加入进攻别尔哥罗德的战斗。当时马斯洛夫拖拖拉拉，完全丧失了突然性带来的优势。两天以后，布良斯克方面军第61集团军（第3和第13集团军3天后也加入进来）恢复了对博尔霍夫—奥缪尔—克罗梅（Kroma）一线的攻势。同样是在1月7日，正"被动"坚守伊尔门湖与谢利格尔湖之间狭窄区域的库罗奇金中将西北方面军展开攻势，右翼的莫罗佐夫第11集团军转入进攻，虽然没有炮火准备，但装甲步兵雪橇车、重型坦克和滑雪队组成的可怕风暴还是席卷了旧鲁萨的德军关键补给站。莫罗佐夫将粉碎德国第16集团军侧翼，而后转向西北方，配合沃尔霍夫方面军各集团军冲入德国第18集团军，从而消灭北方集团军群，该集团军群还将受到诺夫哥罗德战役集群、沃尔霍夫方面军、列宁格勒方面军和"滨海集群"（被钉在奥拉宁鲍姆桥头堡的第8集团军）的攻击。费久宁斯基的第54集团军在拉多加湖和伊尔门湖之间展开进攻，沃尔霍夫方面军的梅列茨科夫试图在17日遂行进攻，但未能如愿。莫罗佐夫在旧鲁萨遭遇德国第18摩步师的顽强抵抗，该师在12月季赫温之战后便被带到此处休整，尽管第11集团军的滑雪营呈扇形展开，切断了这个古老、残破的城市与外界的联系，但西面还有一条半英里的"走廊"，莫罗佐夫则试图从东面冲入城内。

库罗奇金的另一场大规模进攻指向西南方，攻势顺利展开，1月9日4时—10时30分，普尔卡耶夫突击第3集团军和叶廖缅科突击第4集团军的10个师和12个步兵旅穿过谢利格尔湖的冰面。普尔卡耶夫的进攻得到别尔扎林左翼兵团2个团的支援。这些突击部队只有一点面包皮，仅在进攻首日晚能得到面包。在叶廖缅科的训练下，他们对这种磨难并不陌生：叶廖缅科及其麾下各师曾在雪林中待了4天，不生火，也没有食物，温度降至-40℃，同时还要演练训练计划上的所有科目。夺取托罗佩茨的德军大型仓库后，队伍可以吃上饭，但他们要先打进去才行。

叶廖缅科计划沿佩诺（Peno）—安德烈亚波尔—托罗佩茨一线直接冲入（北方集团军群）第16、（中央集团军群）第9两个德国集团军的结合部，两个师组成"拳头"，两翼各有一个师掩护；叶廖缅科与左邻第22集团军的结合部则由一个步兵旅掩护。两个小时的炮火准备和少量拉格-3战斗机的"表演"结束后，叶廖缅科的突击群在齐胸深的积雪中向前迅猛推进，穿过冰雪，直接杀入德军机枪掩护下的佩诺。费格莱茵的党卫军骑兵无力招架，佩诺到手，叶廖缅科在德军战线上打出了第一个洞。

普尔卡耶夫的突击第3集团军起初进展甚微，受到了库罗奇金的批评（给叶廖缅科的指令也被修订，这激起了叶廖缅科对库罗奇金的不满。在叶廖缅科看来，库罗奇金要么是没有理解这场战役的规模，要么是在存心削弱他们）。普尔卡耶夫先是欲取霍尔姆，但在德军的防御面前受挫。为支援突击第3集团军，叶廖缅科奉命展开一个次要行动（他声称这干扰了他的主要任务），但没过几天，两个集团军都开始滚滚向前，一星期后这又导致了一个新问题：随着普尔卡耶夫接近霍尔姆，叶廖缅科穿过安德烈亚波尔到托罗佩茨以北、西德维纳和涅利多沃，突击第3和第4集团军之间的缺口越来越大。1月16日，从三个方向发起进攻后，安德烈亚波尔被攻克，塔拉索夫少将出色的步兵第249师一路搜罗德军仓库，4天后席卷托罗佩茨，那里的德军仓库更大，里面的6辆坦克、数百件步兵武器、723辆卡车、450000发炮弹、数百万发子弹、1000桶燃料和40堆食物落入叶廖缅科饥肠辘辘的官兵手中。

叶廖缅科担心他的攻势时，库罗奇金在担心他的方面军。库罗奇金用近卫步兵第1军和第2军充实第11集团军，投入旧鲁萨的激战中——这既是为了让方面军钉住旧鲁萨和霍尔姆，将杰米扬斯克的德军困在一个满是沼泽和森林的口袋里，也是为了切断这个口袋通往旧鲁萨的道路。通过由旧鲁萨向南、由霍尔姆向北突击，完成对杰米扬斯克之敌（德国第2军）的包围，别尔扎林的第34集团军也将从南面压上来。第16集团军第2军的6个德国师（近100000人）被钉在瓦尔代高地，这个包围圈成为东线持续时间最长的包围圈。在库罗奇金将军朝两个方向发展的攻势开始前，杰米扬斯克的问题就困扰着他，现在担忧变成了现实，虽然他还是想先取得一次胜利。1月17日，库罗奇金给斯大林送去一份手写的报告，分析了十天来的作战结果：他建议以1个步兵师或两个步兵旅增援第11集团军，然后将其从旧鲁萨调往霍尔姆，解决杰米扬斯克口袋，而近卫步兵第1和第2军应该向西进攻，两个行动都将分为两个阶段进行，鉴于德国第16集团军受到"士气崩溃的困扰，一支没有弹药和食物的军队，其坚定性会化为乌有"，预计该集团军会迅速崩溃。最高统帅部采纳了库罗奇金计划的主要部分来解决杰米扬斯克集群，切断他们与北方的联系，但西北方面军的基本任务被规定为将第11集团军调往索利齐，进入诺夫哥罗德的德军后方，而近卫第1和第2军转向普斯科夫，切断"列宁格勒—沃尔霍夫聚集之敌"的交通线。这一计划将付诸行动，但并非像库罗奇金建议的那样分为两个阶段，而是同步展开，然而德军顽强据守着旧鲁萨、杰米扬斯克和霍尔姆，普尔卡耶夫也未能进入大卢基。现在，数个苏联集团军开始向杰米扬斯克口袋施压，德军虽被包围，但没有覆灭，由白色涂装、较为笨重的Ju-52空运补给，"容克大婶"穿过苏联高射炮火带卸下食物和弹药。霍尔姆最终也被包围，其西侧成立了一个约5000人的"舍雷尔集群"，坚守着第16集团军后方的屏障，同样依靠空投补给度日。与此同时，叶廖缅科的突击第4集团军以塔拉索夫的西伯利亚人为先锋，竭力穿过积雪和严寒赶往托罗佩茨。合围攻势成功时，德军大卢基至勒热夫一线将裂开60英里宽的缺口，叶廖缅科可以通过"维捷布斯克缺口"，扑向中央集团军群后方。普尔卡耶夫突击第3集团军的部分兵力仍被钉在霍尔姆附近，苏联军队已经突入该城东部郊区，该集团军余部攻往大卢基，先头部队切断了霍尔姆—托罗佩茨公路。

1月19日—22日，斯大林做出了根本性的、影响深远的决定，这些决定全都是为了强化他的意图，包括歼灭（北方和中央）两个德国集团军群。库罗奇金知道前往西北和前去对付杰米扬斯克口袋需要同步进行多项调动，但不知道怎么做才好。1月19日，斯大林的新安排帮他解决了这个问题：库罗奇金失去了突击第3和第4集团军，两者被划给科涅夫的加里宁方面军，突击第1集团军从朱可夫的方面军调入旧鲁萨（2月6日前在这座燃烧的城市东面进行戒备）。除突击第1集团军，库罗奇金还将接收2个步兵师和2个步兵旅，部署在旧鲁萨以东，虽然这些兵团并非直属于库罗奇金，但交由突击第3集团军司令员控制。4个师和旅将从旧鲁萨攻往霍尔姆，从而切断杰米扬斯克德军的退路，而歼灭德国第2军的任务交由第34集团军的新锐兵团完成。一旦拿下霍尔姆，这些师将与突击第3集团军主力取得联系。因此，消灭杰米扬斯克口袋将由两个方面军分两个阶段来完成。

帕维尔·阿列克谢耶维奇·库罗奇金是一名非常职业的军人，曾在欧洲和远东服役，他坚持己见，就剥夺突击第3集团军一事与斯大林和沙波什尼科夫发生争执。斯大林实际上截掉了库罗奇金的左翼。在无线电上沟通时，斯大林拒绝了库罗奇金统一"杰米扬斯克战役"指挥的请求。库罗奇金的计划被部分采纳，但用于此次战役的军队明显不足。1月24日，库罗奇金再次与斯大林商讨战役优先权的问题——将西北方面军各集团军西调，系紧杰米扬斯克口袋。最高统帅部为该计划搞出了一套新版本，其中表达了这样的观点：杰米扬斯克的守军将在"相对较短的时间内"被分割歼灭。这并非乐观主义的唯一表现。最高统帅部1月19日21时15分下达的训令包含斯大林将两个突击集团军移交给科涅夫的命令，斯大林还在训令中亲自为各集团军分配目标，显然，他不仅想要拿下勒热夫，还想夺取斯摩棱斯克：

（a）第39集团军和（加里宁方面军）第11骑兵军"决定性地"攻往维亚济马以西的谢米列沃（Semlevo），1月21日日终前配合从莫萨利斯克发起进攻的西方面军封闭包围圈，歼灭格扎斯克—维亚济马的德军；

（b）1月21日日终前，以（加里宁方面军）第29和第31集团军夺取勒热夫和祖布佐夫；

（c）突击第3集团军从霍尔姆攻往大卢基，从那里转向维捷布斯克、奥尔沙，从西面切断斯摩棱斯克，确保夺取该城（斯摩棱斯克）。

该计划在人员装备极度匮乏的时候，将正在缩减的人力抽到仍在扩张的包围圈上，加里宁方面军扩充后的战略目标包括勒热夫、瑟乔夫卡、维亚济马、托罗佩茨、鲁德尼亚和斯摩棱斯克。叶廖缅科已经在缺少1000名军官、20000名士官和战士（以及2000匹马）的情况下展开进攻，3个星期前他那些师有8000人，现在只剩不到2000人了；科涅夫上将的方面军过没多久便只剩下35辆坦克，各师兵力降至3000人，炮兵团仅剩12门火炮——这都是为了完成斯大林分配的艰巨战略任务。

勒热夫是另一座防波堤，苏联的攻势向其发起徒劳的冲击，在伏尔加河曲部引发了一场旷日持久、代价高昂的战斗。几个苏联师在勒热夫以西打开了一个9英里的口子，步兵、装甲和雪橇纵队由此向南进发；科涅夫加里宁方面军的第39集团军转向勒热夫西面，这里已经落入第29集团军手中。1月11日，第11骑兵军穿过第39集团军撕开的缺口，向南冲往维亚济马以西的高速公路时，最高统帅部命令科涅夫用第39集团军的2—3个步兵师和整个第29集团军，在11日夺取勒热夫——"无论如何也不能晚于12日"。勒热夫犹如科涅夫进攻军队侧翼上的短剑，必须不惜一切代价尽快予以清除。南面瑟乔夫卡的苏联部队已经突入了火车站，那里是德军大型仓库的所在地。科涅夫已经命令第39集团军转向瑟乔夫卡，同时从西面进攻勒热夫；第29集团军可以从行进间发起快速突击，夺取勒热夫。作为应急部队投入的德军必须守住维亚济马—瑟乔夫卡—勒热夫铁路线，该线若被完全切断，德国第9集团军就等于被判了死刑。勒热夫和瑟乔夫卡都进行了奋力抵抗，面对勒热夫这把短剑，科涅夫不得不将第39集团军侧翼的第11骑兵军留下一星期，直到把那里肃清。戈林的第11骑兵军奉命向南前往维亚济马，与别洛夫从西南方冲来的骑兵会合，但该军很难说是一支强大的力量，所辖的4个师（骑兵第18、第24、第82师和近卫摩托化第2师）总计不到6000人、5000匹马，外加两门122毫米榴弹炮、47门野战炮、35门迫击炮和27具反坦克武器。戈林暂停进军时，第29集团军试图完成夺取勒热夫的任务，但第39和第29集团军均未能突入该城，到1月的第二个周末，第29集团军需要后撤重组，下辖各团残破不整，仅剩50—100人。1月17日，由于勒热夫—瑟乔夫卡仍未被突破，科涅夫向他的集团军司令员下达了一套新命令：

第22集团军：掩护右翼

第29集团军：以一个突击群夺取勒热夫，在该城以北转入进攻

第39集团军：继续进攻维亚济马，掩护瑟乔夫卡和奥苏加（Osuga）的阵地

第11骑兵军：攻往（维亚济马以西的）谢米列沃

第31集团军：以其左翼攻往祖布佐夫

第30集团军：在波戈列洛耶—戈罗季谢（Pogoreloe-Gorodishche）/ 瑟乔夫卡总方向发动进攻

这时，斯大林将突击第3和第4集团军调给了科涅夫，科涅夫又据此向他扩充的方面军发布了一套新命令：

突击第3集团军：攻往大卢基

突击第4集团军：攻往韦利日

第22集团军：掩护第39和第29集团军侧翼和后方，夺取别雷

第39集团军：歼灭瑟乔夫卡和奥苏加之敌，防止他们向西北或西方突围

第29集团军：夺取勒热夫

第31集团军：在祖布佐夫方向遂行进攻

就在斯大林重新布置军队、科涅夫重新分配目标时，第9集团军新任指挥官、装甲兵上将莫尔德决定发起反击，将勒热夫这把刀插入进攻中的苏联军团。1月22日10时，在俯冲轰炸机和坦克的支援下，德国第6军的两个团在勒热夫以西转入进攻，与此同时，被切断在奥列尼诺的第23军也杀出了苏联包围圈。1月23日12时45分，两个德国军再次取得联系，这条"走廊"将加里宁方面军一分为二，一部分（第22、第30、第31和第29集团军一部）在伏尔加河北岸，勒热夫北部接近地附近，另一部分（第39、第29集团军和第11骑兵军主力）在勒热夫西方和西南方，切尔利诺（Certolino）与瑟乔夫卡之间。

与此同时，科涅夫命令第30和第29集团军清除这条"走廊"。1月22日，第39集团军试图夺取奥苏加和瑟乔夫卡，但铁路站场和火车站正在激战，铁路仍在德国人手中。1月20日之后，戈林的骑兵再次南进，6天后触及了高速公路，但实力太弱，不足以克服维亚济马的德国守军，于是戈林转向中央集团军群这块重要防御基石的西北面。叶廖缅科的突击第4集团军前往韦利日和鲁德尼亚，冲入了从法国赶来、正匆忙集结的德军各师中间，但部队指挥员停下来与独立的德军据点展开激战，从而放慢了脚步。争夺克列斯季（Kresty）的战斗中有1000名德军阵亡，但叶廖缅科的部队也损失殆尽。随着第3装甲集团军进入战场，分担了第9和第16集团军之间的压力，苏联合围外侧进攻的势头在

缓慢但无可避免地衰退。突击第3集团军也同样受到损耗，在大卢基面前停了下来；突击第4集团军两翼暴露，与右侧友军相距50英里，与左侧友军相距近60英里。1月27日，叶廖缅科就突击第4集团军的弹药和燃料状况向科涅夫提交了专门报告。该报告也描述了通信设备的短缺，随着各兵团呈扇形大范围展开，这个问题现在已经非常严重。将友邻集团军带上来的尝试失败了，侧翼暴露，由于缺少空中侦察，苏联人对维捷布斯克—鲁德尼亚—斯摩棱斯克的德军兵力与部署所知甚少。塔拉索夫的步兵第249师从苏拉日前往维捷布斯克，但与德军新锐部队迎头相撞；步兵第360师正在进攻韦利日，攻入了该城西北部；第332步兵师包围了杰米多夫[3]，但由于炮弹告罄而无法进攻。友邻军队帮不上忙，事实上，突击第3集团军在霍尔姆和大卢基鏖战、第22集团军试图从强大的德军手中夺取别雷时，叶廖缅科还不得不去帮助他们，为掩护侧翼，确保交通线，叶廖缅科用步兵第334师掩护涅利多沃和伊利诺（Ilino）。两个步兵师（步兵第155和第158师）原本要去增援突击第4集团军，但中途被转交给了沃斯特鲁霍夫的第22集团军。

由于弹药短缺、燃料和食物储备不足、缺乏指挥员和训练有素的战士，突击第4集团军从一开始就是在做无法完成的事。塔拉索夫步兵第249师（后来的近卫步兵第16师）承担的任务已经与苏联许多集团军无异。叶廖缅科微不足道的坦克力量（两个营，坦克第141营有4辆KV、6辆T-34和20辆T-60，坦克第117营有12辆MK-2、9辆MK-3和10辆T-60）只能跑跑龙套，但叶廖缅科从托罗佩茨的仓库中为他的师弄到了挎斗式摩托车，提升了联络官的运动速度，还用缴获的装备组装了无线电台。军官们用轻型飞机将命令持续送往行军队列中的先头部队。尽管采取了这些积极主动的措施，指挥得当，突击第4集团军还是未能避免不断的伤亡和严重的战斗疲劳。巨大的外钳悬在空中，指着韦利日—苏拉日—杰米多夫的第9集团军，但未能咬得更深，无法对关键的内圈合围战造成决定性影响，那场战斗已经在勒热夫陷入了大麻烦，现在，莫德尔准备攻击那里的第39和第29集团军，一个危险、回转的德军包围圈将困住它们。

朱可夫的西方面军被牵制在持续的战斗中，该方面以三个主要攻势，分三部分加入对中央集团军群的包围：右翼将突破沃尔科拉姆斯克以西的德军临时防线，冲向沙霍夫斯卡，配合加里宁方面军第39和第29集团军歼灭德国第9集团军和第3装甲集团军，弗拉索夫的第20集团军得到了担当主攻矛头的荣誉；中央的各集团军将夺取莫扎伊斯克、格扎斯克、博罗夫斯克和韦里亚（Veriya），然后直扑维亚济马；左翼将在卡卢加与韦列夫（Velev）之间撕开大口子，夺取米亚特列沃（Myatlevo）、孔德罗沃（Kondrovo）和尤赫诺夫，沿公路粉碎德军位于尤赫诺夫西南的防御，而后与朱可夫中部的各集团军和加里宁方面军骑兵第11军攻往维亚济马。包围勒热夫—维亚济马之敌后，红军将死死攥住德国第9和第4野战集团军、第3和第4装甲集团军。科涅夫的第39和第29集团军攻往勒热夫和瑟乔夫卡，但并未真正插入这些长满尖刺的"刺猬"，朱可夫以其右翼遂行攻势，弗拉索夫打头，他的第一梯队由5个步兵旅、2个步兵师和3个坦克旅组成，他的"突破梯队"编入了近卫第2骑兵军〔多瓦托尔牺牲后现由波利耶夫（Pliev）少将指挥〕的3个师、1个坦克旅和5个滑雪营。进攻将得到6个炮兵团和2个"喀秋莎"火箭炮营的支援。

8时整，弗拉索夫的大炮开火了，10时30分，步兵在坦克的支援下对德国第35步兵师展开进攻。弗拉索夫左邻的突击第1集团军也展开攻势。弗拉索夫洞穿德军防御后，朱可夫才允许他投入快速兵团——近卫骑兵第2军，否则骑兵们将劳而无功，只会在突破战斗中被撕成碎片。朱可夫的右翼必须一点点克服德军坚定的防御，罗科索夫斯基的第16集团军现在也加入了推倒德军壁垒的尝试中来。与此同时，戈沃罗夫的第5集团军向莫扎伊斯克推进，那里的德军部队两面受敌。这时，第4装甲集团军开始向格扎斯克一线后撤，因此，朱可夫将弗拉索夫的推进方向略向南调，令其前往谢列达（Sereda）和格扎斯克。到1月中旬，苏联各师在激战中损耗严重，但最高统帅部又调给朱可夫步兵第344和第385两个师，这位方面军司令员决定将他们部署至左翼，确信自己可以在右翼的攻势中保持必要的压力。斯大林1月19日的决定粗暴地粉碎了这种信心，朱可夫的突击第1集团军被划给了西北方面军。斯大林不仅摘掉了库罗奇金的左翼，同时还瘫痪了朱可夫的右翼，那里的"突击力量"突然像被针戳破的气球一样瓦解了。库罗奇金眼下正设法整顿他左翼的残部，他已经与斯大林争论过一番；朱可夫没有这样做，尽管他也试图让总参谋部的沙波什尼科夫和华西列夫斯基相信这是一个错误的决定，只有将右翼的军队集中在正确的地点，才能大败中央集团军群。斯大林确信中央集团军群现在已经"奄奄一息"，无法有效地自卫，很快就会和杰米扬斯克的那几个师一样被肃清。这与弗拉索夫在突击第1集团军和第16集团军支援下遂行的攻势能否取得决定性战果有关；朱可夫右翼各集团军已经冲入"元首线"，虽然这条从卡拉曼诺沃（Karamanovo）延伸到瑟乔夫卡的线只有25英里长，分隔开了内包围圈的几个尖角，但加里宁方面军和西方面军的协同作战开始衰退。第39和第20集团军均无计可施。

现在，就在朱可夫担心右翼的停顿、中央的薄弱、左翼的危机，以及西方面军与布良斯克方面军之间50英里宽的缺口（这个口子使得朱可夫面向南方的侧翼和后方缺乏掩护）时，还有一个打击等着他——斯大林正决定将罗科索夫斯基撤出朱可夫的战线。在一次夜间会议上，罗科索夫斯基、弗拉索夫和戈沃罗夫齐聚朱可夫位于阿库洛夫的司令部领受新任务，索科洛夫斯基简单回顾了攻势第二天早上的进展。戈沃罗夫的第5集团军、别洛夫的第50集团军和叶夫列莫夫的第33集团军进展顺利；叶夫列莫夫赢得了一致的赞扬，因为他将自己的莫斯科民兵锻造成了一支能征善战、纪律严明的战斗力量。索科洛夫斯基之前就认识第49集团军的扎哈尔金，真正能干的是其参谋长格里申上校，索科洛夫斯基认为他是这里最出色的参谋军官。罗科索夫斯基并不赞成，他提出自己的参谋长马利宁才是最出色的，后者为维持第16集团军的运转做了很多工作。朱可夫进来时，罗科索夫斯基得知他被派往左翼的苏希尼奇，那里的德军"很弱，有几个从法国拉过来的师"，正漫无目的地四处乱转。罗科索夫斯基将信将疑，他亲眼见到过德军部队死守他们大大小小的"刺猬阵地"。事实上，罗科索夫斯基猜得没错，他即将接到的是一个很棘手的任务。罗科索夫斯基还将与戈利科夫瓜分第10集团军，两人各得一半。与勒热夫、旧鲁萨一样，苏希尼奇已经成为一块"石头"，苏联的攻势碾过去又退回来，破碎的战线得以在此织补，从而避免了灭顶之灾。旧鲁萨已经迫使斯大林从其他战线搜寻援兵，苏希尼奇也需要采取同样的措施，这两个决定都是对朱可夫右翼的当头一棒。

迄今为止，朱可夫的中央各部仍在设法阻止德军预备队向两翼移动，此举行之有效，但代价高昂。朱可夫的右翼沿沃尔科拉姆斯克—格扎斯克方向进攻时，他的中央直取维亚济马。第5集团军（步兵第19、第32、第50、第108、第144、第329和第336师，摩托化步兵第82师，独立步兵第37、第43、第60

旅，坦克第20旅）司令员戈沃罗夫不苟言笑但能力出众，他奉命于1月16日结束前夺取莫扎伊斯克。1月中旬，他的军队向莫扎伊斯克滚滚而去，1月20日夺取莫扎伊斯克，戈沃罗夫的部队沿公路推进，进展已深约45英里，而弗拉索夫的第20集团军由于兵力不足被挡了回去。不过，戈沃罗夫的攻势现在也偃旗息鼓了，他的步兵师兵力降至2500人以下，第5集团军无法再突入德军防御阵地。1月下旬，第5集团军耗尽了力气。叶夫列莫夫第33集团军的7个步兵师（步兵第93、第110、第113、第160、第201、第222、第338师）和近卫摩托化第1师开始冲击，其任务是从南面包抄莫扎伊斯克，1月15日结束前夺取韦里亚。为加快进展，叶夫列莫夫分出力量进攻韦里亚，两个师从南面进攻，两个师从东面进攻。韦里亚于1月19日攻下，这时，朱可夫很清楚戈沃罗夫已经帮不上忙了，但叶夫列莫夫可以领受新任务。1月17日，朱可夫命令叶夫列莫夫肃清韦里亚之敌，到1月19日清晨，前往杜布纳—扎米亚齐科耶（Zamytskoe）地区，然后"视战术态势"直取维亚济马或从南面包抄该城。与此同时，别洛夫的骑兵也会冲向维亚济马。

第5集团军进攻格扎斯克和第33集团军进攻维亚济马时，朱可夫的左翼赶上去利用卡卢加—别廖夫缺口，这个口子威胁着德国第4集团军，将其与南面的第2装甲集团军分隔开来，也有可能将其与北面第4装甲集团军割离开来，后者正据守尤赫诺夫至格扎斯克一线。现在，第4集团军和第2装甲集团军之间的这个缺口已经延伸至70多英里。朱可夫1月9日的训令（及其1月14日的修订案）命左翼歼灭孔德罗沃—尤赫诺夫—梅登地区的德军，在基洛夫—柳季诺沃（Lyudinovo）地区切断维亚济马—布良斯克铁路线，然后攻向维亚济马，彻底包围莫扎伊斯克—格扎斯克—维亚济马的德军。第43集团军的3个师夺取小雅罗斯拉韦茨后奉命去占领梅登，这里是德军在公路上的关键据点。梅登于1月14日到手，但第43集团军随后不得不艰难推进，事实证明，第43集团军的实力不足以包抄尤赫诺夫的德军。1月9日，扎哈尔金的第49集团军（6个师、4个旅和2个坦克旅）重新开始推进，但6天后遭遇德军顽强抵抗。1月19日，扎哈尔金的第49集团军夺取孔多罗夫并扑向公路，尽管整个集团军的移动速度已经放缓。

第49集团军的胜利帮博尔金的第50集团军铺平了道路，但在朱可夫司令部的决定下，别洛夫和博尔金的战线已经转向北面。别洛夫的军深入了令第4集团军侧翼暴露出来的缺口，尤赫诺夫似乎触手可及。让别洛夫愤怒和不满的是，他的军突然被调离尤赫诺夫的战斗，被派去向西扫荡。此事的第一个迹象来自1月2日15时25分的一道方面军命令，文中明确了战役任务：

> 战役态势非常有利于包围敌第4和第9集团军，别洛夫集群将在其中扮演主要角色，该集群通过方面军司令部与我们集结在勒热夫的部队协同作战。
>
> 你们胜利的基础将包括迅速突入维亚济马地区，控制敌军撤退路线。
> 你们从尤赫诺夫地区进入维亚济马地区的行动必须按以下计划组织：
> （a）第一阶段——2—3天。在第43、第49和第50集团军从后方发起的进攻的辅助下，歼灭尤赫诺夫的德军。在这一阶段，尽快引入第50集团军至少2个步兵师（步兵第217、第413师）、1个骑兵师，以强行军占领奇帕亚耶沃（Chiplyaevo）和扎诺兹纳亚（Zanoznaya）。
> （b）第二阶段。将50集团军的两个步兵师留在尤赫诺夫，肃清退却之敌，你亲率一个战斗群以强行军夺取维亚济马及敌军所有出口，从西南侧向维亚济马移动。
> 1942年1月4日日终前提交你的战役计划。
>
> 朱可夫；霍赫洛夫；索科洛夫斯基

别洛夫在称赞这次战役幅度的同时，只有一个问题：如何进行呢？这些新命令似乎推翻了他刚刚收到的命令。别洛夫1月3日从朱可夫那里接到的命令让他将主力转向莫萨利斯克，挫败德军封闭"缺口"的尝试，他将让从第10集团军借来的两个步兵师快速冲入梅晓夫斯克和莫萨利斯克。虽然别洛夫提出抗议，还是不得不先转向莫萨利斯克。他试图说服西方面军军事委员会，最好的做法是从左侧包抄尤赫诺夫，切断公路，并转向梅登，此举将配合第43、第49和第50集团军切断第4集团军大部（也可能是全部），但莫萨利斯克[4]从一开始就是一项必须完成的附加任务，方面军司令部认为从该城冲向维亚济马最为合适，这项任务将用去别洛夫7天时间。在1月4日朱可夫的电报中，博尔金接到了夺取尤赫诺夫的详细指示：

博尔金同志

　　1. 别洛夫正转向莫萨利斯克。他接下来将向北行动。

　　2. 歼灭敌军、封锁所有穿过尤赫诺夫逃跑的路线的任务由第50集团军负责。尽快将步兵第217师、步兵第154师、坦克第112师和骑兵第31师调上来，克服敌军在普洛斯克（Plossk）地区的抵抗后立即夺取尤赫诺夫。

朱可夫

　　公路仍在德军手中，第4集团军参谋长布卢门特里特将军最担心的是尤赫诺夫—小雅罗斯拉韦茨公路被截断，这个噩梦没有成真，虽然别洛夫差点就做到了。他的骑兵正在寻找一个可供他们向北突破的地点，1月25日晚，这个薄弱点被一个滑雪营找到了，别洛夫通过这个缺口，将3个骑兵师送往维亚济马，他守的这个"通道"横跨莫斯科—华沙公路。扎哈罗夫将军承诺他将以两个步兵师予以加强，再从第50集团军调一个师上来。但德军部队几乎是立刻就用侧翼锁住了别洛夫的"通道"并将其收紧，将他与苏联军队的主力分隔开来。别洛夫突然灾难性地失去了大部分炮兵和后方勤务机构，因为它们无法突破德军的封锁。罗斯拉夫利—尤赫诺夫公路也被截断。

　　现在，戈林的骑兵第11军从西北方、别洛夫从西南方、叶夫列莫夫第33集团军的一个战斗群从东南方冲向维亚济马。第33集团军为厚厚的积雪和德军反冲击所阻，分散在约40英里的距离上。为了突入维亚济马，叶夫列莫夫已经分出一个集群，下辖3个师，主力分给了参谋长孔德拉坚耶夫（A. K. Kondrateyev）少将，这件事起初并未引起集团军或方面军司令部过分担心，但叶夫列莫夫逼近维亚济马时，方面军司令部开始更加关注这次分兵。在这一阶段，朱可夫让他的伞兵深入德军后方并坚守这些脆弱的战线，直至所有军团赶到。

　　图哈切夫斯基在1936年大演习中生动示范过的大规模空降突击军队，到目前为止大多作为步兵使用，但大规模空降行动即将展开。首批计划之一是沿第43集团军的推进路线空投伞兵，切断梅登—格扎斯克公路及所有通向西北方的道路，截断从梅登撤往尤赫诺夫的路线，阻止德军经由米亚特列沃铁路枢纽撤往尤赫诺夫的企图。苏联统帅部计划空投一支220人的分队，夺取距离米亚特列沃0.5英里的一座机场，然后空运一个步兵团，并派另一支分队跨过梅登—尤赫诺夫公路。占领机场后，将运入1000多人。1月16日晚，第一支分队被投下（有416人，而非最初计划的202人），他们到夜间夺取了机场，但深厚的积雪及德军猛烈的抵抗导致后续阶段的行动被取消。1月19日，这些伞兵分队与第49集团军取得联系。为代替这次突然结束的行动，朱可夫现在又计划在维亚济马与尤赫诺夫中途的兹内缅卡（Znamenka）—热兰诺耶（Zhelanie）地区空投伞兵。1月18日夜，16架飞机投下了索尔达托夫少校指挥的452名伞兵。同日17时50分，先遣队被投下，200名伞兵紧随而至。在接下来的3天里，1000多人被空运或空投进来，使苏方兵力达到了1643名全副武装的官兵，不过，德军战斗机使得苏联运输机未能运入更多人。

　　与此同时，朱可夫还策划了一次大规模空降行动，用列瓦绍夫（A. F. Levashov）少将齐装满员的空降兵第4军支援维亚济马合围战役。朱可夫希望该军在1月21日前投入行动，但后者先要从它在莫斯科的基地转往卡卢加的机场——这不是一个合适的选择，因为德军不久前使用过这些机场，不仅熟悉，还精确测定了它们的位置，而苏方的空中掩护很薄弱。计划指定了30架战斗机来掩护这些集结点，72架去掩护空投行动，但与起飞的军队相比，这些实在是太少了；没有战斗机配备夜战设备，允诺的65架运输机中只到了39架，前线仅能腾出19架战斗机。空降兵第4军乘火车从莫斯科前往集结地，由于奥卡河上被爆破的大桥尚未修复而延误了许久。1月24日，列瓦绍夫才得知计划细节，只有36个小时来做准备。1月26日，他向军内的3个旅下达命令，它们将于1月27日晚空投，在此之前，将投下7个20—30人的"牵制集群"，与该地区的苏联骑兵和早先抵达热兰诺耶的"索尔达托夫集群"取得联系。

　　1月27日晚，空降兵第4军在维亚济马以西进行了首次空投，时间准确，然而与目标有些偏差，空投高度很高，将一长列官兵撒在了半径15英里的范围内。638人中有476人被收拢，但第8旅送进来设立着陆区的先头分队被空投到了距离目标8英里远的奥泽列奇尼亚（Ozerechniya）。

　　1月28日晚，德军轰炸机前去轰炸熟悉的卡卢加机场，空降兵第4军正在那里展开行动。他们炸毁了7架飞机，受损的更多，还引爆了燃料库。在这种情况下，只有第8旅得以起飞，在6天里被投在了一片宽广的地域，2232人中只有1320人设法组成了部队。尽管已经派出数架侦察机，军部仍然对地面发生的事情一无所知。1月29日，军副情报官阿克肖诺夫上尉搭乘一架袖珍的U-2双翼机飞出，确定了约200人的位置并将他们置于自己的直接指挥下。现在，德军在空投区上空的空中活动阻止了进一步空投，德军对机场的封锁也导致极大混乱，空降兵第4军被临时撤往其位于莫斯科的基地，此时奥努夫里耶夫上校的第8旅、索尔达托夫少校的集群和正在接近维亚济马的苏联骑兵仍在战斗。朱可夫已经为该军分配了另一项任务，他们现在位于莫斯科严防死守的机场，在红军伞兵司令格拉祖诺夫（V. Ya. Glazunov）少将指挥的行动中，这个军将被完整地投入维亚济马东南部。由于列瓦绍夫少将已经在行动中阵亡，参谋长卡赞金（A. F. Kazankin）少将在接下来的空投中执掌空降兵第4军。

苏联步兵、骑兵和伞兵突击队成群地包围维亚济马，并向其东南方的乌格拉河（Ugra）河湾处汇集，那里即将爆发一场激烈、疯狂的战斗，在朱可夫的最左端，戈利科夫的第10集团军部分掩护着已经被包围的别洛夫，德军的反冲击冲入苏联攻势的南支时，该集团军被卷入了一场严重的危机。苏希尼奇的德国守军被完全包围，这股临时拼凑的力量为守住该城负隅顽抗，德国指挥层决定通过冲入戈利科夫的军团来解救这个匆忙配置的"刺猬阵地"，这样第2装甲集团军就可以与第4集团军再次取得联系。勒热夫—尤赫诺夫—苏希尼奇组成了一道德军抵抗弧线，需要不惜一切代价予以突破。1月的第一周，戈利科夫正在莫萨利斯克至日兹德拉60英里宽的正面上遂行进攻，其麾下各师分散开来，彼此相距15英里或更远。1月9日，朱可夫指示戈利科夫占领基洛夫，在扎波兹内（Zapoznaya）与柳季诺沃之间切断维亚济马—布良斯克铁路线，从而掩护他冲向维亚济马的兵团。柳季诺沃于1月9日到手，基洛夫在11日攻克，戈利科夫的右翼向奇帕亚耶沃而去，左翼直奔日兹德拉。但在第10集团军后方，1941年年底从法国赶来的冯·吉尔萨将军的第216步兵师坚守着苏希尼奇，他们依靠时有时无的空投度日，因此，第2装甲集团军决定从日兹德拉冲向苏希尼奇，切断直通第10集团军的狭窄通道。

西方面军和布良斯克方面军薄弱的结合处令朱可夫感到担忧，也吸引了斯大林的注意力。为了纠正这种态势，从1月13日开始，布良斯克方面军波波夫（M. M. Popov）中将的第61集团军将划归朱可夫指挥，然而最高统帅部没有改变第61集团军之前的战役任务，该集团军现在的任务应该是弥补两个方面军之间的缺口。与此同时，德国第2装甲集团军从奥缪尔—布良斯克调来一支不大但灵活的突击力量（第208步兵师、第4装甲师和第18装甲师）去突入戈利科夫的左翼，这场攻势以惊人的速度展开。1月19日，德军的反突击在柳季诺沃的林区和白雪覆盖的湖区展开，一番激烈的巷战后，第10集团军的步兵322师被赶出了镇子。朱可夫的方面军司令部从戈利科夫的参谋那里收到了非常令人担忧的报告，文中强调了局势的危险与困难，为第10集团军当前的窘境辩护。将方面军预备队（近卫步兵第12师）调上来需要时间，1月22日，这个兵团距离有需要的作战地域仍有25英里。一个加强戈利科夫的重要决定调罗科索夫斯基南下，但也要整整一星期才能起作用。1月24日，步兵第338团已经与冯·吉尔萨的苏希尼奇守军取得了联系，这条长约40英里、狭窄但堪用的生命线足以将挤在损毁房屋地下室中的千余名伤员转移出去。

第2装甲集团军发起的日兹德拉—苏希尼奇反突击撼动的不只是第10集团军，而是朱可夫的整个左翼。为了填补西方面军与布良斯克方面军之间的缺口，朱可夫决定在左翼新组建一个第16集团军，从戈利科夫那里调了5个步兵师（步兵第323、第328、第324、第322师和近卫步兵第12师），给第10集团军留了3个。第2装甲集团军的进攻目标有限，但西方面军司令部无法担保这样的进攻不会再来一次，那时会有更具决定性的目标。"新"第16集团军的组建并非增援，仅仅是一次重组，实际上还削弱了左翼的其他地段。当然，朱可夫现在还有第61集团军，但对局势影响甚微。

朱可夫的副手I. F. 库兹涅佐夫上将来到罗科索夫斯基的司令部，监督苏希尼奇的作战，他的干涉对计划工作产生了非常不利的影响，以至于罗科索夫斯基向朱可夫发出抗议。朱可夫允许罗科索夫斯基按自己的方法行事，第10和第16集团军准备发起一次反冲击。1月29日，虽然第24装甲军军长已经决定撤出，但苏希尼奇爆发了又一轮激战。罗科索夫斯基来电说苏希尼奇已经被攻克，这座城即将被"肃清"，方面军司令部要求知道"肃清"具体指什么。为了平复这些不安，罗科索夫斯基将其司令部移入了苏希尼奇。

2月初，虽然中央集团军群面临着多重威胁，但致命的危机似乎已经过去了。南面，苏联的攻势已经被挡住；维捷布斯克北面，叶廖缅科正在放缓他在北面的大规模攻势；维亚济马周边散布着苏联进攻军队，这个关键交通枢纽仍在德军手中；在勒热夫，莫德尔正准备迎击苏联的另一波攻势，但第39和第29集团军的后方交通和补给已被切断；突击第3集团军后方的霍尔姆仍在坚持，该集团军也在大卢基面前止步不前。与此同时，每日"运作"的100架（偶尔能到150架）德国运输机冒着冬雾和暴风雪，穿梭于杰米扬斯克"口袋"内外。

尽管如此，苏联的突击既深入又危险，深得足以令斯大林继续希望仍能给予居中的德国集团军群以致命一击。2月1日，斯大林正式重建西方向总指挥部，铁木辛哥先前的"西方向"领率机构已经于1941年初秋被解散，斯大林现在委派朱可夫将军担任总司令，F. I. 戈利科夫中将代理指挥西方面军（朱可夫仍然是正式的方面军司令）。斯大林要求朱可夫歼灭"中央"集团军群主力。朱可夫将军将"协调"加里宁方面军和西方面军的作战行动，他的"当务之急"是夺取维亚济马，"包围并俘虏勒热夫—瑟乔夫卡的德军"。苏联空军指挥员也接到命令，加强他们的空运补给行动，以支援深陷敌军后方的苏联兵团。

勒热夫的形势危急：在维亚济马，苏联的首次进攻已宣告失败，别洛夫和叶夫列莫夫都被割离苏联军队的主力，除非第43、第49和第50集团军的作战行动获得成功，歼灭尤赫诺夫的德军，否则维亚济马地区的局势难有决定性的改变。然而，那些攻势同样止步不前。2月的第一个星期，虽然斯大林的最高统帅部仍保持乐观，但鉴于勒热夫—尤赫诺夫战事的发展，深深的忧虑已经难以掩盖。现在，朱可夫准备投入所有筹码。

在沃尔霍夫方面军，梅列茨科夫的首轮进攻几乎是一开始就戛然而止。梅列茨科夫按照命令，于1月13日让他的军队投入进攻，列宁格勒方面军第54集团军的费久宁斯基利用这个喘息之机重组了他的各个兵团。甚至在梅列茨科夫的首轮攻势开始前，苏方对德军战线持续不断的试探就足以让德军指挥层预测到大规模进攻在即；在诺夫哥罗德以北，苏联第52集团军的地域，德军监听人员拦截到的苏联通讯表明攻势被推迟，将坚守当前阵地。1月13日清晨苏联火炮开火时，德国守军几乎不觉得这是一次大规模进攻的先兆，但梅列茨科夫在最高统帅部一再放宽的期限的最后一刻全力进攻。北面，费久宁斯基的第54集团军扑向其目标波戈斯特（Pogoste）和托斯诺。左翼，在伊尔门湖以南，莫罗佐夫试图冲入旧鲁萨，转向德军后方。与费久宁斯基相邻的苏联第4集团军的地域，德军部队转入进攻，迫使第4集团军处于防守态势。毗邻第4集团军的第59集团军也未能克服德军的防御。只有突击第2集团军和第52集团军取得了战果，他们的滑雪队溜过沃尔霍夫，进攻部队在冰封河流的西岸占据了阵地，但苏联人还需一番激战，才能抵达丘多沃—诺夫哥罗德公路。

突击第2集团军冲入了许多奋战到底的德军据点——莫斯特基（Mostki）、斯帕斯卡亚—波利斯季（Spasskaya Polist）和泽姆齐（Zemtitsy），还有诺夫哥罗德—丘多沃铁路和公路线上的筑垒地点。再往北，第4和第59集团军几乎消耗殆尽，所有的意图和目标都未达成。1月17日，费久宁斯基的弹药几乎告罄，他的攻势逐渐放缓、停滞。梅列茨科夫从莫斯科赶来加快进度，最高统帅部催促他"鉴于列宁格勒的严峻形势，要采取一切可能的措施，确保迅速推进"。1月21日，突击第2集团军为德军防御所困，德军部队拼命战斗，以便令作为主要补给线的公路保持畅通。德国人调来预备队、炮兵和飞机，苏联人也调入更多援军和他们的炮兵。

苏联计划以第54和第4集团军（分别隶属于列宁格勒方面军和沃尔霍夫方面军）包围、歼灭德军，这部分德军之前攻入了拉多加湖，从东面和东南面封锁了列宁格勒，到1月中旬，这部分计划已经名存实亡。在第54集团军面前的森林和灌木地带，德军炮火挡住了费久宁斯基的步伐；第4集团军守卫着12英里宽的正面；第52集团军试图向诺夫哥罗德和索利齐推进，进展甚微；突击第2集团军也遇上了麻烦。为增加能够调动的军队，最高统帅部下令从第54集团军分出一部，组建"新"第8集团军，交由费久宁斯基的参谋长苏霍姆林少将指挥，别列津斯基（L. S. Berezinskii）少将接过了他参谋长一职。列宁格勒方面军军事委员会不无恐慌地决定将一个重型坦克团经由"冰路"送往费久宁斯基的军队，所幸这些坦克并未压破冰面，安全通过了。

无论如何，1月24日晚，突击第2集团军终于在德军防区打开了一条通道，苏联步兵、装甲兵、骑兵部队和滑雪营开始迅速穿过这个缺口，他们接到的命令是扩宽缺口，包抄德军防线，攻往柳班；古谢夫（N. I. Gusev）少将指挥的骑兵第13军及其骑兵第25和第87师，外加第59集团军的一个步兵师向前推进。虽然苏联突击的重点地段有12英里宽，但苏联各师现在冒着德军火力高速通过的这个缺口只有半英里宽。梅列茨科夫决定利用这个缺口，因为最高统帅部向他保证会有一个新的集团军，扩宽缺口和向纵深发展可以同时进行。但是，后方的德军据点抵抗激烈，新的苏联集团军也并未现身。古谢夫的第13军冲向西北方的叶格利宁（Yegline），随着德军抵抗的增强，该军转向了东北方，继而转向柳班；突击第2集团军穿过缺口时，各兵团开始拉成一长列，侧翼暴露无遗。指挥通讯和补给开始超负荷，梅列茨科夫向最高统帅部多次报告无果，直到1月28日，红军总后勤部部长赫鲁廖夫将军亲自赶赴沃尔霍夫方面军，后勤补给才得以有条不紊地进行。

　　突击第2集团军通过后，梅列茨科夫将扩宽突破口的任务交给了第52和第59集团军，两者从诺夫哥罗德—丘多沃公路两端发起进攻。突击第2集团军的交通线要不惜代价予以确保，德军反复进攻，试图封闭缺口，歼灭突击第2集团军。这个口子被一点点粉碎，之后近3个星期，突击第2集团军与后方的交通线在德军机枪和炮兵火力下得以确保。但苏联各部能做的也就只有这么多了，用梅列茨科夫自己的话来说，"一米都多不了了"。为封闭侧翼上的缺口，梅列茨科夫组织了两个"战役集群"，分别由普里瓦洛夫将军和阿尔费耶夫（Alfereyev）少将指挥。突击第2集团军仍在推进，但并不是朝梅列茨科夫想要他们去的方向，斯大林在一连串电报中表达了他的严重不满。斯大林想要柳班，为确保拿下此地，他派伏罗希洛夫元帅到沃尔霍夫方面军，监督突击第2集团军的作战行动。德军日益收紧沃尔霍夫的突破口，苏联军队则布设雷场，利用火焰喷射器维持缺口完整。

　　先前的计划是让西北方面军第11集团军转向德国第16集团军侧翼，进入德国第18集团军后方，鉴于旧鲁萨未能打通、杰米扬斯克情况复杂以及库罗奇金的左翼被截短，该计划被大幅修改。最高统帅部已经同意让第11集团军转向索利齐，以近卫第1和第2步兵军在普斯科夫方向遂行进攻，切断德军后方交通线，同时歼灭杰米扬斯克"口袋"。但杰米扬斯克的问题继续发酵，以至于到1月底，两个军——第34集团军和突击第3集团军一部深陷其中。最高统帅部取消了之前的计划，现在建议突击第1集团军前往旧鲁萨，然后转向西北，应当在2月6日—7日彻底解决杰米扬斯克"问题"。但到1月底，近卫步兵第1军未能集结完毕，一名总参谋部联络官向沙波什尼科夫元帅报告说，该军在运输途中已经出现延误，其作战行动应予以推迟。斯大林不会允许拖延，格里亚兹诺夫少将的军在准备尚未完成、对德军位置所知甚少的情况下便转入进攻。很快（2月3日），斯大林便打电话询问情况，并亲自联系了格里亚兹诺夫，指示他应当如何遂行这次进攻。情报上的不足可以通过全天候使用U-2双翼机来弥补（尽管该军没有这种飞机可用），格里亚兹诺夫应当"以一个强大的集群向前突击"，"时刻作为集群行动"，且不能"拆散各团、营"。利久科夫少将的近卫步兵第2军现在也投入行动，着手建立包围圈对外正面，这是一个让突击第1集团军向西进攻的"有利条件"。然而，V. I. 库兹涅佐夫突击第1集团军的一部已经被方面军司令部收作预备队或用于增援第11集团军，从西方面军赶来时，突击第1集团军耗尽了燃料和食物补给。尽管库兹涅佐夫请求推延行动，还是于2月13日在未完成准备的情况下陷入了战斗，该集团军推进至波利斯季河，随后被德军防御所阻。

至于列宁格勒—沃尔霍夫方面军，斯大林命令费久宁斯基准备一次新战役，并指派近卫步兵第4军（1个步兵师、4个步兵旅、1个坦克旅、3个滑雪营和1支"喀秋莎"部队）为援兵，目标——柳班。梅列茨科夫和伏罗希洛夫之前讨论过如何让突击第2集团军前往柳班，他们决定进行重组，前运补给，并派炮兵主任塔拉诺维奇和装甲兵主任库尔金到集团军司令部。最高统帅部原则上同意梅列茨科夫加强突击第2集团军和骑兵第13军的提议，但要求不得放缓攻势，在2月26日的一道训令中，最高统帅部严令禁止放缓（突击第2集团军）向柳班和（第59集团军）向丘多沃的进攻，并下令在3月1日结束前夺取丘多沃—柳班铁路线。最高统帅部提醒说，费久宁斯基现在要向柳班进攻。这道训令下发的当天（2月26日），突击第2集团军成功洞穿德军在红戈尔卡（Krasnaya Gorka）的战线，但突破口几乎是立刻就被闭合了。现在，最高统帅部命令所有兵团组成"突击群"，包括突击第2集团军4个师中的1个、第

59集团军的3个师和第4集团军的2个师。然而，这些不足以弥补人员、弹药和空中掩护的短缺。梅列茨科夫决定前往红戈尔卡，与突击第2集团军司令克雷科夫将军视察战况。官兵们抱怨弹药不足，缺乏空中掩护。军事委员会指责集团军司令部与方面军司令部之间"步调不一"；梅列茨科夫发现增援被忽略，伤亡记录混乱，突击第2集团军作战处处长帕霍莫夫上校提交了"不实的报告"。

斯大林勃然大怒，立即解除了参谋长（维兹日林少将）和帕霍莫夫上校的职务，阿尔菲里耶夫少将担任克雷科夫的副司令员。斯大林打倒北方集团军群的雄心并未受挫，3月初，他命令一个高级代表团到北方，送去了马林科夫和伏罗希洛夫，后者奉命返回沃尔霍夫。还派布尔加宁到西北方面军，出人意料的是，他成了方面军司令部与最高统帅部之间独立的"一级"。苏联空军固执的副司令员诺维科夫中将也赶到沃尔霍夫，同机的是A. A. 弗拉索夫中将，他出任方面军副司令员。弗拉索夫出席了讨论沃尔霍夫困局的国防委员会会议，斯大林现在委派"任务"给他，就像当初委派任务给叶廖缅科一样。克雷科夫不到半个月就病倒了，弗拉索夫于是接过突击第2集团军。费久宁斯基的攻势已经获得局部胜利，但尚未突破德军防御：突击第2集团军被深深地困在德军后方、丘多沃—诺夫哥罗德和列宁格勒—诺夫哥罗德公路之间的冰冻沼泽和林区中，该集团军各部队已经推进至柳班西南8英里处，距离第54集团军的部队还有15英里。战役几乎就要胜利时，德军以满员的军队发起反突击，封闭缺口，切断了突击第2集团军。3月19日，德军的铁钳汇聚，切断了突击第2集团军的生命线。

最高统帅部让梅列茨科夫亲自负责重新打通这条线路，关于德军对第52和第59集团军的进攻，他尚未得到多少确切消息，他急忙从第54集团军抽调一个兵团，他现在监督着打开突破口的发疯似的尝试，由此引发的近战持续了一星期。他们最终打开了口子，弗拉索夫的集团军暂时免于被困。

2月4日，朱可夫下达了进攻维亚济马的命令，当时骑兵第11军位于该城以西约6英里的莫斯科—明斯克公路上，别洛夫和叶夫列莫夫正从南面和东南面逼近。叶夫列莫夫和别洛夫在战役层面都处于被包围状态，他们身后的"突破口"被德军进攻部队封闭，两个兵团的状况日益恶化，叶夫列莫夫最终有2700名伤员和150名斑疹伤寒感染者需要处理。叶夫列莫夫和别洛夫密切联系，他们决定联结正面，稳定侧翼。出乎别洛夫意料的是，西方面军司令部禁止这样做——"与步兵第33集团军的联系没有必要"。苏联进攻各部激战数天后未能突入维亚济马，还蒙受了严重的损失，分散了兵力；别洛夫的第75师遭到双重包围，不得不向主力集群突围，现在撤到了距维亚济马约7英里处。别洛夫也帮助苏联伞兵突出包围圈，空降兵第8旅（及其他部队）被配属给近卫骑兵第1军。在维亚济马的另一侧，骑兵第11军转入对谢米列沃的进攻，但在德军猛烈的迫击炮火力下，该军和第114滑雪营几无进展。夜间，德国飞机投下照明弹，轰炸和炮击继续进行，过分耀眼的目标也会受到关照。朱可夫还命令别洛夫和骑兵第11军"立即切断维亚济马—斯摩棱斯克铁路线，中断敌人的铁路交通"，别洛夫建议通过摧毁伊兹杰什科沃（Izdeshkova）以西5英里处的第聂伯河大桥来达成该目的。朱可夫还指示别洛夫，配合骑兵第11军，从西面进攻维亚济马。别洛夫也与大型游击兵团取得了联系，其中一支向多罗戈布日发起了大规模进攻；叶廖缅科从西北冲来时，附属于加里宁方面军军事委员会的游击司令部设法在红军与游击队之间建立起基本的协同，以便从"苏拉日门"进入，穿过一条"走廊"，将人员、补给、武器和弹药运过德军战线。在突击第3集团军，游击部队装备着缴获的武器，而在突击第3和突击第4集团军，这些"走廊"都被交通运输尤其是食物补给塞满了，这些补给是游击司令部下令为拮据的苏联军队搜集的。别洛夫通过无线电联系方面军司令部，请求以这些"游击"部队（许多人在红军服役过）补充他的人力，他被允许召集前红军官兵和45岁以下的平民，这个任务由其军内政治处军官运作的"特别征召委员会"处理（经过1个月的工作，该委员会将2436人引入骑兵第1军）。

以上这些行动在维亚济马地区火热展开、苏联各兵团不断尝试克服德军（他们实力日益增强，掌握的装备不断增加）抵抗的同时，朱可夫在勒热夫面临着一场重大危机。在伏尔加河河湾处的激战中，装甲兵上将莫德尔已经成功切断第39和第29集团军各兵团的交通线。2月的第一个星期，莫德尔将第29和第39集团军分割开来，虽然苏联的一波波攻势疯狂冲向勒热夫的阵地，但勒热夫"口袋"得以坚守，苏联西方面军第33集团军、加里宁方面军第39集团军已经处于半包围之中。苏联攻势的停顿首次在最高统帅部中引起焦虑，它命令西方面军和加里宁方面军投入所有可用力量。最高统帅部在给西方面军的指令中坚持要歼灭勒热夫—维亚济马—尤赫诺夫地区的德军，以便3月5日时苏联各军团抵达奥列尼诺—第聂伯河—叶列尼亚一线，继而冲向罗斯拉夫利以东20英里、杰斯纳河上的斯诺波季（Snopoti），同时，西方面军左翼将歼灭博尔霍夫—日兹德拉—布良斯克地区的德军并解放布良斯克。斯大林现阶段决定加强加里宁方面军和西方面军。科涅夫得到了7个步兵师、1个近卫步兵军和4个航空兵团，朱可夫得到了60000名补充兵和3个步兵师、1个近卫步兵军、2个伞兵旅及200辆坦克、400架飞机。

鉴于以上这些命令，作为"西方向"司令员，朱可夫指示加里宁方面军第22、第30和第39集团军夺取奥列尼诺地区，西方面军第43、第49和第50集团军占领尤赫诺夫，左翼的第61集团军和"新"第16集团军将拿下布良斯克。这些任务完成后，西方面军和加里宁方面军的主力将逼近维亚济马和勒热夫，从而最终歼灭中央集团军群。与此同时，朱可夫还提出了他的大规模伞降行动：整个空降兵第4军（空降兵第9、第2、第14旅和第8旅的一个营）将被投入尤赫诺夫以西，从后方打破敌军战线，博尔金的第50集团军奉命协同空降兵第4军展开进攻。2月17日夜间，20架运输机依次起飞，运出了空降兵第14旅的先头分队。19架飞机未能找到空投区，无功而返，只有1架飞机投下了伞兵，但是在错误的地点，这是因为之前挑选了一片游击队控制区用于空投，并以篝火为信号，但德国人也点燃了篝火，使得飞行员无法识别信号。尽管如此，到2月20日清晨，还是投下了6988名伞兵。德国部队集结起来以包围伞兵分队，这些伞兵分队中只有半数收拢队伍，缺乏武器、弹药和重装备。此时还急需运输机来补给维亚济马地区别洛夫的骑兵和叶夫列莫夫的第33集团军。

2月17日，正当朱可夫投入伞兵去终结尤赫诺夫的战斗，联结孤立在德军战线后的近卫骑兵第1军、第33集团军与外面的第49、第50集团军时，莫德尔成功包围了勒热夫以西的第29集团军。第39集团军从西面、第30集团军从北面，力图将莫德尔从第29集团军身边挤走。2月17日夜间，空降兵第204旅的1个营被投入莫恰洛夫（Mochalovo）—奥科罗科沃（Okorokovo）地域的林区，德军第1装甲师的战斗群在那里挤压9个苏联师的环形防线，这些师正试图向南突破，加入第39集团军。第29集团军开始突围时仅剩6000人，由于这些残部被拉往南面，将将第39集团军与苏联军队主力隔开的德军"封锁区"大大加厚，所以第39集团军的处境更趋恶化。在瑟乔夫卡与伏尔加河河湾之间，德国第9集团军和科涅夫的第29、第39集团军激烈交锋，苏联军队始终无法克服北面的德军"多面堡"。

在杰米扬斯克的大"口袋"里，第11集团军和近卫步兵第2军从伊尔门湖、旧鲁萨东面出发，向南推进至别列别尔卡（Belebelka），从而建立起包围圈对外正面，别列别尔卡和霍尔姆之间25英里宽的缺口由苏联游击队和遂行巡逻的机动雪橇、滑雪队来掩护。内外包围圈相距约20英里，此时"口袋"内德军的抵抗丝毫没有松动的迹象。2月25日，斯大林对作战行动的迟缓表达了严重不满，"因为加里宁方面军突击第3集团军与西北方面军第34集团军近卫步兵第1军的部队作战配合不力，这些军队缺乏统一指挥……"库罗奇金奉命收紧包围圈并"在4—5天内"肃清"口袋"。"克谢诺丰托夫"[5]集群（2个师和5个旅）被调出加里宁方面军，配属给库罗奇金，加里宁方面军从此刻起不用再关注该部的补给。西北方面军的普罗宁向加里宁方面军司令部发去一封绝望的电报，强调这支军队的困境——"饲料、食物补给已不足半天所需，弹药几乎告罄"，坦克旅没有燃料和弹药。早在3月，最高统帅部就建议不要再压缩包围圈，而是沿其190英里长的边界分割、突破这个"口袋"，同时再向旧鲁萨遂行一次更具"决定性的突击"，德军对该城的控制使得苏方无法实施先前的计划，还严重妨碍着西北方面军。

在维亚济马，西方面军和加里宁方面军的艰苦努力和纵深突破并未形成连锁反应。德军指挥层迎来了一波又一波危机，但到目前为止，严重的灾难都得以规避。在勒热夫，苏联的铁钳已经被折断，现在，戈沃罗夫的第5集团军缓慢地杀向格扎斯克。与此同时，另一场大战正在维亚济马东南展开，叶夫列莫夫的第33集团军现在已经被孤立于此。至于别洛夫的军，军事监察员给方面军司令部送去一个令人不安的消息，文中描述了军队的悲惨境况，并恳请"为保留战斗力尚存的部队"，将该军撤出战斗。别洛夫对这个提议毫不知情。方面军司令部回电说，撤出该军将对骑兵第11军和第33集团军造成灾难性的影响，亦将削弱游击队——斯大林已经下令"采取一切可能的措施来守住多罗戈布日"。此时，别洛夫就近卫骑兵第1军的行动与朱可夫发生了争论：

> 你有什么理由违抗最高统帅部和方面军军事委员会的命令，离开维亚济马？谁给你权力对任务挑三拣四？你显然忘了，要是没有执行命令，你可能会被捕并被送上军事法庭。

作为对朱可夫电报的回应，别洛夫在3月中旬就其当前意图递交了一份报告：

> 详情报告正由飞机送达你处（飞行员是叶夫列莫夫）。现在想要报告的是：我军可投入战斗的主力仍在维亚济马接近地，但我在战术上改变了作战方向，以包抄敌军据点并完成你分配的战役任务。第1921、第1690、第1774和第86/op命令授予了我战术机动权。

无论如何，叶夫列莫夫同样急需救援。西方面军司令部简单直接地告诉别洛夫："不要放弃叶夫列莫夫，不然他就完了。"朱可夫已经建议叶夫列莫夫向维亚济马—尤赫诺夫地域的林区突围，但第33集团军司令员拒绝了，他更愿意向扎哈罗夫地域的苏联军队主力突围。做出该决定后，叶夫列莫夫中断了与方面军司令部的无线电联系，只能推测，他这样做是为了掩盖其动向。唯一可能的应对是命令第43集团军向前推进，接应叶夫列莫夫。3月24日，别洛夫接到命令冲向叶夫列莫夫，为此他建立了一支特别的合成军队，并以游击队进行加强。这支军队无法不计代价地突入叶夫列莫夫所处地域，而别洛夫突然间又必须要去寻找空降兵第4军，该军的先头部队已经设法与第50集团军建立了脆弱的联系，虽然博尔金还是无法克服德军防线，与伞兵保持联系。第50集团军第二次尝试突破失败了。

3月20日，最高统帅部修改了发给西方面军和加里宁方面军的训令，战略目标规定为4月20日日终前抵达别雷—多罗戈布日—叶列尼亚—克拉斯诺耶（Krasnoe，位于斯摩棱斯克西南20英里处）一线，并于此处掘壕固守。到3月

27日，西方面军将与在德军后方作战的苏联军队取得联系，并歼灭雷利亚基（Rylyaki）—米利亚京诺（Milyatino）—维亚济马地区的德军部队，而第5集团军将于4月1日日终前夺取格扎斯克，随后配合第43、第49和第50集团军占领维亚济马。左翼军团（第16和第61集团军）将继续攻往布良斯克。加里宁方面军将以第39和第30集团军再次尝试夺取勒热夫，在3月28日日终前切断奥列尼诺的德军，并配合第22集团军将其歼灭；第29和第31集团军与第30集团军的部队将攻向勒热夫城，于4月5日日终前予以占领。一支由5个步兵师组成的特别突击力量由科尔帕克奇（V. Ya. Kolpakchi）少将指挥，进攻别雷。为遂行以上这些作战行动，最高统帅部将手头所有预备队都调给了各方面军，因为这将是对"中央"集团军群的最后一击，最后一件当务之急是荡平勒热夫、奥列尼诺和维亚济马的德军堡垒，让正在维亚济马西北和西南作战的苏联军队在德军后方会合。此举将完成斯大林的宏伟计划，尽管有迹象表明红军愈发衰竭、伸展过度，但他不会就此止步，在未来的战略承诺方面，他不会被苏军指挥层内部的严重争论干扰。

德国中央和北方集团军群的正面和侧翼被大范围突破、从拉多加湖到奥缪尔的德国各集团军被从根本上撼动和扰乱时，铁木辛哥的南部战线经历了2个月的苦战，奋力突入南方集团军群，苏军不断将突破将转化成大规模战略突破，这种战略突破将肃清顿巴斯和哈尔科夫地区的德军。布良斯克方面军的攻势已经于1月7日展开，第61集团军（不到一星期便转入西方面军）攻击了博尔霍夫—奥缪尔—克罗梅地区的德军，第3和第13集团军也加入这场攻势。战役进展缓慢，最终完全停滞，这次受挫激起了部分军团指挥员对切列维琴科及其方面军领率机构的指责和不满。一星期前，西南方面军第40和第21集团军已经在库尔斯克—奥博扬地区发起进攻，激战立即沿塞马河（Seima）一线展开：第40集团军左翼推进约20英里，但中央和右翼为德军防御所阻；第21集团军切断了别尔哥罗德—库尔斯克公路，加入到夺取奥博扬的战斗中。铁木辛哥立即引入第21集团军，命令该集团军配合马斯洛夫少将的第38集团军，于1月5日夜间夺取别尔哥罗德。马斯洛夫慌忙准备他的攻势，1月5日晚才开始进攻，这时德军已经觉察到了苏联人的目标，正严阵以待。第21集团军的进攻淹没在了德军反冲击的大潮中，1月10日，德军部队开始突入第21集团军突击群的后方，同时还对第21和第40集团军的结合部发起猛烈打击。

在北面被挡住后，铁木辛哥现在于南面展开进攻，在那里，西南方面军和南方面军的侧翼（第38、第6、第57和第37集团军）混杂在一起。在4天（1月18日—22日）内，第6和第57集团军向前推进了约20英里，但两个德国步兵师死守巴拉克列亚和斯拉维扬斯克，试图阻止苏军扩宽突破口。铁木辛哥攻势的北路被挡住，在别尔哥罗德—沃尔昌斯克附近甚至被击退了，南面的突出部有所扩展、偏移，但苏军各兵团尚未从中突出，冲向德军侧翼。德军在筑垒严密的城镇和村庄，乃至独立农场和营地严阵以待，苏德双方在这些聚落内外持续厮杀。为突入德军阵地纵深，铁木辛哥的方面军司令员们布置了3个骑兵军——骑兵第6、第5和第1军，它们1月22日—24日被投入突破战役，骑兵第1和第6军前往克拉斯内—利曼—斯拉维扬斯克铁路线，骑兵第5军右翼部队与第57集团军去夺取巴尔文科沃。

第6集团军对巴拉克列亚这个德军至关重要的肩角发起进攻后，也在深冬的凛冽寒风中遭到了攻击。铁木辛哥试图不惜代价，在伊久姆突出部的北肩达成突破，因为这里的高地控制着通往西面的道路，是遂行大规模突破的必经之地。苏联人从雪堡展开战斗，德国人蜷缩在温暖的营地和房屋中，所以高级指挥层为战略目标而战，步兵们则为简单但必不可少的温暖互相厮杀。

1月24日，铁木辛哥向最高统帅部报告了继续作战与投入第9集团军的决定，后者将在第57和第37集团军之间展开行动：第38、第6集团军和骑兵第6军继续从南面和西南面包抄哈尔科夫，以解放该城并穿过克拉斯诺格勒地域，为此，铁木辛哥为他的几个军团请求增援——坦克、飞机、4个步兵师和补充兵。两天后，最高统帅部确认，铁木辛哥的当前任务是切断斯拉维扬斯克—奇斯佳科沃（Chistyakovo）地区的德军交通线；一股力量将前出至第聂伯河西岸，另一股力量（取决于整体形势）将冲向南方，夺取马里乌波尔以西或梅利托波尔以西地区。这就是铁木辛哥冲出"突出部"的方法，为此他得到了一些最高统帅部预备队——315辆坦克和4个步兵旅，在那段普遍紧缩的时日里，这是一份不错的礼物。

铁木辛哥在伊久姆两侧着手扩展突出部：1月26日，第6集团军和骑兵第6军切断了哈尔科夫—洛佐瓦亚公路，抵达奥缪尔河一线，并于27日夺取洛佐瓦亚这一非常重要的铁路枢纽，这里还有一座德军集中营，红军战俘在里面悲惨地死于寒冷、饥饿和酷刑。现在，苏军各师在坦克连和火箭炮连的支援下冲向突破地域的内壁，第6集团军向北面的哈尔科夫方向艰难推进，向外侧迂回并与第38集团军取得联系，从而切断巴拉克列亚突出部。但德军守住了内壁，哈尔科夫方向的突击被再次挡住。在南面的斯拉维扬斯克和阿尔乔莫夫斯克（Artemovska），马利诺夫斯基决定以第9集团军和1个骑兵军通过突入该地域德军部队的后方来摧毁其抵抗——随着第9集团军和第37集团军分别从西面和东面进击，顿巴斯的德军将被分割歼灭；第57集团军将攻往西南方，掩护南方面军右翼，而骑兵第5和第1军奉命前往斯大林诺以西的红军城—戈尔洛夫卡（Gavrilovka）地域，将于2月5日前投入战斗。

　　从哈尔科夫抽调部队加固北肩角后，德军指挥机构又开始着手巩固南肩角，那里被苏军突破的风险更大。第3装甲军的部队开往克拉马托尔斯克，进入红军城地区，第57集团军的一根铁手指已经插入了那里，虽然事实证明他们不可能拿下红军城。第12集团军也未能在那个方向获得很大进展；第9集团军冒着暴雪与酷寒，在加固过的房屋和村落编织的网里鏖战多日；第37集团军也无法克服德军在南肩角的抵抗。无论如何，虽然3个苏联集团军（西南方面军第6、南方面军第57和第9集团军）及支援他们的骑兵军目前被困在巴拉克列亚—洛佐瓦亚—斯拉维扬斯克一线，但他们沿北顿涅茨的德军战线达成了突破，深入约50英里。顿涅茨河右岸的桥头堡既大又危险，威胁着哈尔科夫和顿巴斯德军的侧翼。苏军动用了1个步兵团进攻斯拉维扬斯克，德军击退近200次突击后损失已经很严重。马利诺夫斯基希望将第9集团军用于突破，但它和第57集团军被不可避免地拿去应对德军持续的反冲击。在巴拉克列亚，一支苏联部队突破至至关重要的巴拉克列亚—雅科文科沃（Yakovenkovo）公路，官兵们坚守在那里，直到被斯图卡炸得灰飞烟灭，无人幸存，他们被烧死在了自己用的干草堆中。

　　这场历时70天的战斗愈发激烈，而铁木辛哥在顿涅茨河上开辟的突出部日益缩减，与此同时，苏联统帅部考虑在刻赤半岛展开一次大规模行动，以解放整个克里米亚，夺回苏联东南部的这块地盘不仅能对土耳其产生一定影响，还可以将苏联轰炸机重新部署至可以打击罗马尼亚油田的基地。1月2日，最高统帅部批准了该计划，苏联军队的主力将穿过占卡（Dzhanka）—彼列科普—琼加尔（Chongar），一支次要力量将攻往辛菲罗波尔，并在雅尔塔、彼列科普和叶夫帕托里亚（Eupatoria）遂行两栖登陆，苏军打算先封锁第11集团军，然后予以歼灭。相应的，克里米亚方面军司令员科兹洛夫将军（1月28日正式上任）从斯大林那里收到了明确指令："加速集结队伍，转入总攻，不得延误。"1月15日曼施泰因发动进攻时，这项雄心勃勃的任务陷入了混乱。一番激战后，苏联军队被赶出了菲奥多西亚。第44集团军司令部在空袭中被炸弹命中，佩尔武申少将负重伤，参谋们阵亡；第44和第51集团军退回了阿克莫奈（Ak-Monai）并向亚速海移动。现在，斯大林的大型攻势需要大幅调整了。

科兹洛夫的新命令是攻往菲奥多西亚以西30英里的卡拉苏巴扎尔（Karasubazar），从那里突入正在进攻塞瓦斯托波尔的曼施泰因第11集团军的后方；黑海舰队将在菲奥多西亚西南20英里处的苏达克（Sudaka）进行强有力的两栖登陆，并通过炮击近岸目标来支援第44集团军的作战行动。攻势定于2月13日，1月28日，最高统帅部下发了修订版战役计划。刻赤半岛上的苏联军团接收了增援，包括数个新型T-34坦克分队。德军空中侦察关注着苏军在高加索机场和黑海港口的建造工作，而在塞瓦斯托波尔周边，炮兵交战的激烈程度突然下降。不过，克里米亚方面军发现自己无法于2月13日出击，因此攻势被推迟了半个月，改为2月27日。为保证自己在刻赤—克里米亚攻势中的投入不会白费，斯大林将列夫·梅赫利斯调离沃尔霍夫方面军的监督岗位（伏罗希洛夫元帅已被送往那里），并把他派往刻赤，梅赫利斯在那里夜以继日地问询质疑，指挥员们开始人人自危。为求万全，梅赫利斯命令苏联汽车装甲坦克总部总监[6]沃利斯基将军到刻赤地区，监督最近赶到的坦克增援的作战行动。这是通往莫斯科"专线"的一个优点，也是作为副国防委员享有斯大林的信任的一个优势。

2月23日，德国空军轰隆隆地飞过苏军战线并投下传单，宣称苏军的攻势将于2月27日展开。在2月27日清晨的薄雾中，苏军按时发起进攻。沃利斯基将军未能说服方面军司令部（主要是梅赫利斯）推延一小段时间。第51集团军的步兵在坦克的支援下，成纵队转入进攻，但大雨浇软了地面，德军大炮也在开火，坦克最终停了下来。在3月前两个星期的战斗中，梅赫利斯不断介入，沃利斯基则竭力说服指挥员适当地使用坦克。苏军接连展开进攻，曼施泰因决定遏制由此产生的威胁，他动用了最后的增援部队——第22装甲师。德军的进攻部队直接冲进了苏军为新攻势集结的部队中，第22装甲师陷入苦战。苏军3月26日重启进攻，但兵力和范围有所缩减。曼施泰因仍然坚守着狭窄的陆上通道，苏联各集团军必须由此攻入克里米亚。4月9日的晨雾中，第44集团军和第51集团军之一部，计6个步兵师和150多辆坦克再次试图冲入克里米亚，曼施泰因和他这次部署的第28轻步兵师严阵以待。

然而就算不谈突破，摆在刻赤半岛上第44和第51集团军面前的威胁也非常现实了，第11集团军受到的"主要威胁"已经被消除。苏联军队现在着手构筑强大的工事，正如曼施泰因多次见识过的那样，他们多少可以获得增援。要塞仍在倾泻火力，所以无法预测何时才能攻陷。与此同时，梅赫利斯加紧了对刻赤的控制，他"监视"着科兹洛夫，事实证明，这种事态是致命的。刻赤指挥部正最后尝试冲入克里米亚时，斯大林任命布琼尼元帅为"北高加索方向总指挥部"总司令，并决定将克里米亚方面军划入布琼尼的战役方向。然而这些似乎都没有妨碍梅赫利斯对自己作为一名有权的高级指挥员个人能力的评估，梅赫利斯失败时，苏联在刻赤的大厦也将随之倾倒。

3月行将结束，斯大林即将向他的战略目标发起最后的冲刺时，苏方多重突破的深度和危险程度已经足以困扰德国统帅部中的多数人。在沃尔霍夫，弗拉索夫和梅列茨科夫设法打破德军对突击第2集团军的封锁，该集团军仍置身于柳班附近的冰沼和沼泽中。在杰米扬斯克，德国第2军和霍尔姆的德军一样，未被击败但身陷重围。斯摩棱斯克以东，维亚济马以西，别洛夫的骑兵第1军、叶夫列莫夫的第33集团军、空降兵第4军和强大的苏联游击旅仍在劈砍德军战线，而北面的骑兵第11军和第39集团军占据了瑟乔夫卡以西漫长而又危险的突出部。普尔卡耶夫的突击第3集团军冲向大卢基，叶廖缅科的突击第4集团军垂在维捷布斯克北面，铁钳停在了半空中，但锋刃犹在。铁木辛哥在哈尔科夫保持着高压，顿涅茨河突出部上的苏军桥头堡现有60英里深——如果拿下巴拉克列亚和斯拉维扬斯克，两个方面军辖下的苏联各师将涌出巨大的伊久姆突出部。再往南，曼施泰因站在塞瓦斯托波尔的大门外，尽管已经遏制了苏联从刻赤突入克里米亚的尝试，仍有两个苏联集团军如芒在背。虽然破碎不堪的战线、被深深突破的侧翼证明着这场危机的严重程度，但没有德国集团军群被粉碎。经历了这些以后，他们缓慢但更加确信可以渡过难关。

在马林科夫最近被派去代表斯大林监督的沃尔霍夫方面军，梅列茨科夫的方面军司令部策划了3个作战方案：请求最高统帅部再给一个集团军遂行当前任务，直到泥泞季节到来；撤回突击第2集团军，在另一片区域再行尝试；转入严密的防御，渡过泥泞季节，然后重启攻势。在最高统帅部的批示下，梅列茨科夫选择了第一个方案，即便让弗拉索夫的生命线保持通畅的战斗在3月底非常激烈——德军在调集更多增援，但梅列茨科夫按计划发展突击第2集团军的柳班攻势。为了给弗拉索夫增派一个新步兵军，在近卫步兵第4师的基础上组建了近卫步兵第6军，成军后，近卫步兵第6军将比整个突击第2集团军加起来还强。随后这股力量将冲向柳班。弗拉索夫暂时相对安全，虽然德军封锁了突击第2集团军通往沃尔霍夫的交通线，但他的补给可以通过一条穿过德军封锁的一英里宽的走廊运抵。不过，一旦地面化冻，弗拉索夫就会被困在一大片沼泽中，机动能力尽失。弗拉索夫突围的计划也在一次突如其来的变故中泡汤。令梅列茨科夫大吃一惊的是，沃尔霍夫方面军被解散了。梅列茨科夫被调至西方面军，担任朱可夫的副手和第33集团军司令员，他的前任叶夫列莫夫已经在突围时阵亡。梅列茨科夫到最高统帅部才听到了实情。他第一次听说解散方面军的消息，是列宁格勒方面军司令员霍津将军口袋里揣着斯大林的训令，得意洋洋地来到沃尔霍夫的方面军司令部，宣布沃尔霍夫方面军从现在开始成为"战役集群"，归他指挥。正如梅列茨科夫随后发现的那样，霍津已经说服斯大林，若能直接指挥沃尔霍夫的军队，他就能立即打破对列宁格勒的封锁。在霍津的提议下，新组建的近卫步兵第6军和一个步兵师分给了西北方面军。梅列茨科夫目瞪口呆，并试图向霍津指出弗拉索夫现在面临的困难，但霍津宁可不这样看。到最高统帅部之后，梅列茨科夫立即在一次斯大林和马林科夫列席的会议上报告了这场灾难，他直言不讳：

突击第2集团军已经消耗殆尽，无法进攻亦无法自卫。其交通线在德军的突击下摇摇欲坠。如果无所作为，灾难将不可避免。为了摆脱这种局面，我建议不要将近卫步兵第6军调离方面军，而是将其用于加强那个集团军。如果不能这样做，就必须将突击第2集团军从沼泽地和森林拉回到丘多沃—列宁格勒公路和铁路线。

这个建议被斯大林和马林科夫忽视了，弗拉索夫的人马最终注定要饿死在沼泽地里。

3月27日黎明时分，旧鲁萨东南，德军炮火拉开了贯穿杰米扬斯克内外包围圈作战行动的序幕，第2军会由此突围，德军将在中途会师。赛德利茨带领的德军解围军队攻往苏联第11集团军和突击第1集团军的结合部，炮火层层落下，反复的俯冲轰炸摧毁了苏联的抵抗。所有这些就像从蓝线中伸入库罗奇金方面军的插头，3月29日，在最高统帅部的直接命令下，外包围圈的所有军队划归库罗奇金的副手瓦图京中将指挥，大本营还送去了反坦克炮和高射炮，以便库罗奇金挡住赛德利茨。就在西北方面军因泥泞动弹不得时，在旧鲁萨与杰米扬斯克之间的树丛和森林中，赛德利茨的人马突破了一道又一道苏军战线，用了30天攻抵洛瓦季河，抵达会合点拉穆舍沃（Ramushevo）并与第2军取得联系。

维亚济马附近，朱可夫准备展开最后一搏，第50集团军将尝试突破尤赫诺夫—罗斯拉夫利公路，与从德军后方进攻的别洛夫取得联系。别洛夫与博尔金之间只隔着一条狭窄的走廊，但内含强大的德军部队，并且已经准备好腹背受敌。朱可夫命令别洛夫侦察维亚济马正南方的米利亚季诺（Milyatino）。4月10日，别洛夫通过无线电向朱可夫报告了自己当前的位置、敌军兵力和他考虑的行动：

> 现在，环绕我军的战线超过300千米。敌军兵力：米利亚季诺—叶列尼亚一线估计有6个师；叶列尼亚方向有伸向罗斯拉夫利和斯摩棱斯克的防御工事；第聂伯河以西有实力不明的军队据守着防御阵地；往北——亚尔采沃、谢米列沃、沃洛斯塔-皮亚特尼察站（Volosta Pyatnitsa）——铁路线的接近地有零星部队掩护，包括第35和第23步兵师。

结论：我军参与了对维亚济马—叶列尼亚—斯帕斯–杰缅斯克之敌的包围，自身也处于战役包围圈之中。

我军的兵力和正面的长度迫使我转入防御。主动权显然在敌军那边。没有预备队。鉴于这些情况，建议采取以下进攻方案：

1. 突破包围圈，在米利亚季诺总方向上与第50集团军会合；

2. 为此，将近卫骑兵第1师、第2师的突击部队、空降兵第4军、"扎博"游击支队……集结在弗斯霍德（Vskhoda）地区。

……

6.以第50集团军的部队，可能的话还有第10集团军，夺取华沙高速公路扎伊采夫高地路段、叶尔沙和米利亚季诺，然后在指定地区的高速公路掘壕固守。

7.在米利亚季诺地域与博尔金取得联系后，将全军聚拢到一起，我的梯队中包括炮兵、坦克旅和近卫骑兵第7师，然后我军前往亚尔采沃与加里宁方面军取得联系，或遂行其他任务。

［第1596号。别洛夫；米洛斯拉夫斯基；瓦舒林。］

在细则中，别洛夫建议将多罗戈布日留给杰杜什卡急流（Dedushka）游击支队，还请求空中掩护和坦克支援。近卫骑兵第1军军部以一种可以理解的焦急等待着回复。朱可夫大体上同意，但斯大林禁止削弱多罗戈布日。第50集团军的作战行动也没有传来鼓舞人心的消息。4月14日，西方面军司令部突然报告说第50集团军冲击并拿下了高速公路上的扎伊采夫高地，距离米利亚季诺仅3英里，别洛夫自作主张，提议现在向南面的第50集团军试探一下。因此，别洛夫再次建议从多罗戈布日调来近卫骑兵第1师，向第50集团军突围。朱可夫严词拒绝，他让别洛夫以虚弱的近卫骑兵第2师和空降兵第4军残部突围。德军的"斯图卡"俯冲轰炸机赶来将第50集团军先头部队驱离扎伊采夫高地、痛击别洛夫疲弱不堪的各师时，别洛夫与博尔金相距只有半英里。"没有预备队"，别洛夫已经告诉过朱可夫的司令部，他唯一的希望被锁在了多罗戈布日。现在，叶夫列莫夫的小股军队正在被有条不紊地切成碎片。后方的叶夫列莫夫被德军伏击，负重伤。叶夫列莫夫4月18日受了重伤，他大幅缩水的军队绝望地走完到第43集团军战线的最后一英里时，几乎已经不复存在了。夜间，叶夫列莫夫所部闯入德军的猛烈火力下，躲藏的树林被德军照明弹点燃。叶夫列莫夫无法帮助自己的部下，也不想作为战俘死去，他低语道："孩子们，我不行了，但你们要继续战斗。"遂不再多说，对准太阳穴扣动扳机。

然而，数个游击旅继续成群战斗，其中一些处于严密的控制下，拥有合法的身份，另一些则是自发成立的，还有一些被编入正规红军兵团，以便扩充非常单薄的队伍。至于基谢廖夫指挥的一支部队，西方面军司令部对这名宣称自己依据方面军司令部的命令行事的军官产生了怀疑。朱可夫的作战主任戈卢什克维奇致电别洛夫：

> 方向总指挥部（朱可夫）命令：
> 　　1.报告你了解的所有游击队指挥员的情况。
> 　　2.查清情况前，先把基谢廖夫的人都控制起来。

别洛夫手下一名军官随后进行的调查，导致所有游击队指挥员都被带上一架飞机飞往未被占领的后方接受审问。朱可夫的命令和别洛夫的困境（他已经为此派遣一名军官到这些游击队）充分说明了这些形形色色的旅和中队的控制问题，他们中有许多都用着假名，像乌拉甘（Uragan）、杰杜什卡（Dedushka），有一些由陌生且可疑的人指挥。别洛夫（和像他这样的指挥员）不得不设立一个作为中介的指挥组来控制这些广泛的活动，为方便起见，他们广泛采用了常规军事组织：杰杜什卡支队变成了一个"游击师"，第1"斯摩棱斯克"游击师很快就拥有了7342人、2辆BT-7坦克、50门迫击炮、10门野战炮和各种各样的装备，这个兵团立刻引起了当局的注意，军队、党政机关和别洛夫的政治部门均插手这些活动。在别洛夫的"地盘"，斯摩棱斯克州的叶列尼亚—多罗戈布日地区，战斗力强、组织良好的游击运动蓬勃开展。斯大林坚守多罗戈布日和所有"后方"地盘的命令肯定有它的考虑，虽然攻势缓缓停下，但这并不意味着摧毁中央集团军群的计划结束（5月4日，别洛夫通过无线电收到了带有此意的正式命令）。与此同时，装备和红军军官-顾问经由维捷布斯克北面的苏拉日"门"和维亚济马以南的基洛夫"缺口"进入更多游击队，这些部队至少被组织为团，一两个"游击师"也在组建中。相距很近时，这些游击队会被置于红军各师的作战指挥和师部政治处的监督下，由方面军司令部的军事委员会下达命令和任务，也由他们实现宏观上的协调配合（游击队的控制问题在1942年冬季以后愈发凸显，所以在1942年5月设立了"游击运动总指挥部"，以便实现新的顶层指挥控制，这是一个设在莫斯科的中央组织）。游击队的这次春季复兴期间，多方力量参与进来——红军、党、NKVD和许多神秘人物，这些人为当地人熟知，基地就在本地，他们组建了独立性很强的支队。红军各师从自己的序列和这些游击队——每百人抽出十人——中组建了"破坏中队"，破坏德国交通线和其他经过挑选的目标。对付这些部队和全体红军的是俄国变节者（即转投德方的人，其中就有步兵第160师的前红军少校博加托夫，别洛夫将军将叶夫列莫夫的师部集群被渗透和位置被出卖给德国追击部队一事要归咎于他）组成的小股集群。

苏联冬季攻势逐渐放缓，战栗着出现一系列停顿时，整个3月，尤其是在下半月，斯大林、最高统帅部、总参谋部、经过挑选的方面军司令员和武器、勤务部门指挥员忙于紧张和矛盾重重的决策事务，决定红军在即将来临的夏季战役中的目标和态势——防御或进攻。这个关键抉择的决策方式最能反映斯大林的指挥思想，抉择本身也是对斯大林军事领导能力的关键检验，他不仅要在战略层面，还要在战役层面下达许多指示。在1941年12月—1942年1月的冬季大规模攻势期间，斯大林暴露了两个基本弱点：低估敌人和无法（或不愿）将苏联军队集中在决定性的方向上。斯大林一再逾越指挥上的界限，他频繁诉诸自己的无线电和电话，这并非总能成功。他可以与指挥员（例如霍津）"讨论"，这很合他心意，但有悖于战略和战役原理。至于情报，斯大林显然只相信那些合他心意、符合他预期的内容，虽然总的来说，他对战争尤其是前线感知甚少，但仍相信只有自己最了解情况。在克里姆林宫的午夜会议上，斯大林设法让他的宏大计划摆脱当前的困境，如果说这样的讨论是片面的话，那么希特勒和他的指挥官们此时也围于同类讨论之中。

总参谋部的沙波什尼科夫元帅和华西列夫斯基已经重新审视了红军的兵力、装备水平和补给量，从而得出了（用华西列夫斯基自己的话来说）"明确的结论"：红军1942年初夏摆出"暂时的战略防御"姿态比较合适。大规模训练有素的预备队的缺乏支持了这一评估。目标应该是在预有准备的阵地遂行防御，旨在以组织良好的反突击消耗敌军，并最终形成可以让红军转入"决定性攻势"的局面，敌人将由于蒙受损失而被大大削弱。苏联统帅部在这一战略防御阶段的"主要注意力"应该放在"中部地区"（莫斯科）。全局政策的主要目标应该是到1942年5月—6月建立一支战斗力强、装备精良、训练有素的预备队，他们还要拥有必要的装甲车辆、弹药、飞机和补给，统帅部现在知道后者在大规模攻势中不可或缺。3月中旬，沙波什尼科夫元帅及其副手华西列夫斯基亲自向斯大林提交了这份战略评估，一同交上去的还有关于预备队和装备的基本预测。斯大林原则上赞同这一估算。

不过，向最高统帅斯大林上书的不止沙波什尼科夫元帅一人。同样是在3月中旬，铁木辛哥元帅通过他的"西南方向"军事委员会（政委赫鲁晓夫和参谋长巴格拉米扬将军）提交了以3个方面军（布良斯克方面军、西南方面军和南方面军）的兵力恢复进攻的建议，进攻的目标是摧毁南方集团军群，抵达戈梅利—基辅—切尔卡瑟—五一城—尼古拉耶夫一线。最高统帅部审视这一建议时，意识到人员装备的缺乏使得这样一个艰巨的任务无法遂行，这种任务将需要提供大量增援，西南方面军尤甚。于是，铁木辛哥重新审视他这次攻势的规模，缩减了目标。事实上，铁木辛哥提出的更像是一次"方向"战役而非"战略性战役"（后者需要多个方面军参与，包括至少1个不属于他"方向"的方面军）。斯大林、贝利亚、伏罗希洛夫和最高统帅部成员中的军队指挥员现在同意了"哈尔科夫战役"——在西北方突出伊久姆突出部，在东北方从沃尔昌斯克发起进攻，以夺取哈尔科夫——并命令沙波什尼科夫将这次战役视为仅限于铁木辛哥方向总指挥部的"内部任务"。不过缩减了目标后，这仍然是一次雄心勃勃的战役，具有相当的战略意义：哈尔科夫及其仓库与工厂的丢失将沉重打击南方集团军群，铁木辛哥随后可以跳往第聂伯罗彼得罗夫斯克或扎波罗热。决定于3月底做出，铁木辛哥的攻势定于5月进行。

斯大林虽然接受了总参谋部的基本假设，但仍然考虑同步展开几次"局部进攻"，计划由最高统帅部拟定，而国防委员会仍对坦克、火炮和飞机的生产和参战负主要责任。莫斯科地区的收复让这个问题稍稍简单了一些：工业停止向东疏散，莫斯科中央工业区的工厂再次开始开足马力生产。与此同时，斯大林选择的"局部攻势"要么是为了改善苏联集团军的阵地，要么是为了阻止德军集结兵力——这就是这些进攻背后的逻辑。收录在最高统帅部训令中的进攻命令批准了列宁格勒攻势，这次攻势是斯大林与霍津"修订"的迂回方案；杰米扬斯克攻势，这次战役直指维亚济马以西和斯摩棱斯克方向；利戈夫（Lgov）—库尔斯克战役，即铁木辛哥的哈尔科夫攻势；最后还要继续指向克里米亚的刻赤攻势。列举这些即将展开的战役后，"局部进攻"的画面已经变了，虽然总参谋部中没人敢明确地说出来，但斯大林"防御与进攻并举"的提议引发了诸多不安。

总参谋部认为，1942年初夏德军的主要威胁在中部，也就是莫斯科方向，这与最高统帅部总的意见一致，但无法解除斯大林近期计划和部署中个别强力的限制条款。沙波什尼科夫元帅部分同意斯大林的看法："有限活动的战略防御"将在夏初耗尽敌军，之后苏联军队可以转入反攻，所以有必要保留预备队。朱可夫将军支持沙波什尼科夫，但他也有所怀疑：虽然最高统帅部和总参谋部认为奥缪尔—图拉和库尔斯克—沃罗涅日方向才是目前最危险的方向，因为德军可以从西南方包抄莫斯科（这就是布良斯克方面军有很多预备队集团军的原因），但朱可夫认为有必要先歼灭勒热夫—杰米扬斯克地区的德军，该地区相当于一个强大的德军桥头堡。虽然大体上同意斯大林的战略预测，但朱可夫不喜欢这种规模的"局部进攻"，因为苏联军队即将展开的战略攻势需要足够的预备队，而这种数量的独立任务只会浪费建立这些预备队的机会。

朱可夫适时地将他的观点报告给了斯大林，提议向西猛攻，歼灭勒热夫—杰米扬斯克地区的德军：在莫斯科防空司令部调拨的飞机的支援下，西方面军和加里宁方面军的军队，还有从友邻方面军和西北方面军抽调的部队应该足够遂行该任务。这样一场进攻将动摇德军，并削弱他们可能于近期展开的任何攻势。面对这一异议，斯大林于3月底召开国防委员会会议，出席者有伏罗希洛夫、沙波什尼科夫、铁木辛哥、朱可夫、华西列夫斯基和巴格拉米扬。沙波什尼科夫元帅以一篇深入的报告做了开场白，该报告充分验证了斯大林关于战略形势的看法，只是得出了略有不同的结论：鉴于德国在人员方面的优势，以及"第二战场"的缺位，建议暂时采取有限的"积极防御"——战略预备队主力应当集结于中部方向，部分集结于沃罗涅日地区，因为总参谋部认为1942

年夏季的主要作战行动将在那里发生。沙波什尼科夫元帅评论西南方向总司令铁木辛哥提议的攻势时，刚要描述这次行动固有的一些困难，斯大林便打断了他："不要让我们静坐防御，让德军占到先手！我们必须在宽广的前线上以一系列进攻先发制人，扰乱敌人的准备工作。"斯大林继续说道："朱可夫建议在西方向发展攻势，其他各战线保持防御态势。我认为这是个权宜之计。"铁木辛哥起身提出他对在西南方发动进攻的看法：他的官兵已经整装待发，他的总司令部必须发起先发制人的一击，干扰德军为打击西南方面军和南方面军所做的准备工作——事实上，是通过率先进攻，来倒放战争之初发生的事情。至于西方向上的攻势，铁木辛哥元帅完全支持朱可夫将军的提议，应该多做些工作来转移德军的力量。

朱可夫对这一系列"局部攻势"的计划发起了最后一击，他重申了自己先前的反对意见，但同样担心力量分散的沙波什尼科夫元帅这次却选择了沉默。斯大林没有改变他"防御与进攻并举"的立场，而红军根本就没有这样做所必需的资源。沙波什尼科夫元帅尝试过劝阻斯大林，却被指责不够努力，朱可夫作报告时，他最终陷入了沉默。或许沙波什尼科夫很清楚再试也没有用，不论发生什么事，斯大林都只会一心想着进攻，他已经背着最高统帅部，与个别指挥员"修订"了进攻行动。斯大林也不曾被防御的有利条件所说服，这显然是因为他深信红军无法在一场旷日持久的防御行动中获胜。

斯大林确信1942年夏季的主要威胁将出现在东线中部，也就是莫斯科方向，他命令在这一地段及其接近地最大限度地集中兵力，其中，图拉—奥缪尔方向（莫斯科防御的南翼）最终被认为是最危险的方向，当然也不排除这样一种可能性，即德军冲过库尔斯克，然后向北进攻，继而从东南方对莫斯科实施深远包抄。在这种情况下，现在由戈利科夫上将指挥的布良斯克方面军就要发挥关键作用，虽然布良斯克方面军司令部（除了个别人自己猜到以外）几乎没有意识到这一点。基于对过去作战经验的分析，戈利科夫（他于4月初赶来接任新指挥职务）及其参谋长M. I. 卡扎科夫将军相信奥缪尔—图拉（再到莫斯科）是一个危险的方向，可能会再次出现险情。此外还有库尔斯克—沃罗涅日一线，事实上方面军要不惜代价守住这块新的接近地。通过延长布良斯克方面军的南分界线，第40集团军及其5个步兵师被划给戈利科夫指挥，但这也使该方面军从西南方面军那里接过了50多英里的正面。如此一来，戈利科夫有了23个师（此番转隶前，他有3个集团军——第61、第3和第13集团军——共18个师）和3个坦克旅。戈利科夫和卡扎科夫认为最值得担忧的是德军同时攻往两个方向——奥缪尔—图拉和库尔斯克—沃罗涅日，此举将把方面军撕成两半。戈利科夫和卡扎科夫建议最高统帅部新建一个方面军领率机关来掩护沃罗涅日市区，希望以此避免这种结果，该方面军应当以布良斯克方面军和西南方面军侧翼上的军团（第40和第21集团军）组建而成，再以两个预备队集团军（第3和第6集团军）加强。斯大林和最高统帅部断然拒绝该提议，但戈利科夫和卡扎科夫突然意识到将有大事发生，增援迅速流入布良斯克方面军——4个新组建的坦克军、7个步兵师、11个步兵旅、4个坦克旅和大量独立炮兵团。戈利科夫只能等着了解情况，直到4月中旬被召去参加最高统帅部的一次全体会议。与此同时，戈利科夫自作主张，用最近收到的部分增援新组建了一个集团军——第48集团军；比留佐夫任参谋长，这项任命不太合他心意。鲁缅采夫已经选中了萨莫欣将军出任第48集团军司令，位于叶列茨的司令部正等着他乘飞机从莫斯科赶来。萨莫欣永远不能现身，他的飞行员弄错了方向，把将军及其携带的训令送到了姆岑斯克以西的一座德军机场，训令包括计划中的哈尔科夫战役和布良斯克方面军在其中扮演的角色。萨莫欣和他的训令就此消失无踪。

斯大林已经开始重新布置列宁格勒的指挥层。4月初，不是党员的第5集团军司令员戈沃罗夫被派至该城，出任列宁格勒方面军司令员，而霍津被任命为沃尔霍夫的"战役集群"司令，这个战役集群现在取代了梅列茨科夫的沃尔霍夫方面军。因此，从拉多加湖到伊尔门湖的6个集团军由列宁格勒的司令部指挥，它们又分成两个独立的指挥集群，一个在列宁格勒，另一个在小维舍拉，霍津本人就在那里。在封锁线内作战、被困在城中的3个集团军由戈沃罗夫指挥，他是一名炮兵专家，从一开始就致力于组织城市的"炮兵防御"。双重指挥部并未改善列宁格勒方面军的处境，对在场的人（霍津除外）来说，撤销沃尔霍夫方面军的决定似乎毫无意义。

纯粹的防御准备工作包括在布良斯克方面军、西南方面军和南方面军后方、沃罗涅日—旧别利斯克—罗斯托夫一线构筑加强阵地，还计划在沃罗涅日、罗斯托夫、萨拉托夫和斯大林格勒市区构筑环形反坦克壕，上面散布着火力点，这些任务由地方防御委员会承担。除了为专门任务亲自调换指挥员，斯大林4月初还以最高统帅部的名义，决定解散朱可夫的"西方向"总指挥部，其下属的西方面军和加里宁方面军由最高统帅部直接控制，建议将布良斯克方面军交由最高统帅部控制，并组建一个新的方向总指挥部——布琼尼元帅的"北高加索方向"（包括塞瓦斯托波尔守军、刻赤的集团军和高加索的军队），铁木辛哥得到了西南方面军和南方面军组成的"西南方向"总指挥部。在全部9个方面军（及2个独立集团军）中，位于中部、掩护莫斯科接近地的几个方面军被立即纳入中央高度集中的控制下。

3月—4月，虽然总参谋部和最高统帅部（据华西列夫斯基元帅称还有大多数方面军司令员）都认为德军的主攻方向将直至莫斯科和"中部地区"，但苏联情报机构同期的报告表明德军打算在南部发动进攻。总参谋部的判断是基于德军兵力的证据，即"中部"仍然集结着最强大的力量。就斯大林而言，他支配着可能是最有效的情报组织，该组织就在德国的决策中心运作，它就是消息异常灵通的"露西"，1941年7月或8月，斯大林亲自加强了苏联情报人员的人力，他为此而口述的指令被传递给富特和拉多，之后"露西"和"韦特"收集的情报获得最高优先权。德国在东线的战略计划、部署和战役意图等资料每天从"露西"那里传来，莫斯科的"中央"从未知晓其真实身份，但他的情报（正如亚历山大·富特随后在莫斯科就可能的"罪责"接受审问时所了解的那样）为铁木辛哥哈尔科夫攻势的构想提供了基础。无论如何，总体结果是，1942年晚春，希特勒的注意力被吸引到了侧翼，尤其是南部，而斯大林的注意力被引到了中部，从而让所有这些情报资料都变得无足轻重。不久之后，斯大林对苏联情报人员的工作表达了强烈不满（显然是因为他们没有就希特勒的"南方"计划提供无可辩驳的证据）。斯大林个人对1942年战略计划的另一个影响是断定当年必然开辟第二战场，因此德军的前线和后备部队将被抽离东线。虽然他（2月23日）的红军节咨文语气比1941年11月的讲话（文中没有提到"盟国"的力量，这让英国外交部感到震惊）更为谨慎，但仍未打消尽可能收复苏联领土的念头。他打算坚守前沿地区，比如罗戈布日。保卫中央（莫斯科），决不让1941年"险情"重演的同时，斯大林打算尽可能地向前推进。他或许正幻想着打破对列宁格勒的封锁，解放哈尔科夫和克里米亚。最高统帅部最近下发给西方面军司令部的训令划定了别雷—多罗戈布日—叶列尼亚一线，并要求在4月20日日终前抵达斯摩棱斯克西南方，但春季的化冻使土地潮湿，地面变成了泥泞之海，防御方和进攻方都动弹不得。被困在德军后方的别洛夫向朱可夫提议，在尤赫诺夫—罗斯拉夫利公路上再打开一个缺口，他将投入第二梯队（现在该梯队实际上是波利耶夫将军的那个骑兵军），西方面军和加里宁方面军在亚尔采沃取得联系，但别洛夫的军部4月26日接到无线电消息，说第50集团军已经转入防御，而该集团军对于打开并坚守缺口而言必不可少。别洛夫知道，对付中央集团军群的尝试终告失败。

冬季的几个月里，深处乌拉尔腹地的工业企业已经生产了4500多辆坦克、约3000架飞机、近14000门火炮和50000多门迫击炮，这要归功于人们在恶劣条件下付诸的异乎寻常的努力。指挥员们习惯了只有20来辆坦克，因此新装甲部队的到来是个惊喜，坦克军预示着坦克集团军的出现，各兵团装备了新型号——KV、T–34 和T–70 坦克。4月抵达布良斯克方面军的4个坦克军（坦克第1、第3、第4和第16军）各有24辆KV、88辆T–34和69辆轻型坦克，而坦克旅中有半数是T–60轻型坦克。戈利科夫最终有1500辆坦克可调配。铁木辛哥将集结一支1200辆坦克的兵力。两个坦克军正赶往西方面军，以便组建一支突击力量。负责这次重组的是装甲兵上将雅科夫·尼古拉耶维奇·费多连科，他是最高统帅部固定成员，以前是沙皇俄国的海军水兵，早年间志愿加入红军，国内战争时曾任装甲列车车长，现在是苏军汽车装甲坦克部部长。红军现在还是没有武器堪与德国陆军非常可怕的突击炮比肩，但苏联自行火炮（su）的设计即将出现，它最终将演变得像是一种无炮塔坦克。红军装甲兵正在恢复，但他们即将遭遇一次更为可怕的战火洗礼，虽然这种情况被那些士气高涨但训练匮乏的军长仁慈地掩盖了起来。

在泥泞季节，黏着的前线困住了军队及其装备，双方集中精力制定计划并奋力准备，他们都在以自己的方式在接下来的战役中寻求"决定性方案"。希特勒谋求最终摧毁红军、根除苏联军事经济力量的关键来源，他在4月5日的第41号指令中制定了自己的目标，力图冲向侧翼，尤其是南翼，突破高加索地区，谋求石油、谷物和苏联的东方补给线，图谋让土耳其加入德国一方，切断俄罗斯与伊朗的联系。斯大林格勒以西，在顿涅茨河与顿河之间，从南北两面伸来的两只德军大铁钳将会闭合并粉碎苏军的所有抵抗，接着，德军将会冲入高加索，攻向黑海与里海之间。该方案起初被短暂称为"西格弗里德"行动，但现在，所有历史上的英雄人物和神话故事都被推到一边，它以"蓝色"行动的面貌出现。与此同时，斯大林的最高统帅部继续尽可能地将所有的战略"策划"转变为越来越多的进攻战役，总的来说，进攻和防御均未占据主流。最高统帅部和总参谋部坚信莫斯科是德国人的基本目标，因此西方面军和布良斯克方面军平均分布着装甲力量，他们后方部署着预备队主力。斯大林显然坚信：德军在南方的进军只是佯攻，意图将苏联预备队从至关重要的莫斯科方向引开。甚至拿到详细说明了"蓝色"行动调动的战役命令后，斯大林仍然拒绝重视这些意图，并责备他的情报人员，认为他们没有揭露德军的"真实"意图。

译注

[1]原文为Ghatsk，疑为Ghzatsk的误写。

[2]原文为Mossalsk，应是Mosalsk的误写。

[3]原文是Demidev，应为Demidov。

[4]原文是Moslask，疑为Mosalsk。

[5]原文是Ksnefontov，疑为Ksenofontov的误写。

[6]应该是副总监。

第九章
盛夏与通往斯大林格勒之路

　　1942年4月1日，判断苏联战场兵力和预测重点作战方向，成为东线德军最关注的事。此时，莱因哈特·盖伦中校从金策尔手中接过德军总参谋部的东线情报部门——东线外军处。德军高层知道这位油嘴滑舌、温声细语的中校精通情报手段，善于欺骗和渗透。盖伦不是个新手，德军筹备"巴巴罗萨"行动时，他就发挥过重要作用。盖伦当时在苏联内部发掘了许多"接触点"，他的特工遍及波罗的海沿岸各国、乌克兰和克里米亚，然而这还只是个前奏，苏德两国真正开战后，盖伦才在利用苏联战俘时展现出他令人惊讶的才能，他极其熟练地招募那些愿意与德军合作的俘虏，把他们派遣到苏联战线后方，其中甚至有不少人潜伏进苏联的重要岗位〔翻开盖伦的文件袋，你可以看到厚厚一摞关于苏联的情报："V人"（即盖伦手下的间谍的报告），苏联工业统计数据，详细编制的苏联作战序列，对缴获邮件仔细而有价值的分析，"无线电游戏"曲折复杂的踪迹，假电台和伪电报员为捕捉苏联间谍而玩的"无线电游戏"，每个档案袋都装满了关于苏联实力、增援计划、调遣和战役准备的资料卷宗〕。

　　盖伦很快在诸多方面取得成功。1942年春，通过那些专门为叛变的苏联战俘而设置的特别"集中营"和审讯中心，盖伦发现德军在1941年10月那些高歌猛进的日子里俘虏了不少政委、高级政委和高级党务官员（都是莫斯科政权组织体系中的人）。在盖伦的诱哄之下，这些变节的政委们站到德国这一边，受领间谍任务后就被谨慎地派遣到苏联战线后方。值得一提的是，这些人都带上了德军的"情报"，还备有从德军手里"勇敢逃脱"的故事。"故事"当然是假的，"情报"也是盖伦为他们伪造的，但这两样东西却成功帮助其中不少人重新得到自己人的信任，甚至回到莫斯科中央任职（该行动代号为"火烈鸟"）。正是通过这些潜伏在苏联统帅部的"线人"，盖伦很快收到了关于1942年夏季苏联绝密会议的"高层"报告。同时，盖伦的这些手段也使得许多俘虏回到部队、参谋部、党组织和驻场军代表站，在前线后方建立分布广泛的线人和间谍网。

收集敌军意图和实力的情报时，盖伦也没有忽视那些传统手段。1942年3月—4月间，他极富耐心地对全部具有潜在价值的信息碎片进行卡片索引分析，获取了极具价值的情报。利用对苏联国内情报（报纸、公开的会谈和对广播的解读）和国外情报（例如德国驻安卡拉武官和日本驻古比雪夫武官提供的线索）的分析，各方面的线索都指向南方——苏联将在这里发动大规模进攻。4月底，"瓦利"指挥部（Stab Walli）一个非常专业的德国情报截获与破译机构提交了一份苏共中央委员诺先科（Nossenko）与《红星报》编辑的对话，重点提到苏联意图从德军手中夺取战争主动权，将于5月1日前后转入进攻。正是在这一天，斯大林发表了乐观的"五一节指示"，暗示战争将在1942年内结束。所有这些来自间谍和监听的信息都被装进东线外军处的一个特别档案袋——"进攻哈尔科夫：致国防部"。4月10日，盖伦在自己的第一份苏联意图报告中指出，"全线反攻"不可能出现。然而另一方面，斯大林的"重点进攻"很可能出现在德军防线的薄弱处或重要目标附近。苏联的重心（Schwerpunkt）将位于战线南部，然而此时德军还不可能准确判断苏联将会在此固守还是发动毁灭性的反攻。莫斯科自然已是固若金汤，苏联在北线给列宁格勒解围的可能性显而易见。3周后，5月1日，盖伦提交了一份11页的报告，详细分析了这些可能性，并再次提出：苏联的主要姿态仍然是防御，但也很有可能对中央集团军群、南方集团军群北翼和从伊久姆桥头堡发动"削弱性"（Zermübungsangriffe）进攻，对最后一处判断的依据是苏联第28集团军的调动以及第6和第38集团军的发展，换言之，苏联很可能发动一场"哈尔科夫攻势"。当时的普遍看法是，苏联统帅部正在组织多次"局部进攻"，但看起来都不可能实现大规模突破。

苏联元帅铁木辛哥〔他被任命为西南方面军司令兼"方向"总司令，科斯坚科（F. Ya. Kostenko）任其副手〕为这场盖伦实际上已经阐明的"哈尔科夫攻势"集结了一支640000人、1200辆坦克、13000门火炮和迫击炮、926架飞机组成的大军（西南方面军和南方面军）。戈罗德尼扬斯基的第6集团军将从南面进攻哈尔科夫，博布金少将的战役集群将从伊久姆突出部出击，攻占克拉斯诺格勒，进而从西南面与第6集团军会师；北钳将从沃尔昌斯克地区出击，突击群由里亚贝舍夫中将的第28集团军打头阵，第21和第38集团军掩护侧翼，从东北方攻向哈尔科夫，最终与从突出部出击的南钳会合。马利诺夫斯基的南方面军下辖波德拉斯第57集团军和哈里托诺夫第9集团军，他们统一负责伊久姆突出部的南翼。铁木辛哥元帅总共集结了23个步兵师、2个骑兵军和2个坦克军参加此次战役，进攻将于5月12日晨打响。正当铁木辛哥元帅忙于最后阶段的战役准备时，布良斯克方面军司令戈利科夫4月20日接到最高统帅部的训令，要他投入第48和第40集团军向库尔斯克—利戈夫方向进行两场似乎没有什么关联的进攻。在戈利科夫和扎哈罗夫看来，最高统帅部之所以要他们用最低限度的兵力组织进攻，是为腾出兵力阻止德军沿奥廖尔—图拉方向的进攻。然而，戈利科夫4月23日亲赴最高统帅部时，斯大林却亲口告诉他，布良斯克方面军要攻打奥廖尔，用第61和第48集团军发动"向心进攻"，分别从西北和西南两个方向包抄奥廖尔，第3和第13集团军的部分兵力也将参战。布良斯克方面军必须在5月10日—12日，也就是铁木辛哥进攻的当天完成进攻准备。5月5日，戈利科夫制订好了进攻计划，却发现手中的燃料和弹药储备还远远不够，于是他申请将进攻日期推迟到5月16日。最高统帅部批准了他的申请，但铁木辛哥的进攻发起日期仍为5月12日。这样一来，铁木辛哥南北两翼的方面军（南方面军和布良斯克方面军）从一开始就无法支援他的进攻。然而，德军的作战计划6天前就预料到了这次攻势，他们打算展开"腓特烈"行动，从突出部的南北两肩发动突击，歼灭突出部。

5月12日一早，数个小时的炮击和空袭之后，铁木辛哥的南北两钳一齐刺向保卢斯的德军第6集团军，随后的三天三夜里，这个集团军在一波又一波苏联步兵和大群苏联坦克的冲击下摇摇欲坠。苏联第28集团军从沃尔昌斯克向前推进12英里多，南翼戈罗德尼扬斯基的第6集团军则从突出部向前推进15英里。5月14日晚是计划中铁木辛哥通过第6集团军的战线投入坦克和快速兵团的时间，但这位元帅并没有这么做，原因有二：其一，他希望出现更好的时机；其二，他的参谋部报告称巴拉克列亚西北方的兹米约夫（Zmiev）有强大的德国装甲兵集结，这使他不敢轻易放出手里的坦克第21军，结果这个情报是错误的。戈罗德尼扬斯基和博布金向哈尔科夫西南一路横扫时，保卢斯奋力将第28集团军死死挡在哈尔科夫以北仅12英里处。由于整条前线吃紧，冯·博克元帅作权宜之计，他决定开始"腓特烈"行动，但只投入一支铁钳直指伊久姆突出部南翼，让克莱斯特的第1装甲集团军和第17集团军杀向铁木辛哥暴露的侧翼。5月17日，克莱斯特借着拂晓第一抹曙光发动进攻，恰在此日，铁木辛哥最终把他的坦克第21军投入进攻。

5月17日凌晨3时15分，第一批德军突击部队向突出部南部战线发动进攻。到当天中午，他们已经攻入第9集团军防线纵深10英里，直接威胁到第57集团军和整个正从突出部向西北方猛攻的苏联突击群的后方。为稳固第9集团军的阵地，马利诺夫斯基立即从预备队中抽出第5骑兵军和1个步兵师、1个坦克旅。在伊久姆城南面，第38集团军被迫转入防御，但德军装甲突击群还是毫不留情地切断了马利诺夫斯基与友邻的联系。当晚，铁木辛哥的军事委员会向最高统帅部发出急电，请求增援以保住突出部。斯大林随即同意组织援军，但他们还需要3天时间才能赶到战场。德军的进攻已经突入北顿涅茨，在苏联后方肆虐的"斯图卡"中队，已经切断了铁木辛哥与试图在南部坚守的军队的联系。这时，最高统帅部和铁木辛哥的司令部里都爆发了激烈争论：在后方遭遇致命危机的当下，是否应当终止整个哈尔科夫进攻战役？最高统帅部命令铁木辛哥在北路受阻、南路无人接应的情况下继续向哈尔科夫推进，总参谋部的华西列夫斯基则坚持认为，最高统帅部预备队赶到战场之前，对哈尔科夫的进攻必须停止，让铁木辛哥能够抽回坦克第21和第23军，迎战克莱斯特。

当天晚上，斯大林亲自和铁木辛哥通了电话：他确信防御措施十分正确，由此取消了华西列夫斯基的安排。然而到早上，战况依旧在继续恶化：5

月18日，克莱斯特在第9集团军防线上撕开一个宽达40英里的缺口，突出部内苏联军队的交通线已经暴露出来。在会战中的这场突破战斗中，局势正在失去控制。值此危急关头，5月16日，戈利科夫的指挥部接到最高统帅部指示，要他改变进攻目标，第二天，最高统帅部特使博金中将抵达布良斯克方面军指挥部，带来铁木辛哥的进攻已陷于绝境的消息。为此，戈利科夫需要投入最左翼（也就是与铁木辛哥的结合部）的第40集团军，在整个方面军所有战斗机和轰炸机力量的支援下立即采取行动，缓解铁木辛哥的压力。然而第40集团军还远未准备好，即便戈利科夫本人亲赴第40集团军司令部催促也无济于事。他们最终能够投入战斗的时候，最高统帅部已经再无挽回哈尔科夫战局的可能。

5月18日这天，华西列夫斯基再次进言斯大林，请求取消哈尔科夫攻势，被斯大林断然拒绝。当天晚上，铁木辛哥的政委尼基塔·赫鲁晓夫给华西列夫斯基打电话，请求他再次劝说斯大林，结果再次被坚定地回绝。直到5月19日晚铁木辛哥不得不命令停止进攻时，斯大林才最终勉强认可，然而此时第6、第57集团军和博布金的战役集群已经处于被合围的边缘，新的危险也在北翼显露出来，保卢斯从突出部北肩的巴拉克列亚打了进来。5月22日3时，德军包围圈即将合拢，苏联各集团军像瓶子里暴怒的群蜂，向内刺向德军包围圈。铁木辛哥迎来最糟糕的结局：他的进攻未能奏效，防御也垮了。其实早在5月13日，他的情报部门就拿到一份缴获的德军文件，该文件勾勒出德军在哈尔科夫地区的大致作战计划，但这份情报直到4天后才送到铁木辛哥手里，而到这时，德军进攻的洪流已经把他淹没。现在，科斯坚科接管被围在伊久姆包围圈里的第6和第57集团军。各兵团燃料和弹药都十分紧张，它们绝望地试图在德军包围圈上打开一个口子。在照明弹的映照下，大批苏联步兵不要命地向德军炮兵阵地冲锋，但无论他们向哪里冲击，都遭到德军密集火力的迎头痛击。在坦克的支援下，苏联步兵手挽着手向包围圈的边缘发起决死冲锋，想要打开一条通往伊久姆公路的通道。惨不忍睹的屠杀持续了一个星期，科斯坚科、博布金、波德拉斯和戈罗德尼扬斯基及其麾下数以千计的战士倒在惨烈的战场上。戈罗德尼扬斯基，这位1941年斯摩棱斯克战役中最受信赖的人，被战士们称为"子弹都绕着走"的将军，举枪自尽。孤立的集群向东渗透出包围圈，比如莫斯卡连科第38集团军巴秋尼亚（Batyunya）将军带领的那个，但还是有20多万红军官兵踏上向西通往战俘营的道路。德军则获得大量战利品。哈尔科夫进攻战役最终崩溃时，铁木辛哥在发给最高统帅部的最后报告中阐述了本方所犯的错误，但一切都为时已晚。报告这样写道：

> 后来的情况显示，我们更应该停止第6集团军的进攻行动，在5月18日撤出进攻转向东面的不应该仅仅是一个坦克军，而是整个第6和第57集团军。这样一来，面对巴尔文科沃集结的大批敌人的进攻时，就可以获得更有利的态势。

5月20日—30日的"后来的情况"，指的是在被消灭的突出部内包围圈上，德军火炮掩体边缘留下的俄国人的累累尸体。

哈尔科夫的灾难只是苏联在南线遭受的一连串重击的一部分。在刻赤半岛，梅利赫斯在一场混乱和错误的指挥带来的噩梦中丢掉了3个集团军（第47、第51和第44集团军）的21个师。5月8日早晨，曼施泰因的德军第11集团军开始进攻刻赤，德军采取的无线电欺骗和疑兵之计使得科兹洛夫和梅利赫斯的注意力都被吸引到德军可能向战线北部发动的进攻上，然而曼施泰因的真正目标是战线南翼的突出部。巴尔巴赫（Parpach）"瓶颈"曾是梅利赫斯试图冲入克里米亚半岛的通道，现在这里布满障碍物和火力点，其后方是被称为"鞑靼壕沟"的第二道防线，保卫刻赤半岛本身。科兹洛夫只是简单地把他的军队拉成一条长线，预备队不同程度地聚集起来。克里米亚方面军的战场指挥权实际上都落入了那些缺乏军事知识、笨拙而又缺乏目的性，只会发布各种空洞命令的政委们手中，德军的进攻到来时，克里米亚方面军被完全压倒。德军一开始进攻，除1个步兵师和1个骑兵师以外，所有兵团就都投入了战斗。一片混乱中，5月8日，梅利赫斯居然还向斯大林打了一个小报告，以图稳固自己的地位：

> 我知道现在不是抱怨的时候，但我不得不提交这份报告，好让最高统帅部了解方面军司令员的所作所为。5月7日，就在敌人进攻前夕，科兹洛夫还召集军事委员会，研究即将进行的夺取阿萨诺姆（Oi-

Asanom）的战役计划。我告诉他这个计划应该暂缓，要立即命令各集团军准备应对敌人的进攻。但是方面军司令员在这份草草拟定的命令中还是不止一次说敌人的进攻要到5月10日—15日才开始，还说要在5月10日前把事情都干完，之后再和各司令部、兵团指挥员和参谋们一起拿出一份防御计划来。他的这些行为都是在前一天的整体情况已经显示出敌人会在第二天发动进攻的情况下实施的。在我的坚持下，作战计划中的错误部分才被纠正，但科兹洛夫还是不愿意增援第44集团军的地段。

对于这位最高统帅部代表显然是要推卸责任的可耻行为，斯大林毫不客气地答复道：

> 你把自己放在一个对克里米亚方面军毫不负责的旁观者的奇怪位置上。这个位置很舒服，但绝对是错误的。在克里米亚方面军里，你——你——绝不是个旁观者，而是肩扛重任的最高统帅部代表，你要对方面军的所有胜利和失败负责，你要责无旁贷地立即纠正司令员的错误。你自己和司令员要为战线左翼的迅速削弱负责。如果"前一天的整体情况已经显示出敌人会在第二天发动进攻"，你却没有采取一切可能的措施纠正他，而仅仅只是消极地在旁边指手画脚，那就完全是你的责任了。这意味着你还没有真正理解自己已经作为最高统帅部代表被派往克里米亚方面军，不再是个普通的国家监察人民委员部人民委员（这是梅利赫斯的政府职务）了。
>
> 你要我撤换科兹洛夫，给你派个兴登堡式的人物去，但你不知道我们没有那么多兴登堡。你在克里米亚的任务并不复杂，应该可以完成。如果你不是用对地攻击机去打击那些次要目标，而是去攻击敌人的坦克和步兵，敌人就不会突破你的战线，敌人坦克也不会冲进来。你在克里米亚方面军待了2个月，这么简单的事情不需要兴登堡也可以学得会。

这份前所未有的一号文件明确了"最高统帅部代表"的"责任"，文中口语化的斥责完全是梅利赫斯应得的，意图羞辱红军指挥员的人最终没有落得好下场，虽然这再次让许多红军战士付出了生命。

梅利赫斯显然不是曼施泰因的对手——灾难以可怕的速度迅速席卷克里米亚方面军。5月10日早晨，最高统帅部给梅利赫斯发电，要他把所有苏联军队撤回"鞑靼壕沟"，但此时指挥已经被切断，各部队不顾一切地向后奔逃，到5月14日傍晚，曼施泰因的军队已经杀到刻赤半岛外围。在接下来的6天里，科兹洛夫打算组织自己的人马和装备从滩头撤往塔曼半岛。然而，曼施泰因对克里米亚方面军的残部施以铺天盖地的炮击，把他们的人员、火炮、坦克和卡车统统撕成碎片。由于拥有炮火优势，德军还打退了黑海舰队的炮艇，这些苏联炮艇想要拼死冲上滩头，营救正在被轰炸的战友。在这场让克里米亚方面军的176000人、350辆坦克和3500门火炮损失殆尽的"可怕混乱"中，北高加索方向总司令布琼尼元帅一度努力想要恢复对局势的部分控制，结果在一片混乱和迷茫中以失败收场。

斯大林握着电话话筒听取关于这次灾难的报告时，朱可夫将军就站在他身旁。"你看，你又要去那里收拾烂摊子了。"他这样告诉朱可夫。斯大林还说要"严惩梅利赫斯、库利克和科兹洛夫"，以警示其他"尸位素餐"者。此时，在布琼尼的指挥部里，克里米亚方面军司令部的幸存者已经聚集起来，最高统帅部要求彻查这次灾难。调查发现，方面军的情报官科帕尔金早在5月5日就明确强调过德军进攻的迹象，但科兹洛夫没有在意：克里米亚方面军作战参谋的报告指出，方面军和各集团军的预备队几乎全部集中在战线北翼，而难以通行的"鞑靼壕沟"只有1个师防守。德军开始进攻时，布琼尼元帅命令4个师在坦克的支援下发动反冲击，但这完全无法实现，因为前进指挥所位置过于暴露且没有伪装，无处不在的德军飞机统治天空后，它们很快就成为德国空军俯冲轰炸机的牺牲品。第51集团军之一部曾试图反击，却在向后四散奔逃的苏联官兵的冲击下溃散。最后，最高统帅部要求必须不惜一切代价死守的刻赤半岛也很快落入敌手。

如此惨重的失败必定会摘下一大批人的乌纱帽。被年轻军官们恨得咬牙切齿的梅利赫斯被降级为军级政委，免去副国防人民委员的职务（红军总政治部主任的职务最后也丢了）；科兹洛夫和他的政委沙马宁一同被撤销职务；方面军参谋长韦奇尼（P. P. Vechny）少将被降级，和他一同被降级的还有2名集团军司令员——第44集团军的切尔尼亚克中将和第47集团军的科尔加诺夫少将；航空兵司令尼古拉延科少将也失去了指挥权。1941年12月，当时已经连象征性的空中掩护都得不到的西方面军将领别洛夫曾愤怒地给时任朱可夫左翼航空兵司令员的尼古拉延科发电："不要畏缩不前，起来战斗！"苏联空军在刻赤半岛上空的崩溃对地面作战带来难以估量的影响：德国空军自由行动，摧毁为数不多的指挥中枢，一轮接一轮的空袭撕碎了各兵团和部队，不间断地挤压方面军，直至其崩溃，最终在海边缩成一团。

现在，伊久姆突出部已经落入德军之手，德军兵团进入他们计划中夏季攻势的出发线。歼灭刻赤半岛的几个苏联集团是希特勒计划的毁灭性打击的先决条件之一；梅利赫斯的人被一扫而空，使得塞瓦斯托波尔这个曼施泰因想要克服的大难题到了可以解决的时候。塞瓦斯托波尔击退过1941年年底德军的第一轮攻击，要塞周围环绕着众多碉堡，深入地下的坑道也延续了它的生命。现在，5月17日，在这个崭新的5月清晨，塞瓦斯托波尔防御地域司令奥克佳布里斯基海军中将召集黑海舰队军事委员会成员、各兵团指挥员、居民代表和党务人员，向他们公布东面刻赤半岛发生的灾难，并发布了在敌人的猛烈炮火下死守要塞的最终指令，所有人都知道，毁灭已近在眼前。虽然苏联的海军步兵一向以坚定沉着著称，但守军政治部还是向每一支部队和分队、每个炮兵连和防御设施守备队派去激励士气的"宣传队"。守军实力堪称强大，达106000人，这些人散布在数以百计的混凝土或者装甲碉堡中，这些碉堡要么簇拥在庞大的巨炮炮塔周围，要么散布在得到带刺铁丝网和地雷阵掩护的环形防御堑壕体系中，城西峭壁的陡坡上还隐藏着多管火箭炮。最外围的防线主要由堑壕构成，掩护着第二道防线上那些巨大的地下防御工事，以及贝尔贝克谷（Belbek）和谢韦尔纳亚湾之间覆盖东北方向的接近地，最后还有大量暗堡和火力点守卫着塞瓦斯托波尔城，绵延不断的防御工事和数不清的坚固支撑点中，许多只能靠步兵攻克。面对着这些虽然不能移动但盔坚甲厚的巨大堡垒，曼施泰因意识到，靠普通的炮火准备是无法伤及守军筋骨的。于是他打算向这里进行不少于5天的"毁灭性炮击"和持续不断的空中轰炸。为摧毁巨大的苏联堡垒，曼施泰因调来德军那些威力巨大的攻城臼炮，其中最大的是可以发射2吨重炮弹的"卡尔"迫击炮。为打击深藏地下的苏联掩体，他还动用了"大多拉"——一门3层楼高、炮管长达90英尺、需要60辆各种车厢组成的铁路车队才能伺候的巨型火炮。"大多拉"的射程接近30英里。

6月7日黎明，德军炮火骤然增强，曼施泰因的第11集团军在罗马尼亚军队的支援下向塞瓦斯托波尔要塞发动最后的强攻。德军无休止的炮火已经轰鸣了27天，此时更加凶猛，每一处苏联阵地的人员和火力都被死死压制着，直到彻底失去反抗能力为止。在战线的南北两端，那些长达300码的巨型碉堡，譬如"斯大林"堡垒或大型的"马克西姆·高尔基"堡垒，成为德军的眼中钉，德军在战斗伊始就试图将它们从稳如泰山的钢筋混凝土基座上炸掉，然而直到枪声响成一片之时，这些堡垒仍然在战斗，它们迷宫般的地下结构里也有许多苏联陆海军步兵防守，他们戴着防毒面具在满是烟雾、呼吸困难的地下工事里死战。和前一年12月一样，德军的主攻方向放在北翼，直指谢韦尔纳亚湾，辅助进攻则从东南方发起。血战10天之后，塞瓦斯托波尔守军的弹药已经严重不足，人手也十分紧张，许多人现在被埋在掩体底下，或成为被已死之人或将死之人环绕的散兵游勇。黑海舰队的战舰突破德军封锁，送来一批弹药和第138旅的3000人，但是这条补给线也维持不了多久。6月6日—22日，驱逐领舰"塔什干"号为塞瓦斯托波尔送来最后的增援，并把伤员撤离到新罗西斯克。水面航线被掐断后，能开进来的就只剩下潜艇：78艘次潜艇为守军送来4000吨弹药、燃油和医药。德军铺天盖地的炮火依然无休止地倾泻在塞瓦斯托波尔城里，最后一艘前来运送物资的潜艇最终离开了已成废墟的港口。城市上空悬着象征着毁灭的烟柱和爆炸掀起的烟尘；地下，军队与工人混杂在地下工厂、医院和指挥所里，但留给他们的时间已经所剩无几。

6月30日夜，奥克佳布里斯基在防御控制中心召集了军事委员会，就在刚才，他们收到来自最高统帅部的撤退命令——此前一天，德军最终突破到谢韦尔纳亚湾北岸，当时彼得罗夫少将就召集了一次会议，现在，撤退已经成为最紧急的事。此时，德军正趁着夜色的掩护，组织突击群乘坐冲锋舟跨越黛色的海面，直奔海湾南岸和塞瓦斯托波尔城。彼得罗夫手下的各个师长都报告称他们已经消耗殆尽，各兵团实力都下降到300人以下。幸存者正从整条战线各处向后撤退，临走时炸毁了自己的火炮，各处被孤立的支撑点仍在激烈抵抗，打出最后一发子弹后，B–35号海岸炮台的炮手将自己与他们的火炮连同靠上来的德军步兵一起炸飞。

斯大林亲自下令，出动2艘潜艇，把塞瓦斯托波尔的高级指挥员和党政人员救出来。于是，奥克佳布里斯基和彼得罗夫在最后一刻毫发无损地撤出。然而在谢韦尔纳亚湾沿岸的峭壁之下，军队和居民拥挤在水边，等着小艇小船穿过海口处的德军封锁线把自己接走。绝望的队伍要么在山洞里自爆，要么战斗到最后一弹。还有些分队选择向东突破，想要与苏联游击队会合或者穿过德军包围圈，但他们最终都被困在科尔松涅斯角（Khersones）的海岸上。剩余的苏联守军开始缓慢但不可遏制地消亡，战士和居民们被围困在铁桶般的"刻赤墓穴"里，在这种墓穴般的地方，抵抗还是没有间断过，直到德军注入令人窒息的有毒气体。几个月后，塞瓦斯托波尔的抵抗才彻底结束，只留下一地尸体，工事里的男男女女要么死于饥饿，要么死于窒息。

此时，沃尔霍夫方面军及其下属的弗拉索夫突击第2集团军也面临着严重危机，为此，斯大林6月8日把梅列茨科夫召到莫斯科参加最高统帅部全体会议，正是这场会议决定了弗拉索夫的命运。斯大林的发言直率且切中要害："我们把沃尔霍夫方面军并入列宁格勒方面军是个大错。虽然有霍津将军坐镇沃尔霍夫，但他处理得很差劲，没有遵照最高统帅部的命令撤回突击第2集团军。"因此，斯大林提出要重建沃尔霍夫方面军，并把梅列茨科夫和华西列夫斯基一同派到那里——更详细的指导将由沙波什尼科夫元帅告知梅列茨科夫。弗拉索夫的集团军已经是第二次被德军切断，5月底，德军收紧包围圈，把弗拉索夫和他的9个师、6个旅包围在沃尔霍夫以西的一片沼泽地里，补给耗尽、组织混乱、失血严重。梅列茨科夫和华西列夫斯基来到小维舍拉时，斯捷利马赫只能描绘出一幅模糊的战况：弗拉索夫的后卫正在缓慢地向东撤退，但突击第2集团军的弹药和补给已经告罄。第59和第52两个集团军试图扩大他们与弗拉索夫之间的狭窄走廊。6月10日，梅列茨科夫和华西列夫斯基下令重新发动进攻，打开与突击第2集团军之间的通道，然而德军的"斯图卡"轰炸机在苏联步兵头上疯狂肆虐，两人只能眼睁睁看着进攻被敌人一次次粉碎。一周的血战之后，坦克第29旅强行打开一条400码宽的通道，在米亚斯诺伊（Myasnoi

Bor）打通铁路线，伤员总算可以运回来了。然而突击第2集团军残部进入这条通道时突然陷入混乱，德军的俯冲轰炸机和炮兵随即封闭了这条通道。包围圈西面，德军对弗拉索夫的挤压愈加沉重，6月23日，突击第2集团军控制的区域完全陷入德军炮兵的射程。就在当天23时，突击第2集团军最后一次尝试突围，司机、炮手和通讯兵（通讯中心已经被炸毁）被塞入步兵部队，重装备尽数毁坏。在这场最后的决死突围中，所有人都被可怕的前景驱使着奋勇向前，他们在德军防线上打开两个缺口，幸存者从那里突围而出。6月25日9时30分，按照梅列茨科夫的说法，"一切都结束了"。此前一天，弗拉索夫已经命令他的人分散成小股，自寻方向尽力冲出这片可怕的沼泽地，梅列茨科夫则与他彻底失去联系。弗拉索夫后来在一户农舍的地窖里被德军情报军官找到，为自己的集团军被牺牲而痛苦不已的他从这一刻开始选择叛变，成为斯大林的眼中钉。弗拉索夫，这位被俘的将军后来组织"俄罗斯解放军"（ROA），从德军战俘营里召集人马。

关于弗拉索夫一直是众说纷纭，但他绝不仅仅是个被德国人耍得团团转的傀儡：审讯他的人都对其智商和判断力印象深刻；苏联人认为他是个叛徒、自大狂和投机分子；还有很多人恨不能用绳子吊死他一千次。他曾经得罪过贝利亚，后者搜查了他的住所，还把他监视起来，这对一名正在崛起而且广受欢迎的年轻将领来说显然是个躲不过的警告。也许正是因为如此，他在沃尔霍夫方面军的失败并没有引起太大的重视（虽然德军情报部门俘虏并审讯了一小股苏联特种伞兵，他们声称自己的任务是把弗拉索夫救出包围圈，但后来突然接到无线电消息，取消了任务）。弗拉索夫的第一份供词——这次还没有具体的标题——在1942年8月3日写于文尼察，还是和巴耶尔斯基上校（步兵第41师师长）一同签署的。这份文件在弗拉索夫的众多供述中独一无二，因为文中表达的完全是他自己的观点，而不像后来的那些"宣言"那样混杂了德国人的意图。弗拉索夫强调了俄罗斯人的爱国精神（一名德国读者在观察报告上标了一个感叹号），斯大林的高压统治也使得苏联不可能发生民众起义，因此苏联不可能从内部击垮。要推翻斯大林，军民大众就必须围绕着另一个反对斯大林的核心人物团结起来，因此组织一支"俄罗斯军队"应当是一切的起点，这又是个令人惊讶的想法（弗拉索夫的基本观点和奋斗目标在于组织一支从骨子里反对斯大林的力量，而不仅仅是一支伪军，无论失败多少次，也不怕背上叛徒的骂名，这都是他的"使命"）。德军的审讯档案里还有许多这种反布尔什维克的"反对者"，在这些人中，弗拉索夫级别较高，又有威望和影响力，因此这些人都被纳入"弗拉索夫运动"中，这大大加速了他的政治战，然而在这种"政治战"中，弗拉索夫又一次次感到被德国人背叛或欺骗，于是他不止一次威胁要自杀或者要求把自己送回战俘营。斯大林当然不会放过弗拉索夫，他派出心腹渗透进弗拉索夫的队伍，并伺机刺杀他，这也就是德国情报部门所说的"反弗拉索夫运动"。

沃尔霍夫河上发生的事情确实是一出悲剧，但与南线即将席卷苏联防线的灾难无法相比，刻赤半岛和塞瓦斯托波尔的战事只是个血淋淋的开头。德军的进攻计划分成4个阶段：首先由第2集团军和第4装甲集团军突破沃罗涅日，进抵顿河；第6集团军继而从哈尔科夫以西突破苏联防线，消灭顿河以西的苏联军队；之后第4装甲集团军将南下，包围斯大林格勒；第四，即最后一个阶段，就是冲向高加索。德军战役代号"鸨"，将主要由南方集团军群负责实施，战役将于6月28日由"魏克斯"集团军级集群在库尔斯克以东的进攻拉开帷幕。这直接引发了震动整个苏联统帅部的"夏季危机"。

6月中旬，布良斯克方面军的空中侦察发现德军正在科尔皮诺、希格雷和库尔斯克地区集结，据此，戈利科夫和卡扎科夫判断德军正在这里组织一个新的进攻集团。这一情报（没有确切的参战序列）被送到总参谋部，但总参谋部情报处的答复却十分奇怪，他们发回一份有线电报，称需要关注的主要方向不在这里，而是在布良斯克方面军的北翼，因为德军在尤赫诺夫地区集结了一支不少于4个装甲师和10个步兵师的力量，他们的主攻目标将是西方面军和布良斯克方面军的结合部。于是，戈利科夫将防御重点转向右翼，准备迎击德军向图拉的进攻。

4天后，布良斯克方面军司令部和苏联总参谋部突然惊醒。6月19日早晨，德军第23装甲师的作战参谋赖歇尔少校乘坐的轻型飞机在涅热戈尔（Nezhegol）迫降，就在苏联战线后方。赖歇尔少校的公文包里装着发给施图姆第40装甲军的作战指令以及"鸨"战役第一阶段的总体计划，这种传达命令的方式是希特勒明令禁止的。赖歇尔失踪后，德军立即派出一支巡逻队寻找他的下落，他们在一个小村里找到飞机残骸，然而赖歇尔少校仍然下落不明，德军找到2个坟墓，但只有一具被脱去军服的尸体。要知道，除了那些文件，赖歇尔少校的脑子里还有大量"鸨"计划的方案，于是，这位小小的少校的生死就成为第40装甲军军部和德军更高层最为焦虑的事情。实际上，那架轻型飞机里所有的人都死了，但红军战士们从残骸里找到装有1:100000的军用地图和文件的公文包。赖歇尔包里的文件被立刻送到方面军司令部，当天（6月19日），西南方面军总政治处就将缴获文件的内容发给布良斯克方面军司令部，文件原件则送到莫斯科的总参谋部。现在，布良斯克方面军司令员戈利科夫知道德军第40装甲军（辖第3、第23装甲师及第29摩托化步兵师、第100猎兵师和第376步兵师）将从沃尔昌斯克进攻新奥斯尔，这是德军沃罗涅日攻势的一部分，而这场进攻的主力将投向奥斯特罗戈日斯克（Ostrogorzhsk）。很明显，德军的进攻将落在布良斯克方面军和西南方面军结合部。苏联总参谋部一直紧盯着戈利科夫的北翼，现在他们知道自己在判断德军意图方面犯下了灾难性错误。如今，苏联侦察机又带回德军大规模集结的侦察照片，这进一步印证了赖歇尔文件。

戈利科夫的手下还是不知道准确的德军作战序列，只知道德军第一梯队的兵团数量。6月22日，也就是赖歇尔文件中德军的进攻日，戈利科夫向最高统帅部电话报告，德军显然在库尔斯克地区集结了6—7个装甲和摩托化兵团，更多援兵正由铁路运来。由于铁木辛哥元帅没有增援第21集团军，戈利科夫只好转而向上级请求为"沃罗涅日军区"建立专门司令部。斯大林和沙波什尼科夫拒绝了这一提议，他们显然觉得这可能是德军的陷阱。由于预期中的德军进攻未能打响，就连戈利科夫的参谋们也开始担心赖歇尔文件根本就是个"骗局"。尽管如此，沃罗涅日方面军的司令部还是从舒适的叶列茨镇搬到阿尔汉格尔斯克的战地指挥所，戈利科夫也逐一检查了各军的防御准备。虽然气氛十分紧张，但这一天还是在平静中过去了，进攻没有到来。

接下来的24小时里，戈利科夫报告称库尔斯克方向的德军通讯和从奥廖尔向库尔斯克的运输愈加密集，但他的命令仍然没有变化，他的行动仅仅局限于派飞机轰炸德军集结区。此时，戈利科夫突然接到命令，要他立刻前往莫斯科的最高统帅部报到，于是，6月26日，他来到斯大林面前。戈利科夫面前的桌子上放着从赖歇尔少校身上搜出来的文件，斯大林把这些文件扫到一旁，然后用确凿无疑的口气告诉他，自己一点也不相信所谓的"鸨"计划。他还当面指责情报部门不称职，说这些人只会干出这样的破事。斯大林紧接着的几句话决定了接下来苏方的动向："敌人没有机会逐步消灭我们的军队，所以我们必须主动打击敌人。"于是，戈利科夫开始准备与西方面军联手进攻，收复奥廖尔。布良斯克方面军将以第48集团军发起主攻，第3和第13集团军负责支援，第61集团军从西面和北面包抄奥廖尔，进攻准备将在7月5日完成。第二天，回到自己的方面军司令部后，戈利科夫把斯大林的指示转达给参谋们，6月27日上午，他们开始制定奥廖尔进攻计划。这份计划实际上就是他们当年春季制定的一份计划的翻版，只是根据总参谋部的要求增加了几项内容。6月28日3时，奥廖尔进攻计划草案出炉。

就在3个小时后，警钟敲响，第13和第40集团军整个防线各处连续涌来德军开始行动的报告。侦察机拂晓时分带回的照片显示，德军在第13和第40集团军的结合部集结了一支可怕的力量，得到坦克支援的德军步兵营已经开始扑向苏联防线。布良斯克方面军司令部立即意识到，"鸨"计划绝非虚构，就在眼前。在这个6月的晴朗上午，10时，德军"斯图卡"轰炸机准时出现，直扑前沿的苏联阵地，德军炮兵也蹂躏着苏联防线；坦克和步兵沿着"沃罗涅日方向"展开他们的第一阶段进攻，20—30架一组的德军轰炸机在大群战斗机掩护下轰炸沃罗涅日方面军纵深一直到顿河一线的后方区域。到中午时分，戈利科夫完全意识到自己面对的正是德军主攻，但是他的侦察机已经被德国战斗机赶出天空，使得他对德军的运动方向和集结地区所知甚少，甚至一无所知，这大大妨碍了苏方的应对行动。当天傍晚时，戈利科夫和扎哈罗夫判断，参战的德军兵力不会少于10个师，其中至少有2—3个装甲师。

德军豪恩席尔德将军的第24装甲师冲破苏联两个师的阻挡，冲向克申河（Kshen），戈利科夫在当天傍晚发动自己的坦克兵——坦克第16和第1军。同时，最高统帅部也行动起来，从铁木辛哥的方面军中抽出坦克第4和第24军，从预备队抽调坦克第17军前往卡斯托尔诺耶（Kastornoye）集合。戈利科夫的方面军同时得到坦克第5集团军（坦克第2和第11军）的加强。这样，德军从苏联第13和第40集团军之间的突破口冲向纵深时，7个苏联坦克军（坦克第

1、第16、第17、第4、第24、第2和第11军）正在为沃罗涅日反突击而靠拢。德军第24装甲师扑向苏联第40集团军的司令部，后者只好丢下卡车和无线电台"溃逃"（卡扎科夫将军语）。退往卡斯托尔诺耶途中，司令部和属下各师都失去了联系。6月30日夜，斯大林直接对戈利科夫说：

> 我们担心两件事：首先，你们在克申河和季姆东北的防御薄弱，敌人可能会从这里进入第40集团军的后方，包围我们的部队，这十分危险；第二，我们对你方面军在利夫内附近兵力薄弱的问题感到担忧，敌人可以从这里进入第13集团军的后方，这一区域虽有卡图科夫（坦克第1军）可用，但卡图科夫并没有值得一提的第二梯队。你们是否认同这两处威胁？你们打算如何解决？

对此，戈利科夫答复道，自己认为南侧德军对第40集团军的进攻更加危险，因为第13集团军已经顶住德军步兵的进攻。第13和第48集团军都有预备队。但是方面军司令部和坦克第4、第24军还没有建立稳固的联系，坦克第17军的燃油也已耗尽。既然眼下无法指望这些兵团，戈利科夫请求允许撤回第40集团军的左翼。对此，斯大林回电拒绝：

> 斯大林：
> 1.在没有准备的情况下将帕尔赛戈夫（Parsegov）的那些部队（第40集团军）直接撤往贝斯特里克（Bystrik）—阿尔汉格尔斯克一线是很危险的，因为后方防线尚未建成，撤退会无所依托。
> 2.你最严重最不可原谅的错误是与帕尔赛戈夫的集团军和米舒林（坦克第4军）、巴达诺夫（坦克第24军）失去了联系。在你的无线电通讯网工作之前，你根本无法进行通讯，你的整个方面军会变成没头的苍蝇。你为什么不通过费多连科联系这些坦克军？你还联系得上费多连科吗？

斯大林接下来口述了这些坦克军可能的调动，用他们直接进攻德军前锋，而不是打击其侧翼。戈利科夫于是放弃了把自己的方案提交给最高统帅部的想法，转而将斯大林的建议传达给这些坦克军。他现在只能依靠卡斯托尔诺耶的一处指挥中心来控制这些坦克军，虽然通讯不可靠，却是他此刻唯一还能用的无线电通讯。红军汽车装甲坦克部部长费多连科6月30日亲自来到卡斯托尔诺耶，并立即向戈利科夫发出关于使用坦克军的命令。同时最高统帅部也在不停地向戈利科夫发出各种关于坦克战的命令。统帅部提醒戈利科夫，"你有1000多辆坦克，敌人只有不到500辆"，所以现在"一切都取决于你有效运用和合理管理这些兵力的能力"。然而这些坦克兵团还在陆续集结之中——费克连科的坦克第17军还在"机动"，坦克第24军还远在新奥斯科尔，坦克第4军只有先头支队能够参战——虽然坦克总数很多，但戈利科夫几乎不可能把它们集中起来投入战斗。7月1日2时，华西列夫斯基上将（由于沙波什尼科夫元帅病情加重无法工作，华西列夫斯基从6月26日起就任新任总参谋长）通过电传打字机毫不客气地申斥戈利科夫使用坦克军的方式：

> 最高统帅部对你将坦克军当作步兵来使用的做法十分不满意——例如：卡图科夫（坦克第1军）没有歼灭敌人的步兵，而是花了一整天去包围2个团，而你对此显然还很认可……这些坦克呢？他们都是这么用的吗？你必须立即牢牢掌控他们，让他们去做坦克军该做的事，并确保这些命令绝对执行到位。

戈利科夫则针锋相对，说费多连科干得也不怎么样，他连参谋部和通讯中心都没有，就一个人在那里向坦克军发号施令，即使他本人就在方面军司令部，他的命令也给方面军的工作添了很多麻烦。对此，华西列夫斯基反驳道，费多连科是被派去帮忙的，布良斯克方面军司令部在坦克战方面应当听从他的指挥。当天夜里2时50分，布良斯克方面军和西南方面军分别收到撤回自己左翼和右翼兵团的许可。6月30日，德军强行砸穿铁木辛哥右翼第21集团军的防线，开始冲向新奥斯科尔。第40集团军的参谋军官甚至不得不亲自乘坐一架小型双翼飞机前去寻找自己的部队。这一夜，第40集团军代理司令员马马琴科连续接到多道命令，但7月短暂的黑夜却使他没有多少时间来趁夜退出战斗。

7月2日，戈利科夫被召唤到沃罗涅日城内，在那里，他得到最高统帅部预备队调来的2个集团军——第6和第60集团军。戈利科夫将这两个集团军部署在沃罗涅日城的南北两侧，同时，第40集团军，坦克第17、第4和24军也正在向这里撤退。到7月3日日终时，德军先锋已经抵达沃罗涅日以西的顿河沿线，在他们面前，苏联军队和坦克正严阵以待。此时，斯大林已经开始陆续向这里投入大量援军，以守住沃罗涅日，并封闭布良斯克方面军和西南方面军之间宽达40英里的缺口。此时正在叶列茨以南集结的利久科夫坦克第5集团军接到命令，进攻德军"魏克斯"集团军级集群的侧翼，还有两个集团军及更多的坦克旅、炮兵团和战斗机中队正在赶来。苏联统帅部也对沃罗涅日之战给予极大关注，华西列夫斯基上将奉命亲赴布良斯克方面军司令部，坦克兵司令费多连科此前已经来到这里，斯大林本人也通过手中的电话听筒时刻关注着战役进程。苏联总参谋部则直接干预了坦克第5集团军的指挥：7月4日早晨，华西列夫斯基来到利久科夫的司令部，带来最高统帅部关于准备向沃罗涅日西南方进攻的命令。在布良斯克方面军司令部看来，上级对坦克第5集团军的使用过于谨慎了一些：利久科夫拥有600多辆新型坦克，他提议将其布置成一个纵队，把他的6个坦克旅集中投入战斗会更有效。利久科夫的先头部队很快加入战斗，但主力被德国空军重创，虽然他的坦克集团军在坦克装备方面占有全面优势，拥有大约800辆KV和T–34坦克，但苏联坦克和霍特的第4装甲集团军在顿河附近的热浪和漫天尘土中血战5天，仍然未能挡住德军坦克的推进。分散的坦克军像步兵兵团一样作战，不愿意甩开处于守势的步兵兵团。斯大林直接解除了步兵第17军军长费克连科的职务，命令前沙俄军队中尉，后来加入红军的I. P. 科尔恰金少将取而代之。然而，7月4日斯大林从莫斯科降下雷霆之怒时，第17军实际上已经不复存在。

沃罗涅日城的命运已经注定，7月3日—4日，德国第48装甲军突破顿河防线。华西列夫斯基此时仍鼓励布良斯克方面军司令员戈利科夫"要有信心"，一个新的方面军（沃罗涅日方面军）即将成立，还等着他去指挥。同时，斯大林给华西列夫斯基打电话，要他7月5日中午之前回到最高统帅部报到。此时，德军正开始向沃罗涅日西郊一路推进。华西列夫斯基只好匆匆替利久科夫下达反冲击命令，而后将布良斯克方面军的实际指挥权交还给方面军参谋部。经历这一系列鏖战之后，斯大林现在面临着南线战场极端困难的局面，布良斯克方面军和西南方面军的战线上被撕开宽达150英里、纵深达80英里的突破口；保卢斯的第6集团军攻占奥斯特罗戈日斯克后转而向南进攻，铁木辛哥再也无力阻挡这只从北方砸下来的铁拳，而他的两个方面军（西南方面军和南方面军）很可能会被这只铁拳从后方切断。现在，苏联统帅部已经充分领会德军的"鸨"计划，斯大林、华西列夫斯基和最高统帅部的其他主要成员赶忙组建新的沃罗涅日方面军，由瓦图京中将指挥，斯大林还提出应当由罗科索夫斯基（早先被炮弹破片击伤脊柱，刚刚回到第16集团军）从戈利科夫手中接管布良斯克方面军。在这一系列人事变动落实之前，戈利科夫短暂地负责沃罗涅日方面军，他的副手奇比索夫中将将暂时负责布良斯克方面军的指挥。

最高统帅部连续多日举行夜间会议，最后在7月的第二周做出了一个影响深远的决定，此时，斯大林已经无法否认德军"鸨"作战的重要性，而他仍然亲自指挥着沃罗涅日之战。现在到"追究责任"，也就是寻找替罪羊的时候了，巴格拉米扬很倒霉地成为哈尔科夫灾难的替罪羊，官方对此的解释是"参谋工作不力"，因此铁木辛哥的参谋长巴格拉米扬就不幸"雀屏中选"。很快，铁木辛哥本人也被解除指挥职务（巴格拉米扬则在罗科索夫斯基调离后接管第16集团军）。令M. I. 卡扎科夫极为不满的是，在战斗还远未结束的时候，戈利科夫就独自背了沃罗涅日败仗的黑锅，7月7日，斯大林给戈利科夫打电话，直截了当地问他："你能保证守住沃罗涅日吗？"戈利科夫实事求是地答道，这几乎是不可能的。于是，作为总参谋部代表被派到方面军司令部的瓦图京被召到电话机旁，他给了斯大林一个更乐观的判断。斯大林的担忧来自他从秘密渠道获得的一份报告，说红军主力已经撤出沃罗涅日，只留下两个NKVD团守城。这份报告来自布良斯克/沃罗涅日方面军司令部的NKVD负责人，但事实并非如此，第40集团军还在城市的大学区与东郊苦战，但这已经足以让斯大林对方面军的司令员怒目相对，而这股怒气就在电话里爆发了。第60集团军司令员安东纽克中将正在和他的军事委员会开会，他也被中途叫出来接听莫斯科打来的电话。从小办公室里出来时，人们看见安东纽克脸色苍白，一副受到沉重打击的样子，他要第18坦克军司令员切尔尼亚霍夫斯基接电话。切尔尼亚霍夫斯基接完电话出来时，已经是新任第60集团军司令员了，他转达刚才接到的指示：科尔恰金将要接管他的坦克第18军，波卢博亚罗夫

（Polyuboyarov）将在24小时内从科涅夫加里宁方面军负责坦克部队的副司令员任上调来指挥坦克第17军。做出如此调整的同时，斯大林还指定瓦图京担任沃罗涅日方面军总司令，戈利科夫任副司令。

必须在沃罗涅日拖住德军的北翼，这样铁木辛哥才有机会把他的各个师撤过奥斯科尔河和顿涅茨盆地，最终撤过顿河（因此戈利科夫的战斗还是有价值的）。在后卫的掩护下，铁木辛哥的军队开始大规模撤退，到目前为止还比较有序。在此期间，一名德国将军看到苏联军队在后卫战中坚持着他们那"老一套"。然而实际上，这是红军在整场战争中首次目的明确地撤出有威胁的包围圈，最高统帅部还命令他们进一步撤退。战斗进行到这个阶段，虽然瓦图京的乐观判断并不完全准确，但苏联军队还是控制着从沃罗涅日城最东端穿过的南北大铁路——这些南北向的铁路和公路是许多部队维持补给的关键脉络，还是斯大林保有战略机动性的关键，虽然他这方面的能力显著逊于德军。斯大林很难承受在列宁格勒—莫斯科—西南方向之间"来回救火"，但既然德军毫无争议地攻向东南方，那么斯大林也只能把自己的预备队各集团军从莫斯科城前的防线调来，在这一方向上组建新的方面军。北面的布良斯克方面军已经被一分为二，铁木辛哥西南方面军的情况也很糟糕，他们已经在5月的灾难中被严重削弱，现在又在保卢斯第6集团军的接连重击下濒于崩溃。铁木辛哥的司令部设在沃罗涅日东南约90英里处的卡拉奇镇，最高统帅部本来已经决定把西南方面军的中央和左翼并入南方面军，只是因为马利诺夫斯基的南方面军正遭到劳夫第17集团军和克莱斯特第1装甲集团军的猛攻而未能实施。7月12日，鉴于西南方面军实际上已被粉碎，它和南方面军的后方地域又受到向东南方推进的德军的严重威胁，最高统帅部发布170495号训令，正式成立斯大林格勒方面军，由铁木辛哥元帅任司令，尼基塔·赫鲁晓夫任政委，P. I. 博金中将任参谋长。就兵力而言，这个方面军辖有3个预备队集团军——科尔帕克奇少将的第62集团军、V. I. 库兹涅佐夫的第63集团军、V. N. 戈尔多夫的第64集团军。这些集团军要么正在缓慢卸车，要么尚在途中，他们的队列一直拖到图拉及其以北，对其中的步兵而言，他们正面对着令人畏惧的超长途行军，目的地则是一处连他们的指挥官都不知道在哪里的前线。

德军向东南方向的突破在苏联统帅部引发了一场地震。然而无论如何明争暗斗，华西列夫斯基上将显然赢了一局，在他的指导下，再未出现1941年基辅和维亚济马那样的灾难性合围。但无论如何，沃罗涅日还是要坚守的，不仅仅是为了牵制德军主力，使其无法南下，也是为了掩护坦波夫（Tambov）—萨拉托夫（Saratov）地区，这一地区是莫斯科与东部地区交通线上的重镇，也拥有一条十分重要的备用石油运输线路，考虑到伏尔加河已经多次遭到德军猛烈袭击，这条线路的作用就更加不能忽视。虽然斯大林对自己这些将领并不十分满意，甚至认为他们还不如广大红军战士，但他自己也拿不出什么好办法，只好接受向东南方退却（盖伦的特别汇编情报报告，包含一份7月13日苏联最高统帅部会议的秘密报告，会上撤退计划提出并得到批准。不过这个条目有疑点，因为斯大林几乎不可能在美国和中国使馆武官面前泄露这些计划，但铁木辛哥和马利诺夫斯基还是会及时收到撤退的命令）。与此同时，为把德军预备队牵制在苏德战场的中段和北翼，斯大林还命令加里宁方面军和西方面军向勒热夫地区发动进攻，4个集团军在那里一直打到7月底；列宁格勒地区也重新展开攻势，8个星期中一直在向那里调入火炮和坦克增援。

在这场风暴中，迄今为止一直由梅利赫斯掌管的红军总政治部显然不可能独善其身。哈尔科夫和刻赤半岛的灾难在中央委员会引发了一场关于红军中"群众政治工作"存在的不足的讨论，这里显然出了些问题。6月中旬，根据"中央委员会决议"，梅利赫斯被解除红军总政治部人民委员的职务，由中央委员会秘书，矮胖、戴眼镜的A. S. 谢尔巴科夫取而代之。为保证对红军总政治部的绝对控制，中央委员会还组织了"军政宣传代表会议"，梅利赫斯就被调到这里。这个代表会议中还有谢尔巴科夫（任主席）、日丹诺夫、马努伊尔斯基、雅罗斯拉夫斯基、罗戈夫（来自海军政治处）、G. F. 亚历山德罗夫，以及红军总政治部副人民委员F. F. 库兹涅佐夫。谢尔巴科夫现在要负责重新组织整个红军的政治宣传工作，他还要为此建立一套专门的实施计划。他领导的这个特别代表会议6月16日开始自己的第一项工作，检查苏联武装力量内部和针对德军（通过传单、广播）的宣传工作。这次对"群众政治工作"的检查持续了数星期，他们检查了西方面军和第20集团军政治部的对德宣传（6月27日）、红军总政治部出版处的各项报告（6月30日）、卡累利阿方面军和加里宁方面军的党政工作（8月24日），还特别查验了针对德占区苏联居民的宣传。政治宣传工作大检查还在进行时，最高军事代表会议中的政治工作代表、总政治处的头脑，以及红军集团军、军、师级别的政委齐聚莫斯科，讨论自己工作中存在的问题。参与这次热烈讨论的不乏各种高级政工人员，例如莫斯科军区政治处的捷列金（K. F. Telegin）、西方面军政治处主任马卡洛夫、加里宁方面军政治处主任德列别德涅夫（M. F. Drebednev）。3天后，谢尔巴科夫向中央委员会提交报告，提出成立"激励与宣传管理局"，全盘负责红军中的士气激励与政治宣传，原先一直作为独立部门的出版处、宣传处和作风教育处全部纳入这个局的管理。列宁格勒方面军政治处主任希金（I. V. Shikin）被选中担任该局主任，并成为红军总政治部副人民委员。为响应政治宣传的需求，谢尔巴科夫组建了由75名擅长"群众工作"的专业讲师组成的"特别小组"，同时要求各方面军政治处建立7—10人的同类小组，集团军级的同类小组则为5人。与此同时，各种印刷品、小册子、传单和特殊出版物，还有苏联诗人写的爱国主义诗文开始如潮水一般从各方面军的印刷厂飞出，带着各种"英雄战士"的消息飞到前线战士们手中。

从7月中旬开始，苏联统帅部开始组织南线第二阶段的防御作战。虽然斯大林和他的将军们还没有掌握机动防御的精髓，但无论如何，那种招致惨重损失的"不惜一切代价死守"的做法终归是抛弃了，大量苏联军队虽然神情沮丧（如斯大林格勒方面军司令员所说），但还是撤过了顿河。德军方面，7月10日，他们重组南方集团军群，拆分为博克的B集团军群（辖德国第6集团军、匈牙利第2集团军、意大利第8集团军和罗马尼亚第3集团军）和利斯特的A集团军群（辖第1装甲集团军，从7月14日起又加入第17集团军）：根据第41号指示的要求，正在沿顿河推进的B集团军群将和A集团军群会师，之后从塔甘罗格—阿尔乔莫夫斯克出发，越过下顿涅茨河和顿河，向斯大林格勒和伏尔加河进攻。7月14日，A、B两个集团军群在米列罗沃区域取得联系，但是就在此前一天，希特勒草率地叫停了快速冲向斯大林格勒的计划。原本用于进攻斯大林格勒的德军第1和第4装甲集团军被转而用来配合第17集团军攻打罗斯托夫，其中第4装甲集团军还要从顿河大弯曲部掉头南下。在顿河下游方向，希特勒想要以罗斯托夫为中心，再打一场大规模合围歼灭战，在顿涅茨和顿河之间给苏联人一场"决定性打击"——在他看来就是"终结之战"。这样，保卢斯的第

6集团军只好独自进攻斯大林格勒，更糟糕的是，集团军原有的第40装甲军也被调去打罗斯托夫。罗斯托夫陷落当天（7月23日），希特勒又下达第45号命令，要求A集团军群（德国第17集团军、罗马尼亚第3集团军）攻占巴统，第1和第4装甲集团军要攻占迈科普—格罗兹尼及周围的油田，B集团军群则要攻占斯大林格勒，并在顿河沿线设置防线。至于威名赫赫的曼施泰因第11集团军，此时正在赶往苏德战线的另一端，前去攻打列宁格勒，德军已经为拿下这座坚城制定了"北极光"计划。

虽然希特勒预想中的罗斯托夫大包围战最终落空，苏联军队及时撤向东方和南方，但红军还是遭受了沉重打击：整个顿巴斯煤田落入德军之手，德军也推进到顿河大弯曲部，对高加索的威胁日渐加剧。被匆忙投入斯大林格勒方面军的三个预备队集团军在7月20日时纸面上拥有38个师，但其中20个师的实际兵力不足2500人，这里面又有14个师的兵力在300—1000人之间。3个集团军中，第62和第63两个集团军共有160000人，最多400辆坦克和2200门火炮和迫击炮。配属方面军作战的空军第8集团军可升空的飞机共有454架（其中172架战斗机）。西南方面军也开始慢慢痊愈，第38集团军带来10个师的残部，第28集团军还剩下6个师，第21集团军也给斯大林格勒方面军带来了6个师。根据7月12日的高层指示，德军可能会发动突击，切断苏联最后一条南北向铁路大动脉——斯大林格勒—季霍列茨克（Tikhoretsk）铁路，将整个苏德战线一分为二，并切断伏尔加河上的航运。为此，第64和第62两支预备队集团军奉命防守顿河以西，任何情况下都不允许德军向东突破；第63集团军防守河东岸，第21集团军完成重组之后要占领第63和第62集团军之间的顿河北岸，保护各个交通枢纽。南方面军则受命阻止德军向东南方米列罗沃推进。苏联坦克力量的残部也渐渐退过顿河，在卡拉奇镇的南北两侧，坦克第22、第23军和近卫第3骑兵军进入第63集团军的防区，坦克第13军向东北转移，在苏维罗基诺（Surovikono）加入第62集团军。斯大林格勒方面军的防线长约220英里，第63集团军防守顿河左岸巴甫洛夫斯克到谢拉菲莫维奇的地段，第21集团军的防线在此基础上延伸25英里，直至克列茨卡亚，之后战线转向南，第62和第64集团军防守克列茨卡亚到上库尔莫亚尔斯卡亚（Verkhne-Kurmoyarskaya）之间的地段，这两个集团军的前卫则前出至奇尔河与齐姆拉（Tsimla）。斯大林格勒城区的防御兵力少得吓人：由于西面的3个集团军（第63、第62和第64集团军）加起来总共只有4门高射炮，斯大林格勒城的一部分高射炮只好被调去掩护顿河各渡口和奥布里夫斯卡亚（Oblivskaya）的奇尔河桥。至于城市的防空，85架战斗机被配属给当年4月24日根据第0071号命令新组建的防空部。

早在7月19日，斯大林就致电斯大林格勒市党政部门负责人、城防委员会（成立于1941年10月）主席丘亚诺夫（A. S. Chuyanov），要求后者抓紧做好战争准备。第二天，丘亚诺夫召开党委会后向斯大林和国防委员会汇报自己的计划。其中有不少措施（尤其是争取增加防空力量）已经实施，然而，把500000人口的工业城市转变成一座堡垒绝非一朝一夕之功。苏联人再次祭出老办法，派遣180000多名平民前往前线，大段大段地挖掘匆匆设计的简易工事、战壕、火力点和反坦克壕，后来国防委员会又为此专门派来工兵第5集团军和第28军事工程局。5月，建设人民委员会就派来了一部分人员和器材，现在，这些人开始拼命工作。斯大林格勒原有的民兵组织全部进入最高戒备，枕戈待旦。为对付德国人可能的空降突击，组建80个"歼击营"，这些部队共有11000名官兵。之前已经暂停的工厂疏散现在又恢复了，越来越多的仓库和牲畜也被船运到伏尔加河东岸。整个城市被翻了个底朝天，城外的河岸上到处都是沿河施工的男男女女，街道上也构筑了精心设计的街垒。

对于斯大林来说，他已经不是第一次保卫这座由自己名字命名、像磁铁一样牢牢吸引着希特勒目光的城市了。20多年前，当时的斯大林格勒还叫察里津，斯大林和伏罗希洛夫就在这里挡住了南方白军的进攻。

然而，斯大林格勒的防御态势十分危急。科尔帕克奇第62集团军的2个步兵师和1个坦克旅已经被敌人包围，第64集团军的阵地也岌岌可危：德军已经渡过顿河，他们的快速部队随时可以直接冲过顿河与伏尔加河之间的"瓶颈"形区域，穿过35英里左右的平原地带，直取斯大林格勒。正当科尔帕克奇的第62集团军几乎已成德军囊中之物时，瓦西里·崔可夫手下只有编制兵力半数的第64集团军也从7月25日早上6时起遭到猛烈攻击。第62和第64两个集团军的结合部被打开。崔可夫立即派出坦克、炮兵和一支海军步兵跨过顿河铁路大桥，前去防守奇尔河与顿河交汇处的防线，可是他们刚刚出发，德国坦克就杀了进来，崔可夫的后方部队赶忙向后撤退。在德军飞机的轰炸和扫射之下，"大批的人员和车辆涌向顿河"。7月26日傍晚，虽然下奇尔斯卡亚的桥梁已经在当天下午被炸毁，但第64集团军参谋长诺维科夫上校命令全军撤过顿河。和自己人争执了一番之后，崔可夫最终还是设法在顿河上稳住了阵脚。

无论如何，戈尔多夫和华西列夫斯基必须以手头拼凑的军队让第62集团军和第64集团军摆脱困境。华西列夫斯基选择用坦克第1和第4集团军发起反冲击，他7月24日首次将这个权宜之计呈报斯大林时，费尽周折才获得批准。莫斯卡连科少将指挥的坦克第1集团军（辖坦克第13、第28军及坦克第158旅、步兵第131师）将从卡拉奇向上布济诺夫卡（Verkhne-Buzinovka）方向进攻，之后转向克列茨卡亚；克留琼金（V. D. Kryuchenkin）少将指挥的坦克第4集团军（辖坦克第22、第23军及步兵第18师、坦克第133旅和炮兵团）将于7月28日夜从卡恰林斯卡亚（Kachalinskaya，位于顿河弯曲部的顶点）渡河至顿河西岸，次日早晨向正西方的上戈卢巴亚（Verkhne-Golubaya）区域进攻，之后在上布济诺夫卡与坦克第1集团军会师。丹尼洛夫少将的第21集团军先前位于谢拉菲莫维奇与克列茨卡亚之间的顿河背后，他们将于7月27日凌晨3时转入进攻，突入粘着第62集团军的德军部队后方。在华西列夫斯基看来，即便这些坦克集团军很难胜任这些任务，他也别无选择。所谓的坦克第1集团军仅仅是原来的第38集团军变更番号而来，同样，坦克第4集团军也只是前第28集团军。它们都是西南方面军的残部，兵力严重不足。德军侦察机监视着苏联军队的集结，轻松地清点着苏联坦克并标注出其位置。

华西列夫斯基的反突击投入了3个坦克军和2个坦克旅（550辆坦克，其中多半是KV和T–34）5个步兵师和赫留金的空军第8集团军。戈尔多夫不仅喜欢钻牛角尖，还听不进下属的建议，一旦做出决定就九头牛也拉不回来。他的死板让这场进攻的前景更加堪忧。尼基舍夫的命令一定足够精确，但是第62和第64集团军司令根本找不到那些分配了具体任务的师和军，方面军司令部能给予他们的帮助只有"自己去利斯卡和顿河之间找吧"。

7月底，苏联坦克兵团顶着德国空军的猛烈打击，艰难地分别展开反冲击时，顿河弯曲部的战况乱成了一锅粥。莫斯卡连科的坦克第1集团军按时投入坦克第13和第28军，然而在他们的右翼，坦克第4集团军的进攻推迟了2天。到7月27日16时，坦克第22军渡过顿河的坦克只有17辆，而且两个坦克集团军都遭到德国空军的连续重击，根据苏联人的统计，仅莫斯卡连科的集团军就遭到1000多架次的空袭。德军轰炸机炸毁了司令部和通讯站，使得协同作战化为泡影。华西列夫斯基亲自去观察莫斯卡连科的进攻，询问各坦克军军长：坦克第13军正沿平原地带向西北一寸一寸地艰难推进，攻向上布济诺夫卡以西、第62集团军茹拉夫列夫（Zhuravlev）上校被包围的"战役集群"的右翼；茹拉夫列夫也开始向着己方坦克的方向进攻；克留琼金的坦克第4集团军在顿河上的坦克稍多，他们攻击了德军第14装甲军；坦克第1集团军虽然多次尝试，但其主力迟迟无法向北突破；同时，克留琼金送过顿河的坦克也还不到100辆。此时，斯大林指示戈尔多夫留意卡拉奇南面的危机，最高统帅部还直接命令他将坦克第23军用于增援第64集团军，并使用从最高统帅部预备队调来的2个步兵师，将德军从奇尔河与顿河交汇处击退：一旦德军在这里取得突破，他们就可以摧毁整个防线的南翼，并插入斯大林格勒方面军后方。为了强化南部的防御，戈尔多夫决定将F. I. 托尔布欣的第57集团军调到这里进行正面防御。

虽然保卢斯的第6集团军被顿河弯曲部的战斗牢牢拖住，而且他的实力还不足以压垮苏联的防御，但是苏联统帅部还是惊恐地看到西南方向出现了愈加严重的新威胁：希特勒把第4装甲集团军从高加索战线上抽出来，令其从齐姆良斯卡亚的顿河桥头堡出发，沿霍列茨克—斯大林格勒铁路线向东北推进，进攻卡拉奇后方的苏方侧翼。7月31日，德军第4装甲集团军遭遇科洛米茨手下实力薄弱的第51集团军，并一举突破苏联防线，冲向科捷利尼科沃。戈尔多夫虽然拿到了第51集团军，但还是不得不迅速重新组织防御：第62集团军司令科尔帕克奇被解除指挥职务，继任者是洛帕京，他在之前退向顿河的战斗中实际上已经丢掉了一个集团军；第64集团军交由舒米洛夫全权指挥，战争爆发时他就在立陶宛任军长；崔可夫则在战线南段临时拼凑了一个"战役集群"，并指挥他们依托阿克赛河作战，以截住德军第4装甲集团军。戈尔多夫现在面临着双重威胁——西北方向（卡拉奇—斯大林格勒）和西南方向（阿克赛河—斯大林格勒），他的整条防线现在已经拉长到400英里，这令远在莫斯科的斯大林和国防委员会忧心忡忡，他们开始坐下来考虑斯大林格勒方面军的严重威胁，尤其是怎样防止南部战线彻底崩溃。

8月上旬，在春季作战中腿部负伤的叶廖缅科上将伤愈归来，随后奉召参加了一系列国防委员会会议，在巨大的椭圆形办公室举行的一次夜间会议上，斯大林就着昏暗的灯光告诉叶廖缅科，国防委员会已经决定，斯大林格勒方面军将一分为二，叶廖缅科要去负责其中一个方面军的指挥。叶廖缅科和华西列夫斯基二人都将在了解总参谋部手里的情报后进行汇报。叶廖缅科8月2日在总参谋部里待了一整天，当晚，他和华西列夫斯基、总参谋部的V. D. 伊万诺夫少将、戈利科夫中将（即将被任命为近卫第1集团军司令员，这个军团由莫斯科军区的伞兵组成）一起参加了斯大林召集的夜间会议。华西列夫斯基简要介绍了拆分方面军所涉及的军队方面的情况，伊万诺夫在地图上画出了拆分计划。面对眼前桌子上的这份指导意见草案，叶廖缅科向斯大林提出，既然这还不是最终决定，那就希望允许自己提几个意见。斯大林同意后，叶廖缅科提出调整两个方面军的分界线，以保证斯大林格勒城本身可以归属到某一个方面军的防区里。斯大林十分恼火，他立即命令他最终敲定指导意见："照我说的办。把斯大林格勒方面军拆分为两个方面军，分界线要设在察里察河沿线，之后指向卡拉奇。"斯大林站起身来，一边踱步一边询问新方面军的名称，有人提出北边的方面军仍称斯大林格勒方面军，南边的方面军则称为东南方面军。斯大林点了头，训令就这么最终确定了。在方面军司令员的人选上，他们选定了两个人——戈尔多夫和叶廖缅科，后者负责东南方面军。3时，会议结束，训令正式签发。文件还要求两个方面军的参谋部都应设在斯大林格勒城内，这就意味着这座城市里将有两个司令部、两个方面军、两个参谋部、两组军队，保卫同一个目标。

斯大林筹建新方面军时，顿河前线的战况开始急剧恶化：德军突破第62集团军右翼后，在马洛戈卢巴亚（Malogolubaya）地区一处9英里左右宽的地段上抵达顿河，将苏联防线拦腰截断。戈尔多夫现在打算投入第21集团军和坦克第1、第4集团军切断突破的德军。洛帕京已经请求戈尔多夫确认第62集团军侧翼是否安全，并请求允许自己撤回到顿河。但戈尔多夫不为所动，坚持用他只剩下15辆坦克的坦克军发动反冲击。此时在东南方向，德军第4装甲集团军已经抵达阿布加涅洛沃。戈尔多夫的进攻从一开始就被粉碎了，8月7日拂晓，德军第6集团军向洛帕京发动大规模进攻，德军第24和第16装甲师不到48小时就取得联系，第62集团军的8个步兵师和5个炮兵团被彻底包围。

8月4日，叶廖缅科乘坐道格拉斯运输机来到斯大林格勒北郊，此时正值顿河弯曲部灾难前夕。斯大林格勒方面军政委尼基塔·赫鲁晓夫迎接了他，二人一同驱车前往市中心一个地下室里的前线指挥部。在这座密不透风的闷热屋子里，尼基舍夫将方面军的总体战况告知了叶廖缅科，虽然敌人的情报不太充分，但还是让后者对情况有了大体了解。各集团军司令员中，除了第21集团军的丹尼洛夫和第51集团军的特鲁法诺夫之外，都是叶廖缅科的老熟人：洛帕京曾在白俄罗斯和远东与他共事过，V. I. 库兹涅佐夫和克留琼金也都是他战前的老朋友。然而，戈尔多夫对战役的总体判断还是让叶廖缅科心里一紧："战争主动权看起来已经落到敌人手里。"这与赫鲁晓夫之前的批评不谋而合。叶廖缅科很快建起了自己的司令部，下辖3个集团军（第64、第57和第51集团军），前线指挥所设在斯大林格勒南郊的一所学校里，参谋人员都来自莫斯卡连科的坦克第1集团军司令部，刚刚从卡拉奇调回来。

叶廖缅科的方面军刚刚运转起来，他就接到华西列夫斯基的询问，斯大林也通过电话直接向他提出问题：

华西列夫斯基（8月9日）：斯大林同志要我和你讨论这些问题，并征询你的意见：

首先，斯大林同志认为，是时候将保卫斯大林格勒所涉及的所有问题集中于一处解决了，这样做也是有用的，所以，你就任东南方面军司令员的同时，斯大林格勒方面军也将从属于你。戈利科夫中将将被任命为你在东南方面军的副手。莫斯卡连科少将则要接替戈利科夫同志，升任近卫第1集团军司令员。

叶廖缅科：是这样的，没有人能比斯大林同志更睿智了，我认为此举尤其正确且及时。

华西列夫斯基：你对戈利科夫、莫斯卡连科和萨拉耶夫这几位候选人怎么看？

叶廖缅科：我认为对他们的任命都很合适，他们是很好的人选。

在最高统帅部的正式训令中，戈尔多夫被任命为斯大林格勒方面军的代理司令员，新的指挥架构8月9日开始生效。不过斯大林还是不放心，他又要朱可夫和华西列夫斯基将军飞往斯大林格勒了解实际战况，此时，德军正向斯大林格勒城的外围防线——"O防线"推进，这道防线背后还有"K防线""S防线"和城内的"G防线"依次设防。8月12日，华西列夫斯基会见叶廖缅科，讨论应对更危急局势的防御准备：叶廖缅科认为，德军的第一阶段进攻——扫除顿河西岸与卡拉奇以西的苏联桥头堡——业已完成，他预计德军的下一个进攻目标将是坦克第4集团军，并强渡顿河，同时，南面的德军也正在一路推进。叶廖缅科手头的情报包括这些数据：卡拉奇—斯大林格勒方向德军最多有10—11个师，南方战线（普洛多维托耶—斯大林格勒方向）大概有5—7个德国师，这显然是一次向心突击。在华西列夫斯基的要求下，国防委员会副主席马雷舍夫（V. A. Malyishev）带着一组高级官员前来检查当地的物资供应、铁路运输和伏尔加河上的船运。

8月15日4时30分，德军第6集团军向据守顿河小弯曲部的坦克第4集团军发动进攻。此刻，顿河以西的道路上丢满了苏联坦克的残骸，坦克第4集团军兵力已经所剩无几：3个步兵师加起来凑不足800人，坦克第22军手里的坦克屈指可数，摩托化步兵第22旅只剩下200人。戈尔多夫受命亲自指挥防御战，但由于各种物资仓库都落入敌手，他对严重的弹药和燃料短缺也无计可施。南面的舒米洛夫和崔可夫虽然成功顶住了德军第4装甲集团军的进攻，但在他们右翼第62集团军的防线上，危机却达到了高潮。德军部队在坦克第4集团军的特廖赫奥斯特罗夫斯卡亚（Trekhostrovskaya）—格拉西莫夫（Gerasimov）地域和洛帕京第62集团军右翼的佩列波尔内（Perepolnyi）—卢琴斯基（Luchenskii）地域穿过顿河。保卢斯进攻中的各师乘着冲锋舟和橡皮艇强渡顿河，与此同时，苏联飞机反复攻击，意图摧毁德军为装甲兵过河所建造的浮桥。8月23日夜，德军第16装甲师进入顿河以东一处宽3英里、纵深1英里的桥头堡，这里是他们的预定进攻出发阵地，4时15分，他们做好了出击准备。面前是35英里无遮无挡的大平原，在头顶上方斯图卡轰炸机的掩护下，他们只要一轮密集装甲突击，就可以突破第62集团军，直抵伏尔加河。在这个短暂的夏夜里，苏联火炮一刻不停地轰击着德军的桥头堡，苏联轰炸机也在燃烧车辆的火光指引下试图炸毁德军桥梁，但未能成功。4时30分，第16装甲师的进攻开始了。

当天，里希特霍芬的第8航空军大规模空袭斯大林格勒，炸毁居民区和市政府大楼，还引燃了储油罐，浓浓的黑烟遮住了地面上的惨状。伏尔加河上木质的码头也起了火。傍晚时，北部城区的工人们突然收到了步枪、子弹，还有一道命令，要他们坚守阵地，顶住从北方席卷而来的德军。此时，胡贝的装甲车辆和装甲掷弹兵们正一边消灭沿线的抵抗，一边向斯大林格勒侧翼包抄而来，到8月23日23时10分，第79装甲掷弹兵团从伏尔加河畔发回消息：自己已经来到斯巴达克诺夫卡（Spartanovka，位于斯大林格勒北郊），见到了伏尔加河。斯大林格勒城的苦难近在眼前，8月23日，城内已有尸体倒毙在街头，德军则站在了伏尔加河边。

斯大林接到德军突破的消息后，对自己的指挥员们大发脾气。华西列夫斯基刚用无线电发回两条简报，通讯线路就被切断了。他直到8月24日才设法发回完整的报告。斯大林立即把所有的怒气都撒到华西列夫斯基头上，即使他指出市中心还在苏方手中，马雷舍夫和城防委员会还在正常工作也无济于事。在这个气氛压抑的夜晚，21时，叶廖缅科、赫鲁晓夫、丘亚诺夫、马雷舍夫和华西列夫斯基齐聚地下室里的司令部，叶廖缅科向最高统帅发出了他的报告。而斯大林已经通过无线电向叶廖缅科发来了自己不容置喙的命令：

> 一小股敌军突破了我方防线，你手里的兵力足以消灭这支突入的敌军部队。把两个方面军的飞机集合起来，攻击这些敌人。把装甲列车用起来，斯大林格勒有环城铁路可以使用。大量使用烟幕迷惑敌军。夜以继日地攻击敌人的突破部队。把你所有的炮兵和喀秋莎火箭炮利用起来。最重要的是，不要被恐惧压倒，不要被敌人的进攻吓倒，要坚信最终的胜利属于我们。
>
> J. 斯大林

23时，叶廖缅科收齐了向最高统帅部发送每日战报所需的材料，这是他每晚的必做功课。这天的材料满眼灾难，惨不忍睹。左翼的韦尔佳奇（Vertyachii）—佩斯科夫卡（Peskovaka）地域，德军突破苏联防线，向东打到拉塔尚卡（Latashanka），饮马伏尔加河畔，将东南方面军斩为两段。德军还闯进斯大林格勒北郊，虽然未能继续推进，但他们将战火燃烧到拖拉机厂，并切断了从斯大林格勒通往北方与西北方的两条铁路线。现在，为城市运输食品和燃油的铁路和河流航运两条线路都遭到敌人的压制；德军的野蛮轰炸给城市造成严重破坏，大大妨碍了城里的军事和工业活动。在这份原本只是叶廖缅科个人发给斯大林的报告中，华西列夫斯基、丘亚诺夫、马雷舍夫、赫鲁晓夫和叶廖缅科一起战战兢兢地签上了自己的名字。丘亚诺夫提出了从德国轰炸机留下的一地废墟里撤出平民和工业设施的问题，这显然不是叶廖缅科能决定的，于是他电话请示斯大林，后者用尖锐而激动的语调答复道：

> 我完全不想讨论这个问题。你要明白，一旦撤出工业设施，启动给工厂布雷的工作，人们就会认为已经决定要放弃斯大林格勒。因此，国防委员会禁止一切关于炸毁工业设施和撤离人员的准备。

领袖的命令自然无须对地下指挥所里的众人做过多解释，但斯大林心中有数，在这场人类历史上最残酷的战争中，他必须对整个红军和苏联负责。

罗斯托夫的陷落（7月4日—23日）和向南通往高加索的顿河大桥的失守，清楚地意味着苏联已经被逼入绝境。现在到每个人都得拼命的时候了。罗斯托夫绝对不是轻易陷落的：在坚定的指挥下，NKVD部队、爆破队、敢死队把整个城市变成死亡陷阱，街上堆满路障，房屋都被封上窗户，改造成火力点。德军突击队在罗斯托夫城内的各个角落恶战足足50个小时，其中在通往顿河大桥的塔甘罗格大街上，与NKVD机枪手的战斗最为激烈。到7月25日拂晓，苏联部队已经撤过顿河，但还有一些在沼泽地中通往巴泰斯克（Bataisk）和另一座大桥的路堤上，当晚那座大桥也落入德军手中。现在，德军A集团军群可以冲出桥头堡，冲过面前的平原地带，奔向南方的群山，以及那里的巨大油田。

鉴于顿河上的灾难，斯大林决定杀鸡儆猴，以一种坚不可摧的意志抵抗甚至更甚于1941年秋季席卷苏联的那次危机。于是，罗斯托夫的陷落就成为未经许可而擅自撤退的典型，虽然这个结论确实有些冤枉，实际上苏方循令有序的撤退使得希特勒未能如愿再来一次规模远超1941年历次包围战的大歼灭战。当然，斯大林也没有具体惩罚哪个人，他组织了连续密集的群众宣传，并由伊利亚·爱伦堡（Ilya Ehrenburg）担纲策划了深入人心的反德宣传。7月28日，部队被召集起来，宣读了第227号命令："Prikaz Verkhovnovo Komanduyushchevo."——不许后退一步！这道命令震撼人心。斯大林平静地告诉军民，俄罗斯虽大，但已几无可退之路，而且还将愈加无路可退。"不许后退一步"已不再仅仅是个口号，而是一道死命令，也是任何人都无法回避的事实。这即将成为每一名红军战士的职责，他们必须为保卫每一寸土地战斗到最后一息。"惊慌失措分子""懦夫"和"叛徒"必须被清除出去，军官们必须严守职责，政委们则要负责向将士们传递正确的战斗精神。斯大林终于对1942年夏季以来的全线动摇做出了有效而且比较及时的反应，这一段时间的败退让苏联失去大片的领土，甚至那些在许多人印象中都是安全区的地方都令人难以置信地落入敌手。红军总政治部高层的大动作仍然接连不断，吸纳前线将士火线入党的工作被大大加强。现在，斯大林要的已经不仅仅是改造红军的"精神面貌"了，他还必须改造红军的实际战斗力，为此，沙波什尼科夫元帅受命重新编写红军战斗手册。

正是在这一大背景下，斯大林召开特别军事会议。8月20日，各路军事专家被召集到克里姆林宫，有一些是像科夫帕克这样在深远敌后指挥游击队作战的人，他们一起讨论诸如与敌占区保持联系、部队中政委的角色、武器和装备，还有克里姆林宫计划中的战术条令修订和红军各级参谋工作改进等事项。在这一系列措施下，斯大林已经开始逐步抓住重塑红军战斗力的主要问题：立即向将士们传达正确思想，扩大红军总政治部的工作范围，并要求他们的政委始终与那些身经百战、已经成为作战专家的军官们保持一致，即"一长制"。虽然新的指挥团队已经在1941年—1942年间崭露头角，但此时还没有经过充分考验，而且根基严重不牢。然而，令梅利赫斯等人十分郁闷的是，斯大林很乐意纵容这些年轻将领们，这也算是他给新一代军官们的福利。战争爆发已经一年有余，战场上新的将星已经开始冉冉升起，譬如罗科索夫斯基和更年轻的切尔尼亚霍夫斯基将军，他们已经可以把"自己的人"——年轻的专家遇见新一代方面军司令员，进而惺惺相惜——整合进自己的参谋部和司令部。然而在他们的上级看来，这些人仍然算不上完全称职，坦克兵尤其如此，此时他们的能力还不足以承担重任。布良斯克的灾难性失败之后，就连"坦克集团军"这一编制也一度"命悬一线"。不过，规范化必须在前，即便是在1942年夏季这种岌岌可危的情况下，指挥员队伍的重建也未停止。除指挥员素质之外，苏联红军的双重指挥体系也使其难以适应战场。对此，斯大林格勒方面军的沃罗诺夫将军曾给中央委员会写信提出："必须实施'一长制'，别无他途。"沃罗诺夫的呼声绝非个例，取消双重指挥的声音早在1941年秋季的一系列灾难中就已涌现。这还只是军队愤恨与幻灭的冰山一角，不仅是双重指挥，"军事委员会"体系——司令员、参谋班子、政治部门的"三驾马车"——的粗糙与繁杂也完全不适应现代战争机器。但目前斗争还集中在为指挥员争取"一长制"，消除旧制度的不利影响上。

虽然有上述调整，高度集权的体制依旧未变，主要问题是中央的决策与前线实际要求之间总是存在差异。在最高统帅部，斯大林可以召集"全面"与"临时"两种会议，但无论是哪种，最后总是他做出决策。沙波什尼科夫退休后（他的退休是国防委员会的正式决定），朱可夫和华西列夫斯基走上斯大林这套指挥体系的最高层：华西列夫斯基掌管总参谋部，朱可夫则成为斯大林的副手，这并非正式职务，朱可夫的正式职务是副国防委员。随着"最高统帅部代表"大量外派，大本营开始逐步下放指挥权：此前各方面军总是抱怨最高统帅部和总参谋部的许多指示与前线实际情况相悖，这在斯大林格勒方面军成立初期的战斗中表现得尤为明显，由于缺乏对敌我双方实际力量、位置、运动路线的了解，苏联各兵团总是被零散使用，或从行进间加入战斗。最高统帅部不会听取方面军司令员的意见，方面军司令员（尤其是戈尔多夫这样的）也不会听取下属各集团军司令员的意见，如此一来，出问题也就在所难免。理论上说，这种高度集权的指挥体系可以最大限度地协调各个方面军，并经由最高统帅部的固定班子来合理安排各项资源的投放优先级，包括人力、各型武器装备、后勤支援、大规模调动、政治宣传、支援设施，必要的话，海空军支援也不在话下。然而实际上，斯大林完全靠自己一个人来协调各方面军的行动，而且直接干预方面军的作战指挥，譬如直接向布良斯克方面军下达坦克反冲击的详细命令。斯大林显然很清楚苏联最新的部署，他要求各方面军司令部每天午夜向最高统帅部和总参谋部发送当日战报，里面有他需要的一切，而那些由总参作战处起草、最高统帅部签发的训令中，大部分都签上了斯大林和华西列夫斯基的名字。现在，斯大林开始学着听取将军们的意见，但即便如此，一旦战事不利，这些将军们也一样免不了挨骂，德国坦克向伏尔加河突破时就是如此。正如华西列夫斯基承认的那样，向斯大林做汇报是一项几乎难以承受的重压。对于大部分指挥人员来说，来自最高统帅部的召唤是个不祥之兆。不仅如此，斯大林也会用电话，直接从莫斯科就地免除将领们的指挥职务。另一方面，通过研究以战线和地段来划分的战场，他可以找出最需要帮助或增援的地点，迟缓的战争机器无法足够迅速地对那里的危机做出反应，虽然这更诱使他做出判断。

1942年夏季，苏联统帅部的"最高统帅部—方面军"双层指挥架构最终确定。最后一个处于两个层次中间的指挥单位（北高加索方向总指挥部）已随着铁木辛哥和朱可夫的调离以及战略重心的转移而关门。另一项影响深远的指挥方式（最高统帅部代表）则刚开始出现，并在斯大林格勒战役中首次大量使用，这意味着最高统帅部开始缓慢而艰难地下放自己的指挥权。这些代表从总参谋部和作战军队里挑出自己认可的军官，搭建了自己的指挥班子——这些"飞行马戏团"在各方面军司令部间飞来飞去，让后者非常反感。朱可夫或华西列夫斯基的到来虽然有时会让方面军司令紧张，但有助于弥合前线与中央的鸿沟，斯大林也得以从这些亲信们身上得到第一手的报告。前线司令员们总是抱怨说自己得不到总参谋部的"指导"，也没有作战的明确目标，这的确是事实，但也是没有办法的事情，来自最高统帅部的指示常常模棱两可。这还让"上面的人"可以以"执行不力"为由将战役失败的责任推到前线司令员头上，譬如，1942年哈尔科夫战役失败的黑锅就这样被扣到巴格拉米扬头上，虽然他实际上与战略目标和判断的失误几乎没有丝毫关系。替罪羊总是会有，这很不公平，但对于急需从尸山血海中遴选优秀指挥官的斯大林来说，他也不会仅仅因为替自己背了黑锅就弃用有才华的人。

经历了一年多前所未见的惨败之后，苏联红军又一次陷入失败和绝望的泥沼。然而，他们已经开始演变为更有效、更现代化的战争机器。红军缓慢地吸收着战争的经验教训，痛苦地消化着在装备、训练和指挥方面学到的东西。1941年12月—1942年4月这段独特的经历，成为苏联不可或缺的宝贵财富，现在，红军开始意识到前线自主指挥的重要性，1942年初秋，这一趋势已经十分明显，对"一长制"的讨论，以及整个红军向传统军队的转变都显示了这一点：经历了这段刻骨铭心的时期之后，不少高级将领开始探索"资产阶级军队"的情况，并开始寻求自主决策。这种变革之风已经刮起，甚至在考涅楚克的一部戏剧《前线》里体现了出来，还得到了斯大林的认可与表扬。

战争以极其残酷的方式，让这场危机的根源给苏联红军上了最基础的一课。他们虚弱的实力与庞大的规模完全不相称。虽然苏联红军看起来如同蒸汽压路机一般，但这台压路机蒸汽不足。加强力量是真正、迅速实现现代化的基础，斯大林已经着手增强红军实力并组建进攻力量。即便是在这个危险的阶段，还是出现了积极的信号：苏联指挥员们开始逐步学会机动作战的技巧，而且已经在此前数月的战斗中组织起有序、损失可承受的成功撤退。这些行动并没有如斯大林担心的那样变成全线溃逃，如崔可夫所言，虽然战况一度让他们心惊胆战，但还是发现部队撤过顿河后士气开始回升。德军先前观察到的崩溃现在也停了下来，他们主要将此归结为斯大林"不许后退一步"的命令。与此同时，在犬牙交错的战线后方，已经撤至乌拉尔山地区的苏联兵工厂以超人的努力最终克服德军"突然袭击"带来的混乱，保障了对前线的装备供应：1942年1月—6月，工厂总共生产出9600架飞机，而在下半年，飞机产量激增到15800架；同样，坦克产量从11000辆增加到13600辆；76毫米以上口径火炮从1400门增加到惊人的15600门，值此多事之秋，这无疑是一个惊人的成就。

重塑红军的重担现在落在朱可夫和华西列夫斯基肩上，这两人是斯大林的左膀右臂，他们都很年轻，接受了完善的军校教育，充分理解现代战争，而且能力极强。斯大林投身这股军事潮流（上一股潮流几乎令他溺水），与此同时，他也在设法保持自己的威望。为开脱责任，戈利科夫、巴格拉米扬和其他不那么杰出的指挥员的声誉受损，没有让军队承担的那部分责任被推给英、美这两个拖拖拉拉、蓄意阻挠的盟国。梅赫利斯和卡冈诺维奇（春季因铁路系统管理不善被解职）这样的无能之士也派上了用场，他们的免职可以安抚更多人。苏联红军开始逐步恢复战前的工作，并添加了当前的优先项，比如1942年4月重建独立远程轰炸航空兵，由戈洛瓦诺夫少将指挥，他是斯大林的爱将。经历艰难的初创期之后，苏联坦克兵也步入正轨，"坦克—机械化军"在后方组建起来。虽然沙波什尼科夫元帅离开了岗位，但仍可对战术条令的修订施加影响，这种工作需要丰富的经验，在他的主持下，新的参谋工作手册《红军总部外勤事务手册》（Nastavlenie po polevoi sluzhbe shtabov Krasnoi Armii）已经面世，随后他也会越来越多地投入各种新战斗手册的制订中。朱可夫和华西列夫斯基则将越来越多地担起战役控制的重任，打造红军的未来。

朱可夫身经百战，他在多个方面军司令部里都历练过，还曾全面负责过一个战略方向（西部方向总指挥部），有些人有时候会认为他对"中央"的命令过于盲从，但更多人则觉得他对前线指挥员毫无耐心，对他们的错误毫不容忍。华西列夫斯基也毕业于最好的学校，他最初是沙俄军队的中尉，1919年加入红军，1920年起在特里安达菲洛夫手下当参谋，1931年5月成为候补党员，此时他正在红军训练管理局的一个处室里给主任当助手。华西列夫斯基的高层参谋生涯始于20世纪30年代初在叶戈罗夫手下任职的时候，当时《军事报纸》里许多由亚历山德罗夫、米哈伊洛夫或者瓦西列夫签发的文件实际上都是华西列夫斯基撰写的，1936年，他完成总参学院的课程，进入红军总参谋部。苏德战争爆发时，华西列夫斯基正在马兰金（G. K. Malandin）领导的总参作战部任副部长，1941年时，西北和西部方向的防御计划正是他制定的（第二副部长安索夫则制定了西南和近东方向的计划）。1941年8月以后，华西列夫斯基全面接管作战部，并正式成为沙波什尼科夫的副手。在过去的4年左右时间里，他从上校一路晋升为上将，并展现出了自己最优秀的头脑和非凡的才华，成为沙波什尼科夫元帅总参谋长地位的实际继承者。到1942年8月，德国军官注意到战场上红军表现的回升，但真正的转折发生在幕后。新组建的步兵师减少了人数，但增加了各型自动武器、迫击炮、反坦克武器和师属炮兵的数量；现有坦克兵团的重新装备和新坦克军（坦克集团军的成分）的组建开始带来一种全新的坦克打击力量。方面军内空军集团军的组建、最高统帅部预备队内航空军的组建、远程轰炸航空兵的重建、伞兵的重整，都使得航空兵的大规模部署与集中使用几已成型。

8月初，德军A集团军群（连同其罗马尼亚和斯洛伐克部队）跨过顿河，突入库班草原，奔向北高加索，大批难民迁移，德军的闪电战势不可挡，1941年的情景仿佛重现。8月中旬结束时，利斯特的进攻各师已经越过大半个库班草原，直取高加索，他们向西奔向黑海沿岸，向东奔向格罗兹尼和巴库的大油田，这场战役早在1941年10月就计划好了。德军出现在顿河下游时，从上库尔莫亚尔斯卡亚到顿河河口之间120英里的防线上，部署着北高加索方面军的第51集团军，南方面军的第37、第12和第18集团军，苏联军队总兵力112000人，拥有121辆坦克、2160门火炮和迫击炮，以及130架飞机（空军第4集团军）。除了第51集团军之外，布琼尼元帅的北高加索方面军还编有第47集团军、步兵第1军、骑兵第17军，以及空军第5集团军，他们负责防守亚速海东岸和黑海沿岸直至拉扎列夫斯克（Lazarevsk）地区。在更南方，秋涅列夫的外高加索方面军防御着黑海沿岸的其余地段，直到巴统和苏联—土耳其边境。秋涅列夫的一部分兵力甚至进入了伊朗境内，防御伊朗—土耳其边界。

按照希特勒的第45号训令，利斯特元帅的A集团军群将投入劳夫手下得到加强的第17集团军从罗斯托夫南下，进攻克拉斯诺达尔，克莱斯特的第1装甲集团军则要进行外围包抄，拿下迈科普，他们的东翼由霍特的第4装甲集团军掩护，霍特的目标是伏罗希洛夫斯克（Voroshilovsk）。德军进攻计划的终止线附近是横跨在黑海和里海之间的高加索山脉，在此之前是库班大平原，但无数条流入黑海和里海的河流让这块平原并非想象中那般一马平川。沙皇时代，这里曾是俄军镇压高加索部落的古战场。德军向高加索山的进攻从7月25日早晨打响，仅48小时后，德军部队就深入苏联防御纵深40多英里，然而苏联各兵团及时跳出德军从罗斯托夫向南和向东南打出的两支铁钳的合围，仅留下后卫依托河流和村庄据守。7月28日，布琼尼接到命令，将南北两个高加索方面军合并（新方面军名称沿用"北高加索方面军"），并将军队划分为两部分——马利诺夫斯基的"顿河集群"（辖第51、第37和第12集团军）及切列维琴科的"海岸集群"（辖第18、第56、第47集团军和2个独立军）。马利诺夫斯基的顿河集群负责防守斯塔夫罗波尔（Stavropol），切列维琴科则防守克拉斯诺达尔。布琼尼本的命令设想歼灭跨过顿河南下的德军，但秋涅列夫则接到紧急指令，要他立即在捷列克河、乌鲁赫河以及高加索山各山口建立坚固防线，所有防御阵地都要得到强有力的守卫。

德军向高加索的突破现在势不可挡，A集团军群进抵普罗列塔尔斯卡亚（Proletarskaya）—萨利斯克—白格利纳（Belaya Glina）一线，并在8月初向伏罗希洛夫斯克和克罗波特金（Kropotkin）推进，"顿河"与"海岸"两个集群都被撤回到库班河，苏联人开始竭力运走库班粮库里的粮食，同时开始组织已经做好战斗准备的外高加索方面军参战。依照国防委员会的指示，阿尔马维尔（Armavira）、克拉斯诺达尔和迈科普的工厂设施都被装上卡车，卡车还尽可能地搭载上难民，尽力撤往里海方向。8月5日，伏罗希洛夫斯克陷落，但苏联军队仍然跳出了顿河与库班河之间的包围圈，于是德军第1装甲集团军开始向西南方的阿尔马维尔—迈科普—图阿普谢沿线进攻，意图切断苏方退路，与劳夫的第17集团军协同，包围并歼灭新罗西斯克—克拉斯诺达尔—图阿普谢地域内布琼尼各集团残部。为拿下重镇格罗兹尼，利斯特投入了第52军和第40装甲军。8月6日，向库班突进的德军攻占阿尔马维尔，第17集团军同日抵达切尔巴斯河（Chelbas）。

布琼尼把防御迈科普—图阿普谢防线的重任交给了第12和第18集团军，并安排由库班哥萨克人组成的骑兵第17军和从第47集团军抽调出来的近卫步兵第32师提供支援。在秋涅列夫的司令部里，人们争论将主防线设在哪里——捷列克河还是苏拉克河（Sulak）？最后，8月的第一周，秋涅列夫向华西列夫斯基上将报告，方面军代表会议希望将主防线设在捷列克河一线，同时在基兹利亚尔（Kizlyar）、旧谢德林斯科耶（Staroshchedrinskoe）、莫兹多克、马克林斯基（Maklinskii）和普里希布斯卡亚（Prishibskaya）五处建立坚固桥头堡。最高统帅部同意他们的方案，并授予方面军全权落实自己的计划。到8月中旬，强大的德军装甲力量似乎要突入图阿普谢、新罗西斯克和格罗兹尼时，秋涅列夫决定让他的军队前出至矿水城（Mineralnye Vody）支援马利诺夫斯基被重创的军队。然而，此时的罗斯托夫—巴库铁路线上堵满疏散工厂设备的货车，通过铁路机动几乎是不可能的。道路机动也很困难，川流不息的难民——悲伤的人流——大部分都是老人、妇女和儿童，把从纳尔奇克（Nalchik）到别斯兰纳（Beslana），再到马哈奇卡拉（Makhatchkala），最后从杰尔宾特（Derbent）通往巴库的道路挤得一团糟。国防委员会深知外高加索方面军绝不能被切断。通讯问题可以通过中继接力来解决，当地工厂奉命转产弹药、装备和武器，秋涅列夫的后方还建立了一个大型维修中心，只有当地无法生产的重武器（例如坦克和飞机）由中央统一输送。

虽然外高加索方面军的后勤状况不佳，但这一困难和后方不安定因素比起来就算不得什么了。此外，苏德双方都需要认真考量土耳其的态度，他们一直坚持不懈地对苏联东南边界上的突厥族群提出主权要求。双方还需要争取当地山区部族的支持，柏林方面发现山民中有人对德军的态度十分积极，莫斯科方面也发现了这一点，并将其视为严重的威胁，为此，斯大林于1942年8月把拉夫连季·贝利亚派到外高加索方面军。贝利亚带着他的小兄弟们——卡布洛夫、马穆洛夫、皮亚舍夫和特桑纳（Tsanava），建立起一支平行的NKVD指挥部负责北高加索防御，并建立了一支强大的NKVD特别军队。贝利亚一来到此地，就让马利诺夫斯基对他"敬而远之"，后者曾经是他威胁要"立刻逮捕"的对象……利用秋涅列夫向最高统帅部请求援军的机会，贝利亚调来了更多NKVD军队，并把自己的心腹卡布洛夫和鲁哈泽派进外高加索方面军的军事代表会议。贝利亚的任务是镇压北高加索和伏尔加河三角洲地区的叛乱，因此他带来了强大的NKVD军队，并坚决不肯将其调给军方——仅有的几次调动也是在斯大林的亲自要求下才实现的。

8月中旬，德军A集团军群重组，准备发动第二阶段进攻，目标是巴库和巴统：第1装甲集团军将从伏罗希洛夫斯克以东出发，沿格罗兹尼—马哈奇卡拉—巴库一线进攻，第17集团军从克拉斯诺达尔向新罗西斯克进攻，之后沿黑海海岸推进，打到苏呼米（Sukhumi）—巴统，其中第79山地军从切尔克斯卡（Cherkesska）出发，穿越高加索山区的小道，突入苏联后方，这条线路上满是险峻的峭壁，山峰的海拔高达10000英尺，防御力量较为薄弱。不过，苏联最高统帅部现在已命令秋涅列夫强化这些山路的防御，并封锁高加索山的北部接近地。此刻，外高加索方面军司令部关注的是黑海沿岸，第46集团军——这个集团军直接在秋涅列夫方面军内组建，先后由谢尔加茨科夫（V. F. Sergatskov）少将和列谢利泽（K. N. Leselidze）少将指挥——的主力将在那里展开。秋涅列夫参谋部的人员变动也比较频繁：参谋长一职最初由苏博京担任，后来让位于P. I. 博金，他又被A. I. 安东诺夫（马利诺夫斯基的参谋长）取代，安东诺夫也只干了两个星期。方面军的作战处由罗日杰斯特文斯基（S.

E. Rozhdestvenskii）少将掌管，空军部队由空军上将韦尔希宁指挥，坦克兵司令是坦克兵少将杰缅捷耶夫（Dementeyev）。方面军的高层指挥体系相当有效，但贝利亚的干涉严重妨碍了方面军的战略指挥。

贝利亚是国防委员会成员，作为最高统帅部代表来到秋涅列夫的司令部。8月23日，他下令成立"高加索远程战役集群"，将防御高加索山脉各山口的军队列入其中，并安排"自己人"去负责这个集群，从而把秋涅列夫司令部和第46集团军的指挥系统挤出了这一地区的作战指挥。作战期间，贝利亚还强行撤换了第46集团军的司令员。德军"雪绒花"作战的目标是高加索的群山，这里的山峰高耸入云，常年云雾环绕，狂风呼啸，空气稀薄，炮弹的爆炸声都可能引发一场雪崩。德军山地部队开始发动这场战争史上难得一见的山地进攻时，斯大林立即意识到自己犯了大错。他下达激进的指令，彻底推翻先前的高加索山口防御计划。战线东侧，为掩护格罗兹尼，斯大林要求马斯连尼科夫以第44和第9集团军为基础，重建外高加索方面军，原属北高加索方面军的第37集团军也一度被划入该方面军。布琼尼元帅在自己方面军的最后一段时日里，受命以卡姆科夫的第18集团军和由库班哥萨克组成的骑兵第17军（司令员是基里琴科中将，这支部队在8月底荣升近卫军，被改编为近卫骑兵第4军）封锁德军前往黑海沿岸的道路。格列奇科（A. A. Grechko）少将的第12集团军奉命掩护第18集团军和雷若夫第56集团军的结合部（该集团之前是布琼尼的第二梯队，遭受重创后撤回后方休整，现在再度重返前线）。为了保卫新罗西斯克，科托夫的第47集团军被从塔曼半岛抽出来防御这座海军基地。

8月18日，马斯连尼科夫的"北部集群"连同其据守库马河（Kuma）的前卫部队还在一边抵抗克莱斯特的坦克，一边准备向捷列克河的主防线撤退。一个星期后莫兹多克失守，最高统帅部随即从马哈奇卡拉调来第58集团军，巴库以北的纵深防御阵地也如火如荼地开工建设。捷列克河本身是一条强大的筑垒线，也是一条难以渡过的河流，300码的水面水流湍急，还有苏联火炮掩护。直到8月30日，才有一支德军小分队强渡到河南岸，建起一个摇摇欲坠的桥头堡。直到9月2日德军从莫兹多克强行渡河之后，他们才算真正渡过捷列克河。虽然这里是苏联主防线，但马斯连尼科夫只是简单地将他的兵团沿河一线排开，秋涅列夫指出他的左翼尤其薄弱后仍无动于衷。马斯连尼科夫坚持认为德军唯一可能的进攻地点就是莫兹多克，其他地方的地形都无法逾越。实际上，马斯连尼科夫的左翼已经被德军逐步侵蚀了。

黑海沿岸，随着德军增援从刻赤半岛跨过海峡进入塔曼半岛，新罗西斯克8月底成为苏德两军的必争之地。9月第一周，两军在这座港城展开激烈巷战，塔曼半岛上的苏联海军步兵最终乘坐小艇撤出，撤回格连吉克（Gelendzhik）。布琼尼的"新罗西斯克防御区"最终被德军突破，北高加索方面军的末日已然来临，不久，它们就被改编成外高加索方面军的"黑海集群"。切列维琴科被解除方面军司令员的职务，先前指挥过敖德萨和塞瓦斯托波尔防御战的彼得罗夫接管了这支"黑海集群"。在图阿普谢，海军少将朱可夫被任命为海军基地司令，并得到彼得罗夫海岸集群的4个师支援。基地周边迅速构建起防御工事，整个区域被划分为3个防御区。虽然朱可夫少将9月4日向黑海舰队司令奥克佳布里斯基抱怨说将防御兵力抽调到内陆方向会严重削弱海岸防御，但守军还是很快做好了战斗准备。此时，当地和中央的苏联统帅部都意识到南线德军的这一路突击必须不惜代价加以阻止，否则黑海舰队就将无家可归，德军将通过第比利斯进入巴库。更危险的是，苏联的态势一旦严重恶化，土耳其就可能会加入战争——边界线距离现在的战场已经不远了——向扼守苏土边境的第45集团军发动进攻，这意味着红军又要有17个师去应对。新罗西斯克最终还是落入德军之手，不过苏联也死死守住了海湾里的一段海岸，使得德军无法大规模利用这一港口。现在轮到图阿普谢了，这里的守军死死把守着狭窄的沿岸平原，等着德军从高加索山脚下遍布丛林的高地发动进攻，而此时，猎兵团正在通往沿岸平原和苏呼米的山间小道上艰难跋涉。

在西南方向和南方向上的一连串恶战中，苏联军队被一步步击退到捷列克河和伏尔加河。相比之下，西北方向和西方向上的战斗就没这么引人注目了，苏联在那几个方向上的主要目的就是牵制德军，防止德军从那里抽调重兵南下。7月—9月，库罗奇金的西北方面军进行了三次旨在歼灭杰米扬斯克包围圈内德军的作战，这迫使德军第18集团军不得不加大对包围圈内德军的救援力度，而且占用了德国空军更多运输机。列宁格勒战场正面，希特勒8月决定继续实施"北极光"作战，攻占这座城市，与芬兰军队会师。这场战役计划于9月14日打响，从南线调来的曼施泰因第11集团军将负责此次进攻。苏联人可不会让他这么舒服地发动进攻。此时，戈沃罗夫的列宁格勒方面军已经开始组织一系列向包围圈的进攻，梅列茨科夫的沃尔霍夫方面军则受命重建突击第2集团军——这个集团军此前被德军围歼——沿姆加—锡尼亚维诺方向进攻，从外围打破德军的包围圈，这也是对新来的德军第11集团军的破坏性进攻。8月27日，曼施泰因所部到达当天，梅列茨科夫的进攻打响了。曼施泰因策划的、旨在避免逐屋争夺战的列宁格勒进攻计划化为泡影。他的第一个师不得不被拿来封堵第18集团军在拉多加湖以南被撕开的突破口。苏联突击第2集团军从盖托沃（Gaitolovo）地域发动进攻，意在与列宁格勒方面军的涅瓦战役集群会合，后者的步兵第115师和海军步兵第4旅9月26日16时出击，渡过涅瓦河进攻锡尼亚维诺。虽然曼施泰因最终切断了梅列茨科夫的突出部，但他的第11集团军也已经无法继续执行攻打列宁格勒的计划，各个师实力已经耗竭，弹药也所剩无几。塞瓦斯托波尔的征服者，第11集团军，最终只能一瘸一拐地前往维捷布斯克。

7月的第一个星期，朱可夫的左翼向德军第2装甲集团军发动一连串进攻，真正的主攻由西方面军右翼和加里宁方面军左翼向勒热夫—瑟乔夫卡地域发起，这里在前一年冬季曾爆发激烈的战斗。德军想要消除从托罗佩茨—霍尔姆向南到尤赫诺夫—苏希尼奇沿线的众多苏联小突出部，在3个星期的激战中，德军再一次包围别雷东南方阵地上的苏联第39集团军，但被围部队还是设法向加里宁方面军的主力突围。维亚济马以西，德军整个6月都在和苏联游击队、红军伞兵和别洛夫的骑兵玩猫鼠游戏，后者最终在朱可夫的命令下向南跳出德军后方，执行完6个月的奇袭任务后回到苏联战线。别洛夫为此得到方面军司令部的嘉奖——放了他72个小时的假。

8月，科涅夫的第30和第29集团军清除了德军在伏尔加河北岸的桥头堡，但还是未能收复勒热夫；朱可夫的第31和第20集团军向德军南侧进攻，试图从南向北切断勒热夫—瑟乔夫卡区域的德军，他们成功突破德军第9集团军的防线，突入其纵深达20英里，收复波戈列洛耶戈罗季谢和卡尔马诺沃（Karmanovo）。这些局部成功虽未取得战略胜利，但达成了两个目的：其一是将德军各师牢牢捆绑在受威胁地域；其二是向苏联统帅部演示了纵深突破作战应该怎么打，尤其是如何使用装甲力量。让坦克沿着简易道路和可勉强通过的桥梁机动时，其行军队列会拖得过长，因此大型快速集群应当拆分为规模较小的集群，以步兵或摩托化步兵部队作战。坦克手们需要优化自己的通信能力，以及在进攻中沿指定线路推进的能力。还有一点值得注意：一旦坦克损坏道路或者压垮了桥梁，跟在后面的炮兵和卡车便无法通行。支援步兵进攻的战斗中，一个步兵师需要至少一个完整坦克营支援，战事激烈的时候应该投入一个完整的坦克旅，这些部队必须能够在脱离所属旅的情况下自主行动24小时。获得这些经验的代价十分高昂，但能让军队变得更强大。这些战役还引来许多本应被派往南方的德军兵团：据苏方估算，德军被迫向北方和中央集团军群调入25个师，其中9个师是直接从关键的南方战线上调来的。德军哈尔德大将在8月16日的日记中记下了这一捉襟见肘的处境："勒热夫地区战事紧急"，冯·克鲁格还在不停地催促增援。

然而，苏德双方的焦点还是不约而同地集中在炮火与搏斗的漩涡中心——斯大林格勒，一场规模极大的战役正在伏尔加河畔成型，越来越多的德国师将被吸入其中，深陷于没完没了的血战中。8月23日，德军坦克饮马伏尔加河，之后，这座城市就不断遭到空袭，德国地面军队也开始向这里推进。对此，坐镇莫斯科的斯大林几乎是每个小时都要了解一次战役进展，这也使最高统帅部得以随时把握最新的战术态势。8月24日午夜前，第62集团军司令员洛帕京申请将自己的部队和装备撤至防线中段，叶廖缅科则提交了在韦尔佳奇方向发动反冲击的计划。8月25日5时15分，斯大林向华西列夫斯基上将下达指示：

> 从洛帕京的报告来看，敌军可以自由地进入顿河以东的科特卢班地区。这意味着敌人将刺穿我们最后的防线。因此，洛帕京应当撤回到顿河以东的最后防线，同样，第64集团军也应有序撤退并对此予以保密，以防止撤退演变成溃逃。必须组织能够战斗到最后一刻的后卫，为各集团军主力的撤退争取时间。

但接到进攻计划后，斯大林改变了主意。8月25日15时，他又下达了新命令：

接到洛帕京8月25日最新的报告，他表示已决心切断从顿河突入的敌军部队。如果洛帕京真能将这一决心付诸实施，我建议协助他完成这一行动。如此，我们早先关于第62和第64集团军东撤的指示可以暂不实施。

然而洛帕京的进攻失败了，叶廖缅科等待的斯大林格勒方面军自北而来的协同进攻也没能到来。此时的斯大林格勒城内，1000多名工人拿起步枪准备支援红军；城防委员会也发出指示，要求搭建路障，并在每一间工厂和车间里构筑坚固支撑点，将它们改造成小型堡垒。德军仍在逼近，战火已经烧到内层防线，叶廖缅科奋力争取时间，以便从伏尔加河对岸调来更多的援兵，并且尽可能充分地为城内的战斗做好准备。

8月末，正在指挥波戈列洛耶戈罗季谢战役的朱可夫大将接到斯大林秘书波斯克列贝舍夫的电话，后者告诉朱可夫，国防委员会已于8月26日晚任命他为斯大林的副统帅，要他等候斯大林本人的电话。对于朱可夫的疑问，波斯克列贝舍夫均不予回答，只是告诉朱可夫，"他（指斯大林）会亲自告诉你"。8月27日下午，斯大林的电话来了，他先是询问西方面军的战况，之后命令他立即回到最高统帅部报到，因为南线的局势十分危急。当天晚上，朱可夫来到克里姆林宫，斯大林接见并正式告知他：你已被任命为副最高统帅。此刻，华西列夫斯基、马林科夫和马雷舍夫已被派往斯大林格勒，朱可夫也要过去，马林科夫将留在那里，华西列夫斯基则飞返莫斯科。在这场简单而沉闷的会议上，斯大林无法掩饰自己的焦虑，他问朱可夫需要多久可以出发，朱可夫答复说自己需要先研究地图和战报，24小时内就可以起飞。这让斯大林松了口气，他问朱可夫饿不饿，并叫来茶点，之后向他介绍了8月27日20时的战况。最高统帅部已经决定将第24、第66和近卫第1集团军派往斯大林格勒方面军，莫斯卡连科的近卫第1集团军将开赴洛兹诺耶（Loznoe）地域，并于9月2日早晨向开往伏尔加河的德军发动进攻，直至与第62集团军会合。在莫斯卡连科攻势的掩护下，科兹洛夫的第24集团军和马利诺夫斯基的第66集团军也将参战——"若不这样，我们就会失去斯大林格勒。"斯大林如是说道。

8月29日，朱可夫乘飞机抵达卡梅申（Kamyshin），他在那里见到华西列夫斯基，两人一起前往小伊万诺夫卡（Malaya Ivanovka）的斯大林格勒方面军司令部，听取方面军参谋长尼基舍夫和作战处主任鲁赫利（Rukhle）的报告，戈尔多夫也发了言。朱可夫觉得这两名参谋军官的介绍不清楚，也看不出他们对挡住德军的进攻有什么信心。不过，与戈尔多夫和莫斯卡连科的会谈比较鼓舞人心：两名司令员都对德军的实力、位置和自己军队的实力了如指掌。然而，对苏方兵力的估算结果令人沮丧：最高统帅部派来、正在向北移动的3个集团军装备很差，大部分都是大龄的预备役战士，燃料和弹药也不足。原定9月2日由第24、第66、近卫第1这三个集团军发动进攻的计划根本就是空中楼阁。朱可夫立即将此情况报告给斯大林，并建议将9月6日作为从北面进攻、解救东南方面军的日期，这时的东南方面军已经损失惨重，正撤往斯大林格勒城区。斯大林对此没有反对。莫斯卡连科的近卫第1集团军在9月2日发动进攻的可能性微乎其微，燃油的匮乏又使得他们无法加快脚步，因此，莫斯卡连科申请推迟24小时进攻，以避免"无谓的牺牲"和"无序投入军队"。由于朱可夫已经了解到这些情况并向最高统帅部做了汇报，莫斯卡连科的进攻被准许推迟到9月3日5时。虽然近卫第1集团军那天早上如期转入进攻，但攻势向斯大林格勒方向发展了几千码就被迫停了下来。

9月3日，斯大林就斯大林格勒战局急电朱可夫：

> 斯大林格勒的战况愈加恶化。敌人距离斯大林格勒只有3俄里（1俄里=3500码），如若北方战役集群不能及时施以援手，他们今天或者明天就能拿下斯大林格勒。立即让斯大林格勒北面和西北面的军队进攻敌人，解救斯大林格勒。不得延误，这个时候延误就是犯罪。用所有飞机去支援斯大林格勒，那里已经没有多少飞机可用了。收信后立即回电，汇报你们的措施。
>
> 斯大林

朱可夫按要求向斯大林做了汇报，他指出，如果"北面的军队"现在就进攻，他们就得不到任何炮兵火力的支援，因为弹药要到9月4日才能运上来。斯大林怒火中烧，在电话里驳斥朱可夫："你觉得敌人会等着你去准备吗？叶廖缅科已经确信敌人只需一轮突击就可以占领斯大林格勒，除非你立即从北面进攻。"朱可夫答道，他并不完全认同这一观点。至于空军方面，他已经命令出动所有飞机空袭德军，但他仍然要申请将进攻日期推迟到9月5日。斯大林勉强同意，但补充道：

> 如果敌军向城市展开总攻，你就要立即进攻他们，不要等待所有军队都准备好。你的主要任务是：将德军从斯大林格勒引开，若你得手，就将消除德军分隔斯大林格勒方面军和东南方面军的那条走廊。

9月5日，在朱可夫的亲自督导下，近卫第1集团军再度发动进攻，但又被击退了，更糟糕的是，空中侦察发现德军正从古姆拉克、奥尔洛夫卡和大罗索什卡（Bolshaya Rossoshka）调集大批坦克、炮兵和机械化步兵。到这一天日终时，苏联军队最远仅推进了4000码，第24集团军干脆被打回了进攻出发线。

朱可夫报告这一天的战斗时，斯大林却表示很满意，尤其是对德军从古姆拉克调兵的事情，他说："这很好，对斯大林格勒很有帮助。"进攻还要继续，以便将尽可能多的德军诱离斯大林格勒。于是，朱可夫命令莫斯卡连科指挥近卫第1集团军次日继续进攻。当晚，戈洛瓦诺夫手下远程轰炸航空兵的轰炸机空袭了德军后方的目标。戈洛瓦诺夫和朱可夫在近卫第1集团军的司令部工作。鲁坚科手下最近刚刚重建的空军第16集团军被指派专司配合斯大林格勒方面军作战。9月6日，朱可夫接到最高统帅部的消息，两个战斗航空团正被派往斯大林格勒，另两个战斗机大队也将在48小时内到达。诺维科夫中将是苏联空军的司令员，也是最高统帅部代表，他现在享有特殊权限，可以集中斯大林格勒和东南两个方面军的所有作战飞机飞向任何需要他们的地方，赫留金和斯捷潘诺夫的两个战斗航空团也归诺维科夫调遣。最高统帅部向这里投入了所有能用的飞机，朱可夫也得到任意调动空军部队集中于受威胁地段的"无限权限"。与此同时，将德军"抽"到北面的战斗还在继续：9月第一周，苏联第62和第64集团军开始进入最后一道防线的时候，保卢斯却将部分德军派到西北方向。防守最后防线的两个苏联集团军此时都已消耗殆尽：步兵第112师只剩150人，步兵第390师只剩不足300人，步兵第187师只剩180人，坦克第99旅只剩180人，第62集团军的全部装甲力量只剩60辆坦克。9月12日，叶廖缅科的方面军开始沿城内防线布防，斯大林格勒现在被分为3个防区——北、中、南，其中中央防区部署了40000人和约100辆坦克。

朱可夫在战线北部的牵制性进攻进行了一个星期，到9月10日时，突破到东南方面军的防区显然是不可能了——戈尔多夫、莫斯卡连科、马利诺夫斯基和科兹洛夫都这么认为。9月10日，朱可夫将此判断汇报斯大林：

> 依托斯大林格勒方面军现有的力量，我们无法突破德军走廊并与城内的东南方面军所部取得联系。由于德军从斯大林格勒城市方向调集力量，他们的防御正面得到显著加强。以现有力量和现有方式继续进攻只是徒劳，军队也必然遭受惨重损失。我们需要援军和时间来重组，发动更有威力的正面进攻。现在的进攻已经不足以再调动敌人了。

对此，斯大林建议朱可夫最好能飞回莫斯科面授机宜。

9月12日，朱可夫乘飞机返回莫斯科。临行前，他和国防委员会代表马林科夫整理了一份报告，向斯大林介绍此前一周的战况：

莫斯科：斯大林同志

> 我们没有终止第1、第24和第66集团军的进攻，而且他们还将继续进攻。如实相告，我们在这些战斗中投入了所有能用的部队和装备。

> 我们没能成功与斯大林格勒的保卫者建立联系，因为我们在炮兵和航空兵方面都弱于敌人。我们率先发起进攻的近卫第1集团军甚至没有一个完整的炮兵团可以支援进攻，也没有一个反坦克歼击炮兵团或者高射炮团。

> 由于斯大林格勒战况紧急，我们没有等到第24和第66集团军集结到位、炮兵就位，就让他们发动了进攻。步兵师刚刚完成50千米的行军就直接投入战斗。

> 这些集团军在得不到支援的情况下零散发动的进攻无法突破敌人防线，也无法与斯大林格勒守军取得联系，然而我们的快速进攻已经迫使敌人将主力从斯大林格勒方向转移到我们这边，因此缓解了城市保卫者

所承受的压力，如果没有这些进攻，城市可能已经落入敌手。这就是我们的使命，完全遵从最高统帅部的指示。

我们计划9月17日发动新一轮进攻，华西列夫斯基同志将就此向您汇报。这次行动的组织和进攻时机将取决于新锐师的到达、坦克部队的补充、炮兵的加强和弹药的运送。

和以往一样，我们发起进攻的部队今天进展甚微，并在敌人炮兵和空军的火力下损失惨重，但是我们不会停止进攻，因为这将使敌人腾出手来加强对斯大林格勒的进攻。

我们认为，即使在如此不利的条件下，持续组织进攻也是必需的，这样可以拖住敌人，他们的损失不比我们少。同时，我们也正在筹备更完善、更有力的进攻。

通过战斗，我们确认北部集群当面有6个德国师——3个步兵师、2个摩托化师和1个坦克师——处于一线。

为对付北部集群，德军的第二梯队还集结了不少于2个步兵师和150—200辆坦克作为预备队。

马林科夫；朱可夫
1942年9月12日

9月12日—13日的夜间出人意料的平静，除了零星的德军轰炸机在苏联阵地上空盘旋外，几乎没有什么动静。然而13日天刚放亮，德军大群"斯图卡"轰炸机与大批火炮、迫击炮就猛烈轰炸斯大林格勒的中部—南部防区。8时，德军突击部队出现在中部防区面前，决心以这次坚定不移的进攻一举突入斯大林格勒市内。城市现在已经成为伏尔加河岸边一座毁灭和死亡的大熔炉。斯大林格勒全城沿伏尔加河陡峭的西岸分布，南北绵延约30英里，北至苏哈亚梅切特卡（Sukhaya Mechetka）的小河，南至红军村，但是城市的东西却很狭窄，最宽不过4000码，最窄处甚至只有1500码。城里的木质建筑很早之前就在空袭中被焚毁，更坚固的砖石建筑也大多被轰炸、炮击摧毁，或被大火烧成空壳。城市北部有3座大型工厂——拖拉机厂、"街垒"工厂和"红十月"工厂，南部是巨大的变电站和众多小型工厂。到9月9日，约7000名工人被整编为战斗分队，保卫自己的工厂，城里大部分男性居民则成为红军（尤其是第62和第64集团军）的就近补充兵源。虽然城市的电话线路、排水管道、供水和供电系统要么被摧毁，要么严重损坏，但城里的人们还是以令人惊讶的速度动员起来，准备迎击德军对内层防线的进攻。在熊熊燃烧的楼宇旁，妇女和儿童三五成群跑向河岸边，躲在坑洞或任何可以找到的掩蔽处里，等着各色小艇趁着夜色和德军轰炸的间隙溜进来将他们接走。大型船只则很难到达东岸，德军炮火可以直接覆盖开阔水域中航行的汽船，把它们打翻。"博罗季诺"号汽船就是这样被击沉的，数百名苏联伤员被淹死。"约瑟夫·斯大林"号也遭遇了同样的命运，1000多名撤退的平民葬身鱼腹。

察里察河穿城而过，陡峭的河岸将斯大林格勒城一分为二；城外中央位置的马马耶夫岗早先曾是墓地，地图上将这里标为102高地，从这里可以直接俯瞰城市中部和北部的郊区，还能远眺伏尔加河东岸。第62集团军的部队退守"G防线"时，洛帕京就是在马马耶夫岗设立了他的指挥所。过度疲劳且精神崩溃的洛帕京随后被解除指挥职务。向斯大林请示后，叶廖缅科和赫鲁晓夫决定任命瓦西里·崔可夫为第62集团军司令员。从9月10日正式任命起至崔可夫到任之前，第62集团军由洛帕京的参谋长、曾担任彼得罗夫的参谋长参加过敖德萨和塞瓦斯托波尔战役的克雷洛夫临时负责。

叶廖缅科以个人名义向斯大林保证，崔可夫虽然参加苏德战争时间不长，但已经表现出他的坚韧与可靠。崔可夫原来是苏联驻重庆武官，1942年春季才回国参战，因此没有沾染上其他许多指挥官身上的那种失败主义情绪。相反，他有着出众的战术意识，并且很快就将在战斗中展现出他坚不可摧的意志。离开第64集团军副司令员的岗位后，崔可夫来到马马耶夫岗上的第62集团军司令部，刚到不久，大批德军就扑向他手下守卫着中部防区的军队。此时的第62集团军在德军无休止的轰炸和炮击下已经濒于崩溃：本应拥有8000—10000人的师现在只剩100—200人，手里只有步枪和少量机枪；坦克旅的坦克数量凑不足一打，波波夫少将手下的坦克军也只有不足50辆坦克，这些坦克中的大部分都是修复车辆，只能用作固定火力点。那么，所谓的"斯大林格勒堡垒"又是什么样的呢？崔可夫亲眼看到，那些脆弱的街垒只要卡车保险杠一碰就垮了。9月13日克尼亚泽夫少将提交了一份关于防御设施现状的报告，指出防御工事只完成了25%，而且都是动员起来的工人所建。反坦克障碍尚未建成，原计划在路障前挖掘的壕沟根本就不存在。苏联军队还是要求完成反坦克障碍物的建设，建筑物也要加以改造以便步兵据守，路障两侧的房屋要加以防守，路障前方也要埋设地雷。然而，还没等这一切工程开始实施，德军突击队就扑向了第62集团军。

9月12日这天的主题是开会。朱可夫到莫斯科面见斯大林，保卢斯则去了文尼察的元首大本营。在克里姆林宫，朱可夫见到同样被斯大林召来的华西列夫斯基。华西列夫斯基首先向斯大林介绍了最新情况，包括德军从科捷利尼科沃向斯大林格勒调派新锐部队，新罗西斯克和格罗兹尼方向上战斗的进展。斯大林随后要求听取朱可夫关于斯大林格勒的汇报。朱可夫简单复述了之前在电话里说过的事情，北翼的3个集团军（近卫第1、第24和第66集团军）打得都不错，但是缺乏援军、重炮、坦克，缺乏步兵进攻所需要的所有支援。斯大林格勒方面军这一地段的地形也对苏联军队不利，敌人可以利用谷地和河流躲避苏方炮火，也可以在高地上居高临下，这些高地提供了出色的炮兵观察点，可以有效指挥库兹明尼奇（Kuzmichi）和阿卡托夫卡（Akatovka）的重炮。在这种情况下，这3个集团军不可能实现有效突破。

那么，斯大林格勒方面军还需要些什么才能突破德军"走廊"，与东南方面军建立联系呢？斯大林反问道。朱可夫答道：至少要1个得到充分加强的野战集团军、1个坦克军、3个坦克旅、不少于400门榴弹炮，还要有一个齐装满员的空军集团军。华西列夫斯基对此也表示赞同。这时，斯大林打开了自己一幅标有最高统帅部预备队位置的地图，对着它沉思良久。朱可夫和华西列夫斯基也离开会议桌，在屋子的一个角落轻声谈论着是否还有其他解决方案。斯大林突然抬起头问道："'其他'解决方案指什么？"朱可夫显然被斯大林敏锐的听觉吓了一跳。斯大林继续说道："你们到总参谋部去，认真考虑斯大林格勒方面到底还有哪些事情是必须做的，考虑从哪里抽调哪些军队去增援斯大林格勒，也别忘了高加索前线。我们明晚9点还在这里见面。"

9月13日，朱可夫和华西列夫斯基在总参谋部待了一整天，认真考察这一"其他"解决方案的可行性，这将是一场"大规模"行动，它不会在局部进攻上白白消耗新锐的预备队和新装备。很明显，斯大林格勒的走向肯定会对未来战局造成根本性影响，从地图上看，德军第6集团军和第4装甲集团军显然正投入所有力量进攻斯大林格勒，从而被牢牢吸引在这一狭窄地段上，而德军在顿河沿线的漫长侧翼仅由弱小的仆从国的师据守。就在朱可夫和华西列夫斯基来到苏联总参谋部前几个小时，德军保卢斯将军也在希特勒的指挥部里向他阐述了德军在斯大林格勒方向上面临的困难，他特别指出侧翼所面对的危险：就在不久前的8月16日，希特勒还要将领们留意红军1920年时发动的那场战役，他本人称其为红军的"标准战法"，当时苏联红军跨过顿河直取罗斯托夫，彻底粉碎了白军。希特勒现在却希望斯大林不会回忆起这些前尘往事。现在，到需要德军明确目标的时候了——到底想要斯大林格勒，还是想要高加索——朱可夫和华西列夫斯基已经得出结论，这两个目标，德军一个都得不到，德国人已经不可能实现他们1942年的"战略计划"，他们派往高加索和斯大林格勒的所有军队都遭到沉重的损失，也没有更多兵力可用于东线南部的战役了。在这短短一天里，朱可夫和华西列夫斯基不可能拿出完整详细的作战计划，但他们决定告诉斯大林，对德军的任何"根本性打击"都必须指向斯大林格勒德军的侧翼——他们的侧翼由罗马尼亚军队掩护。初步测算显示，苏联各师和他们的装备迟至11月中旬才能准备就绪并抵达位置。但另一方面，这些战略预备队包括机械化和坦克力量，它们装备新生产的T-34坦克，所以苏联统帅部可以将它们投入"更重大的任务"中去。

9月13日晚，朱可夫和华西列夫斯基带着说明材料回到克里姆林宫，22时，他们拜会了斯大林。斯大林在自己的房间里接待他们，他十分罕见地握了两人的手。斯大林一开始就愤慨地说："苏联在对抗法西斯的战斗中牺牲了成千上万的男男女女，丘吉尔却只给我们送来几十架'飓风'战斗机，这些'飓风'都是垃圾，我们的飞行员根本看不上……"这些话只是牢骚而已，他也不会去和丘吉尔做更多争论。斯大林很快改变话题，问朱可夫和华西列夫斯基打算汇报些什么，谁来汇报。华西列夫斯基说，自己和朱可夫的观点完全一致，所以谁汇报都是一样的。斯大林检视二人呈上来的地图，问道："这是你们的吗？"华西列夫斯基答复说这其实是在斯大林格勒地区发动反击的总体方案。斯大林又问：在谢拉菲莫维奇集中如此多的兵力意味着什么？华西列夫斯基答道：这意味着一个新的方面军，组建这个方面军就是为了发动一场大规模进攻，直插斯大林格勒区域德军的战役后方。斯大林接着提醒他们：苏联统帅部手中的兵力不足以组织如此规模的一场进攻，对此，朱可夫指出，据计算，这样一场进攻可以在45天内准备齐全。斯大林又提出另一个问题：如果缩小战役的规模，改为沿顿河一线南北对进，会不会更好？朱可夫表示反对：倘若如此，德军统帅部可以很轻松地快速调动斯大林格勒周围的装甲兵阻击苏联的进攻，如果苏联军队在顿河以西发动进攻，德军就来不及机动反击，也来不及调动预备队。为打消斯大林对调集各突击集团军的保留意见，朱可夫和华西列夫斯基向他解释道：这场战役将分为两个阶段，第一阶段，突破敌军防线，包围斯大林格勒的德军并建立坚固的对外包围圈，将被围德军与其后方隔绝开来；第二阶段，歼灭被围德军并击退外围德军对苏联包围圈的进攻。至此，斯大林只剩下最后一个要求：整个计划必须考虑周全，并权衡可用的资源。

"斯大林格勒反攻"的方案才初具雏形，城市的防御就遭遇了首次重大危机：9月13日，德军开始攻城。斯大林放下朱可夫与华西列夫斯基的计划，提醒他们，当前的"主要任务"还是守住斯大林格勒，并且阻止德军向卡梅申（斯大林格勒城东北，顿河背后）方向的进攻。恰在此时，秘书波斯克列贝舍夫走进来报告说叶廖缅科从斯大林格勒打来电话。接完叶廖缅科的电话后，斯大林告诉朱可夫和华西列夫斯基，德军装甲部队已经出现在城里，他们次日（9月14日）必定会发起新的进攻。斯大林指示华西列夫斯基，让罗季姆采夫的近卫第13步兵师从伏尔加河东岸渡河进城，指示朱可夫给戈尔多夫和戈洛瓦诺夫打电话，要他们出动所有的飞机，戈尔多夫则要在早晨组织进攻，以牵制德军向斯大林格勒中部防区的进攻。朱可夫和华西列夫斯基二人都要回到斯大林格勒，朱可夫立即出发，斯大林要求他对克列茨卡亚和谢拉菲莫维奇地域的形势"进行研究"，华西列夫斯基将在几天后出发，他也要对东南方面军左翼的战况进行分析，最重要的是，在克里姆林宫会议室里讨论的所有内容不可对外透露只言片语。一小时后，朱可夫乘坐的飞机就飞向斯大林格勒方面军司令部。

9月13日早晨，德军组织两个突击群扑向崔可夫第62集团军防守的阵地，第一个突击群包括第295、第71、第94步兵师和第24装甲师，第二个突击群包括第29摩托化师和第14装甲师。崔可夫坐镇马马耶夫岗的集团军司令部指挥迎战，这座山冈此时已被德军炮火笼罩，地堡被一个个地炸开或炸毁，里面的守军非死即伤。战至当天下午，第62集团军司令部与各部队的联系均告中断。一天恶战之后，德军取得一些进展，他们拿下萨多瓦亚（Sadovaya）的车站，突入城郊外围的米宁（Minin）村，并将一个苏联坦克旅逼入"街垒"与"红十月"工厂的住宿区，但德军的进攻还是被暂时顶住了。当晚，崔可夫把自己的司令部搬出过于危险的马马耶夫岗，转移到8月时斯大林格勒方面军用过的老指挥所"察里津地堡"，这里的下层出口直接通往察里察河河床，上层出口则直接连接市内大街。第62集团军的这个指挥部比下属各个师的师部更靠前，更接近德军的重炮，但为崔可夫的通讯部门提供了更好的掩护。当晚，叶廖缅科命令第62和第64集团军发动反冲击，于是，崔可夫的人于9月14日凌晨3时30分发起反击，但被德军的密集火力压得动弹不得，这是个不祥之兆，在接下来的几天里，城市保卫者们将面临更加严峻的考验。

14日一整天，数百门德军火炮向第62集团军的阵地喷出火舌，一同落在阵地上的还有数不清的航空炸弹，之后到来的便是德军的突击队和坦克。"成卡车的德军步兵和坦克一起闯进城里。"当天下午，德军已经在多个方向展开攻击，马马耶夫岗周围、察里察河岸、谷仓附近和上埃利尚卡（Elshanka）西侧都成了进攻目标，德军还重点沿着察里察河床，穿过阿维亚戈罗德卡（Aviagorodka）进攻库波罗斯诺耶（Kuporosnoe），所有这些行动都是为了撕开苏联防线，将守军逐块分割包围。第62集团军的幸存者们，"狙击手、反坦克炮手，和炮兵观察员潜伏在房屋、地下室和地堡里"，看着"醉醺醺的德军士兵跳出卡车，吹着口哨，一边大喊大叫一边在街道上手舞足蹈"，接着就是一串串子弹向他们飞去，近距离战斗再次爆发。德军一步步逼向伏尔加河，占领了马马耶夫岗中央和斯大林格勒1号火车站旁的工程师宿舍，这使他们得以用密集而准确的机枪火力控制伏尔加河码头的中部。为掩护跨越河面的运输线，俄国人施放烟幕，然而码头依旧面临严重威胁，这一危险比德军出现在距离崔可夫司令部仅800码外有过之而无不及。为保住码头，崔可夫投入了最后的预备队——一个只剩19辆坦克的坦克旅，其中扎利兹留克（Zalizyuk）少校带着6辆坦克奉命封锁火车站通往码头的道路，魏因鲁布（Vainrub）中校则带领3辆坦克前去摧毁工程师宿舍里的德军机枪阵地。

在伏尔加河东岸，苏联火炮不断向城内目标开火，罗季姆采夫的近卫第13步兵师已经准备好随时渡河前往城市中部防区，他们被叶廖缅科调拨给第62集团军，刚刚在9月10日到11日夜间乘卡车从卡梅申来到斯列德纳亚阿赫图巴（Srednaya Akhtuba）。这个师虽然满员（10000人），但并未齐装，武器和弹药不够用，有1000多人连步枪都没有。9月14日19时，崔可夫发出命令，要求这个师在河东岸的红斯洛博达（Krasnaya Sloboda，位于城市中部防区正对面）集合，分成小组准备渡河。此时，罗季姆采夫本人已经在当天下午带着满身泥土和烟尘，在弹坑和废墟间一路跃进，来到崔可夫的司令部，受领自己的战斗任务：近卫军们把重武器丢在东岸，只携带反坦克枪、迫击炮和轻武器进入战场，用两个团肃清城市中部之敌，另一个团夺回马马耶夫岗，留下一个营作为集团军的预备队。近卫13师率先渡河的是第42团1营的先头队伍，他们得到机枪手和反坦克枪手的加强，由切尔维亚科夫（Chervyalkov）中尉带领。这一队战士们趁着刚刚抹黑的天色集合，他们面前是熊熊燃烧的城市，还有烈焰映照下奇形怪状的废墟剪影。渡河点附近有一艘着了大火的半沉没的驳船，火光照亮几百米外的河面，这艘破船给德军炮兵提供了一个极佳的瞄准点。渡河的小艇只能迎着德军的猛烈火力开赴河西岸，两艘划艇试图靠泊时被发现，立即遭到机枪射击，它们向下游挪动一些，却招来更多射击。载有先头队伍的艇群离开了，越是靠近西岸，火力越猛烈，曳光弹的轨迹横扫中央码头附近的水面。还没等小艇完全靠岸，近卫军们就跳进浅水中，挣扎着冲到岸上，在明明灭灭的火光下与德军的步兵和机枪手血战，他们用拳脚、用刺刀一米一米地杀出一条血路，打到中央码头北侧。在这里，切尔维亚科夫的人为近卫第13师夺下了一个桥头堡。

当晚余下的时间里，越来越多的近卫军搭乘小艇、拖船和驳船上岸，冲出弹雨横飞的登陆场，冲到布满废墟的街道上，然而天一亮，他们就被德军"斯图卡"俯冲轰炸机死死钉在原地，在斯大林格勒，"德国空军实实在在地痛击了地面上一切移动的东西"。罗季姆采夫的队伍在持续的空袭下无法集合整队，也无法建立真正的防御阵地，他们必须直接冲出街道，消灭火车站和伏尔加河码头的德军第71步兵师，并将德军第295步兵师赶出102高地，也就是传奇的马马耶夫岗，这是俄国人不惜一切代价也要夺回的要地。以一个苏联师崩溃（该师零散渡河投入战斗）和投入崔可夫最后的小股预备队为代价，德军向城市中部防区的突击被挡住了，第62集团军赢得了宝贵的几小时。

伏尔加河畔这片已经被烈火熏黑的废墟里，保卫者们已经无路可退，他们要么战斗到底，要么与城市同亡，这里已经成为一个充斥着瓦砾、残骸、废墟、尸体和狰狞弹坑的噩梦，恶战夜以继日，彻夜不息。白天，德军飞机在空中盘旋，时不时扑向街道进行扫射，向废墟里投下更多的炸弹，或者打开报警器尖啸着掠过战场。夜晚，在火光的照耀下，曾经是商店、办公室、住房和工厂的废墟旁，接连不断地发出爆炸的闪光和巨响，数以百计规模不大却异常惨烈的战斗围绕着每一座地窖、房间、楼梯间和墙角展开，从未停息。斯大林格勒的"保卫者"们实际上只是无数为生存而战的小群战士，他们找不到吃的，也无法睡眠，跑出来找水时在排水管上方奋战至死。这座地狱里的幸存者们——虽然看起来几乎不可能有人幸存——仍然选择死战不退，牢牢扎根在斯大林格勒的废墟中，而"那里的地面已经被鲜血染得湿滑"。

第十章
斯大林格勒的逆转："天王星"
行动计划（1942年10月—11月）

5月下旬，克里米亚方面军已经分崩离析，试图从伊久姆突出部出击的苏联部队正为生存拼死战斗，就在这时，斯大林突然改变盟国事务方面的优先次序。5月25日至26日夜间，他指示伦敦的莫洛托夫向英国人全面施压，以确保苏联战后领土分配的权属要求；这份由斯大林突然签发的、印有最新指示的电报，让大使迈斯基举棋不定。此前，斯大林已经打算牺牲一点长远的利益来应付当前局势，他提出放弃领土要求，以换取更急需的军事援助。第二战场的开辟被正式提出，并迅速引发热议，激起了谴责与责难，这不可能完全躲过窥探、兴奋的敌人。

到3月时，英国政府事实上已向斯大林的坚持和固执做出让步，条款中的领土解决方案基本上能保证斯大林在苏德协议下的所有既得利益，只有苏波边界问题没有涵盖在这一揽子协议内。在1941年12月莫斯科的一次会谈中，斯大林就不露声色地在艾登眼皮底下打出了这张牌，要求对方接受领土要求才能继续谈。1月中旬，斯塔福德·克里普斯爵士从驻莫斯科大使任上返回伦敦（他再也没有回到莫斯科），与西科尔斯基就苏联的条款及时间安排进行磋商，克里普斯爵士指责英国外交官员，说他们从一开始就没有认真考虑任何与战后欧洲划界相关的"总体原则"。之所以这样讲，是因为他（1941年）7月时曾被批评斯大林本应在德军进攻卓有成效时被迫坐上谈判席。如今，随着苏联部队西进，这样的机会已经不复存在，即使德军发起反攻，战果也是"短暂的"，俄国人将在秋季收复失地并赢得这场战争——"就在1942年的柏林"。西科尔斯基将军认为情况恰恰相反：德军的春季攻势将扭转战局，斯大林很可能被迫做出让步，因此过早签署什么文件是"重大错误"。

不久（3月11日），丘吉尔与西科尔斯基又在伦敦重拾该话题。丘吉尔首相问，如果德国向日本施压，要求日本在苏德之间"达成某种默契"，日本方面能否顶住压力并保持克制？东线一旦实现单独媾和，那么对英国而言就真的是一个梦魇了。西科尔斯基当时没有听出话中有话（关于这一点，当时也几乎没人听出这层意思），那就是"腹背受敌"。斯大林正在利用他当前军事上的成功，并拿捏盟军（尤其是太平洋这块）的软肋。谈及战局发展趋势时，西科尔斯基将军认为，德军的进攻可能"在南部地区，罗斯托夫及高加索方向"展开，时间大约是"5月底或6月"。西科尔斯基谈话的大部分内容已在他3月9日给艾登的信中详述，文中指出，1942年的欧洲大陆上，五分之四的德军部队在东线征战，如果此时向那里输送"一个装甲师"，可为焦头烂额的俄国人减负，进而减轻他们施加的政治压力；另外，俄国可能输掉部分战役，但不会输掉战争。鉴于纳粹德军的下一步目标是罗斯托夫，苏联方面需要付诸巨大的努力来保卫高加索油田。在远东，如果日本人在春季不进攻西伯利亚，那说明下一个目标是印度或澳洲。接下来，苏联军队与盟军将一起奋力保卫高加索、苏伊士运河、中国及印度——环环相扣，斯大林不再会抱怨在一场共同的抗战中"假惺惺地孤立苏联"。斯大林可能"暗示"某种单独媾和的危险，正如他在2月23日签发的当日命令一样，但这不可能成为现实。不过，伦敦方面很认真地对待这个威胁，不排除斯大林那边自行其是的可能。

丘吉尔首相将西科尔斯基将军的注意力转移到日本人身上，这也许并非巧合。虽然签有协议，但德、日几乎是各自为战：德国就进攻苏联一事对日本保密，同样，日本也未向德方透露袭击珍珠港的计划。"三方委员会"名义上是轴心国协作背后的首脑，其实从一开始就半身不遂。具有讽刺意味的是，苏德战争还切断了轴心国两端——日本和德国——之间的陆路交通。德日1942年1月18日（意大利随后）以一纸协定划分各自部队的势力范围，尽管必要的时候，日本也可能根据该协议越过这些界限。1942年春，意外还是出现了，日本的战舰在印度洋上游猎时，被要求向马达加斯加进击。但在太平洋，"防御圈"已在日本人手上，又适逢第二阶段作战行动展开在即，于是南云中将离开印度洋，经由日本快速驶向那里。随着日本向东南进发——远离欧洲，远离俄国，协约国之间的有形间隙越来越大，再也没有缩小过。

1942年3月，日本帝国海军谨慎地向东京的德国海军武官传话，称和平谈判是苏德问题的唯一解决方案，并声称苏方并非完全不能接受斡旋。日方假设的依据非常薄弱，但德国海军武官还是欣然将该暗示转达给柏林，结果只是让希特勒暴跳如雷。与此同时，里宾特洛甫试图让日本人与苏联为敌：3月28日，他敦促日本大使大岛，要日本与德国并肩战斗，他们正准备进行"毁灭性打击"。德国总参谋部提交了建议书和图上作业，希望他们的日本盟友攻击符拉迪沃斯托克及贝加尔湖方向。日本军人不为所动（不管怎么说，他们的"大津"计划图上作业同样出色）。此时，虽然日本外交官1942年2月抛出的和谈暗示遭到了莫斯科方面的冷遇，但他们仍然与莫斯科保持着联系，并致力于"斡旋"活动。"和平"还有一线曙光，但希特勒和斯大林寸步不让。日本人之所以追逐"斡旋"的影子，并不是关心苏联，而是担心德国最终灾难性地陷入东方的战争中，从而使得日本打击英、美时没有真正意义上的盟友；德国追求的也不是"调停"，而是了断，因此怂恿日本对俄国进行一次打击，这将使其一蹶不振。双方最终都没能说服彼此。

3月底，英国政府最终同意与斯大林的特使洽谈战后边界划分的问题，促成此次洽谈的原因之一便是极力避免"单独媾和"的可能性；事实上，这是对未能通过在西线发动进攻来引开德军部队所作的"补偿"引发的滑坡效应。在是否向斯大林妥协以及是否把结果告知罗斯福总统等问题上，内阁成员一直莫衷一是。获知计划进展不利后，总统个人打算与斯大林进行一次细谈。罗斯福在华盛顿会晤李维诺夫，他首先劝说斯大林暂不讨论领土诉求，但没有成功。4月8日，内阁成员意识到罗斯福已经同意英国的方案（但非常勉强），于是决定根据俄国方面的条款，在伦敦与莫洛托夫商定一份决议。罗斯福总统当下就邀请斯大林将莫洛托夫送至华盛顿"讨论一个非常重要的军事计划"。5月21日，莫洛托夫最终抵达伦敦，声明他前来讨论一份协定和"第二战场"，后者更为重要，由此拉开谈判的帷幕。翌日，首相、艾德礼、艾登及各参谋总长向莫洛托夫极其详细地阐明在当前局势下不可能大规模登陆欧洲的原因，虽然莫洛托夫还未与罗斯福总统讨论过"重要的军事计划"。至于协定，莫洛托夫并不认同艾登推出的"备选方案"；因为该方案对边界问题只字未提，而是着眼于为期二十年的双边互助。5月24日，莫洛托夫与美国大使怀南特会谈，后者竭力说服他不要那么固执，因为怀南特深知，苏方框架下的协议很难获得美国的支持。第二天（5月25日），莫洛托夫首次准许这份"备选方案"，并以惊人的速度得到斯大林的首肯。作为美方的善意，协议条款并不苛刻。

5月29日，莫洛托夫一到华盛顿，就再次提及"第二战场"及"引走"40个德国师的问题，这些似乎已融入斯大林的军事数学之中。5月30日，莫洛托夫与罗斯福总统会谈期间暗示，伦敦方面给他的回复不甚乐观。罗斯福总统接下来进行了一丝不苟的纠错工作，这种做法以往效果良好，但这一次引发了大量混淆与反驳。罗斯福总统问马歇尔将军，当前进展是否足以给斯大林一个比较积极的答复，收到肯定的回答之后，总统让莫洛托夫转告斯大林，预计在今年开辟"第二战场"。在（6月1日）最后一次会见莫洛托夫的前一刻，罗斯福总统不得不接受劝诫，不向对方特意提及8月，马歇尔将军也倍加小心，避免在官方声明中提及1942年这个年份。莫洛托夫在华盛顿募集到所需的军火，6月9日，在伦敦的回程见面会上，他连珠炮般地提出一个又一个问题。这次莫洛托夫正式向英国政府请求在1942年开辟"第二战场"——美国总统已经做好牺牲100000—200000人员的准备，哪怕这"又是一次敦刻尔克"。如能达成上述协议，苏联政府可以在军援上做一些让步。丘吉尔在他著名的6月10日备忘录中回应，这里的"准备"，是为（1942年）8月或9月在欧洲登陆所做，但特意未作许诺或有约束力的承诺。英国人此举的本意是，除非打算留在（欧洲）大陆，否则1942年不会尝试"大规模登陆"——断然拒绝（开辟"第二战场"的请求）可能铸成无可挽回的大错。

纠纷与争执的根源在于，"第二战场"的含义存在严重分歧。2月初，英国策划团队将其理解为"围捕"，是1942年针对"瓦解之敌"的一次跨海峡进攻，或是1943年进行一次直接而完备的突击。一个月后（3月10日），同一批策划者又针对援苏问题做了一次大胆、直率的评估：苏联的西进现在基本止步，除了提供战争物资外，"我们无法向俄国提供其他直接援助"。2月下旬，艾森豪威尔少将将一个"对西北欧"作战行动的"具体方案"写入他的文件中，计划引开德国的空中力量，并最终"在夏季结束前"引开更多德军地面部队。4月份的会议上，马歇尔将军与英国各参谋总长一起，草拟了一个大约在1943年5月登陆的方案，但如果俄国人需要尽快得到增援，我方"进行自我牺牲式进攻"，或国防军完全绑在东线，再或者是德国军事力量出现裂痕，这一行动可以在短得多的时间内展开。跨海峡进攻方案赢得了总统的大力支持，他希望这能打动斯大林。对于提议的进攻方案"铁锤"，英国首相及其高级官员们都极其怀疑它在1942年的可行性，并寻求其他的牵制计划（不少美国人也对该计划疑虑重重）：不管怎样，英美在用词方面的歧义，足以说明双方给莫洛托夫的方案存在差异。至于斯大林，他认定这些假设就是承诺：罗斯福总统关于"1942年第二战场"的主张变成了保证，马歇尔将军也指出备战水平较高（尽管他曾请求删掉1942年这一具体时间）。在丘吉尔6月10日的《备忘录》中，英国首相已经断然说明："因此，我方不会在此问题上给予对方任何承诺……"

苏联新闻界立即欢声一片，平息了所有的不安和异议："……1942年必然是敌人最终灭亡之年。"《真理报》6月13日公开发表的内容似乎暗示和盟国的交易已经达成、生效，很快将付诸实施。鉴于德军装甲部队正在南边撕开苏联防线，这针强心剂非常必要。此时，莫斯科前方潮水般的德军依旧不退，虽然首都周边业已肃清，但威胁仍在。斯大林正打算向国民发出严厉的警告时，出现了从外部得到解救的希望作为补偿。6月18日，最高苏维埃在克里姆林宫召开会议，批准了英苏条约：斯大林列席会议，莫洛托夫做了关于这份英苏条约的冗长报告，虽然提到他出席的"第二战场"会议，但他念到的只是一处细小的——冷冰冰的——谨慎的注解。这个听起来有些空洞的、关于第二战场的"完整协议"被日丹诺夫着重强调，得到了与会者的欢呼声。由于宣传机构对"第二战场"的爆炸式播报丝毫没有停止的迹象，不到一个月，迈斯基大使有意引发（至少他自己是这样讲的）的冲突终于来临了。

在这些大使级的小规模冲突中，阿奇博尔德·克拉克·科尔（Archibald Clark Kerr，斯塔福德·克里普斯在莫斯科的继任者）就将1942年开辟"第二战场"的消息公之于众的做法向莫洛托夫提出抗议。莫洛托夫先前坚称自己得到了等同于"承诺"的东西,他回复说,"政府"很清楚事情的复杂性,但"民众"只对公报中乐观的条目感兴趣。在伦敦,迈斯基关于船队起航的问题又戳到了一个痛处。1941年10月以后,船队驶过的危险的"北方航线"已经发展成一条常规航道。5月底起航的船队(PQ16)损失了四分之一的船货和35艘船中的7艘。6月27日,从冰岛出发前往斯摩棱斯克的PQ17遭遇不测:船队不仅遭到德国轰炸机及潜艇的攻击,还受到战列舰"提尔皮茨"号的威胁,船队解散后覆灭。36艘商船中只有11艘抵达摩尔曼斯克港,400多辆坦克、200架飞机和近4000辆卡车沉入海底。英国国防委员会决定暂停沿北方航线的海运,7月17日,首相把这个可怕的消息转告斯大林:该消息还承诺将这些船只转移到南部航线(波斯湾),尽管那里的港口承载能力有限且缺乏大规模交通网,能抵达苏联腹地的物资更少。

迈斯基显然已于7月21日向斯大林提交了一个迫使英国政府有所行动的"计划":在被召回莫斯科期间,迈斯基建议斯大林在船队及第二战场的问题上持强硬态度,他强调苏联正处于危急关头。如果盟国无法在西线发动一次进攻相助,那么苏联不是输掉整场战争,就是实力被削弱,从而无法在将来"积极参与"到斗争中去。于是,斯大林透出口风时,迈斯基又向英国下院(MPs)施加了同样的压力,英国各大报刊的编辑们也力图一扫"英国人的萎靡不振"。总而言之,迈斯基打算绕开(英国)政府,直接取得舆论支持。斯大林(7月23日)的回复直率而尖锐:苏联海军顾问发现英国取消船队的理由"站不住脚",经由波斯湾港口交付的货物"无法弥补因为北方航线中断而造成的损失",最后在第二战场的问题上,"我在此最郑重地声明,苏联政府无法容忍在欧洲开辟第二战场的时间拖到1943年"(尽管发出这些威胁,但这个信号远比迈斯基原先期待的温和)。几天后,海军部与迈斯基及苏联海军代表团长、海军上将哈尔拉莫夫讨论船队问题,随后(英国)海军上将达德利·庞德爵士(Sir Dudley Pound)出面终结了这番(在苏联人看来)激烈的意见交换,庞德向迈斯基建议,由他接掌英国皇家海军的指挥权。迈斯基也做出相应妥协,他将请求莫斯科加大北方的空中掩护力度(6个轰炸机中队及4个鱼雷轰炸机中队将让"提尔皮茨"号战列舰在巴伦支海不再高枕无忧),英国方面也同意重新考虑船队问题。另外，不久之后，迈斯基还不忘在范西塔特子爵面前将此次会谈中许多令人讨厌的细节和盘托出。无论如何，丘吉尔首相还是于月底通知斯大林，新船队PQ18将于9月初驶往苏联阿尔汉格尔斯克港。此次让步还伴随有双方领导人碰面的建议。同日（7月31日），斯大林同意会面，并建议将地点安排在莫斯科。

从伦敦回来后，迈斯基向斯大林呈送了一份非常详细的丘吉尔首相的个性报告，如他工作的方式、个性弱点等。在莫斯科，斯大林设立了一个"特别委员会"，由成员伏罗希洛夫元帅、沙波什尼科夫元帅和沃罗诺夫上将负责同时召开的幕僚会议。8月12日晚上7点，英国首相从德黑兰飞抵莫斯科，两小时后，他在克里姆林宫与斯大林会晤。丘吉尔开场就直奔双方分歧的主题，解释不能于1942年开辟"第二战场"的原因，会场的气氛既凝重又沉闷。斯大林并不认同丘吉尔所说的理由，他推出了几个替代方案：夺取海峡中的若干个岛屿、佯攻加莱海峡、夺取瑟堡，以及在欧洲大陆登陆6个师。即使是"火炬"行动（北非登陆）的前景，也只是让斯大林稍稍缓和了一下。8月13日晚，双方再次会晤，斯大林"吧搭吧搭地叼着烟斗，半闭着眼，目露轻蔑"，开始发难。他在交给英国人的备忘录中，正式拒绝了英国方面无法于1942年在欧洲开辟战场的论据。两个小时的交锋中，斯大林指责英国懦弱胆小，盟军将东线视为次要战场，以及没有优先向苏联提供援助物资。面对这些指责，丘吉尔尚能克制自己，只有一个例外，那就是英国军队怯战，他立即予以猛烈回击，会谈最终陷入僵局。斯大林指控英方在第二战场的问题上背信弃义，第二天，丘吉尔正式就此提出抗议，不过，他当晚还是前往克里姆林宫赴宴。尽管斯大林这次已经收敛了很多，但对丘吉尔而言，谈判到此为止。8月15日，在两位领导人之间斡旋的努力开始时似乎注定要失败：克里姆林宫仅有的回应是"斯大林先生正外出散步"。下午6点，斯大林突然中止散步，他将于当晚会见丘吉尔，这次改在斯大林的私人住所。会面平静地结束，气氛较为和睦。

幕僚会议的谈判氛围较为随意：三位苏联官员尽力压制1942年登陆欧洲的反对声，他们坚称第二战场不仅至关重要，而且切实可行。斯大林向首相提议互通装备信息，于是英国官员被带去观看"喀秋莎"的演示。然而沃罗诺夫确信，英国代表团对红军的战场生存能力没什么信心。这些访客对高加索"过度的好奇"也让他颇为头疼。斯大林向丘吉尔保证他能守住高加索山脉，并坚持说各个山口均已强化（但事实并非如此，英国总参谋长飞越里海与山脉之间时，看到的防御工事非常原始）。英方公开表态，意图以8个中队的飞机协防高加索——而且要在北非形势好转之后才能成行——苏方大失所望：他们拒绝考虑引入英方空勤和地勤。由于谈判无果，幕僚会议的谈判暂告一段落。

对首相而言，8月16日至17日夜间，在斯大林私人住所举行的最后一次会议气氛温馨而愉快，丘吉尔进一步了解了苏联的状况——比起坦克，斯大林更需要卡车和铝。他显然已让丘吉尔相信，苏联有能力打下去（帝国总参谋长并不这样看）。最重要的是，斯大林还向丘吉尔首相透露了一个重大机密，即苏联军队即将展开庞大的反攻（尽管一星期后德军装甲纵队就将突破斯大林格勒北端）。在丘吉尔看来，斯大林现在"知道了最糟糕的事"，即在"这个最令人担忧和痛苦的时刻"，不会有来自外部的军事援助：红军（有些人认为这支军队已经完蛋了，斯大林竭力驳斥这一观点）要么拼死一搏，要么丢掉斯大林格勒和高加索。随着"第二战场"黯然退出，斯大林"在秋季的柏林"结束战争的想法也烟消云散。至少在公开场合，斯大林五一节公报中的多数乐观的元素都与"第二战场"的主题有关，8月13日的备忘录披露了他的这种情绪，文中强调："……苏联高层正在酝酿夏秋的行动，这要依靠1942年在欧洲开辟的第二战场。"至于丘吉尔，他很满意地正式向同僚保证，那就是（之前还被英方抗议过的）"他们[1]非常友好"，但私底下，他对迈斯基和莫洛托夫等人颇有微词（据称他还痛斥了斯大林本人）。

斯大林有充足的理由通过私下和公开施压，争取第二战场的开辟。莫斯科会议后紧接着就是8月19日迪耶普突袭的惨败，但这未能遏制苏联方面发动公众舆论，最后迈斯基被正式警告，英方要求他适可而止。虽然前线传来的尽是坏消息（并且现在完全意识到无法得到外部援助），但斯大林始终坚持两个目标：一是巴统港和巴库油田绝不能丢给德国人；二是着手策划"大规模反攻"。如果朱可夫记录的情况属实，那么9月12日—13日克里姆林宫的这次谈话中，斯大林提到的"反攻"并没有具体计划。不管怎样，这只是为斯大林格勒所设想的"其他"解决方案。确切地说，就在英苏会谈的时候，苏联正将大量装甲车辆纳入最高统帅部预备队，组建大型坦克兵团，所以他们需要卡车——斯大林提及苏联坦克的高产时也没有掩饰这一点。苏联总参谋部已经达成共识，德国的夏季攻势虽然造成了可怕的损害，但最终不但无法实现其目标，还必将耗尽德国的预备队。最重要的是，苏联已经盯上了德军在斯大林格勒的侧翼，罗马尼亚军队据守的、没有预备队的漫长封锁线。但是，斯大林格勒反攻的"实际"策划工作尚未展开：虽然在莫斯科会议上底气十足，但从斯大林会后的言辞中可以发现，他担心德国人会向东北方突破顿河，担心斯大林格勒会在一次猛烈的突袭中沦陷，还担心德国人会获得高加索的石油。接下来，就要看红军是否能够顶住接下来关键几周的打击，以及斯大林能否经得住这次巨大的危机。斯大林宣称他可以并将会胜出，这才是那次紧张且毫无结果的莫斯科会议的主旨。

与德国人的预期相反，斯大林格勒并没有迅速得手，苏联各集团军也没有尽数撤到伏尔加河东岸。虽然只有咫尺之遥，但突入市区并抵进至伏尔加河的尝试被挡住了。斯大林格勒的每一幢建筑都成为战场，工厂、火车站、独立街区、小型广场乃至残墙，都被改造成工事。整个8月，再到9月，德国人取得了一次又一次的胜利，但主要目标均未达成。东线北段，列宁格勒地区的攻势已经偃息旗鼓；在中央地段，德军陷入激烈的防御战，抵抗着顽强地"牵制他们"的苏联军队，战斗日复一日，好像漫无目的，对不断失血的苏军各师而言似乎也是这样；B集团军群逼近斯大林格勒时，A集团军群在高加索的对手尚未倒下，还控制着各个山口。

从更广阔的范围来看，苏军在东线中部勒热夫的战斗尽管惨烈，却产生了戏剧性的效果。8月底，哈尔德坚持要为第9集团军采取充分的保护措施，导致他与希特勒发生正面冲突，不到一个月，哈尔德就被解除总参谋长的职务。此时，希特勒也无法将他的军队铺得更开，但他至少可以改组指挥体系，并在9月初开始认真贯彻。A集团军群的停滞成为希特勒爆发的导火索：将陆军元帅冯·李斯特召往文尼察的总部述职后，希特勒决定亲自接管A集团军群，并从文尼察这个又闷又湿、距离前线700英里的指挥中心遥控指挥。希特勒相信俄国人业已完蛋，一切都结束了，这种错觉部分源于戈林8月28日在文尼察所做的报告，他宣称斯大林格勒的敌人再未部署任何像样的力量。戈林这一观点的基础是第4航空队的冯·里希特霍芬将军视察斯大林格勒后得出的结论。东线外军处的盖伦描绘了不一样的画面：苏联方面还有预备队（东线外军处估计有70多个步兵师和80多个坦克兵团），并且正在集结。苏联产出的武器装备中包括大量T-34及KV坦克。与此同时，德军正可怕地散布在黑海至里海之间：顿河下游的B集团军群侧翼绵长且缺乏掩护（保卢斯9月12日向希特勒指出了这一点），A集团军群北翼正跨过格罗兹尼向里海推进，他们沿伏尔加河下游的深远侧翼急需掩护。如果想要防备俄国人沿1920年"首创"的进攻路线——跨过顿河进行突击——发起反攻，德军现在要做的便是快速拿下斯大林格勒。然而，这个"解决方案"只能将更多德军部队拖入这场令人震惊的消耗战，一个又一个师被卷了进去。

9月13日，德军突入市中心、抵进伏尔加河前夜，斯大林格勒方面军及西南方面军的兵力总计为：65个步兵师、4个骑兵师、7个步兵旅、34个坦克旅和6个摩托化旅，另外还有4个"筑垒地域"和5所军事学校。西南方面军主力——第62、第64、第57和第51集团军拱卫斯大林格勒：战场中心的第62、第64集团军下辖16个步兵师又8个步兵旅、2个坦克军及1个"筑垒地域"，总共约90000余人、2000门火炮和迫击炮、120辆坦克。"斯大林格勒区域"北起雷诺克，南至第57集团军防区的小洽普尔尼基站（Malye Chapurniki），长65千米。其中，雷诺克至库波罗斯诺耶这段由崔可夫的第62集团军防守，20英里长的"前线"上有约54000人、900门火炮和迫击炮、110辆坦克（这是最接近9月13日兵力的数字）；第64集团军12英里长的战线从库波罗斯诺耶延伸至伊万诺夫卡（Ivanovka），辖7个步兵师及2个步兵旅。根据苏联方面的数据，德军进攻部队人数是崔可夫部的2倍，坦克力量是第62集团军的5倍，火炮力量是该集团军的2倍。尽管各师纸面上很强，但这些兵团实力已不复往日，只有2000—3000人，其中步兵第87、第98和第196师现在均不超过800人。

9月13日—14日，在争夺市中心的战斗中，德军倾尽全力打击第62集团军。战斗日以继夜地在中央火车站（斯大林格勒1号车站）及其周边肆虐，战况瞬息万变，第62集团军9月14日的战斗日志记录道：

7时30分	敌人出现在学院街（Akademicheskaya ulitsa）方向
7时40分	机械化第38旅第1营被切断
7时50分	马马耶夫岗附近发生战斗，正在向车站接近
8时00分	车站沦陷
8时40分	夺回车站
9时40分	车站再次沦陷
10时40分	敌人出现在普希金斯卡亚大街，距集团军司令部600米
11时00分	2个连的敌人在30辆坦克的支援下，开往"工程师宿舍"（工兵营房）
13时20分	夺回车站

罗季姆采夫的近卫军上岸后加入战斗：9月15日到16日夜间，火车站和马马耶夫岗陷入激烈争夺的同时，更多近卫步兵第13师的官兵渡河。德军第71和第295两个步兵师涌入中心区。与此同时，第3个步兵师（第94步兵师）在第24、第14装甲师的支援下攻入米宁村、进逼南郊的库波罗斯诺耶——第62和第64集团军侧翼的结合部。罗季姆采夫的官兵正在第16次肃清码头及其周围的街道，并夺回中央车站——这是它第15次易手。9月16日凌晨，苏军两个团——近卫步兵第42团（近卫步兵第13师）和来自索洛古布的步兵第112师的第416团——向马马耶夫岗发起冲击：一个团将夺取山冈北部及东北坡部分区域，另一个团负责拿下整个东北面。炮击10分钟后，两个团呈散开队形推进：基林上尉的近卫营夺取北坡德军阵地，步兵第416团也沿着向东北方通往高地顶部的道路发起冲锋，一支30人的分队在弗多维琴利中尉的带领下，用步枪、手榴弹及枪托拔掉一个德军机枪火力点。随后从30人的进攻队伍中挑出6人留下，他们立刻遭到德军的猛烈轰炸，接着，德军步兵在坦克的支援下发起反冲击。由于担心误伤友军，德国空军的炸弹偏离目标很远。苏军这个班在高地顶部掘壕固守，他们打坏两辆坦克，暂时打断德军步兵的进攻。但当天及此后多日，更多德军坦克与步兵卷土重来，德军试图以炮击和空袭将苏联军队赶出高地顶部。马马耶夫岗争夺战一直没有减缓的势头。山坡上整个冬天没有积雪的覆盖，持续的轰炸早就把雪融化掉了。

9月17日早晨，崔可夫去电方面军司令部，第62集团军急需增援：苏军的预备队已经耗尽，而德军新锐部队似乎还在增加，第62集团军几天内就将"失血过多而死"。崔可夫请求派2—3个齐装满员的师，但他只等来了2个旅——步兵第92旅（由波罗的海及北方舰队的陆战队员组成）以及装备轻型坦克和45毫米火炮的坦克第137旅（来自坦克第2军），2个旅均于17日晚渡过伏尔加河。步兵第92旅移往近卫步兵第13师的左翼（以阻止德军沿察里察河向伏尔加河突破），坦克第137旅前往右翼，马马耶夫岗东面600码长的铁路环线内。崔可夫也被允许迁移司令部，因为"察里察地堡"在德军炮火下过于暴露。新的司令部位于"红十月"码头北面约半英里的地方，然而抵达那里要经过一次曲折、危险的旅程，先渡至伏尔加河东岸，再渡回到西岸隐蔽的新指挥所：[2]

> ……新的集团军指挥所没有掩蔽部，甚至连能够躲避子弹和炮弹碎片的掩体也没有。在我们的上方，在陡峭的河岸上，有很多储存石油的油槽和装重油的混凝土贮油池。浅滩上堆放着车床、发动机及一些其他的工厂设备，原准备把它们疏散到伏尔加河对岸，结果都丢在这里。河边停着几只没完全打坏的驳船和许多浮运的木材。集团军司令部的工作人员都住在驳船上——其实就是睡在露天里。军事委员会和参谋长被安排在河岸附近匆忙掘成的避弹壕里，这些避弹壕甚至还没上盖。

工兵们没有意识到他们头顶上的储油罐还是满的，此时正忙着搭建掩体、挖掘战壕，德军轰炸机随后命中这些油罐时，崔可夫险些被活活烧死。

9月18日，争夺斯大林格勒1号火车站和马马耶夫岗的战斗一直持续着。这一天由常见的"斯图卡"拉开序幕，随之而来的是地面炮火和迫击炮火，苏军火炮也还以颜色。"斯图卡"成群结队地扑向中央火车站和马马耶夫岗，但那天早晨，车站附近的战斗开始时，德军飞机突然转向北面，斯大林格勒上空的轰炸机尽数消失。在斯大林格勒西北，斯大林格勒方面军左翼各集团军——近卫第1集团军、第62集团军及第24集团军——正在恢复他们的攻势。一如先前，他们进攻的目标是古姆拉克—戈罗季谢，以期减轻斯大林格勒的压力：第62集团军的崔可夫奉命准备一次进攻，与自北而来的苏联各集团军会合。此次进攻是朱可夫和马林科夫在9月12日给斯大林的一封联名信中提出的,时间定于9月17日。进攻比朱可夫要求的晚来了一天,他已经返回斯大林格勒方面军监督进攻的准备工作。延误是莫斯卡连科的近卫第1集团军所致,但莫斯卡连科面临的是一个几乎不可能完成的任务,即准备进攻的同时新建一个集团军。9月10日,近卫第1集团军依照方面军No. 00498/OP命令,将步兵师移交给友邻部队(第24和第66集团军)并交换防区,再从最高统帅部预备队接收5个步兵师和3个坦克军,外加炮兵和工兵部队。延迟的这24小时根本不足以训练这些急需训练的师和团。9月18日5时30分,一小时的炮火准备后,左翼的2个师与2个坦克旅再次发起进攻。

苏军步兵及坦克向德军据守的高地推进3000码,就要抵达顶部时,被德军步兵在装甲车辆支援下发动的反冲击所阻。投入2个坦克军也没能扭转局面,因为这些坦克兵团主要装备T-60和T-70这样的坦克,它们的薄弱装甲无法抵御德军火炮,大多"像蜡烛一样烧着了"。德方轰炸机很快到来,30—40架一队,一波波地发起攻击,轰炸苏联军队。推进的苏军后方到处是烧毁及瘫痪的坦克。同样,步兵部队也被持续的轰炸和扫射死死地压制。苏军后方的动向在平坦单一的地形上一览无余,由于他们的一举一动远远就能看到,其进攻无法达成任何突然性,莫斯卡连科的官兵遭到德军残忍的打击。下午晚些时候,德军轰炸机返回斯大林格勒,再次控制第62集团军头顶的天空,对崔可夫而言,这显然预示着北面情况不妙。崔可夫在新指挥所里,一面应对德军向市中心的进攻,一面准备在右翼发起进攻,第62集团军要策应从北面而来的"解围攻势"。西南方面军司令员叶廖缅科告知崔可夫,即将发起的进攻只能定在9月17日,崔可夫只有不到24小时来制定自己的计划,并把之前承诺用来增援他的那个步兵师从东岸带过来。

9月18日18时,崔可夫收到方面军司令员叶廖缅科的正式命令:

    1.命令第62集团军司令员,在马马耶夫岗地域组织至少3个步兵师、1个坦克旅的突击群,对斯大林格勒西北郊的敌人实施攻击,并把他们歼灭在这个地域。当日任务:在切实保障背后的雷诺克和奥尔洛夫卡地区、128和98.9高地以及斯大林格勒西北郊和西郊的前提下,消灭城里的敌人。

如果说只给他几小时来让整个师渡过河，并重新部署斯大林格勒城内的部队已经让崔可夫心烦意乱，那么更让他恼火的是，这道命令的开头谈到敌人"正在从斯大林格勒地区抽调出一部分部队和兵团……经由古姆拉克地区向北转移"。只有德国飞机离开过战场，现在就连他们也回来了。市内肆虐的战斗一如既往：罗季姆采夫残存的人马在中央车站与德军激战，他们在车站附属建筑的废墟、烧毁的机车和月台后面架起武器。对马马耶夫岗的轰炸与炮击还在持续，索洛古柏的部队正冒着炮火坚守阵地。第62集团军南端有一座巨型谷仓，苏德双方连续几昼夜争夺这座建筑的每一部分。9月17日登陆后，来自第92旅的苏联海军陆战队员在此击退了反复发起的突击：

> 敌人的坦克和步兵差不多是我方10倍，很快就从南面和西面发起了一轮进攻。第一轮攻击失败后，又开始了第二轮、第三轮。同时，一架侦察机在我们头顶上绕圈。它在报告我们的方位，矫正己方炮火。9月18日，我们总共击退敌人十次进攻。

> ……起重机那边的谷物起火，机关枪里的冷却水也干涸了，伤员口干舌燥，但附近一滴水也没有。我们就是这样，一天24小时，连守了三天。蒸烤、烟熏、干渴——我们的嘴唇都干裂了。白天，我们中有不少人爬到谷仓的最高处，从那儿向德军射击。夜晚，我们从上面下来，在建筑周围构筑环形防御圈。我们的无线电设备在交战首日就被击毁，与其他部队失去联系。

现在，随着崔可夫各处的部队陷入近战，他还不得不让自己的人马和寥寥无几的坦克仓促进入向西北方向进攻的出发阵地。此次进攻定于9月19日中午，将从马马耶夫岗"向中央车站这一总方向"展开，切断并消灭突入中部的德军部队。

第二次进攻由斯大林格勒方面军近卫第1集团军、第66和第24集团军发起，也定于9月19日中午，再次以失败告终。德军轰炸机适时地离开斯大林格勒，但傍晚又以一贯的数量出现在城市上空。崔可夫知道最糟糕的事情发生了。他从马马耶夫岗发起的进攻（参战部队包括索洛古布的步兵第112师以及从那个仍有待渡河的增援师抽调的两个营）略有进展，但德军对中部的压力并未减轻：北面，斯图卡成功瓦解苏军的进攻，后者的攻势未曾偏转德军将第62集团军一分为二的攻势。9月20日，第一抹阳光投向中央车站的废墟时，德军轰炸机聚集起来将其撕成碎片："轰炸后又开始炮击。车站建筑陷入火海，墙体碎裂，钢铁变形，但战士们还在战斗……"切尔维亚科夫的部队来自率先过河的近卫步兵第13师，幸存者来到车站对面的广场，占领了一座建筑（被命名为"钉子工厂"，因为他们发现那里储有许多钉子）的一角。切尔维亚科夫受伤并被撤过了伏尔加河，费多谢耶夫接过那个三面受敌的营："这里弹药奇缺，更不要说食物与睡眠。最糟的是干渴。我们找水时，第一个想到的便是水冷机关枪，我们朝水冷套管开火，看看是否有水滴出来。"德军冲锋枪手和狙击手摸到该近卫营残部后方，夜间，德军炸塌分隔苏军据守的房间与建筑其余部分的墙壁并投入手榴弹。9月21日，该营被一分为二，营部一股被困在百货商店，苏德双方在此短兵相接，战斗以费多谢耶夫及其营部人员阵亡而告终。该营余部则一步步退向伏尔加河，在一栋三层建筑占据了他们的最后"阵地"，该建筑位于克拉斯诺彼得斯卡亚大街和科姆斯莫斯卡亚大街交叉口，40人守了5个夜晚：

> 我们在半地下室的一个窄窗上架起重机枪，弹药告急，已经是最后一条弹链了……两个小组，每组6人，分别上到三层和阁楼。他们的工作是把墙体推倒，准备石头和房梁，用来抛砸德国人。地下室则被用于安置重伤员。

5天以后，这个地下室已经容纳了28名重伤员：营里的女护士柳巴由于胸部受伤而奄奄一息。这里没有水，唯一的口粮就是"几磅烧焦的谷物"。重机枪最后也加入战斗，歼灭了一支毫无察觉地沿着弹道推进的德军纵队。击退这次进攻后，作为应急弹药的250发弹链也打光了。德军动用坦克以后，这幢建筑很快便片瓦不存：随着一声轰鸣，墙体坍塌，活埋了守军。夜间，6名近卫军战士——都负了伤——挣扎着从废墟中爬出。蹒跚地走向伏尔加河时，他们撞上了德军巡逻队，而且未能躲过照明弹，但悄无声息地手刃两名德军警卫后，他们在未被发现的情况下打开一条道路。这几个衣衫褴褛的人跨过铁路和雷区，抵达伏尔加河并最终获救。

到9月21日，双方均承受着巨大损失，德军部队肃清察里察河河床，大量冲锋枪手在坦克的掩护下来到距离中央码头几码的地方：在斯大林格勒1号车站后方的建筑密集区域，德军部队散布在约1平方英里的范围内，困住苏军2个旅和1个团。该地区的街道正好是朝向伏尔加河的东西向，有利于德军进攻，苏联守军很快也发现德军炮火可以沿着街道从一端向另一端"倾泻"。德军步兵在西头建立火力点和路障，然后用爆破的方式打到另一头。步兵进攻时有坦克遂行支援，坦克出动时，苏军很少单独对付它们，而是将它们放到苏军半埋坦克的射程内。德军步兵靠上来时苏军才会开火，不过，一旦俄国人位于他们的火力点，最终还是得面对这些德军坦克，后者将用自己更强的火炮近距离射击，摧毁整栋建筑。虽然有所保护，但对德军坦克手而言，这仍是一项危险的工作：一旦进入狭窄的街道，精确瞄准的反坦克枪和反坦克手雷击穿后车体后盖的薄弱装甲或发动机栅栏，就可以瘫痪坦克。每场战斗下来，斯大林格勒的各条街道都呈现相同的场景：巨大的瓦砾堆平地而起，残垣断壁连着尚未脱落、悬在空中的楼板，烧毁的坦克环绕着大堆尸体。

崔可夫意识到要修改"师""团"体系，分散使用他的人力，全副武装的"暴风小队"（storm groups）非常适于向刚被占领的建筑或火力点实施快速反冲击。战术越来越多地取决于城市地理：

> 城市里的战斗是一种特殊的战斗……城市里的建筑物像一道道防波堤，把进攻中的敌人的战斗队形截断，使敌军只能沿着街道向前推进……城市的保卫者们学会了这样一种打坦克的办法，即让德国坦克从头顶上过去，把它置于我反坦克炮和反坦克枪手的射击之下。但是，在这种情况下，我城市的保卫者必须用火力切断敌步兵与坦克之间的联系，从而破坏敌人有组织的战斗队形。

但情况并不总是这样。崔可夫的左翼（城市南部）有德军第14、第24装甲师及第29摩托化步兵师和第94步兵师，苏军的2个旅被割离第62集团军，虽然德军的推进被持续的抵抗放慢，但崔可夫的左翼还是有被从几个"筑垒地域"据守的加强点推向谷物起重机那边的危险。9月23日的一次德军空袭中，第42旅旅长巴秋克上校及其参谋人员负重伤，第42旅遂与第92旅合并，但这个"合并旅"的指挥员临阵脱逃——他与自己的旅部摆渡到伏尔加河东、西河岸之间的戈洛德内岛，向第62集团军司令部发送了虚假的战况报告。崔可夫9月25日才获知真相，但为时已晚，第42旅于9月25日报告："该旅所在区域情况恶化。弹药、食物与人员的短缺令局势未有改观。"第二天，失去领导的第92旅在第94步兵师和第24装甲师的进攻下崩溃。该旅争先恐后地渡过伏尔加河避险，第42旅最终也不得不撤出。

无论如何，中央码头的丢失立即威胁到崔可夫，并给他造成新的困难：德国人可以从这个位置观察到第62集团军后方，伏尔加河的交通也有赖于此。为恢复交通，崔可夫动用"红十月"厂和北面斯巴达诺夫卡生活区的两处码头，并相对应地在东岸另建三处码头。更严重的是，德国人可以沿伏尔加河河岸向码头南北推进，从而将第62集团军割离渡口。在第62集团军身上割开的这道口子当然是又深又危险，虽然还不至于致命。为避免更大的损失，崔可夫决定用一部分他刚收到的增援部队实施反冲击。9月23日凌晨，巴秋克上校由西伯利亚人组成的步兵第284师渡河。罗季姆采夫的近卫步兵第13师也收到2000人。崔可夫计划于9月23日发起进攻，将德军清出中央码头，收复察里察河河谷，并最终与被截断在城市南段的两个旅取得联系。

9月23日凌晨，巴秋克的西伯利亚人乘驳船渡过伏尔加河，踏上西岸。黑暗转瞬即逝：德军的飞机投下降落伞照明弹，照亮步兵第284师正在踏上的河岸。Neftesindikat附近，俯瞰河道的悬崖上，德军的燃烧弹击中储油罐，溢出的着火燃油流向伏尔加河河岸，照亮了河面。德军冲锋枪手及身后不远处的坦克离河岸不到150码，他们向正跳下小艇的西伯利亚战士开火。一个团冲到了岸上，打断德军的进攻，然后穿过被炸毁的楼房前往Metiz厂和马马耶夫岗东南坡，戈雷申的步兵第95师正在那里坚守。上午10点，崔可夫的反冲击开始，巴秋克的几个团也完全卷入战斗。西伯利亚人的到达正好协助挫败了德军从中央码头向北的突击：步兵第95师与第284师将中部的德军部队推回铁路线，继而向火车站推进，虽然他们的实力不足以收复车站。然而，德军尚未被驱离伏尔加河，虽然暂时予以遏制，但察里察河北面的苏军队伍还是无法与被困在南岸的几个旅取得联系。

不到24小时，斯大林格勒中段的战斗就有所放缓。但崔可夫现在面临来自西面和南面的进攻：侦察报告称，拉兹古利亚耶夫卡站和戈罗季谢有大量德军集结，由于崔可夫南面的左翼溃败——第92旅已经崩溃，第42旅几乎被歼灭——他希望德军指挥层将那里的部队转去对付马马耶夫岗。不过，在拉兹古利亚耶夫卡站—戈罗季谢一带组织主攻时，另一次大规模突击直指雷诺克南面的斯大林格勒工厂生活区，大量混凝土建筑分属3个工厂——拖拉机厂、"街垒"厂和"红十月"厂。保卢斯为这次进攻重组部队，以便以主力洞穿斯大林格勒的中央区域及北郊。大型工厂和工人宿舍区使得斯大林格勒的北部嵌满了天然堡垒；3个大工厂、化工厂以及工业铁路线构成的致命网格很快成为德军士兵熟知并畏惧的"网球拍"——这个名字取自那个铁路网的环形轮廓。

崔可夫在前线和后方都做了准备。为封死通往"街垒"厂和拖拉机厂的路线，第62集团军的工兵匆忙修筑了一条反坦克防线，从梅切特卡河河口处沿南岸延伸到维什尼奥瓦亚冲沟的源头，再穿过一片树林，然后沿多尔吉冲沟北面的高地延伸到伏尔加河。各师、旅指挥员接到命令构筑自己的反坦克防线，特别注意布设反坦克雷场，工兵分队准备地雷，若德军突入则封闭所有道路及空地。至于后方，崔可夫重新组织起第62集团军赖以为生的渡河工作，就弹药在斯大林格勒卸下驳船后的移交问题下发了一道严厉的命令：9月18日，近卫步兵第13师的弹药在岸上爆炸，此后，崔可夫下达一道集团军命令，所有弹药务必埋入或隐蔽在战壕中。9月25日的命令要求第62集团军的所有部队将卸下的弹药、燃料及食物隐藏到预先准备的隐蔽所，距离河岸至少500米。从走向伏尔加河东岸铁路线的这一刻起，补给物资就处于危险之中：它们移往东岸时，德军飞机就会轰炸铁路交通，不仅造成损失，还会严重干扰运输工作。苏军战斗机在这些线路上巡逻，红库特—阿斯特拉罕一线每天60架次，上巴斯昆恰克—斯大林格勒一线每天30架次，沿途还有85毫米及37毫米的火炮以及"高射"装甲列车，苏军使出浑身解数，但空袭依旧在炸毁铁路和车站。为此，俄国人尝试在距离基地更远的地方卸车，弹药和给养在150英里外就转乘卡车，增援的步兵则需要步行。

"轮渡"在持续的攻击下穿行，其中一些名副其实，但绝大多数都是小型快艇和驳船。白天，德军飞机会追逐每一艘小船与驳船，倘若飞机失手，船只驶向西岸时也要面对持续而精准的火力。伏尔加河区舰队的装甲炮艇、扫雷艇及高射炮艇[3]都归海军指挥员罗加乔夫海军少将及其两名支队长指挥。7月10日，区舰队投入战斗，1942年年初，罗加乔夫海军少将曾就这项任命向首长库兹涅佐夫抱怨说自己似乎要"错过战争"了，现在，他得到的是苏联海军军官所能接到的最艰难的任务之一。除协助渡河外，罗加乔夫的炮艇和小型浅水重炮舰一方面充当斯大林格勒城中部队的"水上侧翼"，另一方面让水手上岸，在陆军的指挥下战斗。

渡船多由伏尔加河的渔民及船夫操纵，他们技艺娴熟，非常勇敢。8月底，罗加乔夫从渔船队委员（Narkomrechflot）那里接过伏尔加河渔船队。8月底以来，伏尔加河下游的渔船已经从"红十月"厂及红军城两处码头接走20多万名市民。9月中旬，为集中管理水上交通，伏尔加河下游渔船队负责人将他的船交由伏尔加河渡口指挥员舍斯塔科夫（V. F. Shestakov）少将指挥，这些船只的人力及勤务仍由渔船队负责。9月15日起，由于身处德军的猛烈炮火下，中央码头不再用于卸载补给物资，但伤员的撤离还是坚持到了9月26日。与此同时，崔可夫新设三处码头，并就装货、疏散及作战下达详细命令。"红十月"厂—红斯洛博达的"轮渡"交由第62集团军直接指挥：第44和第160这两个摩托化舟桥营现在由第62集团军的工兵军官指挥。为规范交通，每处码头都设立一个3名军官组成的"处置小组"（operational group），他们分别代表火炮补给、食品供应和卫生勤务。第62集团军的工兵主任负责渡船的维护、维修以及燃/滑油的供应。弹药及食品优先供应斯大林格勒一侧，伤病员和战俘运往东岸。第62集团军三面受敌，被割离所有苏联军队，背后只有伏尔加河，所以各师的生死存亡完全取决于轮渡。

9月25日以后，预感德军会有新攻势的崔可夫决定重组第62集团军，加强梅切特卡河及马马耶夫岗周边。战士们趁夜穿过冲沟、建筑废墟和大量炮弹坑或炸弹坑。第62集团军面前分布有11个德军师，包括3个装甲师（第14、第24和第16装甲师）、2个摩托化师（第29和第60摩托化师）、6个步兵师（第71、第79、第94、第100、第295和第389步兵师）。第16装甲师位于崔可夫右翼；

第389步兵师刚脱离预备队，目前位于戈罗季谢—拉兹古利亚耶夫卡站地区；第295步兵师得到马马耶夫岗附近装甲部队的加强；第71和第76步兵师在斯大林格勒1号车站及中央码头；另外4个师（包括第14和第24装甲师）在城市南部作战。为在工厂区发动一次新攻势，德军指挥官也重组部队：作为该集团军最好的师之一，第71步兵师将攻打"红十月"厂生活区，第100猎兵师负责进攻马马耶夫岗。

马马耶夫岗的形势引起第62集团军司令部的高度关注。德军部队已攻占山冈的南坡和西坡，再前进一百码就能完全占领俯瞰工厂区的马马耶夫岗。9月27日，周日早晨6点，崔可夫发动了一次破坏性进攻，以扰乱德军对工厂区的进攻准备，减轻马马耶夫岗的压力：舒米洛夫的第64集团军接到叶廖缅科的命令，用近卫步兵第36师夺回库波罗斯诺耶。上午8点，菲比希将军的斯图卡中队和战斗轰炸机将第62集团军钉在地面上，瓦解部队，轰炸指挥部。两个半小时以后，德军轰炸机及火炮摧毁了苏军在马马耶夫岗顶部的火力点，来自戈雷申近卫步兵第95师的战士被掩埋。德军第100猎兵师、第389步兵师会同第24装甲师向"红十月"厂及马马耶夫岗地区发起进攻。150辆德军坦克从格罗季谢及拉兹古利亚耶夫卡站驶出，在步兵的跟随下，快速冲过苏军雷区。至下午2点，德军部队已经到达"红十月"厂西端的班尼沟（Bannaya ovraga）及"街垒"厂的西南角。到傍晚时分，戈雷申的人已经溃不成军，只有马马耶夫岗的北坡和东坡还在坚守。崔可夫的司令部附近，德军的轰炸点燃储油罐，浓烟将司令部人员熏了出来，他们动身去寻找业已失去联系的部队。

左翼，察里察河以南的形势在恶化：第92旅溃散，第42旅被撤离（但稍后又被带到西岸参加工厂区的战斗），只留下萨拉耶夫上校的NKVD步兵第10师第272团。察里察河以南，德军一部突破至伏尔加河，占据5英里长的伏尔加河河岸。舒米洛夫第64集团军的进攻赶走部分敌人，但无法肃清库波罗斯诺耶那些嵌在第64和第62集团军之间的德军。9月27日，崔可夫绝望地向西南方面军司令部求援：他的近卫军部队在马马耶夫岗地区被粉碎，多达80辆德军坦克开往"红十月"厂；他的左翼只剩下各团残部。斯图卡肆无忌惮地在斯大林格勒上空咆哮，德军几个新锐团正等着重启攻势。至9月27日傍晚，德军部队已深入他的阵地3000码，他们身后是2000具尸体和50来辆燃烧的坦克。崔可夫迫切请求空中掩护——每天几小时也好——和增援。9月27日到28日夜,斯梅霍特沃罗夫上校的步兵第193师的剩余人员乘轮渡来到斯大林格勒(9月22日已有一个团前去支援崔可夫)。斯梅霍特沃罗夫的人上岸,进入斯大林格勒又一个"咆哮、尖叫、血腥的夜晚",他们的同伴有的被爆炸掀入水中,有的在河边被迫击炮击中,他们在黄绿色照明弹的照耀下跃身上岸,拽着武器及弹药,沿骇人的街道行进,两旁坍塌下陷或瓦解中空的建筑在炮弹爆炸和火箭弹的照耀下发亮,而后陷入黑暗之中。步兵第193师凌晨4点上岸,加强了"红十月"厂的防御,这座巨大的工厂堡垒在阴暗的光线中隐隐呈现,被火炮闪光及轻武器发出的橙黄色火花点亮。步兵第193师在工厂的大型炊具厂附近占据阵地,环绕着被德军占据的公共澡堂和第五小学。夜间,俄国人夺回不少白天丢掉的阵地,他们组成战斗巡逻队冲进夜幕,或是单枪匹马地用刀或枪托战斗;他们溜过下水道或穿过被炸建筑形成的怪异桥梁袭扰德国人。俄国人夜间行动,通过那些天然峡谷和倒塌房屋、街道所形成的"人工"峡谷遂行军事交通,飘在城市上空的伞降照明弹和爆炸产生的蓝色闪光将那些房屋与街道照得闪闪发亮。

伴随着德军猛烈的步坦进攻,天色逐渐放亮。崔可夫要求东岸的火炮不间断地轰击马马耶夫岗顶部,第62集团军的迫击炮也向那里开火。德军俯冲轰炸机集中轰炸崔可夫的司令部,给燃烧的储油罐火上浇油。9月28日,它们又瞄上摆渡船,到"红十月"厂码头的6艘较大的汽轮中,有5艘被击沉。在马马耶夫岗,戈雷申的步兵第95师1个团与巴秋克的步兵第284师2个营在航空兵第8集团军司令赫留金少将派到斯大林格勒上空的飞机掩护下,再次尝试夺取高地顶部。战斗在轰炸和炮击中间进行,已经消耗殆尽的部队推进到高处,但无法在高地顶部站稳脚跟。双方都守不住被德军和苏军火炮横扫的高地顶部。马马耶夫岗的山坡上满是德军的尸体,巴秋克的步兵第284师也损失了两三百人,戈雷申的步兵第95师在当天战斗中被重创,已损失多数人马。9月28日,德军对工厂区的突击持续了整日,他们突破"红十月"厂的外围工事,闯入通往硅酸盐厂东南边缘的苏军前沿阵地。

次日,也就是9月29日,战斗席卷崔可夫右翼末端,触及"奥尔洛夫卡突出部",这块阵地就悬在戈罗季谢地域的德军部队上方[4]:斯大林格勒方面军以近卫第1集团军、第66和第24集团军从北面发起进攻，整个9月都在试图抵达这块突出部。如果斯大林格勒方面军左翼与崔可夫的右翼取得联系，那么伏尔加河上拉塔尚卡（Latashanka）的德军就会被合围，德军的整个左翼将身处险境。奥尔洛夫卡突出部长约5英里，深2英里，战线长12英里，眼下由一个250人的"混成营"——索洛古博步兵第112师仅存的残部——和安德留申科上校的步兵第115旅据守。为粉碎该突出部，保卢斯动用第16装甲师、第60摩托化师、第389和第100步兵师[5]的几个团。猛烈的炮击和空袭为德军从西面和东北展开的钳形攻势拉开序幕。下午，德军步兵和坦克从南北两面逼近奥尔洛夫卡，安德留申科步兵第115旅的第1营和第2营疲于应对。第1营退到奥尔洛夫卡北郊地带，但镇子西面的苏联军队有被合围之虞——奥尔洛夫卡"走廊"已被压缩了一半。9月29日，城区内，争夺马马耶夫岗的激烈战斗持续了一整天，斯梅霍夫特沃罗夫的部队被推回到"红十月"厂西缘。9月30日，德军部队加速歼灭奥尔洛夫卡突出部。午后不久，德军炮火及飞机打击了安德留申科在奥尔洛夫卡突出部的部队，苏军两个营还在坚守这个小镇南北部分地区。另一方面，德军的两钳即将在东面合拢，一旦成功，将为德军打开一条沿"奥尔洛夫卡谷地"通往大型拖拉机厂及"红十月"厂的通道。现在，这两座工厂面临的威胁迫在眉睫，德军第14装甲师和第94步兵师从南郊赶来加入此次攻势，崔可夫实际上已经没有多少预备队来应对了。9月底，最高统帅部命令步兵第7军的3个旅在东岸集结，2个坦克旅（坦克第84和第90旅）从萨拉托夫赶来，2个步兵师（步兵第87和第315师）转入前线预备队。但崔可夫希望西岸的部队挡住敌军对工厂区的进攻。9月30日至10月1日晚，步兵第42旅趁夜被运回西岸，接管城区西北角的阵地；步兵第92旅也被带回斯大林格勒，换防仅剩17辆坦克和100多人的坦克第23军。与此同时，斯捷潘·萨韦列维奇·古里耶夫（Stepan Savelievich Guriev）少将的近卫步兵第39师尽管其各团兵力严重不足，也奔赴了西岸。该师1942年8月在空降兵第5军的基础上组建，参加过斯大林格勒接近地的战斗，目前人数不到4000，占据着"红十月"厂西面的阵地，其"正面"从哥萨克大街延伸至班内峡谷，掩护着斯梅霍特沃罗夫的步兵第193师。[6]

古里耶夫的部队来得正是时候。10月1日，德军重创斯梅霍特沃罗夫的阵地，崔可夫遂命令古里耶夫加强"红十月"厂的车间，将它们改造成一个大型据点。由于工厂生活区也承受着压力，崔可夫几乎无法帮助在奥尔洛夫卡突出部战斗的部队。10月1日，德军两钳合拢，将安德留申科的第3营——这500人有两天的口粮，每支步枪有200发子弹——围在"奥尔洛夫卡峡谷"。奥尔洛夫卡东面，其余2个苏军营加强有1个反坦克歼击团（崔可夫目前仅能抽出的部队），他们接到命令打开通道，解救受困的第3营。安德留申科的人马在"奥尔洛夫卡山谷"掘壕固守，德国俯冲轰炸机反复攻击，火炮射出一道又一道弹幕，德军步兵徒劳地试图逐出守军。由于空投补给时断时续，第3营补给难以为继，他们坚守山谷一星期，直到10月7日夜，120个幸存者突出包围。10月1日一整天，德军不断进攻掩护"红十月"厂的斯梅霍特沃罗夫师，在中部也增加了对罗季姆采夫及巴秋克的压力，他们的目标是抵达伏尔加河，将第62集团军一分为二。起初，几支德军分队试图突入通向伏尔加河的谷地[7]，但罗季姆采夫的人将他们击毙或压制，多尔吉冲沟和克鲁托伊冲沟遍布德军尸体。10月1日到2日夜，德军第295步兵师约300人，带着迫击炮，匍匐穿过克鲁托伊冲沟旁边的主排水管，出现在伏尔加河岸。德军从排水管中钻出后立即转向南，进入近卫步兵第34团和其他苏联军队后方。与此同时，德军还在进攻近卫步兵第13师右翼[8]的近卫步兵第39团第3营。黎明前，一大股德军突入近卫步兵第13师侧翼和后方，激烈而突然的交战四处迸发。上午6点，罗季姆采夫决定通过反冲击来恢复其阵地的秩序；30分钟后，到处偷袭的德军部队被交叉火力和伏击困住，形势恢复控制。

到目前为止，苏军从北面（斯大林格勒方面军）发起的进攻未能缓解德军直接进攻市区的压力，奥尔洛夫卡突出部也差不多落入德军手中。最高统帅部决定以第64集团军和侧翼尽头的两个集团军（第57和第51集团军）在南面发起牵制性进攻。9月29日，第51和第57集团军在南面发起进攻。10月初，舒米洛夫第64集团军（崔可夫最近的友军）准备以其右翼各师进攻叶尔尚卡西南方的小村佩先卡。10月2日夜间，舒米洛夫以近卫步兵第36师及步兵第422、第157和第138这四个师发起攻击，但未能向北与第62集团军取得联系。第62和第64集团军之间的距离甚至还有所扩大。10月初，崔可夫第62集团军在斯大林格勒占据着12英里长的正面，纵深从250—2500米不等：在这片被严重压缩的区域，所有的行动都只能在晚间进行，由于渡河交通受到极大妨碍，重组变成一件危险的事。德军在斯大林格勒夺取的部分，南从察里察河至库波罗斯诺耶，北达马马耶夫岗，故而能够俯瞰该城大片区域，并引导他们的火炮对付河上的摆渡。伏尔加河渡口宽1000码的水域被德军炮火覆盖，还成了德国空军的日常狩猎场。斯大林格勒北部及中部有相当部分——埃尔曼斯基、捷尔任斯基、"红十月"、"街垒"以及拖拉机厂（STZ）等工厂区域——已落入德军之手，奥尔洛夫卡突出部（包括奥尔洛夫卡）被分割，德军部队突入雷诺克及斯巴达诺夫卡（尽管他们从未试图攻占这些区域）。10月初，战火沸腾起来，在北郊三座大型工厂——"红十月""街垒"以及拖拉机厂，后者是苏联最大的拖拉机工厂之一——漫延，苏军一码接一码地抵抗。9月29日下午，100多架德军飞机轰炸拖拉机厂，点燃了工厂的外部建筑和厂房。崔可夫在他被压瘪的桥头堡面临着又一场苦战。

崔可夫的司令部成为德军下一个目标。10月2日，轰炸机沿伏尔加河岸飞来，命中并引燃俯瞰崔可夫指挥部的峭壁上的油罐，燃烧的油带从油罐中流出，滚落峭壁，朝伏尔加河而去，流入河中后将水照得透亮。崔可夫及其司令部被火海包围，似乎很快就要被火烧死，但火焰只是掠过他的掩体，一路上留下浓烟。油罐燃烧数天，吐出更多黑烟遮蔽伏尔加河河岸，实际上为崔可夫提供了绝佳的伪装，因为德军飞行员被告知，此等烈焰浓烟下无人能够幸免。与此同时，对三座大型工厂堡垒（"红十月"厂、"街垒"工厂、拖拉机厂）的进攻加强。拖拉机厂装配车间的外墙被德军重型火炮轰炸后破败黢黑：纵梁和屋顶梁扭曲着穿过车间地板，成堆的砖石瓦砾堆积在曾经安装机器的附件上。北面及西北面的接近地由戈罗霍夫上校集群的两个旅及NKVD第10师的一个团防守；西面由似乎坚不可摧的步兵第112师防守，随后，安德留申科的残部于10月7日到8日夜间加入进来，他们从"奥尔洛夫卡山谷"突围，退向拖拉机厂。10月2日夜间，古尔耶夫上校的第308师也正等着渡过伏尔加河，虽然到早上只有两个团进入斯大林格勒，但古里耶夫的人来到"街垒"工厂，至中午时分，已经发起猛烈反冲击，逐出突入厂房西北区的德军，还肃清了硅酸盐厂部分区域。斯梅霍特沃罗夫的步兵第193师各团已缩减到100—150人，他们在"红十月"工业区的各条街道击退了德军对公共澡堂和炊具厂的进攻。古里耶夫的近卫步兵第39师则拱卫着工厂本身。

　　崔可夫估计，德军5个师（3个步兵师和2个装甲师）正在5000码宽的正面上战斗，意图攻入拖拉机厂，而歼灭奥尔洛夫卡突出部只是为了分散苏军对工厂区所受进攻的注意。方面军司令员叶廖缅科支持这种观点，并让若卢杰夫（V. G. Zholudev）少将的近卫步兵第37师准备渡河进入斯大林格勒。10月2日20时开始，近卫步兵第37师划归第62集团军，奉命于10月2日到3日夜间登船，在"街垒"工厂居民区西北不远处的拖拉机厂占据阵地。9月底被编入预备队的一个坦克旅（坦克第84旅）也前往西岸，该旅有49辆坦克（5辆KV、24辆T–34和20辆T–70轻型坦克）。若卢杰夫的人到10月4日凌晨才开始渡河，但由于渡船不足，只能把师部和反坦克炮留在后方。崔可夫的司令部立刻接管近卫步兵第37师，并让司令部里的军官引导各团进入他们位于步兵第112和第308师之间的阵地，此时大火还沿着那里的河岸肆虐，德军迫击炮正开始寻找射界。

　　接下来的24个小时，德军的主攻从"街垒"工厂居民区压向拖拉机厂，而近卫步兵第37师占据阵地封锁他们的推进。坦克第84旅更重的坦克无法运到斯大林格勒，只有轻型的T–70坦克被带到对岸，进入近卫步兵第37师及步兵第308师的阵地充当固定火力点。苏联军队借夜暗避开德军俯冲轰炸机，强化工人社区的街道，沿工厂的墙壁修筑堡垒，开挖交通壕。10月5日，先前一直独立战斗的工人武装分队开始正式接受红军的指挥，并被分派到保卫"红十月"厂、"街垒"工厂及拖拉机厂的各师中。这些人直到最后一分钟还在维修武器，临时拼凑各种用于巷战的装备，他们将弹药带挂在工装裤上，拿起手榴弹、步枪或反坦克武器，仍然戴着工人的鸭舌帽，与红军战士在火力点或掩体就位。10月5日，德军俯冲轰炸机蜂拥而至，空袭拖拉机厂700多架次，空袭整个工业区2000架次。步兵第42、第92旅和近卫坦克第6旅再次被德军切断，德军最终占领硅酸盐厂。叶廖缅科在方面军司令部命令崔可夫10月5日发起反冲击，肃清拖拉机厂及"街垒"厂，但这完全超出第62集团军的能力，因为他们的弹药几乎已经告罄。

　　10月5日晚，方面军副司令员F. I. 戈利科夫中将渡河进入斯大林格勒，以便掌握第一手情况。当天，斯大林通过一道要求坚守斯大林格勒的命令来督促叶廖缅科：

敌人有可能实现他们的企图，因为斯大林格勒城北、市中心和城南的伏尔加河渡口区都被他们占领了，为防止出现这种危险，您必须将敌人驱离伏尔加河，重新夺回敌人从你们手中夺走的那些街道和房屋。为此，必须将斯大林格勒的每栋房屋、每条街道都化为堡垒。

斯大林总结道："我要求您采取一切措施守卫斯大林格勒，绝不能将斯大林格勒让给敌人，被敌人占领的地方一定要夺回来。"和斯大林不同，戈利科夫可以亲眼看到局势有多么严峻。德军迫击炮弹正在崔可夫司令部的入口处爆炸，油罐已经燃烧殆尽，但附近燃烧的油泊中冒出的浓烟还是飘进"司令部"。非凡的斯大林格勒"交通线"已经运作起来：增援部队流入建筑和加强点，弹药沿着切入废墟中的一条条沟渠和通道向前输送，与此同时，数百名伤员或拽或爬地到达码头，船只在那里匆忙卸下补给，运走伤员。更大的渡轮满载各种货物、部队、弹药箱和轻武器渡过伏尔加河，但凡有空隙就会塞满宰杀好的羊或干粮；驳船将坦克运至对岸，系在一个平台上，甲板空闲处也堆满弹药。无论如何，10月的第一个星期仍然损失了不少大型渡船，斯图卡击沉了负载更大的汽轮。

鉴于第62集团军暂时无法发起反冲击，崔可夫要求东岸的火炮砸下一道密集的弹幕来干扰德军进攻。对两岸来说，弹药的补给一直是个大问题，因为"方面军炮兵群"一天就消耗掉10000发炮弹。9月初，一番激烈争执后，崔可夫说服方面军司令员将第62集团军的火炮留在东岸——斯大林格勒无处安放他的火炮，而且补充弹药还将需要更多渡船。10月5日，东岸的苏军火炮进行了一场"炮火反准备"（kontrpodgotovka），此次炮击不仅密集，而且有选择性，对准了集结的德军。300多门火炮和重型迫击炮射击40分钟，5个师又2个旅的火炮、方面军炮兵北"子集群"和5个团的"喀秋莎"火箭炮炮击了一片3千米的区域。首轮齐射持续10分钟，然后是由两岸炮兵观察员引导的20分钟射击，最后是所有火炮进行10分钟的压制射击。密集的炮火落到德军突击部队头上，他们正准备在拖拉机厂和"街垒"厂之间推进至伏尔加河。

10月6日"相对平静"，这部分因为前一天的炮击重创德军。德方一整天主要采用空袭手段，暂未动用装甲和步兵部队。叶廖缅科及其参谋人员注意到这一点，认为德国第6集团军已经无计可施、崔可夫应该立即用若卢杰夫的近卫步兵第37师遂行反冲击。崔可夫起初反对该建议，他渴望增强各部的兵力，尽可能地从哪怕是几小时的时间中获益，而非投入地面进攻。戈利科夫留在第62集团军司令部参与讨论，但他建议崔可夫迅速移动司令部——德军迫击炮火愈加猛烈，崔可夫的司令部挤满伤员与死者，伏尔加河沿岸这片地已经非常危险。崔可夫勉强同意10月7日用两个师的部分兵力组织一次反冲击，他还不那么勉强地着手解决新司令部的问题，最后选中萨拉耶夫的掩体，那里比伏尔加河岸更高，距离拖拉机厂更近。NKVD步兵第10师师长、斯大林格勒"卫戍司令"萨拉耶夫及其残部被送回东岸进行重组，只留下第282团继续战斗。

叶廖缅科催促崔可夫反冲击的同时，也承受着最高统帅部要求他捍卫自己的方面军的强大压力。10月初，最高统帅部愈发担心德军进攻伏尔加河东岸。10月6日，崔可夫争论第62集团军反突击的时机时，华西列夫斯基两次将叶廖缅科的注意力转移到最高统帅部的指令上来，这些指令要他及时准备伏尔加河中心岛屿（斯波尔内岛、宰采夫斯基岛、戈洛德内岛和萨尔平斯基岛）及整个东岸的防御计划。最高统帅部建议叶廖缅科在河中岛上部署火炮和高射炮，为便于采取措施，还建议划拨一打特别高机枪炮团供他调配，叶廖缅科本人则要在10月7日前向最高统帅部提交一份详尽的防御计划。显然，统帅部认定德军会越过伏尔加河发起攻势，并于10月7日告知说正在让步兵第45师防御河心岛。4天后，叶廖缅科收到明确命令，将步兵第300师用于防御图兹基诺湖（Tuzhilkino）至阿赫图巴河（Akhtuba）河口的伏尔加河东岸。

在斯大林格勒城区，崔可夫未能用若卢杰夫的近卫军发起反冲击。10月7日上午，两个德军师与一大股坦克对拖拉机厂发起大规模进攻。到日终时，近卫步兵第37师卷入这场激战，德军部队占领了一整片工人宿舍街区并逼近体育场。守卫"红十月"厂的斯梅霍特沃罗夫师一整天都在争夺公共澡堂，德军的反复进攻与苏军的反冲击将该师搅入一片暴露在火力下的无人地带。再往北，即梅切特卡河区域，一个德军步兵营傍晚时分发起进攻，但叶罗欣上校指挥的"咔秋莎"火箭炮一轮出色的齐射便将其撕碎，他的火箭发射车位于陡峭的伏尔加河河岸的边缘，后轮悬空，以最大射程发射数百枚火箭弹。若卢杰夫的近卫步兵第37师已经削弱保卢斯对工厂区的进攻。崔可夫没有因奥尔洛夫卡突出部的战斗分心，近卫步兵第37师及时进入拖拉机工厂的阻拦阵地。10月4日以后，德军冲破苏军防御、突向伏尔加河的努力已经失败。10月7日这一天的战斗中，保卢斯失去了4个营和20辆坦克，他握着手，一连好几个小时。

9月底，哈尔德将军指出"渐次消耗"正把德国第6集团军捆在斯大林格勒：连队缩减到60人，同样损失惨重的装甲部队卷入"死结"，在完全不适合它们的巷战中被烧毁。库尔特·蔡茨勒上将接替被免职的哈尔德出任总参谋长，他几乎是一上任就主张叫停在斯大林格勒的进攻。保卢斯对第6集团军的短缺及苏军防御的恢复能力满腹怨言，他似乎也正有此意，但保卢斯得到不算隐晦的暗示，拿下斯大林格勒后，还有大事等着他——这层意思由刚被提拔的施蒙特传达，他的工作是激发保卢斯正在衰减的积极性。保卢斯要求增援3个师，得到的却是专程从德国空运来的若干工兵营，他们前来协助进行杀伤大量德军步兵的逐屋争夺战。除了强行突破工厂区，保卢斯没有构想其他解决方案，但他对待不同意见非常粗暴，保卢斯解除了冯·维特斯海姆将军（第14装甲军军长）和冯·施韦德勒将军（第4军军长）的职务，因为他们对他的战役指挥提出了批评。

10月9日，战斗缓和时，第6集团军准备进行"最后一击"，并开始为期4天的休整；崔可夫的第62集团军估计当面有9个德军师，主要进攻力量约为90000人、2000门火炮及迫击炮，外加300辆坦克和第4航空队的1000架飞机。崔可夫有55000人、950门火炮及500门迫击炮、80辆坦克，有航空兵第8集团军的180架飞机支援——大部分是拼凑的飞机，坚守北至雷诺克、拖拉机厂工人社区部分（尽管德军部队已逼近至工厂围墙）、马马耶夫岗东北坡和中央火车站区域的阵地。苏联军队冒着持续的空袭战斗，赫留金的航空兵第8集团军只有24架战斗机、63架俯冲轰炸机和101架轰炸机，他们无法击退德国空军日复一日派来的机群。桥头堡日渐缩小，人力不断衰减，眼下崔可夫最大的问题是如何保住3家大型工厂，坚守"中央区域"的剩余部分。为加强这些工厂的防御，崔可夫重组了他受到重创的各师。

"前线"距离伏尔加河只有约4000码了，所以崔可夫不能再有任何闪失，尽管侦察报告日益表明德军将全力进攻拖拉机厂。戈雷申步兵第95师的3075人从马马耶夫岗的山坡向西北转移，进入近卫步兵第37师与步兵第308师的结合部，后者正保卫着"红十月"厂的外围建筑；步兵第42旅降至937人，由步兵第95师指挥。为加强拖拉机厂的防御，崔可夫将步兵第112师的2300人转移至工厂社区西北部；该师剩下的步兵第524团之前作为预备队留在东岸，于10月12日渡河。在方面军司令部的命令下，若卢杰夫近卫步兵第37师在步兵第95师一个团的支援下，从拖拉机厂西缘发起一次破坏性进攻。正如崔可夫承认的那样，引诱德国人进攻有一定危险，但第62集团军只有一部分会卷入战斗，总比坐在那里，被准备充分之敌打击要强。若卢杰夫的近卫军突击队习惯以小规模、重武装的集群战斗，他们以一个优秀近卫军师的激情出色地奋战，取得300码的进展；步兵第95师的那个团也推进两三百码，但苏军各部队很快就闯入了正等着发起"总攻"的德军大部队。

开始于1942年10月14日（星期一）早上8点的这次突击将为斯大林格勒带来前所未见的、最为激烈的战斗：5个德国师（第94、第389步兵师，第100猎兵师3个步兵师和第14、第24这两个装甲师）、300辆坦克在强有力的空中支援下，呈一道铁幕向前开进，射出炮火蹂躏工厂区，以便大规模突破至伏尔加河，一劳永逸地歼灭苏联第62集团军。

荒凉、化为废墟的工厂区内，车间的钢支架从巨大的瓦砾堆中伸出，纠缠的大梁和成片毁坏的设备嵌入数以千计的炸弹坑和炮弹坑，斯大林格勒的战斗将在这里急转直下，大战前夜，苏军正在伏尔加河东岸大规模集结。崔可夫的第62集团军做好准备，迎接德军对他那残缺不全、浸透鲜血、还在收缩的桥头堡迫在眉睫的"总攻"。与此同时，有关苏联决定性反攻的"实际工作"进展良好。10月14日，希特勒以1号军事行动计划结束了德军夏季攻势，停止斯大林格勒及高加索以外的所有进攻行动，坚守当前阵地，"冬季战役"的胜利将为1943年"最终歼灭"红军奠定基础。蔡茨勒推敲希特勒的命令《1号军事行动计划书》（10月23日）时，这样一种观点多次出现：苏方考虑到自己当前极度虚弱，在接下来的冬季里将无法前送重要力量，文中强调，俄国人"已经无力发动目标深远的大规模进攻"。

9月13日晚，朱可夫和华西列夫斯基向斯大林提议，在斯大林格勒发起一次大规模反攻，他们设想了"两个基本战役目标：其一，包围、孤立在城内作战的德军主力部队，然后歼灭这股力量"。[①]"毫无疑问"，要包围德国集团军，必须以"强有力的钳形攻势打击他们由脆弱的罗马尼亚军队防守的侧翼"，但苏军关注的焦点必须是斯大林格勒市区，直至反攻的时刻到来，这意味着要"最迫切地关注"城区防御，并进一步向斯大林格勒南北进攻，分散德军兵力。在苏军指挥层看来，在"斯大林格勒方向"作战的德军状况看起来显然且愈发不利：在B集团军群，2个德军集团军（第4装甲集团军和第6集团军）、意大利第3集团军和罗马尼亚第3、第4集团军绵延400多英里，从巴甫洛夫斯克一直到哈尔库特（Khalkut），约50个师（包括9个装甲师）形成了一个大突出部，顶点嵌入斯大林格勒，哈尔德曾经徒劳地反对过这种"军事上的不可能"。德军部队转入防守时，必须依靠防守薄弱的侧翼、不敷使用的预备队和向西伸展数百英里的弧形交通线。德方无法从德国本土或其他战场召唤新锐预备队，同样，他们还会发现根本不可能从苏德战场西部或西北部调配人员增援南翼。但第62和第64集团军必须不惜一切代价坚守斯大林格勒的桥头堡，直到苏军反攻开始，正如崔可夫10月猜测的那样，自己的第62集团军是这个陷阱中的活饵。

9月中旬，应斯大林的命令，朱可夫与华西列夫斯基离开莫斯科去视察部队。战略反攻的第一个计划设想从斯大林格勒方面军右翼及东南方面军左翼进攻，在两头切入脆弱的罗马尼亚师，从而打击斯大林格勒地区的德军部队。朱可夫飞往斯大林格勒方面军司令部，从那里调查斯大林格勒以北地区的局势，尤其是顿河西岸克列茨卡亚和谢拉菲莫维奇这两处苏军桥头堡带来的各种可能性。谢拉菲莫维奇的苏军桥头堡在南岸深6英里，所以苏军可以在德军火炮射程外利用这个河流渡口。缺点是作为调动部队的关键位置，谢拉菲莫维奇缺乏天然屏障。顿河拐了一个"小弯"后，于克列茨卡亚向南凸出，可以借此打击

[①] 原注：朱可夫元帅在《顿河、伏尔加河和斯大林格勒地域德军的毁灭》（《斯大林格勒的史诗》，莫斯科，1968年，第49页）中坚决反驳了这样的观点，即"反攻战役计划"的构思早在1942年8月便已萌生。元帅批评了在斯大林格勒背后讨论计划这件事上的"含糊其辞"，强调说8月的讨论中只提到了反突击，意图阻止斯大林格勒接近地之敌。他还否认这样一种说法，即叶廖缅科和赫鲁晓夫10月6日向最高统帅部递交了他们自己关于组织、执行一次反攻战役的积极意见。

克列茨卡亚西北的敌军侧翼。但除了这两个桥头堡，朱可夫的注意力眼下停留在顿河—伏尔加河地峡，斯大林格勒方面军可以从这里再向南发起一次进攻，缓解斯大林格勒的压力，朱可夫和马林科夫9月12日给斯大林的信中保证会进行这样一次行动。苏军的进攻将从科特卢班南面的车站开始，指向古姆拉克，打击斯大林格勒的德军，以稳定斯大林格勒方面军和东南方面军的侧翼。这两个方面军目前由叶廖缅科统一指挥，但也受朱可夫"代表"的最高统帅部和马林科夫代表的国防委员会监督、控制，继而服从斯大林的指示。斯大林批准后，朱可夫邀请叶廖缅科到斯大林格勒方面军近卫第1集团军司令部，戈尔多夫、莫斯卡连科、戈洛瓦诺夫（远程空军指挥员）、朱可夫和叶廖缅科在那里"研讨"斯大林格勒地区的战局。朱可夫不能提及战略反攻的可能性，因此将这次谈话限制在增援斯大林格勒方面军及东南方面军的相关问题上，但叶廖缅科特别请求讨论"一次强有力的进攻"的可能性。叶廖缅科没有清晰的思路，朱可夫说最高统帅部打算"在未来某时"以强得多的部队发动一次反攻突击（虽然目前并无计划和人力来执行这种反攻），从而暂时岔开了这个话题。

与此同时，华西列夫斯基上将视察了东南方面军左翼，斯大林格勒南面由第57集团军和第51集团军右翼的几个师守卫。在伏尔加河西岸，库波罗斯诺耶以南，苏联军队守着别克托夫卡（这口"大钟"得名于其鼓起的类似教堂大钟的外形），这个桥头堡7英里长、2英里深，第4装甲集团军欲除之而后快，但完成这项工作所必需的师被一个又一个地吸入争夺城区的战斗。罗马尼亚军队前来系紧第4装甲集团军伸入草原和更南方湖区的侧翼。别克托夫卡这口"大钟"的底边坐落于萨尔帕湖，南面还有察察湖和巴尔曼察克湖——伏尔加河在此沿其曲部向西南蜿蜒而去。华西列夫斯基建议第57和第51集团军司令员准备夺取湖与湖（萨尔帕湖—察察湖、察察湖—巴尔曼察克湖）之间的隘口，占领它们后建立强大的筑垒阵地。

苏军各兵团可以在图恩托沃至斯大林格勒以南的巴尔曼察克（东南方面军左翼）、草原上连绵起伏的山丘后面，以及顿河以北的树林（斯大林格勒方面军右翼）集结，继而击穿罗马尼亚部队提供的薄弱侧翼掩护，切入汇集在斯大林格勒的、战栗的德军主力部队，确认这些事宜后，朱可夫和华西列夫斯基于9月最后一周返回莫斯科。向最高统帅部汇报前，两人对照了他们对侧翼的研究结果。最高统帅部讨论了计划中的战略进攻的整体构想，一直持续到9月底。总参谋部作战部的几位军官（各部门的专家）被召来，就进攻的实施、突破地段和推进路线的选择、人力和装甲车辆需求、集结区和暂行时间表涉及的实际问题提出他们的看法。无论如何，眼下的决断影响到斯大林格勒方面军与东南方面军的合并，以及斯大林格勒地区苏军各兵团的部署；在斯大林格勒组建了两支独立的方面军，都直属于最高统帅部。9月28日，叶廖缅科的东南方面军正式改为斯大林格勒方面军，臃肿的斯大林格勒方面军被重组为顿河方面军，并且不可避免地被一分为二，新成立的西南方面军是原斯大林格勒方面军右翼。出于保密，新方面军的存在直到10月底才公之于众。下一步便是在最高统帅部的"选举"中提名司令员。斯大林已经向朱可夫征询过对戈尔多夫的看法，被告知戈尔多夫是一名称职的指挥员，但无法与他的参谋及下属指挥员"相处"，这使戈尔多夫被从方面军司令员候选名单上剔除。在华西列夫斯基的支持下，朱可夫建议罗科索夫斯基中将指挥新的顿河方面军。斯大林同意：叶廖缅科仍掌管新的斯大林格勒方面军，瓦连尼科夫少将担任他的参谋长，赫鲁晓夫担任方面军政治委员。马利宁担任罗科索夫斯基的参谋长，扎多夫担任政治委员。西南方面军司令员这一新职位交给瓦图京中将，目前他是沃罗涅日方面军司令员；叶廖缅科的副手戈利科夫被提名为沃罗涅日方面军司令员。近卫第1集团军司令部的军官为瓦图京提供方面军领率机关，而莫斯卡连科调任第40集团军司令员；沃尔霍夫方面军的斯特马赫被瓦图京推荐为参谋长。

　　斯大林格勒指挥层的这次大换血，既是协助在即将到来的反攻中部署主要突击部队，也是配合斯大林格勒城区的防御。9月底，沿"斯大林格勒方向"部署的红军各兵团总计为78个步兵师、6个骑兵师、5个坦克军和18个独立坦克旅，总共771000人、8100门火炮及迫击炮、525辆坦克和448架飞机。罗科索夫斯基方面军接过了39个步兵师、3个骑兵兵团、3个坦克军、9个独立坦克旅和2个摩托化步兵旅，阵地绵延200英里，从北面的巴甫洛夫斯克至叶佐夫卡南面的伏尔加河。方面军的中心坐落在顿河南岸的苏军桥头堡。新设立的西南方面军在克列茨卡亚与顿河方面军相接，沿顿河向北一直延伸到上马蒙，该方面军的基本成分是顿河方面军的两个右翼集团军（第63和第21集团军）和从最高统帅部预备队中抽调的一个坦克集团军，兵力将主要集结于谢拉菲莫维奇西面和西南面的桥头堡地区。一旦新方面军组建完成，顿河方面军将从克列茨卡亚延伸至叶尔佐夫卡，它在顿河上的桥头堡位于下格尼罗夫斯基和锡罗京斯卡亚，同时还封堵着顿河—伏尔加河地峡。叶廖缅科的斯大林格勒方面军沿伏尔加河一线部署，从城市上游接近地的雷诺克以北，穿过崔可夫在斯大林格勒的桥头堡，到达别克托夫卡"大钟"，然后向南越过伏尔加河曲部直至大草原和湖区——5个集团军，第62、第64集团军（部署在斯大林格勒城内），第57、第51和第28集团军，后面两个集团军还掩护着小别尔别特（Maly Berbet）和通往阿斯特拉罕的砂石路。

此次反攻计划的基本思路是发起两次进攻：一次从顿河中游向南展开，另一次从斯大林格勒方面军左翼、斯大林格勒城区南面展开，沿西北方向攻往顿河曲部，两钳在那里会师。南北两次打击最初都指向把守德军侧翼的几个"卫星国"的师。斯大林格勒南面，从图恩托沃至巴尔曼察克湖，苏军的南钳将切穿掩护第4装甲集团军侧翼的罗马尼亚第4集团军。反攻的最终目标仍旧是包围并歼灭两个德军集团军（第6集团军和第4装甲集团军），30多万人将被挤压进狭窄的斯大林格勒突出部。最高统帅部9月下旬接受的这一方案体现了红军大规模反攻的基本原则，10月下旬，这次代号为"天王星"的反攻显露出其明确也是最终的形式。最高统帅部首次全面评估后，斯大林希望对现地做进一步调研：他指示朱可夫飞往"前线"，再次视察预备队的集结区和顿河上的出发阵地，"尤其是谢拉菲莫维奇和克列茨卡亚地区"。朱可夫还要"采取所有可能的手段，进一步消耗、削弱敌人"。华西列夫斯基必须再到斯大林格勒南面的叶廖缅科左翼，去"调查与拟议计划有关的所有问题"。斯大林再次坚持不透露反攻的整体构想，但他希望方面军司令员听得出"接下来的行动"。

9月29日，朱可夫乘坐伊尔2型运输机[9]向南飞往斯大林格勒战区，同行的还有罗科索夫斯基。落地后，二人直奔位于叶佐夫卡东面的前进指挥所。罗科索夫斯基之前被从布良斯克方面军召回最高统帅部待了一段时间，他简单了解了斯大林格勒地区的局势，还得到了计划中进攻的具体细节——一次"反突击"——从谢拉菲莫维奇展开，攻入正在斯大林格勒作战的德军兵团侧翼，为此，总参谋部建议动用3个集团军（一个在战场上，两个调自最高统帅部预备队）和4—5个坦克军，用罗科索夫斯基的话来说，"这是一次完美的行动"，但短期内不可行，因为所有可用预备部队都将开赴斯大林格勒城区。① 几天后，罗科索夫斯基获知他被任命为顿河方面军司令员，他在这一任命生效前夜赶到部队，随行的有朱可夫和第24集团军的新司令员加里宁。罗科索夫斯基面前是一幅灰暗的画面，当晚（9月29日），近卫第1集团军和第66集团军沿雷诺克—阿卡托夫卡地区突向斯大林格勒北部，与崔可夫取得联系的进一步攻势显然失败了，损失惨重，却未能在德军战线上达成任何突破。戈尔多夫通过电话痛斥、辱骂他的指挥员，这更让朱可夫怒不可遏。朱可夫明确表示，指挥员应当"恰当"地对待下属，而不是像戈尔多夫那样，对他们大喊大叫——这一幕颇有讽刺意味，因为朱可夫训人在红军中可谓无出其右，而一名好指挥员应该作何表现这种事，罗科索夫斯基是最不需要学习的。最后，朱可夫允许戈尔多夫中断进攻，然后和罗科索夫斯基一起返回方面军司令部。

　　尽管刚授权戈尔多夫停止对斯大林格勒北部的进攻，朱可夫跟罗科索夫斯基谈论后者的新指挥岗位时还是强调，绝对不能停止"积极的行动"，以免德国指挥层抽出更多部队投入斯大林格勒城内的战斗；叶廖缅科的方面军也必须通过在斯大林格勒南部接近地进攻出手相助，否则斯大林格勒将落入德国人手中。关于这个问题，朱可夫态度坚决、坚定不移。两北两面的进攻必须继续，不惜一切代价。罗科索夫斯基指出（朱可夫也可以证实），顿河方面军资源稀缺，各师在最近的战斗中损失惨重，这意味着他们无法达成"重要目标"。他还强调，德军不仅能部署可观的兵力击退苏军对斯大林格勒北部的后续进攻，甚至还可能在多处发动进攻。至于顿河方面军，近卫第1集团军已被撤入预备队；方面军余部，V. I. 库兹涅佐夫第63集团军防守深远右翼长达100英里的战线（在上马蒙的顿河南岸有个小桥头堡）。顿河北岸，奇斯佳科夫第21集团军占据了一片70英里的区域，其顿河南岸的桥头堡位于叶兰斯卡亚、乌斯季霍佩尔斯卡亚和谢拉菲莫维奇。伏尔加河—顿河地

---

　　① 原注：讨论斯大林格勒最终反攻战役方案的雏形与发展时，许多混乱源于这样一个事实，即总参谋部制定一份在斯大林格勒地区进行有限反攻战役的计划，而朱可夫和华西列夫斯基提出了规模大得多的战略反攻。要想弄清这一点，必须参见罗科索夫斯基元帅编写的《伏尔加河畔的伟大胜利》（莫斯科出版社1965年版）第220页，这本书区分了这些行动方案，指出战略反攻是西南方面军、顿河方面军和斯大林格勒方面军"三个方面军进行的"。

峡50英里宽的"颈部"有3个集团军——克留琼金的坦克第4集团军、加里宁的第24集团军和马利诺夫斯基的第66集团军。这样一来，罗科索夫斯基的集团军中有2个沿顿河展开，3个塞入这个地峡。顿河方面军当前的义务仍然不变——"积极行动"，顿河沿岸及左翼部队尽可能地牵制德军，还要从北面突入城内与崔可夫取得联系。在没有大量装甲兵及炮兵增援的情况下，方面军无力突入城内，尽管他们必须着手减轻斯大林格勒所受的压力，就像罗科索夫斯基说的那样："我们别无选择。"

10月1日，戈洛瓦诺夫亲自驾机将朱可夫载回莫斯科，由于飞机严重结冰，他被迫降下飞机。朱可夫的Il–2就跟在后面，也降了下来，将朱可夫载往莫斯科的中央机场。刚到莫斯科，朱可夫就进一步检查了战略反攻计划，以及那些正在起草的、从南北两面向斯大林格勒发起解围攻势的命令。与此同时，华西列夫斯基上将继续调查叶廖缅科的斯大林格勒方面军，这次陪同他的有苏军炮兵主任沃罗诺夫上将和总参作战部部长伊万诺夫中将。最高统帅部的军官们汇集到叶廖缅科位于伏尔加河东岸红萨德（Krasnyi Sad）的司令部里。在这里，就像斯大林向他传达的那样，华西列夫斯基向叶廖缅科概述了最高统帅部的"总意图"，尽管斯大林也规定，叶廖缅科绝不能被卷入"准备工作"，因为他的主要职责是保卫斯大林格勒城区。华西列夫斯基给叶廖缅科24小时来"准备他的意见"。10月6日清晨，他与沃罗诺夫、伊万诺夫和G. F.扎哈罗夫（叶廖缅科的副手）出发，前往特鲁法诺夫第51集团军位于斯大林格勒东南70英里大草原上的前进指挥所。过去10天（9月25日—10月4日），在华西列夫斯基的建议下，第51和第57集团军发起若干次有限进攻，以夺取萨尔帕湖、察察湖和巴尔曼察克湖之间的隘口。这些达成目标的进攻展现了罗马尼亚人崩溃得有多么迅速。掩护德军侧翼的2个师（第1和第4师）损失惨重，丢失所有火炮。这次视察左翼时，华西列夫斯基对这几处隘口及其后面的敌军兵团表现出强烈的兴趣，但当地苏军指挥员未得到半点风声。不过，邻近的第57集团军的司令员托尔布欣敏锐地判断出，有件大事正在酝酿，因为最高统帅部的军官们出现在空旷的大草原上绝非偶然。

当晚，华西列夫斯基返回叶廖缅科司令部，进一步讨论反攻的基本思路。叶廖缅科事先已向参谋长瓦连尼科夫、炮兵司令马特维耶夫、航空兵司令赫留金和装甲兵司令诺维科夫（N. A. Novikov）简单介绍了"最高统帅部意图"，因此，上述所有人都可以参与方面军的"建议"，华西列夫斯基被要求将其传达给斯大林及最高统帅部。叶廖缅科、赫鲁晓夫和挑选出来的方面军各级参谋"原则上不反对"，但叶廖缅科拟了一份"肃清斯大林格勒地区之敌"的文件[①]，他承认这份文件缺乏"技术细节"，但文中主张必须在广阔的正面上突破德军防线，所以，到反攻的第一晚，必须在德军南侧翼撕开至少25英里的缺口——面对这种尺寸的缺口，德军指挥层将无力调动预备队予以填补，尽管撕开如此"巨大"的缺口也意味着苏联各机械化军要向心进攻，将所有可用部队投入这次纵深达15—20英里的主攻。

10月初，罗科索夫斯基从朱可夫那里获悉了最高统帅部的"意图"，并得知该方案的"大意"，虽然后者并未提及反攻开始的具体日期。华西列夫斯基指示叶廖缅科准备他的"建议"时，也向顿河方面军的罗科索夫斯基下达了同样的指示。10月6日—9日，两个方面军准备了他们向最高统帅部提交的报告；10月9日，斯大林格勒方面军向最高统帅部提交了正式报告。按照叶廖缅科的说法，方面军的"意见"集中在突击方向的选择上，他主张这次从斯大林格勒西北展开的进攻必须在一个宽广的正面进行，纵深要大，还要从斯大林格勒西北面较远处发起。将进攻进一步移向西北面将削弱可能的抵抗，因为德方无法移动其主力部队，尤其是遏制苏军用于包围圈行动的快速部队。比起"浅近突破"敌防御，只打算兜住斯大林格勒城内直接交战或邻近接近地之敌的攻势，这样包围的敌军兵团会更大。事实上，这恰恰是9月计划的变更之处。向斯大林格勒西北方的进攻从顿河方面军中部移往谢拉菲莫维奇西南，从而扩大了进攻的规模和尺度（还调换了顿河方面军和西南方面军的角色，后者从北面发起主攻）。9月底第一次变动所做的修改在10月下旬被采纳。

用于3个方面军反攻的人员装备部分已在运输途中。9月，在最高统帅部的命令下，坦克第3和第5集团军转入专门的预备队；同时，最高统帅部重建

---

① 原注：叶廖缅科在回忆录（《斯大林格勒》，莫斯科出版社，1961年，第325页）中称，反攻战役的"点子"是他在8月初想到的，在赫鲁晓夫的帮助和参与下，他的司令部10月6日将"计划"呈交给最高统帅部。朱可夫声称这是一派胡言，并指出华西列夫斯基元帅10月初访问叶廖缅科可兹证明。

第43集团军，并通过专门的"新建集团军行政部门"匆忙组建5个新预备集团军，还有大批坦克、机械化军和骑兵军，"突破"炮兵师和独立坦克旅、团和营。斯大林亲自为越来越多的步兵师挑选方面军：9月7日，他打电话给沃罗涅日方面军司令部，命令将4个步兵师送往南边的"察里津"——斯大林这里重提了斯大林格勒的旧称。应最高统帅部10月1日的命令，两个坦克军（坦克第17和第18军）撤出沃罗涅日方面军，调往铁路终点站塔季谢沃（Tatishchevo），在顿河方面军后方休整。同日，最高统帅部命令顿河方面军的坦克第4军撤下休整。顿河方面军预计要从第10预备集团军接收7个步兵师，均应于10月14日结束前就位；第4预备集团军的人开始集结在顿河方面军右翼的诺沃—安宁斯基（Novo–Anninskii）和乌留平斯克（Uryupinsk）地区。讨论所需援兵的规模时，叶廖缅科从斯大林格勒方面军司令部发来的报告中提到，需要两个快速兵团，一个是机械化兵团，另一个是骑兵兵团。最高统帅部将机械化第4军和骑兵第4军从其预备队中抽出，部署到该方面军（两个兵团都前往左翼特鲁法诺夫的第51集团军）。叶廖缅科还接收了一支步兵旅（第143旅）和喷火坦克第235旅，在派往斯大林格勒方面军的装甲增援部队的基础上，叶廖缅科最终组建了新的机械化军——机械化第13军。来自沃罗涅日方面军的1个骑兵军、1个步兵师和几个炮兵团已经被划给新组建的西南方面军，在该方面军预定位置上，一个新步兵军也在组建之中。

　　预备队和新组建的兵团必须被迅速且隐蔽地带上前去。即将到来的突破行动中，新组建的装甲兵团被赋予了"决定性的角色"，这种特殊的安排也给兵团带来了困难。旧兵团又回来了，历经战斗和失败后焕然一新。沃利斯基少将驱策着新的军——机械化第4军，该军在伏尔加河下游火速组建。7月—8月，坦克第28军在卡拉奇的战斗中被重创，坦克第158和第55旅的残部组成机械化第4军的核心。许多伤愈的坦克手直接从医院赶来，为这个新组建的兵团增添了有经验的人员。这个新组建的军拥有3个机械化旅（第36、第59和第60旅），各配1个坦克团，还有3个独立装甲车营、1个工兵营和1个摩托车营和1支油料勤务部队和1个工程地雷连，外加1个近卫迫击炮分队（装备"喀秋莎"），总之，比1941年6月参战的机械化军灵活得多，装备也精良得多。沃利斯基少将在坦克战方面不是新手，9月底到10月20日，他组建并装备了自己的军。到10月中旬，第4机械化军已经成军，扩张至20000人，配备220辆坦克、100辆装甲车和2000多辆汽车。该军向西南进发时，装备隐藏在帆布下，系在平板列车上。随着空袭加剧，开入战区的车厢上架起了轻型高射炮和机枪。最终，该军几乎就在别克托夫卡"大钟"对面，于夜间渡过伏尔加河曲部，白天，躲在精心设计的伪装下纹丝不动。10月，大量兵团和部队就以这种方式调动。

9月，总参谋部估计，反攻所需坦克数量在900辆左右。炮兵和装甲部队一样，要发挥非常特殊的作用。9月以来，苏军炮兵主任尼古拉·沃罗诺夫上将一直在斯大林格勒地区与朱可夫、华西列夫斯基一起参加首轮"侦察"，而后又参加了为反攻举行的方面军初步简报会。除了准备炮兵"总计划"，沃罗诺夫的主要职责是协助方面军和集团军炮兵指挥员制定计划，最大限度地用好他们的火炮资源——隐蔽火炮，尤其是重炮的集结，确保充足的弹药供应（事实证明，这在各处都是一个难题）。在斯大林格勒方面军，将火炮运过伏尔加河带来了额外的麻烦。首次访问顿河方面军时，朱可夫与华西列夫斯基抱怨过某些火炮指挥员的技能：布良斯克方面军炮兵副司令员卡扎科夫（V. I. Kazakov）来到顿河方面军，罗科索夫斯基和沃罗诺夫都很高兴，除了卡扎科夫，顿河方面军炮兵主任纳德塞夫（Nadysev）上校的到来也让沃罗诺夫欣慰。必须制定计划，恰当利用方面军的炮兵资源，但沃罗诺夫发现，他要决定如何部署从最高统帅部预备队拉过来的重炮。他通过援引俄罗斯帝国颁布的《一战条令》中的"突破敌筑垒区域指南"来解决这个问题。这些材料被重新下发给方面军司令员，指导他们部署重炮。

红军在斯大林格勒战役期间发射的弹药要多于整场战争中其他任何一次主要战役。炮兵总局（GAU）要与国防委员会合力保障武器、弹药的供应；炮兵总局与国防委员会有关联，该部向国家计划委员会（Gosplan）的规划者和苏联人民委员会（Sovnarkom，其"特别工业组"由基尔皮奇尼科夫和鲍里索夫领导）递交每月所需数额。然后每月弹药生产计划上呈国防委员会、多名人民委员部人民委员和国防委员会主席（斯大林）批准。如今，炮兵总局不仅要满足防御作战的需求，还要储备弹药用于反攻，并为新兵团准备步兵武器、迫击炮和火炮。下发至斯大林格勒的武器和弹药从炮兵总局临时存放处和仓库流入方面军仓库，主要补给线是三条铁路主干线、从萨拉托夫穿过卡梅申的伏尔加河水路和伏尔加河两岸从萨拉托夫出发的公路。铁路线路受到持续空袭，斯大林格勒以北的公路在轰炸中遭命中，伏尔加河则布过雷。驶往斯大林格勒方面军仓库的军火列车可能会因为任何事在车站（乌尔巴赫站和巴斯昆恰克站）停上2—7天，为防备空袭，只有短列火车——6节车皮——驶往各集团军弹药临时放点。每个集团军通常有两个距铁路不远的主堆放点，10—12辆卡车的车队将趁夜从堆放点转运弹药，有时一趟就要跑100—200多英里。为崔可夫的第62集团军补给时，第2289号集团军火炮堆放点的人员要冒很高的风险，堆放点位于东岸，9月以后在斯大林格勒的"红十月"厂设立了"前方部门"，德军观察员识别出这个位置，将猛烈的火力引向堆放点。10月的第一周，两次直接命中就引爆了部分弹药。

炮兵总局还负责武器供应。机枪和高射炮目前极其短缺，后者的匮乏令苏联大片后方区域容易受到空袭。8月，整个斯大林格勒地区只有123门高射炮，经过9、10月上升至1000门。500000支步枪、80000支自动武器、17000多挺机枪、16000支反坦克步枪和近9000门火炮从炮兵总局的仓库发到斯大林格勒方面军，此外还有1000余台"喀秋莎"火箭发射器。军队集结得越多，武器密度就越大，弹药需求量就越难以满足。炮兵总局不仅要满足日益高涨的需求，还必须解决特定弹药（尤其是82毫米和122毫米迫击炮炮弹、76毫米野战炮炮弹、122毫米榴弹炮炮弹以及76毫米和85毫米高射炮炮弹）的短缺。然而，8月以后，弹药日消耗标准稳步提高，意味着防御行动和计划中攻势的弹药供给问题正得以缓解。

尽管战略反攻正在成型，斯大林还是愈发担心斯大林格勒城区的命运。10月5日，他向叶廖缅科下达特别命令，强调坚守桥头堡的必要性。最高统帅部对伏尔加河东岸防御的忧虑让一系列增援向南赶去。轻型高射炮团（混编有机枪和高射炮连）被从莫斯科防区送去加强伏尔加河各岛防空，随后一整个高射炮团（12门37毫米高射炮）和更多大口径机枪被用于防空。10月初，斯波尔内岛、宰采夫斯基岛、戈洛德内岛和萨尔平斯基岛由一个特别防御指挥部（波波夫的坦克第2军）掌控。至10月12日，骑兵第4军的2个骑兵师（骑兵第61和第81师）、1个步兵军（步兵第7军）抵达叶廖缅科的方面军；一个新锐步兵师

（步兵第169师）及若干轻型高射炮团也赶到了。还有一个步兵师（步兵第45师）被调出最高统帅部预备队，由波波夫的特别指挥部调遣。这般加强以后，波波夫接到命令，在东岸设立3个防区，第一个从阿赫图巴河河口至红斯洛博达，第二个从戈洛德纳（Golodnyi）到萨尔平斯基，第三个从阿赫图巴河河口向北展开。

尽管受到严重破坏，斯大林格勒继续发挥着工业城市的作用。即使10月13日以后开始遭到炮击，位于南部STALGRES的发电厂仍旧继续发电。主建筑严重受损后，发电厂工人只能在夜间操作设备，但忙于修理坦克的车间需要持续获得电力。无论如何，为了增加电力供应，工厂恢复了昼间运行，烟囱冒出的黑烟再次招致德军猛烈的炮火。红军城的斯大林格勒船厂船台继续修理伏尔加河区舰队的炮艇和渡船，多数工作需要手工完成，因为当地的发电厂很久以前就被摧毁了。船厂工人也修理坦克、拖拉机（用于拖拽船只靠岸）、迫击炮和步兵武器。

即便是城中战斗最激烈的区域，也还有平民在生活，虽然德国人清理了占领区内的居民，将他们后送，进行一场死亡行军。大量平民和红军伤员挤在伏尔加河中的岛上，环境极其恶劣，缺医少食，居无定所。斯大林格勒市党委组织了一个特别旅进行救援和救济。作为国防委员会代表，马林科夫在枪林弹雨中度过了好几个星期，并与几名高级指挥员一起，从成堆的武器残骸中抢出点什么。安德烈耶夫、米高扬和马雷舍夫（中央委员会委员）着手解决斯大林格勒的问题，沙什科夫（Z. A. Shashkov，渔船队政委）、戈列格利亚德（A. A. Goreglyad，坦克工业副委员）、舍列梅捷夫（A. G. Sheremet'ev，有色金属工业副委员）亦参与其中。戈列格利亚德在拖拉机厂监管坦克的生产。舍列梅捷夫在"红十月"厂的高炉监督金属的生产，该厂尽量坚持生产到最后一刻。即使在工厂处于炮火下的8月，拖拉机厂还是完成了近400辆坦克；9月以后，拖拉机厂转而修理坦克、牵引车，组织了一个独立的"维修旅"，负责抢救苏军坦克和坦克引擎，直到作为一支红军部队被纳入第62集团军。斯大林格勒州委第一书记、斯大林格勒"城防委员会"主席阿列克谢·丘亚诺夫（Aleksei Chuyanov）令党组织继续运转并用于多重用途——城市防御、公益活动、民兵动员、动员技术工人，尽可能久地维持必要的工作以及他所谓的

"防御和政治—经济事务"。10月3日,冒着猛烈的炮火和空袭,召开了党委和城防委员会全体会议。党委组织动员工人加入第62和第64集团军,这些人像熟悉自己的手背一样熟悉城市的某个区域,他们将作为炮手、坦克驾驶员、侦察员和船员投入战斗,可以说就是在自己的后院里作战。

10月14日,最高统帅部命令罗科索夫斯基和叶廖缅科撤出前线12英里范围内的所有平民,必须首先撤离斯大林格勒市内及伏尔加河诸岛上的居民,其次是伏尔加河东岸村庄、居民点的人员,还有别克托夫卡"大钟"地区的非战斗人员。丘亚诺夫负责此次疏散工作。顿河方面军和斯大林格勒方面军将在这些清理过的地区修筑三条防线,强化所有村庄,使它们即使被完全包围也能够战斗,并指派有经验的军官负责这些"筑堡地带"的守军。该活动有双重目的:一是在后方建立防御工事;二是让德国人相信,俄国人只会单纯地防御。筑垒与掘壕带来的混乱可以掩护新锐部队进入两个方面军。

正如朱可夫的建议所说,顿河方面军和斯大林格勒方面军若不"积极行动",斯大林格勒不可能守得住,顿河方面军接到命令继续它的行动。首先,"10月11日起",以其左翼的加强部队阻止德军为增加对斯大林格勒的压力而进行任何重组,然后(根据10月15日传达的正式命令)转入进攻,再次尝试与斯大林格勒城内的崔可夫取得联系。最高统帅部拨付了7个预备队师给罗科索夫斯基,但进攻准备仓促,只有2个可以投入战线;顿河方面军受命发起两次进攻,主攻朝向奥尔洛夫卡,辅助攻势指向雷诺克;右翼的集团军全程守卫顿河桥头堡。罗科索夫斯基打算动用马利诺夫斯基第66集团军和第24集团军左翼的几个师,由于马利诺夫斯基的第66集团军面临艰苦的战斗,罗科索夫斯基又拨了7个师给他(尽管实际上只有2个能到位)。斯大林格勒南面的叶廖缅科接到相应的命令,以他的深远侧翼、图恩托沃—察察湖地区的第57和第51集团军发动一次进攻。最高统帅部的命令将罗科索夫斯基的进攻定于10月20日,几乎没有留下准备的时间。

10月13日,还在为这次"反突击"下达命令时,斯大林为斯大林格勒城内的形势所震惊。这次他迁怒于叶廖缅科,认为他没有尽到自己的职责,没有尽其所能地帮助崔可夫,反而将斯大林专门派去防御城区的部队留在伏尔加河东岸。斯大林指示华西列夫斯基以"最高统帅部"的名义命令叶廖缅科亲自去一趟崔可夫的司令部，去核实位置——"真实的位置"，亲眼观察——去衡量崔可夫还需要哪些援助，才能坚守斯大林格勒仍在苏军手中的部分，并顽强抵抗，直至苏军反攻开始。这样一来，便能牵制大量德军兵力，并把更多敌军拖入这场战役。斯大林的疑虑并非毫无依据。尽管已经受到重创，但斯大林格勒桥头堡的第62集团军10月14日黎明迎来的德军猛烈进攻将"空前残暴"。

10月14日，星期三，早上8点，3个德军步兵师和2个装甲师的几个团沿4千米长的战线向拖拉机厂和"街垒"厂发起一场庞大而凌厉的攻势。德军步兵蜷伏在战壕或前哨中，坦克在他们后面集结，与此同时，火炮、迫击炮和"斯图卡"轰击了外围建筑、街道和苏军坚守的房屋废墟。战斗于上午全面展开时，单独的爆炸已经淹没在此起彼伏的轰炸与炮击发出的猛烈咆哮中；飘散的烟雾遮蔽了斯大林格勒秋日苍白的阳光，墙壁倾倒和房屋坍塌产生团团扬尘，一片黑暗中，工厂区的能见度已降低至五六米，只有炮弹、炸弹爆炸的闪光才能照亮一片黄灰色的烟尘。苏军掩体颤动、摇晃并开始垮塌。在己方火力掩护下，德军步兵跳向废墟中间的无人地带，然而迎接他们的是来自石头后面或瓦砾堆中的步枪和机枪火力。若卢杰夫的步兵第37师和戈里什内的步兵第95师的步兵尽可能地隐蔽在狭长掩壕和建筑物中，或是在废墟里掘壕固守，以手榴弹、轻武器火力和装满汽油的瓶子击退推进中的德军冲锋枪手和突击工兵。"街垒"厂与拖拉机厂之间的残余建筑多次易手。在拖拉机厂周边，苏德步兵逐层争夺每一栋建筑，但临近午时，在近200辆坦克的支援下，一股德军冲锋枪手在若卢杰夫的战线上打开一条通道，推进到拖拉机厂墙外，并转入步兵第112师后方。随着坦克逐个拔掉苏军加强点，德军部队一码一码地向前推进；团级指挥所被"斯图卡"盯上，凡是没有及时转移的东西均和里面的人一同被炸成碎片。傍晚，若卢杰夫的步兵第37师和步兵第112师正在包围圈中激战，步兵第308师右翼已经被粉碎。几次爆炸将若卢杰夫将军活埋在他的师部，但最终被警卫连救出。崔可夫悬崖下的司令部也有不少官兵被炸身亡，为了与斯大林格勒内的部队保持联络，集团军司令部将讯息传至东岸的信号站，再由他们转送至城内。被围的苏联军队通过无线电报告了他们的位置，并继续战斗直至弹药耗尽。之后一片死寂，无线电中断，所有战士都战死在他们的位置上。

到午夜时分，德军部队已经三面合围拖拉机厂。墙内，苏军分队和工厂民兵在车间里进行了数百次小规模的血腥战斗。拖拉机厂的接近地遍布尸体和垂死者，数百名苏军伤员爬到伏尔加河，在夜里等着经由恐怖的摆渡穿过伏尔加河。当晚，3500名伤员被渡往东岸，是整个防御战中最多的一次。德军坦克冲入拖拉机厂，尖叫、咆哮着穿过机床车间的废墟，更多坦克则沿着狭窄街道冲往工人社区，间或一次爆炸，随即一辆坦克着火，说明触到了苏军地雷。德军突击分队稳步扩宽突破口，冲向伏尔加河岸，而几队冲锋枪手渗入从两支苏联军队间撕开的口子。德军部队一路横扫，穿过拖拉机厂，沿一段2000码的战线抵达伏尔加河，从而将崔可夫的第62集团军一分为二。崔可夫的右翼已被割离第62集团军主力，被钉在莫克拉亚梅切特卡河北面。德军向伏尔加河的突击突破近卫步兵第37师，孤立了步兵第112师残部、摩托化步兵第2旅和3个步兵旅（步兵第115、124和第149旅）。戈罗霍夫（S. F.Gorokhov）上校接管了这些被孤立的右翼部队，并准备继续战斗，尽管他们三面受敌（背后是伏尔加河），受到德军从北面拉塔尚卡、西面（沿梅切特卡河河谷）和（南面）拖拉机厂发起的进攻的威胁。

若卢杰夫的师几乎被粉碎，但仍留在德军的主攻路线上，以独立分队继续战斗，一部分在拖拉机厂，其余的在米努辛斯卡亚大街上；戈里什内的步兵第95师和坦克第84旅虽被严重削弱，但仍坚持抵抗，并应崔可夫的命令"寸步不退"。这些受重创的部队躲在倒塌的房屋、工厂或车间里，活着的人拾起阵亡者的武器，用机枪、反坦克枪、冲锋枪以近乎疯狂地努力击退德军的渗透。越来越多的人挤进了崔可夫的掩体，寻求掩蔽或接受命令。10月15日，由于司令部离德军只有300米，崔可夫请求叶廖缅科允许他将司令部部分转移到东岸的应急指挥所，以确保即使东岸[10]的司令部被彻底端掉，第62集团军也能继续战斗。崔可夫保证，就算部分军官离开，第62集团军军事委员会也会留在斯大林格勒，但叶廖缅科仍断然拒绝。由于炮兵主要在东岸，崔可夫认为集团军炮兵主任波扎尔斯基最好也在那边，并命令他过去，但波扎尔斯基恳请崔可夫让他留下，最终获得批准。

10月15日全天，德军部队从西面和北面两个方向进攻崔可夫被孤立的右

翼。戈罗霍夫的人坚守并击退了攻势，失地甚少。尽管若卢杰夫近卫军的幸存
者还在拖拉机厂的废墟中顽强还击，但他和戈里什内的师事实上已告覆灭。10
月15日晚，尼基塔·赫鲁晓夫从东岸打电话给崔可夫，急切地询问第62集团军
能为守住拖拉机厂做点什么。崔可夫回答说，他可以将第62集团军的所有剩余
力量用于保卫拖拉机厂——其他地区将暴露在外。一旦被困在拖拉机厂，整个
第62集团军终将被冯·保卢斯撕成碎片。赫鲁晓夫同意其余地区也必须防守，
并承诺马上送去崔可夫最急需的弹药。一个步兵师已出发前往斯大林格勒桥头
堡，柳德尼科夫上校步兵第138师的一个团已于夜间渡过伏尔加河，10月15日
全天在"街垒"厂以北战斗。该团在那一晚就渡过了伏尔加河，叶廖缅科却没
有。经斯大林催促，叶廖缅科动身去视察战况，但10月15日，德军火炮和飞机
瘫痪了伏尔加河上的摆渡，没有船能靠近德军炮火肆虐的拖拉机厂登陆点，崔
可夫只能通过无线电与东岸联系。

　　10月16日凌晨3点，叶廖缅科及其副手M. M. 波波夫抵达伏尔加河区舰队
的前进指挥所，乘坐一艘有装甲防护的单桅帆船从阿赫图巴河河口出发，前往
"红十月"厂的码头。在照明弹和炸弹爆炸发出的火光的照射下，伏尔加河的
夜晚亮如白昼，西岸的轮廓被映照出来，建筑物怪异的轮廓下是大堆瓦砾。岸
边挤满了来来往往的人，有行动迟缓的伤员、弹药输送人员、变换阵地的分
队，以及爬上河岸的抽调部队，柳德尼科夫余下几个团正从驳船登陆。崔可夫
和古罗夫（第62集团军军事委员会的师级政委）得知了叶廖缅科的到来，他们
外出搜寻河岸，穿行在数百名冒着德军六管迫击炮不间断的轰击爬向码头的伤
员中。叶廖缅科在昏暗中磕磕绊绊地来到崔可夫的司令部，大量弹坑中间散
布在掩体和地堡的废墟里，木梁被推向一边，圆木伸出地面，四处都被灰烬覆
盖。崔可夫返回前，克雷洛夫向叶廖缅科和波波夫做了简单汇报；尽管之前曾
多次试图聊一下，但崔可夫与叶廖缅科最终会面时，并不像是久别后在斯大林
格勒重逢的人，他们没有拍对方的肩膀。叶廖缅科与步兵第138师和第95师师
长进行交谈，他们的指挥部就在附近。刚接管指挥所的步兵第138师师长柳德
尼科夫被叫到崔可夫的"街垒"厂地堡接受简单训示。叶廖缅科告诫柳德尼科
夫绝对不许撤退，因为已经无处可退。步兵第138师将被部署在"红十月"厂
南面，师部就设在这里的"街垒"厂地堡内。叶廖缅科得以亲眼见到战斗造成

的破坏，若卢杰夫将军就是严重消耗的明证，他描述自己的近卫步兵第37师如何被一个连又一个连地撕碎，直到血腥的崩溃，该师仅剩孤立的分队在拖拉机厂继续战斗。

叶廖缅科于黎明时分离开，他答应提供崔可夫"所需的一切"，包括弹药和小股增援部队（而非整个整个的师）。然而，伴随新一天到来的是德军新一轮的进攻："斯图卡"试图炸出一条从拖拉机厂向南通往"街垒"厂的道路，德军步兵则在坦克的掩护下转向南面。这次进攻被坦克第84旅猛烈的炮火打断，他们的火力由第62集团军坦克兵主任魏因鲁伯引导，在他的命令下，T-34坦克被半埋在地下掩护公路。苏军坦克在100码的距离上向特电车大街开火，打掉十几辆德军坦克并挡住了步兵。一旦德军纵队遭坦克伏击后停下并设置警戒圈，苏军在东岸的火炮和西岸的"喀秋莎"便会打击乱作一团的部队和正在整队的坦克。增援力量赶到后，德军步兵试图席卷苏军阵地，他们的队列被"喀秋莎"的齐射打散，更多坦克被在废墟中隐藏良好的T-34坦克的火炮瘫痪。与此同时，崔可夫的人准备迎击对"红十月"厂的新一轮进攻，所有这些都被从突击工兵营的战俘那里取得的文件所证实。在拖拉机厂，若卢杰夫的近卫步兵第37师已被击溃，只有两百人幸存——近卫步兵114团还剩84人，第117团只有30人。所有的师属火炮、45毫米火炮、迫击炮、反坦克枪都被摧毁，炮兵主任帕夫洛夫上尉和多数师部人员阵亡。

10月16日到17日夜间，柳德尼科夫满员的步兵第138师赶到时，崔可夫打算将这支新锐部队派去"街垒"厂的阻击阵地，柳德尼科夫10月16日晚收到的命令如下：

1942年10月16日23时50分，第62集团军参谋部

1.敌人已经占领斯大林格勒拖拉机厂，目前正从拖拉机厂沿铁路线向南发展攻势，力图夺取"街垒"厂。

2.第62集团军继续坚守阵地，击退敌人的猛烈进攻。

3.1942年10月17日凌晨4时起，红旗步兵第138步兵师占领并坚守杰列文斯克南郊至雕塑公园。阻止敌人前出至列宁大道附近和"街垒"厂。

佩切纽克少校的步兵第138师第650团在"街垒"厂占领阵地，构筑

支撑点网，阻止敌人进入工厂。

签名：V. 崔可夫中将

师级政委K. 古罗夫

N. 克雷洛夫少将

没等柳德尼科夫的人就位、挖掘射击掩体、架设机枪和反坦克武器、构筑火力点，德军的进攻便席卷而来，一路从拖拉机厂向南，另一路沿伏尔加河岸向北，以便困住苏军。坦克第84旅坚守着拖拉机厂南面的前进路线，德军俯冲轰炸机和战斗轰炸机群以炸弹和子弹犁地，点燃一切，直至建筑、坦克甚至是地面一起燃烧，烈火横扫苏军阵地。

10月17日，战斗沿第62集团军的锯齿形"边缘"肆虐。北面，戈罗霍夫的部队继续在包围圈中战斗，德军冲锋枪手正突入斯巴达诺夫卡生活区南缘。崔可夫拒绝了苏军旅长们撤往伏尔加河斯波尔内岛的请求，他致电说，任何离开西岸的行为都将被视作擅离职守。德军对"红十月"厂的初步进攻被暂时击退，但在"街垒"厂地区，德军突击队在步兵第138师和第308师之间撕开缺口后沿铁路线移动。争夺拖拉机厂的战斗已经结束，争夺"红十月"厂的战斗才刚刚开始，但这注定是一场恶仗。10月17日凌晨，又是一个咆哮的斯大林格勒之夜，崔可夫转移了他的集团军指挥所，先迁至班内峡谷，在那里，满载文件和设备的司令部军官们遭到重机枪火力袭击。崔可夫及其手下又往南走了1000码，直至伏尔加河岸一处开阔地带，距马马耶夫岗不远，在没有任何防护的情况下，第62集团军司令部又开始运作起来。

德军部队沿铁路线向南攻击前进，已经抵达"街垒"厂西北角，他们继续向南进攻时，最激烈的战斗爆发了：107.5高地（即马马耶夫岗）、拖拉机厂地区通往伏尔加河的出口和察里察河附近的出口均落入德军之手。崔可夫向正防守"街垒"厂的柳德尼科夫明确下令，守住这条"线"，挡住德军的推进：

你要亲自负责封闭与步兵第308师之间的缺口，掩护该师的右翼，与该师建立起紧密联系后，您应当确保，无论如何不能让敌人突入"街垒"厂地域或您的师与步兵第308师的结合部。您应对该结合部负责。

但到10月18日夜，"街垒"厂西缘爆发激战，德军步兵突破"电车大街一线"，并沿铁路线一码一码地推进。现在，工厂民兵也投入了行动，与前线部队并肩战斗，"街垒"厂民兵分队只有5人幸存。右翼，戈罗霍夫仍在包围圈中战斗，崔可夫从卡梅宁上校（派往右翼的特别联络官）处获知战局已趋稳定，戈罗霍夫的人坚守雷诺克北郊，已经击退敌人对斯巴达诺夫卡的进攻，保住了梅切特卡河河口附近的码头。攻至斯巴达诺夫卡的德军冲锋枪手已被肃清。

戈罗霍夫的人在右翼守着一块8平方公里的区域：尚在第62集团军手中的地区都笼罩在德军火炮和迫击炮的密集火力下，并得到了猛烈轰炸的加强，尽管据第62集团军统计，至10月18日止，每日飞过斯大林格勒上空的飞机由3000架次降至1000架次。10月19日—20日，随着新锐德军部队流向斯大林格勒，日趋减少的苏联"要塞部队"击退了德军对斯巴达诺夫卡、"街垒"厂和"红十月"厂的更多进攻。崔可夫的军官搜罗了62集团军在东岸的所有后方分队，试图为西岸的步兵连找到更多人手。但桥头堡还在一米一米地缩小，大火扫过街道和建筑。为了让伏尔加河剩余的登陆点免受机枪子弹袭击，人们迅速用碎石垒起石墙，随后又挖了壕沟，但这些壕沟为德军冲锋枪手提供了通道，所以在伏尔加河河岸附近被封住了。尽管德军向伏尔加河的大规模突破被遏制，但崔可夫的第62集团军10月14日—19日期间受到可怕的折磨，现在，苏军在斯大林格勒西岸的桥头堡纵深仅1000码。10月21日，随着德军增援部队抵达，"街垒"厂和"红十月"厂遭到猛烈进攻。接下来的48个小时里，加强的德军第79步兵师在重型坦克和俯冲轰炸机的支援下，冲入通往"红十月"厂的街道，沿工厂用的铁路线移动，到10月23日夜，一股德军冲锋枪手已经冲入工厂西北角。第二天，德军步兵攻入步兵第138师和第308师防守的"街垒"厂的中央及西南部；在西北大门处，工厂民兵和红军部队仍在抵挡着德军坦克和步兵。

德军步兵和坦克手的脸被汗水和烟尘弄黑，他们在推进前缘坚守自己的"战线"，这里距离俄军阵地的距离比喷火器的射程还近。前方突击群后面，苏德班组陷于持久的逐屋战斗中，为滚烫的金属、木炭、炙热的砖块以及瓦砾下腐烂的尸体发出的恶臭所笼罩。每座交战过的房屋中，德军尸体遍布地下室和楼梯平台，抑或摊在破碎的楼梯上。俄国人在室内以手榴弹、自动武器、刺刀和格斗刀抵挡德军，每个房间都被改造为小型堡垒，武器探出火力点，墙上凿出洞用于观察或通行，屋子中间会有冒着微光的小火炉。激烈的肉搏战中，苏德双方通过楼梯平台或通过阁楼冲进对方阵营中，现场时常笼罩在烟尘中，迸发的火力及手榴弹的爆炸剥落了墙灰和木料。如果德军白天夺取部分建筑，那么俄国人就会在夜里返回，脚上绑着粗帆布以避免发出声响，沿支离破碎的房梁跃进，手榴弹和轻武器随时待发。而在反冲击一方的头顶，德军照明弹摇摆着照亮每一处角落和残破的墙顶，随之而来的便是杂乱的重机枪火力，迫使苏方紧贴地面，要么就成为流弹的牺牲品。闪电般的反冲击或侦察突袭将苏德双方的班组卷入没日没夜的血腥冲突中。近卫步兵第13师的巴甫洛夫中士于9月底在损毁的谷仓附近侦察，行动结束时将一座（受到密切关注的）四层建筑改造成一座小型的重火力堡垒——"巴甫洛夫"大楼，巴甫洛夫中士最终塞进了60人，还有迫击炮、重机枪、反坦克武器和若干技能娴熟的狙击手。"巴甫洛夫"大楼掩护着通往整个广场的道路。巴甫洛夫还在通往他"堡垒"的开阔地带巧妙埋设地雷；他的观察员从三楼侦测德军的所有地面活动，而坦克进攻因触雷受挫。炮火、迫击炮火和轰炸最终还是破坏了"巴甫洛夫"大楼很大一部分，但巴甫洛夫在48天里打退了德军的所有进攻。

作为斯大林格勒的地标之一，"巴甫洛夫"大楼伫立在近卫步兵第13师左翼，该师正沿一段3英里长的"前线"守卫着斯大林格勒中部，该线从铁路线开始，北起多尔吉冲沟，然后向南伸往奈夫季辛迪科特（Neftesindikat），蜿蜒拐入中央码头附近的伏尔加河岸。该师阵地纵深300—500米不等，但近卫步兵第34团的"前线"是一处很高的悬崖，俯瞰着伏尔加河。德军前哨也在这片高地上，罗季姆采夫整个师的地域和东岸处于敌军的持续监视下。德军还夺取了市区中段的几幢主要建筑，包括"L形宿舍"、铁路工人宿舍和"专家宿舍"，这几幢建筑均已成为强大的火力点。罗季姆采夫的几个团两次试图夺回"L形宿舍"和铁路工人宿舍——即便化为废墟，仍然令人印象深刻——都无果而终。罗季姆采夫的人渴望肃清一个区域的德军部队，这样一来他们便可完全控制伏尔加河，但被德军难以克服的防御火力击退。巴甫洛夫中士设法控制了他的"大楼"，这幢位于1月9日广场的"四层大楼"至少能为俄国人提供一个有利地点。10月24日，近卫步兵第13师第39团发起一起强大的反突击，夺回了位于太阳大街和斯摩棱斯克大街交叉口的沃恩陶格（Voentorg）大楼。在夜色的掩护下，近卫军战士推上来两门45毫米火炮，敲掉了掩护建筑的4个火力点。在火炮、迫击炮和机枪的掩护下，近卫第39团的战士发起了一场联合攻击行动，重新占领了沃恩陶格大楼。

崔可夫第62集团军依靠的不仅是那些从事巷战的老练坚定的步兵，还有部署在东西两岸的炮兵。第62集团军的炮兵副司令员波扎尔斯基部署了8—10个师属炮兵团、5个"反坦克歼击炮兵"团，还有机枪和"喀秋莎"火箭炮团，从82毫米迫击炮到122毫米榴弹炮不等。团级火炮（多为45毫米）由步兵使用，有时从预设阵地发射，但多数时候是通过缺口式照门射击敌方步兵、坦克或加强点。师级和集团军级火炮视情况集中或分别运用，所有师属火炮都经常由方面军指挥，比如10月19日，北面的戈罗霍夫面对德军猛烈进攻时，叶廖缅科"征用"步兵第300师的火炮从伏尔加河中的岛上开炮，破坏德军步兵的集结。崔可夫请求让一队军官10月14日以后前往东岸的应急指挥部，尽管叶廖缅科予以拒绝，但10月20日的一道方面军命令要求在东岸设立一个应急炮兵指挥所，如果与西岸的通讯中断，将由第62集团军的副炮兵司令员运作。10月中旬，更多重型火炮抵达东岸，使得第62和第64集团军得以在方面军炮兵以外建立专门的"集团军炮兵群"。沃罗诺夫上将建议以"伏尔加河两岸炮兵群"在东岸的203毫米和280毫米重型火炮组建一个"独立重炮兵师"。一旦最高统帅部批准，这将更容易集中重炮火力，并为红军带来第一支"重炮兵师"。

炮兵固然很重要，但主要角色被越来越多地由"步兵分队、单门火炮和单辆坦克"扮演——即第62集团军迅速发展起来的"暴风小队"。"暴风小队"的核心是6—8人的突击班，配备冲锋枪、手榴弹、格斗刀及工兵铲（边缘磨得很锋利，以在肉搏战中作为斧子使用）这类轻武器；随后是支援班，突击班打出信号弹表明突入成功后，他们便进入建筑，配备更重型的武器——重机枪、冲锋枪、迫击炮、反坦克枪、撬棍、镐和炸药，如有必要，还会带上坑道工兵和狙击手；第三部分是增补突击群的支援部分，负责掩护侧翼，如有必要也可以占领阻击阵地。实际进攻时会借助夜暗或烟幕掩护，而45毫米火炮经常负责敲掉敌方火力点。

白天，德军的轰炸机到来时，许多人卧倒以躲避德军观察，移动保持在最低限度；夜晚，城市"交通"恢复，沿着多得难以置信的狭窄堑壕运行，这些堑壕连接着弹坑累累的废墟，连接着加强点、作为水粮补给点的强化地下室和作为连部、营部的地下室。苏军坑道工兵将他们的交通壕掘进至德军阵地的手榴弹投掷距离内，以便于进攻加强点，或挖隧洞到他们下方，埋设高爆炸药。若是官兵们在哪里停滞不前，双方的火炮——以及德国空军——就会赶来：德军火炮粉碎建筑物上层，以消除苏军狙击手；苏军东岸的火炮开火，破坏德军的进攻准备，伏尔加河区舰队的炮艇迅速开火，炮击非常有效，第62集团军的"喀秋莎"火箭炮团——如今紧贴伏尔加河河岸——将他们的火箭发射卡车倒入河水中，以获得最大射程。

10月14日，崔可夫的第62集团军渡过了最危急的一天，但该集团军当前再度被分割的形势仍然非常危险，残存的苏军桥头堡几无纵深可言，这已经严重地妨害到了防御的进行。苏军的防御力压德军，但守军正在被撕碎。10月14日以后，最高统帅部担心德军会突入拖拉机厂，因此再令叶廖缅科去视察东岸及伏尔加河中心岛的防务。叶廖缅科命令防守河岸及诸岛的步兵第300师提高警惕，也提醒抽调自最高统帅部预备队的步兵第87和第315师配合第62集团军行动，并准备将3个崩溃的师——步兵第112、第95师和近卫步兵第37师（外加右翼上戈罗霍夫所部的2个步兵旅）拉到西岸接受补充。10月26日夜，索科洛夫（V. P. Sokolov）上校的步兵第45"肖尔斯"师首批几个营渡往斯大林格勒，占领"红十月"厂和"街垒"厂之间的阵地，横跨在德军冲往伏尔加河及渡口的路线上。不过，为避免无谓的牺牲，更多已经登船的官兵被迫从阿赫图巴折返，因为那里没有可供上岸的地点。伏尔加河的最后一个渡口位于梅津河大街和图瓦大街之间，10月27日，这里处于德军近距离的猛烈火力下。崔可夫设法搜集了足够的人手去顶了几天，直到索科洛夫全师渡到斯大林格勒。而62集团军一支预备分队也不剩了，司令部几乎没有警卫连，第62集团军的预备团也在很久以前被抽作训练营（转变成士官），但现在即便是这些人也拼光了。崔可夫从各种指挥所抽调了十来号人，抢救了3辆残损坦克，再加上来自伏尔加河岸集团军救助站的30名伤愈步兵，从撒马尔罕大街外的伏尔加河岸延伸部分发起反冲击，将德军赶了回去。崔可夫用这些拼凑的坦克和临时组织的步兵，在10月27日之后又拖了一天。德军电台嘀嘀嗒嗒一连数个小时，报告"出现苏军坦克"。

与此同时，在斯大林格勒南北，罗科索夫斯基和叶廖缅科再次发起进攻，力图逐退部分德军。10月22日早晨，舒米洛夫第64集团军部署在崔可夫南面的一个军在右翼发起进攻，试图向西北突破至库波罗斯诺耶—安德烈耶夫斯基—泽列纳亚波利亚纳—佩先卡一线。苏联军队横扫草原，夺取安德烈耶夫斯基和泽列纳亚波利亚纳村接近地上的高地，却遭遇德军密集炮火和可怕的装甲反冲击。更多德军预备队在夜里赶来，包括第295、第71、第100步兵师及第29摩托化步兵师的部分单位，并于第二天将苏联这个军赶回其出发线。罗科索夫斯基以顿河集团军左翼的第24和第66集团军反突击，打击斯大林格勒西北方，也没有取得任何进展。10月25日上午10点，舒米洛夫右翼各师再次进攻，激战持续到11月1日。苏军顽强战斗，突入库波罗斯诺耶，成功夺回其南部郊区，但接下来即被德军有效而猛烈的抵抗所阻。叶廖缅科宣称侧翼上的这次战斗迟滞了德军向斯大林格勒城内工厂区的进攻，而仍在对抗德军猛烈进攻的崔可夫则认为，上述行动可能分散了德军的注意力，但并未令德军旨在穿过斯大林格勒直抵伏尔加河的进攻转向。到10月29日晚，德军持续了整整15天的猛攻渐渐偃旗息鼓，第二天，斯大林格勒的苏军战线整日未遭到任何进攻。双方互有交火，勉力维持，均因在这片扭曲、冒着烟的废墟中浴血搏杀而筋疲力尽。

苏军第62集团军挺过了10月14日—18日的猛烈进攻，虽然德军第6集团军占领了拖拉机厂，再次推进至伏尔加河岸边，将崔可夫的集团军一分为二并截去其右翼。崔可夫的官兵继续战斗，火焰风暴并未将他们彻底扫出西岸。冯·保卢斯将自己的集团军用作人肉攻城锤，而他再也无法在这样骇人的尺度上做到这一点了。德国宣传机构向世界大肆吹嘘伏尔加河畔的胜利，事实上，冯·保卢斯和他疲倦不堪的士兵们已经被钉在了斯大林格勒，士兵们的感官在持续的隆隆声、烈火、浓烟、尘土和无尽的苦难中麻木。崔可夫及其部下也透过血雾和烟幕看到了这一点，他们躲过了灾难，虽然可退处已寥寥无几，但他们现在知道"苏军正在赢得这场战斗"。

10月下旬，随着崔可夫在斯大林格勒城内击退德军的疯狂进攻，以及德军情报部门报告苏军在顿河以北的部署，"天王星"行动正在呈现出它最终的面目。最后的调整是扩大战役范围，斯大林格勒西北的主攻线现在位于谢拉菲莫维奇西南地区。反攻被视为一次战略行动，涉及多个方面军——斯大林格勒方面军、顿河方面军和西南方面军，战役将在200英里长的战线上同时展开，并建立对内、对外包围圈。西南方面军将从谢拉菲莫维奇西南的桥头堡发起主攻，歼灭当面的罗马尼亚第3集团军并迅速冲向卡拉奇，于战役第三天与斯大林格勒方面军的部队在苏维埃茨基取得联系，从而完成合围，并协同顿河方面军和斯大林格勒方面军歼灭敌军。西南方面军右翼将同步进攻，掩护方面军突击群，并向西南方的克里瓦亚河、奇尔河一线发展攻势，从而建立外包围圈。斯大林格勒方面军将从萨尔帕湖发起进攻，歼灭当面的罗马尼亚第6军，冲向西北的苏维埃茨基并与西南方面军的部队取得联系，包围并配合其他方面军歼灭聚集在斯大林格勒的德军。为掩护方面军的突击群，左翼也要向阿布加涅罗沃和科捷利尼科沃进攻，从而建立外包围圈。顿河方面军将从克列茨卡亚桥头堡和卡拉钦斯卡亚两地发起进攻，歼灭当面之敌，冲向韦尔佳奇这一总方向，包围并歼灭顿河小河弯曲部的敌军，配合西南方面军完成合围敌军这一基本任务。此后，顿河方面军将与斯大林格勒方面军、西南方面军共同消灭敌军。顿河方面军和西南方面军将于11月9日转入进攻，斯大林格勒方面军是11月10日——时间差是考虑到战役纵深不同，而各方面军突击群必须同时抵达卡拉奇—苏维埃茨基地域。为做到这一点，西南方面军需要在三天内推进60—70英里，斯大林格勒方面军要在两天内推进50英里。一旦到达卡拉奇—苏维埃茨基地区，苏军就将置身于冲向伏尔加河的德军主力的后方，并将切断他们与补给基地（大部分在奇尔河上）的联系。在"天王星"行动计划中，包围顿河与伏尔加河之间的德军及其盟军时，西南方面军将扮演着重要角色：方面军的任务包括一次纵深70英里的进攻，在行进间强渡顿河，切断敌军交通线，并配合斯大林格勒方面军完成包围。

通过目视及空中侦察，德军发现苏联军队正在调动。8月底，东线外军处呈交了一份关于苏军指挥层可能的动向的研究，据估计有5种可能：一，收复斯大林格勒；二，在罗斯托夫攻击德军第6集团军侧翼，从而切断高加索地区；三，从谢拉菲莫维奇和科罗托亚克（Korotayak）进攻德军防守薄弱的侧翼；四，进攻沃罗涅日；五，从阿斯特拉罕向西进攻（不考虑天气和地形因素）。东线外军处10月13日报告称泥泞期来临前苏军不可能发动大规模进攻，然而，苏方已经开始为攻势做首轮准备。为了此次反攻，最高统帅部将1个坦克集团军（坦克第5集团军）、10个步兵师、6个步兵旅、3个坦克军、1个机械化军、2个骑兵军、1个坦克团和约20个炮兵团带入进攻战役地区，给方面军的这些援兵意味着西南方面军获得了5个步兵师、3个军（坦克第1和第26军、骑兵第8军）、1个坦克旅（坦克第13旅）、3个坦克团、13个炮兵团和6个"喀秋莎"火箭炮团，斯大林格勒方面军获得2个步兵师、6个步兵旅、3个军（坦克第13军、机械化第4军和骑兵第4军）、3个坦克旅、6个高射炮团和2个反坦克歼击炮团。由于作用有限，顿河方面军只得到了3个步兵师。这些行动并非都观察不到，但苏联人巧妙地利用夜色尽可能地予以隐蔽。

10月中旬，顿河方面军继续在左翼激战，重复不到一个月前已经遭遇过惨败的进攻。在另外一次为崔可夫减轻压力的尝试中，叶廖缅科中央的第64集团军也在库波罗斯诺耶地区向城市南面进攻。已经有可观的增援抵达叶廖缅科的方面军：10月10日—12日，骑兵第4军的2个骑兵师（骑兵第61和第81师）加入方面军，被部署在南面。叶廖缅科有了新的方面军预备队——步兵第7军（步兵第93、第96和第97旅），该军已经在杜波夫卡完成集结。罗科索夫斯基和叶廖缅科按照非常严格的命令，开始构筑一条12英里长的"防御地区"，修筑了至少3条防线，其中的每座村镇或小村庄都被改造以（即便被完全包围时）进行迟滞防御。这些"筑垒村庄"由有经验的指挥员负责，他们要向所有守军负责，"防御地区"有两个作用：一个是充当最后屏障，另一个是掩饰为反攻所做的准备。无论如何，顿河方面军和斯大林格勒方面军发起的有限进攻收效甚微。尽管顿河方面军部分执行了坚守顿河西岸（处于第63、第21集团军和坦克第4集团军防区）桥头堡的命令，但事实证明突破至斯大林格勒北部是不可能的——即使南面舒米洛夫的第64集团军夺取库波罗斯诺耶南部并坚守了一天。

这些进攻消弭之际，各方面军司令部正致力于他们在"天王星"中的具体行动计划。瓦图京中将接管了10月22日开始正式运作的西南方面军，扎多夫担任他的政治委员，斯捷利马赫担任他的参谋长，后者在严峻的沃尔霍夫方面军突破战役中脱颖而出。方面军辖第63集团军、第21集团军和坦克第5集团军，以及空军第17集团军。第63集团军（曾短暂改称近卫第1集团军）和第21集团军之前隶属于顿河集团军，坦克第5集团军来自沃罗涅日方面军，早先是利久科夫布良斯克方面军麾下的一个久经沙场的军团。许多方面军只是通过扩张某个军团的行政部门来"组建"，与此不同，西南方面军收集了经过特别挑选的人员：瓦图京在沃罗涅日展示了他的才华；斯捷利马赫不仅是红军中最出色的参谋人员之一，还是杰出的炮兵专家。罗曼年科中将1941年指挥过机械化第1军，在1940年12月关于突击集团军的会议上向红军"高层"做过演讲，他接过了坦克第5集团军，这是一个庞大的军团，下辖2个坦克军（坦克第1和第26军）、6个步兵师（近卫步兵第14和第47师，步兵第119、第124、第159和第346师）、独立坦克第8旅，1个摩托车团和20个炮兵团；列柳申科指挥近卫第1集团军，奇斯佳科夫指挥第21集团军，配属有坦克第4军和近卫骑兵第3军；克拉索夫斯基中将是空军第17集团军（沃罗涅日方面军的航空兵第2集团军最终划给了西南方面军）司令；坦克第5集团军司令有直属于他的混成航空兵第1军；克拉索夫斯基之前指挥布良斯克（和沃罗涅日）的苏联空军中队，瓦图京特别请求斯大林让他担任西南方面军空军副司令员并获批准。

各方面军在整个10月厉兵秣马。新任指挥员们来到顿河方面军，显然"有什么事情要发生了"。前来执掌顿河方面军一个集团军的巴托夫中将看见军队趁夜调动，而在白天，坦克部队、炮兵团和补给纵队潜伏在伪装网下。和其他人一样，巴托夫抵达方面军位于小伊万诺夫卡的行政中心后，立刻就能看到东南方白天巨大的烟柱和夜晚红色的火焰——斯大林格勒。巴托夫被任命为坦克第4集团军司令员，他问自己的新参谋长格列博夫上校坦克第4集团军目前有多少坦克，被明确告知只有4辆（目前守卫着集团军司令部）。格列博夫上校还刻薄地加了一句——所以叫作"4坦（集）"。巴托夫的军团很快更名为第65集团军，部署在罗科索夫斯基右翼，加里宁少将的第24集团军和扎多夫少将的第66集团军据守中央及左翼（顿河—伏尔加河地峡颈部）。

大量物资和人员的调动给现有的交通造成了巨大压力。西南方面军和顿河方面军只有波沃里诺—斯大林格勒一条铁路干线，该线能够直接为他们所用；斯大林格勒方面军也只有乌尔巴赫—巴斯昆恰克—阿赫图巴一条线，这些线路都处于持续的空袭和监视下。东南线和梁赞—乌拉尔斯克主干线为西南、顿河和斯大林格勒这三个方面军运来了大部分装备、弹药、武器和补给。通往斯大林格勒市区北部的铁路交通由卡巴诺夫（P. A. Kabanov）少将及其铁路部队直接控制，他们控制交通，使其在持续的空袭下保持运转的工作很繁重。9月，交通人民委员部预备队组织的特别"纵队"开始运作高速、独立的"飞车"，以便将补给悄悄运至斯大林格勒方面军。这些快速列车由多个车头牵引，只挂载数节车皮，加满燃料且带有武装，能够抵达距前线很近的位置。这些"纵列"不依赖补给站，可以在任何区域行驶。与此同时，前线和后方地域铁路网的扩建如火如荼，国防委员会设立了GUVR（军事重建兵团），配属给交通人民委员部，其下117000人"在红军中服役"。为让列车提速，每隔12—15分钟发一趟车，广泛部署了"人工信号员"，他们能避开敌人的侦察并控制火车运行，一条路线上同时有多人执勤。作为提高紧急运输速度的一种方法，单向通行也被广泛使用。斯大林格勒地区还有27000辆卡车，尽管秋季的泥泞放慢了它们的转运速度。到10月，差不多一打步兵师被前送100多英里，斯大林格勒以北地区的攻势即将发起前，卡车还运送了15000吨食品和弹药。斯大林请求丘吉尔援助卡车时对其重要性心知肚明，而他手中的坦克就算不是绰绰有余，至少也不吃亏，差不多有1000辆坦克（红军坦克总量的60%）正在3个方面军的装甲兵团内集结。近半数炮兵预备队（75个火炮和迫击炮兵团）被转运至此，战役开始时，红军部署了230个炮兵团（包括115个"喀秋莎"火箭炮"分队"）、1250门身管火炮或发射车，集结了25个航空兵师（101个团），有1100多架飞机（不算U–2双翼飞机，这种小型"缝纫机"可用于任何场合）。

不过，在斯大林格勒南面，伏尔加河的渡河问题还是颇为棘手，尤其是当年的水位比往年高出至少2米，秋季的浮冰很快也要到来了。德军空军不停地轰炸轮渡，以往只需50分钟的轮渡现在要花5个小时。红军工兵修建了若干"渡河区"，萨拉托夫至阿斯特拉罕间的伏尔加河上架设了50多座浮桥。在城市近郊，轮渡由伏尔加河区舰队司令罗加乔夫（D. D. Rogachev）海军少将指挥。所谓的"渡船"包括载人船只，也包括将坦克、火炮过伏尔加河时不可或缺的铁驳船。指派给第57和第51集团军的若干坦克团只能等河面封冻才能抵达，架设在"渡河区"〔伏尔加河曲部的塔扬科（Tatyanke）、斯韦特雷亚尔（Svetlyi Yar）和卡缅内亚尔（Kamenii Yar）〕的浮桥在当前状况下无法承载重型装备，所以坦克用"35"号驳船载运，卡车用"勒扎瓦卡"号驳船装载，坦克乘员和步兵则乘坐内河汽轮。11月15日以前，渡河工作在夜间进行，但在此之后，为了抢时间，驳船和汽轮白天也开始冲过伏尔加河。斯大林格勒西北的顿河方面军和西面方面军面对着顿河，西南方面军有15座可承受3—60吨负载的桥梁，但必须开始准备建造"冬季桥梁"。还有大量装甲车辆需要前送或在方面军间调动，坦克第5集团军之前被调入最高统帅部预备队，从10月20日开始，该集团军通过铁路运往终点站，作为西南方面军的一部分部署在距离终点站约60英里的顿河北岸。接敌行进只能在夜间进行，到了白天，所有部队都要采取伪装，夜间行车不得开启头灯。这个坦克集团军最终在顿河上乌斯季霍佩尔斯卡亚（Ust-Khoperskaya）的桥头堡阵地安身，并未引起敌军情报部门过多关注。调动尽可能伪装成防御工作，不过，并不是什么都能隐藏伪装，主要任务是掩盖主要集结地域和进攻将会展开的迹象。

方面军司令们的兵团正在涌入，但怎么都嫌不够快，10月底，他们按照"天王星"行动修正案完成自己方面军的进攻计划。瓦图京的西南方面军现在要突破70英里，深入德军侧翼及后方。他建议以坦克第5集团军和第21集团军发起主攻，从谢拉菲莫维奇西南的桥头堡指向佩列拉佐夫斯基—卡拉奇。突击群将在两个地区突破罗马尼亚第3集团军的防线，撕开一个约11英里宽的缺口，快速军经此冲向东南方。战役第三天，坦克兵团将在卡拉奇—苏维埃茨基与斯大林格勒方面军的部队取得联系。进攻部队的左翼由顿河方面军右翼掩护，但为建立外包围圈，提防来自西面或西南面的进攻，西南方面军的左翼要自行攻至克里瓦亚河—奇尔河一线并掘壕固守。在方面军突击群右翼行动的罗曼年科的坦克第5集团军（辖坦克第1、第26军，骑兵第8军和6个步兵师）担负主攻：步兵师在第21集团军的配合下包围并歼灭博利绍伊（Bolshoi）和克列茨卡亚之间的罗马尼亚第3集团军，坦克军将向东南方突破，于攻势的第三天抵达卡拉奇—苏维埃茨基。骑兵第8军也要去建立外部包围圈。奇斯佳科夫第21集团军的6个步兵师和2个快速军（坦克第4军和近卫骑兵第3军）也将突破罗马尼亚第3集团军，那两个军切断罗军向南的退路。翌日，快速军将抵达顿河上的鲁别利（Rubezhnyi）和戈卢宾斯基（Golubinskii），夺取渡口并在东岸建立桥头堡。第三天，强渡顿河以后，这些军团将配合坦克第5集团军夺取卡拉奇。为巩固机械化兵团的后方，一个步兵师将乘卡车紧随坦克第4军。列柳申科的近卫第1集团军以6个步兵师攻往克里瓦亚河和奇尔河，从而掩护方面军突击群的侧翼和后方。在剩下的80英里战线上，该集团军将转入防御。

随着近卫第1集团军到达奇尔河，外包围圈战线将绵延数百英里，与内包围圈相间12—59英里不等。方面军部署为单梯队，突击集团军只有2个梯队（第2梯队有三分之一的步兵）。坦克军和骑兵军被编进"发展突破"梯队。炮火准备计划为80分钟，分为5分钟的首轮齐射、65分钟的破坏射击和10分钟的末轮齐射。克拉索夫斯基的空军第17集团军将为地面行动提供空中支援，并得到来自沃罗涅日的空军第2集团军（K. N. 斯米尔诺夫少将）加强。

至于斯大林格勒以南，叶廖缅科上将建议以3个集团军——第64集团军（舒米洛夫）、第57集团军（托尔布欣）和第51集团军（特鲁法诺夫）——在三个地区从东南方突入敌方防御纵深约20英里。快速兵团将在战役首日被投入突破口，攻往西北方，翌日抵达苏维埃茨基—卡拉奇。托尔布欣的第57集团军（2个步兵师、坦克第13军、2个坦克旅）在方面军突击群正中央沿一条17英里长的战线发动进攻，由8英里战线上的右翼压向图恩托沃西南及索良基（Solyanki）以南地区。战役首日，第57集团军将确保为塔纳希申上校的坦克第13军打开通道，后者将穿过在敌军防线上撕开的缺口。第57集团军将在这8英里地段倾尽全力，战线其余部分由3支独立机枪—火炮部队坚守。特鲁法诺夫的第51集团军（4个步兵师）穿过察察湖和巴尔曼察克湖间的隘口，在一块6英里长的地区突破敌军防御，再投入沃利斯基的机械化第4军，该军将"瓦解"敌军的后方，避免被牵制，并攻向西北方的苏维埃茨基—卡拉奇。进攻战役第二日，第51集团军还要在夜幕降临时投入骑兵第4军，向西南方的阿布加涅罗沃进攻，掩护突击兵团左翼。舒米洛夫的第64集团军（5个步兵师）以左翼发起进攻，冲向西北方的纳里曼—亚戈德内（Nariman–Yagodnyi）——这意味着冲出别克托夫卡的"大钟"。崔可夫的第62集团军正在与进攻斯大林格勒桥头堡的德军搏斗，苏军攻势开始时，他们将"积极"行动，防止德军撤出在城内交战的部队。在遥远的南方，第28集团军坚守阿斯特拉罕防御区，并准备进攻德第16摩托化步兵师，夺取埃利斯塔。

罗科索夫斯基的顿河方面军将以右翼向韦尔佳奇方向发起主攻，在克列茨卡亚以东和卡恰林斯卡亚以南这两个地区突破敌军防线，向韦尔佳奇遂行向心攻击，以包围顿河小河弯曲部之敌。巴托夫将军的第65集团军将在克列茨卡亚及其以东一块3英里的地区突破敌方防御，然后冲向南面及东南面，首日日终前抵达上布济诺夫卡、奥西基斯基—布利日尼亚彼列科普卡，再向东南攻往韦尔佳奇，第6集团军[11]将在那里与加里宁少将的第24集团军（9个步兵师，与第65集团军实力相当）取得联系。加里宁的军团配有一个坦克军（坦克第16军），任务是扩展在上格尼洛夫斯基以南达成的突破。扎多夫的第66集团军（6个步兵师）在左翼遂行防御，尽可能多地圈住敌军。鲁坚科（S. I. Rudenko）少将的空军第16集团军掩护巴托夫的各进攻师，并以小机群为地面行动提供尽可能持续的空中掩护。

10月25日起，攻势最后的"实践工作"开始了。朱可夫将军、华西列夫斯基上将和沃罗诺夫上将被最高统帅部派去监督方面军计划工作，协调各方面军行动。华西列夫斯基已经多次造访叶廖缅科的司令部，因为斯大林格勒方面军不得不在城内的防御战日益激烈的同时进行战备。10月底，最高统帅部的命令将进攻日期定为11月9日（西南方面军和顿河方面军）和11月10日（斯大林格勒方面军）。方面军司令员接到指示，将进攻部队带入出发阵地。但是，通讯联络和后勤保障方面的压力太大了。加里宁的顿河方面军第24集团军和叶廖缅科两个进攻中的集团军（第57和第51集团军）急需弹药。尽管坦克所需的柴油供应充足，但坦克第5集团军及第65、第24和第57集团军缺乏卡车用的汽油，部队离开方面军补给基地太远（以第65集团军为例，差不多有100英里）时将带来严重后果。即便油料到手，卡车极度短缺的问题还是普遍存在。

攻势尚未开始，红军就已赢得一次显著的胜利。10月9日，根据第307号命令，重新确立了"一长制"，政治委员不再具有指挥职能，"指挥员"（当时"军官"一词尚未正式采用）接管了"军队各方面职责"。"一长制"适用于所有"指挥员"，不论他们是否是党员。"指挥员—党员"不仅要指导所有政治工作，还负责部队内的所有党务工作，党外指挥员指导政治教育——部队的"政治生活"——但理论方面要时刻"依托"党组织。在新体制下，政治副指挥员出现了。尽管不无压力，但限制重重且效率低下的"双重指挥"被一举废除，"指挥员"再次拥有了自己领域的主导权。如果说红军撤退时受到种种限制，那么至少在进攻时不会被束缚手脚。起码从军事角度来看，随着"指挥员权力"的回归，战术训练将焕然一新，作战效能亦会有所提高。坦克装甲兵终于从支援步兵的角色中解放出来，过去是通过抽调"突破"部队来增加步兵支援的坦克密度，但在即将到来的斯大林格勒攻势中，快速兵团将被完整地运用，他们的基本任务是突破敌战术防御地区，在纵发展胜利——第21集团军的坦克第4军和第57集团军的第13机械化军就负责这个。尽管苏军坦克装甲兵在1942年夏受挫（当时经验不足的部队前去抵挡德军装甲师），但这些宝贵的作战经验没有白费。坦克集团军正在组建，在即将到来的攻势中，至少有一个会派上用场。10月16日，斯大林颁布第325号命令，这份冗长的文件被下发到连级研究学习，文中分析了之前失败的原因，为所有坦克、机械化部队和兵团分配了新角色。苏联统帅部意识到，对德军战术思想的学习绝不是盲目模仿。

国防军在夏季攻势中受挫，攻势放缓停滞后，即便没有"第二战场"来引开40个德军师，苏军指挥层现在也能指望胜利的天平向他们那边倾斜。敌军333个师和13个旅中，258个师和16个旅（其中66个师和13个旅属于"卫星国"）被部署到苏德前线，苏方估计有5000000德军被用来对付他们。1942年11月初，苏联野战军有6124000人，火炮和迫击炮77734门（不含"喀秋莎"火箭炮和50毫米迫击炮），还有6956辆坦克和3254架飞机。红军各方面军共部署了391个师，247个步兵旅、独立坦克旅和机械化旅，30个"筑垒地域"（防御区守军），15个坦克和机械化军（参加斯大林格勒反攻的方面军师级部队兵力不一，西南方面军各师平均8800人，顿河方面军各师平均5580人，斯大林格勒方面军各师平均4000—5000人）。预备队方面，最高统帅部有25个师、7个步兵旅和独立坦克旅、13个机械化和坦克军。

11月的第一周，"斯大林格勒"3个方面军的部队开始进入进攻出发阵地，朱可夫、华西列夫斯基和沃罗诺夫进行细致的现地简报与核查时，德军东线外军处的盖伦在（11月6日的）一份情报评估中称，中央集团军群是苏军大规模攻势最有可能的目标——"Schwerpunkt kommender russischen Operationen"。缴获的苏联文件也倾向于证实这一预测。如果俄国人寻求一次"决定性胜利"，就像他们实际上做的那样，那么最合乎逻辑的对象便是中央集团军群，最猛烈的打击最有可能落在第2装甲集团军头上。南面的形势"不太明朗"，但可以肯定地说，鉴于苏方的资源，两次大规模攻势是不可能的，而西方面军或许能最为有效地达成战略目标。两天后，盖伦提交了他的报告。而在南方，苏联各方面军和集团军司令员正在签署最后的进攻命令。

德军侧翼的严峻形势不乏警报，关于当面苏军调动的报告如雪花般向顿河大弯曲部的第11军飞来，而罗马尼亚第3集团军就位于第11军左侧。空中侦察跟踪到更多调动。杜米特雷斯库将军的第3集团军后方是海姆中将的第48装甲军，但这个兵团名下仅有一个正在换装的装甲师（第22装甲师）。罗马尼亚第1装甲师约有100辆捷克造坦克（38t型），但没有可以跟T–34抗衡的坦克。第4装甲集团军还报告说，大量苏军向斯大林格勒东面和东北面移动，有证据表明，全新的苏联军队出现在别克托夫卡"大钟"。远在斯大林格勒西南方大草原的右翼，罗马尼亚第6军（隶属于康斯坦丁内斯库将军的罗马尼亚第4集团军）对面正在酝酿着一件大事。从纸面上看，B集团军群辖有许多集团军，远在南方卡尔梅克大草原的是第16摩托化步兵师——"灵缇"师位于埃利斯塔，然后是第4装甲集团军、罗马尼亚第4集团军、保卢斯的第6集团军、罗马尼亚第3集团军、意大利第8集团军、匈牙利第2集团军，最后是（德国）第2集团军。至于预备队，B集团军群有第48装甲军（事实上是一个虚弱的装甲师）和1个步兵师（暂位于意军后方）。"灵缇"师处于苏联第28集团军的地区，据守着辽阔的战线，当地遍布沙地盐沼；第16摩步师与红军城之间的是罗马尼亚各军，据守着延长的战线，防御体系稀疏薄弱，缺乏火炮及反坦克炮。德军兵团给斯大林格勒套上了铁箍，但顿河部署着罗马尼亚集团军，北邻的意大利第8集团军继续沿顿河分布，巴甫洛夫斯克附近是匈牙利第2集团军，德国第2集团军据守着经沃罗涅日直至库尔斯克一线。11月12日，东线外军处的盖伦提交了他对苏军南线意图的最新预测：从已知的苏联战役命令判断（并考虑到最近成立的西南方面军），最有可能出现的情况是罗马尼亚第3集团军遭到有限进攻，或顿河上的意大利和匈牙利集团军受到规模更大的进攻。

苏联要对国防军发动"大模战役"，虽然10月底和11月初就此掀起了一场激烈的宣传运动，但德军指挥层并未从中得到启示。哈尔德的继任者蔡茨勒将军也无从分辨虚实。苏联新闻机构含糊的乐观态度显然意在安抚国内民众。11月6日晚，斯大林发表了纪念十月革命的年度广播讲话。10月，英苏关系急剧恶化，但在11月，斯大林至少向盟友表达了一些模糊的善意，尽管他提及如果开辟了第二战场要，德军部队现在应该是绝望地在平斯克、明斯克和奥德萨作战才对。他对略带嘲讽地评论英军：在利比亚与"仅仅4个——对，4个德军师和11个意大利师"战斗。斯大林在讲话中坚称，德军1942年的目标是莫斯科，他们将苏军"引"向南面，从而使莫斯科任其摆布："这……就解释了德军主力现在为何处于奥廖尔和斯大林格勒地区，而非南方。"尽管同时追逐两只兔子——石油和莫斯科——德军还是获得了巨大成功，这是第二战场尚未开辟所致，若60个德国师被绑在西方（斯大林此处以第一次世界大战类比），东线的德军就会身处困境。

与此同时，苏军开始前调。西南方面军的主要任务是掩盖罗曼年科坦克第5集团军的存在，该集团军首先接到命令，在顿河北岸的前线后方约15—20英里处集结。11月的第一周即将结束时，各兵团开始趁夜渡河到南岸，尽管坦克第1军未能在夜色的掩护下于济莫夫斯基（Zimovskii）附近完成渡河，被德军轰炸机逮了个正着。渡过顿河后，坦克部队留在前线后方5—10英里处。11月3日，朱可夫在瓦图京的陪同下抵达罗曼年科的司令部，与军、师级指挥员详细检查坦克第5集团军的任务和战役计划。回顾总体计划和各兵团在其中扮演的角色后，这次漫长的简报会起草了给坦克第5集团军的命令。坦克第5集团军的角色至关重要，它将在方面军中央一块5英里的区域发起主攻，第一个目标是佩列拉佐夫斯基。到战役首日晚间，步兵兵团应抵达211高地—卡拉谢夫（Karasev）—上切连斯基（Verkhne Cherenskii）一线，骑兵第8军前锋应抵至皮丘吉诺（Pichugina）和普罗宁（Pronin）附近，坦克第1军必须到达利波夫斯基—古辛卡（Lipovskii-Gusinka）地区，坦克第26军要抵达佩列拉佐夫斯基—佐托夫斯基（Perelazovskii-Zotovskii）。第二天，步兵兵团将抵达博科夫斯卡亚（Bokovskaya）至切尔内夫斯卡亚的奇尔河一线，继而前往卡拉奇—

库尔特拉克河和佩列拉佐夫斯基；在奇尔河以东，坦克第1军夺取上奇尔斯基的顿河渡口、位于洛日基的火车站并切断铁路线；坦克第26军将冲向卡拉奇。第三天，快速兵团要在卡拉奇与斯大林格勒方面军取得联系。坦克第5集团军将用6个步兵师中的4个、2个坦克军、1个骑兵军、1个坦克旅、1个坦克营和16个炮兵团在混成航空兵第1师的支援下遂行主攻。

翌日，朱可夫在谢拉菲莫维奇召开第二次计划会议，出席者有最高统帅部的沃罗诺夫上将、顿河方面军司令员罗科索夫斯基、瓦图京、第21集团军司令奇斯佳科夫、第65集团军司令巴托夫、西南方面军和顿河方面的两位政治委员热尔托夫和基里琴科，还有总参谋部的专家。会议的一项主要议程是协调西南方面军第21集团军和顿河方面军第65集团军的行动。会上进一步评估了主要打击力量——北翼的突击军团。至于第65集团军，巴托夫汇报了各兵团的实力、部署，及其占领的桥头堡的特征；他也就敌军的部署提出了一些确定的结论。朱可夫插嘴说，他当然可以提出这些情况，但下结论的事应该留给他们（最高统帅部）。巴托夫拿出一份战俘审讯记录，朱可夫看过后，马上通过电话联系最高统帅部，随后与斯大林通话："您认为两个集群的结合部在克列茨卡亚地区的猜想已被证实。巴托夫的侦察部队从德军第376步兵师和罗马尼亚第3步兵师抓到了战俘。"不过，朱可夫对巴托夫并不满意，厉声斥责后者"第二次犯错"（第一次是在1941年的克里米亚），尽管如此，朱可夫午餐时就计划中的战役侃侃而谈，还就师级指挥员、部队部署事宜广泛地询问巴托夫，后来问题还扩展到了最高统帅部炮兵预备队的部署特点、夜间行动以及在敌防区纵深机动等，以至于他之前的震怒早已抛诸脑后。瓦图京计划在每个突破口中投入500辆坦克，从而撕开敌军防线，其中150辆属于配属给奇斯佳科夫第21集团军的坦克第4军，以及普里耶夫的骑兵第3军。巴托夫的第65集团军有2个坦克旅（坦克第91旅和第121旅），但坦克很少——一个旅有13辆，另一个只有11辆，他提议以"这股兵力"进攻时，朱可夫大加嘲笑，但巴托夫最终为他脆弱的军团争取到2个坦克连的增援。而在他左侧，加里宁的第24集团军拥有坦克第16军的105辆坦克。

简报会结束后，进攻部队被拉上出发线，进攻命令于11月8日签发，但11月9日夜间，各方面军司令员收到攻势延后一星期的消息。主要问题是部队调动和补给转运出现延误，就连罗曼年科的坦克第5集团军也未能就位。与此同时，朱可夫的下一站是斯大林格勒方面军司令部，他于进攻推迟当日（11月9日）抵达那里。一星期前，叶廖缅科曾将第51集团军司令特鲁法诺夫和第57集团军司令托尔布欣召到他位于伏尔加河东岸红萨德的司令部。在这里，两位指挥员首次（如果不算托尔布欣那敏锐的猜测）听到"天王星"战役的细节，但没有任何关于进攻日期的指示，只是得到8天时间来准备进攻计划大纲。所有命令都在叶廖缅科的司令部里口头传达，两位指挥员被警告不得签发任何手写命令或训令。这是托尔布欣经历的第三场战争：1914年，他以中尉军衔在沙俄军队服役，作为红军参加了内战，在外高加索军区参谋长的位置上迎来这一场战争；1938年，托尔布欣作为一名旅长被派往东南部，一直待到1942年3月——因得罪列夫·梅利赫斯——被免去克里米亚方面军参谋长一职，并成为苏军3月攻势流产的替罪羊。托尔布欣得以向沙波什尼科夫解释部分情况，他现在执掌第57集团军（7月开始担任该职务），处在关键指挥岗位，他还有两样对胜利而言必不可少的要素——非常专业的技能与丰富的经验。为庆祝十月革命纪念日，他召集军官们吃了顿晚饭，11月7日和8日两夜，托尔布欣在第57集团军司令部就其集团军的进攻进行了数次推演——逐退反冲击；投入装甲兵团，作为第二梯队扩大突破，列席的军官中就有坦克第13军军长特罗菲姆·伊万诺维奇·塔纳希申上校。托尔布欣于11月8日早上5点完成准备工作，他向军官们指出"我知道的不比你们多"，但在11月12日之前，师级指挥员应与部下进行完全相同的推演，营级和炮兵师指挥员也要在11月14日日终前完成这项工作。

塔纳希申上校军中各团才抵近伏尔加河渡口，11月11日在塔坚卡（Tatyanka）渡至西岸。伏尔加河已经覆上了一层薄冰，接下来的浮冰将使渡河变得危险。随着气温下降，风也开始变得刺骨起来。在塔坚卡和斯韦特雷亚尔（Svetlyi Yar）地区的渡河点（目前还在第57集团军控制下），大量搭乘卡车的步兵和坦克披着伪装延伸开去，没有遭遇任何轰炸。斯大林格勒平民的疏散工作以五花八门的方式进行（一直持续到11月15日），这或许也迷惑了德国飞行员。登上西岸后，坦克第13军立即整日躲在红军城东面的树林中，机械化第4军和骑兵第4军白天也将自己隐藏在察察湖东面约10英里处。

这些兵团前调时，朱可夫在塔坚卡东北约半英里处的第57集团军司令部召开主要情况介绍会，会议始于11月10日，持续整晚，直到早上5点才结束。叶廖缅科召集了所有军官和军事委员会成员——方面军的赫鲁晓夫、扎哈罗夫和方面军副司令员波波夫、装甲兵的诺维科夫、炮兵的马特维耶夫、航空兵的赫留金、第57和第51集团军司令员和军事委员会全体成员、装甲兵团和快速兵团的指挥员——机械化第4军的沃利斯基、坦克第13军的塔纳希申、骑兵第4军的沙普金以及担负进攻任务的各师师长，最后还有工程兵和通讯兵指挥员。与西南方面军和顿河方面军不同，斯大林格勒方面军必须在敌猛烈进攻下进行准备工作，而且首要任务是守住斯大林格勒城内的桥头堡。炮兵部队和工兵焦头烂额地支援城内，他们的许多工作要冒着德军的猛烈炮击进行。斯大林格勒方面军的38个工程兵营必须着魔似的执行大量命令：渡河、输送弹药、将坦克运过伏尔加河、为装甲兵团勘定路线、遂行突破地段的"工程侦察"。师属工程兵保障步兵和炮火准备，集团军和方面军工程兵保障坦克装甲兵（每辆坦克配备2—3名工兵）。3个星期内，他们将420辆坦克、111000名人员、556门火炮和7000吨弹药运过伏尔加河。赫留金空军第8集团军的飞机将为进攻各师提供空中掩护，轰炸敌军防线，支援战场上的步兵和坦克进攻。专门的命令涵盖了他们与3个坦克、骑兵快速兵团的协同行动。夜间，空军第8集团军的战斗机将在各军作战区域上空巡逻，还会为坦克安排专门的无线电用以呼叫空中支援。

朱可夫详细检查了所有计划及准备工作，与在西南方面军和顿河方面军时一样严厉。坦克装甲兵的部署受到非常细致的检查，在这方面，华西列夫斯和朱可夫不同，他在一定程度上维护机械化第4军，也不会对他们呼来喝去。机械化第4军参谋长波什库斯上校给华西列夫斯基留下"精明强干，堪当大任"的印象，但他也没有忽视其他指挥员。机械化第4军军长沃利斯基刚接到他的军要如何行动的说明，之前的行动命令只是说他的任务将"稍后通报"。方面军会议结束之后，沃利斯基获悉机械化第4军要与西南方面军取得联系，与第51集团军协同行动时，他的坦克将为步兵师提供支援（沃利斯基建议拆分坦克第55旅和第158旅用于该目的），随后迅速穿过防线上的缺口。沃利斯基建议突破3—4英里深，步兵抵达87高地—扎哈罗夫村一线时投入其主力。华西列夫斯基采纳了沃利斯基和波什库斯提出的建议，然后，事无巨细，仔细地检查了他们的计划。为加速通过突破口，避免坦克排成长队，沃利斯基建议以旅为单位组织三个纵队，虽然该方案比较复杂，但沃利斯基知道道路只有一条。他们仔细勘察地形、走访原住民后，确定两个旅可以越野行动。无论如何，原则上要避免与强敌正面交手，也要避免分兵对付敌加强点和抵抗中心，只能绕过他们并留下掩护分队。沃利斯基和波什库斯起草计划并向军官们宣读的同时，全军必须进入完全战备状态。11月16日，尽管从阿斯特拉罕赶来的几艘油料驳船已经到达，但没人知道它们的实际位置，甚至派飞机搜索也未能找到。彻底搜索该地区后最终找到了油船，但机械化第4军又发现自己（与整个方面军一样）缺乏冬季润滑油，赫鲁晓夫给米高扬发电报后才送来了500吨。

11月11日，朱可夫返回莫斯科向斯大林和最高统帅部报告，他和华西列夫斯基在总参谋部的完整地图上推演这次行动，并总结了战备状况、苏军各军团情况和胜算：

1.根据各方面军提供并为总参谋部所证实的资料，双方在"斯大林格勒方向"的兵力大体相等。在我各方面军的主要突击方向上，由于调来了最高统帅部预备队并抽调前线"次要方向"的部队，"我们将在兵力上对敌人形成显著优势"，这为胜利带来希望。未发现敌人的大批预备队从内地开往斯大林格勒方向。德军没有变更部署，他们的主力——第6集团军和第4装甲集团军仍然被牵制在市区的激战中。在侧翼，我们的主攻方向上仍然是罗马尼亚部队。总之，斯大林格勒方向的双方力量对比有利于最高统帅部提出的任务胜利完成。

战役期间非常关键的是：集中加强过的方面军航空兵；替换集团军（尤其是坦克军和机械化军）中的损耗单位，送入最高统帅部预备队，以确保当前行动的胜利，并在接下来发展这些胜利。

2.由于铁路、河运工人付诸"巨大努力"，且国防委员会加派了任务（尤其是扩展前线地区的铁路网），最高统帅部向各方面军分配的反攻部队和必要的物资已经集中完毕，只比原计划稍稍推后了一些。由于部队中开展了大量政治工作，官兵精神状态很好，士气高昂。

3.包括团长在内的方面军指挥员对战役的战斗任务要了如指掌，并在现地加以研究落实。很好地计划和研究包括团在内的步兵同炮兵、坦克兵以及航空兵之间的协同动作的全部问题。特别着重研究坦克军、机械化军和骑兵军的任务。

　　直接在适当地区制定战役计划，除了最高统帅部已批准的方面军司令部计划设想的部署以外，不需要额外考虑此类问题。按计划，西南方面军在战役开始阶段将担任主攻。根据我们的意见，以及该方面军首长的意见，西南方面军有足够的兵力武器实现这一目的。在战役的第三天日终和第四天凌晨，西南方面军和斯大林格勒方面军的坦克军和机械化军要在顿河东岸的苏维埃农庄、卡拉奇地区会师。

　　计划中规定的建立合围的对外正面措施，由两个方面军和各集团军司令员制定，参战部队的指挥员也在他们的领导下参加了这项工作。

　　有充分的理由让西南方面军和顿河方面军11月19日开始进攻，斯大林格勒方面军11月20日开始进攻。

　　斯大林格勒方向各方面军和集团军军事委员会、即将参与这场我军史无前例的大规模战役的所有指挥员——以及我们自己——都坚信这次战役会取得胜利。

这次本可能与"火炬行动"（北非登陆已于11月8日进行）同步展开的打击最终延后了一星期多一点。

　　讨论"建立包围圈对外正面的手段"时，华西列夫斯基已经抓住了问题的关键。"对外正面"终将成为一个庞大的新任务，该任务在11月的第一周周末接受检验，并获得代号"土星"。"土星"原本就是一个衍生而来的计划，根据该计划，沃罗涅日方面军和西南方面军应当向罗斯托夫发动一次非常深远的突击（事实上，1920年歼灭邓尼金的那个计划就是如此）。战役第一阶段是歼灭意大利第8集团军，进入坎捷米罗夫卡—切尔特科沃—米列罗沃地区。进攻将由沃罗涅日方面军左翼（第6集团军）和西南方面军近卫第1集团军遂行，加强有坦克第17、第18和第25军。战役第二阶段将从切尔特科沃—米列罗沃一线展开，最高统帅部预备队将调入此处，随后西南方面军攻往罗斯托夫，从而插入整个南方德军的后方——切入B集团军群，背对A集团军群并切断其撤退路线。沃罗涅日方面军已准备好歼灭匈牙利第2集团军的计划。11月13日，戈利科夫飞赴莫斯科，参加最高统帅部关于"土星"行动方针的会议。

然而在这个节点上，即便是包围德军第6集团军的"天王星"行动也面临着风险，最高统帅部对计划及准备工作做最后的评估时，斯大林格勒城内出现了严重的危机。11月11日早上6时30分，德军的空袭和炮击标志着其突向伏尔加河、撕碎第62集团军的猛烈进攻重新开始。临近午时，在猛烈的炮击和"斯图卡"的攻击下，德军步兵和坦克在500码宽的战线上抵达伏尔加河，第三次分割崔可夫的桥头堡。柳德尼科夫的师现在被切断在"街垒"厂南面，"红十月"厂许多骇人的废墟落入德军手中。北面，戈罗霍夫支离破碎的几个旅还在坚持，而左翼由罗季姆采夫的残部坚守。直冲到河边的德军现在已经形成一个令人生畏的突出部，将罗季姆采夫圈进了一块400米×700米的地盘，身后便是伏尔加河，但这个救援的通道正在他们眼前关闭，伏尔加河正在结冰，"半冻结"的水面暗藏危机——浮冰。由于汽轮和驳船已寸步难行，划艇不得不接过"摆渡"的工作，20—25艘划艇趁夜集结过河，一旦遭遇德军的机枪火力或轻型火炮炮击便再无机会。柳德尼科夫各团已经损失惨重：第650团仅剩31人，第344团还剩123人。自动武器的弹药所剩无几，手榴弹也用光了，每支步枪还剩20—30发弹药。柳德尼科夫的补给只够每人每天25克干面包和5克糖。苏军飞机试图空投食品和弹药包，但不是掉入河中就是落入德军战线，抑或重重坠落地面，导致弹药受损。最糟的是，伤员增至近400人，他们躺在那里，被雨水或小雪浸湿，没有医药与救护，也无法被运过河去。

崔可夫手中最强大的部队是1500人的近卫步兵第13师，步兵第193师只剩下1000人出头。第62集团军总计有47000人、19辆坦克，被分割成3个集群；北面戈罗霍夫手下有约1000人，据守雷诺克和斯巴达诺夫卡；柳德尼科夫的步兵第138师不到500人封锁"街垒"厂东面；南面是已成空壳的步兵第95、第45、第284师和近卫步兵第39、第13师。大堆瓦砾的每个角落都化为加强点，颓圮的墙体及石板上修筑了"堡垒"。装备自动武器、刺刀、手榴弹及工兵铲，兵力为6—8人的战斗班组在废墟中穿行战斗，争夺部分房屋或在毁坏的工厂形成的迷宫中战斗。柳德尼科夫的人在死去或正在死去的战友身边继续奋战，70名德军冲锋枪手突破至师部时，柳德尼科夫的几个参谋、独立工程兵第179连的

12个人和师部警卫连剩下的6人与德军突击队短兵相接，并最终击退了他们。11月17日，戈罗霍夫似乎败局已定——第16装甲师即将席卷他极度衰弱的守军，两个旅的残部已经蒙受两个星期的猛烈攻击。戈罗霍夫凑起他最后的预备队——厨子、司机和各种后勤人员——为前线送去300人。与叶廖缅科和崔可夫通电话时，戈罗霍夫接到的命令只有坚守——反过来，他被许诺"你将得到做梦也想不到的援助"。尽管如此，崔可夫随后承认："我们已经到了最后关头，我们的弹药正在耗尽。"德军突击队和战斗工兵正在一码一码地争夺斯大林格勒，他们发起又一次突击，夺取又一码土地，将火炮拖进又一个阵地，人们污秽不堪、衣衫褴褛，忍受着风吹雨打。

听闻斯大林格勒战况吃紧，斯大林命令华西列夫斯基立即飞过去接管进攻准备工作，以便让叶廖缅科专心处理城市防御。华西列夫斯基花了点时间检查沃利斯基起草的机械化第4军进攻计划。这里同样存在火炮短缺的问题，为克服这一点，第57集团军的齐射时间被设定得能让火炮转移至第64集团军的地段进行第二次齐射，以便支援舒米洛夫的进攻。11月17日，华西列夫斯基还得面对一个新的突发危机，这次问题虽然来自莫斯科，但根源仍在斯大林格勒方面军。斯大林让他返回首都参加一次国防委员会会议，国防委员会之前收到一份非同寻常的信，请求斯大林推迟反攻，因为行动注定要失败。这封信的作者正是机械化第4军军长沃利斯基，他在这次进攻中扮演重要角色。沃利斯基写道，为反攻开始阶段分配的力量不足，以至于失败几乎不可避免。因此，他作为"一名忠诚的党员"，并代表参加这次进攻的其他许多高级指挥员，请求斯大林取消这次进攻，立即详细检查就实施这次战役所做的决定是否现实，请求推迟或完全取消这次战役。国防委员会想知道华西列夫斯基怎么看待这个令人毛骨悚然的论断，华西列夫斯基指出，过去两个星期以来，沃利斯基一直在积极参加反攻的计划与准备工作，不论对整个战役，还是对交给他负责的这个军的任务，都未表示过丝毫异议，在11月10日的重要会议上，沃利斯基还向最高统帅部代表和方面军军事委员会保证，他的军已经准备好执行他们的命令。华西列夫斯基深入参与了机械化第4军作战计划的起草，并与沃利斯基和波什库斯进行过细致的探讨，他报告说该军完全做好了战斗准备，官兵士气高昂。总之，华西列夫斯基坚持认为不论是取消这次已经准备就绪的战役，还是变更这次战役的发动时间，都是毫无依据的。这时，斯大林命令华西列夫斯基接通沃利斯基的电话，通话时间不长，令屋内众人非常惊讶的是，斯大林语气并不是很严厉。放下电话后，斯大林建议华西列夫斯基别再管沃利斯基的信。沃利斯基将留在机械化第4军，因为他刚刚还保证过坚决完成交给这个军的任务，他是否继续担任军长的问题要按照这个军行动的结果再做最后决定，对此，斯大林命令华西列夫斯基向他提交专门报告。而华西列夫斯基将前往谢拉菲莫维奇桥头堡，决定性的攻势将从那里展开。

"天王星"行动前夜，"斯大林格勒方向"上的苏军有1000500人、13541门火炮（高射炮和50毫米迫击炮除外）、894辆坦克和1115架飞机。西南方面军辖近卫第1集团军、坦克第5集团军、空军第21和第17集团军，有18个步兵师、3个坦克军、2个骑兵军、1个坦克旅、1个摩托化步兵旅和8个炮兵团；顿河方面军辖第65、第24、第66集团军和空军第16集团军，有24个步兵师、1个坦克军、6个坦克旅、52个迫击炮团和炮兵团；叶廖缅科的斯大林格勒方面军辖第62、第64、第57、第51、第28集团军和空军第8集团军，有24个步兵师、17个步兵旅和摩托化步兵旅、1个机械化军和1个坦克军、7个坦克旅、1个骑兵军、67个炮兵团或迫击炮团（将于11月20日前抵达出发线）。3个方面军均部署为单梯队（主要是因为兵力不足），这使得方面军和集团军司令员能够将他们的装甲和快速力量作为"发展胜利"梯队投入战斗，当然，这么做在一定程度上削弱了那些担负主攻的军团。火炮密度仍然偏低，这使得炮火准备不可避免地比较长——达到了80分钟。

进攻开始前近一个星期的时间里，被标注为进攻目标的当面敌军阵地均由加强营或加强连进行过侦察，以确定敌方主力是前移了还是被拉回防御阵地纵深。炮兵侦察是为避免炮火落入空地。为掩盖进攻地域，侦察在集团军战线的广阔地段上进行。在西南方面军，侦察表明坦克第5集团军当面的前沿阵地比较薄弱，但主阵地在其后方约半英里处。为此，坦克装甲兵的出发线前移，炮兵射击诸元也被修正。罗曼年科的坦克第5集团军的侦察持续至11月17日，但斯大林格勒方面军第51集团军的地域只出现两次侦察突袭，分别是在11月14日和11月19日。进攻前勘察后，敌雷场很可能出现变动或重整防御。步兵和坦克装甲兵在出发线就位。11月18日，指挥员们接到最终进攻时间的通知，内容都和奇斯佳科夫收到的命令差不多：

致第21集团军司令员　　　　　　　　　　　　限本人阅读/加急
　　炮火准备开始于1942年11月19日7时30分。
　　步兵、炮兵及坦克进攻开始于1942年11月19日8时50分。
　　每小时汇报一次战役进程。
　　　　西南方面军司令员瓦图京中将　军事委员会成员军级政委扎多夫

　　11月18日午夜，斯大林格勒城内的崔可夫被告知原地待"命"，他随后被告知，反攻正是在第62集团军兵力快速削弱时开始，他调派援兵的请求尚无法满足。叶廖缅科已经将司令部从红萨德迁往拉格罗德（Raigorod），并将他的新指挥中心伪装成行政中心。方面军军事委员会已经决定，斯大林格勒方面军开始进攻后，赫鲁晓夫和副司令员波波夫应立即前往第51集团军，叶廖缅科及其坦克装甲兵副司令员诺维科夫前往第57集团军。在顿河方面军的第65集团军，巴托夫不顾方面军司令部几名高级军官的质疑，在最后一天带着军官们进行了一遍最终图上推演，事实证明这非常有价值。18日，军官们回到各自部队，巴托夫则待在前沿指挥所里，这里位于右翼，海拔90米，距离前沿阵地2000码，方面军司令罗科索夫斯基及其参谋鲁坚科、奥廖尔和卡扎科夫（V. I. Kazakov）也将赶来。此时此刻，巴托夫指挥所的前方视野非常清晰，近处是原野，然后是已经"半结冰"的顿河，再远一点是另一侧河岸，点缀着被11月16日首场小雪染白的灌木，被敌方堑壕切断的山脊和丘陵上有两条防线，后面是地堡和掩体。尽管苏军各师官兵尚未接到任何命令——它们将于进攻开始前3个小时宣读——但多数人很清楚有"大事"要发生，按惯例，各师和部队召开了进攻前的党员会议。在西南方面军，罗曼年科的坦克已进入出发阵地，指挥员们最终接到了11月18日16时17分发送的加密电报："请派信使拾起翻毛手套。"（步兵进攻开始于1942年11月19日8时50分）

　　11月19日午夜，天空飘来雪成云：随着气温急剧下降，在冻雾与飘雪中，能见度降为零。

　　11月19日7时20分，星期四的早晨，天色尚未放亮时，西南方面军和顿河方面军发出呼号"警报"，所有火炮已于夜间安置于发射阵地或被拖入位置，接到呼号后上膛。10分钟后开火命令下达，RS-6火箭炮进行的首轮齐射为80分钟的炮击拉开序幕。为首的火箭弹齐射后，沿三块狭窄的、总长约14英里的突破地段部署的3500多门火炮和迫击炮加入炮击。尽管这阵惊雷席卷了猝不及防的敌军，但浓雾和纷飞的大雪也使得苏军炮手无法进行校射。火炮并未向挑选过的目标射击，而是用象限仪进行瞄准射击，轰击隐藏在黑暗中的罗马尼亚工事和地堡。通过缺口式照门在400码外射击目标的火炮效果也只是略好一点。罗马尼亚人的防御地带被搅起混杂着白雪的巨大土柱。火炮转向敌方防御地带中心时，坦克第5集团军的步兵——近卫步兵第47师、步兵第119和第124师前出至距罗马尼亚防线边缘300米处。最后一轮齐射于8时48分进行，两分钟后，步兵向前冲锋，支援他们的坦克伴随行动。坦克搭载着蜷伏在车顶的步兵从迷雾中浮现，冲向铁丝网和壕沟。奇斯佳科夫第21集团军的攻势从克列茨卡亚出发，步兵第96、第63、第293和第65这四个师打头。左翼，步兵第76师在师长塔巴特克拉泽（Tabartkeladze）少将的命令下转入进攻，为他们伴奏的是有90人的师军乐团演奏的嘹亮乐曲。苏军坦克列队前进，巴托夫第65集团军各师也在预定时间发起进攻，步兵第304师与相邻的第76师冲向梅洛—克列茨基（Melo–Kletskii），但撞上了一堵60英尺高的白色悬崖，巴托夫的人不得不顶着猛烈的火力攀登。到中午，风开始吹散雾气，苏军飞机得以起飞去勘察战场，在那里，罗军各营虽然装备不佳，但仍顽固地与苏军进攻各师展开争夺。

当天中午，溃退开始了。部署为单梯队的步兵师坦克太少，不足以洞穿防线，第65集团军及坦克第5集团军右翼遭遇顽强抵抗。第21集团军司令员奇斯佳科夫及坦克第5集团军司令员罗曼年科决定分散使用他们的坦克，克拉夫琴科少将的坦克第4军和普里耶夫少将的骑兵第3军（均属于第21集团军）得令务必于午时冲开缺口时，雾气再次弥漫开来。步兵第76和第293师地段内，克拉夫琴科的军在4英里宽的正面呈两横两纵开进，坦克后面是普里耶夫与T–34一同奔驰的骑兵第5和第32师。12时30分，罗曼年科亲自下令让坦克第1和第26军穿过近卫步兵第47师、步兵第119和第124师的地段攻击前进。罗金（A. G. Rodin）少将的坦克第26军成四纵队出发，以坦克第19、第173旅为先导，冲向残存的罗马尼亚和德军火炮，后者通过缺口式照门向黑暗中浮现的成排坦克射击。巴托夫少将的坦克第1军轰鸣着穿过近卫步兵第47师的地段，跟在两个坦克兵团后面的是骑兵第8军，他们流入一个在防线上撕开的8英里宽的缺口中。坦克冲向东南方，在罗盘的引导下穿过雾雪，步兵则循着履带印前进，但即便是侦察坦克，绕行或穿过峡谷和陡峭、闪着冰雪寒光的沟壑也绝非易事。罗马尼亚第13、第14和第9这三个步兵师开始瓦解，混乱、恐慌地向后退去，搭乘近卫坦克第8旅坦克的近卫步兵第47师和开始突入顿河大草原的坦克纵队紧追不舍。整个罗马尼亚第3集团军被苏军从东西两侧包抄，立刻动弹不得。

在希特勒的总部，关于苏军攻势"令人不安的消息"让海姆将军的第48装甲军立刻得到发动反冲击的命令，力图阻止敌方这次早已为元首所"预见"的进攻。临近10时，B集团军群命令海姆向东北的克列茨卡亚方向进攻。不到一小时，由于意识到苏军的目标不是克列茨卡亚，而是遂行一次危险得多的突击，海姆的军转而对付坦克第5集团军，奉命向西北转进，第22装甲师不得不转动履带，前去迎击罗曼年科。拉杜将军的第1装甲师将从日尔科夫斯基（Zhirkovskii）以北向西进攻，第22装甲师从佩夏内（Peschany）向东北进攻，罗马尼亚第7骑兵师也从普罗宁（Pronin）向东北方向进攻。在天色迅速暗淡的冬日午后，由于罗马尼亚第1装甲师重要的无线电车辆不能用，第22装甲师与罗马尼亚第1装甲师失去联络，拉杜将军的师没有接到转向西南这一极其重要的命令。罗金的坦克纵队在夜色中向东南方开进，他们在炮火中停下片刻，关闭车灯及引擎后炮击才就此打住。在他们左边，罗金的坦克手们听到一支纵队转向北面，许多装甲车辆径直冲入苏军后方——这是"疯狂前进的"罗马尼亚第1装甲师，他们的弹药与补给车辆一股脑地撞进坦克第26军的纵队中。11月20日凌晨，拉杜将军的师走向终结，罗金的坦克转向西南，未费一枪一弹便包围了作为交通枢纽、补给仓库和指挥中心的佩列拉佐夫斯基。第22装甲师的奥尔佩恩—布罗尼科夫斯基上校无力阻挡苏军坦克部队的突击，正退往西南方的奇尔河，期间还要守住一条与苏军纵队推进路线平行的线路。而在罗马尼亚第3集团军，尽管拉卡斯将军的步兵和拉杜的旧式坦克数次尝试反冲击，罗军最终还是分崩离析，并开始向南逃离令他们胆寒的坦克，5个师在顿河草原上趔趔趄趄地撤退。

斯大林格勒以南，叶廖缅科的方面军准备于11月20日进攻。11月19日夜，B集团军群司令部意识到，斯大林格勒德军深远侧翼的形势已经非常严峻，罗马尼亚第3集团军已被击退，遂于22时命令第6集团军的保卢斯采取"一切手段"中断斯大林格勒城内的进攻并撑住左翼。就在此时，苏军多个师正在进入阵地以粉碎他们的右翼。3小时前，机械化第4军的沃利斯基从斯大林格勒方面军司令部接到命令，将他的主力带入出发线，其中一些部队要赶30英里的路。在第51集团军前进指挥所里，赫鲁晓夫、波波夫与特鲁法诺夫、沃利斯基、骑兵第4军的沙普金中将在一起。叶廖缅科及其参谋长在第57集团军，患有糖尿病的托尔布欣病情发作，但仍坚持指导攻势。在敌方阵地边缘，身着白色伪装斗篷的工兵正在设置炸药并确定雷场；通信兵把电线埋入地下，以防被坦克压断。不料，日出前，晴朗的天空因不断增厚的雾气模糊起来，火炮失去视野，飞机停飞。

最高统帅部从莫斯科打来电话，问叶廖缅科能否按时发起进攻。叶廖缅科回答说如若雾气消散，他将在指定时间——8时整展开炮击。7时30分，能见度只有200码，也没有好转的迹象。最高统帅部再次打来电话，命令"立即进攻"，对此，叶廖缅科回答说自己不是待在办公室，而是在前进指挥所，他很清楚该什么时候开始。9时30分，叶廖缅科下令30分钟后开火。时间一到，M-30火箭炮进行的第一轮齐射开始了。45分钟后，第57集团军的坦克和步兵动身，在坦克第13军的支援下，步兵第422师和近卫第15步兵师从别克托夫卡"大钟"的南缘发起进攻，冲出萨尔帕湖和察察湖之间的隘口。南面，由于叶廖缅科的副司令员波波夫与方面军司令员失去联系，未能就天气及战役开始时间征求意见，第51集团军按原定时间开火。特鲁法诺夫的步兵第126和第302师冲出察察湖和巴尔克曼察湖之间的隘口，在沃利斯基机械化第4军独立坦克第55和第158团的配合下，于3英里长的正面进攻罗马尼亚第6军。尽管有5辆T-34坦克起火燃烧或被击毁在87.0高地附近，但坦克一冲进阵地罗马尼亚人便缴械投降。随着第51和第57集团军投入进攻，第57集团军的火炮被迅速拖至位于舒米洛夫第64集团军方向的新阵地上，14时20分，为支援舒米洛夫的进攻，开始了第二轮齐射。到中午时，战线南段形势的发展已经好得足以投入坦克/机械化军了。

14时，塔纳希申的坦克第13军前进穿过步兵第169和第422师，以两列纵队向北面的纳里曼开进。坦克的速度不成问题，但摩托化步兵缺少卡车，不得不步行，塔纳希申的军因此放慢了速度，撞上莱泽的第29摩托化步兵师后骤然停下。莱泽的师奉命赶往东面迎击塔纳希申，其炮兵营在呈行军队形冲上来的苏军坦克和步兵前放列。沃利斯基未能及时让机械化第4军动身，尽管11时20分便下达了离开出发线的命令，但到13时几个先头旅才出发，在此期间，后送伤员、前送燃料和弹药的卡车已令后方出现拥堵。在摩托化步兵集群中，只有三分之一的步兵有卡车（方面军之前征用150辆卡车转运物资，没有一辆返回机械化第4军）。旅长们进入被风吹过、白雪皑皑的草原后立即丧失方向感，右翼的机械化第60旅偏离公路，左翼的机械化第59和第36两个旅闯入敌方雷场。各旅都挤在一条道路上（而非原定的三条），搅成了一锅粥。在通古塔东南方的普洛多维托耶（Plodovitoe），沃利斯基的几个团冲入罗马尼亚第18步兵师，而军主力停在了杂乱的火炮和卡车残骸中。夜幕降临时，机械化第4军尚未抵达第一个目标上察里岑斯基，但波波夫命令沃利斯基坚决推进，拿下通古塔和阿布加涅罗沃的火车站。正如沃利斯基在报告中所写的那样，他担心接下来的天气变化——冰冻，前方草原情况不明，天知道敌后方纵深会有什么样的威胁。白天的战斗已经让沃利斯基损失50辆坦克，而莱泽的第29摩步师还威胁着他的侧翼。夜间，沃利斯基的几个旅继续谨慎推进，黎明时抵达阿布加涅罗沃车站。沃利斯基现在担心他的左翼，而第4装甲集团军更担心整个东翼，因为其南北两翼已被通杜托沃（Tundutovo）（第57集团军）至阿布加涅罗沃的缺口撕开，这个还在扩张的口子已有20多英里宽。上察里岑斯基的第4装甲集团军司令部受到直接威胁，匆忙撤至布济诺夫卡的小村子里，随着沃利斯基向西冲刺，司令部又紧张忙碌起来。

第4装甲集团军司令部从眼前的危险中抽身时，11月21日，保卢斯位于顿河上戈卢宾斯卡亚的司令部也面临着当前形势突然显露的严重威胁。到20日晚，苏联西南方面军和斯大林格勒方面军都完全转入进攻，矛头直指东南方向和西北方向，均深入德军后方20多英里。第6集团军深远侧翼和第4装甲集团军东翼被撕开巨大缺口，现在，更多苏联兵团开始通过这些缺口进军。罗金的坦克第26军在行进间夺取佩列拉佐夫斯基，20日，向顿河冲去，不过，坦克第4

军的战斗有些僵持不下。坦克第5集团军和第21集团军的步兵兵团已从东西两面包抄数个罗马尼亚师，正准备在拉斯波平斯卡亚（Raspopinskaia）附近的包围圈歼灭他们。第21集团军左翼部队和巴托夫的第65集团军冲向东南方，刺入保卢斯第6集团军左翼。11月21日，西南方面军和顿河方面军分别向西南和东南方进攻。华西列夫斯基已经抵达奇斯佳科夫的司令部，沃罗诺夫上将一直在这里协助第21集团军的作战。华西列夫斯基可以给斯大林交一份乐观的报告了，到11月21日晚，西南方面军坦克第4、第26军和近卫骑兵第3军已深入德军后方60英里，正奔向卡拉奇；在叶廖缅科的斯大林格勒方面军，快速兵团已突破30英里，位于纳里曼以北至泽特一线。

沃利斯基让机械化第4军停在泽特，在此集结，补充燃料和弹药。当晚，副司令员波波夫通过电话与沃利斯基交谈，并命令他继续进军。在叶廖缅科看来，沃利斯基的停顿简直是"不可思议"。波波夫和叶廖缅科均接到报告，称德军的抵抗正在增强。另有消息称，西南方面军坦克的进军正在减缓。波波夫命令沃利斯基每隔2小时向他汇报一次部队的动态，务必集中力量应对德军可能的反冲击。11月22日的头几个小时对沃利斯基少将而言并不好过，叶廖缅科向他"严重警告"，黎明时分，一架飞机投下方面军司令员的特别信，"明确要求"恢复推进。步兵第126师作为沃利斯基的左翼，将前去确保阿布加涅罗沃；第51集团军骑兵第4军及步兵第302师正在向通古塔—阿布加涅罗沃东北推进，进一步巩固侧翼。沃利斯基的担忧不无道理，但来自第4装甲集团军的打击并未到来，机械化第4军动身前往苏维埃茨基。沃利斯基下达了一道即时命令——由于第29摩托化步兵师已经拖住坦克第13军，令其失去接触，因此，敌军很有可能在右翼敞开的情况下去夺取一段25英里长的公路。沃利斯基挑选罗季奥诺夫上校的机械化第36旅夺取苏维埃茨基，他还提议以多罗什克维奇少校的坦克第26团打头阵，令其"全力向前"，11月22日中午前抵达苏维埃茨基。沃利斯基向多罗什克维奇吐露说："不仅仅是你们旅，全军的荣誉都取决于你们的行动。"以坦克第26团为先导，罗季奥诺夫也随后跟上，11月22日12时，苏军摩托化步兵杀入该镇，多罗什克维奇的坦克搭载更多步兵在两侧遂行，苏维埃茨基的德军被肃清。叶廖缅科呈交他的夜间作战报告后，斯大林通过电话确认苏维埃茨基和克里沃穆兹金斯卡亚车站（Krivomuzginskaia）已被占领。

他十分高兴，补充道："明天（11月23日）你们就可以和西南方面军会师了，他们已经夺取卡拉奇。"

11月22日夜间，坦克第26军开始强渡顿河。为夺取别列佐夫斯基仅有的桥梁，罗金以摩托化步兵和坦克第157旅的5辆坦克组织了一个特遣支队，将其交给菲利波夫上校指挥。苏军坦克11月21日早晨就已经出现在顿河，抵至戈卢宾斯卡亚几座高地，这里曾是保卢斯司令部所在地，他已飞往他位于顿河下游下奇尔斯卡亚的冬季司令部（然后按照希特勒亲自下达的命令，从那里飞返斯大林格勒，前往位于古姆拉克的指挥所）。由于交通繁忙，德军工兵卡拉奇搭建了一座临时便桥，以代替苏联人夏季炸毁的那些桥梁。顿河附近的高地上有所德国人用于培训反坦克作战的学校，里面有几辆缴获的苏军坦克作为靶标。凌晨3点，菲利波夫的先遣支队开着大灯急速驶向大桥，被误认为是缴获的坦克正常通行。3小时后，菲利波夫的侦察坦克通过大桥并示意纵队跟进。大桥的守卫被放倒，德军早上炸毁大桥的尝试也失败了。傍晚，坦克第26军坦克第19旅来到顿河东岸，然后集结在卡拉奇东北方向的树林中，坦克第4军也向卡拉奇和苏维埃茨基挺进。

11月23日晨，沃利斯基的侦察部队（机械化第36旅）报告称卡拉奇仍然处在敌军控制下。在苏维埃茨基和卡拉奇之间的普拉托诺夫卡（Platonovka）已经可以看见德军坦克。德军部队发起反冲击时，苏维埃茨基出现零星的战斗，15时30分，有报告称西北方向出现一队坦克。第36机械化旅的罗季奥诺夫决定派出一辆悬挂旗帜的装甲车。前进的坦克发射了一枚绿色火箭——坦克第4军坦克第45旅的苏军坦克。日德科夫上校坦克第45旅一部已驶往东北方向的卡拉奇，与坦克第26军取得联系；其余部队攻向苏维埃茨基。14时，西南方面军和斯大林格勒方面军的几个旅会师，双方旅长按照俄罗斯的传统礼节亲吻三次。坦克第4军、第26军与机械化第4军在苏维埃茨基－马里诺夫卡地区取得联系，坦克第13军在后面不远处。而在顿河东西两岸，混乱的人流单个或成群地逃向下奇尔斯卡亚的顿河大桥，或同样仓促地奔向阿基莫夫斯基（Akimovskii）的临时大桥（位于步兵第384师防区），在那里，无组织的部队与惊慌失措的后勤人员汇集成的人群将弱者和伤员挤到了一边，到东岸向斯大林格勒夺路而去，暂时逃离从西面攻来的苏军坦克。

基于顿河方面军和斯大林格勒方面军参谋提供的数据，华西列夫斯基上将（和苏联总参谋部）估计，过去100个小时的进攻战役中，红军已包围85000—90000名敌军。不过，被围人数一直扩张到这个数字的3倍有余，包围圈东西长35英里、南北20英里出头——在希特勒用铅笔戳中斯大林格勒要塞的那一刻开始，事情就发生了改变。德军指挥官第一个念头便是从里面突围，这个"要塞"中至少有5个军部(4个步兵军和1个装甲军)，14个德军步兵师、3个摩托化师和3个装甲师，2个罗马尼亚师（第1骑兵师和第20步兵师）的部分单位，1个克罗地亚步兵团，专业队伍（工兵、炮兵、通信兵和后勤人员），以及从警察到"托特"组织起一整套辅助和附属部队——计250000人、100辆坦克、约2000门火炮和10000辆车。

11月23日夜，华西列夫斯基在西南方面军司令部向斯大林汇报称，他同意当前最急迫的任务是强化外包围圈并歼灭被围德军。叶廖缅科和罗科索夫斯基都赞成立即进攻被围敌军，华西列夫斯基已下达口头命令。11月24日夜间，华西列夫斯基为方面军司令员准备了一份正式指令：西南方面军，奇斯佳科夫的第21集团军将在坦克第26和第4军的支援下从西面进攻；顿河方面军，第66、第65和第24集团军将从北面进攻；叶廖缅科的斯大林格勒方面军，第62、第64和第57集团军将从东面和南面切入包围圈。所有攻势都指向古姆拉克，从而将德军各兵团分割为小集群。在外包围圈，西南方面军近卫第1集团军和坦克第5集团军将在克列瓦亚河和奇尔河东岸建立稳固的正面，该线将继续沿铁路线延伸，掩护奥布利夫斯卡亚—苏罗维基诺—雷奇科夫斯基区域，阻止德军从西面和西南面进攻。南面，骑兵第4军和第51集团军的几个步兵师将守住格洛莫斯拉夫卡至乌曼采沃这条外线。以上命令自11月24日早晨生效，执行前不进行任何重组或预备队调动。

11月23日至24日夜间，华西列夫斯基与斯大林谈话并起草了给方面军司令员的指令。与此同时，被苏军包围圈困住的德国第6集团军的命运取决于总参谋长蔡茨勒与B集团军群（司令部设在旧别利斯克）参谋长冯·佐登施特恩将军的连夜通讯。第6集团军已经与B集团军群敲定突围行动的细节，现在，佐登施特恩得知经过数小时的争论后，希特勒终于承认突围并放弃斯大林格勒是避免全军覆没的唯一办法。但到11月24日上午，就在第6集团军即将收到开始突围的命令时，希特勒直接给冯·保卢斯发电报称，第6集团军将原地坚守——元首将看到部队得到补给，并在适当的时候得到增援。关键在于，戈林已"亲自"向希特勒"保证"，德国空军每天可向被围守军提供500吨补给，希特勒基于此向第6集团军做出"个人保证"。至于解围，不管是OKW、OKH还是古姆拉克的第6集团军司令部，对于如何集结解围力量、在哪里集结，都没有什么头绪。同一天上午，下达"分割包围"斯大林格勒守军的命令后，华西列夫斯基、沃罗诺夫及苏军空军司令诺维科夫在谢拉菲莫维奇附近的机场碰头，向北飞往戈利科夫位于沃罗涅日方面军的司令部。此行的任务是讨论沃罗涅日方面军左翼和西南方面军发起，指向米列罗沃—罗斯托夫的新战役——"土星"。11月天气恶劣，运输机没有出现，但华西列夫斯基意识到斯大林在催促，决定强行前往。诺维科夫从航空兵第262师第734夜间轰炸航空兵团带来7架PO-2轰炸机来将最高统帅部军官运往北面，并亲自向飞行员们作任务简报。升空后，几架轰炸机很快便在浓稠、经久不散的云层中失去联系，各机在危险的条件下单独飞行，除一架飞机外全部迫降。华西列夫斯基的飞机迫降在沃罗涅日卡拉奇附近的一处集体农庄，这位苏军总参谋长最终拦下一辆军用卡车，将他带往最近的通讯中心。莫斯科非常担忧这几位最高统帅部军官的命运，华西列夫斯基最担心的是鲁奇金将军的飞机，因为他带有绝密的战役文件〔事实上，只有鲁奇金的飞机差不多降落在了布图尔利诺夫卡（Buturlinovka），戈利科夫的参谋正在那里等候〕。PO-2的飞行员并不知道他们带的是谁，几位最高统帅部的军官此次出行未佩戴奖章或军衔，用的是化名——华西列夫斯基化名为"米哈伊洛夫"。11月25日，最高统帅部小组所有成员和文件都汇集于哈里托诺夫的第6集团军指挥所，"土星"的基本构想在此付诸讨论。

苏军外包围圈绵延约200英里，其中只有150英里有苏军掩护。目前，在一些关键地段，"对内""对外"正面相距不到10英里，其余地段为20—40英里不等。斯大林格勒西面和西南面，广阔的草原上丢弃着被击溃的师和部队留下的残骸，幸存者想要前往斯大林格勒城区寻求庇护。在他们头顶上，首批德军运输机在战斗机的护航下飞入"包围圈"，那里的德军现在据守着苏军旧有工事，或在冻土上通过爆破构筑阵地。崔可夫的第62集团军被压入800码深的阵地，在伏尔加河西岸形成两个独立的桥头堡，尽管一支来自顿河方面军的解围力量正奋力冲向戈罗霍夫被困在城市北端的旅。伏尔加河还未上冻，河面上的浮冰使得用小船运送补给过于危险，即便最坚韧的伏尔加河船工也无可奈何。12月中旬，浮冰才会挤压在一起形成坚固的冰层。多日以来，第62集团军依靠时有时无的空投物资度日，间或有小船通过从浮冰中清理出来的通道运来零星物资。由于缺乏外科救护和给养，柳德尼科夫的伤员得不到妥善照料，在一次突袭中，一些伤员被带走，200名援兵上岸，所有这些都是冒着德军的猛烈火力进行的。

与此同时，5个苏联集团军围困着保卢斯的第6集团军和第4装甲集团军一部。包围圈从库波罗斯诺耶—拉科季诺—苏维埃茨基（斯大林格勒方面军）到（卡拉奇东北的）伊拉里奥诺夫斯基—大纳巴托夫斯基（西南方面军），然后到戈卢巴亚—潘希诺—萨莫法洛夫卡以南—叶尔佐夫卡（顿河方面军）——20个师使其成为一次令人生畏的包围，是苏方之前"80000—90000人将被歼灭"这一推断的3倍还多。在一个星期多一点的时间内，情况变得再明显不过，得胜的红军已经拽住了老虎尾巴。

译注

[1]指苏联人。

[2]这样做是为了避免遭遇接近或抵达伏尔加河的德军先头部队，崔可夫从察里察河口出发，到伏尔加河左岸的克拉斯诺斯洛博达，再由那里乘汽车向北，到扎伊采夫岛对岸的62号渡口，再换乘装甲艇重返伏尔加河左岸，抵达新指挥所。

[3]伏尔加河区舰队并没有这种船只，可能只是两座浮动高射炮台。

[4]这里是就地图而言。

[5]应为第100猎兵师。

[6]可参加《斯大林格勒三部曲》第二部地图41。

[7]相关态势可以参看《斯大林格勒三部曲》第二部地图35。

[8]应为左翼。

[9]应该是Li-2型运输机。

[10]疑为西岸。

[11]似应为第65集团军。

附录
资料及出处

解释性说明

  该选辑的目的仅限于提供主要参考文献和本书引证的原始资料，没有扩展说明或额外评述，以保留这些文献自身所需的本来面貌。对于苏联出版的材料来说就更是如此，那些专著、回忆录和党史有多种版本，无论是材料本身还是据此进行的战役评述，均有可能因版本的不同而大相径庭，因此或许会出现同样的标题（并反复出现），但其内容变化很大。此外，搜寻少量的关键变化也是个问题。另外一些细致的工作与苏联军事回忆录有关，苏联的军事期刊可能在这些回忆录出版前进行了摘录，这些内容可能与出版的版本有所出入。关于这一点，极为重要的华西列夫斯基元帅的回忆录就是个例子：已发行的卷本——《毕生的事业》（苏共中央政治局出版社，1974年）——以出版前的模样在《新世界》（1973年）上连载数章，但出版的卷本和《新世界》连载版本均缺乏重要文件（最高统帅部指令、战役命令、与斯大林的交流等），这些文件包含在了发表在《军事历史》及《苏联历史》这类期刊的版本中。因此，我查引的是"华西列夫斯基的材料"，而不单单是一本出版文献。这一切可能有点谨慎了，但若想在苏联文献中寻求准确性，就要进行大量的交叉比对与勘校工作。

除了苏联文献要准确这一显而易见的要求，还有一点不容忽视，那就是苏德文献要兼收并举（并形成对照）。为此，苏德文献尽可能并列，这也意味着要在很大程度上依靠缴获的德国军事文件（引用时写作GMD，即德国军事文件）。我凭借GMD描述德军战役经过及时间，当然我尊重艾伯特·西顿上校及其他人对德军战役事件的分析。相反，我希望在缴获的德国军事文件的迷宫中，抽取一个涵盖缴获的苏军资料、苏联战役表现评论、军事组织、战俘审讯、后勤、军事装备的"副档案"夹，还有形形色色的个人文件（包括在战地邮局缴获的信件）。

所有这些以复式记账簿的形式汇集起来，先记GMD出处，再记苏联档案或条目，从而赋予这些苏联资料以奇怪的"德国身份"。

当然，有一样东西必须要收集，这就是东线外军处（FHO）的资料。这个情报机构先后由金策尔上校和盖伦将军运作，就算不提和他名字联系在一起的那些耸人听闻的事件，后者的威名也毋庸赘述。总计约150份卷宗形成了苏联、苏联军事状况和苏联意图的主要情报条目。金策尔上校似乎过分依赖波罗的海人、俄罗斯移民以及前哥萨克官员，他的情报并不准确；1942年晚春，盖伦少将接手东线外军处，随着此后关键节点的到来，这些东线外军处文件提供了引人入胜的侧写。为完成这幅写照，我还转向国防军宣传营（Propaganda-Abteilung）和浩繁的德国文件，铁道部队（General der Eisenbahntruppen）带来的启发值得一提，起初并没有指望能从中获得多少有意思的材料，但事实证明这些文件内容非常丰富。这并不是说它们读起来很轻松，例如，1941年第2航空军区（Luftgau II）令人发指的研究中，有对5名被俘苏军空军军官的心理学研究。这只不过是那些惨绝人寰、令人毛骨悚然的档案的序曲，档案中记载着对斯拉夫"劣等人"的肢解。或许军事组织中最令人恐惧的一面不在于战斗的残忍，而是这些看似无穷无尽的统计数字中展现的官僚主义，东线战争中的所有兽性尽显于此。

最后，还是解释一下"私人收藏"的含义。研究苏德战争的历史学者，都必不可免地会接受一些形形色色的个人文件、日记、单独的文件及个人档案；肯定有很多能在中央档案馆中找到出处，虽然它们成为私人珍藏的一部分，但也悄悄诉说着这场残酷而艰苦的战争。我必须得承认，自己即便不能说是震惊，至少也是惊诧于在苏联能看到如此广泛而多样的社会各阶层的人——从最底层到级别很高的人士——的私人档案（lichnye arkhivy）。而在泛滥的官方记录及文件中，从已故的科涅夫元帅——鼻梁上架着眼镜——那里读到的个人笔记、详细的战役命令、他个人对于挑选指挥员的一些指示以及他对苏军伤亡的记录是无可替代的。而就伤亡这个课题，科涅夫元帅坦率地说，尽管存在相关数字，但他不准备在很多指挥员尚且健在的时候批准将这些数字公之于众。至于已经公布的数字，我将以专家和职业苏联军事历史学家的身份来担保其真实可信，也就是说，它们是仔细推敲的结果。对这些数字的评论或其暗示的内容或许是另一码事。因此，更有益的是有机会在苏联历史学家基于正式与非正式文献所得成果的基础上，与他们讨论这些发现。

这种被划为"私人收藏"的材料从细小乃至偶然出现的条目一直到数百页之巨的大型编纂物（例如弗拉索夫运动的一份未署名但可信的报告，编者要么是审讯弗拉索夫的人，要么是接近弗拉索夫及其运动的德军高级军官）。

我无法将这样的条目仅仅归为杂录，尽管它们可能完全不相干：与中央档案馆收藏的大量各类回忆录、战争日志和堆积如山的统计数据相比，在这里讨论它们的本质及范畴可能不合时宜，但这些资料——有标注的地图、照片、战时传单、手册和陈旧的日记——为我们展现了事物应有的各个方面。

我未分别添加脚注，而是收集了与各个章节相关的、广泛的资料，并试图确定这些文件、报告及其他原始资料当时所处的位置。这么做看来是对的，不仅确定了这些文献的具体出处，还发现了广泛的材料，使得各章内容实际上得以丰富。

介绍：苏德军事演习

参考文献及档案材料

罗伯特·康奎斯特，The Great Terror：Stalin's Purge of the Thirties（《大恐怖：20世纪30年代斯大林的清洗》）（伦敦：麦克米兰出版社，1968年），第二卷。

约翰·埃里克森，The Soviet High Command 1918–1941（《苏联统帅部1918—1941》）（伦敦：麦克米兰出版社，1962年），第13—14章。

巴里·A. 利奇，German Strategy Against Russia 1939–1941（《1939—1941年，德国对苏策略》）（牛津：克拉伦登出版社，1973年），第3—4章。

艾伯特·西顿，The Russo–German War 1941–45（《苏德战争1941—1945》）（伦敦：阿瑟·巴克出版社，1971年），第50—60页。

德国资料

弗朗茨·哈尔德上将，Kriegstagebuch（《战时日记》）（斯图加特：科尔哈默出版社，1963年）（汉斯–阿道夫·雅各布森编辑），第二册，1940年11月—12月（哈尔德日记编撰）。

佩尔西·E. 施拉姆（主编），Kriegstagebuch des Oberkommando der Wehrmacht 1940–1945（《德国国防军最高统帅部作战日志，1940—1945年》）（法兰克福：伯纳德&格雷费出版社，1965年），第1册，编注日期，1940年11月和12月（引作KTB/OKW）。

瓦尔特·瓦利蒙特将军，Inside Hitler's Headquarters 1939–1945（《希特勒大本营内幕，1939—1945》）（伦敦：韦登菲尔德&尼科尔森出版社，1962年），第3章，第135—139页。

外交部（坎杰拉基使团）：序列1907H/标号429293ff。

苏联资料

V. A. 安菲洛夫，Nachalo Velikoi Otechestvennoi voiny（《伟大卫国战争爆发》）（莫斯科：军事出版社，1962年）。

V. A. 安菲洛夫，Bessmertnyi podvig（《不朽的功绩》）（莫斯科：科学出版社，1971年)，第5章和第6章。

V. I. 达希切夫上校，'Sovershenno Sekretno!Tol'ko dlya komandovaniya'（《绝密!这是命令！》）（莫斯科：科学出版社，1967年），第3章。

D. M. 普罗埃克托尔上校，Agresiya i katastrofa（《侵略与灾难》）（莫斯科：科学出版社，1968年），第144—149页。

A，T. 斯图琴科，Zavidnaya nasha sudba（《我们令人羡慕的命运》）（莫斯科：军事出版社，1964年），第63—64页。

M. N. 图哈切夫斯基，Izbrannye proizvedeniya（《作品选》）（莫斯科：军事出版社，1964年），第二卷。

P. 日林中将，They Sealed Their Own Doom（《他们自取灭亡》）（莫斯科：进步出版社，1970年）（俄文译本），'Secrets of the German General Staff'（"德军总参谋部的秘密"）一章，第102—122页。

B. 别谢夫斯基中将，'L. A. Govorov'（《L. A. 戈沃罗夫》），VIZ，1963年（9），第66—69页。

A. V. 戈尔巴托夫将军，'Gody i voiny'（《岁月与战争》），《新世界》，1964年（4），第115—138页，另参见《岁月与战争》（莫斯科：军事出版社，1965年），第122—151页。

G. 伊塞尔森，'Zapiski sovremennika o M. N, Tukhachevskom'（《对图哈切夫斯基的当代解读》），VIZ，1963年（4），第72—73页。

第一章：苏联军事建设：改革与修复（1940—1941）

哈罗德·J. 伯曼，米罗斯拉夫·克纳，Soviet Military Law and Administration（《苏联的军法和管理》）（剑桥，马萨诸塞州：哈佛大学出版社，1955年），第45—49页（论苏联的纪律守则）、第50页（论严格的军礼与军官荣誉法庭）、第72—85页（论"军事犯罪"）、第55—57页（1925、1940和1946年期间的纪律守则惩处对照表）。

约翰·埃里克森，Radio–location and the air defence problem:The design and development of Soviet radar 1934–40（《雷达定位与对空防御问题：1934—1940年苏联雷达事业的设计与发展》），《科学研究杂志》，1972年（2），第241—263页。

罗伯特·A. 基尔马克斯，A History of Soviet Air Power（《苏联空军

史》）（伦敦：法伯尔出版社，1962年），第155—161页（论1939—1941年的苏联飞机与航空工业）。

马尔科姆·麦金托什：Juggernaut:A History of the Soviet Armed Forces（《主宰者：苏联武装力量史》）（伦敦：西克&沃尔伯格出版社，1967年），第111—136页（苏芬战争部分）。

约翰·米尔索姆，Russian Tanks 1900–1970（《苏俄坦克1900—1970》）（伦敦：武器与装甲出版社，1970年），第51—58页（20世纪30年代的苏联理论与装备）、第102—105页（1940年1月的坦克计划）。

海因茨·J. 诺瓦拉、G. R. 杜瓦尔，Russian Civil and Military Aircraft 1884–1969（《1884—1969年俄国民用与军用飞机》）（伦敦：喷泉出版社，1971年），第117—121页（"1941年的军用飞机发展"）。

艾伯特·西顿，《苏德战争》，第43—49页（德军对红军的情报工作）及第70—97页（苏联与德国的装备、军事组织）。

约翰·W. R. 泰勒，Combat Aircraft of the World（《世界战斗机》）（伦敦：伊伯里出版社与米歇尔·约瑟夫出版社，1969年），第571—584页、第590—602页、第624—625页（1930—1941年间的苏联飞机）。

档案：苏德关系

詹姆斯·雷蒙德·桑塔格、詹姆斯·斯图加特·贝蒂，Nazi–Soviet Relations 1939–41（《苏德关系1939—1941》）（下文引作NSR）（华盛顿：国务院出版，1948年），第167页（1940年7月13日，舒伦堡前往德外务办公室）、第206页（莫斯科，1950年10月9日，里宾特洛甫前往德国大使馆）、第207—216页（里宾特洛甫的致信与斯大林的回信）、第217—258页（谈话备忘录，协议草案）、第258—259页（苏联的回复/1940年11月26日接受条件）；同见第260—264页。

GMD

FHO文件夹，Inhaltsverzeichnis zu den Akten D,Bewaffnung u. Ausrüstung(Fortsetzung)（《文件D，装备与设施（续篇）》）：微缩影印本

T–78/R488，6474151–351。

Grosses Orientierungsheft Russland···Gliederung,Dislokation und Stärke der Roten Armee.Stand:1 Februar 1939.（《东方俄罗斯……组织机构、混乱及红军实力：1939年2月1日》）。T–77/R794 5523750–827。

Grosses Orientierungsheft Russland:Stand 1 März 1939.（《东方俄罗斯：1939年3月1日》）。T–78/R496 6483772–905。

Chef Ost/Russland(no other title):deployment table,with conclusion,dated 24 July 1940.（《东线总部/俄罗斯（无标题）：配署表，附决定，1940年7月24日》）。打字稿（私人收藏）。

Soviet command appointments(1940):Gen.Köstring(Military Attaché,Moscow),report dated 24 October 1940.（《苏军指挥员任命（1940年）：科斯特林将军（莫斯科武官），1940年10月24日》）。T–78/R464 6443404–443。

FHO：Photographs and brief description/Red Army manoeuvres/1940.（《照相与简报/红军演习，1940》）。T–78/R118 6043261–66（文本）及6043339–69（相片）。

Die Kriegswehrmacht der UdSSR（《苏联国防军》），1941年1月。外交部。序列号1891H。

Taschenbuch Russisches Heer(Januar 1941)（《东线外军处：苏联军队袖珍本（1941年1月）》）。T–78/R494。

Folder on Soviet weapons and military organization（《苏联武器及军事架构文件夹》）（无标题）。T–78/R502 6490073–263。

Finnish report on Soviet capabilities:FHO filed, dated 19 February 1941.（《苏军实力的芬兰报告：东线外军处编制，日期：1941年2月19日》）。T–78/R118 6043456–462。

FHO：Die russische Panzerwaffe.（《俄罗斯坦克部队》），日期：1941年4月20日和1941年5月17日。T–78/R118 6043268–77，对苏联"摩托化—机械化军"的描述及图表。

缴获的苏军档案

编号：001/26.6.40（缴获的苏军档案）：比萨拉比亚，T-78/R118 6043478-83。

苏联官方史

Istoriya Velikoi Otechestvennoi voiny Sovetskogo Soyuza 1941-1945（《苏联伟大卫国战争1941—1945》）（莫斯科：军事出版社，1960年），第1册。这是6卷本精选的不同作家的历史题材作品汇编，下文简称IVOVSS，附册数及出版日期；IVOVSS，第1册，第258—278页（苏芬战争部分）、第277页（战争演习的相关修正指令，1940年）、第450页（苏联海军军事行动手册）、第411—413页（苏联航空工业的重组）、第436—451页（苏联军事学说部分）。

Istoriya Vtoroi Mirovoi voiny 1939-1945（《第二次世界大战史，1939—1945》）（莫斯科：军事出版社，1973年），战争的起源，第256—272页（苏联军事力量的重组与重新装备）。这是12卷本战争史的首卷，格列奇科元帅主编，这很可能是为了取代之前的6卷本《苏联伟大卫国战争》。

50 Let Vooruzhennykh Sil SSSR（《苏联武装部队50年》）（莫斯科：军事出版社，1968年），第234—235页（指挥员的任命，1941年）。

苏联军事学说

Voprosy strategii i operativnogo isskustva v Sovetskikh voennykh trudakh（1917-1940 gg.）（《苏联军事行动中的战略和作战艺术问题（1917—1940）》）（莫斯科：军事出版社，1965年），随摘。该著作具有极其重要的地位，涵盖了战前苏联的军事学说。

Voprosy taktiki v Sovetskikh voennykh trudakh《苏联军事著作中的战术问题》（1917—1940部分）（莫斯科：军事出版社，1970年），随摘。涵盖主要武器及其后勤保障的基础刊物。

V. A. 安菲洛夫，Bessmertnyi podvig（《不朽的功绩》），第124—129页（苏联军官中的动荡，作战训练中的问题）、第128—137页（作战训练当时的各类报告——库尔久莫夫关于步兵的报告，费多伦科关于汽车坦克装甲兵的报告，这些问题要到1941年10月新兵培训完毕之后才能解决）、第137—148页（1940年12月会议及战争推演；第149—160页，苏联军事学说及对未来战争的展望）。

M. I. 卡扎科夫将军，Nad kartoi bylykh srazhenii（《回顾以往的战斗》）（莫斯科：军事出版社，1965年），第57—58页（12月的会议部分）。

N. F. 库兹明，Na strazhe mirnogo truda（1921—1940 gg.）（《1921—1940，保卫和平的力量》）（莫斯科：军事出版社，1959年），第184—185页（军事改革计划的部分）。

M. M. 洛巴诺夫中将，Iz proshlogo radiol okatsii Kratkii ocherk（《来自过去的无线电报》）（莫斯科：军事出版社，1969年），第37—56页（"暴风"系列）、第115—125页〔"堡垒"设备（附照片）〕。

K. A. 梅列茨科夫元帅，Na sluzhbe narodu（《为人民服役》）（莫斯科：政治书籍出版社，1968年），第175—190页（苏芬战争）、第196页（白俄罗斯军区演习，1940年）、第196—198页（1940年12月会议及战术训练的报告）。

Yu. P. 彼得罗夫，Partiinoe stroitel'stvo v Sovetskoi Armii i Flote (1918-1961gg.)（《1918—1961年，苏联陆海军中的党组织建设》）（莫斯科：军事出版社，1964年），第325—334页（指挥员及政工人员的缺点及不足，1940年1月）、第303页（军政委及军事苏维埃的集体领导的决议，1937年5月）、第335—336页（党内政治工作的失职及1940年处分决定的不利影响）、第326—327页（1940年期间保留"双重指挥"的意见及当前占领的波罗的海各州政委领导力的提升）。

海军上尉P. 马特维耶夫及A. 谢利亚尼切夫上校，Krasnoznamennyi Baltiskii Flot v nachale Velikoi Otechestvennoi voiny（《伟大卫国战争开始阶段的波罗的海舰队》），VIZ，1962（4），第36—37页〔2月份的行动指令，舰队准备工作（5月—6月）〕。

诺索夫斯基，作品已引用，1970（10），第125—126页。

B. L. 万尼科夫上将，Iz zapisok Narkoma vooruzheniya（《人民委员笔下的武器装备》），VIZ，1962（2），第78—86页。

万尼科夫上将，Oboronnaya promyshlennost SSSR nakanune voiny（《战争前夕苏联的国防工业》），VI，1969（1），第122—131页。

P. A. 罗特米斯特罗夫元帅，Vremya i Tanki（《时间与坦克》）（莫斯科：军事出版社，1972年），第83—89页苏联坦克装甲兵的重组，1940年1月。

L. M. 桑达洛夫上将，Perezhitoe（《往事》）（莫斯科：军事出版社，1966年），第45—46页；增补版，Na Moskovskom napravlenii（《在莫斯科方向上》）（莫斯科：科学出版社，1970年），第40—41页。

V. B. 沙夫罗夫，Istoriya konstruktsii samoletov v SSSR do 1938 goda（《1938年以前的苏联飞机制造业》）（莫斯科：工程出版社，1969年），第470—521页。

索韦特斯基，Voenno-vozdushnye sily v Velikoi Otechestvennoi voine 1941-1943 gg.（《第二次世界大战中的苏联空军1941—1943》）（莫斯科：军事出版社，1968年），第10—25页（1940年1月的苏联飞机）。

I. I. 什梅廖夫（编辑），Soldaty nevidimykh srazhenii（《无形战线上的战士》）（莫斯科：军事出版社，1968年），见M. 科列斯尼科夫对扬·别尔津（第81—93页）及R. 佐尔格（第131—149页）的评论。

I, T. 斯塔里科夫上校，Miny zhdut svoego chasa（《跃跃欲试的地雷》）（莫斯科：1964年），第30—34页及第38—40页（早期游击战的准备工作及随后的禁令）。

S. K. 铁木辛哥元帅，Shkola boevoi ucheby（《军事训练学校》）（1940）。在《战术问题》中再次发表，第123—128页。

N. N. 沃罗诺夫元帅，Na sluzhbe voennoi（《从军那些年》）（莫斯科：军事出版社，1963年），第166页（库利克及火炮的发展）。

A. I. 叶廖缅科元帅，nachale voiny（《战争初期》）（莫斯科：科学出版社，1964年），第33—34页，苏联新型机械化军；第36—40页，1940年12月会议；另参见伊万诺夫，VIZ，1965（6）。

G. K. 朱可夫，Vospominaniya i razmyshleniya（《回忆与思考》）（莫斯科：新闻出版社，1969年，1970年修订版）；见1970年修订版，第182—183页

（1940年12月军事会议的准备工作）。

文章/期刊文献

V. 切尔涅茨基上校，O nekotorykh voprosakh operativnogo iskusstva VVS nakanune Velikoi Otechestvennoi voiny（《论卫国战争前夕空军作战艺术中的一些问题》），VIZ，1973（8），第88—93页（1941年前空军条令）。

M. 多罗费耶夫上校，O nekotorykh prichinakh neudachnykh deistvii mekhanizirovannykh korpusov v nachal'nom periode Velikoi Otechestvennoi voiny（《卫国战争初期，机械化部队在军事行动中的失败原因》），VIZ，1964（3），第32—36页（战前组织）。

V. 伊万诺夫将军，O knige 'V nachale voiny'（《评作品<战争初期>》），VIZ，1965（6），第72—74页（A. I. 叶廖缅科元帅于1940年12月会议的评论）。

海军上将N. 库兹涅佐夫，'Vsya zhizn' Flotu（《我的"海军"生涯》），VIZ，1963（3），第68—76页（加列尔及战前苏联海军政策）。

N. E. 诺索夫斯基少将，Nadezhnyi arsenal vooruzheniya（"强大的武器库"），VI，1970（10），第116—127页及第11期第116—129页（1938—1940年苏联火炮的发展）。

A. 雷扎科夫上校，K voprosu o stroitel'stve bronetankovykh voisk Krasnoi Armii v 30-e gody（《20世纪30年代，红军建设装甲部队时出现的问题》），VIZ，1968（8），第105—111页。

N. 斯塔霍夫工程兵中将，Na voenno-avtomobil'nykh dorogakh（《在军事道路上》），VIZ，1964（3），第64—66页（军事摩托化运输）。

M. V. 扎哈罗夫元帅，Stranitsy istorii Sovetskikh Vooruzhennykh sil nakanune Velikoi Otechestvennoi voiny 1939–1941 gg.（《1939—1941年伟大卫国战争前夕的苏联武装力量》），VI，1970（5），第28—38页（战前计划和换装计划）。

第二章："不要惊慌，'老板'一清二楚"

休厄林·比亚勒（编辑），Stalin and his Generals, Soviet Military Memoirs of World War II（《斯大林和他的将领，苏联的二战军事回忆录》）（纽约：珀加索斯出版社，1969年）。这是一次对苏联回忆材料有价值的汇编，见第6部分。"俄国备战工作"（摘自万尼科夫、沃罗诺夫、斯塔里诺夫、雅科夫列夫及库兹涅佐夫等人），第152—175页；另见斯塔里诺夫第221—227页西部边境的警报。

温斯顿·丘吉尔爵士，《第二次世界大战史》（伦敦：卡塞尔出版社，1950年），第3卷，"伟大同盟"，第319—322页（对斯大林的警告）。

M. 范克里费尔德，The German attack on the USSR:the destruction of a legend（《德国进攻苏联：一个传奇的覆灭》），《欧洲研究评论》，2：1（1972年1月），第69—86页（反驳了德国入侵希腊及南斯拉夫延误了"巴巴罗萨"计划这一观点）。

F. W. 迪金及G. R. 斯托里，The Case of Richard Sorge（《理查德·佐尔格一案》）（伦敦：查托&温德斯出版社，1966年），随摘。

亚历山大·富特，Handbook for Spies（《间谍手册》）（伦敦：博物馆出版社，1964年），"战争序曲"，第76—77页（"露西"掌握的关于德国即将入侵的消息，1941年6月）。

P. 格里戈连科少将，Der Sowjetische Zusammenbruch 1941（《苏联的崩溃1941》）（美因河畔法兰克福：波塞维–费尔拉格出版社，1969年），随摘。

J. M. A. 格怀尔，Grand Strategy《大战略》，第3册（第一部分）（伦敦：英国皇家出版局，1964年），第80页（1941年3月丘吉尔给斯大林的口信；斯塔福德·克里普斯爵士的角色），第83—84页（6月，艾登–迈斯基之间的磋商，联合情报委员会（JIC）的评估）、第84页（艾登再次向迈斯基示警）。

Halder/KTB《哈尔德日记》，第2册，作品已引用；第272页，1941年2月5日；第313页，1941年3月15日；第316页，1941年3月16日；第319页，1941年3月17日；第353页，1941年4月7日。

查默斯·约翰逊，An Instance of Treason:Ozaki Hotsumi and the Sorge Spy

Ring（《一起叛国案：尾崎秀实与佐尔格间谍网》）（斯坦福大学出版社，1964年），随摘。

基尔马克斯，作品已引用，第154—155页、第157—158页（航空工业重组及工厂效率）。

贝瑞·A. 里奇，作品已引用，第159—175页，"作战计划的改变"（德国1941年的计划及对苏联军事实力的评估）。

尤利乌斯·梅德等，Dr. Sorge Funkt aus Tokyo（《来自东京的佐尔格博士》）（柏林：德意志民主共和国的军事出版社，1966年），随摘。

阿尔弗雷德·菲利普与费迪南德·海曼，Der Feldzug gegen Sowjetrussland 1941–1945（《对苏战争1941—1945》）（斯图加特：科尔哈默出版社，1962年），第1章，"准备时间"，第45—53页。

吉尔斯·佩罗，The Red Orchestra（《红色乐队》）（伦敦：阿瑟·巴克出版社，1968年）〔译自L'Orchestre Rouge（《红色乐队》）1967年版〕，第1章，第44—46页（利奥波德·特雷佩尔关于德军进攻的情报）。

哈里森·E. 索尔兹伯里，The Siege of Leningrad（《列宁格勒之围》）（伦敦：塞克&沃伯格出版社，1969年），第67—81页，"斯大林相信的事"。

亚历山大·沃思，Russia at War 1941–1945（《1941—1945年，战争中的俄国》）（伦敦：巴里&罗克利夫出版社，1964年），第122—123页（斯大林5月5日对苏联官员的演讲）。

巴顿·惠利，Codeword Barbarossa（《代号"巴巴罗萨"》）（马萨诸塞州，剑桥：麻省理工学院出版社，1973年），第37—40页（山姆·E. 伍兹的角色）；也探讨了美国方面"警告"证据上出现的矛盾之处，注解第48—57、第277—278页；第190—198页，"苏联情报系统及其准备工作"；第39—40页（萨姆纳·韦尔斯与乌曼斯基就德国可能发动的进攻进行情报方面的交换——也有详细评论。注释第51—57页、第277—278页）；第98—103页及注释第14—21页、第288—289页（"露西"——鲁道夫·罗斯勒——及其与莫斯科之间的情报渠道）。

卢埃林·伍德沃德爵士，British Foreign Policy in the Second World War（《英国在二战中的外交政策》）（伦敦：英国皇家出版局，1970年），第1

册，第601—607页（丘吉尔给斯大林的口信；斯塔福德·克里普斯发挥的作用）、第617—622页（英国对德动向的进一步分析，艾登-迈斯基的谈话，英国对芬兰的警告）。

资料汇编

Documents on Polish-Soviet Relations 1939-1945（《苏—波关系档案1939—1945》）（伦敦：海涅曼/西科尔斯基历史学院出版1961年），第1卷，84号文件，第102—103页（丘吉尔—西科尔斯基的谈话及备忘录，1941年5月23日）；85号文件，第103—108页（克里普斯—西科尔斯基的谈话，6月18日，德国进攻的可能）。

NSR，第267—268页（对立陶宛领土的秘密协定，1941年1月10日）、第318—319页（"对苏联当前交付量的备忘录……"，1941年5月）、第326页（蒂佩尔斯基希对苏日协议的评论，1941年1月10日）、第330—332页（希特勒与舒伦堡的谈话，1941年4月28日）、第335—339页（舒伦堡对斯大林成为苏联人民委员会主席的评论，1941年5月7日与12日）、第345—346页（舒伦堡：动荡时期的文档，6月14日）。

GMD

OKH/Gen StdH(operations)（陆军总司令部/陆军总参谋部/作战处）：

Chefsachen.Aufmarschanweisung "Barbarossa"（《代号"巴巴罗萨"》）：T–78/R335 6291235–819。

红军的信息，1941年1月15日（第299—307页）。

红军的情况，1941年2月15日（地图）（第316—317页）。

对德国空军的特别要求（第336—342页）。

对"巴巴罗萨计划"所作的更改1941年4月7日（第357—362页）。

概述（德方作战序列）1941年5月12日（第389—419页）。

"巴巴罗萨"行动开始阶段的军队分布示意图（第546—547页）。

德军整体实力（东线），1941年6月20日（第688页）。

巴巴罗萨时间：1941年6月10日（第689页）。

Deutsche Heeresmission in Rumänien: Operationsbefehle mit Karten 3 April 1941–19 Mai 1941（《驻罗马尼亚德军的任务：行动方案与地图，1941年4月3日－5月19日》）。Verteidigung der Moldan…（"摩尔丹的防御……"）（胡贝图斯），T–501/R281；000553—000587。

Allgemeine Weisungen für D. V. K.（《对于D.V.K.一般说明》）：D.V.K.37.Nr 965/41 geh.v.1941年5月31日：Über Eigenarten der russischen Kriegsführung（"俄国的战争特点"）T–501/R28；001042-45。

FHO，Lagebericht Nr 1（《1号报告》）（1941年3月15日），Nr 2（《2号报告》）（1941年3月20日），Nr 5（《5号报告》）（1941年6月13日）（私人收藏）。

Feindbeurteilung（《敌方评估》）（1941年5月20日）：评估苏方的实力、展开、军事意图（私人收藏）。

Abschnittsstab Ostpreussen:Sabotage–Ansatz（《东普鲁士部分工作人员：破坏方法》）（德国反间谍机构阿勃韦尔特别小组），1941年6月9日（私人收藏）。

FHO/东普鲁士部分工作人员：与航空、侦察、破坏、前线警戒等相关的准备工作方面的通信及各项命令，Regt.Z.b.v.800（1940-1），T–78/R482，6466472–640。

Die Wehrwirtschaft der Ud.SSR.（《苏联的战争经济》），第二部分，1941年3月（OKW印制）。T–78/R479 6462171–292。

FHO No.945/41 geh.马林科夫讲话，第一次党代表大会及苏联经济计划。T–78/R118 6043416–432。

FHO/Gen.d.Pi.u.Fest：苏联境内的要塞规划。图片、地图、对苏联堡垒的描述（私人收藏）。

德国军事地图/苏联作战序列/远东，1939—1940（私人收藏）。

FHO No.33/41（3月15日），FHO No.35/41（3月20日）：管理报告（私人收藏）。

OKH出版物：俄罗斯防御工事备忘录（柏林1942）（私人收藏）。

第4集团军，Ia（作战参谋）补充资料z.KTB N0.7：边境安全Bd.Ⅱ.对苏可能发起突然袭击的所应采取的措施："伯莎案例的警示"，1941年3月—6月3日，T–312/R136，7672704–796。

第4集团军，附KTB附件No.7-8，"巴巴罗萨"集结命令：1941年6月14日，T–312/R162，7704781–800。

第4集团军，附KTB附件N0.7-8.准备进攻，1941年5月1日—6月21日，T–312/R162，7704496–504。

第7集团军：对目标B下达的集团军命令，1941年6月16日，T–312/R162，7704511–19。

第43军：集团军命令……（附地图）1941年6月15，T–312/R162，7704521—45。

第17集团军，活动报告，Ic（情报）1941年1月—12月12日，T–312/R674，8308306–368。

第17集团军，德国空军司令部：司令部照片信息，航空照片及判读1号文件集，1941年4月20日；同一文件集，日期1941年6月10日；另参见地图"地形俯瞰图"。T–312/R683，8318726–749。

日本方面资料/研究成果

阿尔文·D. 库克斯，Japanese Foreknowledge of the Soviet German War, 1941（《日本对苏德战争的预知，1941》），《苏联研究》，1972年4月（23），第554—572页。基于日本资料的重要稿件。

池代林三郎大佐，Study of Strategical and Tactical Peculiarities of Far Eastern Russia and Soviet Far East Forces, Japanese Special Studies on Manchuria（《对远东地区俄罗斯及苏联远东实力的战略及战术特质的研究，日本对满洲里的特别研究》）。第8期，美国陆军部，第63—64页（苏军实力，远东及西进行动）。

缴获的苏军档案

命令No.008130/明斯科，1941年3月26日：缴获的苏军档案（私人收藏）。波罗的海特别军区：对警告、档案保密、"动员准备工作"等的命令（第8和第11集团军），1941年6月（原始档案），T–77/R1028，6500549–579。

苏联方面的资料
官方档案及官方/政党历史

Gosudarstvennys plan razvitiya Narodnogo Khozyaistva SSSR na 1941 g.（《1941年苏联国民经济发展及苏共中央的国家计划（b）》）：No.127（1941年1月17日）.（美国学术理事会：俄国专题No.30）。

IVOVSS，第1册，第405—424页（1940年1月的苏联经济）、第475—476页（1941年5月—6月的苏联坦克产量）、第457—458页（苏联空军及空军后勤机构的重组）、第477—478页（筑垒工作）、第471—475页（苏联边境军区各集团军展开）。

IVOVSS,第6册（1966），第135页（斯大林无视情报机构的警告，1941年）。

V. A. 安菲洛夫，Bessmertnyi podvig（《不朽的功绩》），第146—147页（1941年1月的战争演习）、第161—167页（1940年1月的筑垒计划）、第169—170页（《1941年边境防御计划》细则）、第164—166页（边境筑垒工事的建设速度）、第170—174页（前线总体防御计划与展开）。

I. I. 阿扎罗夫海军中将，Osazhdennaya Odessa（《被围困的敖德萨》）（莫斯科：军事出版社，1966年），第2版，第8—10页（6月14日向黑海舰队人员解释塔斯社社论）。

I. Kh. 巴格拉米扬元帅，Tak nachinalas' voina（《战争是这样开始的》）（莫斯科：军事出版社，1971年），第56—59页（基辅军区的作战序列与展开，1941年5月）、第68—70页（基辅军区6月中旬试图提升战备）。

Front bez linii fronta（《秘密战线》）（莫斯科：新闻出版社，1966年），第5—55页（佐尔格与德国进攻日期的情报）。

A. G. 戈洛夫科海军上将，Vmeste S. Flotom（《献身海军》）（莫斯科：军事出版社，1960年），第7页（被派往北方舰队）。

A. 卡利尼姆上校，Podvig razvedchika（《侦察兵的功勋》），KZ（1964年11月7日）（佐尔格的信号/德国进攻日期迫近的情报）。

A. V. 卡拉肖夫，Leningradtsy v gody blokady 1941–1943（《被围困的列宁格勒1941—1943》）（莫斯科：苏联科学院学报，1959年），第26—27页（西北方向及列宁格勒防御计划的不足）。

卡扎科夫，Nad kartoi（《回顾以往的战斗》），第62—67页（1941年1月的演习及讨论）。

M. S. 科列斯尼科夫，Takim byl Rikhard Zorge（《他就是理查德·佐尔格》）（莫斯科：军事出版社，1965年），随摘。

N. G. 库兹涅佐夫海军上将，Nakanune（《前夜》）（莫斯科：军事出版社，1966年），第316—317页（对利包和塔林防御问题的讨论）、第318—319页（来自海军武官沃龙佐夫的消息）。

A. A. 洛巴切夫少将，Trudnymi dorogami（《艰辛的道路》）（莫斯科：军事出版社，1960年），第110—113页（卢金将军的远东集团军）、第123—125页（第16集团军前往俄罗斯欧洲部分）。

Na strazhe neba stolitsy（《守卫首都的天空》）（莫斯科：军事出版社，1968年），第61—67页（防空第1军和歼击机第24师）。

A. M. 涅克里奇，1941 22 iyunya（《1941年6月22日》）（莫斯科：科学出版社，1965年），第123—124页（斯大林对丘吉尔警告的反应）、第124—125页（就苏联德国意图的情报与戈利科夫会面）。

Yu. A. 潘捷列耶夫海军中将，'Na,dal'nykh podstupakh k Leningradu'（"敌人正在接近列宁格勒"），摘自Voyuet Baltika（《波罗的海的战斗》）（列宁格勒：列宁出版社，1964年），第49—50页（德国的侦察观测，1941年春）、第50—54页（波罗的海舰队的动向和1941年6月中旬的展开）。

I, T. 佩列瑟普金元帅，Svyazisty v gody Velikoi Otechestvennoi（《活跃在伟大卫国战争期间的通信兵》）（莫斯科：通信出版社，1972年），第10—17页（1939—1941年间的通讯指挥）。

彼得罗夫，上文已引用，第334—335页（扎波罗热筑垒地域的状况）、第335—336页（日丹诺夫宣传中的缺点，1941年2月）。

Pogranichyne voiska SSSR 1939–1941,Sbornik dokumentov i materialov（《1939—1941年期间的苏联边防军，文件和资料收集》）（莫斯科：科学出

版社，1970年）（边防军部队的报告），第216—224页（1941年的北方与西北方）、第363—404页（西部边境——德军）、第478—494页（罗马尼亚）。1934年起，边防军总局划归内务人民委员部。

L. M. 桑达洛夫，Na Moskovskom napravlenii（《在莫斯科方向上》），第60—61页（苏联第4集团军获知的德方作战序列的情报）、第62—65页（科罗布科夫—桑达洛夫—奥博林之间的讨论）。

斯塔里科夫，作品已引用，第189页（引述"不必惊慌！镇定！头儿料事如神"）。

Voennya svyazisty v dni voiny i mira（《战争与和平时期的军事通讯》）（莫斯科：军事出版社，1968年），第123页，表格4（苏联1941年的无线电设备）；第124页（加皮奇）。

沃罗诺夫，作品已引用，第172—173页（防空措施，1941年5—6月）。

叶廖缅科，作品已引用，第45—49页（1941年1月的军事演习）。

G. K. 朱可夫，Vospominaniya（《回忆与思考》），第186—187页（苏联坦克装甲兵的争论），第214页（1941年3月，总参谋部的弹药生产计划）、第210—211页（斯大林对于德军进攻可能的目标的看法）、第211页（MP-41，1941年动员计划）、第211—214页（边境筑垒计划，总参谋部的指令，1941年4月14日给西部军区和基辅特别军区的训令）、第218页（斯大林允许以"动员训练营"的名义进行有限增援，1941年春）、第225页（斯大林无视丘吉尔的警告）、第226—227页（斯大林5月5日对苏联官员的讲话）、第229—230页（戈利科夫向斯大林汇报情报工作，1941年3月20日）、第230页（沃龙佐夫发自柏林的情报报告）、第231页（给斯大林的苏联边境特别军区的兵力，1941年6月1日）。

期刊文献

M. 多罗费耶夫，VIZ，1964（3），第34—35页（苏联机械化军的缺陷）。

P. 马特维耶夫海军上尉及A.谢利亚尼切夫上校，Krasnoznamennyi Baltiskii Flot v nachale Velikoi Otechestvennoi voiny（《伟大卫国战争初期的波罗的海舰队》），VIZ，1962（4），第36—37页（2月份行动方案，5—6

月舰队准备就绪）。

诺索夫斯基，引用同上，1970（10），第125—126页。

B. L. 万尼科夫上将，Iz zapisok Narkoma vooruzheniya（《人民委员笔下的武器装备》），VIZ，1962（2），第78—86页。

万尼科夫，Oboronnaya promyshlennost（《战前的苏联国防工业》），（VI），1969（1），第122—131页。

第三章：星期天的突袭：1941年6月22日

比亚勒，作品已引用，'The Disaster'（22 June），（《"灾难"（6月22日）》），第179—264页，选自M. I.卡扎科夫、N. G.库兹涅佐夫、秋列涅夫、沃罗诺夫、斯塔里诺夫、博尔金、巴格拉米扬、雷巴尔科、阿扎罗夫。

埃里克森，作品已引用，《苏联统帅部》，第6章，第587—597页（德国进攻，6月22日；苏联作战序列，第589—592页）。

埃里克森，The Soviet Response to Surprise Attack:Three Directives, 22 June 1941（《苏联对突袭做出的反应：1941年6月22日的三道指令》）；《苏联研究》，1972年4月（23），第519—553页。

J. M. A.格怀尔，《大战略》第1卷第三部分，第89页（丘吉尔的广播，6月22日）、第94页（丘吉尔指示参谋长考察6月23日进攻加来港的行动）。

里奇，作品已引用，第192—195页（战役计划的实施准备不充分；德维纳河—第聂伯河战役之后直接冲向莫斯科具有优先权）。

索尔兹伯里，作品已引用，第98—109页（德国进攻，6月22日，西南方面军的作战行动；蒂尔西特/里加公路）。

西顿，作品已引用，第98—115页（战争开始，北部军区、西部特别军区、波罗的海特别军区的作战行动）、第116—132页（中央集团军群初期的胜利；苏联西部特别军区的混乱）。

艾伯特·特尼，Disaster at Moscow: von Bock's campaigns 1941–1942（《莫斯科城下的灾难：冯·博克的战役1941—1942》）（伦敦：卡塞尔出版

社，1970年），第41—42页（政委委员令）、第45—53页（中央集团军群6月22日—25日的作战行动）。

伍德沃德，作品已引用，第2卷，第1—6页（艾登与迈斯基英国对苏援助和派遣英国军事代表团问题的谈话）。

档案汇编/战争日志

NSR，第347—349页（里宾特洛甫会晤舒伦堡，6月21日；德国的宣战书）、第349—353页（希特勒会晤墨索里尼，6月21日）、第355—356页（舒伦堡与莫洛托夫交换看法，6月21日21时30分）。

哈尔德日记，第二册，作品已引用，第459—461页（日期：6月21日，德国、苏联的"综合实力"）

KTB/OKW，作品已引用，第417页（OKW在6月21日晚20时发布暗语"多特蒙德"）、第417—419页（条目KTB 22–5，1941年6月）。

德国回忆录/专著

保罗·卡雷尔，Hitler's War on Russia（《东进》）（伦敦：哈拉普出版社，1964年），第1章，"措手不及"，第11—44页（德国作战行动的开始）。译自德文原版：Unternehmen Barbarossa: Der Marsch nach Russland（《"巴巴罗萨"行动：向俄罗斯进军》）（美因河畔法兰克福，1963年）。

F. 霍斯巴赫将军，Infanterie im Ostfeldzug 1941/42（《在东线作战的士兵1941/1942年》）（哈茨山麓奥斯特罗德：1951年），第35—43页（"箭在弦上"）、第44—61页（"瞄准第聂伯河"）。

埃里希·冯·曼施坦因元帅，Lost Victories（《失去的胜利》）（芝加哥：莱格尼里出版社，1958年），第179—180页（政委令）、第180—183页（第56装甲军的战斗；冲向德文斯克）。

菲利浦和海姆，作品已引用，第54—55页（"战役……"）。

瓦尔特·瓦利蒙特，Inside Hitler's Headquarters（《希特勒大本营内幕》），作品已引用，第168—170页〔"政委令"（Kommissarbefehl）〕。

GMD

下列资料并不打算涵盖德军的所有战役（见"德方回忆录/专著类文献"），而是引用那些苏联展开和参加了的战役。

Soldaten der Ostfront!（《东线士兵！》）（阿道夫·希特勒。德国元首，国防军总司令），1941年6月21/22日（传单）。

I

FHO：1036/41年6月21日管理报告/OST（打字稿）（私人收藏）。

外交部给苏联政府的通知。柏林，1941年6月21日。备忘录（私人收藏）。

II

苏联兵团：步兵师数量，首次出现在前线。Truppen—Übersicht und Kriegsgliederungen Rote Armee（《部队概况及红军结构》），日期为1944年8月。FHO（IIc）No.7000/44 geh. A部分列出了苏军所有步兵师及其"首次出现"〔如：第100步兵师、近卫步兵第1师，1941年7月在中央集团军群当面；见苏联方面的资料，I. F. 萨佐诺夫的Pervaya gvardeiskaya（《近卫部队》）〕。我使用该选辑来校勘苏方作战序列。T-78/R459 643754ff（附部队番号）。

III

作战日志：涵盖1941年6月（至1943年），分成"德军战役、苏军战役"两部分。按时间先后顺序排列的战役总结。T-78.R477 6460261-291。

IV

选取条目，德军师级记录

第3装甲师T-315/R137（帧序列000001—）

Feindnachrichtenblatt（《敌情通报》）1941年6月16日—29日。1—13（苏军作战地图，科布林—布列斯特，图b）。

Feindber ü hung（"参战敌方兵团"）：6月22日—27日（报告日期1941

510 ·

年7月1日），第72页。

Primernaya skhema svyazi komandnogo punkta strelkovo polka/batalona（"步兵团/营指挥所通信标准流程"）（2份正式的苏军电报内容：信号网，团/营），第75—76页。

第4装甲师T-315/R206（帧序列始000001—）。

OKH：Die russische Panzerwaffe（"俄罗斯坦克"）（1941年5月17日，第4装甲师接收，1941年6月4日），第77—81页。

Richtlinien f ü r das Verhalten der Truppe in Russland（"在俄部队行为准则"），第87—88页。

《敌情通报》，1941年6月15日，第1期（附地图，苏军作战序列）。第94—97页。

Artl-Nachrichtenblatt（《新闻日报》）1941年6月13日—17日，第1—3期（苏联边境阵地全景图）。第112—138页。

苏联坦克第22师：译稿，通讯流程的第1号命令（1941年6月7日）。第198—199页。

苏联方面的资料

官方史/党史IVOVSS，第二册（1961年），第16页（6月22日苏联空军的损失；至6月22日中午，损失的1200架飞机中有800架被击毁于地面）、第17—18页（6月22日7时15分的指令）、第18—20页（6月22日—24日德方战果）、第20—21页（6月22日中午苏联宣战）。

第29页（总参谋部摘要—战役概要—6月22日22时）、第30—31页（第5号指令，所有前线部队于6月22日夜发起反攻，6月23日苏军反冲击失败）、第31页（第4集团军形势堪危）。

大型军事行动年表

SSSR v Velikoi Otechestvennoi voine 1941-1945（《伟大的卫国战争1941—1945》），第二版，简编本（莫斯科）；军事出版社，1970年，第11—19页（6月22日—25日）；援引1941—1945年编年史，逐日列出主要战事、指挥任

命、新闻公告与发布。莫斯科：军事出版社，1964年，第1版。当前所有引用均为第二版。

参考书目

Velikaya Otechestvennaya voina Sovetskogo Soyuza 1941–1945（《苏联卫国战争1941—1945》），推荐的文献索引（莫斯科：图书出版社，1965年），随摘。

Velikii podvig（《伟大壮举》），有关苏联伟大卫国战争的文献推荐（莫斯科：图书出版社，1970年），随摘。

回忆录/专著资料

V. A. 安菲洛夫，Bessmertyni podvig（《不朽的功绩》），第181—182页（4个方面军的设想——北方面军、西北方面军、西方面军及西南方面军；敖德萨军区组建为南方面军）、第182页（6月21日，政治局决定成立南方面军；第聂伯河一线的战略预备队由布琼尼元帅指挥）、第182页（朱可夫将军指挥西南方面军和南方面军，梅列茨科夫将军指挥北方面军）、第185页（6月21日，斯大林授权朱可夫及铁木辛哥发布指令，让军队占据阵地并进入完全战备状态）、第185页（库兹涅佐夫海军上将6月21日向舰队传达的作战命令）、第185—186页（敖德萨军区M. V. 扎哈罗夫少将的个人命令）、第186页（6月22日0时30分传达的第1号指令文本）、第190—191页（苏军边境军区集团军的兵力与展开——2900000人、1540架现代化飞机、34695门火炮及迫击炮、1800辆重型及中型坦克）、第191页（德军的优势）、第197页（给西方面军司令部的信号"暴风雨"；"红色文件袋"及掩护计划）、第199页（6月22日苏军空军的损失）、第202—237页（各方面军边境交战详细的战役进程，以及苏联6月22日中午的宣战）、第243—252页（6月22—24日波罗的海、西南方面军战役进程）、第261—273页（西方面军6月22日—23日/24日的战役进程）、第278—297页（西南方面军边境战斗的战役进程）。以下部分（战役进程）差不多都基于苏联档案资料。

阿扎罗夫，作品已引用，第10—11页（6月21日的黑海舰队）、第12—19

页（6月22日塞瓦斯托波尔遭空袭）。

巴格拉米扬，作品已引用，第83—84页（6月19/20日西南方面军的"方面军行政部门"开始运作）、第87—95页（6月22日，战役初期）、第95—122页（边防支队交战，朱可夫到达，准备反冲击）。

P. F. 巴季茨基元帅（主编），Voiska protivovozdushnoi oborony strany（《防空力量——历史回顾》）（莫斯科：军事出版社，1968年），第48页（6月14日，沃罗诺夫正式接管防空部）、第67—78页（6月22—27/28日，战争初期防空部队的序列）。

V. 别列兹科夫，S.diplomaticheskoi missiei v Berlin 1940–1941（《苏德外交接触1940—1941》）（莫斯科：新闻出版社，1966年），第93—106页（1941年6月22日，柏林的苏联大使馆）。

I. V. 博尔金上将，Stranitsy zhizni（《生命的每一页》）（莫斯科：军事出版社，1961年），第81—87页（6月22日—23日，西方面军）、第87—95页（机械化第6军的反冲击）、第98—99页（库利克到访）。

Latyshskogo naroda v gody Velikoi Otechestvennoi voiny 1941–1945（《1941—1945伟大卫国战争期间的拉脱维亚人》）（里加：科学出版社，1970年），第94—99页（"波罗的海爆发的敌对行动"）。

Bor'ba za Sovetskuyu Pribaltiku v Velikoi Otechestvennoi voine（《1941—1945年，伟大卫国战争期间苏军在波罗的海诸国的战斗》）（里加：列斯马出版社，1966年），第1册，第54—81页（波罗的海地区西北方面军的战斗）。该书的研究十分翔实，均基于苏联档案，对于叙述战役进程具有独到价值。

Bug v ogne（《玩火必自焚》）（明斯克：白俄罗斯出版社，1965年），第15—21页（L.M.桑达洛夫布列斯特防御）、第27—33页（A. P. 库兹涅佐夫边防部队的行动）。

B. V. 贝切夫斯基中将，Gorod–front（《兵临城下》）（莫斯科：军事出版社，1963年），第3—5页（6月15日—21日）、第7—12页（6月22日—27日，列宁格勒与西北方面军）。

S. F. 埃德林斯基，Baltiiskii transportnyi flot v Velikoi Otechestvennoi voine 1941–1945 gg.（《1941—1945年，伟大卫国战争中的波罗的海运输船队》）

（莫斯科：铁路运输部出版社，1957年），第10—11页（6月22日，"光"号沉没）。

A. G. 菲德罗夫，Aviatsiya …pod Moskvoi（《航空兵……出现在莫斯科附近》），作品已引用，第22—26页（6月22日，苏军空军实力/展开；6月22日共损失飞机1200架：其中西方面军损失738架，在地面被击毁528架，空中被击落210架）。

I. I. 费久宁斯基，Podnyatye po trevoge（《闻警出动》）（莫斯科：军事出版社，1964年），第2版修订，第12—15页（6月20日—21日）、第15—18页（6月22日）、第19—25页（6月24日—28日）。步兵第15军的作战。

Geroicheskaya oborona, Sbornik vospominanii ob oborone Brestskoi kreposti v iyuneiyule 1941g（《英勇的防御——布列斯特要塞1941年6月—7月回忆录》）（明斯克：国家出版社，1961年），第17—21页（布列斯特要塞守军的兵力与展开）；个别条目，随摘。另见第二版，1963年。

Geroicheskaya oborona（《英勇的防御》）（明斯克：白俄罗斯出版社，1971年），第4版，随摘；第409—412页（步兵第28军的作战报告），自1941年6月22日开始记录；布列斯特要塞的防御。

戈洛夫科，作品已引用，第14—20页（日期6月14日—21日）、第22—26页（1941年6月22日）、第27—31页（6月23日—27日），北方舰队战役命令及展开的描述。

D. F. 格里戈罗维奇，Kiev–Gorod geroi（《基辅英雄》）（莫斯科：军事出版社，1962年），第10—13页（基辅军区作战序列）、第13—15页（初期作战，基辅动员）。

S. I. 卡巴诺夫少将，"汉科"，取自Voyuet Baltika（《波罗的海战斗》），作品已引用，第141—144页（汉科，1941年6月19日—22日）。

I. 科雷什金海军少将，Submarines in Arctic Waters（《北极水域的潜艇部队》）（莫斯科：进步出版社，1966年），第5—12页（北方舰队潜艇作战，1941年6月22日）。见V glubinakh Polyarnykh morei（《在极地海洋深处》）（莫斯科：1964年）。

G. K. 科兹洛夫，V lesakh Karelii（《在卡累利阿的森林》）（莫斯科：军事出版社，1963年），第19—28页（弗罗洛夫，第14集团军和第7集团军）。

G. A. 库马涅夫，Sovetskie zheleznodorozhniki v gody Velikoi Otechestvennoi voiny (1941–1943)（《卫国战争期间的苏联铁路工人（1941—1943）》）（莫斯科：科学出版社，1963年），第21—22页（停止向德国出口，对苏联铁路的空袭）。

库兹涅佐夫，Nakanune（《前夜》），第323—324页（波罗的海和黑海舰队警戒命令，6月19日—20日）、第324—340页（1941年6月22日）。

I. M. 迈斯基，Vospominaniya Sovetskogo posla Voina 1941–3（《苏联大使战争回忆录1941—1943年》）（莫斯科：科学出版社，1965年），第139—143页（6月22日丘吉尔的讲话，艾登与迈斯基的会面）。

梅列茨科夫，作品已引用，第209—214页（6月22日事件）、第214页（6月23日到最高统帅部任职）。

K. S. 莫斯卡连科元帅，Na Yugo–zapadnom napravlenii Vospominaniya komandarma（《在西南方向上，一名指挥员的回忆》）（莫斯科：科学出版社，1969年），第25—36页（6月22日—23/24日西南方面军第5集团军的作战）。

Na strazhe neba stolitsy（《拱卫首都的天空》），第79—80页（莫斯科防空—防空部—警报，6月22日）。

A. A. 诺维科夫空军主帅，V nebe Leningrada（《翱翔在列宁格勒的上空》）（莫斯科：科学出版社，1970年），第43—53页（6月23日—25日，列宁格勒和西北战场的空中作战）。

Ocherki istorii Leningrada（《列宁格勒历史文集》）（列宁格勒：科学出版社，1967年），第5册，第13—28页（"在战争初期"）。

I. 佩列瑟普金元帅，A v boyu eshche vazhnei（《战斗中更为重要的》）（莫斯科：俄罗斯—猫头鹰出版社，1970年），第53—58页（6月19日的视察行程，战争开始后返回莫斯科）。

D. I. 皮斯库诺夫，"到达普鲁特河"，Dorogoi bor' by slavy（《昂贵的荣耀》）（莫斯科：政治书籍出版社，1961年），第40—49页（步兵第95师防区，苏联—罗马尼亚边界）。

Yu. A. 潘捷列耶夫海军上将，Morskoi Front（《海战》）（莫斯科：军事出版社，1965年），第31—44页（战役命令及评价，波罗的海舰队，6月21日—25日——"1号战备令"）。

N. G. 普拉托诺夫中将，Vtoraya mirovaya voina 1939–1945gg（《第二次世界大战1939—1945》）（莫斯科：军事出版社，1958年），第183—186页（西北方面军的作战）、第186—188页（西方面军）、第191—193页（西南/南方面军的作战），6月22日—23/24日期间。尽管年代较早，仍是有价值、翔实且客观的军事分析。

S. P. 普拉托诺夫中将，Bitva za Leningrad 1941–1944（《列宁格勒会战1941—1944》）（莫斯科：军事出版社，1964年），第22—24页（6月22日，开战阶段，西北方面军的危机）。

V. V. 普拉托诺夫，Oni pervymi prinyali udar（《率先出击》）（莫斯科：军事出版社，1963年）（第9弗拉基米尔—沃伦斯克边防军支队），第102—107页（"在索科尔斯科姆的方向"）（别尔沙茨基上尉）、第19—20页（逃兵利斯科夫，贝奇科夫斯基少校给霍缅科将军的报告）。

Pogranichnye voiska···1939–1941（《边防部队……1939—1941》）（由马斯连尼科夫负责汇集的报告，1941年6月19日—21日）。

Reportazh s frontov voiny 1941–1943（《来自前线的报道》）（莫斯科：政治书籍出版社，1970年），第11—17页（出版的各类文章、短文，1941年6月22日—28日）。

K. K. 罗科索夫斯基元帅，Soldatskii dolg（《军人的天职》）（莫斯科：军事出版社，1972年），第二版，第9页（6月21日—22日夜）、第10—20页（开始交火，6月23日以来坦克战）。

桑达洛夫，《在莫斯科方向上》，第72—73页（6月21/22日）、第74—109页（第4集团军发起反冲击及失去主动权的战役进程）。

I. F. 萨佐诺夫，Pervaya Gvardeiskaya Boevoi put' 1-i Gvardeiskoi Ordena Lenina strelkovoi divizii（《荣获列宁勋章的近卫步兵第1师战斗历程》）（莫斯科：军事出版社，1961年），第60—79页（6月22日—23/24日战役）。近卫步兵第1师的前身是荣获列宁勋章的步兵第100师，1923年11月成立时番号是红旗步兵第45师，该师也是第一个被授予"近卫"称号的红军高级兵团。

P. V. 谢瓦斯季亚诺夫少将，（《涅曼河—伏尔加河—多瑙河》）（莫斯科：军事出版社，1961年），第5页（立陶宛逃兵讯问记录，6月21日—22日，步兵第5师）。

S. M. 什捷缅科将军，General' nyi shtab v gody voiny（《战争年代的总参谋部》）（莫斯科：军事出版社，1968年），第28—30页（总参作战部，战役首日西部及西南部部队的调动）。

Sovetskie Voenno-vozdushyne sily（《苏联军事——城市防御战》），第29—36页（6月22日—25日的空战）。

斯塔里科夫，作品已引用，第191—197页（1941年6月22日，西方面军第4集团军地区）、第197页（svodka，6月23日，击退德军进攻）。

I. V. 秋涅列夫将军，Cherez tri voiny（《三场战争》）（莫斯科：军事出版社，1960年），第140—141页（6月21日傍晚）、第141—142页（6月22日，前往南方面军）。

B. A. 魏纳，Severnyi Flot v Velikoi Otechestvennoi voine（《二战中的北方舰队》）（莫斯科：军事出版社，1964年），第21—24页（6月20日—21/24日，北方舰队的战备及初期行动）。

沃罗诺夫，na veonnoi sluzhbe（《戎马一生》），第175—178页（6月21—22日）。尽管是一部回忆录，但研究1941—1945年的战争时，沃罗诺夫元帅的书是最有价值的著作之一。在莫斯科期间，我曾与一名杰出的苏联历史学家探讨过一次斯大林在战争初期的行动。讨论过程中，他指着一名高级军官（沃罗诺夫元帅）说："元帅当时就在现场——问他。"这似乎是个好办法。元帅所言确与他的回忆录一致，虽然增添了一些个人细节，以及可怕的压力和巨大的工作量给他留下的深刻印象。

叶廖缅科，作品已引用，第56页（6月19日，被召回莫斯科）、第61—62页（6月22日，德国进攻）。

M. V. 扎哈罗夫元帅（主编），Oborona Leningrada 1941-1944（《列宁格勒保卫战1941—1944》）（列宁格勒：科学出版社，1968年），第38—48页（M. M. 波波夫上将，列宁格勒军区司令，1941年6月22日—26日的作战行动）、第224—230页（N.G.库兹涅佐夫，波罗的海舰队司令员，6月22—27日，初期作战行动）。

朱可夫，《回忆与思考》，第232—234页。

期刊文献

B. 阿鲁沙尼扬，Boevye deistviya 12-i armii v nachal'nyi period voiny（《战争初期第12集团军的战斗历程》），VIZ，1966（6），第60—65页。

I. I. 阿扎罗夫海军中将，Nachalo voiny v Sevastopole（《战争在塞瓦斯托波尔爆发》），VIZ，1962（6），第77—83页（黑海舰队的警报，6月22日夜的突袭）。

N. 加皮奇，Nekotorye mysli po voprosam upravleniya i svyazi（《管理和通信的几点思考》），VIZ，1965（7），第46—55页（红军通信）。

Gitlerovskie diversanty（《希特勒的破坏者》），VIZ，1963（3），第85—91页（"第800团"/勃兰登堡）。

A.格列奇科，25 let tomu nazad（《25年前》），VIZ，1966（6），第3—15页（格列奇科元帅——苏联国防部长——6月19日结束他的总参学院的"战役学"的考试，被派往总参谋部，在朱可夫手下负责编撰战场态势图；7月3日被派往前线担任骑兵师师长）。

P. 科尔科季诺夫，Fakty i mysli o nachal'nom periode Velikoi Otechestvennoi voiny（《伟大卫国战争初期的战例及战术思想》），VIZ，1965（10），第26—34页。这是一篇对战役"初期"罕见且不可忽视的分析。

I. 佩列瑟普金，Svyaz General'nogo shtaba（《与总参谋部的联络》），VIZ，1971（4），第19—25页（组织、装备、总部的通讯、战争的第一阶段）。

N. 雷巴尔科，V pervyi den' voiny na Chernom more（《黑海战争首日》），VIZ，1963（6），第63—66页（黑海舰队的指挥，6月21日—22日）。

S. 斯米尔诺夫，Taran nad Brestom（《布列斯特上空的塔兰》），VIZ，1963年第1期，第21—34页（布列斯特空战，空中撞击）。

V. F. 特里布茨海军上将，Krasnoznamennyi Baltiiskii Flot letom 1941 goda

（《1941年夏天的波罗的海红旗舰队》），VI，1969（2），第125—129页
（波罗的海舰队初期行动）。

第四章：边境上的灾难：1941年6月—7月

卡尤思·贝克尔，The Luftwaffe War Diaries（《德国空军战时日记》）
（伦敦：麦克唐纳出版社，1967年），第7章，"巴巴罗萨计划"（1941年夏/
初秋，德国空军在东线作战行动综述）。

J. M. 布里尔顿、麦克尔·诺曼少校，Russian T34（《俄国 T–34坦克》）
（温莎：个人出版，1972年），第47页（T34/76）。

N. F. 德赖西格，New Twist to an Old Riddle:The Bombing of Kassa (Košice)
June 26, 1941（《老法新用：1941年6月26日轰炸卡萨》），《现代史》杂
志，44：2（1972年6月），第232—242页。作者有说服力地论证最有可能是一
名苏联飞行员（而非德国—匈牙利飞行员）在战区指挥员的命令下空袭了被当
作是斯洛伐克（而非匈牙利）的目标，当时斯洛伐克已经宣战，但匈牙利并未
加入战争，莫斯科方面肯定希望匈牙利保持中立。

利昂·古尔，The Siege of Leningrad（《列宁格勒之围》）（斯坦福：斯
坦福大学出版社，1962年），第2章，"德国人的进攻"，第13—19页；"战
争中的列宁格勒"，第20—81页（动员、士气、疏散、政党管理）。

格怀尔，作品已引用，第3册，第85—88页；第89—93页，德军进展顺利。

蒂博尔·派特，Hungary in the Second World War（《二战中的匈牙利
人》），《匈牙利季刊》，I：1（1960），第193—200页（第200页，卡萨轰
炸的档案）。

罗伯特·E. 舍伍德，Roosevelt and Hopkins, An Intimate History（《罗斯
福与霍普金斯，一段亲密的历史》）（纽约：格罗塞特&邓洛普出版社，1950
年），第325—348页（7月27日，出访莫斯科；7月31日，会晤斯大林）。

伍德沃德，作品已引用，第1—19页（德军进攻，英国人的反应及意图，
丘吉尔—斯大林会谈）。

战争日志

Halder KTB（《哈尔德战时日记》）（第3册）：1941年6月22日—7月23日（日期），第3—107页。

GMD

FHO（Ⅱ）：1941年7月管理报告（OST）第22号（苏军展开、损失、当面南方集团军群的作战序列）；（打字稿）（私人收藏）。

《敌情通报》：1941年7月10日（德军各战线进展；突入"斯大林防线"，苏军防御的战役价值）。T–315/R44,000777–779。

《敌情通报》：7月27日—28日：苏军各战线展开；来自亚洲的增援：第4装甲集团军当面的苏军展开（1941年7月22日）。T–315/R206,000267–272。

Vortragsnotiz über die Besetzung und Sicherung des russischen Raumes und über den Umbau des Heeres nach Abschluss Barbarossa（《俄罗斯地区的占领和安全以及完成"巴巴罗萨"后军队重组的讲稿》）（地图尤其重要），1941年7月—8月。T–78/R336,6292343–434。

第4集团军：KTB No.8（第二部分），1941年7月1日—7月26日。T–312/R159,7700200–476。模糊得难以辨认，但却是一份有价值的战役记录。

第4集团军：KTB的附件，No.8：1941年6月25日—28日。7001244–1546. KTB No.8：1941年6月28日—30日。77001549–1821。

第4集团军：KTB的航拍照片，No.8（航拍照片：1941年7月，苏军位于第聂伯河后的阵地）。T–312/R162,7704955–996。

第17集团军：《每日新闻》No.9/41，1941年7月11日（1941年6月22日以来遭遇的苏军兵团及识别）（乌克兰）（私人收藏）。

第18集团军：Propaganda–Anweisung des Armeekommissars der 8. russ. Armee von 15.7.41〔《1941年7月15日，俄军第8集团军政委的宣传报告》（西北方面军第8集团军）〕。T–77/R1028,6500470–475。

第1山地师：1941年7月11日，比亚韦斯托克—明斯克战役：俘获苏军323898人，缴获坦克3332辆，火炮1809门。T–315/R44,000784。

缴获/翻译苏军资料及档案：GMD

Ast Auswertungsstelle Berlin（《柏林分部评估办公室》）（俄罗斯东线战场），NKVD经过"特殊甄别"的报告（特别分部：00）送交第19集团军：1941年7月，苏联部队的表现。T–77/R1028,6501087–092。

通告全军——对巴甫洛夫将军和克利莫夫斯基赫将军的军事审判，1941年7月27日（翻译稿/苏军档案）。T–315/R44,000906。

致第6集团军和第12集团军司令员（翻译稿）：前线反击无效，缺乏进攻侧翼及后方的主动精神，签名：布琼尼，1941年7月26日。T–315/R44,000908。

参谋军官的审讯笔录，第13集团军（纳尔基耶维奇上尉），1941年7月13日；第13集团军（和步兵第61军）的详情。T–315/R206,000226–228。

命令/政治处：西北方面军，1941年7月20日，No.0116：清理红军队伍中"不可靠因素"的指令，签名：斯大林和梅赫利斯（翻译稿）。T–77/R1028,6500547。

基尔波诺斯将军（西南方面军司令员）：对侦察不足、侧翼缺乏掩护的批评，第12集团军。T–315/R44,000905。

摘选表格：苏方损失（GMD）

苏方高级指挥员的损失1941年6月—8月

日期	军衔/姓名	所属部队
I.	被俘人员	
7月	叶格罗夫少将（Maj.-Gen. Yegorov）	步兵第4军
	斯库尼少将（Maj.-Gen. Sskutnyi）	第21集团军
	马卡洛夫少将（Maj.Gen. Makarov）	未知
	卡尔贝舍夫（Lt.-Gen. Karbyshev）	未知
8月	穆济琴科少将（Maj.-Gen. Muzychenko）	第6集团军司令
	索科洛夫少将（Maj.-Gen. Sokolov）	后勤部长：西方面军

日期	军衔/姓名	所属部队
	菲德洛夫少将（Maj.-Gen. Fedorov）	炮兵副司令员/第6集团军
	普罗什金少将（Maj.-Gen. Proshchkin）	师长/第58师
	西宾少将（Maj.-Gen. Sybin）	师长/第37步兵师
	斯涅戈夫少将（Maj.-Gen. Snegov）	师长/第8步兵师
	阿布拉米泽少将（Maj.-Gen. Abramidze）	师长/第72步兵师
	波内德林少将（Maj.-Gen. Ponedelin）	未知
	基里洛夫少将（Maj.-Gen. Kirilov）	师长/第13步兵师
	通科诺戈夫少将（Maj.-Gen. Tonkonogov）	师长/第14步兵师
	奥加特索夫少将（Maj.-Gen. Ogartsov）	师长/第49步兵师
	基尔皮特什尼科夫少将（Maj.-Gen. Kirpitshnikov）	师长/第43师
	波塔图谢夫少将（Maj.-Gen. Potaturshchev）	师长/第4坦克师
Ⅱ.	阵亡人员	
6月	纽加尼斯少将（Maj.-Gen. Neujanis）	未知
7月	苏先奇少将（Maj.-Gen. Sushchii）	师长/第124步兵师
	舒尔巴少将（Maj.-Gen. Shurba）	师长/第14步兵师
	巴甫洛夫少将（Maj.-Gen. V.F. Pavlov）	师长/第23摩托化师
8月	卡洽洛夫中将（Lt.-Gen. Kachalov）	司令员/第28集团军
	卡尔佩佐少将（Maj.-Gen. Karpezo）	军长/步兵第15军
	韦尔辛少将（Maj.-Gen. Versin）	
	卡尔马诺夫少将（Maj.-Gen. Karmanov）	师长/第62集团军所部
Ⅲ.	被军法处治	
7月	巴甫洛夫大将（Army Gen. D.G. Pavlov）	司令/西方面军
	科罗布科夫少将（Maj.-Gen. Korobkov）	司令员/第4集团军
	科索布茨基少将（Maj.-Gen. Kossobutskii）	军长/步兵第45军

克里莫夫斯基赫少将（Maj.-Gen. Klimovskikh）	参谋长/西方面军
格里戈尔耶夫少将（Maj.-Gen. Grigor'ev）	通讯主任/西方面军
谢利霍夫少将（Maj.-Gen. Selikhov）	未知
加拉克季奥诺夫少将（Maj.-Gen. Galaktionov）	师长/第30步兵师
苏达科夫少将（Maj.-Gen. Sudakov）	未知
拉扎连科少将（Maj.-Gen. Lazarenko）	师长/第42步兵师
奥博林少将（Maj.-Gen. Oborin）	军长/机械化第14军
切尔内赫少将（Maj.-Gen. Chernykh）	师长/航空兵第9师

T–78/R464,6443384–386。

苏军坦克师损失一览表，无标题；1941年6月—11月；按师番号列出

师	地点	遭遇德军	备注
1	普斯科夫	1941年6月/北方集团军群	1942年4月解散
2	科夫诺	1941年7月/中央集团军群	明斯克战役
3	波尔霍夫	1941年7月/中央集团军群	1941年11月解散
4	比亚韦斯托克	1941年6月/中央集团军群	比亚韦斯托克战役
5	阿利图斯	1941年6月/中央集团军群	在阿利图斯被歼灭
7	沃尔科维斯克	1941年6月/中央集团军群	1941年7月在杰斯纳河被歼灭

T–78/R494,6481674–686。

外交应对/相关文档

Correspondence between the Chairman of the Council of Ministers of the U.S.S.R. and the Presidents of the U.S.A. and the Prime Ministers of Great Britain during the Great Patriotic War of 1941-1943（《1941—1943年伟大卫国战争期间，苏联部长委员会主席与美国总统、英国首相之间的通信》）（莫斯科：外文出版社，1957年；伦敦：劳伦斯＆威沙特出版社，1958年），第11页（1941年7月8日，丘吉尔给斯大林的答复）；第12页（7月10日，丘吉尔给斯

大林的答复）、第12—13页（7月18日，斯大林给丘吉尔的答复）、第13—15页（7月26日，丘吉尔给斯大林的答复）、第16页（7月28日，丘吉尔给斯大林的答复）。引用名为《信件》，第1卷（英—苏），第2卷（美—苏，始于1941年8月）。

苏联方面的资料
官方/政党历史

Kommunisticheskaya partiya v period Velikoi Otechestvennoi voiny（《伟大卫国战争中的共产党》）（国家政治文学出版社，1961年）（文献集），第83—91页（党和政府的战时法令、GKO、经济动员）。

Kommunisticheskaya partiya v Velikoi Otechestvennoi voine (1941–1945)（《1941—1945年，伟大卫国战争中的共产党，文件和资料》）（莫斯科：军事出版社，1970年），第37—50页（中央委员会及人民委员会颁布的法令及条例，1941年6月—7月）。

Velikaya Otechestvennaya voina Sovetskogo Soyuza 1941–1945（《苏联的伟大卫国战争1941—1945，简史》）（莫斯科：军事出版社，1970年），第2版。下文引作VOVSS。第62页（创立统帅部大本营，取代首席军事委员会）、第62—63页（西方面军的局势/指挥）、第63—64页（德军冲向明斯克）、第65—66页（确认边境交战失利）、第66—67页（别列津纳河的德军）、第69—70页（红军虚弱之原委）。

IVOVSS，第二册（1961），第21—22页（6月23日，"统帅部大本营"成立；转入战时经济及战时状态，波罗的海、白俄罗斯、乌克兰和摩尔达维亚）、第34—35页（红军第一梯队的混乱状况及重大损失；边境战斗失利）、第35页（6月25日，建立布琼尼领导下的"大本营预备队集团军集群"）、第35—36页（西南方面军的危机）、第36—38页（6月底，西方面军的灾难；铁木辛哥接替指挥；大本营预备队集团军集群的调动）、第39—40页（德军逼近德维纳河西岸和第聂伯河）、第40—41页（7月6日—9日，苏军发起反冲击）、第41页（南方面军的作战）、第41—42页（西南方面军至7月中旬的作战）、第43—46页（波罗的海、黑海和北方舰队海上行动概述）、第65—71页

（斯摩棱斯克战役；苏军战役经过）、第79—83页（德军推进至列宁格勒接近地）、第98—101页（西南方面军至7月底的作战；战役经过）。

回忆录/专著类材料

安菲洛夫，作品已引用，第237页（6月22日—23日夜间，"统帅部大本营"成立）、第317页（6月26日，铁木辛哥下令重启1939年旧国境线的防御）、第319页（动员令——TSK与SNK——6月29日）、第323页（6月30日GKO成立）、第324页（第一支游击支队）、第263—264页（苏军尝试进行反冲击/格罗德诺）、第273页（沙波什尼科夫在西方面军；请求后撤；有德军合围苏军主力的危险）、第383—384页（6月30日叶廖缅科被任命为西方面军司令员，随后铁木辛哥7月1日被任命为西方向总司令）、第430—434页（秋列涅夫被任命为南方面军司令员；作战开始）、第246—250页（库兹涅佐夫的装甲部队机械化第12、第3军反冲击失败）、第251—252页（第11集团军处境艰难）、第254页（6月25日第11集团军受命撤退）、第259页（西北方面军通讯网中断——只能少量使用无线电）、第332页（6月28日，第11集团军被围；F. I. 库兹涅佐夫报告第11集团军司令部阵亡及被俘；4个步兵师——步兵第5、第33、第188、第128师——失去联系）、第332页（空降兵第5军的展开）、第332—333页（展开别尔扎林的第27集团军，机械化第21军跟进）、第341页（苏军集中，普斯科夫/奥斯特罗夫）、第343页（6月29日，保卫韦利卡亚防线的指令，掩护列宁格勒接近地）、第352页（皮亚德舍夫指挥的卢加战役集群）、第355—356页（德军装甲部队逼近卢加河）、第363—367页（德军冲向明斯克，苏军后撤重组）、第368—369页（铁木辛哥用航空兵来迟滞德军推进）、第374—379页（第4集团军处境堪忧）、第381—382页（预备前线兵团集中）、第385—386页（德军包围西方面军第3和第10集团军）、第391—396页（7月6日苏军发起反突击；铁木辛哥致电——1941年7月6日——红军要守住德维纳河西岸及第聂伯河一线）、第395页（7月9日，苏军进攻受挫；在空袭下损失惨重）、第278—287页（6月23日—28/9日期间，西南方面军机械化军发起反冲击）、第291—295页（第5和第6集团军的作战行动）、第430—434页（西方面军6月24日以来的作战行动）、第435—440页（西方面军至7月第一周的作战行动）、第405—426页（争夺"日托米尔走廊"；为基辅保卫战争取时间——作战序列/战役命令）、第427—428页（西南方面军的抵抗组织得比西北及西方面军好）。可以参考较早的版本，Nachalo Velikoi Otechest. voiny（《伟大卫国战争初期》）（莫斯科：军事出版社，1961年）。第1版只叙述到7月中旬，随后是一份平铺直叙的地理计划——西北、西和西南方面军，第61—200页（附有一段精辟的结论，第200—220[1]页）。由于叙述令人信服，第一版在一些方面更好，而且几乎没有受到二手资料影响。第二版对苏军在战场上的表现给予的评述多得多，但实质性的新内容并不多。值得一提的是，内容结束于7月中旬的第一版用来研究"突然进攻"阶段更合适，因为那以后"突然性"就消退了。

巴格拉米扬，作品已引用，第127—129页（苏军坦克装甲兵6月24日的反冲击）；第129—138页〔弗拉基米尔–沃伦斯基–拉泽赫布–杜布诺（Vladimir Volynskii–Radzekhub–Dubno）坦克战役的发展〕、第138—139页（空军司令的更迭——阿斯塔霍夫替换普图欣）、第138—141页（6月26日战役的总结；最高统帅部命令不得后退，继续反冲击）、第147—148页（卢金的第16集团军，掩护奥斯特罗格）、第148页（6月28日，基尔波诺斯下令向杜布诺—奥斯特罗格方向上的敌人发起反冲击）、第152—154页（7月1日，朱可夫—基尔波诺斯谈话）、第165—167页（德军威胁到奥斯特罗格及罗夫诺；6月30日，莫斯科发给西南方面军修改的命令；计划到7月9日后撤）、第171页（7月1日，朱可夫—普尔卡耶夫商谈撤退事宜）、第175页（普罗斯库罗夫——西南方面军前进指挥部——受到威胁，转移至日托米尔）、第181—182页（朱可夫—基尔波诺斯谈话；朱可夫警告不能让第6、第26和第12集团军被割离）、第193—200页（准备保卫基辅）、第233页（7月18日，最高统帅部命令左翼各集团军后撤，并从北部发起反冲击）、第248页（图皮科夫成为西南方面军新任参谋长，普尔卡耶夫前往最高统帅部）、第255页（7月底，德军20个师逼近基辅）。

列昂尼德·巴尔科夫，V debryakh Abvera（《在阿勃韦尔的荒原上》）（塔林：爱沙尼亚图书出版社，1971年），第61—69页（苏德前线的阿勃韦尔）、第74—85页（阿勃韦尔在爱沙尼亚的行动）。

S. 别利亚耶夫和库兹涅佐夫，Narodnoe opolchenie Leningrada（《列宁格勒民兵》）（列宁格勒：列宁出版社，1959年），第11—50页（对民兵部队编成的详细分析）、第56—60页（首次军事行动）。

S. S. 比留佐夫元帅，Kogda gremeli pushki（《火炮轰鸣的时候》）（莫斯科：军事出版社，1962年），第14—17页（步兵第132师的展开，派至第13集团军）、第25—28页（逃离围圈）、第29—30页（索日河，机械化第13军军长阿赫柳斯京阵亡）。

S. P. 普拉托诺夫中将（主编），Bitva za Leningrad 1941–1944（《列宁格勒会战1941—1944》）（莫斯科：军事出版社，1964年），第22—24页（6月22日—29日波罗的海特别军区的作战行动）、第27—30页（7月10日，苏军的作战行动及展开；保卫"卢加防线"；西北方面军指挥层的重组）、第31—38页（"卢加战役集群"；第11集团军的作战行动）、第38—40页（7月23日—25日第8集团军的作战行动）。这是一本全部基于档案材料的重要著作，详细描述了战役进程。我发现与普拉托诺夫本人讨论这项工作很受益，他有一个令人印象深刻的军事历史学小组，包括：I. P. 巴尔巴辛、A. I. 库兹涅佐夫、V. P. 莫罗佐夫、A. D. 卡利托诺夫及B.N.雅科夫列夫等。

博尔金，作品已引用，第90—94页（在第10集团军，来自巴甫洛夫的命令）、第98—99页（库利克到访；哈茨克列维奇汇报弹药告罄）、第107—111页（明斯克地区，部队困在林中）、第111—112页（7月5日凌晨，开始突围）。

贝切夫斯基，作品已引用，第5—9页（6月22日—25日的作战行动，列宁格勒指挥部）、第9页（皮亚德舍夫去指挥"卢加"群指挥部）、第19—22页（基洛夫步兵学校学员进入"卢加防线"）、第23—24页（普斯科夫陷落）、第29页（视察卢加）、第31页（卢加地区布雷作业）。

900 geroicheskikh dnei（《900个英勇的日子》）（莫斯科/列宁格勒：科学出版社，1966年）（文献文集），文档1—13，第27—54页（1941年6月—8月，列宁格勒市内的动员）；文档13，第51—54页（民兵师编成的报告）。

费久宁斯基，作品已引用，第25—31页（6月28日—7月7日步兵第15军的作战行动）、第36页（第5集团军给西南方面军司令部的报告，总结了7月9日—16日的作战行动）。

Inzhenernye voiska Sovetskoi Armii v vazhneishikh operatsii Velikoi Otechestvennoi voiny, Sbornik statei（《伟大卫国战争期间，重大战役中的苏军工兵部队，文集》）（莫斯科：军事出版社，1958年），第16—28页（V.A.安菲洛夫关于1941年夏的工程兵）。

A. D. 伊西林上将（编者），Inzhenernye voiska v boyakh za Sovetskuyu rodinu（《伟大卫国战争中的工程兵》）（莫斯科：军事出版社，1970年），第77—91页（红军队工程兵；1941年6月—7月的行动）。

S. I. 卡巴诺夫，Na dal'nykh podstupakh（《兵临城下》）（莫斯科：军事出版社，1971年），第127—144页（战争初期，保卫汉科）、第145—163页（到7月中旬，基地的防御）。

A. V.卡拉谢耶夫，Leningradtsy v gody blokady（《封锁期间的列宁格勒市民》），第35—37页（战役描述，6月23日—7月5日西北方向）、第37—48页（6月末到7月中旬，列宁格勒民兵师的编制）、第63—66页（为"卢加防线"配备人员；民兵师调入）、第69—70页（为掩护列宁格勒西南接近地而进行筑垒工作）、第74—75页（伏罗希洛夫建议授予民兵兵团"近卫"称号）。

S. 克里沃申中将，Ratnaya byl（《这就是战争》）（莫斯科：青年近卫军出版社，1962年），第48—60页（对机械化第25军调动、作战的个人记述，1941年7月）。克里沃申时任军长。

G. N. 库普里亚诺夫，Ot Barentseva morya do Ladogi（《从巴伦支海至拉多加湖》）（列宁格勒：列宁出版社，1972年），第34—50页（弗罗洛夫的第14集团军，彼得罗扎沃茨克地区的作战行动）。

P. M. 库罗奇金通讯兵中将，Pozyvnye fronta（《前线通信》）（莫斯科：军事出版社，1969年），第114—134页（1941年6月—7月，西南方面军的通讯传输）。

N. K. 库兹涅佐夫航空兵少将，Front nad zemlei（《在陆地前方》）（莫斯科：军事出版社，1970年），第17—22页（苏联空军的作战行动，西南方面军和列宁格勒，1941年6月—7月）。

P. G. 库兹涅佐夫中将，Gvaudeitsy-Moskvichi（《格瓦德齐—莫斯科》）（莫斯科：军事出版社，1962年），第5—32页（西方面军摩托化步兵第1 "莫斯科" 师展开）、第33—50页（与第20集团军一起作战；保卫奥尔沙；包围圈）。

洛巴切夫，作品已引用，第131页（6月26日，第16集团军划入西方面军）、第133—134页（第16集团军离开西南方面军；舍佩托夫卡的危机）、第139—140页（7月2日抵达斯摩棱斯克地区）、第148—149页（斯摩棱斯克开始疏散）、第150—151页（7月13日，铁木辛哥的简报）、第153—154页（铁木辛哥从国防委员会下令守住斯摩棱斯克）、第159—162页（斯摩棱斯克的后卫行动）、第164—165页（炸毁斯摩棱斯克的桥梁，马雷舍夫被捕）、第170页（7月底，第16和第20集团军取得联系，逃离包围圈）。

T. A. 洛古诺夫，Partiinoe podpol'e i partizanskoe dvizhenie v tsentral'nykh oblastyakh RSFSR: iyul' 1941–1943 gg（《俄罗斯苏维埃联邦社会主义共和国中央地区的地下力量和游击运动，1941—1943年》）（莫斯科：莫斯科大学出版社，1973年），第8—33页（参考书目概述）、第34—59页（俄罗斯中部地区的第一支游击队）。

I. I. 洛克季奥诺夫，Dunaiskaya flotiliya v Velikoi Otechestvennoi voine（《1941—1943年，伟大卫国战争中的多瑙河区舰队》）（莫斯科：军事出版社，1962年），第11—49页（多瑙河区舰队至1941年7月底的作战行动）。

I.M.迈斯基，Vospominaniya Sovetskogo posla（《苏联大使的回忆录》）（莫斯科：科学出版社，1965年），第3章，第139—147页（宣战）、第147—158页（英苏讨论，伦敦）、第158—165页（霍普金斯受命前往莫斯科）。

P. S. 马齐兹少将，"卢加转折点"，摘自in Parol'–'Pobeda'（《"密码—胜利"》）（列宁出版社，1969年），第7—20页（第一手记述，为"卢加防线"调配人员和战役初期）。

Nepokorennyi Leningrad, Kratkii ocherk istorii goroda v period Velikoi Otechestvennoi voiny（《永不屈服的列宁格勒——伟大卫国战争时期城市简史》）（列宁格勒：科学出版社，1970年），第25—94页（为城防进行的早期动员）。

A. A. 诺维科夫空军主帅，V nebe Leningrada（《在列宁格勒的天空》）（莫斯科：科学出版社，1970年），第40—48页（6月22日—23日，西北方向和列宁格勒的空中作战）、第67—68页（6月23日，诺维科夫航空兵展开的命令）、第80—64页（7月9日，德军夺取普斯科夫；第8和第11集团军的作战行动；苏联空军作战行动的评估）。

Partiino-politicheskaya rabota v Sovetskikh vooruzhennykh silakh v gody Velikoi Otechestvennoi voiny 1941–1943, Kratkii istoricheskii obzor（《1941—1943年，伟大卫国战争期间，苏联武装力量中的党政工作》）（莫斯科：军事出版社，1968年），第21—31页（政治机构的重组）、第31—62页（纪律措施，增强队伍稳定性）。

Yu. 佩列奇涅夫与Yu. 维诺格拉多夫，Na strazhe morskikh gorizontov（《守卫海防线》）（莫斯科：军事出版社，1967年），第2章，第140—153页（海岸炮兵，波罗的海，保卫利巴瓦和塔林）。

M. M. 波波夫将军，"列宁格勒城市保卫战"，摘自Oborona Leningrada（《保卫列宁格勒》），第29—40页（西北方向和列宁格勒的防御措施；1941年6月，指挥员的人事安排及职责）、第41—47页（6月22日—26日的作战行动；芬兰介入苏德战场）、第47—57页（德军挺进"卢加防线"；7月中/下旬，波波夫司令部的决策）。另见A. A. 诺维科夫，第75—101页；Yu. A. 潘捷列耶夫，第140—178页；B. V. 贝切夫斯基，第179—185页：N. N. 沃罗诺夫，第199—221页；N. G. 库兹涅佐夫，第22—246页。这些记述应当与孤立的回忆录/专著有关。不过，《保卫列宁格勒》是一部很有意义的作品，除了军事，还涵盖了保卫列宁格勒时的民政领域。

《苏联武装部队50年》《1939—1941年伟大卫国战争前夕的苏联武装力量》等，作品已引用，第256页（6月23日，最高统帅部大本营的成立——一天内就接过了首席军事委员会的指挥职能）。

罗科索夫斯基，作品已引用，第13—14页（机械化第9军的集中）、第15—18页（6月24日的作战行动，杜布诺坦克战）、第20—22页（机械化第9军于6月底采取"机动防御"，与第5集团军一起撤离）、第22页（罗科索夫斯基被派往西方面军）、第25—26页（西方面军形势简报，7月17日，负责指挥"罗科索夫斯基战役集群"）。

桑达洛夫，作品已引用，第109—121页（明斯克西南接近地；6月24/25日—27日第4集团军的作战行动）、第121—124页（博布鲁伊斯克陷落，6月28

日德军突向别列津纳）、第125页（沙波什尼科夫和波波夫到访，修改给第4集团军的命令）、第130页（明斯克失守，7月1日，巴甫洛夫和克里莫夫斯基赫被最高统帅部解除指挥职务）、第131—132页（第4集团军交由第21集团军司令员格拉西缅科指挥；阻止德军抵达第聂伯河的命令）。

V. N. 萨夫琴科，Gvardeiskaya Latyshskaya（《保卫拉脱维亚》）（里加：科学出版社，1961年），第9—21页（拉脱维亚部队，西北方面军，1941年6—7月）。

Sovetskie tankovye voiska 1941–1945（《1941—1945年间的苏军坦克部队》），军事历史文章（莫斯科：军事出版社，1973年），第20—34页（苏联坦克/机械化部队至1941年7月底的作战行动）。

A. I. 叶廖缅科，作品已引用，第70—77页（西方面军6月22日—29日的作战行动总结）、第78—80页（6月29日，叶廖缅科担任西方面军司令员）、第80—81页（与伏罗希洛夫、沙波什尼科夫和巴甫洛夫讨论）、第83—84页（签发第14号指令，1941年7月1日：文本）、第85—86页（仓促防御，反坦克中队，民兵队伍）、第87—88页（铁木辛哥到访，展开摩托化步兵第1"莫斯科"师；尝试封锁明斯克—莫斯科公路）、第94—100页（7月6日—9日，与第22集团军一起，苏军发起反冲击）、第104—105页（致信斯大林，请求步兵支援坦克，1941年7月7日）、第108—169页（详细的战役描述，第13集团军作战行动——13集于1941年5月初组建——1941年6月22日—7月底这段时期）、第208—213页（科涅夫的第19集团军在西方面军展开）、第214—220页（卢金的第16集团军在西方面军展开）、第220—223页（7月10日，西方面军，苏军的作战序列、兵力）、第224—225页（7月13日—15日，苏军反冲击）、第225页（西方向总司令——铁木辛哥——致电最高统帅部，7月16日）。

N. N. 日丹诺夫上将，Ognevoi shchit Leningrada（《涅槃中的列宁格勒》）（莫斯科：军事出版社，1965年），第25—30页（民兵师的组织，1941年6月—7月）。

朱可夫，Vospominaniya（《回忆与思考》），第249—288页。

D. A. 茹拉列夫，Ognevoi shchit Moskvy（《涅槃中的莫斯科》）（莫斯科：军事出版社，1972年），第23—43页（莫斯科的防空，1941年6月—7月）。

文学，文学材料

我对这类材料的引用有限，其分析是一门自有特点的专门学科，所以在此不对以下文学作品的优劣做任何形式的评判：参见康斯坦丁·西蒙诺夫的Zhivye i mertvye（《生与死》），苏联战争小说（莫斯科：军事出版社，1961年）；另参见格力高利·巴克拉诺夫的Voennye povesti（《军事故事》）（莫斯科：作家出版社，1967年），第5—182页（1941年"7月"）；或者Literaturnoe nasledstvo（《文学遗产》）（莫斯科：科学出版社，1966年），伟大卫国战争战线上的苏联作家，第1卷。

期刊

V. 巴斯卡科夫中将，Ob osobennostyakh nachal'nogo perioda voiny（《论战争初期的特点》），VIZ，1966（2），第28—34页。

N. 加皮奇少将，Nekotorye mysli po voprosam upravleniya i svyazi（《通讯管理和联络方面的若干思考》），VIZ，第7期（1964年），第46—55页（苏联通讯）。

Yu. 斯特里日科夫中尉，Boi za Peremyshl (22–27 iyuniya 1941 goda)（《普热梅希尔争夺战（1941年6月22—27日）》），VIZ，1965（6），第51—56页（步兵第99师的作战行动）。

A. M. 华西列夫斯基元帅：华西列夫斯基的回忆录已经以连载的形式，从1973年第4期开始在《新世界》上发表。该书的完整版——Delo vsei zhizni（《毕生的事业》）——将由苏共中央政治局出版社发行。此处请参考该连载的首部，《新世界》，1973（4），第188—201页（苏联最高统帅部及总参谋部）；另见第201—208页（苏军7月底以前的作战行动）。

第五章：滑向毁灭的边缘

卡雷尔，作品已引用，第68—88页（"目标斯摩棱斯克"）、第103—115页（"斯大林的巨大错误"——未能理解德军意图，叶廖缅科的表现）、第116—128页（基辅会战）。卡雷尔出色地运用了德军师史和部队记录，尽管他（引用的）苏联方面的资料相对而言不那么可靠。第129—166页（代号"台风"，德军出其不意，布良斯克失守，德军统计苏军的损失，图拉与加里宁）。

古尔，作品已引用，第90—135页（8月20日—9月25日，列宁格勒会战）；另见第139页（被完全包围的威胁）[2]。

利奇，作品已引用，第203—207页（德军兵力下滑，后勤保障问题）、第207—214页（"'巴巴罗萨'计划被放弃"，至7月底德军的指令，目标选择上的犹豫）。

冯·曼施泰因，作品已引用，第189—202页〔第56装甲军[3]在西北方向的作战行动，该军7月中旬进行的包围，卢加一带的战斗，苏联第38（原文如此）集团军的失败〕。

于尔根·罗威尔，Die sowjetischen U–Boot–Erfolge in Zweiten Weltkrieg（《第二次世界大战中U艇在苏联战场的战绩》），Marine Rundschau（《海洋评论》）（1968年12月），第427—439页。

索尔兹伯里，作品已引用，第2章，第180—193页（卢加防线及崩溃）、第214—220页（斯大林干预城防委员会及其防御安排）、第221—232页（塔林的灾难），第3章，第273—287页（德军向城市投入的力量）、第316—326页（朱可夫接管指挥）。

西顿，Russo-German War（《苏德战争》），第104—115页（德军在西北方向的企图，向列宁格勒进发，苏军的表现）、第126—132页（铁木辛哥指挥西方面军，斯摩棱斯克会战）、第133—147页（德军在乌克兰的作战，占领基辅）、第171—191页（第35号指令及"台风"行动，莫斯科的防御及苏军的重组，布良斯克方面军的覆灭及维亚济马包围圈，朱可夫接管西方面军）。

西顿，The Battle for Moscow 1941-1942（《莫斯科会战1941—1942》）（伦敦：鲁波特·哈特–戴维斯，1971年），第70—89页（德军进攻莫斯科的计划）、第89—113页（德军突破布良斯克/维亚济马，合围苏军，"泥泞季节"对德军行动的影响，朱可夫指挥西方面军）、第118—130页（莫斯科城内的恐慌，紧急防御措施，保卫图拉，德军10月底筋疲力尽）。西顿上校的专著非常清楚地描述了德军最初的合围行动，对10月下旬德军状态的描述尤其有用。

阿尔弗雷德·特尼，Disaster at Moscow: von Bock's Campaigns 1941–1942（《莫斯科城下的灾难：冯·博克的战役1941—1942》）（伦敦：卡塞尔出版社，1971年），第92—132页（中央集团军群对莫斯科接近地的攻势，布良斯克口袋与维亚济马合围，补给困难和德军行动受阻）。

战争日志（德军）

KTB/OKW，1，参看Tagesmeldungen der OperationsAbteilung des Gen Std H（Auszüge）〔《陆军总参谋部作战处每日报告》（节选）〕，第517—662页（7月10日—9月26日）、第661页。

外交史/素材

Churchill–Stalin Correspondence（《丘吉尔—斯大林之间的通信》）：丘吉尔，No.4—16，第13—29页（英国援助俄国，在伊朗联合行动，霍普金斯与比弗布鲁克代表团）；斯大林，No.3，第12—13页；No.10，第20—22页；No.12，第24—25页。

格怀尔，作品已引用，第3卷，第1章，第105—110页（哈利·霍普金斯在莫斯科，与斯大林会晤）、第139—162页（向苏联提供军事装备和原材料，补给会议）。

迈斯基，作品已引用，第3卷，第158—165页（霍普金斯到访莫斯科）、第165—175页（英国援苏问题）、第169页（迈斯基说他已说服斯大林不再为"第二战场"施压，只谈对苏联军事—经济援助）。

舍伍德，作品已引用，第333—341页（与斯大林会晤报告，斯大林对军事形势的认知，苏联对战争物资的需求）。

伍德沃德，作品已引用，第2卷，第14—20页（俄国请求军事行动）、第28—35页（1941年9月，俄国人要求开辟第二战场）、第35—40页（莫斯科会议）。

官史/党史

IVOVSS，第二册，第63—247页。

VOVSS，"简史"，第2版，第73—80页（斯摩棱斯克会战）、第80—88页（德军向列宁格勒推进）、第88—94页（西南方面军和西方面军，保卫敖德萨）。

VOVSS，1965年版，第113—119页（德军冲向莫斯科，布良斯克方面军崩溃，维亚济马包围圈，莫斯科即将被围）。注：第116页引用说有90000人可用于保卫莫斯科，尽管不太清楚这是10月13日得到有限增援之前还是之后，不过可以推断，被包围后苏方所剩兵力大致如此。VOVSS，第2版（1970年），第118页提到相同的数据，并通过提及有4个苏军集团军据守230千米长的掩护莫斯科的战线证明了这一点。

Kratkaya khronika（《简史》），第27—95页（1941年7月至9月底每日态势）、第94—111页（10月每日态势）。

GMD

OKH：作战处（Ⅰ）：Weisung für die Fortführung der Operationen;see Anlage 1（Feindlage）（《后续作战的指示；见附件1（敌情）》）（1941年7月27日，苏军意图及实力）。T–78/R335，6291726–731。

OKH，总参：（补充指令1401/41——第2与第3装甲集群的"修整"，1941年7月31日细化作战方案）。T–78/R335，6291738–741。

OKH，总参：1941年8月12日作战处致南方集团军群，第聂伯河以西的作战行动。T–78/R335，6291745–750。

OKH，总参：1941年8月21日作战处致中央和南方集团军群，意图歼灭苏联第5集团军和第6集团军；（1941年8月30日的）后续指令。T–78/R335，6291752–761。

冯·莱布，局势恶化，北方集团军群，列宁格勒会战，1941年9月24日。OKH的答复及训令，同日。T–78/R335，6291812–816。

OKH：军事研究处：…Betreibstoff– und Kraftfahrzeuglage bei den neuen Operationen〔《……在新的作战行动中，燃油和机动车情况》（1941年9月

11日）〕。油料、车辆与坦克库存情况。文本，与托马斯将军的会谈记录。T–78/R335，6291779–785（另见第786—793页，9月15日中央集团军群战役开始前"东线的坦克补充"）。

Gesamtzahl u.Typen der sowjetischen Panzerwaffe（《苏军装甲部队的类型及数量》），1941年8月29日。一份被上级缀满各式问题的书面报告。T–78/R481，6465579–81。

Auffindung der Leiche des Generalobersten Kirponos（发现基尔波诺斯将军的尸体），1941年9月24日。第541—542页。

迈斯基：与艾登会谈的报告，不确定斯大林在作战与指挥上的角色，1941年8月6日。T–77/R1028，6500477。

第4集团军：航拍照片，第聂伯河后面的苏军阵地，1941年7月13日（La，No.8 KTB航拍照片）。T–315/R162，7704954–995。

第4集团军："分支"行动（Anl.附件No.8KTB）（日报，莫吉廖夫—斯摩棱斯克—奥尔沙的作战行动，1941年7月10日—20日）。T–312/R159，7700478–568。

第4集团军（第4集团军司令部）：集团军战场命令（"台风"行动，1941年9月26日命令原件）。T–312/R150，7689313–334。

第4集团军：报告、命令，涵盖苏联与德军在俄国中部作战行动的地图（1941年9月—10月）、重要桥梁列表、莫斯科周边桥梁。7689701–935。

第17集团军：苏军总体兵力，与南方集团军群交战并被识别出的苏军番号（1941年7月11日）（私人收藏）。

第17集团军："利沃夫大屠杀的照片"（Lwów massacre），照片集。T–312/R674，8308287–96。

第17集团军："乌曼战役"（Anlage 9 zum KTB Nr 1）。T–312/R674，8307884–99。

第3装甲师："敌对宣传"（苏联宣传单原件，大幅海报，煽动逃跑）。T–315/R137，408–650。

第4装甲师：Feindnachrichtenblatt（《敌情通报》），第10期：1941年7月28日，苏军总体实力——202个步兵师、50个装甲师——与第4装甲集团军当面的苏军实力。第269—272页。

东线情况报告NO.40号（1941年7月25日）。

东线情况报告NO.77号（1941年8月31日），第1—5页。

东线情况报告NO.79号（1941年9月2日），第1—6页。

东线情况报告NO.90号（1941年9月13日），第1—7页。

东线情况报告NO.91号（1941年9月14日），第1—6页（对苏军第21、第5、第37、第26和第38集团军的包围即将完成，对苏军兵团的辨识）。

东线情况报告NO.94号（1941年9月17日），第1—5页（对西南方面军的包围）。

东线情况报告NO.96号（1941年9月19日），第1—6页（基辅陷落，苏军兵团番号的识别）。

东线情况报告NO.98号（1941年9月21日），第1—6页（至9月20日夜间，基辅包围圈内抓获170000战俘，估计有30个苏联师被歼；许多被缴获武器上有"1941年7月9日图拉"的印戳；中央集团军群汇报俘获苏军第5集团军司令员波塔波夫将军）。

东线情况报告NO.99号（1941年9月22日）第1—4页（南方集团军群，9月11日—22日总共俘获230000人，缴获340辆坦克、1000门火炮、45架飞机）。

东线情况报告NO.101号（1941年9月24日），第1—6页〔南方集团军群：在第聂伯河与杰斯纳河之间被歼苏联师统计——全歼或失去战斗力；步兵师、坦克师、骑兵及其他部队（包括伞兵第207旅）〕。

Aus den Erfahrungen der ersten Kämpfe mit den Deutschen（《与德军首次作战的经验》），节录（德译），译自苏军早期作战经验的报告（1941年8月2日）。T–315/R44，1144–6。

No.252命令（1941年7月31日）〔赫鲁廖夫中将集团军群/集团军后勤勤务和系统的报告（德译）〕。T–315/R44，1144—6。

No.270命令（1941年8月16日）（最高统帅部宣布博尔金将军逃出包围圈；叛逃或去除军衔肩章以便于叛逃的军官，其位于苏控区的家人将被逮捕）（德译）。T–78/R464，6443282–3。

斯大林的长子雅科夫·朱加什维利上尉（第14榴弹炮营）的审讯记录

（1941年7月19日）（私人收藏）。

一名军事委员的日记：隶属步兵第45军军部（1941年6月22日—7月27日）（节录，德译）。第342—346页。

No.03命令（1941年8月1日）（苏联赫鲁廖夫将军装备抢救、疏散的原件）。T-78/R481，6465877-8。

梅利赫斯宣传及政党工作的修正指令，No.81指令（1941年7月15日）（德译）。T-77/R1028，6500470-5。

No.0098命令（1941年10月5日）〔朱可夫将军（列宁格勒）纪律、违纪、失职〕。T-78/R468，6443370-3。

收集缴获文档（德译）：No.00207/西南方面军致第12集团军，对指挥的批评（基尔波诺斯签署）；1941年7月27日〔惩戒名单，苏联高级军官（GKO通告）〕；1941年7月26日〔致第6和第12集团军司令员，战术指令（签名是布琼尼）〕；1941年7月21日（传达梅利赫斯的训令，组织游击队/破坏小组）。T-315/R44，第902—910页。

对步兵第155兵第436团科诺诺夫少校的审讯记录（1941年8月24日）。第393页。详见K.切尔卡索夫的General Kononov（《科诺诺夫将军》）（墨尔本：1963年）第1卷，"一次尝试的历史"。科诺诺夫转而指挥一支哥萨克部队为反苏的"俄罗斯人民解放委员会"（KONR）战斗。

对苏军第6集团军作战处处长的审讯记录（第6集团军作战序列，突围工作的组织，1941年8月7日）。T-315/R44，第997—999页。

对摩托化步兵第266师师部某少校的审讯记录（1941年9月12日）、对摩托化步兵第219师师长的审讯记录（1941年9月15日）。T-315/R206，第491—496页。

对旅级政委加米涅夫（第5集团军司令部，也在机械化第9军工作）的审讯记录（1941年9月23日）。第519页。

对波塔波夫将军（苏联第5集团军司令员；同时被询问还有第5集团军炮兵副司令员索登斯基将军）的审讯记录（1941年9月22日）。第509—510页。

No.04/00378命令，苏联第19集团军（1941年9月15日）Über die Formierung der Absperrabteilungen in den Divisionen（《在各师组建阻截营》）

（签名：卢金中将）（德译）。T–77/R1028，6500731–3。

各人民委员部和政府机构的新驻地（疏散指令）

No.022命令：赫鲁廖夫（后勤）（1941年11月5日）。T–78/R464，6443365–9。

GMD 苏军步兵师及近卫步兵师的建立（1941—1942年）

命令及日期	步兵师人数	步兵团人数	近卫步兵师人数	近卫步兵团人数
04/400—417 1941年4月5日	14454	3182	—	—
04/600—616 1941年7月29日	10790	2695	10790	2695
04/750—766 1941年12月6日	11907	2957	11907	2957
04/200—213 1942年3月18日	12813	3173	13113	3273
1942年7月15日改	13534	3380	13834	3480
04/300—316 1942年7月28日	10566	2571	13000	3200
04/550—562 1942年12月10日	9354	2443	10585	2758

（德国军事情报汇编：Soll—Kopfstärken）

西北、列宁格勒和北方向

安菲洛夫，作品已引用，第332—474页。

Bitva za Leningrad（《列宁格勒会战》），第31—97页。

贝切夫斯基，作品已引用，第29—106页。

费久宁斯基，作品已引用，第41—60页。

卡拉谢耶夫，作品已引用，第50—141页。

G. K. 科兹洛夫，V lesakh Karelii（《在卡累利阿的森林中》）（莫斯科：军事出版社，1963年），第19—32页（苏军第7集团军的防御组织工作）、第32—61页（1941年7月1日—30日，第7集团军的作战行动，阻止德军向列博雷突破）、第75—90页（阻止德—芬会合的尝试；梅列茨科夫接管第7集团军，戈列连科担任副司令员；9月24日，第7集团军直属最高统帅部，被重命名为独立第7集团军）。

N. G. 库兹涅佐夫海军上将，Osazhdennyi Leningrad i Baltiiskii Flot（《围困列宁格勒及波罗的海舰队》），《VI杂志》，1965（8），第114—116页。这篇出版前稿件的节选"揭露"了9月12日斯大林与库兹涅佐夫商讨"放弃"列宁格勒，为此向后者交付了自沉波罗的海舰队所需的命令。库兹涅佐夫坚持要沙波什尼科夫联署才肯签，说从技术角度来讲，舰队尚处于列宁格勒方面军的指挥下，这不单单是海军的事。事实证明，此举非常有预见性，据库兹涅佐夫说，一年后，特里布茨被内务人民委员部指控说散布恐慌情绪并仓促计划自沉其舰队，而库兹涅佐夫至少能拿这个"训令"为自己辩护。

最终，斯大林并没有向波罗的海舰队司令部发布库兹涅佐夫—沙波什尼科夫的训令。斯大林对列宁格勒命运的关切毋庸置疑，正如他对朱可夫说的那样。但库兹涅佐夫坚称斯大林确实有放弃列宁格勒的念头，尽管他接着说他只是不想让波罗的海舰队落入德国人手中。

Ladoga rodnaya（《拉多加人》）（列宁格勒：列宁出版社，1969年），详见N. D. 费宁（政委/拉多加湖区舰队），第9—17页（9月25日的作战行动）；V. P. 别利亚科夫海军少将，第18—26页（拉多加湖区舰队的组织架构）；V. S. 切罗科夫海军中将（司令员/拉多加湖区舰队），第27—35页（区舰队指挥及组织）。

梅列茨科夫，作品已引用，第220—228页。

Nepokorennyi Leningrad（《永不屈服的列宁格勒》），第49—94页（劳工动员，民兵武装，动员民众挖掘战壕，空袭预防措施，防空）。

诺维科夫，作品已引用，第104—165页。

Oborona Leningrada（《保卫列宁格勒》），参见M. M. 波波夫，第48—61页。

参见N. G. 库兹涅佐夫，第229—237页。

参见N. N. 沃罗诺夫，第202—212页。

参见尤A. 潘捷列耶夫，第142—149页。

D. V. 巴甫洛夫，Leningrad v blokade(1941 god)（《围困列宁格勒（1941

年）》）（莫斯科：军事出版社，1958年），及其后诸多修订版，参见
Sovetskaya Rossiya（《苏维埃的俄罗斯》）（莫斯科：1969年），第7—24页
（西北方向的军事行动，6—8月）、第24—25页（斯大林解散列宁格勒防御委
员会）、第23页（国防委员会决定分拆北方面军）、第31—34页（朱可夫成为
新任司令员，库利克指挥拉多加湖东面的第54集团军）、第42—43页（朱可夫
离开，先后由费久宁斯基和I. S. 霍津替代）、第51—59页（9月8日，轰炸和炮
击）、第59—69页（防空，以及在沃罗诺夫指挥下进行炮兵反炮兵作战）。

L. 佩恩中将，V vikhre voennykh let（《在战争岁月的旋风中》）（塔林：
爱沙尼亚图书出版社，1969年），第61—88页（步兵第2军作战行动，在西方
面军和布良斯克方面军方向，1941年7月—9月）。这本不同寻常的书出自一位
爱沙尼亚职业军官之手，他与红军并肩作战，后成为爱沙尼亚军军长。参见
C.F.扎哈罗夫少将的评论文章，第86—87页。

Yu. P. 彼得罗夫，Partizanskoe dvizhenie v Leningradskoi oblasti 1941–1944
（《1941—1944年列宁格勒地区的游击运动》）（列宁格勒：列宁出版社，
1973年），第21—41页（游击队组织，地下党组织）、第41—48页（卢加地区
的武装游击群）、第48—55页（游击队组织，列宁格勒及周边）。

I. 特里尔（主编），Estonskii narod v Velikoi Otechestvennoi Voine
Sovetskogo Soyuza（《伟大卫国战争期间的爱沙尼亚人民》）（塔林：爱沙尼
亚图书出版社，1973年），第1卷，第128—189页（德军的进攻，疏散，爱沙
尼亚的军事行动）；第240—287页（爱沙尼亚本土步兵第22军，1941年7月作
战行动）。

G. K. 朱可夫，《回忆与思考》，第312—317页（在列宁格勒防御中发挥
的作用；9月10日，担任列宁格勒方面军司令员；第一个指挥决定；对苏联第
42集团军的进攻；9月末，周边局势稳定）。这是一份意想不到的简报，保留
了朱可夫重要指令中的一段说明文字。

《第8集团军的作战行动（1941年6月—7月）：西北方向》

参见Oboronitel'naya operatsiya 8-i Armii v nachal'nyi period Velikoi
Otechestvennoi voiny（《第8集团军在伟大卫国战争期间的防御措施》），
VIZ，1974（7），第75—84页。索边尼科夫的第8集团军是一个典型，因此特

别值得研究：它原本在劫难逃，但消失后又重新出现。此项研究中，N. 巴雷舍夫上校提供了第8集团军的一些基本数据（包括出色的地图）。

第8集团军的构成，1941年6月

两组数字代表标准编制（上）和实际兵力（下）

	步兵第10军	步兵第11军	机械化第12军
兵力	32057	32057	36080
	25480	23661	30436
坦克	24	24	1031
	12	17	651
火炮和迫击炮	600	600	358
	453	559	288
装甲车	26	26	266
	18	14	68
卡车	1900	1900	5165
	912	1007	2945

总人力：105508（含反坦克炮兵第9旅）
　　　　82010

坦克：　　1079
　　　　　680

斯摩棱斯克与"莫斯科方向"

比留佐夫，作品已引用，第33—47页。

洛巴切夫，作品已引用，第152—171页。

Moskovskoe opolchenie, Kratkii istoricheskii ocherk（《莫斯科民兵，一段简史》）（莫斯科：军事出版社，1969年），第18—57页（成立民兵师、共产主义营及反破坏/渗透营）。

Ordena Lenina Moskovskii voennyi okrug（《列宁、莫斯科军区的管理规程》）（莫斯科：军事出版社，1971年），第180—190页（莫斯科民兵师的组织结构）、第190—193页（斯摩棱斯克会战）、第195—200页（在莫斯科市组织5个防御区，分配给军事院校；军事学校向前线输送增援）。

罗科索夫斯基，Soldatskii dolg（《军人的天职》），第2版，第24—50页。

桑达洛夫，Na Moskorskom naprarlennii（《朝着莫斯科方向》），第3

卷，第154—196页。

萨佐诺夫，作品已引用，第99—137页。

西南方向、西方向

安菲洛夫，作品已引用，第404—477页。

阿扎罗夫，作品已引用，第179—186页（最高统帅部敖德萨的疏散训令）。

I. Kh. 巴格拉米扬，Gorod-voin na Dnepre（《第聂伯河上的城市卫士》）（莫斯科：政治文献出版社，1965年），第5—157页。这是一本非常个人化的叙述性读物，从7月初开始到9月最终被围，书中包含了大量的文档资料、谈话记录、作战报告（尽管没有具体出处）。我发现这是一本非常有价值的小型专著，巴格拉米扬元帅绝非目光短浅之流，或是精于推脱责任——对于斯大林、布琼尼及沙波什尼科夫这些人所起的作用，作者也都做了认真的评价。在某种情况下，我们必须（或别无选择地）接受巴格拉米扬的这些证据，因为他当时就在作战司令部。

巴格拉米扬，Tak nachinalas' voina（《战争是这样开始的》），第292—368页。此书的叙事部分始于8月16日，历经德军形成包围圈，止于苏军为时已晚的突围和基尔波诺斯阵亡的详情。其中最重要的一段（第332—338页）提到了巴格拉米扬于9月16日拜访铁木辛哥，铁木辛哥"口头"命令从第聂伯河撤回西南方面军，基尔波诺斯拒绝执行，除非有书面指示，他寻求莫斯科方面的授权并澄清相互矛盾的命令，9月17日晚的通讯（第338页）。参见莫斯卡连科、华西列夫斯基及朱可夫的相关回忆或期刊杂志。

Ya. M. 戈列利克，Boris Mikhailovich Shaposhnikov（《鲍里斯·米哈伊洛维奇·沙波什尼科夫》）（莫斯科：军事出版社，1961年），第84—87页（沙波什尼科夫担任总参谋长）。此书极尽褒扬之辞，而内容空洞乏味，却是不多的几部赞扬沙波什尼科夫的作品之一。〔同见Ya.M.戈列利克上校致VIZ编辑的信，1965（9），第112—113页，未能认识到沙波什尼科夫贡献〕。

N. I. 克雷洛夫元帅，Ne pomerknet nikogda（《永不褪色》）（莫斯科：军事出版社，1969年）（"军事回忆录"）；随摘（敖德萨的防御）。英译本为Glory Eternal. Defence of Odessa 1941（《永远的荣耀——敖德萨防御战1941》）（莫斯科：进步出版社，1972年）。

I. I. 利索夫中将，Desantniki（Vozdushnye desanty）（《伞兵突击》）（莫斯科：军事出版社，1968年），第44—60页（苏联空降兵部队在边境交战、白俄罗斯和乌克兰的运用；1941年7月，空降兵第4军在白俄罗斯的作战；在别列津纳和克里切夫地区的作战；1941年7月10日，伞兵第3军从敖德萨转至基辅地区——空降兵第5、第6和第212旅参加基辅防御战；A. I. 罗季姆采夫上校指挥伞兵第5旅参与基辅战役；8月底，伞兵第3军并入苏联第40集团军，在科诺托普战斗；伞兵第3军被改编为步兵第87师，最终成为罗季姆采夫指挥的近卫步兵第13师）[1]。

K.S.莫斯卡连科，Na Yugo-zapadnom napravlenii 1941-1943, Vospominaniya komandarma（《在西南方向上，一名指挥员的回忆，1941—1943》）（莫斯科：科学出版社，1973年），第2版（第1版：1969年），第51—91页（西南方面军作战行动，基辅包围圈；8月初第6和第12集团军被围；苏军集团军司令员穆济琴科与波涅德林被俘；德军试图突袭基辅；波塔波夫未能确保他在切尔尼戈夫以北的右翼；莫斯卡连科9月3日接管步兵第15军；9月10日波塔波夫的第5集团军突围；步兵第15军被迫撤退，波塔波夫不满，莫斯卡连科被困，与临时战斗群一起突围；9月27日，苏军在基辅包围圈中损失的部队并没有德军宣称的那么多，当地只展开了452000人；波塔波夫的命运）、第72—73页（在囚禁中幸免于难，战后继续在远东军区服役；波塔波夫审问中的表现，引用冯·施韦彭堡的叙述）、第74—91页（对导致西南方面军覆灭的事件的反思，8月24日斯大林—叶廖缅科的谈话，9月11日基尔波诺斯与沙波什尼科夫的谈话）、第76—78页（布琼尼9月11日给最高统帅部的报告）、第79—80页（9月11日斯大林与基尔波诺斯的谈话，对最高统帅部及沙波什尼科夫的批评）、第82—83页（叶廖缅科没能履行他的诺言挡住德军的进攻，铁

---

[1] 原注：伞兵第212旅1939年就曾作为地面部队参加了哈拉哈河战役。许多苏军伞兵都是1939年远东战役的老兵。

木辛哥接管西南方面军，一定乐观态度的基础）、第84页（9月13日，基尔波诺斯向斯大林汇报）、第85页（沙波什尼科夫批评图皮科夫"引起恐慌的报告"）、第86页（铁木辛哥口头命令撤回军队，但基尔波诺斯坚持要求书面确认并向最高统帅部核实——这是他的"致命错误"）、第87—88页（9月18日傍晚基尔波诺斯才收到确认命令，但突出包围圈为时已晚；基尔波诺斯传记中的阵亡细节）。[①]

探究西南方面军9月份覆灭的责任时，关键在于莫斯卡连科对铁木辛哥元帅的观点和行动施加了怎样的影响；因为铁木辛哥保持缄默，巴格拉米扬与莫斯卡连科的证言肯定发挥了作用。莫斯卡连科用他战后与铁木辛哥谈话的记录作为官方记录。莫斯卡连科的两个版本稍有出入（见第1版第90—91页和第2版第87—88页），虽然本质上并没有太大不同。铁木辛哥元帅当时是准备"单干"，将苏联军队撤回，只发布了"口头命令"，希望能在稍后说服最高统帅部和斯大林。巴格拉米扬证实确有此事（《战争是这样开始的》第334—335页），他曾拜会过元帅，并接到指示，将撤退的"口头"命令传给基尔波诺斯（"向方面军指挥员传达我的口头命令：撤离基辅防御区……"）。基尔波诺斯将在普肖尔河占据防御阵地，已用预备队阻止德军突入他的后方——如果基尔波诺斯"赶快行动"，向罗姆内及卢布内发起进攻，苏军各集团军或许可以冲出围困。

I. A. 萨姆丘克，Trinadtsataya Gvardeiskaya（《近卫步兵第13师》）（莫斯科：军事出版社，1971年），第2版，第5—24页（空降兵第3军在基辅保卫战中的行动）、第24—39页（谢姆河的作战行动，空降兵第3军在科诺托普集中——并入苏联第40集团军）。

秋列涅夫，作品已引用，第149—152页（7月中上旬南方面军作战行动）、第152—154页（秋列涅夫将部队转移至西南方面军）、第154—156页（西南方面军司令员做出的错误评估；8月4日，秋涅列夫的报告）、第158—

[①] 原注：莫斯卡连科元帅的研究有必要做出一些评论。这不仅是一部个人回忆录，也是一部基于档案和军事记录的正史。总之，该作品证实了巴格拉米扬提供的证词及其著述（并提供了资料出处）。

159页（8月6日，秋涅列夫的报告——请求及时撤离）、第160—163页（批准撤退，预备集团军前调——但没有配备反坦克枪与机枪）。

华西列夫斯基回忆录/材料，作品已引用，第203—217页。

华西列夫斯基，Delo vsei zhizni（《毕生的事业》）（莫斯科：政治书籍出版社，1974年），第136—151页（8月初西南方面军对德军包围展开的作战，基辅陷落）。此处的记述及档案材料与朱可夫元帅提供的非常相近。华西列夫斯基元帅将基辅失败的罪责直接指向斯大林。

叶廖缅科，V nachale voiny（《战争初期》），第207—337页。[1]

G. Z. 朱可夫，《回忆与思考》，第286—298页。[2]

至于西南方面军崩溃和基辅沦陷的责任，相关证据复杂且相互矛盾，因此，总结那些具备一定可信度的事实或许有所帮助：

1. 朱可夫将军7月29日的战略判断被证明是绝对正确的，他似乎也是苏军指挥层中唯一一个洞察德军战役意图的人。

2. 尽管布琼尼元帅的作用还有许多方面有待探讨，但他增援而非解散中央方面军的建议还是合理的；叶廖缅科的严重错误在于过高估计其方面军的潜力及表现，斯大林对他的话照单全收。

3. 最晚到9月11日，铁木辛哥已经要求总参谋部准备一份详细的态势研究，似乎相信局势"严峻但并非无望"，甚至还有可能凭借"坚强而巧妙的领导"而恢复。四五天后，他确信有必要及时撤退，并实际上是与巴格拉米扬密谋推动此事，因此"口头"指令被通过巴格拉米扬传递给基尔波诺斯。

4. 沙波什尼科夫扮演了一个非常可疑的角色，他似乎支持有计划的、及时的撤离，但又严厉斥责建议这样做的前线高级军官，尤其是图皮科夫；华西

---

① 见伊万诺夫将军的述评，VIZ, 1965（6），该文猛烈抨击叶廖缅科的作品，并有档案予以支持。该档案材料（斯大林、叶廖缅科的意见交换等）华西列夫斯基也引用过。伊万诺夫用一句话总结了他反驳的观点："叶廖缅科同志最不愿意承认的就是布良斯克方面军未能完成交付给他们的任务——他们没有歼灭敌军的第2装甲集团军，没能阻止德军突入西南方面军后方。"另见叶廖缅科的Pomni voinu（《铭记那场战争》）（顿涅茨克：顿巴斯出版社，1971年），第11章。

② 原注：朱可夫对基辅"débâcle"（崩溃）这个问题的说法与"赫鲁晓夫时代"的观点大相径（参见IVOVSS，第2卷，第106—110页），虽然都主要归咎于斯大林。布琼尼的声誉提升了一些，而沙波什尼科夫似乎扮演了一个可疑的角色。

列夫斯基暗示这个有计划的撤退方案被最高层批准时为时已晚。

5. 基尔波诺斯是否应该执行铁木辛哥的命令呢？简单的答案似乎是应该，但留给他的仍旧是一个难以挽回的局面——一边坚守一边撤出——这还是一个未得到最高统帅部批准的命令。

6. 尽管受到许多指责，但斯大林并非唯一有过失的人。这并非为他辩解，只是说最高统帅部、总参谋部、战略方向、几个方面军司令员和各集团军司令员都对这场灾难负有责任。

"台风"战役：布良斯克—维亚济马和"莫斯科方向"

多数严肃的苏联研究调查和许多的回忆著述都承认，苏联统帅部对德军沿"莫斯科方向"展开攻势（"台风"行动）深感震惊。这里我主要采用苏联方面的说法，在此处及其后几段，我依托索科洛夫斯基元帅对莫斯科会战的研究，该研究——尽管受到批评——但确实吸收了大量会战各阶段苏军兵力（或者说缺乏兵力）的材料。与索科洛夫斯基元帅及他的军事研究人员交谈后，我依赖他们编纂的作品时至少可以做一些辩解：和多数的苏联研究一样，"战役进程"（大事表）和"数据"（军队实力等）都从档案记录中严格剔除了。

Besprimernyi podvig（《史无前例的壮举》）（莫斯科：科学出版社，1968年）（德军在莫斯科城下战败25周年纪念大会的材料，P. A. 日林中将作序）；参见科涅夫元帅的段落，第63—75页（指挥加里宁方面军）；叶廖缅科元帅，第76—87页（在莫斯科西南接近地）；朱可夫元帅，第88—94页（防御战）；D. A. 茹拉夫列夫上将，第146—153页（莫斯科的空军及防空）；A. V. 扎列夫斯基，第358—369页（莫斯科保卫战中的民兵师）；I. M. 斯卡奇科夫，第409—424页（防御战中的莫扎伊斯克党组织）。这是一套信息量颇大的作品，但回顾部分多少有些程式化，"历史记录"的色彩很强。无论如何，民众动员和首都内部的措施的材料经常是原始的、丰富的。

Bitva za Moskvu（《莫斯科会战》）（莫斯科：莫斯科著作出版社，1958年），第2版。参见该部回忆录作品集科涅夫元帅的段落，第35—62页；朱可夫元帅，第63—96页；阿尔捷梅耶夫将军，第111—127页；列柳申科将军，第128—150页；卡图科夫上校（后来的装甲兵元帅），第202—228页（在莫斯科会战中指挥近卫坦克第1旅）；A. P. 别洛博罗多夫将军，第229—245页（指挥西伯利亚军队）；方面军、集团军和各军指挥员列表，第624—629页。

比留佐夫，作品已引用，第49—67页（步兵第132师在布良斯克包围圈中的作战行动）。

博尔金，作品已引用，第139—158页（保卫图拉，军事展开及市民的防御计划）。参见I.D.克里莫夫的段落（第6章的注解）。

I. 科涅夫，Nachalo Moskovskoi bitvy（《莫斯科会战打响》），VIZ，1966（10），第56—67页。尽管只是一篇文章，但科涅夫大将——9月底任西方面军司令员——的这篇个人记述包含他在布良斯克—维亚济马包围战时期采取的防御行动及决策。首先，科涅夫坚称方面军司令部没有被德军攻势打得措手不及：9月26日，他向斯大林和总参谋部递交了德军进攻迫近迹象的报告，并向他的集团军司令员们示警。前一天，他就强调德军飞机的集中，并请求打击这些机场，还请求为他的方面军提供更多空中增援。科涅夫认为9月27日的最高统帅部训令下发得太迟，而且他的部下已经在执行文中要求采取的措施了。

至于包围圈，科涅夫再次强调他已经尽可能组织被围的苏联各集团军突围，但方面军遇到了一个障碍：他们只有炮兵用的马拉运输手段；至10月7日，3个集团军（第19、第20和第32集团军）的16个师，外加预备队方面军第24集团军的余部被困。承受德军主要攻势的第30集团军已被粉碎，退向东面的沃洛科拉姆斯克。10月8日，科涅夫命令被困各师向格扎茨克方向突围。

莫洛托夫、伏罗希洛夫、华西列夫斯基及其他人员抵达科涅夫的司令部：莫洛托夫要求科涅夫将他的人带出包围圈并前往格扎茨克方向，同时，将调4—5个师到最高统帅部预备队，以便展开到莫扎伊斯克防线上。只能说科涅夫下发了必要的命令，要求各集团军突围并为预备队提供兵力。最终，只有一个师抵达了莫扎伊斯克。

和解释包围圈的复杂性时一样，在解决谁该为被德军打得措手不及负责这一问题时，科涅夫这样解释苏军这场大败的缘由：

1.德军拥有战略主动性，并且兵力兵器都具有"压倒性优势"。

2.德军在机动能力较强，苏军飞机和反坦克武器较差，使得他们无法阻止德军的进攻。

3. 苏军缺乏武器弹药，人力不足，造成预备队太少。

4. 从北面向维亚济马的突破本可以遏制，但德军从南面突入西方面军后方，那里没有预备队应对危机。

无论如何，28个德军师卷入了肃清被围苏军各师的战斗，从而为苏军组织莫斯科的防御赢得了时间。

D. M. 列柳申科，Moskva–Stalingrad–Berlin–Praga,Zapiski komandarma（《莫斯科—斯大林格勒—柏林—布拉格，指挥员笔记》）（莫斯科：科学出版社，1970年），第32—63页（列柳申科从汽车装甲坦克总部副部长调任战场指挥员；被派往苏军南翼抵挡古德里安的进攻，保卫姆岑斯克，接管新组建的苏联第5集团军，博罗季诺的战斗）。

Moskovskoe opolchenie（《莫斯科民兵》），第58—74页（10月上旬，莫斯科民兵师在前线展开，为防线配置人员）。

Moskva–frontu（《莫斯科前线》文档与资料选编）（莫斯科：科学出版社，1966年），第1章，第11—110页（莫斯科防御的组织工作）；第2章，第111—238页（民兵师，正规师，市民疏散）。这些文献几乎全部来自档案材料。

D. Z. 穆林耶夫，Proval operatsii ‘Taifun’（《 "台风" 行动的失败》）（莫斯科：军事出版社，1972年），第2版，第2章，第40—83页（苏军10月份的战役：维亚济马、布良斯克、加里宁和西方面军在 "莫扎伊斯克" 的战役）。这是一本有用的专著，采用了一些档案材料。该书基本上是一本通俗读物，但数据和对各次战役的描述还是有用的。

Proval gitlerovskogo nastuplenie na Moskvu（《希特勒兵败莫斯科城下》），附M. V. 扎哈罗夫序言（莫斯科：科学出版社，1966年）。这是回忆录资料的重印本，已在作品的脚注上予以确认。

罗科索夫斯基，作品已引用，第51—61页（下令在尤赫诺夫地区进行反冲击，后改为莫扎伊斯克地区，最终定为沃洛科拉姆斯克地区）、第62—72页（10月中旬，西方面军局势恶化；多瓦托尔的骑兵第3军冲出包围圈；罗科索夫斯基左翼遭到德军攻击；沃洛科拉姆斯克持续受到压力；博尔金冲出包围圈，但卢金将军失踪——后被俘；德军继续对左翼施压，威胁到沃洛科拉姆斯克—伊斯特拉公路）。

A. M. 萨姆索诺夫，Veliky a bitva pod Moskvoi 1941–1942（《伟大莫斯科会战1941—1942》）（莫斯科：科学院出版社，1958年），第67—123页（作为前线城市的莫斯科的动员令）。另见Velikaya bitva pod Moskvoi, Kratkii istoricheskii ocherk（《伟大的莫斯科会战，简史》）（莫斯科：军事出版社，1961年），第57—101页（1941年10月，莫斯科"远端接近地"会战的分析）。

苏联元帅V. D. 索科洛夫斯基，Razgrom Nemetsko–fashistskikh voisk pod Moskvoi（《德国法西斯军队在莫斯科附近溃败》）（莫斯科：军事出版社，1964年），第1章，第33—47页（1941年10月，苏军在"西方向"上的战役）。战役叙述简明扼要，描绘了主要作战行动、苏军兵力、命令更迭等。另见索引及补充地图。

华西列夫斯基资料来源：参见《毕生的事业》，第152—161页（10月份"莫斯科方向"上的军事行动，总参谋部没有认清德军的进攻意图，布良斯克—维亚济马崩溃）。

叶廖缅科，《战争初期》，第338—391页（德军在"台风"行动中推进，德军占据上风，叶廖缅科将军的集群被切断，引用布良斯克方面军1941年10月的作战日志，苏军被迫撤退，叶廖缅科被炸弹破片击伤，斯大林前往医院探视时做的汇报）。

Za Moskvu' zu Rodinu（《为了家园莫斯科》）（莫斯科：莫斯科工人出版社，1964年），第25—47页（捷列金在莫斯科的防御区的组织工作）、第177—192页（斯贝托夫执行空中侦察任务，不相信德军已达成突破，受到内务人民委员部审讯）。

G. K. 朱可夫，《回忆与思考》，第318—332页。

苏联海军

V. I. 阿奇卡索夫与N. B. 帕夫洛维奇，Sovetskoe Voenno–morskoe iskusstvo v Velikoi Otechestvennoi voine（《伟大卫国战争中苏联海军的作战艺术》）（莫斯科：军事出版社，1973年），第56—64页（布雷，雷场）、第65—112

页（保卫海军基地）。

Krasnoznammennyi Baltiiskii Flot v bitve za Leningrad 1941–1944（《列宁格勒会战中的波罗的海红旗舰队1941—1944》）（莫斯科：科学出版社，1973年），参见V.F.特里布茨的介绍，第65—74页（保卫塔林）；A.A.萨戈扬，第65—74页（塔林防御中的舰炮）；V.I.阿奇卡索夫，第82—96页（波罗的海舰队撤至喀琅施塔德）；V.F.特里布茨，第149—183页（列宁格勒保卫战中的波罗的海舰队）；

V. F. 特里布茨，Podvodniki Baltiki atakuyut（《潜艇在波罗的海的攻击》）（列宁格勒：列宁出版社，1963年），第9—31页，1941年夏/秋季，波罗的海舰队的作战行动。

N. P. 维尤年科，Chernomorskaya flot v Velikoi Otechestvennoi voine（《二战中的黑海舰队》）（莫斯科：军事出版社，1957年），第44—83页。黑海舰队在敖德萨保卫战中所发挥的作用的一段有用叙述。

魏纳，作品已引用，第11—39页。

苏联空军的作战行动

费德罗夫，作品已引用，第34—121页。

Sovetskie Voenno–vozdushnye sily…1941–1945（《苏联空军……1941—1945年》），第29—64页（1941年7月—9月苏联空军的作战行动）。零散的叙述涵盖了所有方面军，给出了出击架次总数，但几乎没有作战信息。

期刊

（未署名），Pravda o gibeli General M. P. Kirponosa（《基尔波诺斯将军死亡的真相》），VIZ，第9期（1964年），第61—70页（目击报告及对基尔波诺斯将军的追溯性调查）。

42-ya Armiya v boyakh za Leningrad（《列宁格勒会战中的第42集团军》）《历史档案》，第2期（1959年），第68—88页（《第42集团军作战日志1941—1945》的出版），1945年编印，出版方是第42集团军作战参谋部。

海军上尉V. 阿奇卡索夫，Sryv planov nemetsko-fashistskogo

komandovaniya po unichtozheniyu Krasnoznamennogo Baltiiskogo Flota（《法西斯德国妄图毁灭波罗的海舰队的计划的破产》），VIZ，1966（10），第19—31页（苏军从塔林撤退的详细文献研究，这次行动撤出了三分之二的舰船和18000人的军队，但损失也不小；负责疏散敖德萨的指挥部被要求研究塔林撤退的教训并予以避免）。

I. 巴格拉米扬，Zapiski nachal'nika operativnogo otdela（《作战处工作笔记》），VIZ，1967（10），第48—62页，及1964（3），第52—68页（从文本来看是选自之前出版的《战争初期》）。

I. 巴格拉米扬，Geroicheskaya oborona stolitsy Sovetskoi Ukrainy（《英勇保卫乌克兰的苏维埃首府》），VIZ，1963（10），第53—66页。基辅解放20周年论文。

N. 比留科夫，V dni Smolenskogo srazheniya（《在斯摩棱斯克战役的那些日子里》），VIZ，1962（4），第80—88页（步兵第186师的作战行动）。

A. 赫列诺夫工程兵上将，Evakuatsiya voisk s primorskogo platsdarma（《从海边桥头堡地带撤离的部队》），VIZ，1964（3），第17—31页〔疏散训令、敖德萨城内组织工作及疏散的细节——但赫列诺夫不完全同意彼得罗夫对海岸集团军司令部所起作用的评价，VIZ，1962（7），作品已引用〕。

N. G. 库兹涅佐夫海军上将，Voenno-morskoi flot nakanune Velikoi Otechestvennoi voine（《伟大卫国战争前夕的海军》），VIZ，1966（9），第65—67页（1941年7—8月苏联统帅部的组织）。

M. I. 佳热赫，Ladozhskaya ledovaya doroga (1941–1943 gg.)（《拉多加冰雪路（1941—1943）》），《历史档案》，1959（3），第3—30页（对"拉多加冰雪路"统计数据的报道）。

D. 列柳申科，Na Mozhaiskom napravlenii（《在莫扎伊斯克的方向上》），VIZ，1962（9），第22—26页（苏军第5集团军的兵团，在"出现坦克威胁"的防线设防，博罗季诺和莫扎伊斯克）。

I. 佩列瑟普金，Kharakternye epizody perioda oborny Odessy（《总参谋部的通讯联系》），VIZ，1971（4），第19—25页（通讯兵元帅佩列瑟普金提供的中央和野战司令部之间通讯组织与通讯状况急需信息）。

I. 彼得罗夫，Operativenaya oborona v pervom periode Velikoi Otechestvennoi voiny（《难忘的敖德萨保卫战》），VIZ，1962（7），第58—65页（康斯坦丁·西蒙诺夫，小说家，从彼得罗夫将军那里收到这些笔记，他曾经答应作者在撰写战争小说时提供帮助；无论该作者在作品中怎样使用，依旧是对敖德萨保卫战极其精彩的总结）。

M. 波柳什金，Operativenaya oborona v pervom periode Velikoi Otechestvennoi voiny（《伟大卫国战争中第一阶段的防御作战》），VIZ，1971（6），第14—22页（苏军在战争初期的防御战术）；参见Razvitie taktiki Sovetskoi Armii v gody Velikoi Otechestvennoi voiny 1941–1945（《伟大卫国战争中，苏军战术应用的发展，1941—1945》）（莫斯科：军事出版社，1958年），第3章，苏军的防御战术，附详细的图表和地图。

第六章：后方、大后方和德军战线背后

据我所知，尚未有一部俄文或非俄文的苏联战时社会史。最相近的要数苏联战争年代的行政史，而战时经济努力和工业动员只有零散提及。第一自然段其余部分无法出版。

如果说这里收集的辅助与参考材料可以为涉及社会反映和表现，以及整个经济和工业（还有农业）方面的问题提供侧写，未免太过冒失。这些材料本身用于满足特定的需要，其中包括大量通俗的政治作品（许多英雄男女）、政府法令、战时条例、大量党出版物、战时经济和社会各个方面（食品供给、农业、熟练工、财政、劳工动员）非常专业的专著，还有同样专业的大量学术期刊上的文章〔尽管（VI）已经涵盖了不少这样的内容〕。另外还有大量的纪实类的系列出版物，或地区（白俄罗斯、外高加索）、州的专著，文献主要摘自档案。这些必须再加入一段挑选过的"城市历史"，这些历史彰显了党、人民群众和战时城市管理者发挥的作用。

这些地区和州的档案实录也有助于了解游击运动的起源与组织（如1960年出版的《奥廖尔地区》，就是研究聚集在布良斯克丛林区的游击队重要的资料来源），尽管主要讲的还是游击运动本身。游击队与党、内务人民委员部、逃脱的苏军战俘或敌后被困人员有联系。我尽可能利用那些展示游击队组织结构和作战表现的材料。回忆录和"日记"需要仔细研判，因为据说一些没有真正参战的游击队员，正致力于用笔确保或夸大他们的声望。

缴获的德军档案（GMD）同样提供了大量苏军表现和态度的信息，其获取经常是通过对缴获苏军资料的分析、统计数据的收集、缴获堆积成山的邮件，以及审讯或变节者提供的证词。我采用了上述一些资料（特别是统计数据和审讯报告），但我必须另外再参考一部大师级的研究作品，亚历山大·达林的German Rule in Russia, 1941–1945: A Study of Occupation Policies（《1941—1945年，德国在俄国的统治，占领政策的研究》）（伦敦/纽约，1957年），该作品广泛调查研究了苏联民众对德军的反应。

当然，还有一整个领域的资料没有收集到——社会结构，包括苏联妇女（在战时扮演）的角色以及国家的社会管理、医疗服务、新闻机构、电台、运输系统等——但苏联战时的社会情况将单独成书。

在此我也将J. 斯大林的演讲稿作为战时官方记录的一部分——这部分很少，现在大多从苏联参考书目中移除了。

约翰·A. 阿姆斯特朗（主编），Soviet Partisans in World War II（《二战中的苏联游击队》）（威斯康星大学出版社，1964年），第1章，第73—88页（组织游击队的首次努力）；第2章，研究案例，第399—410页（叶利尼亚—多罗戈布日地区）、第458—462页（布良斯克地区）；另有第653—667页（"有选择的苏联材料"附录）、第668—676页（"苏联对游击队的训令"）、第677—686页（"游击战术"）。研究苏联游击运动时，这本经典著作不可不读，资料的选取非常出色，附录全是原始资料。

马修·P. 加拉格尔，Soviet History of World War II（《苏联二战史》），第103—127页（苏联作家与战争）。

埃里希·黑塞，Der Sowjetrussische Partisanenkrieg 1941-1944 im Spiegel deutscher Kampfanweisungen und Befehle（《1941—1944年，苏联的游击战》）（哥廷根：穆斯特斯施密特出版社，1969年），第2章，第38—71页（苏联游

击运动的起源，苏联政府的要求，早期的组织结构）；第4章，第107—111页
（1941年秋，苏联游击队的组织结构）。

埃德加·M. 豪厄尔，The Soviet Partisan Movement 1941–1944（《1941—1944年间的苏联游击运动》）（美国陆军部，第20—244号手册，1956年8月），第47页（游击队战斗营与牵制部队，1941年7月10日——红军政治部第10处）。

T. H. 里格比，Communist Party Membership in the U.S.S.R.（《1917—1967年，苏联的共产党员》）（哥伦比亚大学出版社，1968年），第一章，第250—257页（苏联军队中党员的总体水平）、第257—271页（游击队及苏联后方民政机构中的党员）。

沃思，Russia at War（《战争中的俄国》），第189—197页（秋季走访斯摩棱斯克方面军）、第198—201页（向列宁格勒进发）、第213—224页（工业疏散）；同见第7章，第710—726页（苏联游击运动）、第225—242页（莫斯科会战开始；莫斯科的十月大恐慌，就像沃思爵士在一段广为人知的描述后所称呼的那样——"大逃亡"；对这段危难时期的描述收集自苏联目击者）。

缴获的德军档案

OKW/德军宣传部，档案号：T–77/R 1028,6500451–735（1941年7—12月）。这是一部非常重要的文档，包含了有关"外国—俄罗斯"的各种材料：政治（包括被缴获的材料）和"东部地区的重要情况"（经济信息、当地人的态度等），后者取自OKW/战争经济—战备局（Wi RüAmt）。另见6500692–5（"No.6彼得堡新闻"，1941年10月31日，列宁格勒地区的食品供应体系）；同见6500707–14，Abwehr Ⅱ bei Hr.Gr.Süd（"德军进攻部队的士气及局势"，1941年10月28日）；同见6500635–80，战争经济—战备局归档材料，苏联重要的军事工业区（列宁格勒、顿涅茨、亚速海地区）。

下一份资料集（档案起始号6500735）进入了1942年，但它的关注点是政治进程的演化和苏联战俘这一平台（引用施古诺夫的文字），如…über die Bildung einer politischen Gegenregierung in Sowjet–Russland gegen Stalin（《……一个针对斯大林的苏联政治反对派政府的组建》）（1942年2月），

还有Plan zur Bekämpfung und vollständigen Vernichtung des Bolschewismus in der U.d.S.S.R.（《打击和彻底摧毁在苏联的布尔什维主义的规划纲要》）（1942年3月）。这是此份资料所涉及的范围，对于致力于研究苏联战俘及他们的政治主张颇有帮助。值得注意的是，此类活动大多早于"弗拉索夫运动"。

图表：飞机、坦克、火炮的生产

FHO飞机的生产T–78/R479,662305–11。

FHO坦克的生产T–78/R479,6462293–9。

FHO苏联火炮的生产T–78/R479,6462447–50。

铁路运作

OKH/铁路部队总部。苏联铁路建设与运作：技术细节，但许多与列宁格勒的补给有关（附清晰的冰上桥梁及铁路线航拍图）。T–78/R119,6044128–636。

德国外交部文档（Auswärtiges Amt）

序列号270/175713–176028（"GPU军官施古诺夫"）。

大量文件中包含施古诺夫的讯问与记录，起始于1941年9月。施古诺夫提供了大量他个人生涯的笔记，以及内务人民委员部（NKVD）策反组织的细节（训练过程、指导，在苏联的国内组织等），军事政委及派至红军的"特殊部门"（NKVD）政委的记述。施古诺夫也对游击部队的编成及其早期活动进行了评论。

施古诺夫的笔录还延伸至他对德军取胜后在俄罗斯建立的政府类型的观察，所以，这些段落针对政治态度提供了很有启发性的评论，施古诺夫肯定不是唯一一个考虑过这些主张的人。文件的大部分是施古诺夫的手写材料、笔记及图表。

苏联空军军官的精神面貌

第2航空司令部，波森，1941年12月19日，"苏军战俘的专业技能报告"（空军部分）（被俘苏军飞行员的履历、照片及精神状况档案）。T–78/R

489,6474650–65。

Der sowjetische Soldat（《红军战士》）（获奖论文，党卫队全国领袖：党卫军总部，日期未知。苏军士兵政治、精神状况的档案）。T–78/R498,6486044–95。

（私人收藏）

手写稿：Die Behandlung des russischen Problems während der Zeit des ns.Regimes in Deutschland（《对俄罗斯问题的处理，德国的政权》）。A部分,Die deutsche Russlandpolitik…insbesondere 1941 bis 1943…（《德国的俄罗斯政策……特别是1941年至1943年……》）；Teil B,Die Aktion des Generals Wlassow…（《弗拉索夫将军的行动……》）；见A部分（Ⅱ），Die ersten Wochen nach dem deutschen Einmarsch in Russland（《德国在占领区行使管辖权，所面对的市民的态度，以及宗教和民族主义者动向》）。

参考文献

IVOVSS，第6册，参考文献，第560—563页（在苏联出版的"档案资料"，涵盖多数战时法令；对德国战争罪行的调查；各地区、州、工业与贸易协会档案材料的收集）。对于搜集特定的战时或战后初期的出版物非常有用。另见第574—585页（苏联编写的关于苏联军事行动和战争努力的作品，以及其引用的一些战时材料，虽然主要出版于20世纪50年代末60年代初）。

Narodnoe khozyaistvo SSSR v gody Velikoi Otechestvennoi voiny (1941–1945),（《伟大卫国战争中的国民经济，1941—1945》）（莫斯科：科学出版社，1971年）：1.苏联战争经济的常见材料；2.独立地区的战时经济；3.各地区的战时经济；4.战时经济的政府指导；5.食品的供应和配给体系；6.劳动力与工人阶级的分配/动员；7.工业及其向战时状态的转换；8.农业；9.林木业；10.渔业；11.狩猎业；12.交通运输业；13.通讯与通信业；14.国家采购业；15.贸易；16.财政、预算与信用体制；17.城市经济，重建工作；18.占领区经济与经济的恢复。

注：这份参考文献包含了"索引的索引"，是一个非常详细的书名和集体作品/官方出版物索引，也是一个地名索引。它对研究主要动向非常有用，

虽然电力等特定行业有所欠缺。

党政政令，规章，党内动员，党的政治工作，共青团

IVOVSS，第6册（1965），第41—143页。

Kommunisticheskaya partiya v period Velikoi Otechestvennoi voiny 1941–
1945（《1941—1945年，伟大卫国战争中的共产党》），文档与资料（莫斯
科：国家政治书籍出版社，1961年），第83—129页（1941—1942年，政府与
党的法令）。

Kommunisticheskaya Partiya v Velikoi Otechestvennoi voine（《1941—1945
年，伟大卫国战争中的共产党》）（莫斯科：军事出版社，1970年）：

1. 政府法令与规章——战争状态的宣布、动员令、战时工作作息、各州
前线的党与苏维埃组织、国防委员会（GKO）的设立、市民进行强制性防御
训练、对散布谣言及传播恐慌者的惩罚、在德军后方组织武装斗争、全民军事
训练、设立全苏联战争医疗救护委员会（第37—59页）。

2. 党和政府领导人的公告和演讲；斯大林的无线电广播，1941年7月3日
（第145—150页）。

3. 党组织在前线、后方和德占区的活动。文章：Luchshie boitsy i
komandiry vstupayut v Partiyu（《最好的指战员入党》）、Politotdel divizii v
boevoi obstanovke（《战时的师级政治处》）（第265—268页）。

4. 后方，共青团组织：共青团与战斗任务，1941年6月23日（第312—314
页）。加盟国党委、州党委、区党委会执行动员决议，党的战时任务，前线地
区、城镇的防御措施（第317—347页）。

Partiino-politicheskaya rabota v Sovetskikh vooruzhennykh silakh v Velikoi
Otechestvennoi voiny 1941–1945（《伟大卫国战争期间，苏联武装力量中的党
政工作》）（莫斯科：军事出版社，1968年），第13—127页（党在战争初期
的政治工作；指挥员与政治骨干在增强组织纪律性方面所起的作用；党政工作
在列宁格勒、基辅和敖德萨防御中的作用）。

N. A. 基尔萨诺夫，Partiinye mobilizatsii na front v gody Velikoi
Otechestvennoi voiny（《伟大卫国战争期间党组织为前线所作的动员》）（莫

斯科：莫斯科大学出版社，1972年）。这是一本学术著作，内容是党和共青团为前线部队和军事组织（包括民兵师）展开的"动员工作"。这项研究分为两个部分——总动员和当地党组织动员，还有党和共青团参与组建"（非俄罗斯）民族兵团"——亚美尼亚人、格鲁吉亚人及阿塞拜疆人的师——的信息。

彼得罗夫，作品已引用，第341—363页。

Ocherki istorii Moskovskoi organizatsii KPSS 1883–1965（《苏联共产党莫斯科组织历程散文集1883—1965》）（莫斯科：莫斯科著作出版社，1965年），第562—582页（首度进入战时状态，党和人民的动员，1941年秋）。

A. A. 什帕克，Podvig yunosti（《青春壮举》）（彼得罗扎沃茨克：卡累利阿出版社，1969年）（战争年代的卡累利阿共青团）。

I. V. 斯大林，O Velikoi Otechestvennoi Voine Sovetskogo Soyuza（《苏联伟大卫国战争》）（国家政治书籍出版社，1953年），第5版。讲话稿选编。

D. A. 沃罗帕耶夫与A. M. 约夫列夫，Bor'ba KPSS za sozdanie voennykh kadrov（《苏联共产党在波罗的海地区成立军事武装》）（莫斯科：军事出版社，1960年）第2版，第189—222页（战时指挥与政工人员的征募和训练——军官与党政人员，以及指挥/政工训练学校的工作；还有士官与士兵的晋升）。

战时经济，工业调动，工业疏散

IVOVSS，第二册，苏联战时经济，第138—176页〔新的弹药生产计划于6月6日颁布，6月23日生效；6月30日，1941年第3季度国家经济动员计划开始实施；7月4日，GKO最高统帅部采纳了沃兹涅先斯基委员会的建议，全面动员国家资源，包括将主要工业企业疏散到东部，开发利用东部地区的燃料/原材料；7月3日，统帅部——之前已经接受了弹药生产计划——决定将弹药生产企业迁至西伯利亚和伏尔加地区；准备在西伯利亚生产坦克和坦克引擎；8月16日，1941年第4季度计划及1942年的生产计划与配额已经确定，涉及伏尔加地区、乌拉尔、西西伯利亚、哈萨克斯坦与中亚；1941年6月24日成立什维尔尼克领导的"疏散理事会"，柯西金任其副手；列宁格勒的兵工厂和人员疏散；10月25日，国防委员会决定设立专门的"疏散委员会"，由米高扬领导，负责监督工厂撤离前线地区；对铁路设备的迫切需求，促使国防委员会设立专门的铁路转运集团，由米高扬负责，成员有柯西金、沃兹涅先斯基和赫鲁廖夫；"疏散理事会"由此解散并移交给"运输委员会"；1941年7月—11月，1523家工业企业被疏散至东部（包括1360家大型工厂）；10月19日，东部恢复生产，坦克工厂撤离哈尔科夫地区；12月8日，第一批25辆T–34坦克从新建立的工厂生产出来。航空工业：1941年总共生产15735架飞机（不含海军的飞机）。坦克生产情况：乌拉尔重型机器制造厂生产坦克底盘，在国防委员会的命令下，7月1日起开始批量生产；车里雅宾斯克拖拉机厂生产重型坦克和坦克引擎；1941年下半年，苏联共生产728辆KV坦克、1853辆T–34坦克及1548辆T–60坦克，尽管11月生产急剧下滑。弹药生产：8月—11月，303家工厂停产，产量只有计划中的50%—60%。1941年11月—1942年1月的新生产计划：坦克年平均产量将达到22000辆，战斗机不少于22000—25000架〕。

Yu. V. 阿鲁秋尼扬，Sovetskoe krest'yanstvo v gody Velikoi Otechestvennoi voiny（《伟大卫国战争中的苏联农民》）（莫斯科：科学出版社，1963年），第25—62页（战争影响、农民动员，人口与谷物存储的撤离，农村的党政工作）（第二版，1970年）。

I. 博伊科上校，Tyl Zapadnogo fronta v pervye dni Otechestvennoi voiny（《二战初期，西方面军的后方》），VIZ，1966（8），第15—26页。对苏联西方面军战争初期后勤、保障情况的一次重要而翔实的研究，分散的"后方勤务"，组织、维修和再补给设施。

Ya. E. 恰达耶夫，Ekonomika SSSR v period Velikoi Otechestvennoi voiny（《卫国战争时期的苏联经济，1941—1945》）（莫斯科：思想出版社，1965年）。这是一部概括性作品，几乎没怎么引用。

G. A. 多库恰耶夫，Sibirskii tyl v Velikoi Otechestvennoi voine（《伟大卫国战争时期的西伯利亚大后方》）（新西伯利亚：科学出版社，1968年），第28—88页（战时状态下的西伯利亚，接纳疏散过来的企业，新经济纽带）。

Rabochii klass Sibiri i Dal'nego Vostoka v gody Velikoi Otechestvennoi voiny（《二战期间西伯利亚与远东地区的工人阶级》）（莫斯科：科学出版社，1973年），第56—121页（经济动员，接收疏散企业，新燃料、半成品的发现与利用）。这是苏联腹地经济动员的两部详细的、学术性的、很有价值的研究著作。

Eshelony idut na vostok. Iz istorii perebazirovaniya proizvoditel'nyk sil SSSR v 1941–1942（《东去的列车：1941—1942年期间苏联生产力大迁移的历史》）（莫斯科：科学出版社，1966年），第15—30页（疏散战区人口）、第31—53页（重工业搬迁）、第116—140页（铁路运作）。整部作品非常引人入胜，也很有用。

I. A. 格拉德科夫（主编），Sovetskaya ekonomika v period Velikoi Otechestvennoi voiny 1941–1945（《卫国战争时期的苏联经济，1941—1945》）（莫斯科：科学出版社，1970年）。该书涵盖了苏联工业、加盟国工业，及其在战时经济、劳动力流动和劳动力、农业部门、运输、贸易和战时消费品供应、财政、卫生方面的作用。

Istoriya Tul'skogo oruzheinogo zavoda 1712–1972（《图拉兵工厂的历史，1712—1972》）（莫斯科：思想出版社，1973年），第246—262页（图拉兵工厂进入战时状态，疏散部分工业资源，图拉兵工厂在图拉被围困时的状态）。

Iz istorii Sovetskoi intelligentsii（《追溯苏联知识分子的历史》）（莫斯科：思想出版社，1966年），见G. P. 韦谢洛夫，第39—82页（苏联职业和战时为培养专业人员和专家进行的职业培训）。

A. V. 赫鲁廖夫，Stanovlenie strategicheskogo tyla v Velikoi Otechestvennoi voine（《成为伟大卫国战争时期的战略后方》），VIZ，1961（6），第64—80页（赫鲁廖夫领导的苏联"后方勤务"、后勤保障）。

S. 科斯秋琴科，I. 赫列诺夫与Yu. 费奥多罗夫，Istoriya Kirovskogo zavoda 1917–1945（《基洛夫工厂的历史，1917—1945》）（莫斯科：思想出版社，1966年），第588—634页（战时生产的组织，列宁格勒基洛夫工厂的武器生产，封锁初期的状况）。

G. 克拉夫琴科（上校/经济学博士），Ekonomicheskaya pobeda Sovetskogo naroda ve Velikoi Otechestvennoi voine（《苏联全体人民赢得了战争中经济上的胜利》），VIZ，1965（4），第37—47页。对苏联战争努力的一次检测。

库曼涅夫，作品已引用，第30—95页（铁路运作、组织、新铁路线的建设、为野战集团军提供补给的详情，以及在将工业迁往东部腹地中所起的作用）。

B. V. 列夫申，Akademiya Nauk SSSR v gody Velikoi Otechestvennoi voiny（《伟大卫国战争中的苏联科学院》）（莫斯科：科学出版社，1966年），第1章（战时科学院的搬迁，包括疏散各个学院到东部）、第2章（对苏联武装力量及战争工业所给予的科学技术协助）、第3章（科学院在东部腹地勘探、评估和开发利用新能源——石油、铁矿石——的工作，以及向农业提供的帮助）。

A. 尼基京上校，Perestroika raboty voennoi promyshlennosti SSSR v pervom periode Velikoi Otechestvennoi voiny（《伟大卫国战争的第一阶段苏联军事工业的改制工作》），VIZ，1963（2），第11—20页。一篇重要的文章，讲述了苏联工业为满足战时需求而转型的尝试，疏散生产部门的努力和原材料产地的丢失。作者似乎特别关注数字，尤其是1941年下半年的弹药与坦克生产数据。

N. 沃兹涅先斯基，Voennaya ekonomika SSSR v period Otechestvennoi voiny（《二战期间苏联战时经济》）（莫斯科：国家政治书籍出版社，1948年）。不算厚的一卷，也有美国译本，但很有用，作者是苏联战时经济和工业动员的策划者。

I. I. 沃尔科特鲁边科，Boepripasy i artsnabzhenie v Velikoi Otechestvennoi voine’，Voprosy istorii（《伟大卫国战争期间弹药及轻武器的供应》），VI，1972（11），第82—91页（轻武器弹药、炮弹、手榴弹以及地雷的生产，还有枪炮的生产）。同见GMD资料。

游击运动

IVOVSS，第二册，第119—138页（6月29日，人民委员会与中央委员会对游击运动的指示；7月18日，对游击队行动的特别指示；6月30日，乌克兰成立游击队"行动组"；"分队"的编制，乌克兰境内的小队在党委和党组织的监督下；明斯克"地下党中央"成立，由白俄罗斯党中央委员会授权批准；7月1日，党中央对游击队行动下达的2号指示：在所有敌占区成立党小组；游击小队与地下非正式组织在西部各地——斯摩棱斯克、莫斯科、加里宁、库尔斯克、奥廖尔与图拉——成立；军事委员会、"行动组"与游击司令部的作用；

游击队开始与红军在战场上配合行动；游击队员与德国占领区民众的关系；德国的反游击队措施）。注：这本"官史"是游击运动年表与组织方面的一部无与伦比的资料，书中有每条训令与指令的日期，也有党与军事实体（如军事委员会）发挥的作用。

M. 阿布萨利亚莫夫，V. 安德里亚诺夫，Taktika sovetskikh partizan（《苏联游击队的战术》），VIZ，1968（1），第42—55页。是罕见的对游击战术（伏击战、突袭战等）进行研究的材料。

Z. A. 博加特，Bor'ba v tylu vraga（《敌后斗争》）（莫斯科：思想出版社，1969年），第2版。该作品意图从学术上探讨苏联游击运动，而非以往那种第一人称式的回忆录或通俗历史，尽管作者自己也曾是大型游击队的政委。

L. N. 贝奇科夫，Partizanskoe dvizhenie v gody Velikoi Otechestvennoi voiny 1941–1945（《伟大卫国战争期间的游击运动，1941—1945》）（莫斯科：思想出版社，1965年），短文，第41—112页（游击运动的组织，战争初期对红军的协助）。

Istochnikovedenie istorii Sovetskogo obshchestva（《苏联社会历史大事年表》）（莫斯科：科学出版社，1964年），见A. A. 库尔诺索夫，第289—319页（根据游击运动当事人的个人经历撰写的历史评述）。

P. 加里宁，Partizanskaya respublika（《共和国的游击队》）第2版，第1章，第28—88页〔白俄罗斯游击运动组织、早期组织结构、人员补充、党与内务人民委员部（NKVD）的作用的详情〕。

P. 加里宁上校，Uchastie sovetskikh voinov v partizanskom dvizhenii Belorussi（《有红军战士参与的白俄罗斯游击运动》），VIZ，1962（10），第24—40页（白俄罗斯游击队参谋长加里宁非常有见地的论述提供了很多苏军战俘和困在德军后方的官兵在游击运动中的作用的信息。值得注意的是一名双面变节者——吉尔–拉季奥诺夫，步兵第29师的一名上校，1941年被俘，后成为一名亲德反游击分子；经谈判，脱离党卫军"俄罗斯"团，回到苏联游击队。另见V. I. 尼奇波罗维奇的著作）。

T. 列斯尼亚克上校，Nekotorye voprosy organizatsii i vedeniya partizanskoi bor'by v pervye mesyatsi voiny（《战争初期，游击队组织与作战所表现出来

的若干问题》），VIZ，1963（9），第30—38页。一篇明快但内容丰富的论文，描述了游击运动的发源，从最初的"小队"和"战斗小组"到后来有指挥员和政工人员的更大部队；通讯手段短缺，加之小分队孤立分散，一开始导致重大损失，但慢慢地通过协调和编组游击队予以纠正；兵力和分布数据取自党和军事档案。

洛古诺夫，作品已引用，第1章（西部/中部地区地下党与游击队的创立与初期活动）。

Nepokorennaya zemlya Pskovskaya 1941–1944. Dokumenty i materialy（《无法征服的俄罗斯土地——普斯科夫1941—1944，档案材料》）（普斯科夫：普斯科夫斯卡亚真理报出版社，1964年），见档案部分，第15—85页（党记录选集、墙报、游击支队的日记与行动笔记——均为原始材料，应该是真实的）。

Partizany Bryanshchiny, Sbornik materialov i dokumenty（《布良斯克游击队材料汇编》）第2版（图拉：普里奥克斯基图书出版社，1970年），第1章，第17—77页（1941年地下共产党与游击队的组织结构）。

彼得罗夫，作品已引用，第一和第二章（列宁格勒州游击运动的发源及早期历史）。

P. 波诺马连科，Bor'ba Sovestkogo naroda v tylu vraga（《战斗在敌后的苏维埃》），VIZ，1965（4），第26—36页。这是中央游击司令部参谋长对苏联游击运动的综合评述。尽管波诺马连科编辑出版的游击运动的"官史"是否存在有争议，甚至到20世纪60年代中期还有人提及此事，且据我所知这样的研究从未面世，但这并不代表它不存在。

M. 鲁达科夫少将，Rol voennykh sovetov frontov i armii v rukovodstve boevymi deistviyami partizan v gody Velikoi Otechestvennoi voiny（《二战中，方面军和集团军军事委员会在领导游击队的战斗中所起的作用》），VIZ，1962（7），第3—14页（追溯在方面军军事委员会和集团军指挥结构中，特别"游击队司令部"的组织结构，以"作战小组"作为开端，监督管理工作则由方面军和集团军的政治处负责。这些相同的"作战小组"也创立培训学校及自己的指挥体系。1942年，这些"小组"已完全成长为成熟的"游击队司令部"，此时整个游击运动也拥有了自己的总司令部）。

V. P. 萨姆鲁欣，Volkhovskie partizany（《沃尔霍夫游击队》）（列宁格勒：列宁出版社，1969年），第23—47页（沃尔霍夫游击队的组织结构——本地支队）。

Sovetskie partizany（《苏联游击队》）（莫斯科：国家政治书籍出版社，1960年与1963年）。16位专家的研究成果，主要论述苏联游击队和东欧地区的政治活动。

Voina v tylu vraga. O nekotorykh problemakh istorii sovetskogo partizanskogo dvizheniya v gody Velikoi Otechestvennoi voiny（《战斗在敌人的后方——记伟大卫国战争期间苏联游击运动中的一些历史问题》）（莫斯科：政治书籍出版社，1974年），第1版，第98—114页，苏联游击力量的组织。

A. I. 扎列斯基，V partizanskikh krayakh i zonakh（《游击队控制区》）（莫斯科：社会经济书籍出版社，1962年），第49—86页（游击队地区与游击区的创立）。

Zarozhdenie i razvitie partizanskogo dvizheniya v pervyi period voiny, 1941–1942（《游击运动在战争初期的发起壮大，1941—1942》）（明斯克：白俄罗斯出版社，1967年）（3卷本系列中的第1卷，由白俄罗斯共产党及历史学院、白俄罗斯科学院共同出版）。此书是一套涵盖1941—1942年档案材料的重要汇编，内有非常有价值的书名、地理/地区索引与注释。

社会政策

IVOVSS，第二册，第546—583页（人口的疏散，配给与食品供应；截止到1942年春，5914000人被疏散至后方地区；消费品产量下降——10400家工厂中有5500家在德占区；工人的食品供应由"工人供应总局"负责管理，国家资助所有服役人员家庭；教育与公共健康政策；战争状态下的文学与艺术状况）。注：这是对战时社会政策最全面的评述之一，范围从食品供给到全民福利政策——家庭津贴、服役人员家属的抚恤金和补助、孤儿补助金等。

苏联的配给制度

不同食品（配给）的热量*

人员类别（也是额外配给类别）	每日热量
家属	780
官员	
400克面包或	1074
450克面包	1176
工人	
额外500克面包	1387
600克面包	1592
"特别名单"上的工人	
500克面包	1503
700克面包	1913
按特别标准的工人（铸造工人，重工业）	3181
特种高标准工人配给（地下煤矿工人，其他重体力工作）	3460
煤矿特种高标准及获赠冷早餐/午饭	4114
煤矿特种高标准及获赠额外第二份热食	4418

*见U. G. 切尔尼亚夫斯基，Voina i prodovol'stve. Snabzhenie gorodskogo naseleniya v Velikuyu Otechestvennuyu voiny 1941–1943（《战争与食品——记1941—1943年伟大卫国战争期间城市人口供给情况》）（莫斯科：科学出版社，1964年），文字、图表及参考书目。

战争年代的苏联妇女

V. 穆尔曼采娃，Sovetskie zhenshchiny v Velikoi Otechestvennoi voine 1941–1945 godov（《1941—1945年伟大卫国战争期间的苏联女性》），VIZ，1968（2），第47—54页，前线和辅助军事勤务机构中的苏联妇女：红军卫生勤务系统中，军功章和勋章获得者中41%的医生、43%医药/护理助理、100%的护士以及30%的医护人员是女性；在防空部门（PVO），莫斯科特别防空区中有30.5%的人员是女性；在北方面军，有34.5%的飞行员和机组人员是女性，苏联空军有3个女性航空兵团（分别是第46夜航轰炸机团，第125日航轰炸机团和第586歼击机团）；女性同样在红军中充当狙击手和坦克手，并服役于指挥岗位、交通管制岗位、辅助勤务机构等；从事工、农业生产；在苏联武装力量（包括游击队）服役的苏联女性当中，有86人被授予"苏联英雄"称号。

医药方面

F. I. 伊万诺夫，Reaktivnye psikhozy v voennoe vremya（《战争年代反应性精神疾患》）（列宁格勒：医学出版社，1970年），第49—71页（心理障碍、疾病、抑郁和偏执的产生）。

M. K. 库兹明，Mediki – Geroi Sovetskogo Soyuza（《医生——苏联英雄》）（莫斯科：医学出版社，1970年），被授予苏联最高奖章的苏联军事医生和医疗人员。

A. A. 维什涅夫斯基（卫生勤务上将），Dnevnik khirurga（《医生日志》）（莫斯科：医学出版社，1970年，第2版）。苏联国防部现任高级军事外科医生的战时笔记和日记，由朱可夫元帅作序。

文学与新闻

N. N. 丹尼索夫，1418 dnei frontovogo korrespondenta（《战地记者的1418天》）（莫斯科：军事出版社，1969年）。（作者）在战时接受任命跟随"红箭"进行战地报道。

A. 帕夫洛夫斯基，Russkaya Sovetskaya poeziya v gody Velikoi Otechestvennoi voiny（《卫国战争时代的委员会诗歌》）（列宁格勒：科学出版社，1967年），第22—74页（战争初期激发士气的诗歌）。我曾经就此话题与亚历山大·苏尔科夫做过探讨，他的诗句——经常是描写前线的坦克——具有很强的冲击力。

Reportazh s frontov voiny（《来自前线的报道》）（莫斯科：政治文学出版社，1970年），第11—103页（再版1941年的战时文章）。

A. 特瓦尔多夫斯基，Rodina i chuzhbina:stranitsy zapisnoi knizhki（《国土和异乡：笔记本摘抄》），《红旗》，1974年第11—12期。本文重新整理了

一本战时日记，该日记在反映战争对社会的影响方面更加真实，本文在加拉格尔的《苏联历史》，作品已引用，第113—118页中被长篇引用和分析。类似的还有奥尔加·吉古尔达日记，《"卡赫季州"号》《军医笔记》，发表在《红旗》上，1948（1、2），文章的真实性得到著名的游击队指挥员韦尔希戈拉的肯定——由于他为这本及其他日记的真实性和正义性激烈辩护，逐渐失去了党内的地位。见加拉格尔的作品，第118—125页吉古尔达日记部分。

Voennye byli（《军队》）（莫斯科：新闻出版社，1969年），第151—235页（再版战时1941—1942年期间的新闻文章）。

S. I. 茹科夫，Frontovaya pechat' v gody Velikoi Otechestvennoi voiny（《伟大卫国战争中的前线出版物》）（莫斯科：莫斯科大学出版社，1968年）。对前线报纸的一项很有价值的研究。

苏联远东地区：日本的威胁，苏联部队的调动
日本对满洲里的专门研究

Study of Strategical and Tactical Peculiarities of Far Eastern Russia and Soviet Far East Forces,XIII（《苏俄远东军队战略战术特点研究，第十三卷》）（军事历史部分：总部，美国远东陆军）。见第64—66页，"苏军西向调动"；第64—66页：苏联军队重新展开到西部地区始于1941年3月，战争爆发后调动速度明显提升——到1941年年底，半数以上的师（15个步兵师，3个骑兵师）已经转移到欧洲战场，外加1700辆坦克和1500架飞机；调动部队的分布为：乌苏里地区调出5个步兵师、1个骑兵师、1个坦克旅，阿穆尔地区调出2个步兵师、1个航空师、1个坦克旅，外贝加尔地区调出7个步兵师、2个骑兵师、3个航空师、2个坦克旅，蒙古地区调出1个步兵师、2个坦克旅。

1941年7月，日军开始用火车载入关东军，进行一次"特别演习"，这之后2—3个月，日军在满洲里的驻军翻了一番；相应的，苏联在远东实行了局部动员，以替换被调走的军队，至1941年12月，先后组建8个步兵师、1个骑兵师、3个坦克旅和1个航空师。苏联在远东地区的全面动员带来了800000人，比1940年估计的还多100000，这只能用战争动员来解释。见Japanese Operational Planning Against the USSR（《日本针对苏联的作战计划》）第1卷（日本对满

洲里的专题研究）；Japanese Intelligence Planning against the USSR（《日本针对苏联的情报计划》），第10卷（日本特别研究）；Japanese Preparations for Operations in Manchuria（《日本在满洲里的备战方案》）（1943年之前），无卷数（日本专著号NO.77）。

苏军从远东调离情况

见T-78/R486,6470809-42。

FHO（Ⅱa）No.668/43支队，主题：远东。附录1（"远东武装部队纲要"）、附录2（苏联远东军队调往欧洲战场的情况）。

这是一份极其详细且非常有价值的报告，详细调查了苏联远东地区的军队；也让德国对日本有了成见，抗议日本允许苏联腾出手来将军队西调的态度。

A.萨温中校，Podgotovka Yaponii k voine protiv SSSR V 1941 godu（《1941年日本准备对苏备战》），VIZ，1971（6），第38—47页。旨在证明日本打着《苏日中立条约》的幌子，1941年暗中针对苏联积极备战。而"关东军"计划（"关特演"）实际就是一份作战计划，设想由第1方面军的侧翼发起主攻的同时，对扎维塔亚—库贝舍夫卡发起进攻，因此才有了1941年秋季的关东军增兵。日军打算在1941年夏末对苏发起突然进攻，但被德军闪电般的胜利赋予信心的日军大本营到7月底又泄了气。即便如此，在对英美积极备战的同时，日军统帅部并未放松对苏联的战备计划。

苏联战时表现评估

I. 巴巴拉什维利，Voiny-gruziny v boyakh za Ukrainu v gody Velikoi Otechestvennoi voiny（《伟大卫国战争期间战斗在乌克兰一线的格鲁吉亚人》）（第比利斯：萨布科塔—萨卡维罗编辑部，1969年），第1—3章（格鲁吉亚军队在乌克兰和克里米亚地区的作战行动，1941—1942年）。

A. V. 布罗夫（主编），Tvoi geroi, Leningrad（《你的英雄，列宁格勒》）（列宁格勒：列宁出版社，1969年），第2版。列宁格勒防御和围困期间，高级荣誉获得者的传记和服役记录的汇编。

Geroi Velikoi Otechestvennoi Voiny,Rekomendatel'nyi ukazatel' literatury

（《伟大卫国战争，推荐书目索引》）（莫斯科：图书出版社，1970年），第77—108页，"苏联英雄"传记清单（包括情报人员、游击队员和德军集中营里的苏联地下人员）。700多万苏联武装力量成员获得勋章，11000人获得"苏联英雄"称号，其中3人获得2次，2名空军指挥官——A. I. 波克雷什金和I. N. 阔日杜布获得3次。

S.戈利科夫，Vydayushchiesya pobedy Sovetskoi Armii v Velikoi Otechestvennoi voine（《苏联红军在伟大卫国战争中的杰出胜利》）（莫斯科：国家政治书籍出版社，1952年）。我已将此书归类为"官方"出版物，因为它对战争的阐述遵循的还是斯大林时代的路线，既僵化又老套。

Gor'kovchane v Velikoi Otechestvennoi voine 1941–1945（《伟大卫国战争时期的高尔基，1941—1945》）（高尔基：伏尔加河上游图书出版社，1970年）。

Istoriya Moskvy 1941–1965（《莫斯科历史，1941—1945》）（莫斯科：科学出版社，1967年），第14—73页（战时状态的莫斯科，以及苏联首都的疏散）。

I. D. 克里莫夫，Geroicheskaya oborona Tuly（《图拉英勇保卫战》）（莫斯科：军事出版社，1961年）。对图拉防御委员会的有用记述。

I. A. 孔道罗夫，Ratnyi podvig Kommunistov Prikam'ya 1941–1945（《共产党人的军事壮举，1941—1945》）（彼尔姆：ＢＫ出版社出版，1970年）。彼尔姆州对苏联战争努力的贡献，包括各部队的组建历史（见附录，第321—335页）。

P. 科尔科迪诺夫少将，Fakty i mysli o nachal'nom periode Velikoi Otechestvennoi voiny（《伟大卫国战争初期的现实与思潮》），VIZ，1965（10），第26—34页。相对罕见的对战争初期苏联整体表现的评论。

Radi zhizni na zemle（《为了全人类》）（沃罗涅日：中央黑土地图书出版社，1970年）。沃罗涅日市，华西列夫斯基元帅撰写的很有价值的文章。

A. 西尼岑，Iz istorii sozdaniya dobrovol'cheskikh chastei i soyedinenii Sovetskoi Armii（《创建志愿兵部队和组建苏联军队的历史》），VIZ，1973（1），第11—17页，战时组建的苏联志愿兵兵团的统计。

B. S. 捷普霍夫斯基少将，Velikaya Otechestvennaya voina Sovetskogo Soyuza 1941–1945（《苏联的伟大卫国战争，1941—1945年》）（莫斯科：国家政治书籍出版社，1959）。

plameni i slave, Ocherki istorii Sibiriskogo voennogo okruga（《火焰与荣耀，西伯利亚军区历史随笔》）（新西伯利亚：西西伯利亚出版社，1969年），第3章，第113—337页（欧洲战场的西伯利亚部队）。

Voronezhskii dobrovol'cheskii（《沃罗涅日志愿者》）（沃罗涅日：中央化学出版社，1972年）。近卫步兵第4"沃罗涅日"师的回忆录及战斗日志。

第七章：莫斯科反攻：1941年11月—12月

毫无疑问，莫斯科会战的历史——无论是苏联还是德国——都是宏大、有争议的，某些部分还存在不小的混乱。我这部分内容主要基于苏联的资料，并以必要的德军战争日志和遴选过的记述予以支撑。至于英语材料，我必须参考西顿上校的《莫斯科会战》，这部作品仔细筛选了德方资料，也兼顾了苏方记述。

苏方对这场战役的权威叙述直到1964年才出现，这就是索科洛夫斯基元帅的著作《纳粹军队兵败莫斯科城下》。此书由一批将军和上校编撰（可能来自苏联总参谋部军事历史处），似乎彻底梳理了军事档案——书中绝大部分资料均来自于档案文献。看到如此众多军官—专家的工作，我可以为他们的专业性及对待档案资料的公正性担保，因此，我对索科洛夫斯基的这部著作很有信心。当然，其中也存在回忆类文献和其他问题。

斯大林不可避免地贯穿作品始终，尽管他有多种面目。朱可夫的角色也是多样的——专横、爱指手画脚、刚毅、多疑，一名非同寻常的军需官费尽口舌后才能让他交出"10—15支反坦克步枪"，他一名军事领域的黎凡特人，希望他的军事贷款能获得好收益。其他记述中也有对他足智多谋的描述，还有一些只能说是鲁莽，他与个别指挥官做"交易"，以尽可能地推动反攻。别洛夫（西顿上校倾向于谨慎看待他对斯大林的那种明显经过加工的描述）不那么阿谀奉承，他的记述中最吸引人的地方是真实，与其他故作姿态的作品正相反——别洛夫强硬、身经百战，他至少报告了形势的严峻性。这里还有其他证据表明斯大林并非一直胸有成竹。

军事技术分析提供了另一个维度：将德军驱离莫斯科的曲折历程广为人知，与此同时，令红军损失严重的、不顾一切的反攻却被遗忘。但热拉诺夫上校的研究〔VIZ，1964（12）〕不是这样，这项研究毫不避讳地分析了这场"勉力维持"的反攻。索科洛夫斯基的卷本秉承专业精神，以同样的方式辨析了战略错误与战术缺陷。许多其他著作也是这样，比如对刻赤—费奥多西亚战役的回顾性分析。

正因如此，我在本章将回忆材料与苏联计划、战役技术分析分隔开来，先列出回忆材料，然后另起一段整理分析材料。不过有时候，两者之间很难划出明显界限。

卡雷尔，作品已引用，第1章，第167—341页。

奥托·普雷斯顿·小钱尼，Zhukov（《朱可夫》）（俄克拉荷马大学社/纽顿 阿博托：大卫&查尔斯出版社，1972年），第139—185页（莫斯科会战，使用了朱可夫回忆录已在VIZ期刊上刊登的部分和其他摘录）。

古尔，作品已引用，第202页。

鲁道夫·霍夫曼，The Battle for Moscow 1941（《1941年莫斯科会战》），摘自《第二次世界大战的决定性战役：德方视角》，H. A. 雅各布森、J. 罗韦尔（伦敦：德意志出版社，1965年），第137—178页。

冯·曼施泰因，作品已引用，第3章，第204—227页（克里米亚战役：9月17日，受命指挥第11集团军；罗马尼亚军队的构成；奋力向克里米亚进军，突入伊顺；11月16日，除塞瓦斯托波尔外，克里米亚其余地区均被德军攻占；对塞瓦斯托波尔的首次突击；冬季气候的影响；攻占高地和争夺工事的激烈战斗；苏军在刻赤半岛登陆造成的冲击；苏军此举不仅仅是牵制，鉴于其背后的大量军队，更构成了可怕的威胁；苏军在费奥多西亚登陆；德军第42军命令撤出刻赤半岛；曼施泰因取消了该命令）。

菲利普与海姆，作品已引用，第1章，第94—106页。

索尔兹伯里，作品已引用，第4章，第376—422页。

西顿，Russo-German War（《苏德战争》），第192—241页。

西顿，Battle for Moscow（《莫斯科会战》），第147—228页。

特尼，Disaster at Moscow（《莫斯科城下的灾难》），第128—166页。

维特，Russia at War（《战争中的俄国》），第2章，第243—328页。

德军战争日志（KTB）

哈尔德日记，Ⅲ，日期：1941年11月3日—12月31日，第277—370页。

OKW/KTW，I，每日报告（总参谋部/作战处），第735—837页（1941年11月1日—12月30日）；参阅附录（D），Chronik（《编年史》），11月—12月，第1235—1243页。

GMD与原始资料

命令No.0089（1941年10月26日）。苏军首任克里米亚总司令（海军上将列夫琴科）接受任命，重建滨海集团军，构成"克里米亚力量"。T-78/R464,6443373-6。

OKH, op. Abt.（陆军总司令部/作战处），（Barbarossa Band 3）（《"巴巴罗萨"评估3》）〔Beurteilung der Kampfkraft des Ostheeres（《东线部队战斗力评估》），1941年11月6日，战损严重，步兵师患病率上升，装甲团装备短缺——总体效能约相当于65个步兵师、8个装甲师和8个摩托化步兵师。也就是说，在作战序列的136个兵团中，只有83个适合作战〕。T-78/R335,6291878-80。

Lageberichte Ost（《东线情况报告》）（1941年11月1日—30日）。另见Einsatzberichten and Erfolgsmeldungen/Verbindungsoffizier der Luftflotte 2（《作战报告/第2航空队联络官》）（1941年11月）。或电话/电报资讯——A集团军群致各军及装甲部队。这些讯息相互关联，涵盖了1941年11月。T-78/R464,646640-967。

OKH, Gen Staff/op. Abt（陆军总司令部/总参谋部/作战处）（1941年12月8日）。T-78/R335,6291885-913。

外交部持有：Die Kriegswehrmacht der UdSSR Stand Dezember 1941（《苏军1941年12月的战果》）（1941年12月）。OKH：FHO，No.4700/1941年。（金策尔签署）。序列号1891H,426125ff。

外交文档/回忆录

Churchill–Stalin Correspondence（《丘吉尔—斯大林的通信》），16，第29页（斯大林致丘吉尔，10月3日）；17，第30页（丘吉尔致斯大林，10月6日）；19，第31—32页（丘吉尔致斯大林，11月7日）；20，第33—34页（斯大林致丘吉尔，11月8日）；21，第34—35页（丘吉尔致斯大林，11月22日）；22，第35—36页（斯大林致丘吉尔，11月23日）。

文件/苏波关系，第1卷，档案No.112（8月14日），第147—148页（波兰—苏联军事协议）；文件No.113—114，第149—153页（波兰—苏联军事会议协议，8月16日—19日）；文件No.149，第149—150页（科特大使、斯大林与莫洛托夫关于波兰军队的建立、在苏波兰人的命运与释放波兰战俘的谈话记录，11月14日）；文件No.159，第231—244页（西科尔斯基将军与斯大林之间的会谈记录，苏波关系的主要问题，12月3日）；文件No.160，第244—246页（西科尔斯基—斯大林会谈，安德斯少将列席，12月4日）；文件No.165，第254—257页（西科尔斯基致丘吉尔的信件，出访苏联的成果，12月17日）。

埃文爵士（安东尼·艾登爵士），The Eden Memoirs, The Reckoning（《艾登回忆录：清算》）（伦敦：泰晤士出版社，1965年），第263—303页。

格怀尔，作品已引用，3，第1章，第193—325页。

迈斯基，作品已引用，第3章，第165—218页。

伍德沃德，作品已引用，11，第40—54页。

官方/政党历史

IVOVSS，第二册，第218—228页（西南方面军和西方面军作战总结）；第225—228页（克里米亚）；第229—268页（截至12月初的莫斯科防御）；第277—298页（苏联在莫斯科的反攻）；第298—304页（季赫温战役：苏联计划发起反突击，11月底苏军的态势）；第11章，第271—277页（苏军反攻的计划与准备工作）；第304—313页（塞瓦斯托波尔—刻赤：苏军保卫塞瓦斯托波尔，12月底击退德军的进攻）。

注：此卷本在编制莫斯科防御战役的年表方面无疑提供了非常有价值的帮助，还附带有非常详细的苏方作战序列，但叙事中精心掩盖了苏联反攻中存在的问题的范围与数量。比如，没有说清楚第一次反突击只是意图将德军驱离莫斯科，执行时才按斯大林自己的构想，通过简单的号令便实施更庞大的"反攻"计划。

苏方资料
Ⅰ）回忆录与个人评述

D. 阿法纳西耶夫与B. 巴达宁，O nekotorykh voprosakh inzhenemogo obespecheniya bitvy pod Moskvoi letom i osen'yu 1941 goda（《1941年夏秋时节，莫斯科会战期间工程兵支援的若干问题研究》），VIZ，1966（12），第11—20页〔军队建设管理局（UVPS）的编制与预备队方面军，由于军队没有其他人力资源可用而由内务人民委员部领导，从事野战工事建设，也负责莫斯科郊区和西方接近地的一些爆破计划。示意图，第19页〕。阿法纳西耶夫是UVPs的首长。

N. A. 安季片科，Na glavnom napravlenii（《重要战线》）（G. K. 朱可夫元帅作序）（莫斯科：科学出版社，1967年），第59—70页（身为第49集团军的一名高级后方勤务军官的作用与职责，1941年10月）；第71—78页（第49集团军在莫斯科反攻行动中的后勤保障）。

P. A. 阿尔捷梅耶夫，Nepreodolimaya pregrada na podstupakh k stolitse（《首都郊区一处不可逾越的鸿沟》），发表在《莫斯科会战》，第111—127页（描述了莫斯科军区在首都"远端接近地"战役期间的活动，以及莫斯科军区与莫斯科防御区之间的关系，该记述被N. M. 米罗诺夫发表在《史无前例的壮举》，第114—130页）。

巴格拉米扬，作品已引用，第405—435页。注：这似乎是对罗斯托夫战役最为详细的记述，当然详细描述了西南方面军和"西南方向"总司令铁木辛哥元帅的情况，只是有必要视情况摘录文本。

P. I. 巴托夫，V pokhodakh i boyakh（《在行军和战斗中》）（莫斯科：军事出版社，1966年），第2版，第5—145页（彼列科普，这是第2版中对原版本第1章的扩写版，描述了独立第51集团军的作战行动，苏军防御克里米亚的计划，苏军撤退以及撤离刻赤）；第146—148页（12月21日，巴托夫被召至总参谋部；与沙波什尼科夫会谈，后者对苏联当前攻势缺乏有效、快速的策略而深感忧虑；巴托夫对克里米亚行动没有疑虑；被分配至布良斯克方面军；与Ya. T. 切列维琴科会面——一名老骑兵，擅长"猛打猛冲"，但鲜有现代机动作战意识）。尽管无从查考——因修订1941年克里米亚章节时被他麾下的指挥员广泛承认而保留下来——我广泛引用了巴托夫将军的这本书，并有幸与他交谈，就这些作战行动（尤其他在斯大林格勒战役中的那些）进行了多次讨论。他的著作与他的讲述之间似乎没有太大差异，因此，至少巴托夫将军的书并没有被"编辑"得面目全非。

鲍尔博占·默默舒里，General Panfilov（《潘菲洛夫将军》）（阿尔玛—阿塔：哈萨克斯坦—艺术家出版社，1963年）。对步兵师第316师（近卫步兵第8"潘菲洛夫"师）师长I. V. 潘菲洛夫将军的回忆——来自他的一名战友，潘菲洛夫1941年11月在莫斯科保卫战中牺牲。

A. P. 别洛博罗多夫将军，Sibiryaki v velikoi bitve za Moskvu（《伟大莫斯科会战中的西伯利亚人》），发表在《莫斯科会战》，第229—245页。

P. A. 别洛夫，Za nami Moskva（《为了我们的莫斯科》）（莫斯科：军事出版社，1963年），第1章，第33—54页（骑兵第2军转移至莫斯科地区；骑兵第2军的编成；11月9日被配署给西方面军；朱可夫对展开和任务做出指示；11月10日，别洛夫陪同朱可夫去见斯大林；斯大林看上去苍老了很多，似乎是朱可夫在指挥；策划有限的反突击；别洛夫兑现了空中掩护的请求）、第54—69页（11月15日，开始进攻；11月21日，恢复守势；德军在图拉集中造成的威胁；别洛夫坚持骑兵第2军在谢尔普霍夫发起反冲击意义重大——尽管只在此处提及了对第49集团军的意义）、第70—106页（保卫卡希拉；别洛夫要亲自对城池负责；斯大林允诺武器及人员的支持；向朱可夫汇报；11月27日，骑兵第2军获得主动权；骑兵军获得"近卫"称号——近卫骑兵第1军）、第107—125页（行动计划；11月30日，进攻莫尔德韦斯；趁夜行动以避免空袭；作战持续至12月9日）、第126—147页（在图拉展开攻势；驰往卡希拉；别洛夫的骑兵军突破德军纵深；德军第4集团军准备进攻尤赫诺夫，别洛夫试图将他的老部下从战地医院和后方撤回；命令拿下奥多耶夫以庆祝斯大林的生日；近卫骑兵第1军的战果，12月6日—22日）。

注：别洛夫将军的记述（他在该书出版前逝世）混杂着个人评述，还摘取了战役命令或官方档案资料，其价值正在于此，除此以外，还有马拉霍夫的附言（第327—331页）。当然，肯定还是有一些"程式化的英雄主义"，以及对待任何事物不分场合地表现出的顽强精神。

I. 叶利谢耶夫海军中将，Pervye dni oborony Sevastopolya（《守卫塞瓦斯托波尔的第一天》），VIZ，1968（8），第51—60页。

V. N. 叶罗申科海军少将，Lider 'Tashkent'（《"塔什干"号舰长》）（莫斯科：军事出版社，1966年），第114—130页（指挥员叶罗申科1941年—1942年间是区舰队旗舰"塔什干"号的舰长，他向我们描述了补给塞瓦斯托波尔和参加刻赤—费奥多西亚登陆的情况）。

费久宁斯基，第2版，作品已引用，第65—88页。

A. L. 格特曼将军，Tanki idut na Berlin（《杀向柏林的坦克（1941—1945）》）（莫斯科：科学出版社，1973年），第10—32页（苏联远东战争开始时的状况，参谋长前往第30机械化军，被派往欧洲战场担任正在组建的坦克第112师师长；11月14日，坦克第112师被派给别洛夫的"战役集群"；11月25日，格特曼命令出动坦克第112师支援卡希拉和紧邻别洛夫骑兵军的电厂；坦克第112师与第50集团军和骑兵第2军一起作战，守住卡希拉的西南接近地；坦克第112师坦克所剩无几；坦克第112师在反攻中派给第50集团军；坦克第112师从图拉向南进军；12月17日，坦克第112师被派给波波夫的特别"快速集群"，准备向卡卢加进发；12月30日，经过激烈巷战后，坦克第112师夺回卡卢加；坦克第112师转入预备队）。

F. I. 戈利科夫，V Moskovskoi bitve, Zapiski komandarm（《莫斯科会战的指挥员笔记》）（莫斯科：科学出版社，1967年），第5—11页（担任第10集团军司令员；10月底，正在集中预备力量）、第18—23页（寻找人力与武器时遇到的困难）、第25—29页（第10集团军在梁赞地区集中）、第42—46页（12

月2日，进攻命令；朱可夫对全局计划的解释）、第46—51页（西方面军司令部的最终命令——文本——12月5日：火炮、迫击炮短缺；无坦克）、第51—76页（第10集团军的攻势，12月8日—13日）。注：苏联作战序列十分详细，还有不少脚注，其中包括一些命令、指令的文本。

A. 卡利亚金工程兵少将，Na dal'nikh podstupakh k Moskve（《战斗在莫斯科的远端接近地》），VIZ，1970（11），第73—78页（工程兵在建设野战工事方面的作用，布良斯克方面军和西南方面军右翼的布雷和爆破作业）。

M. E. 卡图科夫元帅，l–ya Gvardeiskaya v boyakh pod Moskvoi（《莫斯科会战中的第1近卫军》），摘自《莫斯科会战》，第202—228页。

M. E. 卡图科夫元帅，Gvardeitsy–tankisty v Moskovskoi bitve（《莫斯科会战中的近卫坦克部队》），摘自Proval gitlerov. nastupleniya（《希特勒德军进攻莫斯科的失败》）一书，第178—200页。

I.S.科涅夫，Na Kalininskom Fronte（《在加里宁方面军的日子里》），摘自Besprimernyi podvig（《史无前例的壮举》），第63—75页。战役叙述，附1941年10月中旬至12月中旬苏军兵力和装备的数据。

洛巴切夫，作品已引用，第210—236页。

梅列茨科夫，作品已引用，第228—258页。

梅列茨科夫，Na Volkhovskikh rubexhakh（《战斗在沃尔霍夫》），VIZ，1965（1），第54—70页（沃尔霍夫方面军的作战行动，从1941年12月10日决定组建沃尔霍夫方面军到1月攻势和1942年夏季的灾难；VIZ的评论试图自圆其说——梅列茨科夫元帅说该事件"到目前为止几无研究，需作进一步探讨"，说的就是第2突击集团军的整个悲剧）。

N. M. 米罗诺夫少将，Rol Moskovskoi zony oborony v ragrome Nemtsev pod Moskvoi（《莫斯科防御区在莫斯科附近抵御德军时所发挥的作用》），摘自Besprimernyi podvig（《史无前例的壮举》），第114—130页〔10月12日，国防委员会决定直接在莫斯科地域设置防御区；莫斯科预备队方面军司令部转为莫斯科防御区（MZO）司令部；10月21日，莫斯科守军奉命设置3条防御地带；10月28日，莫斯科军区与莫斯科防御区拟定出掩护所有接近地的防御计划；MZO预备队由莫斯科步兵第2师、海军支队、司令部警卫营、1个骑兵中队和3列装甲列车，外加K.R.西尼罗夫少将的内务人民委员部军队组成，西尼罗夫也是城防司令〕。

列柳申科，Moskva–Stalingrad–Berlin–Praga（《莫斯科—斯大林格勒—柏林—布拉格》），第70—119页。

N. N. 沃罗诺夫，Oborona Leningrada（《保卫列宁格勒》），第199—221页。

G. F. 奥金佐夫，第102—107页（第54集团军炮兵副司令员；苏军炮兵的编成，包含波罗的海舰队的舰炮；反炮兵计划）。

巴甫洛夫，作品已引用，第79—107页〔列宁格勒的食品补给，需要为2544000人提供配给（含400000名儿童）——外加343000在城内或碰上封锁的人；9月的配给标准；削减配给；替代食品的实验；需要维持劳动力，又不能超出贫乏的食物库存〕、第109—125页〔1941年8月—12月食品发放；修改食品配给标准；"丢失"的配给卡片数量上升，采取严格措施以防止欺诈行为；公布配给卡片类型（第122页），配给变化表（第122页）；党采取措施阻止投机及违法行为〕、第127—143页〔军队配给制；前线及后方部队配给表（第131页）；作战部队配给下降表，10月1日—11月20日（第135页）；士兵与水手每天均能分到20克马合烟或烟草；为节约烟草，鼓励大家用烟草换取巧克力或糖——300克烟草换取300克糖或200克巧克力——但很难实施；还需要在食物中掺入调味品以保持口感——现在取胜的关键不是野战技巧，而是补给的组织工作〕。

G. 佩尔文采夫少将，V boyakh za stolitsu nashei Rodiny（《为我们的祖国首都而战斗》），VIZ，第3期（1963年），第58—68页（步兵第173师作战行动）。

罗科索夫斯基，作品已引用，第62—77页（10月中旬在沃洛科拉姆斯克地区展开；会见潘菲洛夫和多瓦托尔；防守宽大的正面；10月25日，向朱可夫请求炮兵；第16集团军发动斯基尔曼诺夫攻势；11月16日发动的局部进攻无功而返；德军恢复攻势）；第78—97页〔"无处可退"（otstupat nekuda）；德军攻向沃洛科拉姆斯克——莫斯科公路；潘菲洛夫阵亡；朱可夫拒绝让第16集团军撤往伊斯特拉线；罗科索夫斯基恳求沙波什尼科夫；沙波什尼科夫同意，罗科索夫斯基以为斯大林已批准；展开到伊斯特拉线；朱可夫推翻后撤的命令——"我是方面军指挥员……现在命令你守住占据的阵地，不许后退一步"；罗科索夫斯基的防线被打穿；索尔涅奇诺戈尔斯克告急；西方面军司令部命令罗科索夫斯基肃清索尔涅奇诺戈尔斯克；仓促组织的进攻遭到失败；多瓦托尔的骑兵军损失惨重；朱可夫"不为所动"，与罗科索夫斯基发生摩擦；朱可夫对斯大林粗鲁无礼；斯大林对罗科索夫斯基态度温和；第16集团军承受了德军的主攻；克留科沃告急〕、第98—103页（进攻战役；伊斯特拉地区被洞穿；有效的火炮支援；沃洛科拉姆斯克地区的激战；第16集团军损失惨重——至12月底，各师人数降至1200—1500人）。注：这是一段有用的、简洁的记述，斯大林对朱可夫温和但肯定的批评态度值得注意。

参阅VIZ，1966（11），第46—55页以及VIZ，1966（12），第50—61页。这两处记述涵盖了"沃洛科拉姆斯克方向"和莫斯科北面接近地的防御行动。两处均有注释，也都是更偏军事角度的叙述及分析，而非《军人的天职》那种"回忆录"口吻。第二期连载中（第12期，第53页），VIZ的编辑就朱可夫推翻第16集团军撤到"伊斯特拉防线"后方的命令征求了他本人的意见——朱可夫元帅辩称，此举不仅关乎处于生死关头的第16集团军，更会影响整条战线，因此他拒绝接受罗科索夫斯基计划中的后撤，这将威胁到第5集团军右翼，令西方面军的指挥中心佩尔胡什科沃暴露在外。不过在这个版本中，罗科索夫斯基元帅并未加入他对朱可夫个人以及他对待下属的方式的批评。

总而言之，对比VIZ（以及偶尔出现在《苏联历史》中的）摘录出版和实际出版流通的回忆录，我们不难发现，VIZ的版本有档案资料、文献参考和军事技术细节，而出于军事职业关系考虑，相互指责的内容已被大幅删减或做了相应调整。尽管如此，这还是在多个版本权威性的认定上给我造成了麻烦。

P. A. 罗特米斯特罗夫元帅，8-ya tankovaya brigada v boyakh pod Moskvoi（《莫斯科会战中的坦克第8旅》），摘自《希特勒德军进攻莫斯科的失败》，第161—177页（1941年秋，战争初期是波罗的海机械化第3军的参谋长；苏联副国防人民委员兼装甲坦克和机械化兵司令Ya. N. 费多伦科提名罗特米斯特罗夫出任装甲坦克和机械化兵总参谋长，罗特米斯特罗夫请求去前线指挥；他被派至西北方面军坦克第8旅——有22辆T-34坦克、7辆KV重型坦克和

32辆轻型坦克——最高统帅部迅速批准了库罗奇金的命令，让该旅尽快驰往加里宁；10月12日，瓦图京接管了特别战役集群以守住加里宁；坦克第8旅坚守克林和罗加切沃，为科涅夫稳定局势争取了时间；11月底，坦克第8旅撤入第30集团军第二梯队重新接收装备；坦克第8旅在莫斯科反攻战役中与第30集团军作战；坦克第8旅收复克林；12月16日，坦克第8旅与第30集团军转至加里宁方面军；科涅夫在战场的指挥受到高度嘉奖；坦克第8旅成为近卫第3坦克旅，并被用于组建坦克第7军）。注：这是一份非常详细的记述——包括坦克第8旅的战术、组织、作战行动，没有提供出处，但很多痕迹反映了罗特米斯特洛夫元帅对坦克战的批评以及对科涅夫的偏袒。

桑达洛夫，作品已引用，第227—245页（10月底被派至图拉前线，被华西列夫斯基接见；击退德军进攻；11月中旬试图从翼侧包抄图拉；与布良斯克方面军残部一起被分配到西南方面军；11月28日被召回莫斯科）、第245—269页（11月28日夜间与沙波什尼科夫会谈；被任命为新组建的第20集团军参谋长——司令员安德烈·弗拉索夫刚从基辅包围圈内逃出；准备莫斯科反攻；冲向索尔涅奇诺戈尔斯克；弗拉索夫和朱可夫的训斥；占领沃洛科拉姆斯克；所有战线准备全面反攻；与索科洛夫斯基面谈）。注：这是对莫斯科反攻中弗拉索夫将军第20集团军的罕见记述。

A. 索尔琴科，Likvidatsiya proryva v raione Naro–Fominska（《敌人在纳罗—福明斯克突破口上的覆灭》），VIZ，1962（12），第49—57页（第33集团军独立步兵第18旅的作战行动，12月初，封堵德军突破口）。

K. F. 捷列金少将，Moskovskaya zona oborony（《莫斯科防御区》），摘自《希特勒德军进攻莫斯科的失败》，第58—82页〔莫斯科军区和莫斯科防御区军事委员会的政治成员，3号人物，1941年6月被任命为莫斯科军区政委并担任其政治部主任；致力于组建莫斯科民兵师；7月，决定设立城市外围防御圈；10月危机；各防区的方位及布雷作业；10月12日，决定在莫斯科预备队方面军的基础上成立防御区（MZO）；莫斯科防御区的主要职责是组织城区周边及市内的防御工作；莫斯科防御区（MZO）10月19日的报告致使宣布进入围城状态；MZO采取积极的军事行动——尤其是克林地区——还有罗加切沃；11月27日，利久科夫上校的"北方战役集群"的编成；随后并入第

20集团军；MZO余下的部队组成莫斯科防御区的第二梯队；MZO随时准备为最高统帅部的预备队提供装备及人员；负责管理空防部队；即使德军突入莫斯科后方，最高统帅部仍然需要莫斯科军区和莫斯科防御区以充分的战备状态坚守防线〕。与米罗诺夫的《莫斯科会战》比起来，这里提供的描述与材料更为具体。

S. K. 铁木辛哥元帅，Yugo–zapadnyi front v bitve za Moskvu（《莫斯科会战中的西南方面军》），摘自《莫斯科会战》，第97—110页。铁木辛哥元帅少有的回忆录作品——或者说，至少是他署名的记述。这是一篇西南方面军作战行动的军事纪实，遣词造句直白、不做作，不仅描述了紧张的战地防御工作，还有莫斯科大反攻第一阶段的场景，用简洁的语句解释了1941年12月25日—1942年1月8日西南方面军进攻放缓的原因。

华西列夫斯基回忆录/资料，《毕生的事业》，第152—178页（总参谋部没有理解德军的意图——"台风计划"；布良斯克—维亚济马包围圈极大削弱了苏军实力；与GKO代表团一起被派往格扎茨克—莫沙伊克地区；得到L.A.戈沃罗夫的协助；10月中旬的局势和苏军作战序列；10月底被斯大林晋升为中将；描述了斯大林异常矛盾的举止，喜怒无常；意识到德军一定会重启攻势；"双方实力对比"的变化，12月初——红军拥有4200000人、22000门火炮及迫击炮、583门火箭炮、1730辆各型坦克、2495架战机，而德军拥有5000000人、26800门火炮、1500辆坦克、2500架飞机；苏联预备队集团军抵达；11月初，第一次提出反攻方案；被推迟，11月底再次由沙波什尼科夫和总参谋部提出，上周拟定了明确计划；关注季赫温的局势；华西列夫斯基与索科洛夫斯基的亲密合作；12月1日，与科涅夫会谈；与加里宁方面军司令部在一起；斯大林亲自干预战役与进攻计划；苏军的错误与不足；弹药、坦克、飞机短缺造成的影响；在各战线发起全面进攻的缘起）。注：华西列夫斯基的文中似乎有许多东西没有说，这或多或少是一份概括性的叙述，唯一的细节是他被派至加里宁方面军。文中再次强调了斯大林行为的不可预测和反复无常。

N. N. 沃罗诺夫，Na sluzhbe voennoi（《从军那些年》），第204—210页（11月，被派至列宁格勒，向统帅部汇报列宁格勒军工生产情况；为莫斯科防御区安排高射炮及弹药）、第211—215页（拒绝接受列宁格勒方面军指挥员的任命，经日丹诺夫建议，申请红军炮兵主任一职；批评库利克指挥第54集团军不力）、第215—223页（在列宁格勒策划反攻行动）。注：这是沃罗诺夫战时生涯中一个非常可疑的阶段，当时他在列宁格勒工作，但似乎剥夺了这座城市的武器——运出弹药和火炮——直到弹药生产在几周内几乎停滞，他也回避了接管列宁格勒方面军的建议。

V. G. 扎沃龙科夫，Geroicheskaya oborona Tuly（《英勇保卫图拉》），摘自Besprimernyi podvig（《史无前例的壮举》），第131—145页。由图拉防御委员会主席个人亲自撰写的记述；委员会的组成、工作及表现。

G. K. 朱可夫，《回忆与思考》，第332—360页〔莫斯科会战，苏军反攻；11月7日，斯大林建议举行阅兵式；朱可夫预见性地认为德军不会有重大军事行动，但建议加强对空防御；斯大林下令向沃洛科拉姆斯克和谢尔普霍夫发起进攻；朱可夫反对但未被理睬；德军准备对莫斯科发起新一轮进攻；攻击克林和沃洛科拉姆斯克；斯大林问朱可夫：“你确信我们能够守住莫斯科吗？”（第338页）朱可夫表示肯定，但要求再增加两个集团军和200辆坦克；斯大林同意拨付2个预备队集团军，但暂时没有坦克；朱可夫、华西列夫斯基同意派遣突击第1集团军前往亚赫罗马，第10集团军前往梁赞；在图拉—卡希拉的保卫战中，索尔涅奇诺戈尔斯克地区的第16集团军危机四伏，险情不断；斯大林命令朱可夫收复杰多夫斯克；戈沃罗夫领受该任务——不仅毫无意义，而且是基于错误的情报；德军没有攻下莫斯科的原因不在于天气，而是在人员装备方面计算有误；11月29日，朱可夫打电话给斯大林报告说“敌人已被榨干”，但西方面军要与突击第1集团军和第10集团军消除德军突破的危险；11月30日，西方面军司令部上呈进攻方案，尽可能远地将德军驱离莫斯科；斯大林答应派飞机，但仍旧没有坦克；12月6日，苏军反攻开始；反攻进展顺利，让斯大林在沿苏德前线的“全面反攻”的计划上非常乐观；在莫斯科会战中，有人这么评价斯大林的表现——“通过不懈的苛求，他能够达成别人几乎不可能完成的目标”（第360页）〕。

注：尽管“莫斯科会战”值得纪念（朱可夫也坚称，在战争期间的所有战役中，这一场最令他刻骨铭心），但这份记述刻板，甚至可以说很粗陋。主要特点是教条地坚持朱可夫的估计和举措正确无误——单是对第16集团军在索

尔涅奇诺戈尔斯克的撤退的记述便可以见得——显然，这只是朱可夫和斯大林之间传递的一小部分内容。参阅VIZ，1971（10），第58—67页及1971（12）第44—52页。这些是朱可夫有关莫斯科会战回忆的删减版。在第12期第52页中有一处明显的差异，内容是对斯大林过度的赞扬——他的坚韧不屈，他的战略远见，以及他有能力完全掌握局势，运作重大战略行动："斯大林的确是值得我们尊敬的最高统帅。"这样的称颂可能是为了取悦当时的军事读者，但在已经出版的第1卷第一、第二版中均未出现。

这就给我们提出了一个问题："朱可夫回忆录"〔见J. 埃里克森，"朱可夫元帅与苏联军事回忆录的意义"，Problems of Communism（《共产主义问题》）（1973年11月—12月），第71—74页〕的确切面目是怎样的？如今回忆录的第2卷已经获准出版，尽管朱可夫已然离世。很容易推测，推迟是出于政治目的，这肯定意味着原文被进一步稀释了。朱可夫原著的手稿（或笔记簿）尚存，但在不断修订的过程中，必然会产生一些疑问。

Ⅱ）研究与分析

I. P. 巴尔巴辛与A. D. 卡里多诺夫，Boevye deistviya Sovetskoi Armii pod Tikhvinom v 1941 godu（《1941年苏联军队在季赫温附近的战斗》）（莫斯科：军事出版社，1958年），随摘。篇幅不长，但非常有用的研究，到目前为止还无可替代。

《列宁格勒会战》，第1章，第97—116页（1941年10月，军事态势；试图用反坦克障碍来加固列宁格勒的防御，但炸药急缺；保卫季赫温；苏军在季赫温进行反突击；苏联最高统帅部正确地划定目标和适当的战役时间）。注：这仍然是最权威的、最客观的评论，大多基于苏联的军事记录及档案资料。那些见识过编者（已故的普拉托诺夫中将）工作的人说他非常专业严谨，虽然脾气有点暴躁，我发现能与他探讨这份研究作品是非常有意义的。这是一部他可以引以为傲的作品，因为它为苏联一方军事年表、兵力对比及决策时间表提供了可靠的依据。

V. N. 叶夫斯季格涅耶夫（主编），Velikaya bitva pod Moskvoi（《伟大的莫斯科会战》）（莫斯科：军事出版社，1961年），第131—169页（1941年11

月，对防御行动所做的军事描述）、第170—215页（苏军反攻；战役计划；德军北侧进攻力量的瓦解；12月上旬，西方面军和加里宁方面军乘胜追击；德军南侧集群的覆灭；苏军在图拉地区的进攻战役；西方面军在纳拉河防线的中央区域作战；西南方面军在"叶列茨方向"展开行动）。

伏龙芝学院，Sbornik materialov po istorii Sovetskogo voennogo iskusstva v Velikoi Otechestvennoi voine 1941-1945（《1941—1945苏联战争艺术史资料汇编》）（莫斯科：军事出版社，1956年）（四卷本中的第四卷，V. F. 沃罗比约夫少将主编），第22—88页。该卷本一直被苏方定为保密级别，由当时及战后不久对莫斯科会战的记述组成。参阅E. A. 希洛夫斯基中将作品，第46—50页（国家政治文学出版社，1943年）；P. 科尔科季诺夫作品，第51—55页〔摘自《军事思想》，第19期（1951），第9—13页〕；N.塔连斯基，第55—56页〔摘自《布尔什维克》，第23—24期（1942），第45页〕。

Geroicheskaya oborona Sevastopolya 1941-1942（《英勇保卫塞瓦斯托波尔1941—1942》）（集体创作）（莫斯科：军事出版社，1969年），第33—49页（塞瓦斯托波尔的防御准备工作，陆地防御与海防）、第50—131页〔1941年10月30日—11月21日，击退德军的首次进攻；塞瓦斯托波尔的滨海集团军撤退；加强塞瓦斯托波尔的防御；在海军基地的首次交火；塞瓦斯托波尔防区（SOR）的组织结构；"后方勤务"在为守军提供补给时所起的作用；克里米亚游击队的活动；11月30日，1—4区苏联部队的守卫情况〕、第132—196页（德军计划压缩塞瓦斯托波尔；11月19日，最高统帅部将SOR纳入直接领导）、第163—188页（"12月22日—31日，几天的关键性交战"；增援部队遏制住了德军对北湾的进攻；12月24日，P. E. 彼得罗夫被解除滨海集团军司令员的职务，由I. S. 切尔尼亚克接任，最高统帅部又做出相应的调整，让彼得罗夫留任滨海集团军司令员，让切尔尼亚克"辅助指挥SOR陆地防御"；12月31日晚，彼得罗夫召集滨海集团军军事委员会召开了一次意义非凡的会议，宣读了斯大林的命令，要求坚守，不得后退一步；12月31日，外高加索方面军指挥员命令SOR于12月31日清晨发动一次攻势，在刻赤—费奥多西亚登陆的时候牵制德军，但SOR几乎消耗殆尽——炮兵炮弹几乎告罄，步兵241旅只剩下100人，海岸步兵第8旅及骑兵第40师都战至最后一人，步兵第345

师只剩下2000余人）、第188—196页（刻赤—费奥多西亚战役：苏军战役计划；登陆进攻部队的集中；恶劣天气的影响；戈尔什科夫海军少将指挥的亚速海区舰队；第51集团军登陆；11月30日/12月1日夜间，共有23000人在费奥多西亚登陆，外加734吨弹药；塞瓦斯托波尔12月底同样得到了海上补给；作战行动同时集中在刻赤地峡）、第335—363页（塞瓦斯托波尔守军指挥员名单——详细到各团和各舰）。

注：这绝对是塞瓦斯托波尔保卫战最权威的记述，所有内容都基于原始材料及档案资料，以及未出版发行的内容（列在第6—7页）和第一手访谈。

K. P. 卡扎科夫炮兵元帅，Vsegda s pekhotoi, vsegda s tankami（《永远战斗在步兵、坦克身边》）（莫斯科：军事出版社，1973年），第2版，第27—70页〔莫斯科会战中的火炮；会战防御阶段各型火炮急缺——甚至博物馆的零件也被用于后勤保障；260门老旧的法国及英国炮、1600挺维克斯和勃朗宁重机枪（第42页）；苏军反攻时同样面临着弹药短缺的问题，尤其是76毫米火炮及更大口径的火炮（第55页）〕。

卡拉肖夫，作品已引用，第120—190页。

克里莫夫，作品已引用，第37—97页。

V. M. 科瓦利丘克，Iz istorii oborony Sevastopolya vo vremya Velikoi Otechestvennoi voiny（《伟大卫国战争时期保卫塞瓦斯托波尔的历史》）（道路保障），摘自《历史记录》（莫斯科：科学出版社，1965年），第75期，第26—43页（这是对塞瓦斯托波尔海上补给线路非常详细的研究报告）。

M. M. 马拉霍夫，Udar konnogvardeitsev（《策马扬鞭》）（莫斯科：军事出版社，1961年），第20—70页。这是一部正式的军事记录，分析了别洛夫骑兵第2军（近卫第1军）1941年11月—12月期间的作战行动。

D. Z. 穆林耶夫，Proval operatsii 'Taifun'（《"台风行动"的失败》），第83—157页。

D. Z. 穆林耶夫，Nekotorye voprosy sovetskoi voennie strategii v Moskovskoi bitve（《莫斯科会战中暴露的苏联军事战略的若干问题》），VIZ，1971（12），第11—19页。一份关于苏军预备队展开细节的重要研究。

穆林耶夫

西方面军展开（10个野战集团军），1941年12月5日—6日

集团军	正面（千米）	目标纵深（千米）	构成（步兵/骑兵师）	火炮/迫击炮	坦克
第30集团军	80	40	10	586	35
突击第1集团军	30	50	6	358	50
第20集团军	30	40	3	311	54
第16集团军	20	30	7	643	125
第5集团军	60	30	8	425	90
第33集团军	35	20	6	158	40
第43集团军	35	20	5	225	50
第49集团军	70	30	5	330	40
第50集团军	140	30	11	526	—

Ocherki istorii Leningrada（《列宁格勒历史文集》）（列宁格勒：科学出版社，1967年）；Leningrad v Velikoi Otechestvennoi voine（《第二次世界大战中的列宁格勒》），5：见第2章，A. V. 卡拉肖夫与G. L. 索博列夫，第170—220页（1941—1942年冬季饥荒），及A. L. 弗赖曼，第221—259页（"生命线"，拉多加湖的"冰路"）。

Ordena Lenina Moskovskii voennyi okrug（《列宁、莫斯科军区》），第225—250页，对莫斯科会战中莫斯科军区的综合记录。

G. P. 萨夫罗诺夫，Vozdushnye desanty vo vtoroi mirovoi voine（《二战中的伞兵部队》）（莫斯科：军事出版社，1962年），第36—38页（苏联伞兵营的空投；刻赤—费奥多西亚战役；主力部队从海上登陆前，侦察小组的空投持续8日）。

萨佐诺夫，作品已引用，第163—186页（近卫步兵第1师12月初被派往西南方面军右翼；近卫步兵第1师获近卫红旗勋章；1941年12月，近卫步兵第1师与科斯坚科的快速集群一起行动）。

索科洛夫斯基，作品已引用，第48—203页。

索科洛夫斯基

1.实力对比：苏联反攻初期，西部战略方向

	苏军	德军中央集团军群
人员	约718800	801000
火炮与迫击炮	7985	14000
坦克	721	1000
飞机	1170	615

★苏军含加里宁方面军、西方面军和西南方面军右翼部队，不含"莫斯科防御区"部队。

2.实力对比：西方面军，1941年12月6日

	苏军	德军
人员	约558800	约590000
火炮与迫击炮	4348	7440
坦克	624	900
飞机	199	—

★不包括莫斯科国土防空军和最高统帅部预备部队的飞机。它们同样要用于支持红军作战。

3.实力对比：西方面军侧翼，1941年12月6日

（1）右翼

	苏军	德军中央集团军群左翼
人员	222400*	135000
火炮与迫击炮	1673	2000
坦克	超过290	400

★不包括莫斯科国土防空军和最高统帅部预备部队的飞机。它们同样要用于支持红军作战。

（2）左翼

	苏军	德军中央集团军群右翼
人员	约210800	200000
火炮与迫击炮	1436	2740
坦克	140	约300

4.实力对比：加里宁方面军，1941年12月1日

	苏军	德国第9集团军
人员	约100000	约153000
火炮与迫击炮	980	298
坦克	67	60
飞机	83	—

5.实力对比：西南方面军右翼，1941年12月6日

	苏军	德国第2集团军左翼
人员	约60000	59000
火炮与迫击炮	388	745
坦克	30	不超过40
飞机	79	—

F. 塔莫诺夫上校，Primenenie bronetankovykh voisk v bitve pod Moskvoi（《莫斯科会战中坦克部队的使用》），VIZ，1967（1），第14—23页（苏军坦克部队的实力；防御战中的战术运用；进攻战役中的运用；"快速集群"的意义）。

G. V. 捷尔诺夫斯基，Voennye moryaki v bitvakh za Moskvu（《莫斯科会战中的水兵》）（莫斯科：科学出版社，1968年），第69—108页（10—11月，莫斯科会战中的苏军海军步兵部队——"海军独立旅"也参与了莫斯科

反突击）。

Voiny stal'nykh magistralei（《道路上的战争》），第115—128页（莫斯科会战中的苏联铁道兵）、第128—130页（列宁格勒围城与封锁期间的铁道兵）。

V. 泽姆斯科夫少将，Nekotorye voprosy sozdaniya i ispol'zovaniya strategicheskikh rezervov（《战略预备队在建立和使用中的若干问题》），VIZ，1971（10），第12—16页（1941—1942年年初战略预备队的组织与部署，基于已出版的材料：1941年夏秋季战役中，最高统帅部从预备队中调拨了291个师和94个旅到前线——其中70个师来自内地军区，27个来自苏联远东、中亚和外高加索地区，194个师和94个旅是新组建的）。

Sovetskie tankovye voiska 1941–1945（《1941—1945年间的苏军坦克部队》），第35—52页（对防御和进攻战役中苏军坦克部队的综述；莫斯科会战：为反攻组建的几个"快速集群"扮演的重要角色，使得苏联做出以更多坦克和卡车重建大型快速兵团的决定）。

F. I. 塔莫诺夫，Nekotorye problemy nauchnoi razrabotki istorii velikoi bitvy pod Moskvoi（《莫斯科会战中的若干科技发展问题》），摘自《史无前例的壮举》，第189—196页。

文学作品

A. 贝克，Volokolamskoe shosse（《沃洛科拉姆斯克大道》）（莫斯科：军事出版社，1959年；青年近卫军出版社，1964年）。这部广受赞誉的小说写的是莫斯科保卫战期间沃洛科拉姆斯克地区潘菲洛夫与他的师。

I. 爱伦堡，Lyudi, gody, zhizn（《人，岁月，生活》），发表于《新世界》1963（1），第88—89页（与朱可夫谈论斯大林在莫斯科会战中扮演的角色；朱可夫的评价——"此人有钢铁般的意志"；朱可夫多次打电话给斯大林，请求允许他逐退德军，有时一天两次通过专线打给斯大林，但斯大林坚持再等一等，三天后必要的预备队才能到达，五天后反坦克武器才会到达；斯大林一直在他的笔记本上认真地记录下正开往莫斯科地区的师和装备；直到朱可夫暗示德军正拉上来重炮炮击首都时，他才批准实施反攻计划）。

第八章：斯大林的首次战略攻势：
1942年1月—2月12日

尽管红军1942年冬季和早春的那场总攻势的大体轮廓已经非常清楚，并得到明确的验证，但关于苏军这场攻势某些方面的记述中，"maloissledovannyi"（有待研究）这个词仍会被反复提及。尽管这从技术上讲并无不妥，也适用于一些语境，但更切实地说，maloissledovannyi意味着有意忽视或避开敏感话题——沃尔霍夫方面军的战役和突击第2集团军覆灭的开始（未提及A. A. 弗拉索夫将军的最终命运）就是一例。毫无疑问，这种情况使得有关这个时期的大部分材料是半主观的个人回忆录、半正式的军事叙述和分析。正是出于这个原因，我没有试图（如前一章的苏联材料分类那样）将回忆与分析区分开来。在这一点上，朱可夫元帅与华西列夫斯基元帅的回忆录内容都是极其丰富的，两位高级将领都把自己写成彼拉多[4]式的人物。这或许是不无缘由的，因为几乎每到特殊关头，沙波什尼科夫元帅扮演的角色都是强迫——更准确地说是反对，以他的聪明和毋庸置疑的敏锐，沙波什尼科夫看得出与斯大林争论毫无意义，也没有试图这样做。西顿上校一针见血地指出，沙波什尼科夫之于斯大林，就像约德尔之于希特勒。无论如何，最新的共识表明，苏联的攻势没有实现其雄心勃勃的目标不能归咎于哪个人或组织。某些失败可以归责于斯大林的过分乐观和最高统帅部的瞻前顾后，他们缺乏指挥大型进攻战役的经验，严重缺乏坦克、火炮、飞机和弹药，仅这几项基本要素，在斯大林和最高统帅部设想的规模和时间跨度内就无法取胜。

因此，我对最高统帅部的训令特别感兴趣，我试图探寻它们发出的时间和内容。在此基础上，回忆录与正式叙事的融合才最为恰当。被缴获的德军文件在此也被引入，因为尽管它们并未直接讲述苏联高层的决策——1942年晚春盖伦接管东线外军处的时候，这将成为他的拿手好戏——但他们弄清了苏联的作战序列、增援和指挥变动。最后，我将苏联空降行动的资料单列一栏，不仅是因为这些作战行动的指挥很有意思，也是这些著作的性质使然——这一次也是兼有回忆和正式分析。

阿姆斯特朗，作品已引用，第2章，战例研究（格哈德·L.温伯格），第389—430页（叶利尼亚—多罗戈布日地区；苏联1941年年底的游击运动；红军在大规模游击运动中的突破战术及组织结构；德军反制并试图消灭苏联游击队；"慕尼黑"行动）。

卡雷尔，作品已引用，第4章，第342—366页（"伊尔门湖南"；苏联西北方面军攻势开始；旧鲁萨战役；叶廖缅科的突击集团军；夺取托罗佩茨和安德烈亚波尔）、第366—390页（莫德尔接管德军第9集团军；苏联第29和39集团军被歼；苏希尼奇战役；坚守勒热夫）、第390—408页（沃尔霍夫方面军的作战行动，德军试图判断苏军意图；苏联突击第2集团军补给线被切断；"杰米扬斯克口袋"；德军对杰米扬斯克进行空中补给；霍尔姆的至关重要性；"舍雷尔战斗群"；运输滑翔机对霍尔姆口袋阵进行补给；霍尔姆防御的组织）。

冯·曼施泰因，作品已引用，第227—233页。

菲利普与海曼，作品已引用，"1942年战役"，第1章，第107—120页〔苏军的冬季攻势造成的危机，中央集团军群、北方集团军群和南方集团军群地域的战役；到2月中旬，德军统帅部判断最危急的时刻已经过去；德军开始调头发起反突击；3月，苏军的攻势多数被遏制（kommt unter deutsche Kontrolle）〕。

西顿，《苏德战争》，第230—241页（苏军莫斯科反攻的扩展；苏军对中央集团军群展开冬季攻势；苏德双方作战行动）、第242—254页（苏军冬季攻势的侧翼——沃尔霍夫方面军）。

西顿，《莫斯科会战》，第237—263页（1942年1月—2月，德军撤退；苏德双方的作战行动）、第264—280页（2月初，中央集团军群情况有所好转，尽管仍有"潜在的危险"；3月中旬，苏德双方集团军态势；苏联第33集团军被歼，叶夫列莫夫阵亡；中央集团军群与苏军各集团军的防御；1942年4月底）。注：这部著作最有价值的是对德军计划和行动的叙述。

德军作战日志

KTB/OKW，作品已引用，第2卷（1942）。见《A.介绍》，第4卷，第

38—46页（1941—1942年冬季战况）。B.作战日志1942，一季度（1942年1月1日—3月31日），第181—311页；二季度（1942年4月1日—6月30日），第313—331页（1942年4月）。C.文档——1942年作战日志；1942年期间下发的各级作战命令。《各条战线上的防御工作》（节选），第1264—1265页；5）"1942年1月15日起，各部奉命撤至冬季阵地"（第1268—1270页）；6）1942年4月1日起，来自米特将军的下一步命令（第1270页）。

哈尔德/KTB，作品已引用，第3卷，第371—429页。

德国军事文件（GMD）

陆军总司令部/总参谋部OQU IV‐东线外军处，1942年1月；《苏联红军》（节选），苏联军事机构，方面军指挥员，集团军司令员，"军队变化"。这是早期手册的修订本，已经考虑了苏联军队组织机构与作战表现的改善、武器库存及供给的重要性，以及苏联军队各项改进的效果。东线外军处负责人金策尔上校显然缓和了问题的严重性。参阅T-78/R501，6489388-520（第112—250页作的战序列数据，涵盖了各兵团和部队，包括师级单位和炮兵团）。

FHO，"1942年2月25日的俄国军队"。1941年12月1日—1942年1月10日投入的所有苏军兵团——总共有4620000人加入战场。这个数字维持到1942年2月1日，此后开始缓慢下降。

俄罗斯军事实力发展概述，1941年12月1日—1941年12月28日。T-78/R494,6481137-9。

FHO收藏，OKH部门K. Verw（Qu 4 B/Kgf）1942年4月24日，"罗马尼亚和交战区战俘营"。

FHO评估，"俄国军队的部署，1942年2月28日"。包括2月底和3月苏军增援和展开情况的若干图表，含坦克旅。T-78/R462,6441661-71。

1942年1月—7月新加入前线的俄军部队。参阅T-78/R486,6470347ff。

FHO，含"俄国各级指挥员名录，1942年4月9日"。T-78/R464，6443285-301。

FHO，关于苏军各指挥员晋升及岗位的文件（新闻分析、情报数据），

1942年1月—2月。T–78/R464,6443319–64。

苏联第33集团军，缴获资料，苏联西方面军作战序列（1942年5月30日，引用自"1941年12月8日至1942年4月7日"。T–78/R464,6443261–3）。

官方/政党历史

IVOVSS，第二册，第2章，第315—362页（1942年1月—4月攻势：苏联战略与战术意图；歼灭列宁格勒、莫斯科以西和以南的德军，对中央集团军群实施主要打击，最终由西方面军、加里宁方面军在西北方面军、布良斯克方面军的配合下，将其包围在勒热夫—维亚济马—斯摩棱斯克地区）、第318页（最高统帅部1月10日就进攻战役的组织与实施措施发布特别指令；推荐使用"突击/进攻集群"遂行主攻；集中使用火炮，配合各集团军突入防御纵深；各级指挥员前线训练课程的组织工作；西方面军的五个相关课程；1942年2月，成立特殊的"共青团小组"，训练反坦克分队、机枪手和狙击手；本地共青团团委选拔15400名年轻人，组建27个这样的营参加1941年—1942年的冬季作战）。

a.第319—332页（苏联在"西方向"上的总攻：中央集团军群兵力；苏军在恶劣的天气条件下展开进攻；德军意图保持勒热夫—维亚济马—布良斯克铁路线畅通，守住加强点；各部向西推进时，苏军空军遇到了没有机场地勤单位维护飞机的问题）、第320页（1942年1月7日，最高统帅部给加里宁方面军、西方面军、布良斯克方面军及西北方面军的训令；各方面军司令员的决策；叶廖缅科的西北方面军突击第4集团军进展最好；1月16日，攻克安德烈亚波尔，推进至80千米，正面拉长了两倍；突击第3集团军进展更慢；突击第4集团军1月21日夺取托罗佩茨；西北方面军向西北和西南两个方向发起进攻，为此，南方的集团军中，突击第3和第4集团军交由加里宁方面军指挥；加里宁方面军第22集团军在进行宽广的西北侧翼包抄；第39集团军在瑟乔夫卡，据守勒热夫的德军后方；1月10日，西方面军右翼以第20集团军的"突击力量"和突击第1集团军一部发起攻势；1月13日，突破敌军防线，投入波利耶夫的近卫骑兵第2军；德军增援部队从法国赶来；中央集团军群撤向勒热夫、格扎茨克和奥尔沙；采取严厉措施坚守；1月19日，最高统帅部没有认清局势的严重性，甚至命令突击第1集团军转入预备队；第16集团军各部接管了西方面军右翼；第20

集团军未能在1月底拿下格扎茨克；1月19日，第5和第33集团军在中部展开行动，攻克莫扎伊斯克和韦里亚；第43和第49集团军包抄尤赫诺夫的德军；热兰诺耶的空降行动；1月20日，朱可夫命令第33集团军进入尤赫诺夫地区北面的缺口，近卫骑兵第1军拿下维亚济马；1月10日，西方面军左翼军团夺取莫萨利斯克，从西南方向包抄尤赫诺夫的德军；第50集团军从尤赫诺夫南面包抄；图拉州被肃清；2月1日，局势似乎有利于包围中央集团军群；1月27日—2月1日，空投伞兵第4军，但只有伞兵第8旅落地；2月1日，最高统帅部重建"西方向总指挥部"，朱可夫被任命为总指挥；最高统帅部下达完全包围中央集团军群的新指令；德军坚守维亚济马，对第33集团军发起反冲击；勒热夫的进攻；第33和第39集团军被半包围；最高统帅部警醒；2月16日，给西方面军和加里宁方面军倾尽全力的指令；最高统帅部前调增援；科涅夫撤出第29集团军——仅剩6000人；2月28日前完成；近卫骑兵第1军试图向北突破，与骑兵第11军取得联系时，在维亚济马以南的激战；第49与第50集团军攻克尤赫诺夫，但未能与第33集团军取得联系；3月20日，最高统帅部让西方面军与加里宁方面军于4月20前抵达指定战线的训令；3月底到4月上半月再次尝试歼灭勒热夫—维亚济马的德军集群，并让维亚济马西北与西南的苏军取得联系，但未能成功）。

b.第332—338页（"西北方向"攻势）、第333页〔最高统帅部给沃尔霍夫方面军与列宁格勒方面军的指令；沃尔霍夫方面军的主要任务；沃尔霍夫方面军的增援力量（突击第2集团军和第59集团军）；1月22日，决定进一步疏散列宁格勒；1月7日，沃尔霍夫方面军进攻战役打响；冲向柳班，南面和西南面包抄德军，但夺取柳班的战斗未有重大进展；德军发起反突击，突击第2集团军被合围；解冻阻止了机动；对突击第2集团军忧心忡忡；1月7日，西北方面军进攻德米杨斯克和旧鲁萨；第34集团军从东面和南面包抄杰米扬斯克；最高统帅部派来突击第1集团军加快合围战役；2月20日，德军第16集团军7个师被合围在杰米扬斯克；2月25日，最高统帅部指示，将杰米扬斯克战役交由西北方面军统一指挥；德军向被围守军空投给养；疲惫的第34集团军未能阻止德军在旧鲁萨以南集结；德军打破封锁的行动；4月21日，苏军包围圈被"走廊"打破〕。

c.第339—343页〔"西南方向"的攻势和克里米亚：西南方向总司令部计

划1月—2月发起两次战役，第一次以布良斯克方面军纵深包抄莫斯科地区的德军，止于布良斯克—谢夫斯克一线，第二次以西方面军、西南方面军左翼解放顿巴斯，抵达第聂伯河一线，需要拿下哈尔科夫以提供北面的掩护；铁木辛哥需要500000人，外加10个步兵师、火炮、装甲车和坦克；最高统帅部拒绝，进攻计划缩水；修改后的进攻计划与方面军任务（第340页）；1月7日布良斯克方面军的攻势；1月1日西南方面军的攻势；马斯洛夫的第38集团军延误；丧失突然性，争夺奥博扬、巴拉克列亚与斯拉维扬斯克的激战；1月26日，最高统帅部下达训令，切断斯拉维扬斯克—奇斯佳科沃的德军交通线；德军增援力量阻止了西方面军的推进；交通工具和拖车的缺乏延缓了火炮及弹药的补给，严重放慢了攻势；刻赤半岛；1月2日，最高统帅部批准高加索方面军解放克里米亚的进攻计划；最高统帅部指示加快准备；1月15日，德军在费奥多西亚方向发起进攻；第51和第44集团军撤至阿克莫奈；1月28日，最高统帅部下达增援塞瓦斯托波尔守军的训令；刻赤的军队攻向费奥多西亚以西的卡拉苏巴扎尔；突入入侵塞瓦斯托波尔的德军后方；2月27日战役才开始；组织混乱，未能突破德军防线，3月—4月间未有任何战绩〕。

d.第345—356页〔游击队的行动；地下党组织发挥的作用；"游击支队"编入游击旅——227个白俄罗斯的"游击支队"组成19个游击旅（1942年）；游击队的侦察和对红军的协助，游击队的突袭〕。

e.第356—362页〔冬季攻势结果总结：德军损失——50个师；恶劣的气候阻碍了苏军的攻势；武器及弹药产能不足；最高统帅部、方面军与集团军司令员所犯的严重错误；集团军被零碎地拉入预备队，决定性的"西方向"没有部署大规模预备队；援兵仓促加入战斗；3月16日，GKO颁布新规，要求增援部队必须接受基本训练；机械化和坦克兵团短缺；炮兵使用不当，需要"炮兵进攻"，而不是仅仅是基本的弹幕或炮击；德军以"密集编队"有效使用装甲兵，因此，最高统帅部于1月22日命令坦克旅要完整使用，并与步兵、航空兵和炮兵协同，必须进行侦察，指挥员要进行现地勘察；航空兵指挥与控制上的缺陷）。

参阅下表：1942年1月—3月战时生产情况。

1942年1月—3月战时生产情况			
	1月	2月	3月
迫击炮（所有口径）	17581	18235	20136
火炮	3427	3971	5971
坦克	1564	1607	1690
飞机	1039	915	1647

苏方资料

《列宁格勒会战》，第1章，第133—156页。

别洛夫，作品已引用，第1章，第165—300页。

N. E. 巴西斯特海军上将，《More i breg》（莫斯科：军事出版社，1970年），第73—120页（海军对刻赤—费奥多西亚战役的支援）。

Direktivnoe pis'mo Stavki Verkhovnogo Galvnokomanddvaniya ot 10 yanvarya 1942 goda（《1942年1月10日，来自最高统帅部的训令》），VIZ，1974（1），第70—74页〔摘自最高统帅部1942年1月10日关于战术与组织的指令，是Sbornik boevykh dokumentov Velikoi Otechestvennoi voiny（《二战各类作战文档汇编》）第5卷（莫斯科：1947）的再版，第8—9页〕。或参阅Razvitie taktiki Sov. Armii（《苏军战术演变》），第165—167页。

费久宁斯基，作品已引用，第89—109页。

F. I. 加尔金技术勤务少将，Tanki vozvrashchayutsya v boi（《坦克重返战斗》）（莫斯科：军事出版社，1964年），第3—77页（加尔金主管坦克维修勤务，1942年冬季和早春时被派至刻赤/克里米亚战役中）。这段记述对了解苏军内部调配非常有用，也是对梅赫利斯的一系列评述之一，工程人员经常和指挥员一样难以忍受他。V. T. 沃利斯基更讨人喜欢，他是20世纪30年代初红军首批坦克兵团的指挥员之一，如今是苏联汽车装甲坦克总部总监，应梅赫利斯的特别请求，被派至刻赤/克里米亚战役中。

A. A. 伊格纳托娃与A. P. 维诺格拉多夫，Geroi-komandarm（《英勇的指挥员》）（莫斯科：军事出版社，1967年）。叶夫列莫夫中将的传记。参阅第

150—194页，与第33集团军一起战斗、被围和阵亡。

M. 霍津上将，Ob odnoi maloissledovannoi operatsii（《无的放矢的战役》），VIZ，1966（2），第35—46页〔1941年10月—1942年6月，霍津指挥列宁格勒方面军，该文写的正是列宁格勒—沃尔霍夫方面军1942年的战役，此战始于最高统帅部1941年12月17日下发的训令（第36页是节选的训令内容）〕。

A. 赫鲁廖夫将军，V bor'be za Leningrad（《战斗在列宁格勒》），VIZ，1962（11），第27—36页。记述了列宁格勒被困时期，如何通过封锁线送入补给，以及"冰路"及物资运输的详情。VIZ编辑提供的数据要么是夸大了赫鲁廖夫的记述，要么是更正了一些引用的数据。

P. G. 库兹涅佐夫中将，Dni boevye（《战斗的岁月》）（莫斯科：军事出版社，1964年），第65—142页（西北方面军作战行动；冲向洛瓦季河；苏军在杰米扬斯克的战役及"拉穆舍沃走廊"）。注：这是关于旧鲁萨/杰米扬斯克地区进攻战役的一篇篇幅不长但内容丰富的记述，配有有用的地图。

洛巴切夫，作品已引用，第278—301页。

梅列茨科夫，作品已引用，第266—282页。

莫斯卡连科，作品已引用，第132—171页。

罗科索夫斯基，作品已引用，第104—114页。

V. 西蒙诺夫少将，Iz opyta organizatsii i vedeniya operatsii na Severo-Zapadnom napravlenii（《西北方向的指挥与执行经验》），VIZ，1967（9），第40—50页。列宁格勒方面军第54和第23集团军前作战处处长、沃尔霍夫方面军作战参谋撰写的文章，分析"西北方向"的地形、战役与战术特点。

索科洛夫斯基，作品已引用，第309—375页。

U Chernomorskikh tverdyn Otdelnaya Primorskaya armiya v oborone Odessy i Sevastopolya（《保卫奥德萨与塞瓦斯托波尔的战役中，黑海要塞的一支海军陆战队》）（回忆录集）（莫斯科：军事出版社，1967年），参阅N. K. 雷日（炮兵）上将，第139—170页（塞瓦斯托波尔防御中的炮兵）；E. V. 列奥什尼亚（工程兵）中将，第232—243页（塞瓦斯托波尔保卫战中的工程兵部队与防御工作）。

华西列夫斯基回忆录/资料：《毕生的事业》，第173—174页（1942年1月初转入总攻；1月10日，最高统帅部——虽然是在斯大林的提议下——签发的"命令信函"在遂行进攻战役方面的重要性；增援力量仍需执行最高统帅部下发的各项任务，需要时间来组织他们）、第179—186页（苏军的预备队集团军——有9个可供最高统帅部调遣——分散在数个方面军中；总攻消耗了秋末和冬季精心组建的预备队；斯大林的观点——德军预备队将在1942年春季耗尽——并未得到事实验证；春季作战的问题；北方——摩尔曼斯克与卡累利阿——局势稳定；列宁格勒的封锁仍未打破；杰米扬斯克包围圈中的德国守军并未被打败；德军还控制着勒热夫—维亚济马；西南方面军的状况——在伊久姆以西的苏军突出部，西南方面军和南方面军止步不前，在克里米亚，苏军被牵制在刻赤半岛——让总参谋部与最高统帅部感到担忧；到4月，前线处于守势；苏军总参谋部在考虑夏季作战；确信要暂时转入战略防御；主要注意力锁定在"中部战场"；还需要完成工业企业向内地的疏散；援兵大部分是新近征召的战士，因此总参谋部建议召回作战部队以便休整和训练，用新兵加以充实，这样有助于训练战场上的增援力量；需要改善"后方勤务"，重组步兵师，重新组建坦克军和两个坦克集团军；组建了30个步兵军军部和行政部门；斯大林不相信初夏时节能进行大型战役，但希望"积极防御"；克里米亚、哈尔科夫地区，库尔斯克和斯摩棱斯克方向，列宁格勒和杰米扬斯克的局部进攻；沙波什尼科夫相信此时不会有大规模攻势；朱可夫支持该观点，但建议歼灭勒热夫—维亚济马的德军；3月中旬，总参谋部已汇集整理了1942年春季及初夏作战所需的所有数据资料，意在实施"积极的战略防御"，补齐苏军预备队，然后实施决定性的进攻战役；沙波什尼科夫向斯大林上呈计划，后续工作继续展开；虽然最高统帅部也有参与，但在铁木辛哥的建议下，决定以布良斯克方面军、西南方面军和南方面军遂行大规模进攻战役；斯大林批准该计划——这是转入战略进攻的转折点，但只是有限的攻势；关于德军意图和准备在南面发动进攻的情报完全被严重忽视了，苏军预备队多数被拉入图拉、沃罗涅日地区；华西列夫斯基评论说，苏军计划最根本的错误在于进攻与防御同时进行；力量对比——苏军兵力5500000、坦克4000余辆、火炮与迫击炮43000门、飞机3000余架，德军兵力

6200000、坦克3000余辆、各型火炮43000余门、飞机3400架）。

另见Nekotorye voprosy rukovodstva vooruzhennoi bor'boi letom 1942（《1942年夏季武装斗争领导的若干问题》），VIZ，1965（8），第3—6页〔VIZ编辑对华西列夫斯基元帅的采访，写给《伟大卫国战争，简史》的材料；最高统帅部与总参谋部错误地认为德军新一轮进攻将指向莫斯科；总参谋部坚持认为红军必须暂时转入战略防御；斯大林采纳该意见，但建议进行有限的进攻；S.兹洛宾的批评Propavshie bez vesti（《失踪人员》）（1964年）；总参谋部的作用没有被正确认识；总参谋部人员不是在"各司其职"，而是过度插手方面军与前线作战〕。

另见N. 萨尔特科夫少将的文章，Predstaviteli General'nogo Shtaba…（《总参谋部的代表……》），VIZ，1971（9），第54—59页（总参谋部的组织结构，总参谋部"代表"用于在各条战线参与指挥与协调）。

B. 弗拉基米罗夫中将发表的文章，140-ya otdel'naya strelkovaya brigada v Lyubanskoi operatsii（《独立步兵第140旅在柳班的战斗生活》），VIZ，1968（12），第84—93页（描述了独立步兵第140旅1942年3月—5月在柳班的战斗生活；该旅隶属于第54集团军近卫步兵第4师）。

叶廖缅科，作品已引用，第392—420页〔12月24日，与斯大林的谈话，对方询问叶廖缅科是否知道斯克良斯基；叶廖缅科将在库罗奇金麾下服役，指挥西北方面军突击第4集团军；突击第4集团军的实力及构成；补给与铁路线的困难；关于德军阵地错误的数据，集团军集中需要7—10日；食品供应日益短缺——引自Zhurnal boevykh deistvii voisk 4-i udarnoi armii（《突击第4集团军的战斗历程》），作战日志（第406页）；与方面军司令员库罗奇金的分歧；突击第4集团军日渐虚弱；战役计划；1月8日，叶廖缅科召集部下，突击第4集团军的进攻部署与详细计划；一些师的人员年龄差距巨大；各师向出发线移动〕、第421—444页（1月9日，进攻开始；突破德军防线；1月16日攻克安德烈亚波尔；向托罗佩茨推进；塔拉索夫的步兵第249师夺取了它受命占领的小镇；叶廖缅科在前沿观察所受伤；1月21日10时，托罗佩茨被肃清；方面军司令部无援兵可派，新的进攻战役有待讨论）、第445—475页（突击第4集团军转入加里宁方面军，计划到1月29日抵达鲁德尼亚；因此"托罗佩茨战役"立刻转入"韦利日战役"，在克列斯季城下无功而返；叶廖缅科命令部队绕过该城；2月4日开始，突击第4集团军被迫兵分3个方向；缴获的摩托车为司令部提供了机动能力；配属了2个坦克营——62辆坦克，其中30辆是轻型坦克；2月13日，托罗佩茨战役与韦利日战役胜利结束；叶廖缅科将突击第4集团军交给F.I.戈利科夫中将指挥，以便前往医院疗伤）。

V. 热列若夫上校，Iz opyta pervoi operatsii na okruzhenie（《第一次包围战的经验教训》），VIZ，1964年（12），第21—24页（这是对1942年冬季包围并歼灭杰米扬斯克德国第16集团军尝试的一项重要研究），苏军1941年12月在各条战线上进攻的计划大纲，包括西北方面军在内的苏军危险地分散在过宽的正面上，库罗奇金西北方面军的指挥与实力，最高统帅部12月18日关于西北方面军进攻战役的训令，设想与加里宁方面军配合行动；战役规模与西北方面军的实力不相称，分配的任务如"海市蜃楼"，西北方面军的困难地形，在最高统帅部的训令的限制下，方面军司令员能够选择的地段有限，由于军队不足，方面军只能以单梯队行动。1942年1月7日进攻开始；1月9日，突击第3集团军和叶廖缅科指挥的突击第4集团军进攻；1月17日，库罗奇金向斯大林汇报，建议包围杰米扬斯克，但低估了德军的恢复能力；1月19日，最高统帅部命令库罗奇金将突击第3和第4集团军交给加里宁方面军，西北方面军从西方面军手里接收突击第1集团军。把突击第3集团军交给加里宁方面军是为了改善局势，加强对奥尔沙—斯摩棱斯克和勒热夫—维亚济马的攻势，但撤出突击第3集团军严重削弱了西北方面军左翼，尽管库罗奇金请求最高统帅部协调对杰米扬斯克的作战，但被很大程度上忽视了，最高统帅部低估了杰米扬斯克的德军。1月底，近卫步兵第1军的形势开始恶化；2月3日，最高统帅部不满；2月13日，突击第1集团军的实力在进攻旧鲁萨以南时被大大削弱；2月25日，内外层包围作战的困难，最高统帅部对包围杰米扬斯克的缓慢进展和协同不力感到担忧；"克谢诺丰托夫集群"奉命前往西北方面军；3月9日，最高统帅部命令扩宽苏军的进攻正面，建议分割杰米扬斯克的德军；布尔加宁插手军事行动；西北方面军指挥层缺乏进攻战役的经验，将军队分散在多个地段；弹药、油料及饲料也出现短缺；3月中旬，西北方面军的战况向有利于德军第16集团军的方向发展；西北方面军没有及时发现旧鲁萨南面的德军集结，因此没有采取措施封锁德军的反突击；德军开始粉碎苏军包围圈；3月29日，内侧包围圈的所有苏军统归瓦图京指挥；库罗奇金试图专心处理外包围圈的军队；最高统帅部增派高射炮和反坦克炮；4月21日，德军打破封锁并在拉穆舍沃取得联系；苏军在杰米扬斯克包围圈的作战评估。

E. I. 日迪洛夫中将，My otstaivali Sevastopol（《我们捍卫了塞瓦斯托波尔》）（莫斯科：军事出版社，1963年），第2版，第109—177页。日迪洛夫上校关于塞瓦斯托波尔保卫战的个人记述，他此时（1942年冬季和早春）指挥海军步兵第7旅。

P. A. 日林（主编），Na Severo–Zapadnom fronte 1941‐1943（《1941—1943年，在西北战线上》）（莫斯科：科学出版社，1969年），参阅由P. A. 库罗奇金署名的文章，My srazhalas na Severo–Zapadnom fronte（《战斗在西北战线的你》），第13—52页（西北方面军简史）。

另见F.Ya.利西岑的文章，"突击第1集团军"，第76—93页（突击第1集团军在西北方面军的编成下战斗，1942年2月—3月）。利西岑当时是突击第1集团军的高级政工人员。

I. 若罗夫博士/资深外科大夫，V tylu vraga pod Vyazmoi（《在维亚济马敌后》），VIZ，1965（2），第57—65页。红军军医（第33集团军的资深外科医生）关于维亚济马地区德军战线后方战斗的个人记述。

G. K. 朱可夫，《回忆与思考》，第350—360页。

苏联空降兵作战行动

利索夫，作品已引用，第102—152页。

G. P. 索夫龙诺夫，Vozdushnye desanty（《伞兵突击》），第14—27页。

I. G. 斯塔尔恰克上校，S neba–v boi（《战斗在空中打响》）（莫斯科：军事出版社，1965），第113—144页。前西方面军伞兵/机降勤务主任关于1941年1月在德军后方作战的个人记述。

第九章：盛夏与通往斯大林格勒之路

在其他时间、其他地点，苏德之间的记录总体上是一致的，只是数字或意图的估计有一定差异，但这样的一致性在1942年春末夏初消失了。一方看到的另一方的意图和能力都被证明是混乱、错误与严重争论的根源。迷航或坠入敌防区的联络机让苏德双方都缴获了一批对方的作战计划，让局势更加扑朔迷离。希特勒察闻到了诡计与军事无能的气息；斯大林拒不相信摆在眼前的证据，一方面是因为这些证据与他对德军目标的推测相悖，另一方面是怀疑这是大规模的"假情报"。很快，斯大林格勒的巨大阴影笼罩双方，颇具讽刺意味的是，德军统帅部在他们长驱直入苏联南部的计划中，从来没有明确这样一个目标——一劳永逸地歼灭苏联军事实力——而这是苏联领导人从一开始就竭尽全力、想方设法要阻止的事。

像卷入南方灾难的那些倒霉蛋一样，苏方的声誉跌至谷底：梅赫利斯一时间灰头土脸，但与科斯坚科、博布金和波德拉斯在战场上的遭遇相比并不算什么，他们都在作战行动中阵亡了。幸存者要在战后的回忆录大战中继续为他们的荣誉而战：华西列夫斯基为最高统帅部和总参谋部辩护，罗科索夫斯基为承担作战压力的方面军和战场指挥员辩护；莫斯卡连科指责他的方面军司令部无视西南方向所有集团军司令员从激战中获取的经验；在斯大林格勒会战早期阶段，崔可夫以不加掩饰的冷酷打击苏军指挥员中的无能、惊惶失措和萎靡不振现象；叶廖缅科（后来是赫鲁晓夫）的记述实际上是基于个人神话——当时，1942年的可怕岁月里，党，甚至是国家，将一连串灾难归咎于军队。两个小谜团也丰富了画面——对钢铁战士戈尔多夫的态度和萦绕在弗拉索夫身上的谜团。

至于官方记录与分析，我主要依靠A. M. 萨姆索诺夫，他是科学院的通讯会员，我曾与他广泛地交流，这些都足以证实他对斯大林格勒战役的研究的深度。另外，各方回忆录的论战很难厘清，尽管在这方面还无人能撼动崔可夫元帅个人经历的强大影响——他的战术天才在斯大林格勒表露无遗，尽管这种抽象的概念很难传达这种经历所带来的痛苦沉思。因此，我坚持采用他著作的第一版，该版本似乎更自然、更真实地反映了这段经历。或许用这样一句话来概括最为合适：斯大林格勒会战的所有亲历者，都被以他们自己的方式打上了这场战役的烙印。这样的评论也适用于德国参战者。

卡雷尔，作品已引用，第6章，第439—463页（苏军在刻赤半岛的惨败；在哈尔科夫以南地区对苏军形成合围）、第464—476页（蚕食塞瓦斯托波尔）、第476—487页（"蓝色"方案；赖歇尔少校所携文件被缴获造成的态势及后果）、第502—525页（德军向高加索推进；占领迈科普；进入山区）；第7章，第541—551页（斯大林格勒会战打响；卡拉奇之战；苏德双方在顿河曲部爆发坦克战；德军装甲兵威胁斯大林格勒；斯大林格勒城郊首度交火）、第552—560页（德军进攻斯巴达克科夫卡；德军在伏尔加河沿岸建立桥头堡，苏军试图拔掉它；第4装甲集团军严重威胁苏军第64集团军；苏军应对这一威胁）。注：讲述苏军在斯大林格勒会战中的行动时，卡雷尔侧重于叶廖缅科，并且（并不牵强地）加以称赞。

E. H. 库克里奇，Gehlen. Spy of the century（《盖伦，世纪大间谍》）（伦敦：霍德＆斯托顿出版社，1971年），第4—5章（盖伦的晋升；接过东线外军处；手段与组织），另第6章（"斯大林"的秘密，盖伦接管了金策尔的特工——包括"伊万"；米尼什基事件；"弗拉明戈"行动；盖伦与斯大林格勒会战；"Graukpf"行动与Schamil在高加索；由高加索叛军组成的贝格曼部队）。1942年4月1日，金策尔上校突然被解除东线外军处处长的职务，派往前线的团级指挥部。盖伦"一星期内就弄走了金策尔"，而不是给金策尔一个月来交接工作。金策尔少将最终在战争结束时自杀。

威廉·克雷格，Enemy at the Gates, The Battle for Stalingrad（《兵临城下——斯大林格勒战役》）（纽约：读者文摘/达顿出版社，1973年），随摘。

汉斯·德尔少将，Der Feldzug nach Stalingrad, Versuch eines operativen Überblickes（《进军斯大林格勒：战役企图概要》）（达姆施塔特：米特勒＆佐恩出版社，1955年），随摘：可参阅俄译版，德尔将军的Pokhod na Stalingrad（《进军斯大林格勒》）（莫斯科：军事出版社，1957年）。

亚历山大·富特，Handbook for Spies（《间谍手册》），第138—139页（"哈尔科夫灾难"后的审问——"我们在哈尔科夫损失了100000人，导致德国人接近斯大林格勒"）。

瓦尔特·格利茨，The Battle for Stalingrad 1942‐3（《1942—1943年的斯

大林格勒会战》），发表在Decisive Battles of World War II: the German View
（《第二次世界大战的决定性战役：德方视角》），第219—234页（到9月
底，德军的进攻过程）。

冯·曼施泰因，作品已引用，第231—259页。

菲利皮与海姆，作品已引用，第1章，"1942年战役"，第125—146页。

海因茨·施勒特尔，Stalingrad（《斯大林格勒》），康斯坦丁·菲茨吉
本译（伦敦：迈克尔·约瑟夫出版社，1958年），随摘。

西顿，《苏德战争》，第255—265页。

斯文·施滕贝格，Vlasov（《弗拉索夫传》），译自德文版，原著作者阿
贝·法布施泰因（纽约：阿尔弗雷德·克诺夫出版社，1970年），第16—28页
（"斯大林"的最爱——弗拉索夫被派往第2突击集团军并被俘）。

W. 斯特里克–斯特里克费德尔特，Against Stalin and Hitler（《反抗斯大林
和希特勒》），译本，原著作者是德国作家达维德·富特曼（伦敦：麦克米伦
出版社，1970年），第69—81页。

沃思，The Year of Stalingrad（《斯大林格勒岁月》），一份历史记录，
也是一份对苏联思想、手段及政策的研究（伦敦：哈米什·汉密尔顿出版社，
1946年），第2章，第72—83页。注：这是亚历山大·沃思最好的作品，结合
了他现场所写的战时日记的评论与他对平民思想与意向的观察，文中没有提及
他与苏联作家的独特关系。

沃思，Russia at War 1941–1945（《1941—1945年，战争中的俄国》），
第4章，第410—428页。

官方/政党历史

IVOVSS，第2版，第三册，第397—423页（1942年春/初夏，德国陆军重
启攻势；苏德双方的兵力与部署；苏军计划在哈尔科夫地区、"斯摩棱斯克方
向"、列宁格勒和杰米扬斯克发动一系列有限进攻；在沃罗涅日、罗斯托夫、
萨拉托夫和斯大林格勒设置筑垒地带；5月，预备队集中；解散西方向总指挥
部，加里宁方面军与西方面军划归最高统帅部指挥；最高统帅部掌控布良斯克
方面军；"北高加索战场"于4月成立；苏联情报部门证实德军进攻即将于南

方展开，但最高统帅部坚持认为德军的主攻方向应该是莫斯科以及中部工业区；与此同时，红军对敌人依然缺乏"技术性优势"）。

a.克里米亚的疏散与塞瓦斯托波尔的陷落，第404—411页（德军进攻刻赤半岛；苏军指挥部无法采取有效的反制措施；苏军糟糕的部署；科兹洛夫与梅赫利斯的无能；最高统帅部解除了梅赫利斯的指挥权；5月18日，总参谋部警告塞瓦斯托波尔注意对方的大规模进攻；德军为最后的突击集结；炮火准备；苏军最后的增援；塞瓦斯托波尔补给困难；6月30日，撤离命令；战斗继续至7月9日；黑海和整个南翼形势恶化）。

b.哈尔科夫战役，第411—417页（计划有限的进攻；最高统帅部削减了铁木辛哥提出的战役规模，只夺取哈尔科夫即可；铁木辛哥的进攻方案；苏军的虚弱；进攻准备——"腓特烈行动"；苏军率先于5月12日发动攻势；克莱斯特的行动已经对巴尔文科沃的苏军形成合围之势；铁木辛哥打算叫停向哈尔科夫的攻势并重组，但最高统帅部不同意；赫鲁晓夫直接向斯大林申请；最高统帅部最终同意苏军撤退，但为时已晚；科斯坚科接管第6和第57集团军；铁木辛哥试图组织苏军突围；苏军在哈尔科夫的攻势以损失3个集团军告终；德军为新攻势进行重组；第38和第9集团军被切断；巴尔文科沃突出部被铲除；红军丢失重要桥头堡并损失大量人员装备；德军掌握战略主动权）。

c.苏军在沃罗涅日和顿巴斯的防御行动，第417—423页（德军向斯大林格勒和北高加索进发；"蓝色行动"；德军发起两场向心攻势；目标是在坎捷米罗夫卡会师，合围西南方面军；德军实力；苏军部署——布良斯克方面军、南方面军、西南方面军和北高加索方面军；6月28日，最高统帅部加强布良斯克方面军；7月初，沃罗涅日方向情况危急；华西列夫斯基被送往布良斯克方面军；德军威胁到南方面军和西南方面军后方；7月7日，最高统帅部分割布良斯克方面军，苏军开始逃离德军的陷阱；德军试图在顿河中游地区切断苏军；试图在罗斯托夫包围南方面军，但到7月24日，苏联各集团军已撤过顿河；6月28日至7月24日，布良斯克方面军、南方面军和西南方面军后撤150—400千米，放弃顿巴斯；顿河弯曲部的德军已开始威胁斯大林格勒和北高加索）。

另见第424—441页，斯大林格勒防御：

a.斯大林格勒接近地的战斗；最高统帅部重组并加强军队；城市内外的防

御工作；苏联各集团军的展开；德军地面与空中实力；苏军坦克兵团/斯大林格勒前线的反突击；7月28日，斯大林的第227号命令——"不许后退一步"；钦科夫[5]的"战役集群"；华西列夫斯基在斯大林格勒；8月13日，叶廖缅科接管斯大林格勒方面军和东南方面军；德军向伏尔加河推进。

b.近接近地的作战，第435—441页，德军轰炸，突入斯大林格勒北区；冲向拖拉机厂；德军向阿斯特拉罕方向推进；斯大林格勒平民的疏散；9月3日，最高统帅部给待在斯大林格勒方面军司令部的朱可夫的训令；防御斯大林格勒的第62和第64集团军；9月中旬，第62集团军有50000人；多处防线及筑垒工事仍未完工；连绵的高地和小丘有利于德军俯瞰城市和伏尔加河渡口。

可参阅第454—467页，保卫北高加索：

a.德军的计划与分配军队；苏联掩护"高加索方向"的军队；规模小、装备差的南、北高加索方面军据守着宽大的战线；7月，最高统帅部命令南方面军消灭德军在顿河设立的桥头堡，并阻止德军冲向高加索；德军突破；7月底，第37、第12与第18集团军据守新防线和卡加利尼克河一线；7月28日，最高统帅部让南、北高加索方面军统由布琼尼指挥，副司令员马利诺夫斯基；7月底，阿尔马维尔、克拉斯诺达尔、迈科普等地疏散；8月上旬，德军试图向图阿普谢推进；苏军试图争取时间动员预备队，并沿捷列克—巴克桑一线建立坚固的正面；在后方建立防御阵地；8月18日，争夺山口的战斗打响；苏军防御不周；"山地步兵支队"的组织结构；保卫新罗西斯克；格列奇科的第47集团军作战行动；9月2日，德军压向莫兹多克地区的捷克，洞穿苏军阵地；德军未能突破格罗兹尼方向的捷列克桥头堡；争夺图阿普谢的战斗，彼得罗夫"黑海集群"的作战行动；黑海舰队的支援；10月25日，纳尔奇克陷落，德军冲向奥尔忠尼启则；马斯连尼科夫及其第37集团军的失误；德军的攻势最终被挡住了。

b.第468—476页，其他地段的战斗；苏军北方舰队的作战行动；沃尔霍夫方面军突击第2集团军的灭亡——弗拉索夫被俘；苏德双方均在准备攻势；"涅瓦河战役集群"的作战行动，沿"锡尼亚维诺方向"推进；改善列宁格勒的食品与油料供给情况的尝试；西北方面军5月—6月歼灭"杰米扬斯克口袋"的行动；西方面军与加里宁方面军在"西方向"上的作战行动；第39集团军被围，丢失勒热夫西南的桥头堡；7月5日—12日，西方面军第10、第16、第61集团军在"布良斯克方向"上对付德国第2装甲集团军；7月30日，西方面军与加里宁方面军发动攻势消灭德军据守的勒热夫突出部；8月6日—17日，沃罗涅日方面军第6集团军的攻势，沃罗涅日以南的匈牙利第2集团军。

德军作战日志

KTB/OKW，第2卷（1942）。

以下参阅A"简介"，四（2—4），"1942年东线战场"，第46—50页（"1942年作战计划与作战准备"）、第50—72页（"斯大林格勒与高加索地区的夏季战役"）、第72—79页（"1942年4月—6月，东线中部与南部的作战"）。

以下参阅B"1942战争日志：1942年5月—9月，第2、第3季度"，第331—707页（日报与总结，外加档案摘录；"OKH管理报告"，前附"OKW战史处作战日志"）。参阅第571页（"1942年8月12日东线部分"）及第592页〔"1942年8月15日（格赖纳记录）俄军兵团番号，包括芬兰、高加索、伊朗以及远东"（列表）：总共789个兵团，战斗力相当于593个兵团；其中418个在东线服役（战斗力相当于222个兵团），有245个兵团在预备队，126个兵团在其他战线——按战斗力推算，总共约有593个兵团〕。

另见第596—597页（"1942年8月16日格赖纳记录"——元首担心斯大林可能会再次采用1920年的传统战术，在顿河地区及上谢拉菲莫维奇地区、罗斯托夫方向发动进攻，类似1920年对付俄罗斯白卫军弗兰格尔将军的战术……他担心顿河地区的意大利第8集团军会受到这样的攻击）。

参阅C"1942年KTB文件"：NO.9，第1273—1276页（"东线外军处——1942年5月1日……对东线敌军态势总体评估报告"）；NO.14，第1282页（"德军A、B集团军群1942年7月13日关于后续战役的命令"）；NO.19，第1287—1290页（"1942年8月8日，参照对包括弗拉索夫将军在内的苏联军官的审讯记录"）。

哈尔德/KTB，第3卷，第435—522页〔日期1942年5月3日—9月14日，（引自1942年8月16日记录），第506页"第9集团军：勒热夫局势严峻，尚难判断局势如何发展"〕。

德军军事文献（GMD）

陆军总司令部/陆军总参谋部/作战处

陆军总司令部/陆军总参谋部/作战处（军事）"'巴巴罗萨'行动第4卷"：1942年3月11日—1942年7月19日。T–78/R336,6291960–2175。

陆军总司令部/陆军总参谋部/作战处，组别I/N.Chefsaehen：第11集团军"乔治"行动（歼灭芬兰前线的敌军），北方集团军群"北极光"行动的准备工作；"北极光"行动取消。T–78/R337，6293336–587。

陆军总司令部/陆军总参谋部/作战处Ⅱ，文件夹，"高加索研究"（北高加索至高加索和伊朗西北部的作战……编写于1941年年底；"高加索研究的附件"和与"高加索作战"有关的"高加索"背景资料文件。T–78/R336,6292476–501；第501—583页；第583—末尾页，关于这3个条目的内容。

FHO"1942年4月—1944年12月东线外军处敌情评估汇编A卷……"

参阅：1）"俄军军事动作"1942年4月10日；2）1942年5月1日；3）1942年7月15日——莫斯科7月13日"军事"会议报告，出席者有沙波什尼科夫、莫洛托夫、伏罗希洛夫和英、美、中等国家的武官；4）1942年8月14日。T–78/R466,6445876–92。

FHO（Ⅱ）文件夹"进攻哈尔科夫的作战报告"，时间始于1942年5月18日：1942年2月12日—6月18日所接收信息的列表、日期、出处；对塔斯社的社论及莫斯科电台的监听；对国外新闻的分析研判；由G. 鲍恩少校发至FHO的电报稿，引自4月13日"防御阵地"报告，中央委员会成员诺先科给《真理报》编辑的评论称，政治局/最高统帅部已决定先发制人地发起进攻，从德国陆军手中夺取主动权，最有可能的日期是5月1日（4102）。T–78/R496,6483905–4110（材料以倒序编排，从5月到2月）。

FHO（Ⅱ）文件夹"条令与结构"关于苏军指挥与军事机制。见图表：南方集团军群当面的苏军作战序列，1942年5月9日。T–78/R483,6468102。

"1942年红军步兵条令"：第一部分（摩托化步兵，班、排），后勤保障；第二部分（营、团）（苏军野战勤务条令/步兵，1942年修订）。T–78/R498,6485856–6044与6530–731。

FHO（Ⅱ）文件夹"概述——1942年9月15日"；"敌情简述"的副本

（第一个条目是1942年9月15日的情况，但态势报告又退到1942年4月，随后又跳到12月，接着又回到4月）；第一处"简述"（或简称为"汇报"）基于具体德军集团军群或集团军地域内苏军作战活动的主要资料，外加苏军动向及预备队的信息。参阅T-78/R467,6446576-7103（1942年8月底至1943年4月4日）。

俄罗斯问题的处理……（手稿）：参阅A卷（V）6，第91—94页（"首次弗拉索夫行动"——"弗拉索夫的身份"，附人物小传；弗拉索夫之谜；他在莫斯科保卫战中的作用；他被派往沃尔霍夫方面军突击第2集团军——朋友坚称他被赋予了一项不可能完成的任务，以诋毁他作为"莫斯科真正救星"——如果不是"救世主"的话——之一的声誉，最后，据称200名苏联伞兵准备跳进"沃尔霍夫口袋"以确保弗拉索夫安全撤离）。

CF. K. 切尔卡索夫，General Kononov（《科诺诺夫将军》），第105页。

苏军资料与出处

I. 阿纳耶夫上校，Sozdanie tankovykh armii i sovershenstvovanie ikh organizatsionnoi struktury（《坦克集团军的创立及组织机构的改善》），VIZ，1972（10），第38—47页（1942年6月5日组建的苏联首批坦克集团军——坦克第3与第5集团军——的组织结构，接下来组建了坦克第1、第4、第5集团军，然后是坦克第2集团军；"混合编制"的坦克集团军里有步兵师也有坦克/机械化军，"单一编制"的坦克集团军仅有坦克/机械化兵团）。

比留佐夫，作品已引用，第73—77页（出任第48集团军参谋长；准备实施沿"哈尔科夫方向"的进攻，第48集团军被委以重任，尽管该集团军还"只存在于纸面上"，只能用零散的部队或预备队组建；新任集团军司令员萨莫欣还未到岗；萨莫欣的飞机误降至德军在姆岑斯克的机场——携带着最高统帅部训令的详细文件；第48集团军匆忙变更部署，被派去从利夫内以北进攻奥廖尔）。

Bitva za Stalingrad（《斯大林格勒会战》）（伏尔加格勒：伏尔加河下游图书出版社，1969年），作品集。参阅戈利科夫、叶廖缅科作品。注：伏尔加格勒出版社沿用了此次战役的旧有名称——斯大林格勒。

V. I. 崔可夫，Nachalo puti（《初上征途》）（莫斯科：军事出版社，

1959年；第2版，1962年；第3版，伏尔加格勒出版社：伏尔加河下游图书出版社，1967年）。我用的主要是第1版，尽管也使用过第2版及第3版。另请参阅哈罗德·西尔弗译的The Beginning of the Road（《初上征途》）（伦敦：麦克吉本&基出版社，1963年），这是一本基于第2版的优秀译作。

另请参阅第1版，第8—103页。

另请参阅简本，Vystoyav, my pobedili, Zapiski komandarm 62-i（《我们终于胜利了——第62集团军司令员手记》）（莫斯科：俄罗斯国营出版社，1960年）。

Dvesti ognennykh dnei（《两百天大血战》）（莫斯科：军事出版社，1968年），见华西列夫斯基作品。另请参阅苏联译本Two Hundred Days of Five（《两百零五个日日夜夜》）（莫斯科：进步出版社，1970年）。

伊利亚·爱伦堡，Lyudi, gody, zhizn（《人，岁月，生命》），第90—91页。这是篇1942年3月与弗拉索夫会面的报告，期间还谈到了苏沃洛夫。谈话时间较长，弗拉索夫描述了1941年在基辅的一些经历；斯大林曾打电话给他；另外斯大林感谢他带领第20集团军出色地完成了任务；尽管弗拉索夫提出了许多批评——"我们的训练很不理想"——他提到了斯大林在电话中让他去执掌突击第2集团军，并强调"斯大林对他非常信任"。爱伦堡自己并未参与这次会面，但对弗拉索夫的评论很有趣，说他是一个自负但又勇敢的人，但既不是柏拉图也不是库尔布斯基王子[6]。他是虚荣心作祟，如果德军在东线获胜，他将在希特勒统治的俄罗斯担任战争部长。

Geroicheskaya oborona Sevastopolya（《塞瓦斯托波尔的英勇保卫战》），第245—322页。（德军计划对塞瓦斯托波尔发动最后进攻，苏军采取防御措施，做出部署来击退突击；德军最后的准备；6月7日—20日，主要防御地带的战斗；补给困难；德军空袭和夏季夜晚变短影响补给；民用运输船被击沉，只留下苏军战舰；黑海舰队第1、第2旅潜艇的使用；"塔什干"号被俯冲轰炸机炸瘫；整个6月，苏军舰船共送来23500人，11300吨弹药、燃料和食物，撤离25157名伤员和平民；6月20日—30日，塞瓦斯托波尔城的战斗；保卫战的最后阶段——6月30日，塞瓦斯托波尔防区的指挥员已耗尽预备队；中型火炮尚有1259发炮弹，但重炮已无弹药；塞瓦斯托波尔的指挥员和200—250名重要人员获准飞离；7月4日，苏军在赫尔松沙嘴的最后抵抗）。

戈利科夫，文章Nezabyvaemye vstrechi（《难忘的战斗》），发表在《斯大林格勒会战》，第75—95页。

A. A. 格列奇科，（元帅：苏联国防部长），Bitva za Kavkaz（《高加索会战》）（莫斯科：军事出版社，1969年），第2版，第1章，第45—171页（苏德在顿河及库班草原的作战；高加索会战的开始；战役形势和北高加索方面军的力量对比；斯塔夫罗波尔方向，克拉斯诺达尔方向和迈科普方向；在高加索主脉山麓的作战；苏军防御措施；最高统帅部增援北高加索和高加索方面军；莫兹多克与新罗西斯克；山口的作战）。注：这部翔实历史著作基于苏联军事记录（和从高级指挥员处收集到的材料）必须被看作是标杆之作，完全取代了A. S. 萨维亚列夫与T. I. 卡利亚金的《高加索会战》。顺便一说，作品还阐述了格列奇科、勃列日涅夫和戈尔什科夫的角色。

V. G. 古利亚耶夫少将，Chelovek v brone（《与坦克为伍》）（莫斯科：军事出版社，1964年），第107—112页（费克连科被解除坦克第17军军长的职务并被召回莫斯科；帕尔采戈夫不再指挥的第40集团军及坦克第3军——坦克第17、第18和第25旅——被重新划给第60集团军）、第113—123页（安东纽克立刻被斯大林解除了第69集团军司令的职务；切尔尼亚霍夫斯基被任命为第60集团军司令员；波柳博亚罗夫上校从科尔恰金手里接过坦克第18军——切尔尼亚霍夫斯基早先于7月13日被指定为坦克第18军军长，科尔洽金暂时替换他）。

K. P. 卡扎科夫元帅，Vsegda s pekhotoi, vsegda s tankami（《永远同步兵和坦克在一起》）（莫斯科：军事出版社，1973年），第2版，第71—90页〔保卫战中的炮兵；苏军在斯大林格勒、伏尔加河东西两岸的部署与实战；见第62集团军9月13日的步兵部队和炮兵部署示意图（第83页）〕。

M. I. 卡扎科夫，Nad kartoi bylykh srazhenii（《对照地图回顾过往战争》），第99—135页。

M. I. 卡扎科夫，Na Voronezhskom napravlenii letom 1942 goda（《1942夏天的沃罗涅日》），VIZ，1964（10），第28—44页（对布良斯克方面军作战和掩护"沃罗涅日方向"的正式军事记述与分析；总参谋部情报机构未能发现即将到来的德军进攻，斯大林拒绝接受"蓝色"行动的相关证据）、第32—33页（7月1日，华西列夫斯基批评戈利科夫和坦克兵团的指挥工作，）、第36—37页（坦克第5集团军反冲击失利；7月4日，华西列夫斯基通知卡扎科夫组建沃罗涅日方面军，戈利科夫出任司令员）。

I. 克鲁普琴科少将，Marshal bronetankovykh voisk Ya. N. Fedorenko（《装甲兵元帅Ya. N. 费多连科》），VIZ，1966（10），第45—50页。汽车装甲坦克总部部长费多连科元帅的传记。尤其是在1942年，苏军高级将领试图将灾难归咎于坦克集团军的缺陷，甚至要求惩处坦克集团军和坦克军指挥员，但费多连科将这些针对他手下的攻击"挡了回去"。

P. 克谢诺丰托夫与V.萨莫申科，文章Bitva pod Stalingradom i memuarnaya literatur（《斯大林格勒会战和回忆录》），发表在VIZ杂志，1967（2），第94—97页。对斯大林格勒相关回忆的评述，提醒人们注意叶廖缅科及沃罗诺夫作品中的错误。

P. G. 库兹涅佐夫少将，General Chernyakhovskii（《切尔尼亚霍夫斯基将军》）（莫斯科：军事出版社，1969年），第66—74页（"指挥员"——切尔尼亚霍夫斯基接管沃罗涅日方面军第60集团军）。

I. I. 洛克季奥诺夫，Volzhskaya flotiliya v Velikoi Otechestvennoi voine（《伟大的卫国战争中的伏尔加河区舰队》）（莫斯科：军事出版社，1974年），第10—35页（舰队的编成与组织结构）、第36—90页（至9月底区舰队在防御战中的行动）。

梅列茨科夫，作品已引用，第289—298页。

莫斯卡连科，作品已引用，第2版，第168—213页。注：翔实的记述穿插有莫斯卡连科的个人分析和不少的推测，将哈尔科夫攻势的惨败归咎于西南方向和方面军司令部，他们对德军实力和苏军能力的评估大错特错，甚至最高统帅部明确指出后，也未能发现危险的苗头。这种观点与朱可夫元帅的观点相符，与铁木辛哥和巴格拉米扬的观点相左。

G. 普舍尼科空军少将，Soveteskaya aviatsiya v boyakh na Tereke（《苏联空军在捷列克的战斗》），VIZ，1972（10），第31—37页（1942年8月—10月，K. A. 韦尔希宁将军的空军第4集团军和远程航空兵轰炸航空兵第50师支援马斯连尼科夫的外高加索方面军"北方集群")。

罗科索夫斯基(主编),Velikaya bitva na Volge(《伏尔加河上的伟大胜利》)(莫斯科:军事出版社,1965年),第1章(1942年7月17日—11月18日),第26—90页〔7月17日—8月10日,顿河曲部的战斗;德军确信能快速、轻松地拿下斯大林格勒,苏军掩护斯大林格勒的防御措施;7月12日,斯大林格勒方面军成立,西南方面军解散;7月27日,戈尔多夫接手指挥;方面军任务;斯大林格勒方面军实力(第28页),德军在"斯大林格勒方向"上的实力;7月12日,最高统帅部170495号训令明确了苏军的防御任务;第62和第64集团军在顿河西岸的战斗;在斯大林格勒一带建设防御工事;7月15日,斯大林格勒党委在防御准备工作中的角色〕。

a.斯大林格勒方面军的防御准备工作:第32—36页(斯大林格勒方面军司令部的决策;第63、第38、第62、第64集团军和空军第8集团军的任务;方面军司令员将可用的装甲力量分散到各集团军)、第36—38页(第63集团军V. I.库兹涅佐夫,第38集团军莫斯卡连科,第62集团军科尔帕克奇和第64集团军崔可夫的战役决策)、第38—40页(炮兵、装甲兵和航空兵的部署及实力)、第46—51页(工程兵与防线的构筑)、第41—44页(情报、反坦克与防空)、第44—46页(通讯,环形控制措施)、第46—47页(后方勤务)、第47—49页(政治工作)、第49—53页(7月17日—22日苏军重组;第62集团军的先头单位到河边;7月17日,在奇尔河与德军先头部队接触;德军试图拿下卡拉奇与顿河大桥,沿最短的线路直抵斯大林格勒);第53—58页〔投入主力;德军第6集团军实力;最高统帅部增援斯大林格勒;7月22日,最高统帅部将第38集团军改编为坦克第1集团军,辖坦克第2军、1个步兵师和1个坦克旅;第28集团军改编为坦克第4集团军——参阅表(第57页)及脚注(第58页)〕。

b.7月23日—31日,顿河大弯曲部的战斗,第58—73页(7月24日,试图封堵德军突破口,第62集团军卷入激战;德军蚕食第62集团军右翼;第62集团军的几个师被困,茹拉夫列夫上校飞入指挥这股力量;7月26日,最高统帅部命令第62集团军恢复态势,将德军赶回奇尔河;德军进攻现在直指第64集团军;第64集团军陷入不利态势;7月26日20时30分,前沿司令员——经最高统帅部同意——决定正面进攻,粉碎第62集团军右翼的德军;坦克第1和第4集团军作为主力；给莫斯卡连科的坦克第1集团军、克留琼金的坦克第4集团军，以及第21集团军的进攻命令；苏联坦克集团军并没有准备好大规模作战；苏军损失惨重，第62集团军的形势继续恶化；苏联坦克第1集团军到7月底停滞不前；斯大林格勒方面军司令部计划发起一次反冲击，以减轻第64集团军的压力；7月底，德军突破第62集团军右翼，抵达卡拉奇西北的顿河；在苏联第64集团军的右翼，德军部队也突破至顿河，这些加大了德军从西面对斯大林格勒形成的威胁；斯大林格勒方面军目前展开23个师又2个旅；德军投入第4装甲集团军，从西南方向抵近斯大林格勒；苏军的反坦克防御阵地非常脆弱；装甲兵无能为力；兵团与部队间配合不好；最高统帅部随意且具有破坏性地进行干涉——他们甚至颁布一些战术条令，妨碍前线指挥员做出及时有效的决策）。

c.7月30日—8月10日，阻止德军从西南方向冲向斯大林格勒，第74—85页（苏军被迫部署力量应对第4装甲集团军，阻止它从西南方冲向城市；德军为准备新一轮进攻，暂停了在第64集团军地域内的行动；前线指挥部担心左翼形势，第4装甲集团军很可能在那里迅速击败苏联第51集团军，从而威胁到斯大林格勒方面军的左翼和后方；崔可夫的"战役集群"支撑第64集团军的左翼；8月初，斯大林格勒方面军在两个战役方向——西北方和西南方——展开8个苏联集团军；8月5日，斯大林分拆斯大林格勒方面军，成立东南方面军；叶廖缅科被提名为东南方面军司令员；斯大林格勒城区的防御由第62集团军负责；最高统帅部8月5日的训令中细化了斯大林格勒方面军的任务；德军密集的空袭，伏尔加河区舰队扮演的角色和重要性；最高统帅部继续增援——7月17日—8月5日，派出18个步兵师、1个坦克军、1个摩步旅、6个独立坦克旅、1个反坦克歼击炮兵旅和火炮、迫击炮增援；8月6日，第4装甲集团军突破阿布加涅罗沃—东古塔地区，最高统帅部不考虑时间因素，要求立即发起反冲击；第64集团军反冲击开始，到8月9日—10日，迫使第4装甲集团军停下）。

d.8月1日—8日，斯大林格勒方面军努力守住顿河大弯曲部的桥头堡，第86—89页（德军突破到顿河，苏联坦克第1集团军、第62集团军和正在坚守卡拉奇以西桥头堡的第64集团军右翼面临危险；试图将德军驱离上布济诺夫卡，但在8月初，苏联坦克军只剩15—20辆坦克；坦克第1和第4集团军进攻时协同不力，造成重大损失；德军试图合围并歼灭第62集团军，8月8日，第16装甲师突破到卡拉奇；上布济诺夫卡的战斗失利，这些力量无法支援第62集团军；德军部队开向城郊，斯大林格勒方面军各集团军防守）。

e.结论，第90页（尽管几个德国集团军突破苏德前线的南翼后，最高统帅部立即彻底明白了德军计划的影响，但大错特错地试图封堵突破口；没能认清德军在"斯大林格勒方向"上的优势；集中预备队时没有充分考虑时间因素；展开和集中组织得不合适或不切实际；最高统帅部和总参谋部的决策更多是一厢情愿而非切合实际；部队投入得太仓促、太零碎，而最高统帅部的干预妨碍了方面军司令员独立并根据现场态势行动，"要不是所有这些错误，敌人几乎不可能打到伏尔加河"）。

第91—162页（8月15日—9月12日，斯大林格勒近接近地的战斗；德军与苏军的战役计划；斯大林格勒郊区的防御；朱可夫及华西列夫斯基被派往斯大林格勒；斯大林格勒、东南方面军各军团及部署；到8月15日前，各军团卷入战斗）。

a.8月15日—29日，斯大林格勒西北的作战，第112—145页（坦克第4集团军在顿河小弯曲部的战斗；坦克第4集团军与第62集团军没能阻挡德军推进；更多最高统帅部预备队——8月1日—20日，共有15个步兵师和3个坦克军；苏联空军已经倾巢而出；斯大林格勒方面军要挡住德国第6集团军，东南方面军要击退第4装甲集团军，叶廖缅科关于第63和第21集团军的严重错误；高估了战斗力）。

b.8月20日—28日，谢拉菲莫维奇地区的攻势，第128—131页（第63、第21与近卫第1集团军在顿河西岸建立桥头堡）。

c.8月23日—29日，科特卢班反突击，第131—141页（8月23日，斯大林格勒形势严峻；德军部队正在突入城市西北郊；拖拉机厂变成战场；德军狂轰滥炸；德军部队建立了一条通往伏尔加河的走廊；8月24日，最高统帅部下令清除这条走廊；8月26日，设立K.A.科瓦连科指挥的斯大林格勒方面军第二指挥所；苏军反冲击失败；城内必须设置路障）。

d.第62集团军在卡拉奇的战斗，8月23日—29日，第141—145页。

e.8月17日—9月2日，斯大林格勒西南接近地的战斗，第145—161页（第4装甲集团军8月17日开始进攻；第64集团军坚守的地段；德军在斯大林格勒西南第57集团军的地域达成突破；8月23日，第64集团军左翼遭到猛烈进攻；第4装甲集团军在这里受阻）。

f.8月29日—9月2日，第64集团军作战行动，第150—153页（第4装甲集团军重组；第62和第64集团军退至新的防御阵地；V. F. 格拉西缅科——斯大林格勒军区司令员——受命保卫阿斯特拉罕防御区；这些军队组成第28集团军；8月29日，动员当地党员加强苏军队伍，坚守察里察河防线；每座工厂四周都要进行筑垒；第62和第64集团军从外围向中间防线的撤退推迟2—3天，使得方面军司令部得以收拢预备队，建立中间防线）。

g.9月3日—12日，斯大林格勒以北的作战行动，东南方面军在内防线的作战行动，第154—161页（9月2日，内防线的德军；东南方面军损失惨重；德军的空中优势；最高统帅部投入第24和第66集团军；近卫第1集团军完成集中；空军第16集团军被部署到斯大林格勒；苏军进攻德军侧翼；9月3日开始；苏军几无进展，12天的进攻徒劳无获；这次侧翼反突击组织不力；苏军坦克使用效率低下，德军空中力量非常有效；第62集团军和第64集团军急待增援；德军沿卡拉奇—斯大林格勒铁路线突破至伏尔加河的威胁，事实上东岸已采取防御措施；炮兵在东岸支援斯大林格勒；市郊的德军部队；9月8日，崔可夫出任第62集团军司令员；东南方面军的右翼被迫退回城内）。

h.总结，第161—162页（顿河与伏尔加河之间的防御战从8月15日持续到9月12日；苏军成功占据城市防线；第62集团军左翼后撤，德军已在第64集团军右翼突破至伏尔加河，意味着斯大林格勒被分割成东北和西南两部分；德军直接对城市发起全面进攻，被重创的第62集团军无法坚守；急需拖延时间来重组；组织斯大林格勒的防御，调上来预备队）。注：罗科索夫斯基元帅署名的这部非常详细的历史著作批评了最高统帅部、总参谋部和斯大林本人——尽管斯大林的名字在全卷中只被提及一次，其他地方则用"最高统帅"指代——并寻求为方面军和军团指挥员，以及那些作战人员辩护。和索科洛夫斯基元帅写莫斯科的著作一样，简明扼要的军事叙述几乎全部基于档案资料。还有一点与索科洛夫斯基的著作一样，那就是附有全面的地图。两套著作都是写给"苏联陆军将军和军官"看的，印刷数量也大致相同（索科洛夫斯基，10000；罗科索夫斯基，14000）。

S. 鲁登科航空兵元帅，Aviatsiya v bitve za Stalingrad(Oboronitel' nyi period‐iyul–noyabr 1942 goda)（《斯大林格勒上空的空战（防御阶段：1942年7月—11月）》），VIZ，1972（7），第27—33页（赫留金的空军第8集团军在斯大林格勒会战中开始空中作战；空军第16集团军——司令员鲁登科——9月参战；战斗机持续短缺，苏联空军部队遭遇"重大损失"；赫留金将所有受损但能飞的飞机并入一个航空集群；远程航空兵也被用于前线地区；斯大林格勒空中行动的一个特点是许多出击都是在夜间进行的；苏联空军司令A. A. 诺维科夫将军协调斯大林格勒的空中作战，同时作为最高统帅部代表行事）。

16-ya vozdushnaya, Voenno–istoricheskii ocherk o boevom puti 16-i

罗科索夫斯基：1942年7月22日，"斯大林格勒方向"上的苏德力量对比

	德方	苏方
师	18	16
人员配备	250000	187000
火炮及迫击炮	7500	7900
坦克	740	360
飞机	1200	337

罗科索夫斯基第109页：8月15日，斯大林格勒方面军苏德力量对比

	沿480千米的整条战线		沿德军主要突击方向（50千米）	
	苏方	德方	苏方	德方
师	26	28	5	10
人员	414700	427735	39132	129635
坦克	200	440	113	275
火炮及迫击炮	1969	5270	556	2105
82毫米口径及以上迫击炮	350	1610	170	395
野战炮	845	2275	169	795

罗科索夫斯基第111页：8月15日，东南方面军苏德力量对比

	沿320千米的整条战线		沿德军主要突击方向，35千米	
	苏方	德方	苏方	德方
师	16	12	4	7
人员	163270	158200	134490	90760
坦克	70	595	70	440
火炮及迫击炮	1390	2110	990	1210
82毫米口径及以上迫击炮	370	470	230	260
野战炮	520	1040	390	590

罗科索夫斯基第155页：9月3日，苏联第62集团军作战地域苏德力量对比

	苏联第62集团军	第62集团军对应之敌
人员	44970	80240
火炮（76毫米口径及以上）	85	630
迫击炮（82毫米口径及以上）	150	760
坦克	108	390

罗科索夫斯基第210页：苏联1942年军工生产，1942年上半年与下半年产出对比

	1942年1月—6月	1942年6月—12月
飞机		
战斗机	3871	5973
米格-3	12	36
拉格-3	1766	970
拉-5	—	1129
雅克-1	1578	1895
雅克-7与雅克-9	515	1943
伊尔-2斯托莫霍克	2629	5596
轰炸机	1641	1867

（续表）

	1942年1月—6月	1942年6月—12月
坦克		
重型	1663	890
中型（T-34）	4414	8106
轻型	5100	4272
火炮		
反坦克炮	8957	11142
高射炮	2368	4120
76毫米	11052	12257
122毫米	2240	2597
152毫米	1008	766
迫击炮		
50毫米	66802	36511
82毫米	45485	55378
107毫米与120毫米	10183	15164
步兵武器		
冲锋枪	524473	952332
轻机枪	71923	100183
中型机枪	16011	40544
重机枪	1864	5478

罗科索夫斯基第166页：9月13日，"斯大林格勒方向"上的苏德兵力对比

	苏方	德方
人员	590000	590000
火炮与迫击炮	7000	10000
坦克	600	1000
飞机	389	1000

vozdushnoi armii (1942－1945)（《空军第16集团军战斗历程随笔（1942—1945）》）（莫斯科：军事出版社，1973年），第16—42页（斯大林格勒会战中空军第16集团军作战）。

A. M. 萨姆索诺夫，Stalingradskaya bitva（《斯大林格勒会战》）（莫斯科：科学出版社，1968年），第2版，第81—182页。注：萨姆索诺夫教授著作的第2版必须被视为关于斯大林格勒会战苏军作战的标杆之作，引用了大量苏联军事档案，主要材料来自当事者和甄别使用的二手资料。所以我必须依靠萨姆索诺夫教授的研究成果，以及他在对待苏方材料的个人见解。

A. M. 萨姆索诺夫（主编），K 20–letiyu bitvy na Volge (Postanovleniya Gorodskogo komiteta oborony oktyabr 1941–iyul 1942)（《致伏尔加河会战20周年（1941年10月—1942年7月城防委员会条例）》），《历史档案》，1963（2），第3—56页。有关斯大林格勒城防委员会工作的一些文献。

L. M. 桑达洛夫，Pogorelo–Gorodishchenskaya operatsiya（《波戈列洛—戈罗季谢战役》）（莫斯科：军事出版社，1960年）（西方面军第20集团军的作战行动，1942年8月）。写给"苏联陆军将军和军官"的详细战役分析。

A. 沙里波夫，Chernyakhovskii,Povestvovanie o polkovodtse（《切尔尼亚霍夫斯基，来自一个指挥员的叙述》）（莫斯科：军事出版社，1971年），V. I. 崔可夫元帅作序，第144—163页（切尔尼亚霍夫斯基接管坦克第18军，应斯大林之命指挥第60集团军；S. S. 瓦连佐夫将军和其他人对任命如此年轻的集团军司令员表示担忧）。

注：瓦连佐夫将军的担忧是多余的，事实证明，切尔尼亚霍夫斯基是战争中最富才华也最成功的指挥员之一，尽管1945年2月，一枚致命的弹片结束了他的军事生涯，那时他已经是大将军衔的方面军司令员。

什捷缅科，作品已引用，第47—62页。

K 30–letiyu Stalingradskoi bitvy（《纪念斯大林格勒会战30周年》），VIZ，1972（11）（30周年文选）。参阅N.克雷洛夫元帅的署名文章，第31—36页（"伏尔加堡垒"：第62集团军参谋长的记述）；N. 马祖宁，第55—60页（"斯大林格勒会战中的伏尔加河区舰队"：伏尔加河区舰队——在海军少将D. D. 罗加乔夫的指挥下——确保伏尔加河水道，清除水雷，为斯大林格勒的苏军提供火力支援，将军队运入斯大林格勒并撤出伤员；总计进入斯大林格勒35400航次，122418人被运至西岸，627辆卡车渡河，另运送4323吨各类军用补给）；A. 加利灿，第61—63页（"斯大林格勒方面军司令员"——关于叶廖缅科）。

F. 乌坚科夫上校，Nekotorye voprosy oboronitel'nogo srazheniya na dal'nykh podstupakh Stalingrada（《关于斯大林格勒远郊防御的若干问题》），VIZ，1962（9），第35—48页。这是关于"斯大林格勒远接近地"战斗重要而细致的研究。

华西列夫斯基回忆录/资料。参阅《毕生的事业》，第186—202页。

或参阅文章Reshayushchie pobedy sovetskogo naroda（《苏联人民的决定性胜利》），发表在Radi zhizni na zemle（《为了地球上的生灵》）（沃罗涅日：1970年），第21—32页。

或参阅文章Pobeda, ne merknushchaya v vekakh（《胜利，永不褪色的时代》），发表在Dvesti ognennykh dnei（《200天大血战》），第11—28页。

或参阅文章Vospominaniya ob istoricheskoi bitve（《历史性会战的回忆》），选自Stalingradskaya epopeya（《斯大林格勒史诗》），第73—120页，此处选自第73—82页。

A. I. 叶廖缅科，Stalingrad, Zapiski komanduyushchego frontom（《斯大林格勒——一个方面军司令员的战场手记》）（莫斯科：军事出版社，1961年），第1章，第50—138页。

注：作品增强了赫鲁晓夫的"军事形象"和叶廖缅科自身的声誉，内容不完全可信，只是片面的一家之言，也未试图考证或辨别引用的文献条目。

另见Odin iz 200 ognennykh dnei（《200天大血战》），选自Bitva za Stalingrad（《斯大林格勒会战》），第63—73页。

G. K. 朱可夫，《回忆与思考》，第366—395页。

文学艺术

V. 格罗斯曼，Zapravoe delo（《扎普拉沃德洛》）（莫斯科：军事出版社，1959年）。

V. 涅克拉索夫，Front-line Stalingrad（《斯大林格勒前线》），大卫·弗洛伊德译（伦敦：哈维尔出版社，1962年）。

K. 西蒙诺夫，Dni i nochi（《日日夜夜》）（莫斯科：军事出版社，1955年）。

承蒙亚历山大·韦特的惠助，我才能够在战时文学中引用他独到的观点，我们讨论他的作品时时有联络。

第十章：斯大林格勒的逆转：
"天王星"行动计划（1942年10月—11月）

用朱可夫元帅自己的话说，"在后斯大林时代，谁才是（斯大林格勒）大反攻计划的真正缔造者一时间成了问题……时至今日仍旧悬而未决"，即便元帅本人在这句话后面加上"这个问题的答案如今看来已经无关痛痒了"云云，充其量也只是一种委婉的说辞。或许我们不用忙于为某人表功，而真正吸引众人目光的，是要在反突击（即在斯大林格勒南北进行一次有限的两线反突击）和大反攻的总策划（涉及3个方面军的大反攻，分别是西南方面军、顿河方面军及斯大林格勒方面军）上面作必要区分。叶廖缅科总是把赫鲁晓夫和自己联系到一起，正是在斯大林格勒方面军这样的环境里才能催生出如此宏大的计划，但这种异想天开的说法几乎完全站不住脚。（如果）以苏方观点为标准，那我们就要认真对待N. N. 沃罗诺夫的回忆录，尽管内中情节的详细程度远不能满足我们的要求。A. M. 萨姆索诺夫在对斯大林格勒会战的研究方面，无论是对其计划还是相关的回忆录方面，都有非常精到的见解，虽然在最终分析时，他大多依据华西列夫斯基元帅的作品，但他至少引用了实质性的文献资料。

威廉·亚当，Der schwere Entschluss（《艰难的抉择》）（柏林：国家出版社，1965年），第153—184页（反攻与包围：苏军对第6集团军的反攻与包围）。

卡雷尔，作品已引用，第7章，第568—575页。

艾伦·克拉克，Barbarossa, The Russo-German Conflict 1941–1945（《"巴巴罗萨"：苏德战争1941—1945》）（伦敦：哈钦森出版社，1965年），第2章，第273—282页（第6集团军的覆灭；斯大林格勒防御战的最后时刻，德军最后一次突击；苏军反攻的进展）。

克雷格，作品已引用，第2章，第179—214页。

德尔，作品已引用，参阅篇章C：Die russische Gegenoffensive 1. Akt（《苏军的反攻》），第62—69页及第69—76页。

瓦尔特·格利茨，The Battle for Stalingrad《斯大林格勒会战》，选自Decisive Battles of World War II（《第二次世界大战的决定性战役》），第235—241页。

菲利浦与海姆，作品已引用，第2章，"斯大林格勒"，第177—184页。

西顿，《苏德战争》，第300—305页。

沃思，《斯大林格勒岁月》，第3章，第266—346页。

沃思，《1941—1945年，战争中的苏联》，第5章，第475—491页。

外交素材/回忆录

《斯大林—丘吉尔通讯集》，No.41，第45页（1942年4月25日收，丘吉尔致电斯大林有关莫洛托夫访问伦敦的事宜）；No.43，第45—46页（5月6日，斯大林致丘吉尔：吁请速派援航船只）；No.44，第46—47页（5月11日，丘吉尔致电斯大林：航线艰险，急需苏方扩大水面及空中护航规模）；No.45，第47页（5月12日，斯大林致丘吉尔：同意扩大苏军的水上、空中护航规模，但可用资源有限）；No.46，第48页（5月20日，丘吉尔致斯大林：一支船队已经出发，但如果苏方不对德军的远程空军基地进行轰炸，有可能损失巨大）；No.47，第48—49页（5月24日，丘吉尔致斯大林：事关与莫洛托夫谈话内容之报告）；No.51，第50页（5月28日，斯大林致丘吉尔：新条约的签署）；No.53，第51页（6月20日，斯大林致丘吉尔：有关在北部进行联合行动，英方何时以及能够接受何种规模参与其中）；No.56，第52—55页（7月18日，丘吉尔致电斯大林：暂停对苏的援航行动；波斯湾补给线路；让身着苏联军服的波兰军队转道巴勒斯坦；"当前英美盟军大规模登陆准备工作"的影

响）；No.57，第56页（7月23日，斯大林致电丘吉尔：就暂停对苏援航提出抗
议）；No.58，第57页（7月31日，丘吉尔致电斯大林：提出与斯大林磋商的建
议）；No.60，第58页（7月31日，斯大林致丘吉尔：斯大林"代表苏联政府"
对丘吉尔发出诚挚邀请）；No.65，第60—61页（8月13日，斯大林致丘吉尔的
备忘录：英美对第二战场的承诺）；No.66，第61—63页（8月14日，丘吉尔致
斯大林的"外交备忘录"：美、英计划发动"火炬行动"，并就第二战场相关
"约定"已经破裂的论调进行了驳斥）。

苏、波关系文献资料，1。参阅文档No.176，第269—271页（1942年1月
26日，西科尔斯基将军与斯塔福德·克里普斯爵士就苏联政府提出的领土要求
举行会商；克里普斯倾向于接受苏方条款；西科尔斯基态度谨慎，并认为苏联
军事胜利的重要成果目前被人过度解读——西科尔斯基坚信，斯大林对波兰
边境线的态度事实上是"将波兰从东侧重新推回到西侧"）；文档No.191，第
295—299页（西科尔斯基与丘吉尔的谈话，时间是1942年3月11日：丘吉尔询
问，日本保持克制会否是基于德国的影响，并有意让德苏达成谅解；西科尔斯
基认为双方都已经"破釜沉舟"；西科尔斯基预测德军在东线战场的新一轮攻
势会朝着罗斯托夫南部及高加索地区挺进，时间是5月底或6月；与土耳其政府
保持友好关系至关重要；提醒英国政府苏联索求主张的危险——言下之意必定
是指苏联对波兰的孤立；在苏联境内的波兰军队因组织结构问题陷于僵局；
"声名狼藉的俄式狡猾"试图将英国排除在波、苏谈判之外；丘吉尔劝告西科
尔斯基勿在苏联出版"红皮书"）；可参阅文档No.211，第336—340页（4月
26日，西科尔斯基、丘吉尔、克里普斯谈话：丘吉尔指出，"即将与苏联缔结
政治条约"，这是在顶着各方反对声浪的情况下做出的，接受条约代表着"两
害相权取其轻"；丘吉尔对"苏联的忠诚度"深表疑虑；捷克问题；丘吉尔坦
承，"本年度英国只有空军会展开攻势……不打算开辟第二战场"）；参阅文
档No.193，第301—310页（1942年3月18日，斯大林与安德斯中将讨论留在苏
联境内的波兰军队撤离问题）。

J. R. M. 巴特勒，Grand Strategy（《大战略》），第2章，第583—663页。

温斯顿·S. 丘吉尔，《第二次世界大战》第四卷《命运的关键》（伦
敦：卡斯尔出版社，1951年），第425—451页（1942年8月，首相出访莫斯

科；向斯大林解释北非登陆战；"第二战场"问题；斯大林的态度及表现）。

V. L. 伊斯拉埃良，Antigitlerovskaya koalitsiya（《反希特勒联盟》）（莫斯科：国际关系出版社，1964年），第1章，第153—174页（"1942年无法开辟第二战场"；英美就1942年的战略问题进行讨论；英方重新回到"原先的计划"；北非登陆、迪耶普登陆战的失败被用作过早在西北欧开辟第二战场的"反面教材"；美国着手展开"火炬"行动；丘吉尔对莫斯科的出访淡化了因推迟开辟第二战场造成的不利影响；苏联表示强烈反对；英苏8月份的莫斯科会谈在紧张的气氛中进行；对苏作战物资的运输——PQ-17——困难重重；苏联就暂停对苏援航表达强烈抗议；对苏援助在数量及质量上均有下滑；苏联批评运送到苏联的战斗机质量低下）。

F. C. 琼斯、H. 博顿与B. R. 皮尔恩，The Far East 1942–1946（《远东1942—1946》）（皇家国际问题研究所，牛津出版社，1955年），第104—105页（1942年4月19日，日本热衷于对苏德之间的战争进行调停，魏茨泽克与大岛会面，据波斯人传言，苏联担心日本会从海上发起攻击；1942年3月，日本海军军令部派人试探东京的德国海军武官——日本海军认为只有通过谈判达成和平，才能避免德国在苏联战场把血流干，而且日本海军认为苏联不会拒绝任何调停的手段；谈话内容适时向德军海军上将雷德尔做了汇报，并引起了希特勒的注意，他因此大发雷霆）。参阅H. 科尔特，Nicht aus den Akten（《未被记载的史实》），第418—419页（1942年6月底，日本陆军参谋本部通过辻政信中佐提出斡旋主张，辻政信还通过中间人与科尔特取得联系；日方建议组成一支特别代表团，由日军将领及一名日本内阁专员带队，出访柏林洽谈苏德之间休战的可能——被伪装成一个前去密谋一场更大规模战争的代表团。这里要注明一下，大岛暗示日本方面并没有最终拒绝考虑进攻苏联，而这很可能就发生在1942年秋或1943年春）。

也可参阅东乡茂德的The Cause of Japan（《日本的事业》）（纽约：1956年），第240页，有关调停。

迈斯基，作品已引用，第238—289页。

伍德沃德，British Foreign Policy（《英国的外交政策》），ⅠⅠ，第236—244页。

官方/政党历史

IVOVSS，第2册，第3章，第441—453页〔9月中旬—11月中旬，斯大林格勒市中心区的战斗：9月14日，摘自车站争夺战的作战报告；斯大林格勒1号车站争夺战；至9月27日，德军守住了从察里察河到库波罗斯诺耶的城区；同时拿下了马马耶夫岗；在城市中央突破至伏尔加河；拖拉机厂还在生产——总共产出170座装备火炮及机枪的坦克炮塔；9月28日，最高统帅部组织部队加入顿河方面军和斯大林格勒方面军；10月5日，最高统帅部发出特别指令，守住斯大林格勒，用6个步兵师增援第62集团军——斯大林格勒一旦陷落，等于给了日本一个信号，并且土耳其也会因此出兵苏联；10月14日，德军发动大规模进攻，苏军岌岌可危；10月15日，摘自崔可夫的作战日志（第445页）；德军占领拖拉机厂，截断了第62集团军；10月19日，顿河方面军向斯大林格勒北面发动反突击；11月防御战阶段，第62集团军守住了拖拉机厂的北部区域、"街垒"工厂及市中心的东北角；第64集团军守住了城市南部接近地；伏尔加河区舰队的重要作用〕。

IVOVSS，第3册，"伟大卫国战争期间的重大转折"（1942年11月—1943年12月）（莫斯科：1961年），第1章，第17—26页（苏军反攻的准备工作：9月底，方面军——顿河方面军、西南方面军及斯大林格勒方面军——指挥机构的重组；10月初，反攻的各项准备工作加紧进行；10月6日，叶廖缅科与赫鲁晓夫向最高统帅部建议实施反击；10月7日，华西列夫斯基致电罗科索夫斯基；10月9日，斯大林格勒方面军提交详细的计划书；"天王星"计划初露端倪，3个方面军的战线达400千米；对进攻日期做了初步的约定；集结了坦克与机械化兵团，红军60%的坦克/机械化兵力云集于此；空军予以支援；粮草弹药开始输送；10月25日，保密措施以及华西列夫斯基下发给西南方面军和顿河方面军司令员的特别指令——行动只能在夜间进行，大口径高射炮提供掩护，严令无线电保持静默；由集体农庄负责食物补给，如23000000普德[7]面包、3500000普德肉类；城市居民被动员起来去修筑道路及机场；朱可夫的司令部简报，分别是11月3日和11月4日，关于第21集团军；11月10日，斯大林格勒方面军司令部简报；至11月中旬，各方准备工作大体完成；西南方面军的坦克集团军已进入阵地整装待发，并接到了进攻命令；顿河方面军与斯大林格勒方面军展开完毕；德军在"斯大林格勒方向"上的兵力达到了35个步兵师、5个装甲师、4个摩托化师和4个骑兵师——总计50个师，其中26个德军师、18个罗马尼亚师、6个意大利师）：

兵力对比（第26页）

	苏军	德军
坦克	894	675
火炮与迫击炮	13540	10300
飞机	1115	1216
兵力	1005000	1011000

注：这个版本的反攻方案明显是在暗示是由叶廖缅科和赫鲁晓夫"主动"将"（反攻）建议"上报给了最高统帅部，这个说法后来被批驳了。

IVOVSS，第3册，第32—41页（11月19日，西南方面军和顿河方面军发起反攻；西南方面军投入了罗曼年科的坦克第5集团军和奇斯佳科夫的第21集团军；德军驰援克列茨卡亚；坦克第26军进展顺利；德军第48装甲军处境艰难；坦克第26军转向西南与斯大林格勒方面军会师；德军撤往顿河；11月23日，卡拉奇被收复；克拉夫琴科少将的坦克第4军向苏维埃维茨基挺进，并与斯大林格勒方面军形成合围圈；第21集团军紧随快速兵团扩大突破口；被围的罗马尼亚军队开始投降；11月20日，斯大林格勒方面军开始总攻；第57和第64集团军于上午和下午分别发动攻势；11月20日，第51集团军突入敌方防御阵地；机械化第4军冲入突破口；第57和第51集团军横扫罗马尼亚军队；机械化第4军向苏维埃茨基进发，与西南方面军会师；斯大林11月22日致电叶廖缅科，对在那么短的时间内就与西南方面军会师表达了喜悦之情；11月23日，西南方面军与斯大林格勒方面军的坦克部队在苏维埃茨基合围成功，并互致确认信号——绿色火箭弹）。

德方战争日志

KTB/OKW，Ⅱ（上半部分），见介绍，第65页（9月13日，对斯大林格勒的攻击有条不紊地开始了，自9月16日始，作战指挥由陆军总司令部负责）、第66页（1942年9月12日，冯·魏克斯与保卢斯关于B集团军群侧翼所受到的威胁）、第67—68页（希特勒不相信苏方还会发动大规模进攻；可参阅当日电令，要求1942年11月17日拿下斯大林格勒全城）、第70页（1942年10月14日，1号作战令——"苏联军队已经在最近的若干场战役中被严重削弱，在1942年到1943年冬季他们无法再像之前那样集中兵力了"；还有"1942年10月23日，1号作战令之补充"——"苏军很难再发动一场有战略意义的大规模进攻……"），另请参阅第72—79页（1942年4月—11月，东线战场中央及北部的作战行动）。

参阅OKW日志条目，日期——1942年9月13日—30日，第719—780页。

或参阅（下半部分）（"第四季度"，时间是1942年10月1日—11月24日，第781—1018页）。参阅文件附件C，No.26，第1301—1304页（"1号作战令"，共14条，1942年10月，东线的下一步作战任务）。参阅No.27，第1305—1306页（"1942年11月6日，对中央集团军群当面敌情的评估……"）；参阅GMD资料，No.28，第1306—1307页（"1942年11月，敌情评估报告简述"），FHO（I）〔苏军可能的意图；注意到罗马尼亚第3集团军当面（苏军）集结；跨越顿河切断斯大林格勒的进攻迫在眉睫，但来自斯大林格勒南翼的威胁未被提及〕。参阅No.29，第1307页（1942年11月17日，No.17元首令，第6集团军继续进攻斯大林格勒）。

德国军事文件（GMD）

FHO（Ⅱ）"废除军事委员的条令……"（德文）（"1942年10月10日莫斯科当地时间8时宣布"），T-78/R491，6478370-4。

No.325号命令，1942年10月16日，国防委员会（德文）（签署人J. V. 斯大林）（更正坦克部队——坦克团、旅及军——编制的错误；同样的问题也出现在各机械化团、旅及各军中——修改后的条令要予以遵守。T-78/R491，6478335-43）。

FHO（I）"中央集团军群当面敌情评估报告，1942年11月6日"。T-78/R466，6446307-12。

FHO（Ⅰ）"中央集团军群当面敌军阵地评估报告，1942年11月6日"："随着'中央集团军群战区的局势逐渐清晰，俄军在东线战场上的未来重心正在显现'。目前尚不清楚俄军是否会在顿河地区有重大行动，或者只局限在南部地区——有理由相信，目前他们无力在这两处战场同时投入决定性力量——敌军的目标尚不明朗。"（斜体字部分为原文）T-78/R467，6447054-9。

FHO（Ⅰ）"对敌军进攻意图的说明，1942年11月7日"（带注释地图）。T-78/R467，6447118-19。

FHO（Ⅰ）"敌情简要评估"

11月24日"评估"	6447285-6
11月23日	7289-91
11月22日	7292-5
11月21日	7297-9
11月20日	7300-302
11月19日	7305-7

（这些是11月的评估，一直到1942年11月1日，参阅7308-87）。参阅6447360 11月6日的评估报告，事由是11月4日斯大林主持的某次会议。此次会议由一名情报人员呈报，据称已考虑到冬季作战，据此可判断为"……目前没有超出预料的大规模攻势"。T-78/R467，帧号如上所示。

FHO（Ⅱa）"苏军进攻新原则发展概述……1942年11月20日"。T-78/R491，6478318-32；参阅6478333（图示，"红军在接到斯大林No.306号命令后发起步兵攻击的示意图"）。

1942年4月4日，作战部（na）所属文件。"日本对苏联进行军事干涉的可能性。"T-82/R158，0295479—86（符拉迪沃斯托克作战/贝加尔湖作战）。

苏方资料

1.防御战：斯大林格勒，至11月8日

V. I. 崔可夫，《初上征途》，第161—243页。

A. 丘亚诺夫，Stalingradskii Dnevnik 1941-1943（《斯大林格勒日记，1941—1943年》）（伏尔加格勒：伏尔加格勒真理报出版社，1968年），第

244—286页（日志时间介于10月14日—11月18日之间；保卫战的最后阶段，苏联反攻作战的准备阶段；丘亚诺夫作为斯大林格勒市委员会与地区委员会的第一书记所起的作用）、第255页（10月22日，就反攻行动的计划方案与叶廖缅科商讨）、第256页（步兵第8师与"街垒"厂的保卫）、第257页（组建由瓦图京指挥的西南方面军）、第281页（11月18日，柳德尼科夫阵地的细节情况；伤亡惨重，食物短缺；步兵第138师与第62集团军的联系被切断）。

I. P. 叶林少将，Vtsentre goroda（《在市中心》），发表在《斯大林格勒会战》，第199—207页（步兵第42团于9月中旬通过水路进入市区；崔可夫命令该团与步兵第112师的余部守住102高地，直至近卫步兵第39团的到来；火车站争夺战；"巴甫洛夫大楼"保卫战；向"G形大楼"及车站工人宿舍发起反冲击——德军借由此处俯视伏尔加河渡口，并倾泻火力）。

N. G. 库兹涅佐夫海军上将，Voennye moryaki v Stalingradskoi bitve（《斯大林格勒会战中的水兵》），见Stalingradskaya epopeya《斯大林格勒史诗》，第401—419页（于1941—1942年冬季组建20支海军步兵旅，不少被用于增援斯大林格勒的战斗）。

P. G. 库兹涅佐夫中将，Marshal Tolbukhin（《托尔布欣元帅》）（莫斯科：军事出版社，1966年），第52—67页（托尔布欣指掌第57集团军）。

I. I. 柳德尼科夫上将，Doroga dlinoyu v zhizri（《漫漫人生路》）（莫斯科：军事出版社，1969年），第22—47页（10月，柳德尼科夫的步兵第138师在"街垒"厂中作战）。

或参阅Na zashchite volzhskoi tverdyni（《保卫伏尔加河上的堡垒》），选自Dorogoi bor' by i slavy（《亲爱的上帝与荣耀》），第197—214页〔10月—11月，保卫"街垒"厂；11月11日，步兵第138师被围；食物及弹药告罄——引自《1942年11月14日师作战日志》（第205页）〕。

莫斯卡连科，作品已引用，第336—346页。

Ot Volgi do Pragi（《从伏尔加河到布拉格》）（由M. 舒米洛夫上将作序）（莫斯科：军事出版社，1966年），第26—37页（第64集团军的防御作战——后改编为近卫第7集团军——9月—10月）。

I. T. 佩列瑟普金通讯兵元帅，Svyaz v Velikoi Otechestvennoi voine（《伟

大卫国战争中的电波》）（莫斯科：科学出版社，1973年），第126—148页
〔斯大林格勒防御及反攻阶段的通讯组织：9月15日，第62集团军通讯网的规
划（第133页）；及斯大林格勒方面军通讯网——"博多"机，ST-35设备组
及电话联通设施（第143页）〕。

彼得罗夫，作品已引用，第374—377页。

参阅1942年10月9日颁布的条令KPSS o vooruzhennykh silakh Sovetskogo
Soyuza, Dokumenty 1917–1968（《党对苏联武装力量的领导，1917年—1968年
的文件》）（莫斯科：军事出版社，1969年），第318—319页。

A. I. 罗季姆采夫上将，发表文章13–ya Gvardeiskaya strelkovaya divizya v
boyakh za Stalingrad（《斯大林格勒会战中的近卫步兵第13师》），选自《斯
大林格勒史诗》，第321—336页。

D. D. 罗加切沃海军少将，Udary s Volgi（《从伏尔加河上出击》），发
表在Bitva za Stalingrad《斯大林格勒会战》，第277—283页。

罗科索夫斯基，《伏尔加河上的伟大胜利》，第1章，第163—204页。

萨姆丘克，作品已引用，第99—151页。

萨姆索诺夫，《斯大林格勒会战》，第183—211页。注：全篇大量运用
了馆藏资料及未经出版的军事档案，极大地扩展了V. I. 崔可夫对战役的论述。

F. N. 斯梅霍特沃罗夫少将，Vrag k Volge ne proshel（《敌人未能跨越伏
尔加河》），发表在《斯大林格勒会战》，第169—173页。

F. N. 斯梅霍特沃罗夫，V boyakh za Stalingrad（《战斗在斯大林格
勒》），见《斯大林格勒史诗》，第337—346页。

N. D. 雅科夫列夫炮兵元帅，Artilleriiskoe snabzhenie v bitve na Volge
（《斯大林格勒会战中的火炮支援》），发表在《斯大林格勒史诗》，第
421—442页。

朱可夫，《回忆与思考》，第383—390页。

2.反攻的策划及准备工作："天王星"行动

巴托夫，作品已引用，第162—198页。

V. I. 卡扎科夫炮兵元帅，Na perelome（《断剑》）（莫斯科：军事出版社，1962年）（10月，受命前往顿河方面军；与N. N. 沃罗诺夫就火炮需求问题进行商讨；顿河方面军弹药补给困难；强大的顿河方面军——6个集团军，辖39个步兵师、102个火炮及迫击炮团，总共约3000门火炮、迫击炮，还有218门"咔秋莎"火箭炮；罗科索夫斯基通知卡扎科夫，朱可夫、华西列夫斯基及最高统帅部代表来视察的消息；卡扎科夫与沃罗诺夫讨论更改顿河方面军炮兵指挥权的问题；顿河方面军右翼重组；计划对敌军侧翼发起攻击；10月24日，第65集团军发动局部进攻，攻入克列茨卡亚并夺得顿河桥头堡；11月初，顿河方面军炮兵到齐，接到战役命令；炮兵最终的部署；11月6日，司令员会议，讨论"炮兵进攻"）。

S. A. 克拉索夫斯基空军元帅，Zhizn'v aviatsii（《我的空军生涯》）（莫斯科：军事出版社，1968年），第2版，第156—162页（增加了空军第17集团军配属给西南方面军的内容；空军第16集团军将后方勤务分离出去；苏军空军与坦克第5集团军协同作战的重要性；朱可夫、华西列夫斯基与诺维科夫所作的简报）。

罗科索夫斯基，《伏尔加河上的伟大胜利》，第2章，第207—259页。

罗科索夫斯基，《军人的天职》，第2版，第140—155页。

萨姆索诺夫，《斯大林格勒会战》，第339—374页。

萨姆索诺夫，Ot Volgi do Baltiki, Ocherk istorii 3-go Gvardeiskogo mekhanizirovannogo korpusa 1942–1945 gg.（《从伏尔加河到波罗的海——近卫机械化第3军的光辉历程，1942—1945》）（莫斯科：科学出版社，1973年），第2版（1963年首版），第11—23页（机械化第4军——后改编为近卫机械化第3军——9月18日—10月20日组建；3个机械化旅；3个坦克团及各后勤保障部门；V. T. 沃利斯基担任军长——红军中首批坦克装甲兵指挥员之一；1930年曾指挥过首个"机械化团"及后来的首个"机械化旅"；机械化第4军至10月中旬补充完毕；20000名官兵、220辆坦克已准备好通过铁路运输去前线）。

I. S. 瓦连尼科夫中将，Shtab Stalingradskogo fronta v dni podgotovki i razvitiya kontmastuplemiya（《在大反攻筹备中的斯大林格勒方面军司令部的日日夜夜》），文章选自《斯大林格勒史诗》，第489—500页（瓦连尼科夫接到最高统帅部的命令，10月初前往斯大林格勒方面军担任参谋长；斯大林格勒城内的第62集团军形势严峻；反攻行动已经开始；华西列夫斯基到达；瓦连尼科夫与A. M. 多西克少将——斯大林格勒方面军作训部主任——一起独立制订作战计划；在部队调动及隐蔽中存在诸多困难；D. I. 古斯季谢夫少将的重要作用——伏尔加河渡口指挥员；11月10日，在各项行动中，叶廖缅科与集团军司令员召开会议；11月10日，与各军、师指挥员碰头；朱可夫列席各次会议；在苏军反攻日的早晨遭遇了浓雾的困难，炮火准备为此延误了2个小时；I. F. 科罗廖夫中将指挥下的通讯分队工作的重要性）。

华西列夫斯基回忆录/资料：参阅《毕生的事业》，第219—225页〔10月9日，"统一指挥"开始引入苏联军队；斯大林极度关注红军指挥员权力的提升；最高统帅部已经意识到德军第6集团军及第4装甲集团军遭到重大损失，但又苦于缺乏强大的预备队来粉碎对手的防御；9月中旬，苏军决定对德军发动一次反攻，这不仅能改变斯大林格勒的局势，而且还能从根本上改变侧翼的位置；该决定已经落实到了从斯大林格勒的西北方向谢拉菲莫维奇及斯大林格勒南部察察湖与巴尔曼察克湖之间的通道到卡拉奇合拢的战役计划中；斯大林要求严格保密的禁令；9月底，"天王星"行动方案呈交给最高统帅部及国防委员会；设立西南方面军的决定直至10月底才公开；（鉴于）快速兵团的重要性，最高统帅部向斯大林格勒地区下拨了900辆坦克；详细的作战计划已呈递给总参谋部；朱可夫前往视察西南方面军与顿河方面军；华西列夫斯基受命前往斯大林格勒方面军；10月25日，西南方面军正式成立；糟糕的秋季气候拖延了给养及援兵的铁路运输；德军情报部门报告苏军有可能对中部地区发动大规模的进攻；11月初，绝大部分准备工作已经完成，行动时间"不晚于11月15日"；11月3日，朱可夫将作战命令下发给西南方面军，11月4日下发给顿河方面军，11月10日下发给第57集团军及斯大林格勒方面军；11月13日，最终方案交由政治局及最高统帅部审核；西南方面军和顿河方面军的进攻日期敲定在11月19日—20日，斯大林格勒方面军是11月20日；朱可夫被派去监督加里宁和布良斯克方面军的行动；华西列夫斯基则前往斯大林格勒地区〕、第226—227页〔斯大林格勒的防御形势日趋恶化；11月11日，德军发动新一轮攻势；由于伏尔加河封冻，第62集团军处境艰险；11月18日，斯大林将华西列夫斯基从斯大林格勒召回，要求他对关系到进攻方案的"某起事件"予以调查；沃利斯基向国防委员会去信陈述（反攻计划）薄弱环节，并指出接下来的苏军反攻行动可能失败；斯大林在电话中以讲道理的语气与沃利斯基交谈，沃利斯基表示他将全力以赴完成使命，斯大林让他继续指挥机械化第4军；华西列夫斯基回到萨拉菲莫维奇〕。

参阅Nezabyvaemye dni（《难忘的岁月》），发表在VIZ，1965（10），第18—25页。

或参阅Vospominaniya ob istoricheskoi bitve（《重温过往的战斗》），选自《斯大林格勒史诗》，第82—90页。

沃罗诺夫，《从军那些年》，第255—281页。

叶廖缅科，《斯大林格勒》，第2章，第325—337页。

注：这是一本有倾向性的书籍，旨在告诉读者，反攻方案源于叶廖缅科与赫鲁晓夫，如今已完全被驳倒，不再采信。

朱可夫，作品已引用，第396—407页。

3.苏军大反攻：11月19日—23日

I. M. 奇斯佳科夫上将，Doblestnaya 21-ya（《英勇的第21集团军》），《斯大林格勒会战》，第361—373页。

M. M. 波波夫，Yuzhnee Stalingrada（《斯大林格勒南部》），选自《斯大林格勒史诗》，第641—659页（波波夫，斯大林格勒方面军的副司令员；斯大林格勒方面军欲将苏维埃茨基作为主攻目标；原定攻击日期为11月10日；10月21日后，斯大林格勒方面军就一直在着手展开总攻的各项准备工作；在伏尔加河畔集中部队困难重重；急需防冻及冬季机油；最高统帅部确定11月20日为最后进攻日期；机械化第4军及骑兵第4军到达最后出发阵地；浓雾阻碍了开始阶段的炮击；沃利斯基在最初的迟疑后投入了机械化第4军；叶廖缅科对快速兵团的进展极度不满；沃利斯基被要求每2个小时上报一次情况；苏维埃茨基的机械化第36旅与苏联部队已经与西南方面军的克拉夫琴科的坦克第4军会师；急调机械化第4军加强包围圈；11月23日—24日，西南方面军与斯大林格勒方面军的包围圈得到了增强）。

罗科索夫斯基，《伏尔加河上的伟大胜利》，第156—160页。

萨姆索诺夫，《斯大林格勒会战》，第374—410页。

萨姆索诺夫，《军人的天职》，第34—54页。

华西列夫斯基，作品已引用，第228—232页。

I. I. 雅库鲍夫斯基元帅（华约总司令），《军事生涯的艰难伊始》，选自《斯大林格勒会战》，第513—519页。

叶廖缅科，《斯大林格勒》，第2章，第338—352页。

或参阅A. I. 叶廖缅科的《斯大林格勒的史诗》，《200天大血战》，第103—110页。另有《伟大转折》一文，选自《斯大林格勒史诗》，第142—146页。

扎多夫上将，Yugo–Zapadnyi front v kontmastuplenie（《大反攻中的西南方面军》），发表在《斯大林格勒史诗》，第443—452页。

译者注

[1]原文如此。

[2]原文如此。

[3]当时还是摩托化军。

[4]钉死耶稣的古代罗马犹太总督。

[5]应该是崔可夫之误。

[6]安德烈·库尔布斯基，俄国军事统帅，沙皇伊凡四世的密友和顾问。

[7]俄制计量单位，1普德约为16.38千克。

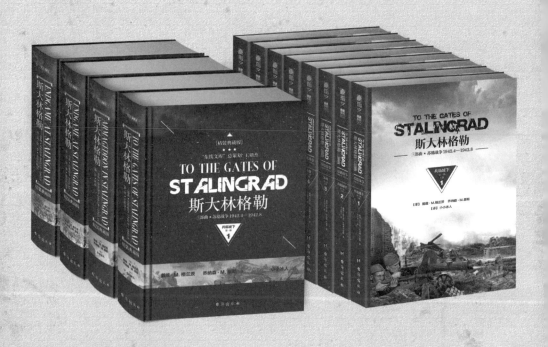

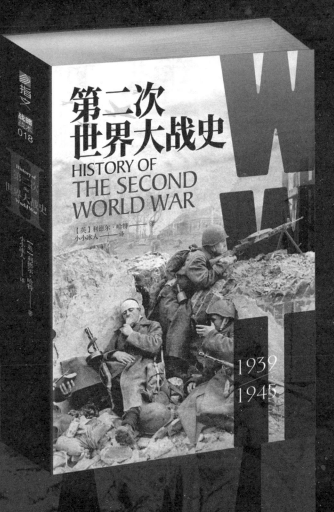

普里茨克"军事创作终身成就"奖得主

戴维·M.格兰茨

研究苏联红军的巅峰之作

苏联在1941—1943年创造的军事奇迹

◆ 看苏联如何在战争中学习战争，复兴红军，从失败走向胜利

◆ 在此过程中，苏联红军具体有哪些改变？